# Le nouveau-né

## Le droit aujourd'hui

La collection « Le droit aujourd'hui » regroupe des études juridiques concernant des problèmes d'actualité nationale et internationale, dans divers domaines (éthique, politique, questions de société…).

### Dernières parutions

Jacques DELGA, *Avocat, Parcours et règles essentielles*, 2024.
Béatrice BLOHORN-BRENNEUR (dir.), *La médiation sur les cinq continents, rêve ou réalité ? GEMME 20 ans déjà !*, 2024.
Anaïs VIAL, *Le droit à la mort*, 2024.
Béatrice BLOHORN-BRENNEUR (dir.), *Médiation, écologie, environnement et intelligence artificielle*, 2024.
François GERBER, *Tempête Xynthia. La responsabilité des acteurs locaux dans les conséquences de la submersion*, 2023.
Olivier SALOMON, *Interprétation artistique et propriété intellectuelle, Essai d'une théorie du voisinage des droits exclusifs au sein de la propriété littéraire et artistique*, 2023.
Sarah TOUBAL, *Le rebond du débiteur. Contribution à l'étude du droit de la défaillance économique,* 2023.
Claire BORREL, Loïc PELISSIER, Abélisse PINCHON, *Altruisme et Droit*, 2023.
Cristina Elena POPA TACHE, *Le dynamisme du droit international public contemporain et la transdisciplinarité,* 2023.
Charles COLOMAR, *Le droit de l'art en question(s). 20 réponses juridiques sur des thématiques artistiques*, 2023.
Marcel Yannick MISONGUI, *La protection juridictionnelle par la Cour de justice dans l'ELSJ et la PESC après le Brexit*, 2023.
François CAMPAGNOLA, *Précis de droit de l'énergie*, 2023.
Sébastien DEMAY, *La charge de travail à l'ère du numérique*, 2023.
Meganne NATALI, *Le droit international face au trafic illégal de biodiversité sauvage,* 2023.
Rahma BENTIROU MATHLOUTHI (dir.), *Proportionnalité, droits fondamentaux et juge, Proportionality, fundamental rights and judges*, 2023.

Alexandre Charpy

# Le nouveau-né

L'Harmattan

**5-7, rue de l'École-Polytechnique ; 75005 Paris**

http://www.editions-harmattan.fr/

ISBN : 978-2-336-47393-2
EAN : 9782336473932

*« L'université n'entend ni approuver ni désapprouver les opinions particulières de l'auteur. »*

Ce livre est le texte remanié de la thèse soutenue publiquement par l'auteur à l'Université Toulouse Capitole, le 6 décembre 2021.

Le même jour, la loi n° 2021-1576 visant à nommer les enfants nés sans vie a été adoptée. Elle a donc été intégrée aux développements *a posteriori*.

Le jury était composé de :

M. Bernard BEIGNIER
*Professeur à l'Université Toulouse Capitole, Doyen honoraire de la Faculté de droit et science politique, Recteur de l'académie d'Aix-Marseille et de la région académique Provence-Alpes-Côte d'Azur*
*Président du jury*

Mme Anne-Marie LEROYER
*Professeure à l'Université Paris 1 Panthéon-Sorbonne*

Mme Astrid MARAIS
*Professeur à l'Université Paris 8 Vincennes-Saint-Denis*

Mme Sophie PARICARD,
*Professeure à l'Institut National Universitaire J.-F. Champollion, Albi*
*Directrice de recherche*

M. Marc PICHARD
*Professeur à l'Université Paris Nanterre*
*Rapporteur*

M. Gilles RAOUL-CORMEIL
*Professeur à l'Université de Bretagne Occidentale*
*Rapporteur*

*À la mémoire de mes grand-mères*

# REMERCIEMENTS

En premier lieu, je remercie Madame la Professeure Sophie Paricard pour avoir accepté de diriger cette recherche jusqu'à son terme, malgré les incertitudes qui l'ont jalonnée, et pour m'avoir poussé à explorer et concrétiser mes intuitions.

Je remercie également les membres du jury pour le temps qu'ils ont consacré à l'étude de ce travail, pour la discussion que nous avons eue le 6 décembre 2021, et pour les échanges qui ont parfois suivi.

Ensuite, j'adresse mes remerciements aux membres de l'Institut de Droit Privé qui m'ont accompagné au cours de mes recherches.

Je remercie encore les membres de l'Institut de Criminologie Roger Merle pour m'avoir invité à participer à leurs travaux et à leurs rencontres informelles.

Je souhaite également remercier les enseignants-chercheurs de l'Université Toulouse 1 Capitole, de toutes spécialités, avec lesquels j'ai pu discuter de mes travaux, pour leurs conseils et leurs éclairages.

Enfin, j'exprime ma vive gratitude à mes relecteurs, mes amis, ma famille, et surtout mes parents, pour leur soutien constant et sans failles.

# PRÉFACE

*Sophie PARICARD*
*Professeure à l'Institut National Universitaire d'Albi*

Le nouveau-né semble être un non-sujet pour le droit. Il n'a en effet jamais fait l'objet d'aucune étude. L'explication peut sembler évidente : le nouveau-né est considéré comme un mineur et il est à ce titre protégé par son ou ses parents titulaires de l'autorité parentale. À l'inverse de l'adolescent, la bulle protectrice de l'autorité parentale jouerait parfaitement son rôle et ne nécessiterait pas d'être interrogée. Le nouveau-né serait tout entier à ses parents et le droit ne pourrait que s'en féliciter.

Pourtant, comme Monsieur Charpy le démontre, l'évidence est trompeuse. Posant au terme de la première partie une définition du nouveau-né comme « un enfant né vivant dont la naissance n'a pas été déclarée et pour lequel le délai de déclaration n'est pas encore écoulé », il nous plonge dès lors dans des questionnements abyssaux. Le nouveau-né est-il totalement une personne juridique alors même qu'il n'a pas franchi cette étape juridique majeure de la déclaration de naissance ? Qui est-il alors qu'aucun acte de naissance n'a été dressé lui conférant un nom, un prénom ? A-t-il des parents dès lors qu'aucun acte de naissance ne les désigne ? Ces questions sont d'autant plus pertinentes que le délai de déclaration de naissance a au cours de la thèse reculé de trois à cinq jours, élargissant ce « temps juridique » du nouveau-né.

Bref le nouveau-né suscite des questions vertigineuses et interroge les frontières de la personne. Et cette interrogation n'est évidemment pas dénuée de rapports avec les évolutions récentes de la médecine dans la mesure où le nouveau-né peut aujourd'hui être l'objet de soins très pointus notamment en cas de grande prématurité et peut même susciter une réflexion sur sa fin de vie. Le nouveau-né est d'ailleurs avant tout une notion médicale comme l'auteur l'avait relevé dans son approche de la définition. Pourtant, des décisions importantes voire vitales sont alors à prendre. Et dans cet état de très grande vulnérabilité, qui peut alors les prendre ? Certainement pas lui, incapable d'exprimer la moindre volonté. Ses parents qui ne le sont pas encore faute d'acte de naissance ? Les médecins ?

Alexandre Charpy s'est attaché à éclaircir ce mystère de nos origines, à sonder cette vulnérabilité extrême. Qui sommes-nous dans les quelques heures, voire les quelques jours qui suivent notre naissance ?

Dans sa première partie au terme de laquelle il nous proposera la définition juridique du nouveau-né, il le différencie tout d'abord de notions juridiquement proches, notamment de l'enfant à naître grâce au critère de vie autonome qu'il identifie comme le premier cri de l'enfant (et non le fameux coupage du cordon ombilical). Il le distingue également de l'enfant né sans vie en ce qu'il est né vivant. Mais l'auteur le confronte surtout avec la notion médicale de nouveau-né ce qui lui permet de révéler la caducité de la notion de viabilité comme condition d'accès à la personnalité juridique eu égard aux évolutions de la science et du droit de la santé : « ce sont les nouveau-nés dont la viabilité est douteuse qui sont le plus concernés par les droits de la "personne malade" notamment par l'interdiction de l'obstination déraisonnable et le droit de bénéficier de soins palliatifs ». L'auteur propose à cet égard la suppression du critère d'ailleurs purement doctrinal de viabilité comme condition d'accès à la personnalité juridique. L'enfant né vivant, qu'il soit viable ou non, est une personne juridique même si dans la période qui s'écoule entre sa naissance et l'établissement de son acte de naissance, cette personnalité juridique peut être perturbée.

Il examine en effet dans la seconde partie de sa thèse la condition juridique du nouveau-né. Les mots sont évidemment importants. Il ne s'agit pas d'un statut dans la mesure où aucun dispositif cohérent de règles n'est appliqué au nouveau-né, mais bien de dispositions éparses que l'auteur a rassemblé et analysé pour proposer deux idées structurant l'appréhension du nouveau-né et qui sont révélatrices de ce qu'il est certes une personne, mais dont la personnalité juridique est incomplète.

Le nouveau-né, est ainsi bien souvent juridiquement rattaché à la femme qui lui a donné naissance, tout comme l'accessoire au principal. C'est à elle qu'appartient par exemple le choix du pédiatre chargé de son examen médical à la naissance. Le nouveau-né est également emprisonné avec la femme qui en a accouché et l'auteur propose d'ailleurs la création d'un statut de l'enfant vivant en prison. Sujet de droit non distinct de celle qui accouche, accroché en tant qu'accessoire à son principal, il est, lorsqu'il est abandonné par la femme qui en a accouché, dans un état de dénuement que le droit ne vient pourtant pas combler, ce que dénonce l'auteur.

Au-delà de cet aspect, la personnalité juridique du nouveau-né est surtout entravée par l'absence d'acte de naissance. En effet, le nouveau-né, dépourvu d'acte de naissance, n'est pas uniquement dépourvu de preuve de son état-civil. Cette absence est susceptible d'affecter la jouissance même des droits qui y sont attachés et donc de perturber sa personnalité juridique.

Alexandre Charpy analyse en effet finement les deux fonctions traditionnelles de l'acte de naissance, la fonction publicitaire et la fonction probatoire. Au regard de la première fonction, le risque est la clandestinité du nouveau-né. Cependant ce risque apparaît relatif au regard des mesures de suivi de la grossesse. Il est en revanche plus critique à l'égard de la seconde fonction. L'état des personnes est en effet composé d'éléments dits abstraits comme le nom et la filiation qui n'existent que si le droit les reconnaît, contrairement à des éléments comme la date de naissance. « L'acte de naissance n'a pas pour seule fonction de prouver la filiation. Il l'établit » écrit ainsi l'auteur

C'est alors une parenté de fait, irrégulière, fondée sur l'apparence notamment à l'égard du « père de fait » qui permet au nouveau-né d'exister sur la scène juridique. C'est donc une personnalité juridique finalement bien fragile (la personnalité de fait est évoquée par l'auteur) que celle du nouveau-né même si elle a incontestablement vocation à se consolider par l'établissement de l'acte de naissance. Reste là encore le cas du nouveau-né abandonné à la naissance qui pourrait être selon l'auteur « un être humain dépourvu de personnalité juridique » faute de tels parents de fait…

On le comprend aisément. Cette thèse est un travail très stimulant qui démontre l'importance de la recherche en droit des personnes et de la famille. Et nous souhaitons à Monsieur Charpy, qualifié aux fonctions de maître de conférences par le CNU, que la parution de sa thèse participe à consolider son parcours naissant d'enseignant-chercheur.

# SOMMAIRE

# LISTE DES PRINCIPALES ABRÉVIATIONS

**Abréviation :** **Terme développé :**

§ :............................Paragraphe(s)
*AJDA* :....................Actualité juridique Droit administratif
*AJ fam.* :..................Actualité juridique famille
al. :..........................Alinéa
Art. :........................Article
*Bull. Acad. Méd.* :...Bulletin de l'Académie nationale de médecine
C. civ. :....................Code civil
C. pén. :...................Code pénal
CA :.........................Cour d'appel
CAA :.......................Cour administrative d'appel
CASF :.....................Code de l'action sociale et des familles
Cass. ass. plén. :......Assemblée plénière de la Cour de cassation
Cass. crim. :.............Chambre criminelle de la Cour de cassation
Cass. req. :..............Chambre des requêtes de la Cour de cassation
CCNE :....................Comité consultatif national d'éthique
C. constit. :..............Conseil constitutionnel
CE :.........................Conseil d'État
CEDH :....................Cour européenne des droits de l'homme
*Cf.* :.........................*Confer*
CGLPL :..................Contrôleur général des lieux de privation de liberté
chron. :....................Chronique
CIDE :......................Convention internationale des droits de l'enfant
Circ. :......................Circulaire
Civ. :.......................Chambre civile de la Cour de cassation
coll. :.......................Collection
comm. :...................Commentaire
concl. :....................Conclusions
cons. :.....................Considérant
*contra* :...................Contraire
CPC :.......................Code de procédure civile
CPP :.......................Code de procédure pénale
CSP :.......................Code de la santé publique

CSS : ........................Code de la sécurité sociale
*D.* : ..........................Recueil Dalloz
D. : ..........................Décret
*D. actu.* : .................Dalloz actualité
*DP* :..........................Dalloz périodique
dir. :..........................Direction
*Dr. fam.* :.................Revue Droit de la famille
*Dr. pén.* :.................Revue Droit pénal
éd. : ..........................Édition
ex. : ..........................Exemple
*Gaz. pal.* :................Gazette du Palais
*Ibid.* :.......................*Ibidem*, dans le même ouvrage
IGREC : .................Instruction générale relative à l'état civil
*in* : ...........................Dans
INED :......................Institut national d'études démographiques
INSERM : ..............Institut national de la santé et de la recherche médicale
*infra* : ......................Ci-dessous
*J. cl.* : .....................Jurisclasseur
*JCP G.* : .................La Semaine juridique – Édition générale
*JCP N* :....................La Semaine juridique – Notariale et immobilière
*JDSAM* :.................Journal de droit de la santé et de l'assurance maladie
*JO* : ..........................Journal officiel
*JOAN* : ....................Journal officiel de l'Assemblée nationale
L. :..........................Loi
LGDJ : ....................Librairie générale de droit et de jurisprudence
*LPA* : .......................Les Petites affiches
n$^{o(s)}$ : .......................Numéro(s)
OAA : .....................Organisme autorisé pour l'adoption
obs. :........................Observation
OMS : .....................Organisation Mondiale de la Santé
*op. cit.* : ..................Dans l'ouvrage précité
p. : ..........................Page(s)
PMA : .....................Procréation Médicalement Assistée
PMI : .......................Protection Maternelle et Infantile
préc. : ......................Précité
PUAM :...................Presses universitaires d'Aix-Marseille
PUF :.......................Presses universitaires de France

PUR : ......................Presses universitaires de Rennes
QPC : ......................Question prioritaire de constitutionnalité
*R.* :...........................Rapport annuel de la Cour de cassation
Rapp. :.....................Rapport
*RDSS* :.....................Revue de droit sanitaire et social
Rec. Lebon :............Recueil Lebon
rééd. : ......................Réédition
*RIDC* :.....................Revue internationale de droit comparé
*RFDA* :....................Revue française de droit administratif
*RJPF* :.....................Revue juridique personnes famille
*RRJ* : .......................Revue de recherche juridique, droit prospectif
*RTD civ.* :...............Revue trimestrielle de droit civil
*S.* :..........................Recueil du Sirey
s. :............................Et suivants
somm. : ..................Sommaire
spéc. : ......................Spécifiquement
*supra* :.....................Ci-dessus
t. :............................Tome
TGI : .......................Tribunal de grande instance
V. : ..........................Voir
v° :...........................*Verbo* (mot)
vol. :........................Volume

# INTRODUCTION

> *« Lamartine écrivit à propos d'un de ses célèbres poèmes dont j'ai oublié le titre qu'il était né en lui d'un seul jet, par une nuit de tempête, dans un bois. À sa mort, on retrouva les manuscrits avec les corrections et les variantes : c'était peut-être le plus "travaillé" de toute la littérature française ! »*
>
> U. ECO
> *in Le Nom de la rose*, rééd. 2012, Grasset, Apostille, p. 718.

**1.** Toute œuvre connaît des ébauches successives avant d'être publiée sous sa forme finale. Aucune ne vient à l'esprit avec une clarté immédiate et définitive. Il en va de même de l'être humain qui évolue lentement de sa conception jusqu'à sa mort. La venue au monde de la personne est même lente, et souvent douloureuse[1]. Mais comme le lecteur ne connaît que le livre qu'il a sous les yeux, et non les multiples ébauches du texte, le droit ignore généralement les divisions cellulaires successives de l'embryon humain puis le développement du fœtus. Ce n'est que s'il est vivant et viable que l'on considère traditionnellement que l'être humain, dès sa naissance, se trouve pourvu, subitement[2], de la personnalité juridique, passant du néant à l'être.

---

[1] Dans la littérature, v. A. MALRAUX, *La condition humaine*, 1946, Gallimard, coll. « Le livre de poche », p. 40 : « Pour moi, pour une femme, la souffrance – c'est étrange – fait plus penser à la vie qu'à la mort... À cause des accouchements, peut-être... ». – B. VIAN, L'arrache-cœur, 1962, éd. Jean-Jacques Pauvert, p. 16 : « Il y aura des années, des années, et chaque heure, chaque seconde sera peut-être le but, et toute cette douleur n'aura servi qu'à cela et à me faire mal pour tout le temps » ; puis p. 17 : « La mère, maintenant, hurlait à se lacérer la gorge. Les yeux du psychiatre s'accoutumaient à la lueur émanée du miroir. Il vit la femme gisante, le corps arqué, s'efforcer de tous ses membres. Elle poussa de longs cris successifs, et la voix retentissait aux oreilles de Jacquemort comme un voile de brume aigre et collante. [...] La mère, torturée, semblait près d'abandonner. Jacquemort se mit debout. Comme le troisième bébé arrivait, il le saisit adroitement, aida la femme. Brisée, elle retomba ». – Dans la littérature médicale : M. VALENTINO, « La perception douloureuse au cours de l'accouchement : au-delà de l'innervation », *in* R. FRYDMAN, M. SZEJER (dir.), *La naissance. Histoire, cultures et pratiques d'aujourd'hui*, Albin Michel, 2010, p. 1019 et s.

[2] Pour M. TEYSSIÉ, l'octroi de la personnalité est guidé par un principe de « simultanéité » (B. TEYSSIÉ, *Droit des personnes*, 23e éd., 2021, LexisNexis, coll. « Manuel », nos 32 et s., p. 26 et s.).

**2.** Étudier la notion de nouveau-né supposerait donc d'étudier l'enfant nouvellement titulaire de la personnalité juridique. Pourtant, le nouveau-né semble étranger au droit. La notion n'est pas définie dans le langage juridique, probablement parce que son sens est considéré comme acquis[1]. En effet, la notion de nouveau-né n'étant pas considérée comme une notion juridique, le sens qui lui est attribué dans le langage courant a pu paraître suffisant. Elle ne figure dans aucun dictionnaire de vocabulaire juridique. Dans le Code civil, elle n'est employée qu'une seule fois, dans l'article 58, qui concerne le nouveau-né trouvé. À propos de cet article, SAVATIER estime que cette « expression ne peut guère s'appliquer à des enfants que pendant leurs premiers mois de naissance, à peu près [...]. Sans doute, l'imprécision du terme, et l'incertitude de fait qui cache l'âge exact de l'enfant, permettent pratiquement de ne pas respecter rigoureusement ce critérium »[2].

Dans le langage courant, un nouveau-né est un « [e]nfant qui vient de naître »[3]. Or, cette définition n'offre pas la précision suffisante et nécessaire au langage juridique. Par exemple, le premier alinéa de l'article 58 du Code civil dispose que « [t]oute personne qui aura trouvé un enfant nouveau-né est tenue d'en faire la déclaration à l'officier de l'état civil du lieu de la découverte [...] ». *A contrario*, si l'enfant n'est plus un nouveau-né, la personne qui trouve un enfant n'est pas tenue d'en faire la déclaration à l'officier de l'état civil. Par conséquent, pour connaître le champ d'application de cet article, il faudrait pouvoir déterminer à partir de quand l'enfant n'est plus un nouveau-né, c'est-à-dire à partir de quand il n'est plus possible de dire qu'il *vient de naître*.

À cet égard, la doctrine est fort imprécise et ne propose pas de définition unanime de la notion de nouveau-né[4]. Ces propositions

---

[1] V. CHAMPEIL-DESPLATS, *Méthodologies du droit et des sciences du droit*, 3e éd., 2022, Dalloz, coll. « Méthodes du droit », nº 503, p. 336 : « les auteurs des énoncés juridiques peuvent tenir pour acquis que le sens de la plupart des mots qu'ils utilisent est connu de tous. Ils font le "pari communicationnel" de la réussite de leur acte de langage parce qu'ils présupposent l'existence d'une communauté de compréhension avec les destinataires de leurs textes. Le sens de certains mots est réputé évident pour tout le monde ».

[2] R. SAVATIER, note sous CA Paris, 3 nov. 1927 : *DP* 1930. II. 25.

[3] *Dictionnaire de l'Académie française*, 9e éd., vº « Nouveau-né ».

[4] Y. FAVIER, « Actes de l'état civil », *in Rép. civ.*, Dalloz, §102 ; X. LABBÉE, « L'amnésique », *D.* 1997, p. 29, ces deux auteurs définissant le nouveau-né comme un enfant paraissant âgé de moins d'un an ; G. LAUNOY, « Actes de l'état civil. Actes de naissance. Acte de naissance des enfants trouvés. Enfants trouvés et pupilles de

s'éloignent d'ailleurs de la définition du langage courant. La notion de nouveau-né employée dans l'article 58 du Code civil pourrait donc recevoir une définition autonome, propre au langage juridique.

**3.** Par ailleurs, la notion de nouveau-né est également employée dans le Code de la santé publique, d'une façon beaucoup plus importante, principalement dans les règles consacrées à l'obstétrique, la néonatologie et la réanimation néonatale, c'est-à-dire au sein des règles dédiées à la prise en charge de l'accouchement et de ses suites. Dans ces dispositions, la définition du nouveau-né mérite également d'être questionnée, d'autant plus qu'en médecine, le nouveau-né est un enfant de moins de vingt-huit jours[1]. Il existerait donc, en plus du langage commun et du langage juridique, une notion médicale de nouveau-né présente dans le droit positif.

Ces premières observations appellent une remarque : la notion de nouveau-né n'est pas cantonnée à un domaine particulier du droit, auquel cette recherche pourrait se limiter. Son emploi est épars et n'a pas fait l'objet de véritable mise en ordre. L'étude du nouveau-né consistera donc à systématiser l'emploi qui peut en être fait, et non à l'examiner sous toutes les coutures du droit, tâche qui s'avérerait vaine au regard de la nature transversale du travail. Par exemple, la présente étude ne traitera de la responsabilité, notamment civile, et du préjudice subi par le nouveau-né, que dans la mesure où la mise en œuvre de ces règles présente des particularités concernant le nouveau-né, au fil de la démonstration, et non dans une section dédiée.

**4.** Le besoin de précision est d'autant plus impérieux que le droit positif contient d'autres notions, qui paraissent voisines de la notion de nouveau-né, et qui souffrent du même manque de définition. C'est le cas du nourrisson, auquel certaines dispositions sont pourtant dédiées dans le Code de la santé publique[2] ou encore dans le Code de la consommation[3]. Si « définir » « consiste à borner, clôturer, fixer »[4] une

l'État », *in JCl. Civil Code*, LexisNexis, §4 : « Le sens littéral de l'expression commande toutefois qu'elle s'applique à une période restant voisine de la naissance, qui ne saurait donc excéder quelques semaines ».

[1] *Dictionnaire médical de l'Académie de médecine*, en ligne, v° « Nouveau-né », consulté le 20 sept. 2022.

[2] Par ex., CSP, art. R. 2132-4 à R. 2132-18.

[3] C. conso., art. L. 122-12 à L. 122-16, à propos des « préparations pour nourrissons ».

[4] L.-M. SCHMIT, *Les définitions en droit privé*, 2017, Presses de l'Université Toulouse 1 Capitole, coll. « Thèses de l'IFR », n° 2, p. 20.

notion, les bornes entre les notions de nouveau-né et de nourrisson, par exemple, demeurent inconnues.

**5.** Ce désintérêt pour la notion de nouveau-né peut également résulter du fait que le droit positif ne connaît principalement que deux âges : la minorité et la majorité. Pour cette raison, il peine à traduire les différents stades de l'enfance, de la naissance à la fin de l'adolescence : « à contempler l'évolution progressive qui caractérise le développement naturel de la vie humaine, il est à peine concevable que la vie juridique ne compte que deux états »[1]. Parfois, le droit reconnaît des seuils d'âges intermédiaires[2], mais ils ne concernent presque jamais le très jeune enfant.

Ils sont plutôt dédiés à des adolescents. En effet, le droit positif permet une atténuation de l'incapacité générale d'exercice du mineur en lui permettant, ponctuellement, d'agir sur la scène juridique sans représentation de ses parents : « on dénombre trois seuils d'âge principaux qui déclenchent l'octroi au mineur de droits participatifs : 13, 15 et 16 ans »[3]. Ainsi, à treize ans, le mineur doit consentir personnellement à son adoption plénière[4], à ses changements de nom[5] et de prénom[6], et à l'acquisition de la nationalité française[7]. Au-delà de quinze ans, son adoption plénière n'est plus permise[8]. À compter de l'âge de seize ans, le mineur peut être émancipé[9], et il peut réclamer lui-même l'octroi de la nationalité française[10].

En dehors du Code civil, d'autres seuils d'âges pourraient encore être recensés. Par exemple, le Code pénal prévoit également des seuils d'âges, que les mineurs soient auteurs[11] ou victimes d'une infraction. Dans ce dernier cas, c'est principalement le seuil de quinze ans qui a

---

[1] G. CORNU, « L'âge civil », *in Mélanges en l'honneur de Paul ROUBIER*, t. 2, 1961, Dalloz et Sirey, p. 9.
[2] « Dossier : Jeunesse et droit », *AJ fam.* 2017, p. 511 ; spéc. Y. FAVIER, J. BUREL, F. GRANET-LAMBRECHTS, M. JOURDAIN, M. REBOURG, « Seuils d'âge en droit des personnes et de la famille », p. 512.
[3] Ph. BONFILS, A. GOUTTENOIRE, *Droit des mineurs*, 3e éd., 2021, Dalloz, coll. « Précis », no 1684, p. 939.
[4] C. civ., art. 345, al. 3.
[5] C. civ., art. 61-3.
[6] C. civ., art. 60.
[7] C. civ., art. 21-11, al. 2.
[8] C. civ., art. 345, al. 1er.
[9] C. civ., art. 413-2.
[10] C. civ., art. 21-11, al. 1.
[11] C. pén. art. 122-8.

été retenu : c'est le cas, par exemple, en matière d'infractions sexuelles[1] ou d'atteintes volontaires à la vie[2]. En outre, le Code pénal contient une section entière dédiée aux atteintes aux mineurs[3].

Le droit positif connaît donc, au sein de la minorité, d'autres seuils d'âges, épars, permettant de tenir compte de l'évolution du mineur vers l'âge adulte. Son degré de maturité et de discernement justifie parfois son intervention sur la scène juridique sans représentation, allant dans le sens d'une reconnaissance d'une forme d'autonomie. Cependant, concernant le nouveau-né, il ne peut pas être question d'autonomie. Or, avant l'adolescence, le droit semble peu reconnaître divers degrés d'âges, faisant de la première enfance une longue période indifférenciée.

**6.** Ce constat peut être corrélé avec l'étude historique d'ARIÈS, qui a démontré que la prise en considération de diverses époques dans l'enfance est très récente[4]. Avant le XVIII$^{e}$ siècle, l'enfant n'était pas considéré comme un être humain nécessitant des soins adaptés à son âge et donc à son état de dépendance, mais bien comme une personne inachevée, transitant vers l'âge adulte[5]. En outre, l'enfant impliquait des dépenses. Il constituait donc une charge pour ses parents, ce qui explique les mauvais traitements infligés aux enfants en bas âge, et tout particulièrement aux nouveau-nés, mauvais traitements qui les conduisaient très souvent à la mort[6].

---

[1] C. pén., art. 222-22 et s.

[2] C. pén. art. 211-4 pour le meurtre.

[3] C. pén., art. 227-1 et s.

[4] Ph. ARIÈS, *L'enfant et la vie familiale sous l'Ancien régime*, Seuil, 1975, réimpr. « Points Histoire », spéc. p. 177 et s.

[5] *Ibid.*, p. 55 : « Nous parlons d'un monde de représentation où l'enfance est inconnue [...]. Cela signifie sans aucun doute que les hommes des X$^{e}$-XI$^{e}$ siècles ne s'attardaient pas à l'image de l'enfance, que celle-ci n'avait pour eux ni intérêt, ni même réalité. [...] l'enfance était un temps de transition, vite passé, et dont on perdait aussi vite le souvenir ». – P. OURLIAC, J.-L. GAZZANIGA, *Histoire du droit privé français de l'An mil au Code civil*, 1985, Albin Michel, coll. « L'évolution de l'humanité », p. 272-273 : « L'enfant est aimé pour l'avenir qui est en lui et Rabelais demeure fidèle à cette éthique : si l'enfant Pantagruel fait l'admiration de son père, il est avant tout le continuateur du lignage : “mon antiquité refleurira en ta jeunesse” ».

[6] E. BADINTER, *L'amour en plus*, 1980, Flammarion, coll. « Le livre de poche », p. 94 : « Pour les ménages les plus pauvres de la société, l'enfant est bien une menace pour la propre survie des parents. Ils n'ont donc d'autre choix que de s'en débarrasser. Soit en l'abandonnant à l'hôpital, ce qui, on le verra, laisse peu de chance de survie à l'enfant ; soit en le livrant à la nourrice la moins exigeante possible, ce qui ne donne

L'histoire témoigne d'ailleurs très bien du fait que la période la plus proche de la naissance était aussi la plus propice pour se débarrasser des enfants importuns. Parmi les exemples les plus connus[1], citons celui des Spartiates qui exposaient les enfants malformés[2], c'est-à-dire qu'ils les abandonnaient de manière à les laisser mourir par manque de soins[3]. Le droit romain accordait également au père de famille, le *pater familias*, un véritable droit de vie ou de mort sur le nouveau-né, découlant de la *patria potestas*, qui consistait également en une exposition du nouveau-né[4].

**7.** Il serait cependant hâtif de concevoir l'exposition antique des nouveau-nés comme un simple acte d'opportunité. Il s'agit même plutôt d'un rite, c'est-à-dire une « pratique réglée, à caractère symbolique ou magique, qui a cours dans une société donnée, pour une circonstance de la vie privée ou publique »[5]. Le rite est donc dépendant de règles[6]. Ainsi, en droit romain, la *patria potestas* n'existait que concernant la filiation légitime. Hors mariage, la filiation était établie par le fait naturel de l'accouchement : « La maternité établit entre la mère et celui auquel elle donne le jour un *lien naturel,* la *cognatio*, qui précisément

---

guère plus de chances au bébé ; soit enfin par une série de comportements plus ou moins tolérés, qui menaient rapidement l'enfant au cimetière ».

[1] Si connus qu'ils figurent dans la littérature : par ex., SADE, *La philosophie dans le boudoir ou Les instituteurs immoraux*, 1977, Gallimard, coll. « Folio classique », p. 245 et s.

[2] P. ROUSSEL, « L'exposition des enfants à Sparte », *Revue des études anciennes*, t. 45, 1943, n^os^ 1-2, p. 5 ; P. BRULÉ, « L'exposition des enfants en Grèce antique : une forme d'infanticide », *Enfances & Psy*, 2009/3, n° 44, p. 19.

[3] G. CORNU (dir.), *Vocabulaire juridique*, PUF, coll. « Quadrige », 2018, v° « Exposition d'enfant » : « Espèce de délaissement (aujourd'hui non spécifiée par la loi) ; fait d'abandonner à la mort ou à la providence, en un lieu propice, en général solitaire, un enfant incapable de se défendre et de subvenir à ses besoins. Ex. exposition d'Œdipe, abandonné par son père Laïos, roi de Thèbes, sur une montagne où le recueillirent des bergers (pour son destin fatal) ».

[4] Y. THOMAS, « Le "ventre". Corps maternel, droit paternel », *Le genre humain* 1986/1, n° 14, p. 211, spéc. p. 227 : « Aussitôt éjecté de la parturiente laissée assise sur son siège obstétrical, le nouveau-né est mis à terre. La sage-femme considérait alors s'il était viable. […] Mais, de cet examen, le père seul était juge ; ensuite il relevait l'enfant, ou l'exposait. Relèvement suivi d'une injonction de nourrir, on l'a vu, ou à l'inverse, rejet et refus de laisser vivre ». – V. également : P.-F. GIRARD, *Manuel élémentaire de droit romain*, 8e éd., 2003, Dalloz, coll. « Bibliothèque Dalloz », p. 150 ; A. LEVEBVRE-TEILLARD, *Introduction historique au droit des personnes et de la famille*, 1re éd., 1996, PUF, coll. « Droit fondamental », p. 234-235.

[5] *Dictionnaire de l'Académie française*, 9e éd., v° « Rite », II.

[6] P. ROUSSEL, « L'exposition des enfants à Sparte », préc.

parce qu'il est fondé sur la Nature existe per se, par lui-même »[1]. Il n'y avait pas, dans ce cas, de rite de naissance similaire à celui existant pour la filiation légitime ; l'enfant ne risquait donc pas l'exposition.

Ces rites entrent dans la catégorie des rites de passage, c'est-à-dire de rites « qui marque[nt] solennellement, dans certaines sociétés, l'accès à un nouveau statut »[2], et même, plus précisément, des rites de naissance : « *Intégrer* un nouveau-né à la tribu suppose des rites qui visent à *conjurer le mauvais sort* qui peut peser sur lui comme celui qu'il risque de porter *en* lui. *Protéger* le nouveau-né et la parturiente, rites apotropaïques[3] ; *se protéger* de lui ou le protéger *de lui-même*, sacrifices, baptêmes et rites de passage »[4]. Ces rites ont une fonction de socialisation et de protection, contre la magie[5] et contre la mort[6]. Ils séparent le nouveau-né de la nature, en permettant son intégration sociale en plus de sa venue au monde biologique. Or, la nature réside dans le lien maternel, et la culture dans les droits du père. Ces rites consistaient ainsi dans la séparation de l'enfant de sa vie prénatale, et donc, souvent, de sa mère.

**8.** Ces rites semblent avoir toujours existé[7], et certains d'entre eux sont bien connus parce qu'ils ont survécu jusqu'à notre époque. Parmi

---

[1] A. LEVEBVRE-TEILLARD, *Introduction historique au droit des personnes et de la famille*, *op. cit.*, p. 249.

[2] *Dictionnaire de l'Académie française*, 9e éd., v° « Rite », II.

[3] « Qui conjure le mauvais sort, protège contre toute influence mauvaise » (*Dictionnaire de l'Académie française*, 9e éd., v° « Apotropaïque »).

[4] Ph. GAUDIN, « L'énigme de la naissance entre philosophie et monothéismes », *in* R. FRYDMAN, M. SZEJER (dir.), *La naissance. Histoire, cultures et pratiques d'aujourd'hui*, 2010, Albin Michel, p. 11 et s., spéc. p. 16.

[5] L. BARTOLI, « Les rituels de naissance dans les cultures traditionnelles », *in* R. FRYDMAN, M. SZEJER, *La naissance. Histoire, cultures et pratiques d'aujourd'hui*, 2010, Albin Michel, p. 419.

[6] *Ibid.*, p. 421 : « Dans la pensée de nombreux pays, majoritairement du continent africain, l'enfant viendrait d'un monde qui est celui des ancêtres ou des esprits. Il est libre d'y retourner s'il en a envie ou s'il ne se plaît pas dans sa vie nouvelle. Entre deux mondes, l'enfant détient le choix de rester ou de repartir. Grande est la peur que ce bébé reparte dans le monde d'avant… Alors on s'emploie à l'attacher à la vie terrestre pendant les premiers jours et les premières semaines ». – Ce lien entre vie et mort se retrouve dans les rites funéraires, qui sont des actes de séparation du mort et du vivant (A. GAILLIARD, *Les fondements du droit des sépultures*, 2017, Institut Universitaire Varenne, coll. « Collection des thèses », p. 24).

[7] Sur le rituel de séparation dans la société kabyle, v. P. BOURDIEU, *La domination masculine*, 2002, Seuil, coll. « Points Essais », p. 43 et s. – Dans d'autres civilisations lointaines : L. BARTOLI, « Les rituels de naissance dans les cultures traditionnelles », *op. cit.*, p. 415. – Dans la tradition islamique : M. HOCINE BENKHEIRA, « Le septième

eux, citons par exemple la circoncision rituelle, ou *brit-milah*[1], qui est pratiquée le huitième jour après la naissance dans la tradition juive[2]. Elle est le symbole de l'alliance des croyants à Abraham[3], de l'appartenance à une même communauté[4], et elle est le « rite qui suscite toujours le plus d'interrogations mais aussi d'adhésion »[5]. Le rituel de la circoncision peut être conçu comme une façon pour le père de compléter l'enfant, que la nature a nécessairement fait imparfait : « On naît juif par la mère, mais on naît imparfait. La nature est donc imparfaite. Le père achève la création en faisant pratiquer la circoncision : il impose la marque culturelle sur la nature »[6]. Cette explication permet de se faire une idée de la condition de l'enfant nouveau-né qui n'est pas encore circoncis : « le mal, la captivité, la destruction du Temple, l'exil, sont dus aux péchés commis par Israël, en particulier à la négligence des commandements divins, parmi lesquels la circoncision »[7]. Le nouveau-né n'est donc pas perçu comme un être d'une grande fragilité nécessitant des soins adaptés. Il demeure

---

jour : des rituels de naissance en islam », *in* R. FRYDMAN, M. SZEJER, *La naissance. Histoire, cultures et pratiques d'aujourd'hui*, 2010, Albin Michel, p. 446.

[1] P. HIDIROGLOU, « Les rites de naissance dans les sociétés juives », *in* R. FRYDMAN, M. SZEJER (dir.), *La naissance, Histoire, cultures et pratiques d'aujourd'hui*, 2010, Albin Michel, p. 442.

[2] « À l'âge de huit jours que tout mâle, dans vos générations, soit circoncis par vous (…). Il sera circoncis, celui qui est né dans ta maison et celui qui est acquis à prix d'argent ; et mon alliance sera dans votre chair une alliance perpétuelle » (Gen. 17 : 12-14). – L'accomplissement du rite peut toutefois être reporté lorsque la santé de l'enfant le justifie : « si ce dernier a un problème mineur, on attend qu'il soit tout à fait remis. La circoncision a alors lieu dès que le problème a disparu ; s'il a une maladie, on attend sept jours après sa guérison et, s'il s'agit d'un prématuré, on attend qu'il ait acquis un poids et une constitution de nouveau-né » (P. HIDIROGLOU, *Les rites de naissance dans le judaïsme*, 1997, Les belles lettres, coll. « Histoire », p. 50).

[3] « Ceci est mon alliance que vous garderez, entre moi et vous et la postérité après toi : faire circoncire tout mâle d'entre vous. Vous circoncirez la chair de votre excroissance et ce sera un signe d'alliance entre moi et vous » (Gen. 17 : 10-11).

[4] P. HIDIROGLOU, « Les rites de naissance dans les sociétés juives », *op. cit.*, p. 443 : « c'est l'attachement au passé, le rappel d'une identité culturelle, le sentiment d'une appartenance à un destin commun ou encore le sentiment d'affiliation à un lignage très ancien qui les pousse à transmettre par la circoncision leur identité. […] Le terme orlah – prépuce – renvoie aux premiers fruits des arbres que l'on doit offrir à Dieu et non consommer : aussi pour être fécond l'homme a-t-il le devoir d'améliorer la nature, de la socialiser ».

[5] P. HIDIROGLOU, « Les rites de naissance dans les sociétés juives », *op. cit.*, 442.

[6] P. HIDIROGLOU, *Les rites de naissance dans le judaïsme*, *op. cit.*, p. 121.

[7] *Ibid.*, p. 124.

plutôt empreint de sa condition prénatale, et il faut l'intervention du père pour l'en séparer : « Tout juste né, le bébé est encore partie du corps de la mère. Lorsque les hommes viennent lui prendre son enfant pour procéder à la circoncision, ils signifient à la mère que le garçon est à eux et n'est plus à elle »[1].

**9.** Cette idée de coupure de l'enfant avec sa vie prénatale est également au fondement du rite du baptême : « Sacrement de la seconde naissance, de la purification et de la régénération, début et fondement de toute la vie spirituelle, le baptême est la condition sine qua non pour accéder au salut et à la vie éternelle »[2]. Il « ouvre l'acces aux sacrements »[3]. Si le baptême a une telle importance, c'est parce que tant qu'il n'était pas pratiqué, l'enfant était autrefois considéré comme voué aux limbes[4], qui était un « lieu d'attente et de permanence – mais on ne savait pas s'il y avait ou non de la souffrance physique – lieu pénible, dont l'image angoissait les familles frappées par la mort d'un nouveau-né non baptisé »[5]. Si l'enfant n'était pas baptisé, il était privé de sépulture[6], du moins selon la doctrine catholique[7]. Pour assurer la vie spirituelle de leur enfant, les parents pouvaient alors mettre sa vie

---

[1] E. BADINTER, *XY. De l'identité masculine*, 14e éd., 2017, Odile Jacob, coll. « Le livre de Poche », p. 87.

[2] C. PANCINO, « Le baptême catholique des nouveau-nés », *in* R. FRYDMAN, M. SZEJER (dir.), *La naissance. Histoire, cultures et pratiques d'aujourd'hui*, 2010, Albin Michel, p. 423.

[3] *Ibid.*, p. 423 et s. : « Si l'accouchement se termine par la venue au monde physique de l'enfant, c'est le baptême qui marque son entrée dans la communauté, et l'attribution du nom pendant le rite signe l'appartenance de l'individu au groupe ».

[4] Le dogme des limbes a récemment été abandonné, pour faire place à d'autres rituels, « inventés pour adoucir la couleur du deuil » (C. CHAPUT-LE BARS, T. CHARTRIN, G. RAOUL-CORMEIL, « Naissances blanches – le deuil périnatal entre propriété du corps de l'enfant et liberté du sujet », *in* A. CATHERINE, A. CAYOL (dir.), Dossier. Le corps humain saisi par le droit : entre propriété et liberté, *CRDF*, vol. 15, 2017, p. 115-122).

[5] C. PANCINO, « Le baptême catholique des nouveau-nés », préc., p. 430.

[6] Ph. ARIÈS, *L'enfant et la vie familiale sous l'Ancien Régime*, *op. cit.*, p. 61 : « On rapporte qu'on a très longtemps conservé en pays basque l'habitude d'enterrer dans la maison, sur le seuil, dans le jardin, l'enfant mort sans baptême ».

[7] R. POUPIN, « Le baptême et la naissance spirituelle », *in* R. FRYDMAN, M. SZEJER (dir.), *La naissance. Histoire, cultures et pratiques d'aujourd'hui*, 2010, Albin Michel, p. 431, spéc. p. 432 : ce n'est pas le cas des protestants, « qui, distinguant plus nettement le baptême de ce qu'il signifie, ne conditionnent pas le salut au rite ».

physique en danger, en le transportant dans des conditions périlleuses pour son existence[1].

**10.** Certains de ces rites sont au fondement de règles juridiques qui ont subsisté jusqu'en droit positif. Le baptême est l'un de ces fondements. En effet, les registres de baptême ont permis l'établissement d'un état civil écrit dès le moyen âge, sous l'influence du pouvoir royal. Autrefois fondé sur la possession d'état, l'état civil des personnes a nécessité la mise en place de registres, tant pour des raisons de fiabilité que pour éviter les infanticides. En 1539, l'ordonnance de Villers-Cotterêts a ainsi imposé la tenue de registres de baptême par les curés[2]. C'est lors de la Révolution française que les registres ont été laïcisés et confiés aux communes[3]. Les registres paroissiaux ont alors été remplacés par les registres de l'état civil, et les registres des baptêmes par les actes de naissance. Le fait constaté n'est donc plus exactement le même. La laïcisation de l'état civil a cependant laissé persister un délai entre le fait biologique de la naissance et l'établissement de l'acte qui la constate. Ce délai permet, notamment, d'établir la viabilité du nouveau-né, c'est-à-dire son aptitude à survivre après l'accouchement.

**11.** La nécessité d'établir la viabilité du nouveau-né trouve également sa source dans d'anciennes croyances, qui sont au fondement de règles qui ont persisté jusqu'en droit positif. Le lien entre les rites de naissance et l'examen de la viabilité a déjà été souligné en doctrine : « les Spartiates et, sans doute, les Romains vouaient à la mort les êtres contrefaits. Pendant le moyen âge, on les considérait comme des

---

[1] *Ibid.*, p. 429 : « Les enfants étaient portés hors de la maison pour être baptisés, même en plein hiver, par mauvais temps, pour de longs trajets à pied. Dans certaines régions de montagne, des petits lits clos de bois, à porteurs, étaient destinés à ce transport des nouveau-nés. [...] L'excès de zèle des parents pour assurer la vie éternelle contribuait ainsi à menacer la vie terrestre ».

[2] A. LEFEBVRE-TEILLARD, *Introduction historique au droit des personnes et de la famille*, *op. cit.*, n° 57, p. 77 ; C. DUGAS DE LA BOISSONNY, *L'état civil*, 1987, PUF, coll. « Que sais-je ? », p. 13 et s., où l'auteur retrace l'histoire de l'état civil avec une grande précision ; E. ACOLLAS, *Les actes de l'état civil*, 1886, rééd. 2017, Hachette Livre et BNF, p. 8.

[3] A. LEFEBVRE-TEILLARD, *Introduction historique au droit des personnes et de la famille*, *op. cit.*, n° 58, p. 78. – C'est également dès cette époque qu'émergent les premiers baptêmes républicains, qui ont persisté jusqu'aujourd'hui, et dont la valeur est purement symbolique (J. LALOUETTE, « Les baptêmes républicains », *in* R. FRYDMAN, M. SZEJER (dir.), *La naissance. Histoire, cultures et pratiques d'aujourd'hui*, Albin Michel, 2010, p. 455 et s.).

“créatures du diable” et on leur refusait tout droit civil »[1]. Ces croyances sont à l'origine des théories sur les êtres « monstrueux », dont l'exemple le plus célèbre est le *Traité des monstres* d'Ambroise PARÉ[2], publié au XIVe siècle : « les naissances monstrueuses, interprétées de différentes façons pendant les périodes historiques dans les cultures, les lois et les traditions élaborées par les hommes ont souvent été identifiées à un signe avertissant d'un danger ou pénalisant une faute »[3].

La crainte d'attribuer la personnalité juridique à des êtres non-humains conduisit à adopter la notion de viabilité, fondée sur la théorie des « môles »[4] : « Ce terme de môle qui n'indique rien de précis, devait disparaître avec les progrès de la science, mais la théorie des môles, dont l'autorité s'imposa jadis, éveilla la crainte de voir conférer la personnalité, non à des enfants, mais à des produits sans nom, ne présentant rien d'humain »[5]. Cette théorie a eu des conséquences importantes dans le domaine juridique, comme en témoigne un arrêt de la chambre criminelle de la Cour de cassation, selon lequel « l'être qui vient au monde avant ce terme [180 jours, ou six mois de gestation], privé non seulement de la vie, mais des conditions organiques indispensables à l'existence ne constitue qu'un produit innomé et non un “enfant”, dans le sens que le législateur a donné à cette expression »[6].

---

[1] J. FRANÇOIS, « Contribution à l'étude de la personnalité », *Revue générale du droit, de la législation et de la jurisprudence en France et à l'étranger* 1932, p. 13, spéc. p. 15.

[2] A. PARÉ, *Deux livres de chirurgie, I. De la génération de l'homme, et manière d'extraire les enfans hors du ventre de la mère, ensemble ce qu'il faut faire pour la faire mieux, et plus tost accoucher, avec la cure de plusieurs maladies qui lui peuvent survenir. 2. Des monstres tant terrestres que marins, avec leurs portraits. Plus un petit traité des plaies faites aux parties nerveuses*, Paris, chez André Wechel, 1573, spéc. le second livre.

[3] J.-L. FISCHER, « Naissances monstrueuses : l'enfant anormal à travers les âges », *in* R. FRYDMAN, M. SZEJER, *La naissance. Histoire, cultures et pratiques d'aujourd'hui*, 2010, Albin Michel, p. 201.

[4] Une môle est une « [d]égénérescence du placenta qui entraîne un avortement spontané précoce » (*Dictionnaire de l'Académie française*, 9e éd., v° « Môle », II). Les auteurs du *Dictionnaire de l'Académie française* rattachent le mot « môle » au latin *mola*, « meule ». Cependant, le *Dictionnaire médical de l'Académie nationale de médecine* retient une définition plus large : « Originellement : tout corps expulsé par l'utérus ». Il ne retient pas non plus la même étymologie : la notion serait issue du mot *moles, is*, « masse ». Cette deuxième étymologie semble plus probable : la théorie des môles a en effet conduit à qualifier juridiquement l'enfant non-viable de « produit innomé », et une « masse » est un « [a]mas de matière sans forme définie ».

[5] J. FRANÇOIS, « Contribution à l'étude de la personnalité », préc., spéc. p. 21.

[6] Cass. crim., 7 août 1874, *Bohard* : *S.* 1875.1.41.

Finalement, le législateur a inséré l'article 79-1 du Code civil[1], lequel permet désormais d'établir un acte d'enfant sans vie lorsque l'enfant naît sans vie, ou vivant mais non viable.

Le sort de l'enfant non-viable s'est donc nettement amélioré symboliquement, puisqu'il n'est plus qualifié de « produit innomé » : son humanité est désormais reconnue. La viabilité demeure cependant un critère permettant de distinguer les nouveau-nés. En effet, selon l'article 79-1 du Code civil, si l'enfant naît vivant et viable, un acte de naissance peut lui être établi ; dans le cas contraire, c'est un acte d'enfant sans vie qui doit être établi. Ces deux actes constatent pourtant le même événement : l'accouchement. Avant de pouvoir être établis, ils nécessitent donc l'examen de la viabilité de l'enfant. Cela suppose donc que juste après sa naissance, l'enfant demeure sur le seuil de la personnalité juridique, et qu'il ne peut y accéder que si sa viabilité est démontrée c'est-à-dire son *aptitude* à vivre, aptitude qu'il n'aura plus, ensuite, à démontrer[2].

**12.** La condition du nouveau-né est donc paradoxale. La naissance est un événement suffisamment important pour justifier, dans toutes les sociétés, des rites de passage, qui permettent l'accueil de l'enfant nouveau-né. Mais ces rites traduisent également une défiance vis-à-vis de l'enfant, qui peut parfois le conduire à la mort, comme en atteste l'exemple de l'exposition. Ce paradoxe est bien connu en philosophie.

En effet, si la naissance est avant tout un processus biologique, définie dans le langage courant comme la « venue d'un être à la vie »[3], elle est également parée d'une dimension symbolique forte. En philosophie, la naissance est « l'événement métaphysique par excellence »[4]. Elle est glorifiée, et souvent considérée comme un miracle, c'est-à-dire, selon le premier sens du terme, comme la « manifestation, dans le monde, d'une action intentionnelle supérieure

---

[1] L. n° 93-22 du 8 janv. 1993 modifiant le code civil relative à l'état civil, à la famille et aux droits de l'enfant et instituant le juge aux affaires familiales, art. 6.

[2] Dans le cas contraire, les personnes en fin de vie se trouveraient déchues de leur personnalité juridique, ce qui n'est pas le cas.

[3] *Dictionnaire de l'Académie française*, 9e éd., v° « Naissance ». – V. également la définition du *Dictionnaire médical de l'Académie nationale de médecine*, en ligne : « Commencement de la vie autonome hors de l'organisme maternel d'un être qui, dans l'espèce humaine, a dépassé 22 semaines d'aménorrhée maternelle, pèse plus de 500 grammes, mesure plus de 25 cm et exprime au moins une activité cardiaque, un mouvement respiratoire ou une contraction musculaire ».

[4] Ph. GAUDIN, « L'énigme de la naissance entre philosophie et monothéismes », *op. cit.*, spéc. p. 12.

à la puissance humaine »[1]. La mythologie grecque, entre autres, regorge de naissances miraculeuses, à l'instar de celle d'Athéna – « [a]dulte et toute armée, elle sortit du crâne de Zeus »[2] – ou de celle de Dionysos, né de la cuisse de Zeus[3].

Plus proche de notre tradition, et appliquée à l'homme, en philosophie politique, la naissance est comparée au miracle de la Nativité, dont l'analyse la plus connue est celle d'ARENDT : « Le miracle qui sauve le monde, le domaine des affaires humaines, de la ruine normale, "naturelle", c'est finalement le fait de la natalité, dans lequel s'enracine ontologiquement la faculté d'agir. En d'autres termes : c'est la naissance d'hommes nouveaux, le fait qu'ils commencent à nouveau, l'action dont ils sont capables par droit de naissance. Seule l'expérience totale de cette capacité peut octroyer aux affaires humaines la foi et l'espérance [...]. C'est cette espérance et cette foi dans le monde qui ont trouvé sans doute leur expression la plus succincte, la plus glorieuse dans la petite phrase des Évangiles annonçant leur "bonne nouvelle" : "Un enfant nous est né" »[4]. Cette formulation mystérieuse[5] a été expliquée avec pédagogie par Monsieur HABERMAS : « Pour Arendt, la promesse biblique "un enfant nous est né" continue de projeter un reflet eschatologique[6] sur chaque naissance, qui porte en elle l'espérance qu'un tout autre viendra briser la chaîne de l'éternel retour. Le regard ému de ceux qui assistent, curieux, à la venue du nouveau-né trahit cette "espérance dans l'inespéré" »[7]. Cette

[1] A. LALANDE, *Vocabulaire technique et critique de la philosophie*, 3e éd., 2010, PUF, coll. « Quadrige », v° « Miracle ».

[2] E. HAMILTON, *La mythologie*, 1978, Marabout, coll. « Marabout université », p. 24.

[3] E. CANTARELLA, « Mythologies de la naissance dans l'Antiquité gréco-latine », *in* R. FRYDMAN, M. SZEJER, *La naissance. Histoire, cultures et pratiques d'aujourd'hui*, 2010, Albin Michel, p. 26.

[4] H. ARENDT, *Condition de l'homme moderne*, Calmann-Lévy, coll. « Agora », 1994, p. 314. – Sur les différents récits de la Nativité : P.-A. BERNHEIM, « La naissance du Divin Enfant », *in* R. FRYDMAN, M. SZEJER (dir.), *La naissance. Histoire, cultures et pratiques d'aujourd'hui*, 2010, Albin Michel, p. 39.

[5] RICOEUR, qui a préfacé la *Condition de l'homme moderne*, imagine « la perplexité des lecteurs confrontés à cette déclaration finale » (P. RICOEUR, « Préface », *in* H. ARENDT, *Condition de l'homme moderne*, *op. cit.*, p. 31).

[6] A. LALANDE, *Vocabulaire technique et critique de la philosophie*, *op. cit.*, v° « Eschatologie » : « Doctrine concernant les fins dernières de l'univers et de l'humanité. Employé spécialement par les théologiens pour désigner le problème de la "fin du monde", du "jugement dernier" et de l'état définitif qu'il doit inaugurer ».

[7] J. HABERMAS, *L'avenir de la nature humaine. Vers un eugénisme libéral ?*, 2002, Gallimard, coll. « Tel », p. 90.

dimension miraculeuse transparaît à travers la notion même de « nouveau-né », par l'adjonction de l'adjectif « nouveau » et du participe passé « né » : « nouveau-né ne signifie pas seulement qu'un enfant est *nouvellement* né mais qu'il est vraiment *nouveau*, unique »[1].

Mais la naissance est également chargée d'une signification inverse : celle d'une malédiction[2]. Ce deuxième aspect de la naissance trouve également une illustration biblique dans la plainte de Job : « Enfin Job ouvrit la bouche et maudit le jour de sa naissance. Il prit la parole et dit : Périsse le jour qui me vit naître »[3]. La naissance, en effet, suppose le passage du néant à l'être, avec la souffrance qui accompagne la vie, souffrance qui n'a pas été choisie[4]. En outre, la naissance suppose qu'avant elle, l'être n'existe pas. Elle renvoie donc la personne, avec sa mort[5], à sa propre finitude, par rapport au monde qui est infini.

Le droit demeure empreint de ce paradoxe, qui affecte le nouveau-né, et ce même si sa situation s'est nettement améliorée.

**13.** Cette amélioration s'est traduite par un abandon progressif des anciennes croyances entourant la naissance, qui ont été remplacées par d'autres considérations plus rationnelles. Ce changement de regard sur le nouveau-né est en partie lié à la mise en place des premières politiques de naissance dès le XVIII^e siècle, notamment pour des motifs économiques : « l'enfant a changé de statut : il est devenu une valeur marchande possible. Le sens de la prévision et de l'anticipation s'étant développé chez les hommes de la fin du siècle, on ne voit plus en lui la charge qu'il représente à court terme, mais la force de production qu'il incarne à long terme. Il devient un investissement profitable pour l'État qu'il serait bête et "imprévoyant" de négliger »[6]. L'État commence alors à se préoccuper de l'état de santé des nouveau-nés, et de la prise en charge de ceux qui sont abandonnés à la naissance.

---

[1] Ph. GAUDIN, « L'énigme de la naissance entre philosophie et monothéismes », *op. cit.*, p. 12. – Dans le même sens, v. H ARENDT, *Condition de l'homme moderne*, *op. cit.*, p. 142 : « La naissance et la mort des êtres humains ne sont pas de simples événements naturels ; elles sont liées à un monde dans lequel apparaissent et d'où s'en vont des individus, des entités uniques, irremplaçables, qui ne se répéteront pas ».

[2] Ph. GAUDIN, « L'énigme de la naissance entre philosophie et monothéismes », *op. cit.*, spéc. p. 14 et s.

[3] Job 3, 1-26.

[4] CIORAN, *De l'inconvénient d'être né*, 2018, Gallimard, coll. « Folio essais ».

[5] V. JANKÉLÉVITCH, *La mort*, 1977, Flammarion, rééd. 2017, coll. « Champs essais », p. 42-43, puis p. 117.

[6] E. BADINTER, *L'amour en plus*, *op. cit.*, p. 204.

C'est également la guerre qui rend la question de la natalité si importante : « À la veille de la guerre de 1870, Brochard, les yeux tournés vers la Prusse, et conscient du problème de la dénatalité, supplie les mères françaises de faire leur devoir, c'est-à-dire d'assurer la survie de leur enfant »[1]. Ces politiques ont pour ambition d'encourager les naissances d'une part, et de permettre la survie des jeunes enfants d'autre part. Ces motifs politiques, principalement d'ordre économique et militaire[2], ont donc conduit à une nette amélioration du sort des enfants nouveau-nés.

Depuis, les politiques de naissance n'ont plus jamais cessé de préoccuper l'État, tant à l'étranger[3] qu'en France. D'autres préoccupations entourant la natalité ont vu le jour, comme celle entourant le système français de retraites par répartition, qui suppose qu'un nombre suffisant de personnes travaillent pour financer les pensions de ceux qui sont à la retraite : une baisse de la natalité entrainerait ainsi, fatalement, une baisse de la population active.

Très récemment encore, une proposition de loi, qui n'a jamais été débattue, prévoyait notamment dans son article 1er que « [l]a relance de la natalité est déclarée "Grande cause nationale" »[4], après avoir souligné, dans l'exposé des motifs, les effets néfastes de la baisse de la natalité : « L'avenir de la Nation est désormais hypothéqué, aussi bien dans sa continuité historique que dans sa vitalité économique. Le "*baby crack*" d'aujourd'hui pourrait devenir notre "*hiver démographique*" demain ; ce serait pour notre pays un déclin définitif, un péril mortel, une sortie de l'Histoire sans le moindre espoir de retour »[5]. Ce ton alarmiste témoigne du fait que l'état de santé des enfants et la natalité sont des préoccupations qui demeurent importantes dans la conduite des affaires de l'État.

**14.** Ces politiques de natalité ont accompagné une médicalisation progressive de l'accouchement, qui a permis de réduire lentement la mortalité infantile. En effet, la semaine suivant immédiatement

---

[1] *Ibid.*, p. 205.

[2] Ph. CHARRIER, G. CLAVANDIER, *Sociologie de la naissance*, 2013, Armand Colin, coll. « U », p. 30.

[3] Not. la « politique de l'enfant unique » menée en Chine, et récemment abandonnée (C. COLLOMBET, « Chine : de la politique de l'enfant unique à une politique familiale ? », *RDSS* 2014, p. 91).

[4] Proposition de loi n° 4067 visant à renouer avec une politique familiale ambitieuse pour relancer la natalité en France.

[5] *Ibid.*

l'accouchement est celle au cours de laquelle l'enfant est le plus vulnérable, et donc au cours de laquelle des soins sont indispensables[1]. C'est justement pour cette raison que la viabilité est établie à ce moment de la vie de la personne. Les soins médicaux apportés aux nouveau-nés ont ainsi permis d'améliorer la démographie du pays. Ils ont nécessité la mise à l'écart des anciennes matrones dès le XVIIe siècle[2], qui étaient considérées comme détentrices d'un savoir féminin sur l'accouchement, souvent tiré de leur propre expérience. Elles ont été progressivement remplacées par des sages-femmes[3], qui ont elles-mêmes progressivement été placées sous l'autorité de médecins, et notamment des obstétriciens[4]. Le savoir traditionnel a ainsi été remplacé par un savoir médical.

Par ailleurs, l'accouchement s'est de moins en moins pratiqué à domicile[5], pour se dérouler presque exclusivement, aujourd'hui, à l'hôpital. Le fonctionnement des services d'obstétrique, de néonatologie et de réanimation néonatale fait désormais l'objet d'une réglementation extrêmement précise pour permettre la réalisation d'accouchements dans les meilleures conditions de sécurité[6].

Depuis peu, il est même possible d'accoucher dans un environnement moins médicalisé, pour répondre au désir des parturientes. L'État vient ainsi de pérenniser le fonctionnement des maisons de naissance, qui permettent d'accoucher dans un établissement attenant à une maternité, géré par des sages-femmes[7]. Les maternités ont également mis en place des unités « kangourous » dès 1987, afin de « concilier les besoins médicaux du nouveau-né avec une sécurité maximale, tout en favorisant le lien mère-enfant »[8]. La création de ces unités traduit également la place grandissante occupée par la psychologie dans les soins apportés à l'enfant, place dont l'importance a été réaffirmée avec le rapport dédié aux 1000 premiers jours, commandé par le ministère de la santé : « la période des "1000 premiers

---

[1] Rapp. Académie Nationale de Médecine, « La première semaine de la vie », 31 mai 2005, *Bull. Acad. Méd.*, 2005, 189, n° 5, 1031-1039, séance du 31 mai 2005.
[2] Ph. CHARRIER, G. CLAVANDIER, *Sociologie de la naissance*, *op. cit.*, p. 22 et s.
[3] *Ibid.*, p. 24 et s.
[4] *Ibid.*, p. 26 et s.
[5] Sur l'accouchement à domicile : *cf. infra*, n[os] 278 et s.
[6] CSP, art. D. 6124-35 et s. et art. R. 6123-39.
[7] *Cf. infra*, n[os] 274 et s.
[8] L. FOIX-L'HÉLIAS, « Les unités kangourous », *in* R. FRYDMAN, M. SZEJER (dir.), *La naissance. Histoire, cultures et pratiques d'aujourd'hui*, 2010, Albin Michel, p. 1190 et s.

jours" sera comprise comme s'étendant de 4e mois de grossesse aux deux ans de l'enfant ; parfois, lorsque les problématiques le justifient, l'expression sera utilisée pour couvrir une période plus large s'étendant de la période préconceptionnelle jusqu'à l'âge de 3 ans. Cette diversité des acceptions ne doit pas masquer le dénominateur commun qui sous-tend l'appellation des "1000 jours" : la période recèle des enjeux considérables pour la société dans son ensemble et doit intéresser les pouvoirs publics. Garantir la bonne santé et le développement des enfants aujourd'hui, c'est agir pour les parents, les citoyens, et la société de demain »[1]. Ces considérations démontrent que la prise en charge de l'accouchement et du nouveau-né évolue et se complexifie.

**15.** En plus de ce mouvement de rationalisation de la naissance, le nouveau-né symbolise l'accès à une parenté désormais désirée : la naissance est devenue un « projet »[2], devenu possible notamment grâce aux lois successives sur la contraception[3] et sur l'interruption de grossesse[4]. En effet, si la survie des nouveau-nés ne suscitait guère d'émoi avant le XVIIIe siècle, c'est parce que la plupart de ces enfants n'étaient pas désirés. Or, nous vivons aujourd'hui dans une société qui a placé le désir d'enfant au cœur de ses préoccupations, comme en ont témoigné les motifs ayant conduit à l'ouverture de la PMA aux couples de femmes et aux femmes non-mariées. Le droit positif est imprégné de ces débats, et dans cet environnement, la protection de la vie des enfants qui viennent de naître est d'autant plus importante.

**16.** Mais la naissance est également un événement qui suscite des drames, notamment lorsque la naissance n'est pas désirée. Le droit est parsemé d'exemples en attestant. Notamment, c'est dès l'accouchement que la parturiente peut demander le secret de son identité afin d'empêcher l'établissement d'un lien de filiation à son égard. Cette décision a également pour effet de priver l'enfant, par ricochet, de sa famille d'origine. Une telle décision ne peut pas être prise à un autre moment. Ainsi, c'est justement au moment de sa vie où l'enfant a le plus besoin de soins que le droit permet son abandon.

---

[1] Rapp. Ministère des solidarités et de la santé, *Les 1000 premiers jours. Là où tout commence*, 2020, p. 12.

[2] Ph. CHARRIER, G. CLAVANDIER, *Sociologie de la naissance*, *op. cit.*, p. 44 et s. ; C. DEBEST, *Le choix d'une vie sans enfant*, 2014, PUR, coll. « Le sens social ».

[3] L. n° 67-1176 du 28 déc. 1967 relative à la régulation des naissances et abrogeant les articles L. 648 et L. 649 du code de la santé publique, dite « loi Neuwirth ».

[4] L. n° 75-17 du 17 janv. 1975 relative à l'interruption volontaire de grossesse, dite « loi Veil ».

La raison d'existence de cette règle est bien connue : la période qui suit immédiatement la naissance est celle qui est également la plus propice aux infanticides, c'est-à-dire, comme le définissait l'ancien article 300 du Code pénal, « le meurtre ou l'assassinat d'un enfant nouveau-né ». L'histoire regorge d'exemples et de procès contre des mères infanticides[1]. Cette question avait justement conduit à la création des tours, dans le mur des hospices, pour que les femmes ayant accouché puissent y déposer leur nouveau-né sans être vues[2]. L'accouchement dans le secret est l'héritage de cet arbitrage, qui permet de dissuader les infanticides, mais qui prive l'enfant de sa famille d'origine.

L'institution de l'accouchement dans le secret n'a cependant pas empêché la découverte d'infanticides récents, qui suscitent toujours un émoi important dans l'opinion publique. C'est le cas de l'affaire *Véronique Courjault*, que la presse avait surnommé l'« affaire des bébés congelés », ou encore de l'affaire *Dominique Cottrez*, qui avait tué huit de ses enfants nouveau-nés, affaire au sujet de laquelle l'Assemblée plénière de la Cour de cassation avait eu à se prononcer[3].

**17.** La naissance peut également ne pas être désirée lorsque l'enfant souffre d'un lourd handicap. En atteste la célèbre affaire *Perruche*[4,]

---

[1] V. par ex. : S. MINVIELLE, « Marie Bonfils, une veuve accusée d'infanticide dans le Bordelais de la fin du XVIIIe siècle », *Dix-septième siècle*, 2010/4, n° 249, p. 623-643.

[2] C. NEIRINCK, « L'accouchement sous X : le fait et le droit », *JCP G* 1996, n° 15, doctr. 3922 : « Il existe en France une tradition assez ancienne d'abandon organisé d'enfants nouveau-nés. On peut faire remonter cette pratique à l'époque de Saint-Vincent de Paul qui introduisit l'usage du tour, sorte de tourniquet placé dans le mur d'un hospice. La mère y déposait l'enfant puis sonnait une cloche. À ce signal, de l'autre côté du mur, quelqu'un faisait basculer le tour et recueillait le nourrisson sans avoir vu celle qui l'y avait mis ».

[3] Cass. Ass. plén., 7 nov. 2014, n° 14-83.739, *Bull. crim., n° 1* : *D. actu.*, 21 nov. 2014, obs. C. FONTEIX ; *RSC* 2014. 777, note Y. MAYAUD ; *ibid.* 803, note D. BOCCON-GIBOD ; *D.* 2014. 2498, note R. PARIZOT ; *ibid.* 2469, note L. SAENKO ; *D.* 2015. 1738, obs. J. PRADEL ; *ibid.* 1919, obs. Ph. BONFILS et A. GOUTTENOIRE ; *RSC* 2015. 121, note A. GIUDIELLI ; *Dr. fam.* 2015, n° 1, p. 1, comm. Ph. BONFILS ; *DP* 2014, n° 12, comm. A. MARON et M. HAAS ; *ibid.*, note J.-Y. MARÉCHAL ; *AJ pén.* 2015. 36, note A. DARSONVILLE.

[4] Cass. Ass. plén., 17 nov. 2000, n° 99-13.701 : *D.* 2000, p. 44, note C. LABRUSSE-RIOU et B. MATHIEU ; *D.* 2001, p. 316, concl. orales J. SAINTE-ROSE ; *ibid.*, p. 332, note D. MAZEAUD et note P. JOURDAIN ; *ibid.*, somm. 2796, obs. F. VASSEUR-LAMBRY ; *ibid.*, p. 489, chron. J.-L. AUBERT ; *ibid.*, p. 492, chron. L. AYNÈS ; *ibid.*, p. 1263, note Y. SAINT-JOURS ; *ibid.*, p. 1889, chron. P. KAYSER ; *D.* 2002, p. 1996, chron. A. SERIAUX ; p. 2349, chron. B. EDELMAN ; *JCP* 2000.II.10438, rapp.

dans laquelle, selon une partie de la doctrine, la Cour de cassation avait admis le préjudice de naissance de l'enfant handicapé. Le droit anglo-saxon reconnaît l'existence d'un préjudice similaire, à travers l'action en *wrongful birth* qui est « l'action intentée par les parents du fait de l'obligation d'entretien et d'éducation de l'enfant »[1], ou en *wrongful life*, qui est « celle intentée par l'enfant pour le fait d'être né »[2]. Le législateur français a immédiatement réagi à cette décision par la loi du 4 mars 2002, dont le premier article disposait que « [n]ul ne peut se prévaloir d'un préjudice du seul fait de sa naissance » [3]. Le droit positif refuse donc d'indemniser les souffrances qui ne résultent pas d'une faute humaine, et qui n'auraient pu être évitées qu'en empêchant la naissance. L'importance de la question philosophique justifie sûrement le nombre important de commentaires que l'arrêt *Perruche* a suscités, ainsi que leur ton souvent très tranché[4].

**18.** Le droit positif est donc toujours empreint de ce paradoxe entourant la naissance, malgré l'abandon progressif des anciens rites entourant l'accueil du nouveau-né : même si le nouveau-né est théoriquement pourvu de la personnalité juridique dès sa naissance, il semble devoir franchir un seuil intermédiaire entre son ancienne condition juridique d'enfant à naître et la personnalité juridique.

---

P. SARGOS, concl. J. SAINTE-ROSE, note F. CHABAS ; *ibid.*, I.279, note G. MÉMETEAU ; *ibid.*, n° 50, p. 2267, note F. TERRÉ ; *JCP* 2001.I.287, note P.-Y. GAUTIER ; *ibid.*, I.286, note G. VINEY ; *Gaz. Pal.* 2001, p. 37, rapp. P. SARGOS, concl. J. SAINTE-ROSE, note J. GUIGUE ; *LPA* 8 déc. 2000, note M. GOBERT ; *Dr. fam.* 2001, comm. n° 11, P. MURAT ; *ibid.*, chron. n° 7, D. FENOUILLET ; *CCC* 2001, n° 39, note L. LEVENEUR ; *RTD Civ.* 2001, p. 103, obs. J. HAUSER ; *ibid.*, p. 149, obs. P. JOURDAIN ; *ibid.*, p. 226, obs. R. LIBCHABER ; *ibid.*, p. 285, note M. FABRE-MAGNAN ; *RCA* 2001, chron. n° 1, C. RADÉ ; *ibid.*, chron. n° 4, F. LEDUC ; *RGDA* 2001, p. 13, note L. MAYAUX ; *RDSS* 2001, p. 1, note A. TERRASSON DE FOUGÈRES. – O. CAYLA, Y. THOMAS, *Du droit de ne pas naître. À propos de l'affaire Perruche*, 2002, Gallimard, coll. « Le débat ». – V. également CE, sect., 14 févr. 1997, n° 133238, *CHR de Nice c. Quarez* : rec. Lebon 44, concl. V. PÉCRESSE ; *D.* 1997, somm. 322, obs. J. PENNEAU ; *ibid.* 1998. 294, obs. S. HENNERON ; *ibid.* 1999. 60, obs. P. BON et D. DE BÉCHILLON ; *AJDA* 1997. 480 ; *ibid.* 430, chron. D. CHAUVAUX et T.-X. GIRARDOT ; *RFDA* 1997. 374, concl. V. PÉCRESSE ; *ibid.* 382, note B. MATHIEU; *RDSS* 1997. 255, obs. J.-S. CAYLA ; *ibid.* 1998. 94, note F. MALLOL ; *JCP* 1997. I. 4072, obs. J. PETIT ; *ibid.* 4025, obs. G. VINEY.

[1] B. MARKESINIS, « Réflexions d'un comparatiste anglais sur et à partir de l'arrêt Perruche », *RTD civ.* 2001, p. 77.

[2] *Ibid.*

[3] L. n° 2002-303 du 4 mars 2002 relative aux droits des malades et à la qualité du système de santé.

[4] O. CAYLA, Y. THOMAS, *Du droit de ne pas naître*, *op. cit.*, p. 8.

C'est d'ailleurs également dans un temps suivant immédiatement la naissance, sinon concomitamment, que la femme qui accouche peut demander le secret de son identité, ce qui a pour effet presque certain de priver l'enfant de sa famille d'origine pour le restant de son existence. Cette période charnière serait donc une période, plus largement, au cours de laquelle l'état civil de l'enfant n'est pas encore tout à fait établi. Pour confirmer cette intuition, la notion de nouveau-né est employée en doctrine pour qualifier l'enfant qui naît d'une convention de gestation pour autrui. Par exemple, Madame NEIRINCK définit la gestation pour autrui comme « un contrat ayant pour objet la "livraison d'un enfant" nouveau-né »[1], ou encore visant à « obtenir un nouveau-né procréé »[2] ; pour Madame CORPART, la « GPA commerciale » est « une forme d'achat de nouveau-né »[3]. Ainsi, en plus de l'absence d'état civil, l'enfant ne serait pas encore tout à fait une personne, puisqu'il peut encore être « livré » ou « acheté ».

C'est également à propos d'enfants nouveau-nés que la doctrine interroge les variations du développement génital : la circulaire du 28 octobre 2011 relative à l'état civil prévoyait que « [l]orsque le sexe d'un nouveau-né est incertain, il convient d'éviter de porter l'indication "de sexe indéterminé" dans son acte de naissance »[4]. Cette situation est désormais prévue dans l'article 57 du Code civil. Le législateur n'a pas conservé la référence à la notion de « nouveau-né », mais il est possible de supposer que c'est le même enfant qui est concerné par cette situation.

Une lecture superficielle du droit positif permet donc d'entrevoir le lien entretenu entre la notion de nouveau-né et l'établissement de l'état civil de la personne. Mais c'est également à travers la question de sa viabilité, malgré les grandes révolutions de la médecine périnatale, que l'intérêt d'étudier sa condition juridique se révèle.

**19.** En effet, le nouveau-né est au cœur des réflexions entourant la fin de vie, et plus précisément la *réanimation néonatale*. Elle a notamment suscité des débats doctrinaux sur la façon dont les soins

---

[1] C. NEIRINCK, « La gestation pour autrui pratiquée à l'étranger et l'état civil français de l'enfant qui en est né », *Dr. fam.* 2011, n° 5, étude 14.

[2] C. NEIRINCK, « Acte de naissance de l'enfant né d'une mère porteuse, reconnaissance paternelle et actions du Ministère public », *Dr. fam.* 2012, p. 21.

[3] I. CORPART, « La gestation pour autrui de l'ombre à la lumière : entre droit français et réalités étrangères », *Dr. fam.* 2015, p. 8.

[4] Circ. du 28 oct. 2011 relative aux règles particulières à divers actes de l'état civil relatifs à la naissance et à la filiation, §55.

devaient être dispensés aux nouveau-nés en fin de vie, et sur la possibilité des médecins d'insister dans la réanimation[1], c'est-à-dire l'« ensemble des moyens mis en œuvre pour maintenir les fonctions vitales compromises par des circonstances pathologiques ou traumatiques »[2]. L'intérêt suscité par la réanimation néonatale traduit un nouveau regard sur le nouveau-né dont la viabilité est incertaine : il n'est plus question de se demander s'il est un « produit innomé » ou non, mais de tracer la frontière « éthique » au-delà de laquelle la réanimation devrait être qualifiée d'obstination déraisonnable : « les idées sur la famille et l'enfant sont différentes de celles d'hier : la maîtrise de la fécondité et la baisse de la mortalité infantile ont eu pour conséquence une modification de l'investissement des parents : l'enfant est de plus en plus voulu et sa naissance souvent planifiée »[3].

La question de la réanimation néonatale est d'autant plus importante que le nombre de nouveau-nés prématurés a augmenté ces dernières décennies[4]. L'augmentation de la prématurité, c'est-à-dire la « [n]aissance entre 22 et 37 semaines d'aménorrhée révolues »[5], suppose non seulement l'augmentation du nombre d'enfants nécessitant des soins médicaux, mais également l'allongement de la période au cours de laquelle la survie de l'enfant est incertaine. La survie d'un grand nombre d'enfants autrefois voués à la mort a conduit à l'adoption

---

[1] Avis du CCNE, nº 65, 14 sept. 2000, « Réflexions éthiques autour de la réanimation néonatale » ; I. HODEGEZ, « Contours et limites de l'obstination déraisonnable dans la réanimation néonatale », *AJDA* 2015, p. 861 ; C. CHAMOT, « La notion d'obstination déraisonnable en matière de réanimation néonatale », *RFDA* 2015, p. 574 ; C. LANTERO, « Obstination déraisonnable à la naissance et loi Claeys-Leoneti : l'impasse », *AJDA* 2019, p. 1949.

[2] *Dictionnaire de l'Académie nationale de médecine*, en ligne, vº « Réanimation ». – Les définitions des notions médicales retenues dans le présent travail seront tirées du *Dictionnaire de l'Académie nationale de médecine*. En effet, la place particulière occupée par l'Académie dans le domaine médical, et ses travaux reconnus, permettent de considérer que le *Dictionnaire* est une source fiable. Cette reconnaissance publique résulte notamment de l'article 10 de la loi nº 2013-660 relative à l'enseignement supérieur et à la recherche, qui la définit comme « une personne morale de droit public à statut particulier, placée sous la protection du Président de la République ».

[3] Avis du CCNE, nº 65, 14 sept. 2000, « Réflexions éthiques autour de la réanimation néonatale », p. 6.

[4] B. BLONDEL, C. BONNET, B. COULM, J. FRESSON, S. REY, A. VANHAESEBROUCK et A. VILAIN, rapp. INSERM et DREES, « Enquête nationale périnatale. Rapport 2016 », 2017, p. 58.

[5] *Dictionnaire de l'Académie nationale de médecine*, en ligne, vº « Prématurité ».

du concept d'« extrême prématurité », qui est « assimilable à celui de limites de la viabilité »[1].

Cette évolution majeure dans la pratique médicale n'a cependant pas conduit à une adaptation du droit dans l'appréhension de la notion de viabilité. En effet, si la viabilité du nouveau-né est incertaine pendant plusieurs semaines, sa personnalité juridique doit-elle également être suspendue ? L'enfant demeure-t-il une personne humaine « potentielle »[2] pendant qu'il nécessite des soins de maintien en vie ?

Ces questions se poseront avec encore plus d'acuité si les recherches sur l'utérus artificiel se confirment. Autrefois produit de la science-fiction[3], l'utérus artificiel a néanmoins suscité des travaux scientifiques[4], dont certains ont franchi une étape importante en 2017 en testant des utérus artificiels avec succès sur des fœtus d'agneaux prématurés[5]. Ces utérus artificiels se présentent comme des poches, remplies de liquide amniotique artificiel, avec un cordon ombilical également artificiel, censé permettre l'alimentation et l'oxygénation du fœtus *ex utero*. Ce procédé permettrait notamment de protéger les poumons des prématurés, trop immatures pour supporter une respiration pulmonaire. L'espoir de l'équipe ayant réussi cette expérience est de sauver des enfants prématurés humains de plus en plus jeunes, et non pas de mener des grossesses totalement *in vitro*. Toutefois, le statut de l'enfant qui terminera sa gestation dans ces incubateurs améliorés sera incertain : faudra-t-il les considérer comme *nés*, et faudra-t-il les considérer comme *viables* ?

**20.** Les incertitudes entourant la condition juridique de l'enfant prématuré sont également accrues par l'imprécision de la notion de viabilité elle-même. Aujourd'hui, les médecins sont confrontés au dilemme consistant à laisser mourir le nouveau-né – il est alors possible de dire qu'il n'était pas viable – ou de le réanimer, ce qui conduirait l'enfant à une vie frappée d'un handicap très lourd, « obérant

---

[1] P. LEQUIEN, « De la prématurité à l'"extrême" prématurité », *in* R. FRYDMAN, M. SZEJER (dir.), *La naissance. Histoire, cultures et pratiques d'aujourd'hui*, 2010, Albin Michel, p. 1168.

[2] Avis CCNE, n° 1, 22 mai 1984, sur les prélèvements de tissus d'embryons et de fœtus humains morts, à des fins thérapeutiques, diagnostiques et scientifiques.

[3] A. HUXLEY, *Le meilleur des mondes*, 1932, Plon, rééd. 1977, coll. « Pocket » ; J. B. S. HALDANE, B. RUSSELL, *Dédale et Icare*, rééd. 2015, Allia.

[4] H. ATLAN, *L'utérus artificiel*, 2005, Seuil, coll. « Points Essais ».

[5] A. FLAKE (dir.), « An extra-uterine system to physiologically support the extreme premature lamb », *Nature communications*, 25 avr. 2017.

sévèrement ses capacités relationnelles »[1]. Si l'enfant survit plusieurs années malgré son handicap, il n'est alors plus permis de considérer qu'il n'était pas viable lors de sa naissance. La décision prise par les médecins d'une part, et le succès des soins de réanimation d'autre part, seraient déterminants de la viabilité de l'enfant, et donc de l'acquisition de la personnalité juridique. Dès lors, un enfant que l'on classerait d'emblée dans une situation de « fin de vie » serait finalement dans une situation de « maintien en vie ». Les frontières de la notion de viabilité sont donc douteuses, malgré ses conséquences importantes.

**21.** À propos de la personnalité juridique, SALEILLES ne croyait pas « que toutes ces subtilités théoriques vaillent le plus souvent la peine que l'on prend à les échafauder. Ce qui importe, c'est d'être bien d'accord sur les résultats positifs que l'on veut atteindre »[2], et qu'« il ne faut donc pas partir d'une construction à priori [sic] pour en extraire toutes les solutions du droit positif, en se plaçant en marge du point de vue économique et social »[3]. Il considérait donc qu' « il faut d'abord adopter les solutions de fait qu'exigent les nécessités de fait, sans se préoccuper du reste, et, lorsqu'elles sont prises, les coordonner autour d'une idée juridique qui les résume, et qui serve de principe directeur aux conséquences jurisprudentielles qui devront suivre »[4]. L'auteur invite donc à rechercher l'utilité de la notion. Plusieurs auteurs contemporains ont ainsi appelé à la suppression de la notion de viabilité[5], pour des raisons de dignité[6], ou encore parce qu'elle produit des effets trop importants au regard des contingences qui entourent sa caractérisation, et notamment l'évolution des connaissances médicales[7].

---

[1] Rapp. Académie nationale de médecine, « *Contribution à la* "réflexion des citoyens, sur l'accompagnement des personnes en fin de vie" », 11 déc. 2012, p. 8.
[2] R. SALEILLES, *De la personnalité juridique*, 1910, réimpr. 2003, La mémoire du droit, coll. « Références », p. 307.
[3] *Ibid.*, pp. 307-308.
[4] *Ibid.*
[5] C. PHILIPPE, « La viabilité de l'enfant nouveau-né », *D.* 1996, p. 29 ; C. PHILIPPE, « La viabilité... encore », *RDSS* 2003, p. 316.
[6] C. PHILIPPE, « La viabilité... encore », préc. : « des considérations pratiques fondées sur la volonté de ne pas troubler la paix des familles par une action d'état, d'éviter des règlements successoraux rapprochés, de simplifier la tâche des officiers de l'état civil n'ont aucun poids face au respect de la dignité de l'être humain […] ».
[7] X. BIOY, *Le concept de personne humaine en droit public : recherche sur le sujet des droits fondamentaux*, 2003, Dalloz, coll. « Nouvelle bibliothèque de thèses », nº 356, p. 192 : « La notion de viabilité, liée à la promesse de socialisation de l'enfant,

**22.** Les progrès extraordinaires de la médecine, qui ont eu pour conséquence la survie de grands prématurés, n'a cependant pas eu pour conséquence de s'interroger sur le rôle de la notion de viabilité, ni, plus largement, sur l'entrée dans la personnalité juridique. La notion de viabilité figure toujours dans le Code civil[1], et la doctrine en fait encore aujourd'hui une condition générale d'accès à la personnalité juridique.

La viabilité demeure également, encore aujourd'hui, une condition pour établir un acte de naissance ; à défaut, l'article 79-1 du Code civil dispose qu'un acte d'enfant sans vie doit être établi, ce qui démontre l'existence d'un lien entre la question de la viabilité et celle de l'état civil de la personne.

**23.** La naissance elle-même pourrait être interrogée. En effet, la médecine néonatale côtoie désormais la médecine *périnatale* dont l'importance est croissante. La périnatalité, étymologiquement « autour de la naissance », s'entend comme la « [p]ériode s'étendant de la 22ème semaine d'aménorrhée maternelle, correspondant à un poids fœtal d'au moins 500 g, jusqu'au 7e jour révolu de la vie du nouveau-né » [2]. Le rapport des 1000 premiers jours illustre ce phénomène[3] : il ne traite pas de l'enfant avant sa naissance, ou après sa naissance, mais d'une période qui s'étend sur ces deux époques. De même, la santé des nouveau-nés est désormais étudiée à travers des enquêtes nationales périnatales périodiques[4], et une revue médicale est consacrée à la discipline[5]. Ainsi, pour les médecins, la naissance n'est plus un commencement depuis longtemps : elle est une étape, importante, d'une prise en charge médicale qui a déjà commencé.

**24.** Ces changements n'ont cependant pas conduit à faire évoluer l'analyse doctrinale selon laquelle la personne humaine acquiert la personnalité juridique à condition de naître vivante et viable. Quant à l'état civil du nouveau-né, il serait simplement constaté par l'acte de naissance, qui est établi dans les cinq jours suivant l'accouchement selon le droit commun. L'apparente simplicité de ces formules travestit

---

joue un rôle considérable, trop sans doute. Car avec elle, c'est le pouvoir médical et l'évolution incertaine des techniques qui guident les qualifications ».

[1] C. civ., art. 79-1, 318, 725 et 906.

[2] *Dictionnaire de l'Académie nationale de médecine*, v° « Périnatalité ».

[3] Rapp. Ministère des solidarités et de la santé, « Les 1000 premiers jours », préc.

[4] B. BLONDEL, C. BONNET, B. COULM, J. FRESSON, S. REY, A. VANHAESEBROUCK, A. VILAIN, rapp. INSERM et DREES, préc.

[5] *Périnatalité*, éditée par Lavoisier.

la réalité, et ne rend plus compte des conditions d'accès à la personnalité juridique de la personne humaine.

**25.** En effet, ce premier constat sur la situation du nouveau-né laisse entrevoir l'idée selon laquelle l'accès à la personnalité juridique se ferait par étapes, plus nombreuses, plus longues et plus complexes aujourd'hui qu'elles ne l'étaient jadis. Elles concernent l'examen de la viabilité du nouveau-né, mais également l'établissement de son identité, qui peut être perturbé notamment par l'accouchement dans le secret, par une convention de gestation pour autrui conclue à l'étranger ou encore par une variation du développement génital, rendant impossible l'inscription du sexe dans l'acte de naissance immédiatement.

Un enfant dépourvu d'acte de naissance dans les premières heures de sa vie est-il pleinement titulaire de la personnalité juridique ? Faut-il être identifié par un acte d'état civil pour être titulaire de droits ? Si la réponse est négative, comment pallier l'absence d'acte de naissance au début de la vie ? Comment prouver l'état d'une personne dépourvue d'acte de naissance ? Faut-il se référer aux parents de l'enfant ? Si le nouveau-né est abandonné à la naissance, comment établir son identité avant que lui soit établi un acte de naissance ? Quel est son statut quand il décède au bout de quelques heures, et qu'il faut hésiter entre l'établissement d'un acte de naissance et d'un acte de décès, ou d'un acte d'enfant sans vie ?

**26.** Il a été soutenu en doctrine que la personnalité juridique émanerait de la nature, et que le droit ne ferait qu'en constater l'existence[1]. Toutefois, le seul fait que le droit ait consacré la viabilité comme condition d'acquisition de la personnalité juridique d'une part, et que cette condition soit désormais en décalage avec la pratique

---

[1] G. CORNU, *Droit civil. Les personnes*, 13e éd., 2007, Montchrestien, coll. « Domat droit privé », n° 6, p. 14 : « La personnalité juridique est reconnue par la loi civile à tout être humain : elle appartient à tout individu. Elle lui vient avec la vie. Fondé sur la nature, sur la biologie, le droit civil répond aux exigences de la vie, il l'entérine : c'est la vie qui réclame – qui exige dès qu'elle existe et tant qu'elle dure – d'être reconnue. Fort de sa conformité à la nature (au droit naturel), ce principe de droit positif gouverne l'acquisition et la perte de la personnalité juridique ». Il en conclut que : « La loi consacre la personnalité juridique. Mais elle ne l'attribue pas, elle la reconnaît. Sur la façon dont la personnalité juridique vient aux personnes morales, on peut discuter. Ce qui est sûr, c'est que la personnalité juridique des personnes physiques ne relève pas du bon vouloir du législateur. Ce n'est pas une création arbitraire » (*Ibid.*). – Dans le même sens : J. CARBONNIER, *Droit civil*, t. 1, 2e éd., 2017, PUF, coll. « Quadrige Manuels », n° 196, p. 381 : « le corps humain fait la personne ».

médicale d'autre part, semble démontrer le contraire : le droit distingue, parmi les êtres humains, ceux qui peuvent recevoir la personnalité juridique. Elle est octroyée par le droit[1], et c'est au nom d'idéaux humanistes qu'elle est désormais attribuée à chacun dans les mêmes conditions, et que l'esclavage et la mort civile ont été abolis[2]. La personnalité juridique n'émane pas des faits, et donc elle n'émane pas, *a fortiori*, de la pratique médicale.

Pour autant, aucun texte n'édicte la règle selon laquelle la personnalité juridique est octroyée à l'être humain à condition de naître vivant et viable. Cette règle est une construction doctrinale à partir de sources éparses et diverses : éprouver ces sources permettra donc d'éprouver la règle.

Pour la plupart, ces sources sont dans le Code civil, dont le besoin de modernisation a déjà été abondamment souligné en doctrine[3]. Le droit des personnes ne fait pas exception, et notamment l'article 58 du Code civil, qui impose à « [t]oute personne qui aura trouvé un enfant nouveau-né » de « le remettre, ainsi que les vêtements et autres effets trouvés avec lui, à l'officier de l'état civil ». Le contenu de cette règle est évidemment désuet, l'enfant étant généralement porté immédiatement à l'hôpital pour qu'il puisse y recevoir les soins – souvent vitaux – rendus nécessaires par la situation[4]. Ainsi, les règles du Code civil qui fondent l'accès à la personnalité juridique, notamment celles qui traitent de la viabilité, devront être éprouvées.

En dehors du Code civil, les évolutions de la médecine ont également pu jouer un rôle dans l'évolution de l'accès à la personnalité juridique. En effet, si la pratique médicale n'a pas intrinsèquement une valeur normative, le juge peut s'appuyer dessus pour exercer son office. La médecine appartient alors à la catégorie des « sciences auxiliaires », qui sont celles « auxquelles le juriste demande des lumières pour l'éclairer sur son propre savoir. […] les sciences juridiques en attendent, pour leur propre approfondissement, des services : informations,

---

[1] A. MIRKOVIC, « Le droit constate-t-il ou génère-t-il l'existence de la personne physique ? », *Dr. fam.* 2012, n° 9, étude 6.
[2] J. DABIN, *Le droit subjectif*, 1952, rééd. 2008, Dalloz, coll. « Bibliothèque Dalloz », p. 116.
[3] Par ex. : B. BEIGNIER, « Pour un nouveau Code civil », *D.* 2019, p. 713 ; T. REVET, « À propos de l'article de Bernard Beignier "Pour un nouveau code civil" », *D.* 2019, p. 1011 ; B. BEIGNIER, « Réponse à Thierry Revet ("Pour un nouveau code civil") », *D.* 2019, p. 1408 ; R. CABRILLAC, « Un nouveau Code civil ? », *D.* 2019, p. 2149.
[4] *Cf. infra*, n° 50.

suggestions, inspirations, éclairage nouveau, ouvertures »[1]. A titre d'illustration, les rédacteurs du Code civil se sont inspirés des connaissances médicales de leur époque pour présumer la date de la conception de l'enfant au cours de la période allant du cent-quatre-vingtième au trois-centième jour précédant la naissance[2]. De la même façon, aujourd'hui, pour décider si un médecin se rend coupable d'une obstination déraisonnable dans la réanimation d'un nouveau-né non-viable, le juge doit utiliser les connaissances médicales concernant la réanimation néonatale, et plus généralement concernant le nouveau-né.

Cette adaptation du droit à la réalité à laquelle il s'applique n'est-elle pas nécessaire[3], et ce d'autant plus qu'aujourd'hui, presque tous les accouchements se déroulent à l'hôpital ? Si la personnalité juridique est un masque, ne doit-elle pas épouser les traits du visage de la personne humaine ?

L'étude de la place que le nouveau-né occupe sur la scène juridique aura donc pour intérêt d'éprouver la validité des conditions dans lesquelles le droit positif permet à l'être humain d'acquérir la personnalité juridique.

**27.** L'étude de la notion de nouveau-né sera présentée en exposant les étapes du raisonnement. Cette façon de présenter une notion juridique « est évolutive. Elle insiste sur les tâtonnements qui ont permis à la notion de se former, de se distinguer des institutions voisines pour finir par se stabiliser sous des traits qui s'expliquent d'autant mieux qu'on en connaît les origines. Parfois, l'institution demeure “inachevée” »[4]. Nous prendrons le même parti que l'auteur de ces lignes. En effet, la notion de nouveau-né étant inconnue juridiquement, il faut exposer les étapes du raisonnement qui ont permis de la dégager progressivement, tout en mettant en lumière au fil de l'étude les questionnements que ce travail a induits sur la personnalité juridique.

**28.** Le rattachement d'une notion à une catégorie juridique permet, en principe, d'en déduire le régime juridique. Le rattachement du

---

[1] G. CORNU, *Droit civil. Introduction au droit*, 13e éd., 2007, Montchrestien, coll. « Domat droit privé », no 224, p. 128.

[2] C. civ., art. 311.

[3] R. SAVATIER, *Les métamorphoses économiques et sociales du droit civil d'aujourd'hui*, 3e éd., 1964, Dalloz, no 6, p. 8 : « le droit ne saurait se détacher de la vie. Les transformations du film des événements humains se projettent sur l'écran de la jurisprudence et des lois ».

[4] E. GAILLARD, *Le pouvoir en droit privé*, 1985, Economica, coll. « Droit civil », no 15, p. 16.

nouveau-né à la catégorie des personnes, et plus précisément à la catégorie des mineurs, devrait ainsi permettre de se préfigurer son statut[1], c'est-à-dire, au sens strict, l'« ensemble cohérent des règles applicables à une catégorie de personnes (statut des gens mariés) ou d'agents (statut des fonctionnaires) [...] qui en déterminent, pour l'essentiel, la condition et le régime juridique »[2]. Le nouveau-né a-t-il cependant un statut particulier ? Si la notion juridique de nouveau-né appartient à la catégorie des mineurs[3], il n'existe pas d'« ensemble cohérent » de règles concernant le nouveau-né. Il n'y a donc pas de statut de nouveau-né, comme il y a par exemple un statut de mineur, régi aux articles 388 et suivants du Code civil. Le nouveau-né a le statut de mineur, mais il n'existe pas de statut de nouveau-né.

Toutefois, la notion de statut a également un sens plus large, qui pourrait être mieux adapté : il est « soit un ensemble de règles établies par la loi [...], soit la condition juridique qui en résulte pour une personne, une catégorie de personnes ou une institution »[4]. Dans cette acception, le statut est donc synonyme de « condition juridique ». Dans le langage courant, la condition, du latin *condicio*[5], est la « [s]ituation sociale d'une personne, sa place, son rang dans la société »[6]. Appliquée au droit, la *condition juridique* est définie comme l'« [e]nsemble des règles relatives à une certaine sorte de personnes ou de choses »[7]. Par souci de précision, la notion de statut ne sera pas employée pour désigner l'ensemble des règles applicables au nouveau-né, parce qu'elle risque de susciter la confusion en laissant penser qu'il existerait, dans la loi, un ensemble *cohérent* de règles qui régit sa situation sur la scène juridique, alors que ce n'est pas le cas. L'appréhension juridique du nouveau-né en droit positif est éparse. La notion de « condition juridique » sera donc préférée.

Ce caractère épars nuit à la connaissance de la notion de nouveau-né : elle nécessitera ainsi un travail de définition, qui permettra de la distinguer d'autres notions mieux connues, mais également de

---

[1] La notion de statut semble en effet plus adaptée que la notion de régime concernant les personnes. Sur cette notion : A. GOGOS-GINTRAND, *Les statuts des personnes. Étude de la différenciation des personnes en droit*, 2011, IRJS, coll. « Bibliothèque de l'Institut de Recherche Juridique de la Sorbonne - André TUNC ».

[2] G. CORNU (dir.), *Vocabulaire juridique*, *op. cit.*, v° « Statut ».

[3] *Cf. infra*, n^os^ 138 et s.

[4] G. CORNU (dir.), *Vocabulaire juridique*, *op. cit.*, v° « Statut ».

[5] *Dictionnaire de l'Académie française*, 9e éd., v° « Condition ».

[6] *Ibid.*

[7] G. CORNU (dir.), *Vocabulaire juridique*, *op. cit.*, v° « Condition ».

déterminer si le droit positif contient éventuellement des références au nouveau-né tel qu'il est défini dans le langage médical, ou dans le langage commun. La définition de l'objet de l'étude est en effet une condition de sa scientificité : « La recherche porte sur *un objet précis, défini de telle manière qu'il soit identifiable aussi par les autres.* [...] Définir l'objet signifie alors définir les conditions auxquelles nous pouvons en parler sur la base de quelques règles que nous posons ou que d'autres ont posées avant nous »[1]. Or, ces règles n'ont pas encore été posées. Il sera donc nécessaire de définir la notion juridique de nouveau-né (**Première partie**), avant d'étudier la condition juridique du nouveau-né (**Deuxième partie**).

---

[1] U. ECO, *Comment écrire sa thèse*, Flammarion, 2016, p. 61.

# PREMIÈRE PARTIE
# LA NOTION JURIDIQUE DE NOUVEAU-NÉ

**29.** L'étape préalable nécessaire à la définition de la notion de nouveau-né est de définir ce qu'est une notion. Si certains auteurs utilisent indifféremment les notions de notion et de *concept*[1], d'autres font le choix de les différencier[2]. Nous ne différencierons pas les deux termes, et donc nous n'emploierons que la notion de notion.

La notion de notion peut se définir comme « l'idée générale de l'objet proposé au travail de l'esprit »[3]. Ce travail de construction de notions, appelé *conceptualisme*, est un outil intellectuel, « il doit être un moyen et non une fin »[4]. La notion présente, en ce sens, un caractère « opérationnel », ou « fonctionnel »[5], par « un mouvement ascendant et descendant, qui mène de la réalité au concept, puis du concept à la réalité. La connaissance et l'étude d'une portion de la réalité permettent (c'est le mouvement ascendant) une généralisation grâce à un effort d'abstraction. Le concept cerné, il va pouvoir s'appliquer par analogie à d'autres portions de la réalité (c'est le mouvement descendant) »[6]. Le conceptualisme est toutefois limité par la nature changeante de la réalité, parfois irréductible aux notions forgées par l'esprit[7]. Pour ce motif, « après la phase descendante peut parfaitement suivre une autre

---

[1] C. JARROSSON, *La notion d'arbitrage*, 1987, LGDJ, coll. « Bibliothèque de droit privé », n° 454, p. 217.

[2] X. BIOY, *Le concept de personne humaine en droit public*, *op. cit.*, n^os^ 1573 et s., p. 862 et s. – V. également, pour un état des lieux du débat : V. CHAMPEIL-DESPLATS, *Méthodologies du droit et des sciences du droit*, *op. cit.*, n^os^ 529 à 531, p. 353-354.

[3] F. GÉNY, *Science et technique en droit privé positif : nouvelle contribution à la critique de la méthode juridique*, t. 1, 1914, Librairie de la Société du Recueil Sirey, n° 50, p. 147.

[4] C. JARROSSON, *La notion d'arbitrage*, *op. cit.*, n° 459, p. 221.

[5] Y. GAUDEMET, *Les méthodes du juge administratif*, 2014, LGDJ, coll. « Anthologie du droit », p. 37-38.

[6] C. JARROSSON, *La notion d'arbitrage*, *op. cit.*, n° 455, p. 218.

[7] P.-E. AUDIT, *La « naissance » des créances. Approche critique du conceptualisme juridique*, 2015, Dalloz, coll. « Nouvelle bibliothèque de thèses », n° 406, p. 296.

phase ascendante justifiée par une modification de la réalité qui conduira à une évolution de la notion »[1].

**30.** Le travail de définition de la notion de nouveau-né a donc pour ambition de forger un outil qui permettra la découverte de la condition juridique du nouveau-né. Il convient, pour rechercher la notion de nouveau-né, de commencer par le mouvement ascendant, c'est-à-dire de partir de la réalité, donc du droit positif, pour élaborer une construction abstraite. Toutefois, l'élaboration d'une notion unique à partir d'une pluralité de signifiés peut s'avérer fort périlleuse. En effet, « les concepts juridiques ne sont pas définis par des équations mais par des mots qui, par leur nature même, se prêtent à la polysémie ou à l'équivoque »[2]. C'est le cas de la notion de nouveau-né, qui est d'abord issue du langage courant[3] : en proposer une définition juridique, c'est donc déjà en admettre un second sens. La science médicale définit également le nouveau-né selon des critères qui lui sont propres. Or, la notion de nouveau-né est également mobilisée en droit médical, ce qui pose la question de l'utilisation, dans le langage juridique, d'une notion issue d'un autre domaine, et de son sens particulier. À côté de la notion juridique de nouveau-né (**Titre I**), le droit appréhenderait donc également une notion médicale de nouveau-né (**Titre II**).

---

[1] C. JARROSSON, *La notion d'arbitrage*, *op. cit.*, n° 455, p. 218.

[2] P.-E. AUDIT, *La « naissance » des créances*, *op. cit.*, n° 406, p. 296-297.

[3] *Cf. supra*, n° 2.

# TITRE I
# L'EXISTENCE D'UNE NOTION JURIDIQUE DE NOUVEAU-NÉ

**31.** Une première lecture du droit positif permet de constater la rareté de la notion de nouveau-né dans le discours juridique. Toutefois, cette rareté n'empêche pas de chercher à en établir une définition strictement juridique, plus précise que celle du langage commun[1]. Si, selon l'article 58 du Code civil, un acte tenant lieu d'acte de naissance doit être dressé pour tout nouveau-né trouvé, une limite au-delà de laquelle l'enfant n'est plus un nouveau-né doit être établie. L'hypothèse formulée en introduction, selon laquelle l'étude du nouveau-né doit conduire à questionner les conditions généralement admises pour acquérir la personnalité juridique, servira de guide dans le travail de définition. En adossant la notion de nouveau-né, telle qu'elle figure dans l'article 58 du Code civil notamment, à la notion de personne, il sera possible d'en découvrir certains critères de définition. Ainsi, la notion de personne sera un outil heuristique, c'est-à-dire « qui sert à la découverte »[2].

**32.** Il conviendra donc, dans un premier temps, de faire entrer la notion de nouveau-né dans une catégorie juridique mieux connue : cette catégorisation « consiste à réunir sous un même terme ou une même étiquette, des éléments de la réalité réputés partager des caractéristiques juridiques communes »[3]. Cela consistera à rechercher les caractéristiques que la notion de nouveau-né partage avec d'autres notions rattachées à la catégorie des personnes. Selon l'approche classique, la personnalité juridique s'acquiert par la naissance en vie et viable. La première étape du raisonnement adopté consistera donc à comparer la notion de nouveau-né à d'autres notions voisines qui ne partagent pas ces caractéristiques, et donc exclues de la catégorie des personnes (**Chapitre I**). Une fois que ces critères de distinction auront été établis, il sera possible de rechercher les critères permettant de rattacher la

---

[1] « Enfant qui vient de naître » (*Dictionnaire de l'Académie française*, 9e éd., v° « Nouveau-né »).

[2] A. LALANDE, *Vocabulaire technique et critique de la philosophie*, *op. cit.*, v° « Heuristique ».

[3] V. CHAMPEIL-DESPLATS, *Méthodologies du droit et des sciences du droit*, *op. cit.*, n° 526, p. 352.

notion de nouveau-né à la catégorie des personnes, et qui permettent de le distinguer d'autres sous-catégories de personnes (**Chapitre II**).

# CHAPITRE I
# LA DISTINCTION DU NOUVEAU-NÉ D'AUTRES NOTIONS N'ENTRANT PAS DANS LA CATÉGORIE DES PERSONNES

**33.** L'opération de distinction est un instrument de connaissance : « Elle est l'opération préalable à toute classification, et à ce titre, elle joue nécessairement un rôle essentiel dans le progres des connaissances »[1]. Ce travail de distinction est d'autant plus précieux lorsqu'un risque de confusion entre plusieurs notions existe. Ainsi, après avoir identifié la nature des rapports entre la notion de nouveau-né et d'autres notions qui lui sont proches, il s'agira de mettre en évidence les critères qui les distinguent. La notion de nouveau-né pourra alors être distinguée des notions d'enfant sans vie, c'est-à-dire de l'enfant qui n'est pas vivant lors de sa naissance ou qui n'est pas viable (Section 1), et de la notion d'enfant à naître (Section 2), catégories dont il est couramment admis qu'elles n'appartiennent pas à celle des personnes.

## *Section 1. Nouveau-né et enfant sans vie*

**34.** La confusion entre enfant sans vie et nouveau-né est aisée. Elle peut naître, tout d'abord, de l'utilisation du terme « enfant » pour désigner la notion d'« enfant sans vie ». En effet, la notion d'« enfant » est un synonyme de la notion de « mineur »[2], et la minorité implique la personnalité juridique. Or, l'enfant sans vie n'étant pas généralement considéré comme une personne juridique[3], il ne pourrait pas être

---

[1] M.-L. IZORCHE, « Réflexions sur la distinction », *in Mélanges Christian MOULY*, 1998, Litec, p. 54.

[2] *Cf. infra*, n° 138.

[3] En ce sens, v. les travaux préparatoires de la loi du 6 déc. 2021 « visant à nommer les enfants nés sans vie », issue de la « Proposition de loi visant à nommer les enfants nés sans vie » émanant du Sénat (n° 189, 7 déc. 2020), et par laquelle l'art. 79-1 du C. civ. a été modifié. Le rapport élaboré en Commission des lois précise en effet que « la commission des lois a adopté l'amendement COM-1 du rapporteur qui ajoute la précision selon laquelle "cette inscription de prénoms et nom n'emporte aucun effet juridique", ce qui permet d'écarter expressément tout éventuel effet, notamment en

considéré comme un mineur[1]. L'enfant sans vie n'appartiendrait donc pas à la même catégorie juridique que le nouveau-né même si, comme nous le verrons, l'exclusion systématique de l'enfant sans vie de la catégorie des personnes est désormais contestable[2].

Par ailleurs, au-delà de la difficulté tenant au vocabulaire, c'est surtout la proximité temporelle entre ces deux êtres qui risque de susciter des confusions. Cette proximité est attestée par les règles concernant le constat de l'accouchement sur les registres de l'état civil.

**35.** Monsieur MURAT, dans une étude consacrée à l'individualisation de l'enfant sans vie sur les registres de l'état civil, affirme que « le nouveau-né qui a fait l'objet d'un acte d'enfant sans vie n'aura pas en principe de personnalité juridique »[3]. C'est en effet à travers la matière des actes de l'état civil que les deux notions peuvent être confondues. La naissance, le mariage et le décès sont les trois grandes étapes de la vie juridique de la personne, auxquelles se sont ajoutées, au fil des années, le PACS[4], le divorce[5], le changement de sexe[6], entre autres. L'acte d'enfant sans vie et l'acte tenant lieu d'acte de naissance au nouveau-né paraissent difficiles à situer et à distinguer avec précision puisqu'ils permettent tous deux le constat du même moment de la vie : l'accouchement. Ils se distinguent pourtant de l'acte de naissance.

**36.** Selon le troisième alinéa de l'article 58 du Code civil, qui concerne le nouveau-né trouvé, « [...] l'officier de l'état civil établit un acte tenant lieu d'acte de naissance. En plus des indications prévues à l'article 34, cet acte énonce le sexe de l'enfant ainsi que les prénoms et nom qui lui sont donnés ; il fixe une date de naissance pouvant correspondre à son âge apparent et désigne comme lieu de naissance la commune où l'enfant a été découvert ». L'officier de l'état civil ne peut donc pas constater l'accouchement puisqu'il n'en connaît pas les

---

matière de filiation et de succession, sans faire mention, comme initialement proposé, d'un "état civil" dont l'enfant sans vie est dépourvu, n'ayant pas de personnalité juridique » (Rapp. Sénat, n° 654, 2 juin 2021, M. MERCIER, « sur la proposition de loi visant à nommer les enfants nés sans vie », p. 7).

[1] M. PICHARD, « L'enfant : à propos d'une polysémie », *in Mélanges en l'honneur de Marie-Stéphane PAYET*, 2011, Dalloz, p. 482 et s.

[2] *Cf. infra*, n$^{os}$ 239 et s.

[3] P. MURAT, « Décès périnatal et individualisation juridique de l'être humain », *RDSS* 1995, p. 451, spéc. p. 461.

[4] C. civ., art. 515-3-1.

[5] C. civ., art. 262.

[6] C. civ., art. 61-7, al. 1.

circonstances. Il peut toutefois établir un acte contenant le constat d'une date et d'un lieu de naissance probables.

Pour ce qui est de l'acte d'enfant sans vie, le deuxième alinéa de l'article 79-1 du Code civil dispose que « [...] l'officier de l'état civil établit un acte d'enfant sans vie. Cet acte est inscrit à sa date sur les registres de décès et il énonce les jour, heure et lieu de l'accouchement [...] ». Les deux actes ont donc pour fonction de constater le même événement. Toutefois, leurs natures diffèrent. S'ils sont tous les deux classés dans le Titre II du Livre 1er du Code civil consacré à l'état civil, il n'est pas sûr que l'acte d'enfant sans vie soit un acte de l'état civil. En effet, seules les personnes sont titulaires d'un état civil. Or, l'enfant sans vie n'est pas, en principe, considéré comme une personne. Il ne pourrait donc pas être titulaire d'un état civil, constaté dans un acte de l'état civil. La nature juridique de l'acte d'enfant sans vie est donc très obscure, ce qui crée un terreau favorable au maintien d'un débat[1].

**37.** Par ailleurs, l'acte tenant lieu d'acte de naissance au nouveau-né trouvé ne figure pas dans la même catégorie d'actes que l'acte d'enfant sans vie : alors que le premier se trouve dans le chapitre consacré aux actes de naissance, l'acte d'enfant sans vie est classé dans celui dédié aux actes de décès. Cette différence formelle (§1) permettra de révéler la différence de fond entre les deux notions, à savoir qu'à la différence de l'enfant sans vie, le nouveau-né est un enfant vivant et viable (§2).

## §1. Le critère de distinction formel

**38.** Le nouveau-né trouvé de l'article 58 du Code civil fait l'objet d'un acte tenant lieu d'acte de naissance, c'est-à-dire qui fait office d'acte de naissance[2], mais qui a vocation à être remplacé par l'acte véritable. La nature juridique de l'acte tenant lieu d'acte de naissance ne pose donc pas réellement de difficulté. La même formulation est d'ailleurs employée à l'article 354 du Code civil, dont le quatrième alinéa prévoit que « [l]a transcription [de la décision prononçant

[1] P. MURAT, « Décès périnatal et individualisation juridique de l'être humain », préc., spéc. p. 470 : « [r]attaché en droit de manière défendable aux choses par son absence de personnalité, l'enfant déclaré sans vie appartient pourtant à l'humanité à cause d'une destination manquée dont la trace apparaît selon nous sous la forme d'un état civil ».

[2] J. CARBONNIER, *Droit civil*, *op. cit.*, n° 205, p. 397 : « il leur est dressé un acte fictif de naissance ».

l'adoption plénière] tient lieu d'acte de naissance à l'adopté ». Elle n'a cependant pas la même valeur, puisque « [l]'adoption est irrévocable », ainsi la transcription de la décision n'a pas vocation à être remplacée.

La distinction entre l'acte tenant lieu d'acte de naissance prévu par l'article 58 du Code civil et la décision prononçant l'adoption plénière a été soulignée par la Cour de cassation[1] à plusieurs reprises pour des faits similaires : des enfants nés à Bucarest ont été adoptés en France, et la loi roumaine disposait dans ce cas de figure que l'acte de naissance devait mentionner le domicile des adoptants comme lieu de naissance. Les juges du fond ont donc fait application de ces dispositions, considérant que ces textes étaient applicables aux enfants adoptés. La Cour de cassation a cassé ces arrêts, aux motifs tout d'abord que la loi personnelle des adoptants était applicable concernant les décisions prononçant l'adoption plénière par un couple de Français ; ensuite que ces décisions devaient désigner le lieu de naissance *réel* de l'adopté, en dehors de la situation prévue à l'article 58 du Code civil.

La règle permettant à l'officier de l'état civil de désigner comme lieu de naissance la commune où l'enfant a été découvert, et donc de ne pas inscrire le lieu réel de la naissance, n'est applicable qu'aux enfants pour lesquels le lieu de la naissance est inconnu. C'est d'ailleurs pour cela que l'acte tenant lieu d'acte de naissance au nouveau-né trouvé a vocation à être annulé si l'acte de naissance réel est retrouvé. Ainsi, quand bien même la décision prononçant l'adoption plénière tient lieu d'acte de naissance, elle doit être conforme à la réalité quand elle est connue, et notamment mentionner le lieu de naissance réel. La décision prononçant l'adoption ne produit d'effets particuliers que concernant la filiation de l'adopté[2] et concernant son nom de famille[3].

**39.** Néanmoins, le juge peut-il, dans cette décision, fixer un lieu de naissance ne correspondant pas à la réalité dans l'hypothèse où le lieu de naissance réel de l'adopté serait inconnu ? Dans ce cas l'officier de l'état civil, conformément à l'article 58 du Code civil, aura inscrit sur l'acte tenant lieu d'acte de naissance le lieu de découverte de l'enfant

---

[1] Cass. 1re civ., 12 nov. 1986, n° 85-10.907 et n° 85-10.183, *Bull. civ. I, n° 258* : *R.* 128 ; *D.* 1987. 157, note J. MASSIP ; *RCDIP* 1987. 557, note E. POISSON-DROCOURT ; *JDI* 1987. 322, note H. GAUDEMET-TALLON ; Cass. 1re civ., 20 nov. 1990, n° 89-13.726, *Bull. civ. I, n° 253* : *Defrénois* 1991. 290, obs. J. MASSIP ; Cass. 1re civ., 19 nov. 1991, n° 90-19.377, *Bull. civ. I, n° 315*.

[2] C. civ., art. 356, al. 1er.

[3] Pour l'adoption plénière, C. civ., art. 357, al. 1er ; pour l'adoption simple, C. civ., art. 363, al. 1er.

comme lieu de naissance. Mais dans la mesure où il n'indique pas le lieu réel de la naissance du nouveau-né, le juge prononçant l'adoption plénière peut-il en indiquer un autre dans sa décision ? La jurisprudence n'a pas apporté de précisions concernant cette question, mais il serait tout à fait imaginable que les adoptants, désireux que l'enfant soit coupé de tout lien possible avec ses parents d'origine, en fassent la demande.

Elle serait néanmoins probablement refusée concernant le nouveau-né trouvé, puisque la mention du lieu de découverte est tout ce qui permet de situer le début de l'existence de la personne dans l'espace. Les mentions figurant dans l'acte tenant lieu d'acte de naissance, puisqu'elles pallient la méconnaissance des conditions réelles de l'accouchement, ont la même valeur juridique. Admettre le contraire serait ouvrir une voie dangereuse, et notamment mettre en péril la stabilité de l'état de la personne, qui serait soumis aux contingences de la volonté des adoptants, par exemple. Le lieu de naissance indiqué dans l'acte tenant lieu d'acte de naissance à l'adopté doit donc être considéré comme le lieu de naissance réel, sauf si une preuve contraire venait le contredire.

Ainsi, la transcription de la décision d'adoption plénière a la valeur d'un acte de naissance. Les dispositions du Code civil prévoyant que la preuve de l'état d'une personne se fait par son acte de naissance[1] doivent donc permettre que la transcription de la décision prononçant l'adoption plénière soit produite.

**40.** Un acte tenant lieu d'acte de naissance est également dressé « pour toute personne née à l'étranger qui acquiert ou recouvre la nationalité française à moins que l'acte dressé à sa naissance n'ait déjà été porté sur un registre conservé par une autorité française »[2]. L'article précise dans son deuxième alinéa que « [c]et acte énonce les nom, prénoms et sexe de l'intéressé, et indique le lieu et la date de sa naissance, sa filiation, sa résidence à la date de l'acquisition de la nationalité française ». Cet acte a donc la valeur d'un acte de naissance et permet de pallier l'absence d'acte de naissance dressé par un officier de l'état civil français.

**41.** Si l'officier de l'état civil doit dresser un acte *tenant lieu d'acte de naissance* pour un nouveau-né *trouvé*, c'est parce que l'acte de naissance originel est inconnu. Ainsi, *a contrario*, si les conditions de la naissance du nouveau-né sont connues, il n'y a pas lieu de dresser un

[1] C. civ., art. 70 et s. ; C. civ., art. 310-3 al. 1.

[2] C. civ., art. 98.

acte tenant lieu d'acte de naissance, mais un acte de naissance, dans les conditions prévues aux articles 55, 56 et 57 du Code civil. C'est donc là que réside la distinction entre le nouveau-né et l'enfant sans vie : l'un doit faire l'objet d'un acte de naissance, l'autre d'un acte d'enfant sans vie. L'article 58 du Code civil pose donc une règle spéciale pour le nouveau-né trouvé ; en dehors de cette hypothèse, la situation du nouveau-né est soumise aux règles générales relatives aux actes de naissance.

**42.** L'existence de la notion de nouveau-né en dehors de la situation prévue par l'article 58 du Code civil semble confirmée par l'instruction générale relative à l'état civil : elle prévoit ainsi, concernant le lieu de la déclaration de la naissance, que « [l]es officiers de l'état civil ont le choix entre divers procédés pour constater que le nouveau-né est vivant au moment où est dressé l'acte de naissance : attestation de la sage-femme ou du médecin ayant assisté à l'accouchement, visite de l'officier de l'état civil ou du médecin délégué par lui au chevet de l'accouchée »[1]. Cette disposition n'est pas propre au cas du nouveau-né trouvé de l'article 58 du Code civil, elle figure au sein des règles générales régissant l'établissement de l'acte de naissance. Ce même texte fait référence à la notion de nouveau-né, dans le cas où le sexe est incertain : « lorsque le sexe d'un nouveau-né est incertain, il convient d'éviter de porter l'indication de "sexe indéterminé" dans son acte de naissance »[2]. Là encore, l'enfant désigné n'est pas un nouveau-né qui aurait été trouvé, mais bien tout enfant, de parents connus ou inconnus, dont le sexe est incertain et dont la naissance doit être déclarée. Cette utilisation semble également admise par la doctrine, qui s'y réfère volontiers concernant non seulement l'établissement de l'acte tenant lieu d'acte de naissance, mais également, plus largement, concernant l'établissement de l'acte de naissance[3].

**43.** Par ailleurs, d'autres pays francophones utilisent la notion de nouveau-né. Par exemple, le Code civil belge fait un usage plus généreux de la notion de nouveau-né : son article 45 dispose ainsi que « [t]oute personne qui a trouvé un enfant nouveau-né en informe sans délai les services publics de secours et leur communique toutes les informations utiles à cet égard ». La formulation employée évoque directement celle de l'article 58 de notre Code. L'article 47 fait

---

[1] IGREC, 11 mai 1999, §271.

[2] *Ibid.*, §288.

[3] V. not. : B. TEYSSIÉ, *Droit des personnes*, *op. cit.*, n° 34, p. 26 ; C. NEIRINCK, « Enfance », *in Répertoire de droit civil*, 2019, Dalloz, §59.

également référence au nouveau-né, dans le cas d'une naissance en mer : « Le nouveau-né est inscrit sur la liste des passagers ». La notion de nouveau-né est donc utilisée dans d'autres situations que dans le cas où un enfant serait trouvé. En outre, le premier alinéa de l'article 116 du Code civil du Québec se réfère également au nouveau-né comme un enfant dont la naissance doit être déclarée : « La personne qui recueille ou garde un nouveau-né, dont les père et mère sont inconnus ou empêchés d'agir, est tenue, dans les 30 jours, de déclarer la naissance au directeur de l'état civil ».

L'enfant nouveau-né semble donc pouvoir être défini comme tout enfant dont la naissance doit être déclarée. Cependant, pour qu'un acte de naissance soit dressé, certaines conditions de fond doivent être caractérisées : l'enfant doit être vivant et viable.

## §2. Les critères de distinction sous-jacents : la vie et la viabilité

**44.** Le premier alinéa de l'article 79-1 du Code civil dispose que « [l]orsqu'un enfant est décédé avant que sa naissance ait été déclarée à l'état civil, l'officier de l'état civil établit un acte de naissance et un acte de décès sur production d'un certificat médical indiquant que l'enfant est né vivant et viable et précisant les jours et heures de sa naissance et de son décès ». Si le déclarant produit un certificat médical attestant que l'enfant était vivant et viable, l'officier de l'état civil doit dresser un acte de naissance et un acte de décès, et non un acte d'enfant sans vie. Or, un acte de naissance ne peut être dressé que pour un enfant nouveau-né. L'enfant concerné par le premier alinéa de l'article 79-1 du Code civil est donc *un nouveau-né décédé* avant que sa naissance ait été déclarée à l'officier de l'état civil. Il se distingue par-là de l'enfant sans vie, dont la condition juridique est régie par le deuxième alinéa, qui prévoit qu'« [à] défaut du certificat médical prévu à l'alinéa précédent, l'officier de l'état civil établit un acte d'enfant sans vie ».

**45.** La viabilité, qui permet de distinguer le nouveau-né et l'enfant sans vie, est une notion difficile à circonscrire. Elle semble étroitement liée au nouveau-né[1]. Elle se définit comme l'*aptitude à vivre*[2], et se

[1] P. SALVAGE, « La viabilité de l'enfant nouveau-né », *RTD Civ.* 1976, p.725 et s. ; C. PHILIPPE, « La viabilité de l'enfant nouveau-né », préc.

[2] *Dictionnaire de l'Académie française*, 8e éd., v° « Viable » ; C. PHILIPPE, « La viabilité de l'enfant nouveau-né », préc.

distingue donc de la vie elle-même. La jurisprudence avait dégagé deux critères permettant de dire si un enfant était viable : une maturation suffisante *in utero*, et une bonne conformation, c'est-à-dire que l'enfant doit naître avec les organes nécessaires à la vie extra-utérine[1]. Les progrès de la médecine ont rendu ces critères évolutifs, ils ne peuvent donc plus être définis avec précision de manière abstraite[2]. Il serait tentant de se référer à des critères servant de repères, et notamment ceux proposés par l'OMS en 1977, en considérant qu'un enfant pesant moins de cinq-cents grammes ou né avant vingt-deux semaines d'aménorrhée ne serait pas viable. Le législateur, par circulaire, avait recommandé aux officiers de l'état civil de ne pas dresser d'acte d'enfant sans vie pour des fœtus qui n'auraient pas atteint l'un de ces seuils[3].

La Cour de cassation a toutefois décidé qu'un acte d'enfant sans vie pouvait être dressé sans tenir compte des conditions de cette circulaire, au motif que l'article 79-1 du Code civil ne fixait aucun seuil de développement minimal pour qu'un acte d'enfant sans vie soit dressé[4].

---

[1] V. par ex., Limoges, 12 janv. 1813, décision dans laquelle les juges relèvent l'« imperfection des membres, défaut de cheveux, confusion des doigts, cécité, clôture de la bouche et des narines » ; Bordeaux, 8 févr. 1830 : « en employant le mot viable, notre législation nouvelle n'en a pas déterminé l'acception », dès lors, un enfant est viable « quand il était né vivant, à terme, bien conformé et avec tous les organes nécessaires à la vie » ; Angers, 25 mai 1822 : « il y a d'abord une présomption qu'il était en état de viabilité ; que cette présomption se fortifie par l'espace de temps qui s'est écoulé depuis le mariage de ses père et mère jusqu'au moment de sa naissance, et par la conformation de son corps, auquel on a distingué des ongles et des cheveux bien formés ; qu'on n'a allégué aucun vice corporel qui pût donner à penser qu'il n'aurait pu conserver la vie ».

[2] P. SALVAGE, « La viabilité de l'enfant nouveau-né », préc., p. 740-741 : « Il est dès lors difficile de définir la viabilité par référence au critère de durée de gestation que par référence à celui de la conformation et par conséquent assez vain de vouloir enfermer la notion de viabilité dans un critère absolu. La viabilité semble résulter d'un faisceau de critères relatifs s'articulant autour des idées de maturité et de conformation et se manifestant par l'autonomie végétative de l'être dont la personnalité est en cause ».

[3] Circ. DHOS/E 4/DGS/DACS/DGCL n° 2001-576 du 30 nov. 2001 relative à l'enregistrement à l'état civil et à la prise en charge des corps des enfants décédés avant la déclaration de naissance.

[4] Cass. 1re civ 1e, 8 févr. 2008, *Bull. civ. I, nos 41 à 43*, n° 06-16.498 ; n° 06-16.499 ; n° 06-16.500 ; *Gaz. Pal.* 2008, n° 44-45, p. 3, note A. LEGOUX ; *Lexbase hebdo*, 28 févr. 2008, n° 294, note A. GOUTTENOIRE ; *LPA* 1er avr. 2008 n° 66, p. 8, note M. LATINA ; *RND* 2008, n° 8, p. 866, note J. MASSIP ; *D.* 2008, n° 20, p. 1371, note F. GRANET-LAMBRECHTS ; *D.* 2008, n° 21, p. 1435, note J.-C. GALLOUX et H. GAUMONT-PRAT ; *D.* 2008, n° 27, p. 1862, note G. ROUJOU DE BOUBÉE et D. VIGNEAU ; *RND* 2008, n° 13, p. 1443, obs. H. POPU ; *LPA* 2008, n° 145, p. 5, note

La viabilité doit donc nécessairement être appréciée *in concreto*, puisqu'il n'existe pas de seuil défini en deçà duquel l'enfant est considéré comme n'étant pas suffisamment mature. Les progrès de la science permettent en effet la survie d'enfants de plus en plus jeunes, de plus en plus prématurés, ce qui rend l'appréciation de la viabilité délicate. Les pratiques médicales elles-mêmes ne sont pas uniformes, en raison de l'absence de véritable consensus sur un seuil de viabilité[1].

**46.** Il semble d'ailleurs que les juges du fond, pour déterminer à partir de quel moment un enfant a franchi le seuil de viabilité, et donc ses chances de survie, ne se fondent pas sur les recommandations de l'OMS, mais interrogent les données acquises de la science, c'est-à-dire non seulement « les données connues au jour où le médecin va effectuer son acte », mais également le « moment auquel il faut se placer pour apprécier l'état des connaissances que l'on est en droit d'exiger du médecin »[2]. En effet, l'étude de la viabilité en droit positif doit nécessairement intégrer des données d'ordre médical, en prenant en considération notamment la possible perte de chance de survie découlant d'une faute dans la réalisation d'un acte médical, tant l'accouchement est désormais entouré par la médecine.

Par exemple, les juges de la cour administrative d'appel de Marseille ont fait le lien entre réanimation néonatale et seuil de viabilité[3]. Dans cette affaire, une femme enceinte de jumeaux avait été admise dans une maternité de niveau I en raison de contractions bien avant le terme, fixé plusieurs mois plus tard. Son transfert vers une maternité de niveau III est refusé, en raison du fait que la grossesse n'a pas atteint un stade suffisamment avancé pour réanimer les enfants. Elle donne naissance à deux enfants, une fille qui survit, et un fils qui décède dix minutes après

---

C. DESNOYER, M. PICHARD, F. VASSEUR-LAMBRY, *et al.* ; *JCP G* 2008, n° 13, p. 19, note C. BYK ; *JCP G* 2009, n° 8, p. 20, note C. BYK ; *D.* 2008, AJ 483, obs. P. GUIOMARD ; *JCP* 2008. II. 10045, note G. LOISEAU ; *AJ fam.* 2008, 165, obs. F. CHÉNEDÉ ; *Dr. fam.* 2008, n° 34, obs. P. MURAT ; *RLDC* 2008/47, n^os^ 2915 et 2916, obs. G. MARRAUD DES GROTTES.

[1] M. DE BEIR, D. KELEN, « Point de vue sur l'extrême prématurité et sa zone grise en Belgique », *Périnatalité* 2022/3, vol. 14, p. 121 : « En Wallonie et à Bruxelles, chaque centre néonatal a établi ses propres directives. La majorité définissent également la zone grise entre 24 SA et 25+6 SA même si la plupart d'entre eux a déjà exceptionnellement pris en charge des enfants de 22/23 SA ».

[2] X. BIOY, A. LAUDE, D. TABUTEAU, *Droit de la santé*, 2020, 4e éd., PUF, coll. « Thémis droit », n° 354, p. 390.

[3] CAA Marseille, 2e ch., 24 juill. 2014, n° 12MA00594, *M. et Mme X c. Centre hospitalier Saint-Tropez*.

son accouchement. Elle recherche donc la responsabilité de l'établissement de soins qui a refusé son transfert, estimant que ce refus a fait perdre une chance de survie à son fils.

Pour établir la hauteur de la perte de chance de survie, les juges ont notamment estimé « qu'il résulte [...] d'une publication médicale d'avril 2007 traitant de la "Prise en charge et réanimation du nouveau-né en salle de naissance" également versée aux débats par les appelants et également applicable à la date des faits litigieux que **le terme de 24 SA semble être la limite de viabilité**[1] et que le pronostic péjoratif des naissances à 24 et 25 semaines nécessite une discussion anténatale avec le couple pour décider jusqu'où aller dans la prise en charge ; que s'il est constant que le premier des jumeaux des époux A... a survécu et sans grandes séquelles selon les allégations non contestées des appelants, il n'est toutefois pas certain que le décès du second des jumeaux des requérants ne serait pas advenu en l'absence de refus de transfert materno-fœtal et **il n'est pas établi que le second des jumeaux n'était pas viable**[2] ; qu'il n'est pas davantage établi par les pièces du dossier avec certitude qu'un tel transfert aurait permis à l'enfant de bénéficier d'une réanimation et que cette réanimation lui aurait permis de survivre dans les mêmes conditions que sa sœur ; que, dans ces circonstances, l'absence de transfert materno-fœtal a seulement fait perdre à Bastien A...une chance d'éviter son décès ; qu'eu égard, d'une part, **au terme de 24 SA qui constitue la limite de viabilité**[3] et au pronostic péjoratif des naissances à 24 et 25 semaines selon la publication précitée d'avril 2007, d'autre part, à la naissance de Bastien à 24 semaines et 3 jours d'aménorrhées de grossesse et, enfin, à la survie sans grandes séquelles de la jumelle de Bastien, il y a lieu d'évaluer l'ampleur de cette perte de chance à 10 % et de mettre à la charge du centre hospitalier de Saint-Tropez la réparation de cette fraction du dommage »[4].

Les critères pour déterminer la viabilité, au moins pour ce qui concerne la bonne conformation de l'enfant, semblent donc dépendants de l'appréciation des juges du fond. Les juges de la cour d'appel de Marseille en donnent une illustration, en fixant la limite de la viabilité à vingt-quatre semaines d'aménorrhée, alors que l'OMS la fixait à vingt-deux. Un décalage de deux semaines constitue une différence non négligeable. Ce seuil de viabilité, susceptible de varier d'un cas à un

---

[1] C'est nous qui soulignons.
[2] C'est nous qui soulignons.
[3] C'est nous qui soulignons.
[4] CAA Marseille, préc., §6.

autre, semble également dépendant des soins qui peuvent être donnés à l'enfant : dans certains cas, en raison de l'urgence dans laquelle l'accouchement se déroule, ou en raison des difficultés d'accès aux soins[1], certains enfants sont susceptibles de décéder, alors qu'ils auraient survécu grâce à une prise en charge adaptée.

**47.** Il serait possible de résoudre la question de la viabilité en considérant qu'elle est présumée tant que l'enfant est vivant. Cette solution n'est toutefois pas retenue de façon unanime : « on ne fait alors que déplacer le champ du problème : une présomption n'a de signification que si elle recouvre au moins en partie une réalité ; ce n'est donc pas en présumant une semblable notion que l'on échappe à la nécessité de la définir et, à moins de rendre la présomption irréfragable pour des raisons d'ordre supérieur, on n'échappe pas non plus à la nécessité de prouver qu'elle n'existe pas… »[2]. Or, la loi du 8 janvier 1993 a créé l'article 79-1 du Code civil[3], concernant l'acte d'enfant sans vie, qui établit de nouveaux critères de preuve de la viabilité, et non de définition.

**48.** Le législateur semblait d'ailleurs retenir une présomption de viabilité à l'égard du nouveau-né vivant bien avant l'entrée en vigueur de l'article 79-1 du Code civil. Dans un arrêt du 13 octobre 1966, la Cour de cassation avait rappelé dans un attendu de principe « qu'est présumé viable l'enfant dont le nom est inscrit sur les registres des naissances et qu'à défaut de cette inscription cette preuve peut être faite à l'aide d'un certificat médical émanant du médecin ou de la sage-femme qui a procédé à l'accouchement et transmis à l'organisme payeur dans le mois suivant l'accouchement »[4]. Cette décision, reprise presque pour mot par le législateur dans un décret ultérieur[5], a été

---

[1] Par ex., un fait divers dans lequel une femme enceinte avait pris la route pour accoucher dans une maternité située à une heure et quart de trajet de son domicile. Elle avait dû accoucher en chemin, au niveau d'un échangeur d'autoroute. L'enfant était alors décédé, après moins de sept mois de grossesse (« Enquête sur l'accouchement de l'autoroute A20 », *Le Journal du Dimanche*, 21 nov. 2012 ; v. également « Elle fait 100 km pour accoucher à l'hôpital mais perd son bébé », *Midi libre*, 19 oct. 2012 ; « Accouchement dramatique sur l'A20 : Hollande demande une enquête », *Le Monde*, 20 oct. 2012).

[2] P. SALVAGE, « La viabilité de l'enfant nouveau-né », préc., spéc. p. 730-731.

[3] L. n° 93-22 du 8 janv. 1993 modifiant le code civil relative à l'état civil, à la famille et aux droits de l'enfant et instituant le juge aux affaires familiales.

[4] Cass. 2e civ., 13 oct. 1966, n° 63-13.755, *Bull. civ. II, n° 846*.

[5] D. n° 80-958 du 26 nov. 1980 pris pour l'application du chapitre II du livre V du code de la sécurité sociale, modifié par le titre II relatif à l'allocation postnatale de la

rendue en matière de sécurité sociale concernant l'octroi de l'allocation postnatale, mais rien n'indique que la notion de viabilité doive être appréciée de façon différente par rapport à la matière civile.

**49.** Il n'existe pas, en droit positif, de présomption irréfragable de viabilité, mais bien une présomption simple, découlant de l'article 79-1 du Code civil, il s'agit donc d'une présomption légale[1]. Les présomptions reposent, en droit, sur des apparences. Il est ensuite possible, de ces apparences, ou de ces faits connus, de déduire un élément inconnu[2]. Pour ce qui est de la viabilité, il n'est pas demandé aux personnes déclarant la naissance d'un enfant de prouver sa viabilité, tant que l'enfant est vivant. Ce n'est que si l'enfant est décédé au moment de la déclaration qu'un certificat médical attestant de la viabilité de l'enfant est demandé, pour pouvoir établir l'acte de naissance et non un acte d'enfant sans vie. Si le certificat médical en question n'est pas demandé quand l'enfant est en vie au moment de la déclaration, c'est parce qu'il présente l'apparence de la viabilité[3]. En revanche, si l'enfant décède avant la déclaration de la naissance, qui doit être faite dans un délai court suivant l'accouchement, la viabilité devient douteuse[4]. Il devient donc nécessaire de la prouver.

Ce mécanisme de présomption permet au droit positif de se dispenser de définir la notion de viabilité, qui est devenue une notion médicale dont l'appréciation revient, plus qu'au juge, à des experts, et plus précisément à des médecins. Les critères de maturation suffisante et de bonne conformation sont toujours des critères juridiques abstraits

---

loi n° 80-545 du 17 juill. 1980 portant diverses dispositions en vue d'améliorer la situation des familles nombreuses, art. 11, al. 2, *JO* du 3 déc. 1980, p. 2833.

[1] R. CABRILLAC, *Introduction générale au droit*, 14e éd., 2021, Dalloz, coll. « Cours », n° 201, p. 205-206.

[2] P. DEUMIER, *Introduction générale au droit*, 6e éd., 2021, LGDJ, coll. « Manuel », n° 91 : les présomptions « permettent de déduire d'un fait connu un fait inconnu, en s'appuyant sur une logique de probabilité ».

[3] Dans sa thèse consacrée à *l'apparence de la personne physique*, Mme MATTIUSSI ne traite ni la vie, ni la présomption de viabilité ; l'apparence n'y est traitée que comme une liberté, et non comme un état qui ne pourrait qu'être subi par la personne (J. MATTIUSSI, *L'apparence de la personne physique. Pour la reconnaissance d'une liberté*, 2018, Bordeaux, LEH, coll. « Thèses »).

[4] J. CARBONNIER, *Droit civil*, *op. cit.*, n° 205, p. 394-395 : « Le décès de l'enfant avant qu'on n'ait eu le temps de déclarer la naissance rend la situation douteuse. À défaut d'un certificat médical attestant la double condition, il est établi un acte d'enfant sans vie, qui est inscrit sur le registre des décès, mais laisse la possibilité aux intéressés de prouver [...] que le sujet est bien né vivant et viable ».

pertinents pour apprécier la viabilité de l'enfant, qui doivent cependant faire l'objet d'une interprétation de la part des juges du fond.

**50.** Par conséquent, l'enfant nouveau-né trouvé, visé par l'article 58 du Code civil, doit nécessairement être vivant et viable, puisque ce sont les conditions qu'il doit remplir pour qu'un acte de naissance puisse être dressé. À défaut, l'officier de l'état civil doit dresser un acte d'enfant sans vie, selon les dispositions de l'article 79-1 du Code civil, ou un acte contenant la description détaillée du cadavre s'il n'est pas identifié. La personne qui trouve un nouveau-né, donc un enfant vivant, n'est pas tenue de vérifier sa viabilité, cette fonction étant en principe dévolue au médecin. Une telle exigence serait par ailleurs contraire à l'intérêt de l'enfant puisqu'elle retarderait inévitablement sa présentation à l'officier de l'état civil. Il semble d'ailleurs qu'en pratique, le nouveau-né trouvé ne soit pas du tout présenté à l'officier de l'état civil, mais qu'il soit plutôt hospitalisé en urgence, pour lui apporter les soins nécessaires, en plus d'une déclaration à la gendarmerie[1]. La viabilité est donc présumée, au même titre que tout autre enfant qui vient de naître, à condition que l'enfant soit vivant[2].

**51.** Le deuxième alinéa de l'article 79-1 dispose qu'« [à] défaut du certificat médical prévu à l'alinéa précédent, l'officier de l'état civil établit un acte d'enfant sans vie. Cet acte est inscrit à sa date sur les registres de décès [...]. L'acte dressé ne préjuge pas de savoir si l'enfant a vécu ou non ; tout intéressé pourra saisir le tribunal judiciaire à l'effet de statuer sur la question ». L'enfant décédé, à défaut de certificat attestant de sa viabilité, ne peut faire l'objet d'une déclaration de sa naissance, et aucun acte de naissance ne peut être dressé, en raison de l'absence de vie ou de viabilité. La viabilité n'étant pas un critère de définition de la notion d'enfant sans vie, la Cour de cassation considère qu'il n'est pas nécessaire que l'enfant ait atteint un quelconque seuil de viabilité[3]. L'enfant décédé avant sa naissance, ou non-viable, échappe

---

[1] G. LAUNOY, « Actes de l'état civil. Actes de naissance. Acte de naissance des enfants trouvés. Enfants trouvés et pupilles de l'État », *op. cit.*, §6.

[2] C. PHILIPPE, « La viabilité de l'enfant nouveau-né », préc. : « la viabilité "est l'état ordinaire et normal des nouveau-nés vivants" ».

[3] Cass. 1re civ., 8 févr. 2008, nos 06-16.498, 06-16.499 et 06-16.500 : *Bull. civ. I, nos 41 à 43* ; *Gaz. Pal.* 2008, n° 44-45, p. 3, note A. LEGOUX ; *Lexbase hebdo*, 28 févr. 2008, n° 294, note A. GOUTTENOIRE ; *LPA* 1er avr. 2008 n° 66, p. 8, note M. LATINA ; *RND* 2008, n° 8, p. 866, note J. MASSIP ; *D.* 2008, n° 20, p. 1371, note F. GRANET-LAMBRECHTS ; *D.* 2008, n° 21, p. 1435, note J.-C. GALLOUX et H. GAUMONT-PRAT ; *D.* 2008, n° 27, p. 1862, note G. ROUJOU DE BOUBÉE et D. VIGNEAU ; *RND* 2008, n° 13, p. 1443, obs. H. POPU ; *LPA* 2008, n° 145, p. 5, note C. DESNOYER,

donc à la qualification de nouveau-né, et doit être considéré comme un enfant sans vie.

**52.** Il faut également évoquer le cas dans lequel une personne trouverait un enfant sans vie : il est tout à fait possible qu'un acte de naissance ait été dressé avant le décès de l'enfant. C'est pour cette raison que lorsqu'un nouveau-né est trouvé en vie, un acte *tenant lieu* d'acte de naissance est dressé, au cas où l'acte originel serait retrouvé. Une personne qui *trouverait* un enfant sans vie ne serait donc pas soumise aux dispositions de l'article 58 du Code civil, qui concerne le nouveau-né, c'est-à-dire un enfant *vivant*, ce qui permet de présumer sa viabilité, mais à celles de l'article 87 qui prévoit la situation dans laquelle le corps d'une personne décédée est « retrouvé »[1].

L'article 87 du Code civil prévoit deux situations : si le corps peut être identifié, « un acte de décès doit être dressé par l'officier de l'état civil du lieu présumé du décès, quel que soit le temps écoulé entre le décès et la découverte du corps ». Dans le cas contraire, « l'acte de décès doit comporter son signalement le plus complet ; en cas d'identification ultérieure, l'acte est rectifié dans les conditions prévues à l'article 99 du présent code. L'officier d'état civil informe sans délai le procureur de la République du décès, afin qu'il puisse prendre les réquisitions nécessaires aux fins d'établir l'identité du défunt ». Il s'agit donc d'une sorte d'« acte tenant lieu d'acte de décès ». Néanmoins, si le corps d'un enfant qui n'a jamais vécu est retrouvé, cette disposition lui est-elle applicable ? L'article 87 pourrait entrer en concurrence avec l'article 79-1 du Code civil qui concerne l'acte d'enfant sans vie. Il

---

M. PICHARD, F. VASSEUR-LAMBRY, *et al.* ; *JCP G* 2008, n° 13, p. 19, note C. BYK ; *JCP G* 2009, n° 8, p. 20, note C. BYK ; *D.* 2008, AJ 483, obs. P. GUIOMARD ; *JCP* 2008. II. 10045, note G. LOISEAU ; *AJ fam.* 2008, 165, obs. F. CHÉNEDÉ ; *Dr. fam.* 2008, n° 34, obs. P. MURAT ; *RLDC* 2008/47, nos 2915 et 2916, obs. G. MARRAUD DES GROTTES.

[1] Faut-il voir une différence entre le nouveau-né « trouvé » de l'article 58 et le cadavre « retrouvé » de l'article 87 ? Une analyse purement lexicale révèle une différence : le dictionnaire de l'Académie française définit le verbe « trouver » comme le fait de « [r]encontrer quelqu'un, quelque chose qu'on cherche », mais également « [r]encontrer, découvrir par hasard quelqu'un, quelque chose qu'on ne cherchait pas » (*Dictionnaire de l'Académie française*, 9e éd., v° « Trouver »). En revanche, « retrouver » se définit comme le fait de « [t]rouver de nouveau » une chose et une personne (*Ibid.*, v° « Retrouver »). Néanmoins, faut-il tirer des conséquences juridiques de cette différence de formulations ? Il semble qu'un tel raisonnement soit discutable, l'article 87 C. civ. n'imposant pas une *réitération* dans le fait de trouver le cadavre…

convient alors de distinguer deux situations, selon que l'enfant sans vie est identifié ou ne l'est pas.

**53.** Dans le cas où l'enfant sans vie n'est pas identifié, à défaut de règle spéciale, il semble que la règle générale figurant à l'article 87 ait vocation à s'appliquer : l'officier de l'état civil dresse un acte qui comportera le signalement de l'enfant, avec une description destinée à permettre de l'identifier ultérieurement. Toutefois, si l'enfant est identifié ultérieurement, et que l'on découvre qu'il s'agit d'un enfant qui n'a jamais vécu, ou qui n'était pas viable, il ne sera pas possible de le rattacher à un état civil.

Si l'enfant est identifié, mais qu'il est établi qu'il était mort-né ou non-viable, le premier alinéa de l'article 87 du Code civil n'a pas vocation à s'appliquer : une règle plus spécifique – dérogeant donc à la règle générale –, le deuxième alinéa de l'article 79-1 du Code civil, prévoit qu'un acte d'enfant sans vie doit être dressé[1]. En revanche, s'il est établi que l'enfant était vivant et viable, l'officier de l'état civil doit dresser un acte de naissance et un acte de décès, conformément aux exigences du premier alinéa de l'article 79-1 du Code civil.

**54.** L'article 58 du Code civil, qui concerne la situation dans laquelle une personne trouverait un nouveau-né, n'est donc en aucun cas applicable à la situation dans laquelle une personne trouverait un cadavre d'enfant : dans la mesure où l'enfant est décédé, il n'est déjà plus un nouveau-né. Les articles 58 et 87 du Code civil sont donc applicables à deux situations différentes : l'un concerne le nouveau-né trouvé, l'autre le cadavre trouvé. Si l'enfant est vivant au moment de la découverte, l'article 58 est applicable parce que l'enfant est un nouveau-né, et donc sa découverte doit donner lieu à un acte tenant lieu d'acte de naissance. Mais si l'enfant est décédé, il n'y a pas lieu de dresser un acte tenant lieu d'acte de naissance, à moins qu'il soit établi que l'enfant a vécu et qu'il était viable. Par conséquent, comme tout enfant décédé avant que sa naissance ait été déclarée, l'enfant trouvé sans vie doit faire l'objet d'un acte d'enfant sans vie s'il est identifié, sinon un acte de décès contenant sa description détaillée doit être dressé.

**55.** Le critère de distinction entre le nouveau-né et l'enfant sans vie est donc la vie de l'enfant, dont est déduite sa viabilité, et dont découle

[1] G. LAUNOY, « Actes de l'état civil. – Actes de naissance. – Acte de naissance des enfants trouvés. – Enfants trouvés et pupilles de l'État », *op. cit.*, §3.

l'obligation de déclarer la naissance. Il convient maintenant de rechercher le critère de distinction entre nouveau-né et enfant à naître.

## *Section 2. Nouveau-né et enfant à naître*

**56.** Nouveau-né et enfant à naître semblent difficilement pouvoir être regroupés dans une même catégorie : alors que le premier doit être rattaché à la catégorie des personnes, voire, plus précisément, des mineurs[1], l'enfant à naître est une catégorie *sui generis*, qui ne se rattacherait ni à la catégorie des personnes, ni à celle des choses. La littérature juridique traitant de la question du statut de l'enfant à naître est foisonnante[2], ce qui fit écrire à Monsieur VIGNEAU que « [c]'est devenu un lieu commun de s'interroger sans fin sur le statut juridique de l'"embryon" ou du "fœtus", notamment sur l'octroi d'un droit à la vie »[3]. Pour autant, malgré la différence de catégories, la notion d'enfant à naître présente une proximité temporelle avec celle de nouveau-né, son étude est donc nécessaire. Il ne sera donc pas question d'étudier le statut de l'enfant à naître, mais les bornes temporelles délimitant la notion, et plus précisément celle qui sépare l'enfant à naître du nouveau-né. L'intuition conduit à situer cette frontière au moment de la naissance. Néanmoins, l'imprécision de ce critère (§1) conduira à le préciser à l'aide d'un autre : le point de départ de la vie autonome (§2).

---

[1] *Cf. infra*, n$^{os}$ 138 et s.

[2] Pour les thèses : D. VIGNEAU, *L'enfant à naître*, thèse, 1988, Université Toulouse 1 Capitole ; A. BERTRAND-MIRKOVIC, *La notion de personne : étude visant à clarifier le statut juridique de l'enfant à naître*, 2003, PUAM ; X. BIOY, *Le concept de personne humaine en droit public, op. cit.* ; L. CARAYON, *La catégorisation des corps. Étude sur l'humain avant la naissance et après la mort*, 2019, IRJS éditions, coll. « Bibliothèque de l'IRJS – André Tunc » ; X. LABBÉE, *Condition juridique du corps humain avant la naissance et après la mort*, 1990, Presses universitaires de Lille ; N. MASSAGER, *Les droits de l'enfant à naître : le statut juridique de l'enfant à naître et l'influence des techniques de procréation médicalement assistées sur le droit de la filiation : étude de droit civil*, 1997, Bruylant ; A. PHILIPPOT, *L'être humain au commencement de sa vie*, thèse, 2012, Université Paris 1 Panthéon-Sorbonne ; L. SEBAG, *La condition juridique des personnes physiques et des personnes morales avant leur naissance*, 1938, Librairie du Recueil Sirey.

[3] D. VIGNEAU, « Mourir avant de naître. Diversité du droit ou contradictions ? », *in La diversité du droit. Mélanges en l'honneur de Jerry SAINTE-ROSE*, 2012, Bruylant, p. 1359, spéc. p. 1362.

## §1. L'insuffisance d'une distinction fondée sur la naissance

**57.** La frontière séparant l'enfant à naître du nouveau-né étant une frontière temporelle, la naissance, définie comme un processus, n'apporte pas la précision recherchée (A). Il est en effet préférable de jalonner le temps juridique par des bornes précises (B).

### *A. Définition de la naissance comme un processus*

**58.** Les notions de nouveau-né et d'enfant à naître sont susceptibles d'être confondues, du fait de la difficulté qu'il peut y avoir à situer la naissance avec précision, certains enfants se situant « à la charnière de la naissance »[1]. La distinction entre les deux notions a pourtant un enjeu extrêmement important : autrefois, elle permettait de distinguer entre l'avortement et l'infanticide[2] ; aujourd'hui, elle semble permettre de séparer personne et « non-personne »[3]. L'enfant à naître peut être défini comme « l'enfant qui n'est pas né, mais dont la naissance est envisagée : qu'il soit déjà conçu ou qu'il ne le soit pas encore »[4]. Cette section ne sera consacrée qu'à l'enfant à naître déjà conçu, puisque c'est le seul cas dans lequel un risque de confusion existe avec la notion de nouveau-né. Plus précisément même, seul l'enfant à naître déjà conçu, dont la naissance est imminente, voire en cours, retiendra notre attention. La notion d'enfant à naître, notion juridique, a été préférée à celles d'embryon ou de fœtus, qui relèvent plutôt de la médecine. Par ailleurs, leurs champs semblent légèrement différents : alors que les termes d'embryon et de fœtus renvoient indistinctement à tout être humain conçu mais non encore né, la notion d'enfant à naître semble

---

[1] X. BIOY, *Le concept de personne humaine en droit public*, *op. cit.*, n° 348, p. 186 : l'auteur utilise cette expression concernant le grand prématuré.

[2] Mme COMMARET fait cependant remarquer que « [s]ous l'empire du Code Napoléon, la doctrine accordait à l'enfant naissant la protection pénale reconnue à l'enfant né vivant » (D. COMMARET, « Conclusions de l'Avocat Général, audience plénière de la chambre criminelle du 6 juin 2002 », *Dr. pén.* 2002, chron. 31). – Sur la suppression de la répression de l'infanticide du Code pénal, *cf. infra*, n° 149.

[3] Ou le « non-sujet de droit » (J. CARBONNIER, *Flexible droit*, 10e éd., 200[illegible], LGDJ, p. 231 et s.).

[4] D. VIGNEAU, *L'enfant à naître*, *op. cit.*, p. 1.

exclure ceux pour lesquels une interruption de volontaire de grossesse est envisagée.

**59.** La naissance n'est pas définie juridiquement[1], il s'agit d'une notion de fait. Le *Vocabulaire juridique* en fait mention uniquement quant à ses effets[2]. Le *Lexique des termes juridiques*, quant à lui, la définit comme un événement de nature biologique, comme l'« instant qui marque la sortie de l'enfant du sein maternel »[3]. En tant qu'événement biologique, la naissance intéresse également la science médicale : elle est définie par le dictionnaire médical de l'Académie nationale de médecine comme le « [c]ommencement de la vie autonome hors de l'organisme maternel d'un être qui, dans l'espèce humaine, a dépassé 22 semaines d'aménorrhée maternelle, pèse plus de 500 grammes, mesure plus de 25 cm et exprime au moins une activité cardiaque, un mouvement respiratoire ou une contraction musculaire »[4]. Cette définition implique donc un critère de maturité.

Le même dictionnaire définit l'« expulsion du fœtus » comme l'« [é]vacuation du fœtus par les voies naturelles », tout en précisant qu'« [à] compter de 22 semaines d'aménorrhée, il s'agit d'un accouchement »[5]. Toute expulsion ne saurait donc être qualifiée d'accouchement puisque, là encore, l'enfant à naître doit avoir atteint une maturité suffisante. Pour ce qui est de la distinction entre naissance et accouchement, nous nous en tiendrons à cette affirmation : « [l]a naissance, c'est l'accouchement, l'accouchement, c'est le début de la personnalité juridique »[6]. Les deux termes sont donc considérés comme des synonymes.

**60.** La notion d'enfant à naître ne concerne donc pas les êtres destinés à l'interruption *volontaire* de grossesse, puisqu'elle ne peut être pratiquée qu'« avant la fin de la douzième semaine de grossesse »[7], soit bien avant l'écoulement de vingt-deux semaines d'aménorrhée.

---

[1] S. PARICARD, « Quelques réflexions sur l'accouchement », *in Études en l'honneur du professeur Marie-Laure MATHIEU*, 2019, Bruylant, p. 541, spéc. p. 542 : l'accouchement « n'est pas un sujet de prédilection pour les juristes ».

[2] G. CORNU (dir.), *Vocabulaire juridique*, *op. cit.*, v° « Naissance » : « Venue au monde qui marque, pour un enfant viable, le commencement de la personnalité […] ».

[3] S. GUINCHARD, T. DEBARD, *Lexique des termes juridiques 2021-2022*, 29e éd., 2021, Dalloz, coll. « Lexiques », v° « Naissance ».

[4] *Dictionnaire médical de l'Académie nationale de médecine*, 2019, v° « Naissance ».

[5] *Ibid.*, v° « Expulsion du fœtus ».

[6] J. HAUSER, « Les bornes de la personnalité juridique en droit civil », *Dr. fam.* 2012, n° 9, dossier 4.

[7] CSP, art. L. 2212-1.

N'est pas non plus un enfant à naître celui pour lequel une interruption de grossesse pour motif médical est envisagée : même si elle peut être pratiquée, sous certaines conditions, « à toute époque »[1], dès lors que l'interruption de grossesse est envisagée, il n'est plus *à naître*. Toutefois, un enfant qui naîtrait vivant par accident à la suite d'une interruption de grossesse pour motif médical qui serait tardive pourrait éventuellement être considéré comme étant né et donc, par conséquent, s'il est viable, de nouveau-né. Dès lors, les notions d'accouchement et de naissance permettent de préciser l'âge gestationnel de l'enfant à naître susceptible de devenir un enfant nouveau-né.

**61.** En principe, le nouveau-né et l'enfant à naître sont séparés par la naissance, le nouveau-né se définissant comme un enfant dont la naissance doit être déclarée, et ce « dans les cinq jours de l'accouchement »[2]. Ce même critère permet de différencier l'enfant à naître de l'enfant sans vie, puisque dans ce cas, l'officier de l'état civil doit indiquer, dans l'acte d'enfant sans vie, « les jour, heure et lieu de l'accouchement »[3], ce qui implique qu'il se soit nécessairement déjà déroulé. La définition de la naissance, et donc de la frontière exacte entre les notions de nouveau-né et d'enfant à naître, n'est cependant pas évidente. En effet, l'accouchement n'est pas instantané, il peut durer plusieurs heures. Ainsi, certains auteurs affirment que « [l]e mort-né, c'est-à-dire celui qui était déjà mort dans le sein de sa mère ou **qui est mort pendant l'accouchement**[4] n'a jamais vécu d'une vie propre, n'a pas la personnalité et il est censé ne l'avoir jamais eue »[5]. En réalité, tout dépend du moment du décès et des frontières que l'on fixe à l'accouchement.

**62.** Un essai de définition juridique de l'accouchement, tirée du droit positif, peut être proposé depuis peu. La première décision à avoir qualifié juridiquement l'accouchement en tant que tel a été rendue par le Conseil d'État le 27 juin 2016[6] : il qualifie l'accouchement par voie basse d'*événement* naturel, la notion d'« événement » ne permettant pas

---

[1] CSP, art. L. 2213-1.

[2] C. civ., art. 55 al. 1.

[3] C. civ., art. 79-1 al. 2.

[4] C'est nous qui soulignons.

[5] F. TERRÉ, D. FENOUILLET, *Droit civil. Les personnes*, 8e éd., 2012, Dalloz, coll. « Précis », nº 20, p. 23.

[6] CE, 27 juin 2016, nº 386165, *CHU de Poitiers*, Rec. Lebon : *D. actu* 4 juill. 2016, obs. D. POUPEAU ; *AJDA* 2016. 1316, somm. D. POUPEAU ; *JCP A* 2016, nº 27, act. 589, veille F. TESSON.

réellement de préciser la notion d'accouchement. Dans un premier temps, la Cour de cassation reprend la solution du Conseil d'État[1] en utilisant les mêmes termes, et notamment la même notion d'« événement » naturel. Néanmoins, dans une décision ultérieure, la première chambre civile de la Cour de cassation[2] abandonne la notion d'événement pour qualifier l'accouchement de *processus* naturel.

**63.** Ainsi, l'accouchement semble pouvoir être défini plus facilement comme un processus, c'est-à-dire comme une « suite de phénomènes par laquelle s'accomplit une certaine évolution, se développe une progression vers un nouvel état [...] »[3], que comme une borne[4], ce qui est moins confortable pour le droit, qui a besoin d'un point précis pour faire courir des délais, et pour fixer la date de la naissance de la personne. Cette définition comme un processus est partagée par FRANÇOIS, pour qui la naissance est « un ensemble de phénomènes... L'enfant est naissant, depuis le moment où sa tranquillité utérine commence à être troublée par les premiers phénomènes de l'accouchement, jusqu'au moment où, prenant possession du milieu extérieur, il y vit de sa vie personnelle et indépendante, affirmant son individualité distincte de ceux qui l'entourent. À ce moment l'enfant n'est plus naissant : il est né »[5]. Cette question a également été soulevée par Madame COMMARET, dans ses conclusions concernant l'arrêt rendu par la chambre criminelle de la Cour de cassation le 25 juin 2002[6], au

---

[1] Cass. 1e civ., 23 janv. 2019, n° 18-10.706, *Bull. civ., n° 55* : *D. actu* 21 févr. 2019, obs. A. HACENE ; *D.* 2019. 976, note J. MATTIUSSI ; *RDSS* 2019. 565, obs. G. TREDEZ ; *RCA* 2019, n° 4, comm. L. BLOCH.

[2] Cass. 1e civ., 19 juin 2019, n° 18-20.883, *Bull. civ., n° 586* : *D. actu.*, 4 juill. 2019, note S. HORTALA ; *RTD Civ.* 2019. 602, note P. JOURDAIN ; *D.* 2019. 2058, chron. M. BACACHE ; *RDSS* 2019. 942, note P. CURIER-ROCHE ; *ibid.* 1007, note F. ARHAB-GIRARDIN ; *Gaz. pal.* 2019, n° 25, p. 26, pan. C. BERLAUD ; *ibid.*, n° 28, p. 25, note C. COUSIN.

[3] *Dictionnaire de l'Académie française*, 9e éd., v° « Processus ».

[4] J. HAUSER, « Les bornes de la personnalité juridique en droit civil », préc. ; G. BEAUSSONIE, « Les bornes de la personnalité juridique en droit pénal », *Dr. fam.* 2012, n° 9, dossier 5.

[5] J. FRANÇOIS, « Contribution à l'étude de la personnalité », *Revue générale de droit, de législation et de jurisprudence* 1931, p. 286.

[6] Cass. crim. 25 juin 2002, n° 00-81.359, *Bull. crim., n° 144* : *D.* 2002. 3099, note J. PRADEL ; *ibid.* 2003, somm. 243, obs. S. MIRABAIL ; *ibid.* 2003. 660, obs. F. PLANCKEEL ; *JCP G* 2002, II, 10155, note M.-L. RASSAT ; *Dr. pén.* 2002, chron. 31, concl. D. COMMARET ; *ibid.*, comm. 93, obs. M. VERON ; *LPA*, 10 sept. 2002, note B. DAILLE-DUCLOS ; *Gaz. pal.* 2003, n° 46, p. 14, note J. BONNEAU ; *RSC* 2003. 91, note B. BOULOC ; *ibid.* 95, obs. Y. MAYAUD.

sujet du champ de la répression de l'homicide involontaire : « [d]ans cet **état transitoire**[1] qu'est la phase d'accouchement, l'enfant naissant doit-il être assimilé au fœtus, non pénalement protégé selon la jurisprudence précitée, ou bien au nouveau-né qui a respiré ? »[2]. Madame POUSSON-PETIT formule une remarque similaire concernant l'acquisition de la personnalité juridique : « [l]a difficulté provient de la nature de la vie humaine intrinsèquement évolutive. Les processus de la naissance et de la mort sont incompatibles avec le concept statique et instantané de sujet de droit. Une vision dynamique, progressive et dégressive, de cette notion est-elle pour autant souhaitable ? »[3]. Dans le même sens, Monsieur TEYSSIÉ considère qu'il existe un principe de simultanéité de l'apparition de la personnalité juridique avec la naissance[4]. L'idée de simultanéité évoque également, indirectement, celle d'immédiateté, et elle semble interdire que l'octroi de la personnalité juridique soit un processus progressif, à l'image de la naissance. Le droit ne s'intéresse pas au statut de l'enfant naissant, mais à celui de l'enfant à naître et à celui du nouveau-né. Le passage d'un état à l'autre doit donc être délimité par une borne précise.

### *B. La nécessité de distinguer les notions par une borne*

**64.** L'article 646 du Code civil dispose que « [t]out propriétaire peut obliger son voisin au bornage de leurs propriétés contiguës [...] ». Ce bornage se fait grâce à des bornes, c'est-à-dire des « points de repère tangibles et permanents, placés à la suite d'une procédure amiable ou judiciaire pour matérialiser la ligne divisoire de deux fonds contigus »[5]. La notion de contiguïté révèle l'utilité de la borne : « [s]ont contigus deux immeubles dont les confins s'épousent et se fondent pour ne former plus qu'une ligne idéale, la ligne divisoire »[6] : la borne permet

---

[1] C'est nous qui soulignons.
[2] D. COMMARET, « Conclusions de l'Avocat Général, audience plénière de la chambre criminelle du 6 juin 2002 », préc.
[3] J. POUSSON-PETIT, « La personne humaine sur la scène d'un théâtre d'ombres », *in Liber amicorum Marie-Thérèse MEULDERS-KLEIN*, 1998, Bruylant, p. 527.
[4] B. TEYSSIÉ, *Droit des personnes*, *op. cit.*, n$^{os}$ 32 et s., p. 26 et s.
[5] J.-P. GRIDEL, *Le signe et le droit. Les bornes - Les uniformes - La signalisation routière et autres*, 1979, LGDJ, coll. « Bibliothèque de droit privé », n° 39, p. 50.
[6] *Ibid.*, n° 53, p. 70.

alors de rendre évident aux yeux le tracé de cette ligne divisoire. Pour pouvoir remplir ce rôle, et notamment être évidente, elle ne doit pas être équivoque : « aussi est-il bon de veiller à ce qu'un seul objet puisse exprimer la propriété »[1]. Comme une borne permet de révéler de façon certaine la délimitation de deux fonds distincts et contigus, par analogie, une « borne abstraite »[2] peut permettre de révéler la délimitation de deux notions distinctes et voisines. Il ne s'agit pas de bornes spatiales, mais de bornes temporelles[3], révélant un point fixe et visible dans le flot indistinct du temps.

**65.** La délimitation des notions d'enfant à naître et de nouveau-né est la naissance. Cette définition est insuffisante : une borne doit être non-équivoque, et la naissance est équivoque. Si une notion est définie par des critères temporels, il paraît nécessaire de dégager des critères de distinction précis[4] et évidents. Or, tel n'est pas le cas lorsqu'il s'agit d'un processus : « [s]i la fixation des instants jalonne le cours du temps, l'appréciation des délais permet d'en appréhender le flux, d'en mesurer la durée »[5]. Dans le Code civil, l'accouchement n'est pas appréhendé juridiquement en tant que délai, mais en tant qu'« instant », en tant que borne temporelle, alors que la vie humaine est évolutive, que la date de la conception est le plus souvent incertaine. L'accouchement permet de pallier ces difficultés, en instaurant « un ordre de l'avant et de l'après »[6] : avant l'accouchement, l'être humain est qualifié d'enfant à naître, et après, il est un nouveau-né. Il ne serait donc pas envisageable d'affirmer que l'acquisition de la personnalité juridique est elle-même un processus progressif se déroulant en même temps que l'accouchement, ce qui impliquerait d'étudier le statut de l'*enfant naissant*. Pourtant, l'accouchement est utilisé comme une borne en droit civil : ainsi, l'article 55 du Code civil prévoit que la naissance doit être déclarée dans les cinq jours de l'accouchement. Pour pouvoir situer précisément l'accouchement dans le temps, il est donc nécessaire de se référer à une étape précise de son déroulement.

---

[1] *Ibid.*, n° 58 *ter*, p. 78.

[2] G. BEAUSSONIE, « Les bornes de la personnalité juridique en droit pénal », préc.

[3] J. HAUSER, « Les bornes de la personnalité juridique en droit civil », préc.

[4] P. HÉBRAUD, « Observations sur la notion du temps dans le droit civil », *in Études offertes à Pierre KAYSER*, t. 2 1979, PUAM, p. 1 et s., spéc. p. 11 : « la finalité des institutions juridiques utilise parfois, comme instrument de sa réalisation, la référence à l'instant et sa détermination, et retentit sur sa preuve et ses effets ».

[5] *Ibid.*, p. 13. La distinction de l'auteur entre les « instants » et les « délais » renvoie aux « bornes » et aux « processus » déjà étudiés.

[6] *Ibid.*, spéc. p. 16.

**66.** Par exemple, dans l'hypothèse où un accouchement qui dure plusieurs heures s'achèverait le jour suivant, la détermination de l'instant auquel l'enfant devient un nouveau-né a une incidence sur le calcul du délai de déclaration de la naissance[1]. Or, le défaut de déclaration de la naissance, pour les personnes qui y sont tenues, est constitutif d'une contravention[2]. Par ailleurs, l'expiration du délai empêche que la naissance puisse être déclarée, un jugement déclaratif de naissance devient nécessaire pour qu'un acte de naissance puisse être dressé[3]. Le défenseur des droits a alors relevé les effets disproportionnés du non-respect du délai, puisque le jugement déclaratif de naissance n'intervient parfois qu'après dix-huit mois[4]. Dès lors, déterminer le moment précis de la naissance est une nécessité.

---

[1] IGREC, n° 272 : « [a]ux termes du décret n° 60-1265 du 25 novembre 1960, le jour de l'accouchement n'est pas compté dans le délai de trois jours [cinq aujourd'hui]. Il résulte de ce texte modifié par le décret n° 76-944 du 15 octobre 1976, que, "lorsque le dernier jour dudit délai est un samedi, un dimanche, un jour férié ou chômé, ce délai est prorogé jusqu'au premier jour ouvrable suivant" ».

[2] C. pén., art. R. 645-4.

[3] C. civ., art. 55. – Lorsqu'une décision de justice est nécessaire, ce n'est pas en raison d'un motif d'ordre pratique, mais d'une suspicion : si la naissance de l'enfant n'a pas été déclarée dans les cinq jours, il est possible de penser que l'état de l'enfant, en principe établi selon des règles d'ordre public (A.-M. LEROYER, « La notion d'état des personnes », *in Ruptures, mouvements et continuité du droit, Autour de Michelle GOBERT*, 2004, Economica, p. 247 et s.), n'est pas l'état qui aurait dû être déclaré (J. CARBONNIER, *Droit civil*, *op. cit.*, n° 260, p. 483 : « La situation n'est plus entière : le service de l'état civil a fonctionné ; cette circonstance élève une présomption contre l'acte nouveau que l'on prétend insérer dans une trame déjà tissée. À tout le moins, il faut un contrôle sur la sincérité de ce qui est demandé, car l'intervalle de temps qui sépare du fait à constater sa constatation peut faciliter les fraudes ». – A. DENIZOT, « Réforme de l'article 55 du code civil : la fausse modernisation d'un vieux problème », *RTD Civ.* 2017, p. 218 : à propos de l'avis du Conseil d'État du 12 brumaire an XI, l'auteur écrit que « [l]e Conseil d'État craignait qu'on puisse introduire des étrangers dans des familles »). L'officier de l'état civil est tenu d'informer le procureur de la République (Circ., 28 oct. 2011, relative aux règles particulières à divers actes de l'état civil relatifs à la naissance et à la filiation, NOR : JUSC1119808C, p. 12). Cette situation suscite d'autant plus la suspicion que l'art. 56 C. civ. détermine avec précision les personnes tenues de déclarer la naissance, le défaut de déclaration étant sanctionné par l'art. R. 645-4 C. pén., comme une contravention de 5$^{e}$ classe.

[4] *Requête n° PR/MDE/16-01*, 21 mars 2016.

## §2. Le choix d'un critère précis : le début de la vie autonome

**67.** Dans la mesure où la naissance ne doit être déclarée qu'une fois l'accouchement déroulé, il paraît naturel de se fonder sur une étape marquant la fin de l'accouchement pour pouvoir affirmer que l'enfant *est né*, et non plus *à naître*. Si l'accouchement, défini comme un processus, n'est pas une notion suffisamment précise pour déterminer le point de départ du délai durant lequel court l'obligation de déclarer la naissance, la chambre criminelle de la Cour de cassation a été contrainte de marquer cette frontière plus précisément concernant le champ d'application de l'infraction d'homicide involontaire (A). Ces réflexions s'appliquant au droit pénal, il conviendra de se demander si elles peuvent être transposées aux notions civilistes d'enfant à naître et de nouveau-né (B).

### *A. Le critère de vie autonome dans la jurisprudence de la chambre criminelle de la Cour de cassation*

**68.** Si l'accouchement est effectivement un processus, il est possible d'en retenir l'une des étapes, qui déterminera la frontière précise entre enfant à naître et nouveau-né. L'accouchement s'achève lorsque la mère est séparée de son enfant, qui est doté d'une vie autonome[1]. Or, pour que sa naissance soit déclarée à l'officier de l'état civil, et donc pour être qualifié de nouveau-né, l'enfant doit être vivant, ce qui permet de le distinguer de l'enfant sans vie[2] : « [v]ivant, c'est-à-dire qu'il doit avoir respiré »[3]. La respiration pulmonaire du nouveau-né démarre spontanément : « [l]e premier cri accompagnant la première expiration témoigne de la réussite de cette opération »[4]. Le premier cri survient

---

[1] V. Balestriero, « La situation de l'enfant mort-né », *D.* 1999, p. 81 : « L'accouchement est en général un événement heureux qui marque le début de la vie autonome de l'enfant ».

[2] *Cf. supra*, n[os] 44 et s.

[3] Y. Buffelan-Lanore, V. Larribau-Terneyre, *Droit civil : introduction, biens, personnes, famille*, 22e éd., 2021, Sirey, coll. « Université », n° 752, p. 322. – Dans le même sens : A. Marais, *Droit des personnes*, 4e éd., 2021, Dalloz, coll. « Cours », n° 14, p. 14.

[4] L. Michon, « Naissance – Néonatologie », *in Encyclopaedia Universalis*, 2011.

« normalement dans la minute qui suit la naissance : l'inspiration profonde entraîne brutalement un afflux d'air dans les bronches et les alvéoles, mais également un afflux sanguin dans le lit vasculaire des poumons »[1]. Dès cet instant « est modifiée l'hémodynamique fœtale qui se transforme brutalement en hémodynamique néonatale, suscitant la fermeture des communications auriculaires et aortiques »[2].

Le premier cri pourrait constituer un critère précis permettant de différencier l'enfant à naître du nouveau-né, l'enfant à naître de la personne, puisqu'il manifeste la première respiration. Il a d'ailleurs l'avantage de l'évidence tant il est facile à discerner. À défaut, l'enfant doit être qualifié d'enfant sans vie. Tant que l'enfant n'a pas crié, c'est qu'il n'a pas commencé une respiration autonome.

**69.** La respiration autonome ne doit pas être confondue avec la viabilité. En effet, par vie autonome, il faut entendre *vie extra-utérine*, sans dépendance organique à l'égard de la mère ; la viabilité implique en revanche la capacité à vivre de manière prolongée après la naissance. Or, dans certains cas, la respiration de l'enfant ne peut se faire que grâce à un ventilateur ; dans cette circonstance, il serait aisé de dire que l'enfant n'a pas de vie *autonome*, puisqu'elle dépend d'une assistance médicale. Néanmoins, dès lors qu'une respiration pulmonaire existe après l'accouchement, et que l'enfant ne respire plus par l'entremise du cordon ombilical, il convient de considérer que l'enfant est doté d'une vie autonome, même si sa viabilité peut interroger[3].

**70.** Toutefois, en droit positif, ni le Code civil, ni la jurisprudence civile ne confirment ce critère, fondé sur le premier cri de l'enfant. La solution sera recherchée dans la jurisprudence de la chambre criminelle de la Cour de cassation, qui s'est intéressée à la frontière entre l'homicide involontaire de l'enfant et l'atteinte involontaire à la vie de l'enfant à naître. En effet, le critère de la vie autonome est celui qui a été dégagé en droit pénal, dans le contentieux concernant l'homicide involontaire de l'enfant à naître, que la Cour de cassation n'admet pas.

**71.** La première étape de cette jurisprudence est l'arrêt rendu par la chambre criminelle de la Cour de cassation le 30 juin 1999[4] : elle

[1] *Dictionnaire médical de l'Académie nationale de médecine*, en ligne, v° « Premier cri »

[2] *Ibid.*

[3] *Cf. infra*, n^os^ 127 et s.

[4] Cass. crim., 30 juin 1999, n° 97-82.351, *Bull. crim., n° 174* : *D.* 1999, p. 710, note D. VIGNEAU ; *RSC* 1999. 813, note Y. MAYAUD ; *RGDM* 1999, n° 2, p. 5, comm. C. DAVER ; *D.* 2000. 27, note Y. MAYAUD ; *ibid.* 169, note Ch. DESNOYER et

décide, au visa de l'article 111-4 du Code pénal, qui énonce le principe d'interprétation stricte de la loi par le juge en matière pénale, que la cour d'appel qui a retenu l'homicide involontaire de l'enfant à naître a violé l'article 221-6 du Code pénal, sans plus de précisions.

Dans un arrêt bien connu[1], l'Assemblée plénière de la Cour de cassation a confirmé la position de la chambre criminelle, concernant le décès d'un enfant à naître âgé de six mois, survenu à la suite d'un accident de la circulation. Le pourvoi faisait valoir que l'enfant était parfaitement viable, et que l'article 221-6 du Code pénal ne prévoyait pas de limiter son application à l'enfant « dont le cœur battait à la naissance et qui a respiré ». La Cour de cassation répond que « le principe de la légalité des délits et des peines, qui impose une interprétation stricte de la loi pénale, s'oppose à ce que l'incrimination prévue par l'article 221-6 du Code pénal, réprimant l'homicide involontaire d'autrui, soit étendue au cas de l'enfant à naître dont le régime juridique relève de textes particuliers sur l'embryon ou le fœtus ». Ainsi, l'enfant à naître, même viable, n'est pas *autrui*, et ne peut donc pas être victime d'un homicide involontaire. Les obligations du médecin à l'égard du nouveau-né ne s'y étendent donc pas.

La Cour de cassation a été amenée à rappeler sa jurisprudence[2] dans une affaire concernant un médecin condamné pénalement, pour homicide involontaire, pour ses fautes ayant causé le décès d'un enfant au cours d'un accouchement. Elle précise également le critère permettant de marquer la frontière entre l'enfant à naître et la personne : à la suite du pourvoi du procureur général, la chambre criminelle rend un attendu de principe selon lequel « le principe de la légalité des délits

---

L. DUMAINE ; *ibid.* 181, note G. ROUJOU DE BOUBÉE et B. DE LAMY ; *RDSS* 2000. 88, note G. MÉMETEAU et M. HARICHAUX ; *Dr. pén.* 2000, n° 3 ; *JCP G* 2000, 10231, note G. FAURÉ.

[1] Ass. plén., 29 juin 2001, n° 99-85.973, *Bull. crim., n° 165* : *D.* 2001. 2907, chron. J. PRADEL ; *ibid.* 2917 ; *ibid.*, note Y. MAYAUD ; *ibid.*, concl. J. SAINT-ROSE ; *RTD Civ.* 2001. 560, note J. HAUSER ; *RDSS* 2001. 829, note A. TERRASSON DE FOUGÈRES ; *JCP G.* 2001, II, 10169, rapp. P. SARGOS, concl. J. SAINT-ROSE, note M.-L. RASSAT ; *RSC* 2002. 87, note B. BOULOC ; *DP* 2001, n° 98, obs. G. LOISEAU ; *LPA*, juill. 2001, n° 130, p. 3.

[2] Cass. crim. 25 juin 2002, n° 00-81.359, *Bull. crim., n° 144* : *D.* 2002. 3099, note J. PRADEL ; *ibid.* 2003, somm. 243, obs. S. MIRABAIL ; *ibid.* 2003. 660, obs. F. PLANCKEEL ; *JCP G* 2002, II, 10155, note M.-L. RASSAT ; *Dr. pén.* 2002, chron. 31, concl. D. COMMARET ; *ibid.*, comm. 93, obs. M. VERON ; *LPA*, 10 sept. 2002, note B. DAILLE-DUCLOS ; *Gaz. pal.* 2003, n° 46, p. 14, note J. BONNEAU ; *RSC* 2003. 91, note B. BOULOC ; *ibid.* 95, obs. Y. MAYAUD.

et des peines, qui impose une interprétation stricte de la loi pénale, s'oppose à ce que l'incrimination d'homicide involontaire s'applique au cas de l'enfant qui n'est pas né vivant ». *A contrario*, l'enfant né vivant peut donc être victime d'un homicide involontaire.

Par ailleurs, la Cour de cassation ne fait aucune distinction selon le moment où la faute a été réalisée : une faute du médecin avant la naissance[1] peut donc tout à fait causer un homicide involontaire si l'enfant naît vivant, même un bref instant, puis décède. L'arrêt rappelle les motifs des juges du fond, selon lesquels « cet enfant était à terme depuis plusieurs jours et que, si les fautes relevées n'avaient pas été commises, **il avait la capacité de survivre par lui-même**[2], disposant d'une humanité distincte de celle de sa mère » : ils s'appuient donc sur le critère de viabilité pour retenir l'homicide involontaire du fœtus. La Cour de cassation censure ce raisonnement en renvoyant à son visa, qui exclut le critère de viabilité pour retenir l'homicide involontaire, comme l'avait décidé l'Assemblée plénière, et se fonde uniquement sur celui de la vie.

Dans un arrêt ultérieur[3], la chambre criminelle a décidé que « pour déclarer Noëlle X... coupable d'homicide involontaire sur la personne de Yoan Y..., l'arrêt attaqué retient qu'elle a, par un défaut de maîtrise de son véhicule, causé la mort de l'enfant qui a vécu une heure après sa naissance et qui est décédé des suites des lésions vitales irréversibles subies au moment du choc » et donc que « la cour d'appel a justifié sa décision ». Deux éléments sont à relever dans cet arrêt. Tout d'abord, le nouveau-né a vécu une heure après l'accouchement. La Cour confirme donc que la vie du nouveau-né après l'accouchement est nécessaire pour caractériser l'homicide involontaire. D'autre part, elle précise que le nouveau-né est décédé des suites des lésions vitales irréversibles subies au moment du choc : ainsi, s'il était décédé à cause d'un accouchement avant 22 semaines d'aménorrhées, par exemple, n'étant pas viable, les juges auraient pu considérer que son décès découlait de l'absence de viabilité du fœtus, à moins qu'ils ne considèrent que l'accouchement, provoqué par l'atteinte à la mère, est

---

[1] B. DE LAMY, « Le délit d'homicide involontaire d'un nouveau né n'implique pas que la faute soit postérieure à la naissance », *Dr. fam.* 2004, n° 2, comm. 26.

[2] C'est nous qui soulignons.

[3] Cass. crim., 2 déc. 2003, n° 03-82.344, *Bull. crim., n° 230* : *D.* 2004. 449, note J. PRADEL ; *AJ pén.* 2004. 118, note A. PITOUN ; *JCP G* 2004, II, 10054, note M.-L. RASSAT ; *Dr. fam.* 2004, p. 26, obs. B. DE LAMY ; *Dr. pénal* 2004, p. 18, obs. M. VERON ; *RSC* 2004. 348, obs. Y. MAYAUD.

la cause du décès. Néanmoins, une telle réflexion peut être remise en question en raison du caractère indirect du lien de causalité entre la faute et le décès. La viabilité n'est donc pas un critère pour déterminer l'existence d'autrui, mais pour caractériser l'existence d'un lien de causalité entre la faute et le décès, ce qui permet de distinguer la notion de personne en droit civil et la notion de personne en droit pénal.

Saisie d'une demande de QPC, fondée sur l'argument de l'« incompétence négative », la chambre criminelle de la Cour de cassation a refusé de la transmettre au Conseil constitutionnel, ne la jugeant ni nouvelle, ni sérieuse[1]. Elle a donc confirmé sa jurisprudence, malgré les nombreuses critiques qui lui ont été adressées.

**72.** Si ces critères définis par la chambre criminelle de la Cour de cassation sont attrayants par leur précision, il reste nécessaire de se poser la question de leur transposition au droit civil. Concernant la question de l'homicide involontaire de l'enfant à naître, Monsieur BEAUSSONIE a en effet pu regretter que « les arrêts rendus par la Cour de cassation ayant refusé d'appliquer l'incrimination d'homicide involontaire à l'enfant à naître ont représenté l'occasion, pour de nombreux civilistes, d'éprouver le point de départ de la personnalité juridique en général »[2]. Il faut donc étudier ces solutions de la chambre criminelle de la Cour de cassation à la lumière de la question de l'éventuelle autonomie du droit pénal, et donc, par conséquent, de l'autonomie de la notion d'enfant à naître.

### *B. La transposition du critère de vie autonome au droit civil*

**73.** L'étape préalable à une éventuelle transposition de notions, ou de raisonnements, du droit pénal au droit civil, est de rappeler les débats autour de l'autonomie, ou de l'originalité, du droit pénal, notamment quant à la notion d'enfant à naître (1). Une fois cette réflexion menée, il sera possible d'utiliser en droit civil la notion d'enfant à naître telle que définie en droit pénal, ce qui permettra d'en définir la frontière avec la notion de nouveau-né (2).

---

[1] Cass. crim., 12 juin 2018, n° 17-86.661, inédit : *Dr. pén.* 2018, n° 9, comm. 147, note Ph. CONTE ; *RSC* 2018, p. 898, note Y. MAYAUD.

[2] G. BEAUSSONIE, « La personnalité juridique en droit pénal », *in Mélanges en l'honneur du professeur Claire NEIRINCK*, 2015, LexisNexis, p. 157 et s.

### 1. L'absence d'autonomie de la notion d'enfant à naître en droit pénal

**74.** Le droit pénal n'est pas « autonome » (a). Par conséquent, les notions d'enfant à naître et de nouveau-né en droit pénal ne le sont pas non plus (b).

#### *a. L'absence d'autonomie du droit pénal*

**75.** Le droit pénal n'est pas purement sanctionnateur : il utilise parfois des notions qui lui sont propres ou dont le sens n'est pas le même que dans les autres branches du droit, en raison de ses sources et de ses finalités particulières[1]. La notion d'enfant à naître pourrait donc ne pas échapper à ce raisonnement. L'autonomie du droit pénal a été définie comme « l'ensemble des règles légales et les solutions jurisprudentielles par lesquelles le droit criminel se sépare du droit civil »[2]. Pour Monsieur BEAUSSONIE, le terme d'autonomie doit être limité aux notions existant à la fois en droit pénal et en dehors du droit pénal. Pour les notions propres au droit pénal, il préfère le qualificatif d'« originalité »[3]. Il se fonde sur la définition de Monsieur GOUTAL selon laquelle l'autonomie est un « phénomène conflictuel tenant à la contradiction des solutions extrapénales sur leur propre terrain »[4], définition plus restreinte que celle de Monsieur STEFANI qui ne retient pas le caractère conflictuel de la différence de solutions comme critère. *A contrario*, Monsieur BOULOC affirme que « le droit pénal, en tant que branche, a une autonomie indiscutable », au motif qu'il consiste en la protection des « intérêts essentiels de la société, et cela explique que,

---

[1] *Contra* : J.-E.-M. PORTALIS, *Discours préliminaire sur le projet de Code civil*, *in Discours, rapports et travaux inédits sur le Code civil*, 1844, Joubert, Libraire de la Cour de cassation, p. 16 : « Les lois pénales ou criminelles sont moins une espèce particulière de lois que la sanction de toutes les autres ». – Sur la teneur du débat entourant le rôle déterminateur ou sanctionnateur du droit pénal, v. E. DREYER, *Droit pénal général*, 6e éd., 2021, LexisNexis, coll. « Manuel », no 100, p. 85.

[2] G. STEFANI, « Préface », *in Quelques aspects de l'autonomie du droit pénal : études de droit criminel*, 1956, Dalloz, coll. « Publications de l'Institut de criminologie de la Faculté de droit de l'Université de Paris ».

[3] G. BEAUSSONIE, *La prise en compte de la dématérialisation des biens par le droit pénal : contribution à l'étude de la protection pénale de la propriété*, 2012, LGDJ, coll. « Bibliothèque de droit privé », no 831, p. 339.

[4] J.-L. GOUTAL, « L'autonomie du droit pénal : reflux et métamorphose », *RSC* 1980, no 4, p. 912.

partout où ces intérêts sont en cause, même quand le droit pénal ne fait qu'apporter à d'autres droits le secours de ses peines, c'est lui-même et lui seul qui doit déterminer les conditions dans lesquelles ces sanctions sont prononcées et appliquées » [1].

**76.** Postuler qu'une notion est autonome, ou originale, par rapport aux autres domaines du droit permet de poser les fondements, le point de départ, de l'étude des notions relevant du droit pénal : doivent-elles être définies à propos de connaissances relevant uniquement du domaine du droit pénal – c'est le cas si les notions sont considérées comme autonomes – ou leur étude doit-elle débuter par le domaine duquel elles sont issues, pour ensuite rechercher les éventuelles adaptations que le juge pénal y a apportées ? Ainsi, concernant la notion d'enfant à naître, doit-elle être définie uniquement par rapport au Code pénal et à la jurisprudence de la chambre criminelle de la Cour de cassation, ou cette définition doit-elle être recherchée dans le droit civil pour voir si le droit pénal l'a modelée par rapport au but poursuivi, à savoir la protection de la vie humaine ?

Autrement dit, en plus du débat sur le rôle déterminateur ou sanctionnateur du droit pénal, la question de son autonomie a des conséquences quant à la méthode de recherche.

**77.** Nous adhérons au point de vue selon lequel le droit pénal n'a d'autonomie que concernant ses propres notions. Mais de ce point de vue, la matière ne se différencie pas réellement des autres. Pour ce qui est des notions issues d'autres domaines du droit, si le droit pénal y apporte, selon les situations, des adaptations, leur sens doit tout de même d'abord être recherché dans leur domaine initial. Par exemple, Monsieur DREYER fait remarquer, concernant la répression de la bigamie, que « ces causes de dissolution [du mariage] doivent être appréciées selon les règles civiles qui les régissent : il n'appartient pas au juge répressif d'en dégager sa propre conception sous prétexte que, de cette appréciation, peut dépendre l'existence d'une infraction »[2]. Dès lors, il conviendrait de se demander si le même raisonnement peut être adopté concernant les notions de nouveau-né et d'enfant à naître.

---

[1] B. BOULOC, *Droit pénal général*, 27e éd., 2021, Dalloz, coll. « Précis », no 36, p. 31. – Dans le même sens : X. PIN, *Droit pénal général 2022*, 13e éd., 2021, Dalloz, coll. « Cours », no 33, p. 39.

[2] E. DREYER, *Droit pénal général*, *op. cit.*, no 102, p. 86-87.

### *a. L'absence d'autonomie des notions de nouveau-né et d'enfant à naître en droit pénal*

**78.** La notion de nouveau-né ne figure qu'à l'article R. 645-5 du Code pénal qui dispose que « [l]e fait, par une personne ayant trouvé un enfant nouveau-né, de ne pas faire la déclaration prescrite par l'article 58 du code civil ou, si elle ne consent pas à se charger de l'enfant, de ne pas le remettre à l'officier d'état civil est puni de l'amende prévue pour les contraventions de la 5e classe ». La référence au nouveau-né renvoie nécessairement à la notion telle qu'elle découle de l'article 58 du Code civil. Il ne serait en effet pas cohérent qu'un comportement qui ne serait pas rendu obligatoire par l'article 58 du Code civil puisse être sanctionné au titre de l'article R. 645-5 du Code pénal. Néanmoins, la notion de nouveau-né figure également dans la jurisprudence de la Cour de cassation, dans d'autres hypothèses que celle de l'infraction prévue à l'article R. 645-5 du Code pénal.

**79.** C'est le cas de l'arrêt rendu par l'Assemblée plénière de la Cour de cassation rendu le 7 novembre 2014[1], dans lequel les juges ont admis la suspension du délai de prescription de l'action publique « en cas d'obstacle insurmontable à l'exercice des poursuites ». Elle valide ainsi le raisonnement des juges du fond qui avaient relevé, notamment, que « les accouchements ont eu lieu sans témoin, que les naissances n'ont pas été déclarées à l'état civil, que les cadavres des nouveau-nés sont restés cachés jusqu'à la découverte fortuite des deux premiers corps le 24 juillet 2010 et que, dans ces conditions, nul n'a été en mesure de s'inquiéter de la disparition d'enfants nés clandestinement, morts dans l'anonymat et dont aucun indice apparent n'avait révélé l'existence ». Les « nouveau-nés » évoqués par l'Assemblée plénière sont-ils les nouveau-nés pour lesquels le Code civil impose la déclaration de la naissance ?

L'arrêt rappelle le contexte qui a empêché la mise en œuvre de l'action publique, et notamment l'absence de déclaration des naissances à l'officier de l'état civil. De plus, il est probable que les enfants aient perdu la vie peu de temps après leur naissance, c'est-à-dire avant l'écoulement du délai de déclaration de leur naissance. Au soutien de

---

[1] Ass. plén., 7 nov. 2014, n° 14-83.739 : *Bull. crim., Ass. plén., n° 1* : *RSC* 2014. 777, note Y. MAYAUD ; *ibid.* 803, note D. BOCCON-GIBOD ; *D.* 2014. 2498, note R. PARIZOT ; *ibid.* 2469, note L. SAENKO ; *RSC* 2015. 121, note A. GIUDIELLI ; *Dr. fam.* 2015, n° 1, p. 1, comm. Ph. BONFILS ; *DP* 2014, n° 12, comm. A. MARON et M. HAAS ; *ibid.*, note J.-Y. MARÉCHAL. – *Cf. infra*, nos 334 et s.

cette idée, les arguments soulevés par l'Assemblée plénière ressemblent fortement aux critères de définition de l'infanticide, infraction – aujourd'hui disparue – consistant justement dans le meurtre d'un nouveau-né, et notamment ceux proposés par GARRAUD, qui en présente une vision très extensive : « est-il vrai [...] que lorsque les trois jours qui ont suivi la naissance sont expirés, sans déclaration à l'officier de l'état civil, l'enfant ne peut plus légalement être considéré comme un nouveau-né ? »[1]. Il répond par la négative, car « si la naissance est devenue notoire avant l'expiration de ce délai, l'enfant n'est plus nouveau-né ; mais si la notoriété de la naissance n'est pas démontrée ; il peut y avoir encore infanticide, même après l'expiration de ce délai »[2]. D'autres auteurs[3] ne retiennent pas cette conception, incertaine, de la notoriété de l'existence de l'enfant, pour en retenir une plus objective, fondée sur la déclaration de la naissance d'une part, et l'écoulement du délai pour la déclarer d'autre part.

L'Assemblée plénière de la Cour de cassation prend soin de mettre en avant tant la clandestinité de l'existence de l'enfant que l'absence de déclaration de la naissance. Même si elle ne se réfère pas à l'écoulement du délai pour déclarer la naissance[4] – élément de fait difficilement vérifiable –, il semble que l'emploi de la notion de nouveau-né renvoie à la notion civiliste telle qu'elle figure à l'article 58 du Code civil. Par ailleurs, le fait que le nouveau-né puisse être victime d'un homicide corrobore la distinction qu'il convient de faire avec la notion d'enfant à naître, qui ne peut pas l'être.

**80.** La notion d'enfant à naître est traditionnellement étudiée par rapport à la notion de personne : à titre d'exemple, la thèse de Madame MIRKOVIC, bien que consacrée à la notion de personne, traite du « statut juridique de l'enfant à naître », car « étant donné le bouleversement que connaît la situation des enfants à naître, ne faut-il pas se demander si

---

[1] R. GARRAUD, *Traité théorique et pratique du droit pénal français*, 3e éd., 1935, Librairie du Recueil Sirey, p. 198.
[2] *Ibid.*
[3] A. CHAUVEAU, H. FAUSTIN, *Théorie du Code pénal*, t. 3, 3e éd., 1837-1842, Imprimerie et librairie générale de jurisprudence Cosse, Paris, p. 401 et s. ; RIVIÈRE (dir.), *Pandectes françaises : nouveau répertoire de doctrine, de législation et de jurisprudence*, t. 36, 1901, Librairie Marescq Ainé et Librairie Plon, p. 96 et s.
[4] Il s'agit peut-être d'une originalité du droit pénal, c'est-à-dire d'une adaptation de la notion aux besoins du droit pénal, mais pas d'autonomie, car une définition qui ne retiendrait pas le critère de non-écoulement du délai de déclaration de la naissance n'entrerait pas réellement en conflit avec la définition civiliste. Elle serait seulement plus large.

les normes visant la *personne humaine*, ou la *personne*, les concernent ? »[1]. Dès lors, indirectement, l'autonomie de la notion d'enfant à naître pourrait être étudiée à la lumière de celle de la notion de personne. C'est le raisonnement qui a été suivi par la chambre criminelle de la Cour de cassation : elle a choisi le critère de vie autonome pour distinguer l'enfant à naître de la personne. Ce même critère permet par ailleurs de distinguer, en matière civile, l'enfant sans vie du nouveau-né. Il pourrait donc permettre de distinguer l'enfant à naître du nouveau-né.

**81.** La jurisprudence de la chambre criminelle distingue l'enfant à naître de la personne. Elle apporte un enseignement sur la frontière au-delà de laquelle, en droit pénal, l'enfant ne doit plus être qualifié d'enfant à naître : il s'agit de *la naissance en vie*. En effet, si la faute cause le décès d'un enfant qui était né vivant, l'homicide involontaire peut être caractérisé. En revanche, si elle cause le décès d'un enfant à naître, l'infraction n'est pas caractérisée. Il faut tout de même noter que le droit civil et le droit pénal ne poursuivent pas le même objectif : alors que la notion de personne en droit civil désigne l'être humain titulaire de droits et assujetti à des obligations, la notion de personne en droit pénal renvoie à une valeur protégée, et concernant l'homicide involontaire, il s'agit de la protection contre les « atteintes à la vie de la personne », selon le titre du chapitre dans lequel cet article est inséré.

**82.** Parallèlement, en droit civil, la notion d'enfant à naître est appréciée en opposition par rapport à la notion de personne qui désigne le sujet de droit, et donc principalement pour des raisons de capacité juridique. Les quelques dispositions du Code civil qui traitent du statut de l'enfant à naître se situent au sein des règles du droit des libéralités, aux articles 1054, 1081, 1082 et 1086. La traduction de la règle *infans conceptus* en droit positif figure quant à elle aux articles 725 et 906 du Code civil, qui concernent respectivement la capacité de recevoir par donation et par succession reconnue à l'enfant à naître. En revanche, en droit pénal, le statut de l'enfant à naître a été envisagé au regard de la question de la protection de la vie humaine, et donc de la *personne humaine*, et non de la personne juridique[2]. Il était donc possible d'envisager que la vie préexistant à la naissance[3], la Cour de cassation

[1] A. BERTRAND-MIRKOVIC, *La notion de personne*, *op. cit.*, p. 25.

[2] Sur la distinction entre personne humaine et personne juridique, *cf. infra* n° 94 et n°s 105 et s.

[3] Cet état de fait n'est pas nié par le C. civ., dont l'art. 16 impose « le respect de l'être humain dès le commencement de sa vie ».

ne ferait pas de distinction selon que l'enfant était né ou à naître et donc, plus simplement, que la naissance était un événement totalement indifférent à la protection de la vie humaine. Elle l'a pourtant retenue comme un seuil devant nécessairement être franchi afin de bénéficier d'une protection pénale.

**83.** Dès lors, il existe une hiérarchie dans la protection de la vie selon que l'atteinte concerne un enfant à naître ou un enfant né vivant, c'est d'ailleurs ce qui a été reproché à la Cour de cassation. Certains auteurs estiment même que la Cour de cassation ne protège que la vie de la personne au sens du droit civil[1], il y aurait donc une identité entre les notions de personne en droit civil et en droit pénal, ce qui renforce l'intérêt de la comparaison entre les deux matières pour déterminer la frontière entre les notions de nouveau-né et d'enfant à naître *en droit civil*. Cette identité n'est cependant pas tout à fait exacte, puisque la Cour de cassation se désintéresse, en matière pénale, de la notion de viabilité[2], pourtant théoriquement nécessaire en droit civil.

De ce point de vue, le droit pénal présente donc une originalité[3]. Le contraire eût été contestable, puisque l'enfant qui périt à la suite d'une faute commise pendant la grossesse a de fortes probabilités de ne pas naître viable. Admettre que la viabilité conditionne la protection de la vie du nouveau-né reviendrait à admettre une limite trop restrictive. Pour autant, les critiques émises à l'encontre de la position de la Cour de cassation doivent interroger la transposition de ces critères pour délimiter les notions d'enfant à naître et de nouveau-né *en droit civil*. Il semble que ces critiques soient inefficaces en droit civil, puisqu'il est admis que l'enfant à naître, jusqu'à ce qu'il soit né, n'a pas la

---

[1] Y. MAYAUD, « De la protection pénale du fœtus », *D.* 2000, p. 27.

[2] Cass. crim., 23 juin 1955, concernant le médecin s'abstenant de prodiguer des soins à un nouveau-né vivant mais non viable : *D.* 1955, p. 575 ; D. VIGNEAU, *L'enfant à naître*, *op. cit.*, p. 188 ; B. LE GRIEL, « L'absence de protection pénale de l'enfant conçu : essai d'explication. Pour un droit qui unit dans la diversité », *in La diversité du droit. Mélanges en l'honneur de Jerry SAINTE-ROSE*, 2012, Bruylant, p. 711 et s.

[3] Là encore, il ne s'agit pas d'autonomie : « il n'y a [...] pas autonomie à aborder une notion civile selon un autre point de vue que son juge naturel. Il s'agit même là, au contraire, du versant jurisprudentiel de l'originalité du droit pénal » (G. BEAUSSONIE, *La prise en compte de la dématérialisation des biens par le droit pénal*, *op. cit.*, n° 833, p. 340). Le même auteur a par ailleurs consacré une étude à « La personnalité juridique en droit pénal », notion que l'on rattacherait, intuitivement, au droit civil : « une ultime façon de percevoir la réception de la personnalité juridique par le droit pénal, en vertu de laquelle les aptitudes classiquement attachées à cette personnalité devraient simplement être complétées en considération de ce droit » (G. BEAUSSONIE, « La personnalité juridique en droit pénal », *op. cit.*, spéc. p. 169).

personnalité juridique, de même que l'enfant sans vie. Par ailleurs, si le critère de vie autonome puisé dans le droit pénal a l'avantage de la précision, nous souscrivons tout de même aux critiques formulées par la doctrine : il paraît en effet injuste que la vie de l'enfant *naissant*, viable, ne soit pas protégée par le droit pénal si l'enfant ne survit pas suffisamment longtemps pour respirer, ne serait-ce qu'une fois, par ses propres poumons.

**84.** Malgré ces critiques, l'étude du statut de l'enfant à naître permet de révéler que, tout comme en droit civil, le droit pénal différencie l'appréhension de l'existence humaine avant et après la naissance : en droit civil pour déterminer la personnalité juridique et les incapacités, et en droit pénal pour déterminer le seuil de la protection de la vie. Il est toutefois possible de faire valoir qu'alors que le droit civil admet que la personnalité juridique puisse rétroagir lorsque l'intérêt de l'enfant le commande, le droit pénal ne reconnaît pas de mécanisme similaire qui permettrait de rechercher l'intérêt de l'enfant à naître, ce qui marque une asymétrie[1] ; de la même façon, le droit civil individualise l'enfant sans vie par l'acte d'enfant sans vie[2], dès lors, « [c]omment alors ne pas le reconnaître comme “autrui”, au sens du droit pénal ? »[3].

Toujours est-il que dans les deux domaines, la frontière constituée par la naissance conduit à un changement de statut important : passage du statut de « non-sujet de droit »[4] à celui de personne en droit civil, octroi d'une protection de la vie humaine en droit pénal. L'hypothèse selon laquelle la notion d'enfant à naître est la même en droit civil et en droit pénal est donc envisageable. De ce point de vue, le droit pénal ne présenterait alors pas d'autonomie.

---

[1] D. VIGNEAU, « Mourir avant de naître. Diversité du droit ou contradictions ? », *op. cit.*, p. 1359 et s., spéc. p. 1362 : « Cette fiction de naissance qui permet, par anticipation et à toute époque de la grossesse, de compter l'enfant simplement conçu parmi les êtres juridiquement existants avait alors toutes ses chances de pouvoir sortir ses effets en sa faveur puisque la vie de celui-ci était protégée » et p. 1363 : « les situations, il est vrai, se multiplient où l'enfant conçu n'est plus traité comme s'il était né pour préserver ses intérêts, mais mal traité parce qu'il n'est pas encore né » ; B. LE GRIEL, « L'absence de protection pénale de l'enfant conçu : essai d'explication. Pour un droit qui unit dans la diversité », *op. cit.*, spéc. p. 721.

[2] *Cf. supra*, n[os] 34 et s.

[3] D. COMMARET, « Conclusions de l'Avocat Général, audience plénière de la chambre criminelle du 6 juin 2002 », préc.

[4] J. CARBONNIER, *Flexible droit*, *op. cit.*, p. 231 et s.

**85.** Si la notion de personne subit des variations entre droit civil et droit pénal, les deux domaines semblent s'attacher à la même distinction entre enfant à naître et personne. Il semblerait même plus juste de dire que la Cour de cassation a tiré sa solution quant à la protection de la vie humaine des frontières de la personnalité juridique en droit civil, tout en y apportant des adaptations, en écartant le critère de viabilité. Tant en droit civil qu'en droit pénal, la frontière entre enfant à naître et nouveau-né doit être établie avec précision : en droit civil pour la mise en œuvre des règles relatives à la déclaration de la naissance[1] notamment ; en droit pénal, du fait de la solution retenue par la chambre criminelle de la Cour de cassation, car si la vie de l'enfant à naître n'est pas protégée au titre de la répression de l'homicide involontaire, il est nécessaire de déterminer jusqu'à quel stade de l'accouchement l'enfant doit être défini comme un enfant à naître, et au-delà duquel il devient un nouveau-né[2].

Dès lors, au vu du besoin de précision dans la détermination du moment de l'accouchement, rien ne s'oppose à ce que le critère dégagé par la chambre criminelle de la Cour de cassation soit transposé au droit civil. Au contraire, il semble tout à fait adéquat. En effet, en plus d'être né, l'enfant doit être vivant pour être considéré comme un nouveau-né[3], c'est-à-dire qu'il doit avoir respiré. Cette respiration autonome de l'enfant se manifeste par son premier cri : fixer le point de départ du délai de déclaration de la naissance à cet instant précis, celui où la respiration pulmonaire peut être constatée, semble donc tout à fait logique.

---

[1] *Cf. supra*, n$^{os}$ 65 et 66.

[2] M. DREYER fait remarquer que « le Code [pénal] actuel n'a guère évolué par rapport à l'ancien Code qui réservait l'infanticide au meurtre de l'enfant "nouveau-né" » (E. DREYER, « "Autrui" en matière pénale », *in La diversité du droit. Mélanges en l'honneur de Jerry SAINTE-ROSE*, 2012, Bruylant, p. 431 et s., spéc. p. 438). Ainsi, même si la notion de nouveau-né n'est plus réellement une notion de droit pénal depuis la refonte du Code pénal, la doctrine s'autorise parfois à l'utiliser (par exemple : B. LE GRIEL, « L'absence de protection pénale de l'enfant conçu : essai d'explication. Pour un droit qui unit dans la diversité », *op. cit.*, p. 711 et s.

[3] *Cf. supra*, n$^{os}$ 44 et s.

### 2. Le critère de distinction entre nouveau-né et enfant à naître

**86.** L'enfant à naître désigne l'être humain, de sa conception jusqu'à son premier cri. La frontière avec le nouveau-né est une frontière temporelle marquée par le premier cri : l'enfant respire par ses poumons, et non plus par le cordon ombilical, ce qui permet au médecin de déterminer s'il est vivant, et donc, par conséquent, s'il est viable. Il est alors considéré comme un nouveau-né, et sa naissance doit être déclarée dans le délai prévu par le Code civil. En revanche, s'il ne respire pas, l'enfant n'est pas un nouveau-né mais un enfant sans vie[1], il n'y a alors pas d'obligation de déclarer la naissance, et la qualification d'homicide involontaire ne peut pas être retenue si une faute d'imprudence est la cause de son décès. Il résulte de cette définition que l'*enfant naissant* doit être qualifié d'enfant à naître, et non de nouveau-né.

**87.** Le critère de vie autonome n'est cependant pas à l'abri de toute critique. En effet, il exclut certains nouveau-nés dits « en état de mort apparente ». Il peut se définir comme l'« état prélétal d'un nouveau-né ayant souffert dans les minutes précédant sa naissance d'une insuffisance d'oxygénation d'origine placentaire »[2], et cet état se caractérise justement « par l'absence de respiration spontanée »[3]. Ainsi, le nouveau-né en état de mort apparente n'est pas vivant au sens juridique, alors qu'il peut être réanimé, survivre, et donc acquérir la personnalité juridique. Cette éventualité, qui n'est pas anecdotique, démontre donc la limite de l'appréciation du critère de respiration autonome au moment de la naissance, et confirme la nécessité de tenir compte de l'évolution de la médecine, et plus précisément de la médecine néonatale, pour étudier l'accès à la personnalité juridique, qui est conditionné par des critères d'ordre biologique. Il convient donc, concernant le nouveau-né en état de mort apparente, d'apprécier le critère de vie autonome avec souplesse dans l'hypothèse où l'enfant est susceptible de réanimation, en considérant qu'il est bien titulaire de la personnalité juridique.

---

[1] *Ibid.*

[2] *Dictionnaire médical de l'Académie de médecine*, en ligne, v° « mort apparente du nouveau-né (état de) », consulté le 20 sept. 2022.

[3] *Ibid.*

De même, et dans une démarche plus prospective, le développement de la technique et, notamment, de l'utérus artificiel[1], mettra probablement ces critères de vie et de viabilité à l'épreuve, ou du moins les moyens de les apprécier. Cette hypothèse ne relève plus de la science-fiction depuis qu'en 2017, une équipe de chercheurs[2] a réussi à maintenir des fœtus d'agneaux dans des poches remplies de liquide amniotique artificiel, et alimentés par des cordons ombilicaux, artificiels également. Ces recherches sont menées dans l'espoir de sauver la vie des grands prématurés humains[3]. Les auteurs de l'expérience espèrent pouvoir appliquer ce procédé à l'être humain dans les années à venir. Avant que les enfants soient placés dans les utérus artificiels, l'accouchement se sera déroulé. Une fois l'accouchement terminé, quand les enfants seront placés dans l'utérus artificiel, seront-ils encore des enfants à naître ? Sera-t-il possible d'affirmer qu'ils sont capables d'une vie autonome ? S'ils sont oxygénés par un cordon ombilical artificiel[4], sera-t-il possible de dire que l'enfant a respiré ? La vie autonome et l'aptitude à vivre ne seront assurément plus des critères d'attribution de la personnalité juridique, puisqu'au moment de leur naissance, les enfants en seront dépourvus. Et pourtant, l'enfant ne sera déjà plus, d'un point de vue biologique, un enfant à naître. Il est donc à prévoir que les prochaines évolutions de la technique en matière de procréation mettront encore plus à mal les critères classiques qui permettent de différencier l'enfant à naître du nouveau-né, et l'enfant à naître de la personne.

---

[1] H. ATLAN, *L'utérus artificiel*, *op. cit.* ; F. BOUVIER, « Où en est l'utérus artificiel ? », *in* R. FRYDMAN, M. SZEJER (dir.), *La naissance, Histoire, cultures et pratiques d'aujourd'hui*, 2010, Albin Michel, p. 1328 et s. ; J.B.S. HALDANE et B. RUSSELL, *op. cit.*

[2] A. FLAKE, « An extra-uterine system to physiologically support the extrem premature lamb », préc.

[3] La prématurité se définit comme la « naissance entre 22 et 37 semaines d'aménorrhée révolues » (*Dictionnaire médical de l'Académie de médecine*, en ligne, v° « Prématurité », consulté le 20 sept. 2022).

[4] Et ce pour préserver leurs poumons, insuffisamment développés à cet âge-là (A. MINKOWSKI, *Pour un nouveau-né sans risque*, 1983, Stock/Laurence Pernoud, rééd. Seuil, coll. « Points Actuels », p. 36).

## *Conclusion du chapitre I*

**88.** Le nouveau-né se distingue de l'enfant sans vie par le critère de vie, jusqu'à la déclaration de la naissance, qui permet de présumer la viabilité de l'enfant ; il se distingue de l'enfant à naître par sa respiration pulmonaire autonome, qui se manifeste par son premier cri. Si l'enfant peut être qualifié de nouveau-né, sa vie est protégée par le droit pénal, tant au titre de l'homicide involontaire que du meurtre, contrairement à l'enfant à naître. Ces critères de distinction vont permettre de définir ce qu'est le nouveau-né *positivement*, c'est-à-dire quel est le contenu de la notion, notamment en déterminant dans quelles catégories préexistantes il peut s'insérer.

L'enfant, pour être qualifié de nouveau-né, doit être né vivant et viable : ce sont les critères permettant théoriquement l'octroi de la personnalité juridique. Toutefois, la viabilité est bien difficile à définir. Pour pallier cette difficulté, le droit positif a instauré une présomption permettant de considérer que si l'enfant est en vie, il doit être considéré comme viable. Ainsi, cette première étape de définition a permis de souligner les difficultés entrainées par la notion de viabilité, qui rend l'acquisition de la personnalité juridique incertaine pour le nouveau-né.

Après avoir comparé la notion de nouveau-né en droit positif avec d'autres notions habituellement exclues de la catégorie des personnes, il convient maintenant de la confronter aux conditions permettant, selon l'analyse classique, d'acquérir la personnalité juridique, puis aux sous-catégories de personnes, afin d'affiner la définition.

# CHAPITRE II
# L'IDENTIFICATION DU NOUVEAU-NÉ COMME UNE CATÉGORIE DE PERSONNES

**89.** Faire entrer une notion dans une catégorie juridique plus large, est-ce encore en définir les contours, ou n'est-ce pas déjà en déterminer le contenu ? Les deux opérations sont complémentaires : distinguer une notion d'autres notions permet d'en faire ressortir les critères distinctifs qui seront, *in fine*, ses critères de définition. Mais déterminer la relation d'appartenance d'une notion à une catégorie, c'est encore opérer une distinction entre deux notions, puisqu'elles ne se recoupent pas totalement. Ainsi, si tous les nouveau-nés sont des personnes, toutes les personnes ne sont pas des nouveau-nés (Section 1). Il sera alors possible d'étudier la notion juridique de nouveau-né à travers une catégorie plus restreinte, celle des mineurs (Section 2).

## *Section 1. La définition du nouveau-né comme une personne*

**90.** Pour dire si le nouveau-né est effectivement une personne, il convient de revenir sur cette notion, et sur la *summa divisio* entre les personnes et les choses. En effet, si cette distinction semble évidente, une étude approfondie de la notion de personne permet de mettre en lumière les incertitudes entourant la notion, et donc les limites incertaines entre personne et chose. La notion de personne doit donc être définie (§1). Il sera alors possible de déterminer si le nouveau-né peut toujours être défini comme une personne (§2).

### §1. La définition de la notion de personne

**91.** L'étude de la notion de personne et des notions qui « gravitent » autour d'elle permettra de révéler les incertitudes qui entourent ses frontières (A). Nous proposerons alors une définition de la notion de personne, qui intègre ses notions voisines (B).

### *A. Les notions concourant à la définition de la notion de personne*

**92.** La notion de personne ne reçoit pas de définition unanime : « les distinctions entre corps humain, être humain, personne humaine et personne juridique demeurent toujours aussi méconnues »[1]. La notion de « personne » est en effet rarement seule : elle est, en général, affublée d'un adjectif qualificatif, « humaine » ou « juridique ». À côté de ces deux notions, le législateur en a intégré une troisième en droit positif : celle d'« être humain ». Pour compléter cette toile, le rapport entre la personne et son corps fait toujours l'objet de nombreux débats doctrinaux.

**93.** Tout d'abord, l'être humain est entré en droit positif par la loi du 17 janvier 1975 relative à l'interruption de la grossesse[2]. Son article 1er disposait, dans son premier alinéa, que « [l]a loi garantit le respect de tout être humain dès le commencement de la vie ». Alors que le droit n'avait toujours défini la personne que comme un être né, la notion d'être humain englobe l'enfant simplement conçu. Cette formulation a été reprise par le législateur dans l'article 16 du Code civil au moment de l'adoption des premières lois de bioéthique[3]. Ce principe de respect de l'être humain dès le commencement de sa vie figure, là encore, en tête des autres dispositions. En tant que principe, il doit donc guider l'application des textes qui le suivent, mais il peut également connaître des exceptions. La notion d'être humain n'inclut cependant pas les êtres qui sont morts : les corps morts sont considérés, en droit positif, comme des choses, qui bénéficient cependant d'un statut spécial[4]. L'être humain est donc un être humain vivant, de sa conception à sa mort.

**94.** La notion de personne humaine semble plus difficile à saisir que celle d'être humain : alors que l'être humain est défini par des critères biologiques, d'autres éléments doivent être ajoutés pour que l'être humain puisse être considéré comme une *personne humaine*. Sa définition n'étant pas certaine[5], un éclairage peut cependant être apporté

---

[1] J.-C. GALLOUX, H. GAUMONT-PRAT, « Droits et libertés corporels », *D.* 2019, p. 725.

[2] L. n° 75-17 du 17 janv. 1975 relative à l'interruption de la grossesse.

[3] L. n° 94-653 du 29 juill. 1994 relative au respect du corps humain.

[4] X. BIOY, *Le concept de personne humaine en droit public*, *op. cit.*, n° 407, p. 216.

[5] La dignité de la personne humaine est évoquée dans la Déclaration universelle des droits de l'homme, au sein de son préambule ; M. ANCIAUX écrit à son propos que « [c]onçue comme un synonyme de l'être humain (ou de l'homme), elle ne conduit

en sortant du cadre du seul droit privé. Une définition de la personne humaine en droit public a en effet été proposée par Monsieur BIOY[1]. Deux éléments doivent y être relevés pour comprendre la difficulté de définition en droit privé. Tout d'abord, l'auteur définit la personne humaine non pas comme une *notion* juridique mais comme un *concept*. À la différence de la notion, le concept ne produit pas d'effet juridique direct ; il sert plutôt de fil conducteur, comme un principe, dans l'application d'autres notions[2]. Ainsi, la personne humaine doit être différenciée du corps humain : la première renvoie à un concept abstrait, le second à la réalité matérielle. Deuxièmement, le concept de personne humaine semble relever plutôt du droit public, puisqu'il désigne « le sujet des droits fondamentaux »[3]. Dès lors, il est difficile de l'étudier sur le même plan que les notions d'être humain ou de personne juridique. Il semble même, si le concept de personne humaine appartient plutôt aux domaines du droit constitutionnel ou du droit européen des droits de l'homme, que les « valeurs protectrices » qui sont incarnées par ce concept s'imposent en droit civil[4], et notamment à la construction doctrinale de la notion de personne au sens du droit privé, perçue comme une pure abstraction.

**95.** La personnalité juridique n'existe pas en droit positif, elle est une construction doctrinale. Telle que nous la connaissons aujourd'hui, elle est le fruit d'une controverse doctrinale bien connue entre les tenants de la théorie de la fiction et les tenants de la théorie de la réalité[5]. La théorie de la fiction, proposée par SAVIGNY, postule qu'il y aurait une asymétrie entre personnalité physique et morale, en raison du fait que l'une existe dans le monde réel, alors que l'autre n'existe que du fait de la loi[6] : «Les

---

qu'à des débats récurrents sur sa portée normative » (N. ANCIAUX, *Essai sur l'être en droit privé*, 2019, LexisNexis, coll. « Perspective(s) », n° 40, p. 34).

[1] X. BIOY, *Le concept de personne humaine en droit public*, *op. cit.*

[2] *Ibid.*, n° 1571, p. 860 et s. : « [l]e simple emploi en droit du terme de personne n'est pas immédiatement prescriptif, n'est pas normatif. Ce n'est pas une notion juridique. Non pas que ce soit un élément extra-juridique, bien au contraire, mais parce que ce n'est pas une notion (si être une notion implique de pouvoir dresser une liste d'effets juridiques relatifs à des droits ou obligations) ».

[3] X. BIOY, « Le droit à la personnalité juridique », *in* X. BIOY (dir.), *La personnalité juridique*, 2013, Presses de l'Université Toulouse 1 Capitole, p. 97 et s., spéc. p. 99.

[4] *Cf. infra*, n^os^ 105 et s.

[5] Pour un exposé de ces théories, v. A. MARAIS, *Droit des personnes*, *op. cit.*, n^os^ 108 et s., p. 90 et s. ; T. LAKSSIMI, *La summa divisio des droits réels et des droits personnels*, 2016, Dalloz, coll. « Nouvelle bibliothèque de thèses », n° 320, p. 244.

[6] L. MICHOUD, *La théorie de la personnalité morale. Son application au droit français*, 2e éd., 1924, LGDJ, p. 16 : « L'homme seul étant une personne réelle, on ne

personnes sont physiques ou morales, selon que leur individualité est l'œuvre de la nature ou ne repose que sur une abstraction juridique »[1]. Rejetée par la doctrine[2], cette théorie n'est pas non plus retenue en droit positif[3] : malgré quelques originalités liées au fait que les personnes physiques ont un corps, la personnalité juridique des deux types d'entités serait une construction identique de la loi.

Elle est aujourd'hui définie comme l'« aptitude à être titulaire de droits et assujetti à des obligations »[4]. En ce sens, elle est parfois vue comme un synonyme de la notion de *sujet de droit*[5], parfois elle en est différenciée[6]. C'est une construction purement abstraite. Pour acquérir la personnalité juridique, selon la doctrine classique, l'être humain devrait naître vivant[7] et viable[8]. Dès lors que ces conditions sont remplies, l'être de chair et d'os fait son apparition sur la scène juridique, et ce jusqu'à sa mort. La personnalité juridique peut également être octroyée à une personne morale, à condition que les conditions de son enregistrement soient respectées[9], et ce jusqu'à leur dissolution. De ce

---

peut expliquer que par une fiction juridique l'idée de personnalité appliquée à d'autres choses qu'à des êtres humains ».

[1] C. AUBRY, C. RAU, *Cours de droit civil français : d'après la méthode de Zachariae*, t. 1, 4e éd., 1869, Imprimerie et librairie générale de jurisprudence Cosse, Paris, p. 179.

[2] L. MICHOUD, *La théorie de la personnalité morale*, *op. cit.*, p. 16 et s. ; R. SALEILLES, *De la personnalité juridique*, *op. cit.*, p. 360 et s. ; J. DABIN, *Le droit subjectif*, *op. cit.*, p. 150.

[3] Cass. req. 23 févr. 1891, *DP* 1891. I. 337 ; *S.* 1892. I. 73, note H. MEYNIAL ; Cass. 2e civ., 28 janv. 1954, n° 54-07.081, *Bull. civ. II, n° 32* ; *D.* 1954, p. 217, note G. LEVASSEUR ; *JCP* 1954. II. 7978, concl. LEMOINE ; *GAJC*, 13e éd., 2015, Dalloz, n° 19-20.

[4] G. CORNU (dir.), *Vocabulaire juridique*, *op. cit.*, v° « Personnalité ».

[5] L. MICHOUD, *La théorie de la personnalité morale*, *op. cit.*, p. 7 ; N. ANCIAUX, *Essai sur l'être en droit privé*, *op. cit.*, n° 41, p. 34-35 ; J. CARBONNIER, *Droit civil*, *op. cit.*, n° 161, p. 311 ; F. ZENATI-CASTAING, T. REVET, *Manuel de droit des personnes*, 1e éd., 2006, PUF, coll. « Droit fondamental », n° 106, p. 113.

[6] F. DEKEUWER-DEFOSSEZ, « Rapport de synthèse : existe-t-il une définition unique et transversale de la notion de personne ? », *Dr. fam.* 2012, n° 9, dossier 11 ; Y. BUFFELAN-LANORE, V. LARRIBAU-TERNEYRE, *Droit civil*, *op. cit.*, n° 749, p. 319 ; A. SUPIOT, *Homo juridicus. Essai sur la fonction anthropologique du Droit*, 2005, Seuil, coll. « Points Essais ».

[7] *Cf. supra*, nos 67 et s.

[8] *Cf. supra*, nos 44 et s. ; *cf. infra*, nos 217 et s.

[9] La personnalité juridique des personnes morales est en effet soumise à leur enregistrement (*cf. infra*, n° 418).

point de vue, l'existence des personnes physiques et celle des personnes morales ne sont pas définies selon les mêmes critères.

Une telle conception de la personne dans le langage juridique présente ainsi plusieurs avantages, et notamment celui de la simplicité, puisqu'elle permet notamment de dissocier la personne de son existence corporelle. Elle conduit néanmoins à s'interroger sur les rapports que la personne entretient avec son corps : une partie de la doctrine définit le corps comme le « support » de la personne, ce qui semble ne pas aller de pair avec une conception totalement abstraite de la notion de personne ; une autre partie de la doctrine range le corps humain dans la catégorie des choses, appropriées par la personnalité juridique que le droit y a assignée.

**96.** La doctrine classique répugne à éloigner le corps de la personne, voire à le qualifier de chose[1]. Une telle conception reviendrait à voir le lien entre la personne et son corps comme un droit réel que la personne exerce sur son corps, et donc à brouiller la frontière entre les personnes et les choses, *summa divisio* qui structure tout le droit civil. Cette catégorisation bipartite en entraîne une autre, celle des droits personnels et des droits réels : les choses sont soumises à des droits réels, les personnes sont obligées par des droits personnels[2]. Ainsi, la possibilité d'exercer un droit réel sur le corps d'une personne reviendrait à la

---

[1] G. CORNU, « La personne humaine, sujet de droit », *in L'art du droit en quête de sagesse*, 1998, PUF, coll. « Doctrine juridique », p. 23 : « le corps humain n'est pas une chose mais la personne même, une et indivisible » ; F. PAUL, *Les choses qui sont dans le commerce au sens de l'article 1128 du Code civil*, 2002, LGDJ, coll. « Bibliothèque de droit privé », p. 137 : « Ni l'état des personnes […] ni le corps humain […] ne sont des choses et a fortiori des choses appropriées susceptibles d'être concernées par un débat commercialité/ extracommercialité » ; S. PRIEUR, *La disposition par l'individu de son corps*, 1999, LEH, coll. « Thèses », p. 57 ; W. DROSS, *Droit des biens*, 5e éd., 2021, LGDJ, coll. « Domat droit privé », nos 331-332. – C. NEIRINCK, « La personnalité juridique et le corps », *in* X. BIOY (dir.), *La personnalité juridique*, 2013, Presses de l'Université Toulouse 1 Capitole, p. 57 et s., spéc. p. 58 : « Le corps ne peut pas être un satellite de la personnalité des êtres humains puisqu'il en est le noyau central, le fondement ».

[2] T. LAKSSIMI, *La summa divisio des droits réels et des droits personnels*, *op. cit.*, no 325, spéc. p. 250 : « [la personnalité juridique] permet d'entrer dans un lien de droit subjectif, afin de devenir sujet du droit en question. En ce qui concerne l'élément du monde réel – le donné – qui revêt l'habit de bien – le construit –, il est objet d'un droit subjectif lorsqu'il est approprié. On comprend alors que si les éléments du monde réel peuvent se retrouver dans les deux extrémités d'un droit subjectif patrimonial, une personne juridique n'est jamais un bien : personne juridique et bien sont des abstractions opposées ».

possibilité d'exercer un droit réel sur une personne. Pour cette raison, une partie de la doctrine refuse de considérer que la personne soit propriétaire de son corps : « *Je ne suis pas propriétaire de mon corps, parce que mon corps c'est moi*, en tant que je suis une personne juridique »[1]. Le corps humain est la condition d'existence de la personne physique juridique, son « support »[2], dès lors il semble difficile d'admettre qu'il puisse lui-même être considéré comme une chose, appropriée par la personne, comme un bien *inné*[3]. Le refus du droit de propriété ne met cependant pas fin au débat concernant le lien existant entre la personne, entité abstraite, et son corps. La doctrine envisage alors ce pouvoir comme une liberté[4] qui serait encadrée par le droit.

**97.** Pour certains auteurs, la *summa divisio* principale du droit civil est celle qui sépare la personne *juridique* des choses : la personne humaine n'étant pas la personne juridique, elle serait donc, par conséquent, une chose[5], et plus précisément une « chose humaine »[6]. Ils

---

[1] F. TERRÉ, D. FENOUILLET, *Droit civil. Les personnes*, *op. cit.*, n° 17, p. 18. – Dans le même sens : J. CARBONNIER, *Droit civil*, *op. cit.*, n° 196, p. 382 : « Parce qu'il est la personne elle-même, le corps échappe au monde des objets, au droit des choses même vivantes ».

[2] A. MARAIS, *Droit des personnes*, *op. cit.*, n° 254, p. 188 : « Le corps humain ne saurait être directement un objet de droit, car tant qu'il est le support de la personne, il se confond avec celle-ci. Prétendre le contraire reviendrait à assimiler le corps à une chose, distinct de la personne » ; Y. BUFFELAN-LANORE, V. LARRIBAU-TERNEYRE, *Droit civil*, *op. cit.*, n° 811, p. 349 : « Le corps humain est le support de la personne, le *substratum*. C'est pourquoi, en protégeant le corps humain, la loi protège aussi la personne ».

[3] Les biens innés sont définis par AUBRY et RAU comme « les objets qui se confondent avec l'existence même de la personne, en tant qu'on les considère sous le rapport, soit des avantages matériels ou moraux qu'ils procurent, soit de l'action en dommages-intérêts à laquelle la lésion de pareils objets peut donner ouverture » (C. AUBRY, C. RAU, *Cours de droit civil français : d'après la méthode de Zachariae*, *op. cit.*, t. 2, p. 2).

[4] M. FABRE-MAGNAN, *L'institution de la liberté*, 2018, PUF, p. 192 ; N. ANCIAUX, *Essai sur l'être en droit privé*, *op. cit.*, nos 214 et s., p. 169 et s. ; I. MOINE, *Les choses hors commerce. Une approche de la personne humaine juridique*, 1997, LGDJ, coll. « Bibliothèque de droit privé », nos 271 et s. Pour Mme PARICARD, « le rapport entre l'homme et son corps relève en droit d'une technique originale, la technique de la convenance personnelle » (S. PARICARD-PIOUX, *La convenance personnelle*, 2003, Dalloz, coll. « Nouvelle bibliothèque de thèses », n° 367, p. 332), qu'elle qualifie d'« actes réflexifs de la personne sur son corps » (*ibid.*, nos 366 et s. p. 329).

[5] J.-P. BAUD, *L'affaire de la main volée*, 1993, Seuil, coll. « Des travaux ».

[6] F. ZENATI-CASTAING, T. REVET, *Manuel de droit des personnes*, *op. cit.*, n° 275, p. 238.

analysent ainsi le droit exercé sur le corps humain comme un droit de propriété[1]. Cette position se justifierait par le fait que chaque corps étant original et présentant des utilités, il a une valeur économique, et donc peut faire l'objet d'une appropriation[2]. Ce droit de propriété est nécessairement limité par certains impératifs juridiques. Ainsi, il ne serait pas possible pour la personne d'aliéner la totalité de son corps, parce que cela reviendrait à lui permettre d'aliéner sa personne en même temps. Le propriétaire peut néanmoins exercer ses prérogatives sur tout son corps, sous réserve des règles d'ordre public. Par exemple, la vente d'éléments et produits du corps humain est prohibée[3]. Toutefois, cette théorie n'est plus satisfaisante en l'état du droit positif.

**98.** En effet, l'article 16-1 du Code civil dispose, *in fine*, que « [l]e corps humain, ses éléments et ses produits ne peuvent faire l'objet d'un droit patrimonial ». Son corollaire, l'article 16-5, dispose que « [l]es conventions ayant pour effet de conférer une valeur patrimoniale au corps humain, à ses éléments ou à ses produits sont nulles ». Le corps humain ne peut faire l'objet d'un droit patrimonial. Or, le droit de propriété est un droit patrimonial[4]. Donc le corps humain ne peut faire l'objet d'un droit de propriété.

Par ailleurs, définir le corps comme une chose, ce n'est pas seulement le qualifier juridiquement, c'est également porter un jugement de valeur. Les qualifications juridiques sont en effet porteuses de symboles[5]. C'est particulièrement le cas en droit des personnes et de la famille : « dans un domaine aussi sensible et si propice aux controverses passionnelles, le choix des mots n'est pas anodin »[6]. Le corps humain n'échappe pas à cette logique : « Le Code civil dispose dorénavant depuis la loi du 29 juillet 1994 que le corps a droit au respect (art. 16-1) : le rapprochement des deux mots "respect" et "corps" a une signification symbolique particulière »[7]. Le respect impose, en effet,

---

[1] *Ibid.*, n° 277, p. 239.
[2] *Ibid.*
[3] C. civ., art. 16-1.
[4] F. TERRÉ, Ph. SIMLER, *Droit civil. Les biens*, 10e éd., 2018, Dalloz, coll. « Précis », n° 26, p. 34.
[5] V. par exemple, pour « l'effet symbolique de la convenance personnelle » : S. PARICARD-PIOUX, *La convenance personnelle*, *op. cit.*, nos 120 et s., p. 109 et s.
[6] L. LEVENEUR, « Le choix des mots en droit des personnes et de la famille », *in* N. MOLFESSIS (dir.), *Les mots de la loi*, 1999, Economica, coll. « Études juridiques », p. 11 et s.
[7] S. PARICARD-PIOUX, *La convenance personnelle*, *op. cit.*, n° 367, p. 331.

que le droit protège toujours l'être humain, et notamment son corps, pour qu'il ne devienne jamais un moyen[1].

Cette question de la valeur symbolique des qualifications juridiques est mise en relief par les récents débats sur la personnalité juridique des robots, ce qui a fait écrire à Monsieur LOISEAU que « la personnification des robots dérèglerait le construit juridique en donnant vie à une chimère, mi-personne mi-chose, qui pervertirait la *summa divisio* des personnes et des choses et l'ordre de valeur qui lui correspond »[2]. Qualifier le corps humain comme un bien inné revient donc à lui refuser cette valeur symbolique que la loi lui a accordée, cette analyse n'est donc pas conforme au droit positif.

**99.** Les liens entre la personnalité juridique et les notions gravitant autour d'elle varient d'un auteur à l'autre, qu'il s'agisse de la personne humaine ou du corps humain notamment. Il nous a donc semblé nécessaire de proposer notre définition de la notion de personne, pour pouvoir tenter d'y intégrer, ensuite, la notion de nouveau-né.

### *B. Proposition d'une définition de la notion de personne fondée sur l'humanité du sujet*

**100.** La personnalité « juridique », construction doctrinale abstraite, ne permet pas de saisir toutes les dimensions de la personne (1). Il faut en effet y adjoindre une dimension humaine, par le jeu des notions d'être humain et de personne humaine (2).

[1] F. TERRÉ, *L'enfant de l'esclave*, Flammarion, 1987, p. 117-118 : « C'est l'intervention d'autrui qui peut menacer le corps de la personne humaine. Car celle-ci, telle que notre droit la protège, ne peut être traitée comme un moyen au service d'une fin qui ne serait pas elle ; elle ne doit jamais cesser d'être considérée comme une fin ».

[2] G. LOISEAU, « La personnalité juridique des robots : une monstruosité juridique », *JCP G* 2018, p. 1039 et s., spéc. p. 1040.

### 1) L'insuffisance de la construction civiliste de la personnalité « juridique »

**101.** Nous adhérons en partie à la conception qui voit dans le lien entre le corps et la personne juridique la formation d'un ensemble[1]. Il convient, nous semble-t-il, de rechercher le liant entre la personne juridique et son corps dans la notion de personne humaine[2]. Une partie de la doctrine privatiste s'accorde à dire qu'elle est le substrat physique de la personne juridique, l'assimilant au corps. Pour Monsieur BIOY, le corps est un « prédicat »[3] de la personne humaine : « l'usage de la notion de *personne humaine* met ce sujet juridiquement en situation "d'être un corps", d'entretenir des relations sociales, d'être un corps socialement situé »[4], pour poursuivre que « [l]a *personnalité juridique*, outil de ces relations sociales et support des droits sur le corps, donne le moyen indispensable d'existence à la *personne humaine* et à sa dignité »[5]. Dès lors, la seule personnalité juridique, qui serait un outil commun aux personnes physiques et aux personnes morales, semble être un outil insuffisant pour saisir la « personne » dans son entièreté, telle qu'elle est appréhendée par le droit, et notamment pour saisir la nature juridique de son corps.

**102.** Personne humaine, personne juridique et corps humain sont liés indissociablement. La difficulté de qualification du corps vient du refus de voir une personne en dehors de la construction abstraite qu'est la personnalité juridique, et ce en raison notamment de l'abandon de la théorie de la fiction : cette théorie était fondée sur l'affirmation que les personnes morales avaient une personnalité juridique fictive, dérivée de la personnalité juridique des personnes physiques. Cette théorie a été abandonnée, ce qui a conduit à penser que la personnalité juridique des personnes physiques et des personnes morales est la même. La personnalité juridique serait donc, dans ces deux situations, une même construction, purement abstraite. Dire du corps qu'il est le substrat réel

[1] G. CORNU, « La personne humaine, sujet de droit », *op. cit.*, p. 22 et s. ; N. ANCIAUX, *Essai sur l'être en droit privé*, *op. cit.*, n° 212, p. 167, qui définit cet ensemble comme l' « être personnifié ».

[2] G. CORNU, « La personne humaine, sujet de droit », *op. cit.*, p. 25 : « Le sujet de droit épouse la personne humaine, comme une tunique près du corps ».

[3] X. BIOY, *Le concept de personne humaine en droit public*, *op. cit.*, n[os] 602 et s., p. 321 et s.

[4] X. BIOY, « Le droit à la personnalité juridique », *op. cit.*, spéc. p. 99.

[5] *Ibid.*

de la personnalité juridique, et donc l'assimiler à elle, serait donc impossible.

**103.** Pourtant, l'article 16 du Code civil dispose que « [l]a loi assure la primauté de la personne », et ce dans un chapitre dédié au « respect du corps humain ». Le législateur n'a pas cru bon de préciser s'il s'agissait de la personne humaine ou de la personne juridique, alors plusieurs lectures du texte sont possibles. Néanmoins, plutôt que de faire entrer la notion de « personne », telle qu'elle découle de l'article 16, dans les constructions préétablies, il est possible de voir dans la formulation de cet article une évolution de la notion de personne, sans adjectif qualificatif permettant de dire si elle est humaine ou juridique : elle est les deux à la fois. L'article 16-6 utilise la même formulation : « [a]ucune rémunération ne peut être allouée à celui qui se prête à une expérimentation sur sa personne, au prélèvement d'éléments de son corps ou à la collecte de produits de celui-ci ». L'expérimentation portant sur la personne, il est tout à fait possible de dire qu'elle porte également sur son corps. Pour autant, les atteintes au corps sont également intrinsèquement liées à la personnalité juridique et à la capacité d'émettre un consentement, une volonté.

**104.** Cette conception semble partagée, en partie, par Madame MARAIS, qui relève que « la nature personnelle du corps humain a reçu une consécration législative par l'insertion des dispositions relatives au respect du corps humain dans le livre premier du Code civil relatif aux personnes, et non dans celui consacré aux biens »[1]. Ce lien entre corps humain, personne humaine et personne juridique, consacré par la loi, doit cependant encore être éclairé, notamment la place qu'y occupe la notion de personne humaine.

### 2) L'adjonction de la notion de personne humaine à la notion de personne juridique

**105.** La personne humaine étant un concept appartenant plutôt au domaine du droit public, alors que les privatistes préfèrent manier la

[1] A. MARAIS, *Droit des personnes*, *op. cit.*, n° 254, p. 188. – La classification retenue par un travail de codification semble, en effet, révélateur de la nature de l'objet classé et de l'intention du législateur. M. DELAGE utilise un raisonnement similaire concernant l'introduction de l'art. 515-14 dans le C. civ., pour justifier que les animaux doivent être classés parmi les biens (P.-J. DELAGE, *La condition animale. Essai juridique sur les justes places de l'Homme et de l'animal*, 2015, mare & martin, coll. « Bibliothèque des thèses », p. 874-875).

notion de personne juridique, comment ces deux notions peuvent-elles être liées ? La réponse doit se trouver dans le mouvement de *publicisation* du droit civil, ou en tout cas l'entrée que libertés et les droits fondamentaux y ont faite depuis plusieurs années.

L'étude des liens entre le droit privé et le droit public n'est pas une préoccupation nouvelle : dans sa thèse consacrée aux liens entre le Conseil constitutionnel et le droit privé, Monsieur MOLFESSIS relevait déjà que « [l]e Conseil [constitutionnel] s'inspire [...] des solutions de droit privé pour interpréter les principes constitutionnels qu'il protège. Aussi, dans la plupart des hypothèses où des exceptions sont portées en droit privé à un principe qui a valeur constitutionnelle, il interprétera ce dernier de manière à ce qu'il puisse s'accommoder de quelques dérogations »[1].

Par exemple, le Conseil constitutionnel a rattaché le principe de sauvegarde de la dignité de la personne humaine à l'objectif de valeur constitutionnelle tenant à la possibilité pour toute personne de disposer d'un logement décent[2]. Monsieur MOLFESSIS avait alors fait remarquer l'incidence que cette solution pouvait avoir en droit civil concernant le droit de propriété : « en regardant céder le droit constitutionnel de propriété face à la dignité de la personne humaine, on pourrait alors s'interroger : n'était-il pas le droit subjectif par excellence, signe de la liberté et de l'autonomie de la personne ? Un principe de dignité de la personne devrait-il conduire avec tant d'évidence à sacrifier le propriétaire ? »[3]. Néanmoins, aucun mécanisme juridique ne permettait réellement d'aménager les rapports entre l'ordre judiciaire et le Conseil constitutionnel[4], et ce jusqu'à l'entrée en vigueur de la question prioritaire de constitutionnalité. Le contrôle de conventionnalité a également permis une prise en compte plus importante de l'être humain en droit civil interne.

---

[1] N. MOLFESSIS, *Le Conseil constitutionnel et le droit privé*, 1997, LGDJ, coll. « Bibliothèque de droit privé », p. 540

[2] C. constit., n° 94-359 DC du 19 janv. 1995.

[3] N. MOLFESSIS, « La dignité de la personne humaine en droit civil », *in* M.-L. PAVIA, T. REVET (dir.), *La dignité de la personne humaine*, 1999, Economica, coll. « Études juridiques », p. 107 et s., spéc. p. 111.

[4] Sur ce point, v. N. MOLFESSIS, *Le Conseil constitutionnel et le droit privé*, *op. cit.*, p. 541 et s.

**106.** La dignité est intrinsèquement liée à la personne humaine, elle en est le fondement[1]. Concept ancien, il est invoqué au soutien de l'abolition de l'esclavage[2], pratique consistant à exercer un droit de propriété, ou l'un de ses attributs, sur une autre personne[3], et donc à le considérer comme un moyen. Si ce concept relève plutôt du droit public, il exerce une influence sur le droit civil. La QPC[4] a rendu cette influence évidente. Il s'agit de la procédure par laquelle les justiciables peuvent soulever l'inconstitutionnalité de la disposition que le juge judiciaire, et donc *a fortiori* le juge civil, entend appliquer, dès lors que cette « disposition législative ou réglementaire porte atteinte aux droits et libertés que la Constitution garantit »[5]. Le contrôle des règles du droit civil par le Conseil constitutionnel, et notamment le caractère *prioritaire* de cette question, avait alors fait grand bruit, qui s'est néanmoins rapidement atténué[6]. Aujourd'hui, la procédure de QPC ne soulève plus de réelle contestation.

**107.** Le Conseil constitutionnel a été amené à rappeler le principe de dignité de la personne humaine dans plusieurs décisions, non seulement à l'occasion de contrôles *a priori*, concernant les lois de bioéthique[7], l'interruption volontaire de grossesse[8], mais également dans le cadre de QPC, comme l'illustrent les décisions en matière d'arrêt des traitements de maintien en vie[9], d'hospitalisation sans consentement[10], ou encore en matière de droit pénal[11] ou encore de privation de liberté[12]. Ce principe de dignité de la personne humaine peut être amené à être pris

---

[1] F. TERRÉ, D. FENOUILLET, *Droit civil. Les personnes*, *op. cit.*, n° 98, p. 104 : « la dignité que le droit affirme et protège est ce qui, en chaque personne, fait qu'elle est personne humaine ».

[2] Décret d'abolition de l'esclavage dans les colonies françaises, 27 avr. 1848 : « l'esclavage est un attentat contre la dignité humaine ».

[3] C. pén., art. 224-1 A, al. 1er : « La réduction en esclavage est le fait d'exercer à l'encontre d'une personne l'un des attributs du droit de propriété ».

[4] L. const. n° 2008-724 du 23 juill. 2008 de modernisation des institutions de la Ve République.

[5] Const., art. 61-1.

[6] C. JAMIN, F. MELLERAY, *Droit civil et droit administratif. Dialogue(s) sur un modèle doctrinal*, 1re éd., 2018, Dalloz, coll. « Méthodes du droit », p. 189 et s.

[7] C. constit., 27 juill. 1994, n° 94-343/344 DC ; C. constit., 29 juill. 2004, n° 2004-498 DC ; C. constit., 1er août 2013, n° 2013-674 DC.

[8] C. constit., 27 juin 2001, n° 2001-446 DC et 21 janv. 2016, n° 2015-727 DC.

[9] C. constit., 2 juin 2017, n° 2017-632 QPC.

[10] C. constit., 26 nov. 2010, n° 2010-71 QPC.

[11] C. constit., 16 sept. 2010, n° 2010-25 QPC et 25 sept. 2015, n° 2015-485 QPC.

[12] C. constit., 30 juill. 2010, n° 2010-14/22 QPC et 17 déc. 2010, n° 2010-80 QPC.

en considération pour traiter de questions qui ont trait aux prérogatives de la personne juridique. Les questions d'interruption de grossesse ou encore d'arrêt de traitements de maintien en vie, par exemple, sont en effet intimement liées à la volonté du sujet, qui est l'un des fondements de la personnalité juridique.

Ce lien entre le droit civil et la jurisprudence du Conseil constitutionnel est encore plus évident dans sa décision[1] concernant la loi de modernisation de la justice du XXI^e^ siècle[2], et plus précisément concernant l'article 56 de la loi qui modifiait le Code civil pour y introduire la procédure de changement de sexe aux articles 61-5 à 61-8. Les députés à l'origine de la saisine soutenaient alors que « l'abandon de l'exigence d'une attestation médicale démontrant la perte totale ou partielle des caractères de son sexe d'origine pour obtenir un changement de sexe à l'état civil porte atteinte au principe de sauvegarde de la dignité de la personne humaine »[3]. Le Conseil constitutionnel rappelle dans un premier temps qu'« il ressort du Préambule de 1946 que la sauvegarde de la dignité de la personne humaine contre toute forme d'asservissement et de dégradation est un principe à valeur constitutionnelle »[4]. Il en conclut qu'« [e]n permettant à une personne d'obtenir la modification de la mention de son sexe à l'état civil sans lui imposer des traitements médicaux, des interventions chirurgicales ou une stérilisation, les dispositions ne portent aucune atteinte au principe de sauvegarde de la dignité de la personne humaine »[5].

Dans cette décision, le Conseil constitutionnel contrôle la conformité d'un mécanisme touchant à la personnalité juridique – le constat du sexe et la tenue des actes de l'état civil – par rapport au principe de sauvegarde de la dignité de la personne humaine, même si toute idée d'atteinte est rejetée. De ce point de vue, il paraît nécessaire d'intégrer des considérations liées à la personne humaine pour étudier la personnalité juridique, d'autant plus que le juge peut contrôler la conformité de la loi par rapport à des normes internationales protégeant également la personne humaine.

**108.** En plus de cette influence du droit constitutionnel sur le droit privé, la prise en compte croissante de la jurisprudence de la Cour

[1] C. constit., 17 nov. 2016, n° 2016-739 DC.

[2] L. n° 2016-1547 du 18 nov. 2016 de modernisation de la justice du XXI^e^ siècle.

[3] C. constit., 17 nov. 2016, n° 2016-739 DC, §61.

[4] *Ibid.*, §66.

[5] *Ibid.*, §67.

européenne des droits de l'homme en droit interne a contribué à l'utilisation par le juge de la notion de personne humaine. Ratifiée par la France par un décret du 3 mai 1974, la Convention européenne des droits de l'homme prévoit dans son article 34 que « [l]a Cour peut être saisie d'une requête par toute personne physique, toute organisation non gouvernementale ou tout groupe de particuliers qui se prétend victime d'une violation par l'une des Hautes Parties contractantes des droits reconnus dans la Convention ou ses protocoles. Les Hautes Parties contractantes s'engagent à n'entraver par aucune mesure l'exercice efficace de ce droit ». Cette disposition rend la Convention d'application directe en droit national, elle s'impose donc aux juges français. Ainsi, la chambre criminelle de la Cour de cassation a rapidement décidé que « la convention européenne de sauvegarde des droits de l'homme et des libertés fondamentales, laquelle, ayant été régulièrement ratifiée, a force de loi en France depuis sa publication »[1]. Parallèlement, dans l'arrêt *Jacques Vabre*[2], la Cour de cassation permet aux juges du fond, quelle que soit leur place dans l'ordre judiciaire, de contrôler la conventionnalité des règles du droit interne.

**109.** Parmi les mécanismes du contrôle de conventionnalité, le contrôle de proportionnalité suscite aujourd'hui des discussions particulièrement nombreuses[3]. Ce nouveau mode de contrôle de la Cour de cassation rompt en effet avec ses méthodes traditionnelles, ce qui a

---

[1] Cass. crim., 30 juin 1976, n° 75-93.296 : *Bull. crim. 1976, n° 236* ; *D.* 1977. 1, note COSTE-FLORET ; *JCP* 1976. II. 18435, rapp. P. MONGIN.

[2] Cass. ch. mixte, 24 mai 1975, n° 73-13.556, *Bull. ch. mixte n° 4, p. 6* : *D.* 1975, p. 497, concl. A. TOUFFAIT.

[3] Ph. JESTAZ, J.-P. MARGUÉNAUD, C. JAMIN, « Révolution tranquille à la Cour de cassation », *D.* 2014, p. 2061 ; S. GUINCHARD, F. FERRAND, T. MOUSSA, « Une chance pour la France et le droit continental : la technique de cassation, vecteur particulièrement approprié au contrôle de conventionnalité », *D.* 2015, p. 278 ; F. CHÉNEDÉ, « Contre-révolution tranquille à la Cour de cassation ? », *D.* 2016, p. 796 ; A. BÉNABENT, « Un culte de la proportionnalité... un brin disproportionné ? », *D.* 2016, p. 137 ; P.-Y. GAUTIER, « Contre la balance des intérêts : hiérarchie des droits fondamentaux », *D.* 2015, p. 2189 ; B. LOUVEL, « Pour exercer pleinement son office de Cour suprême, la Cour de cassation doit adapter ses modes de contrôle », *JCP* 2015, p. 1122 ; H. FULCHIRON, « Flexibilité de la règle, souplesse du droit », *D.* 2016, p. 1376 ; F. ZENATI-CASTAING, « La juridictionnalisation de la Cour de cassation », *RTD civ.* 2016, p. 511 ; « Regards d'universitaires sur la réforme de la Cour de cassation », *JCP* 2016, suppl. au n° 1-2 ; V. VIGNEAU, « Libres propos d'un juge sur le contrôle de proportionnalité », *D.* 2017, p. 123.

conduit à envisager sa réforme[1]. Entre autres difficultés, la Cour de cassation, juge du droit, est conduite à s'intéresser aux faits, et donc potentiellement à empiéter sur le pouvoir souverain d'appréciation des juges du fond[2]. Elle risque également, parfois, d'empiéter sur les compétences du législateur, en contrôlant la conformité de la loi aux exigences européennes, voire en se suppléant à lui, dans son silence[3]. En outre, Madame LEGENDRE recense deux autres difficultés : d'une part la méthode employée[4] pour contrôler la proportionnalité d'une atteinte à un droit fondamental, et d'autre part la motivation, abondante ou non[5], retenue par le juge pour justifier l'atteinte, ou au contraire pour la juger disproportionnée[6]. De ces difficultés découle une incertitude sur l'étendue de l'influence des droits fondamentaux en droit interne. Toutefois, cette influence elle-même est incontestable. La jurisprudence de la Cour de cassation sur les questions relatives à la gestation pour autrui en témoigne. Dans ce domaine, les notions d'être humain et de personne humaine sont largement mobilisées.

**110.** La personne humaine occupe en effet une place importante dans le débat relatif à la gestation pour autrui. Le Conseil d'État, en 2009, avait qualifié la gestation pour autrui de « pratiques jugées contraires au respect de la personne humaine, qu'il s'agisse de la mère gestatrice ou de l'enfant »[7]. Mais les références à l'humanité de la personne ne sont pas mobilisées uniquement pour faire obstacle à la gestation pour autrui en droit interne. En effet, d'un autre côté, la Cour européenne des droits de l'Homme considère que « le respect de la vie privée exige que

---

[1] J.-P. JEAN (dir.), « Rapport de la commission de réflexion sur la réforme de la Cour de cassation », avr. 2017, disponible sur « www.courdecassation.fr ».

[2] Toutefois, M. FULCHIRON relève le caractère parfois « artificiel » de cette distinction entre le fait et le droit, surtout en matière de droits de l'homme (H. FULCHIRON, « La Cour de cassation, juge des droits de l'homme ? », *D.* 2014, p. 153).

[3] S. PARICARD, « La transcription totale des actes étrangers des enfants nés d'une GPA : un schisme entre loi et jurisprudence », *D.* 2020, p. 426.

[4] R. LEGENDRE, *Droits fondamentaux et droit international privé*, 2020, Dalloz, coll. « Nouvelle bibliothèque de thèses », n° 446, p. 306-307. – V. également : P. DUCOULOMBIER, « Contrôle de conventionnalité et Cour de cassation : de la méthode avant toute chose », *D.* 2017, p. 1778 ; H. FULCHIRON, « Le contrôle de proportionnalité : questions de méthode », *D.* 2017, p. 656 ; P. DEUMIER, « Contrôle concret de conventionnalité : l'esprit et la méthode », *RTD Civ.* 2016, p. 578.

[5] C'est l'enjeu de la « motivation enrichie » adoptée par la Cour de cassation.

[6] R. LEGENDRE, *Droits fondamentaux et droit international privé*, *op. cit.*, nos 447 et s., p. 307 et s.

[7] CE, *La révision des lois de bioéthique*, Étude adoptée par l'assemblée générale plénière, Les études du Conseil d'État, p. 52.

chacun puisse établir les détails de son identité d'être humain, ce qui inclut sa filiation [...] ; un aspect essentiel de l'identité des individus est en jeu dès lors que l'on touche à la filiation »[1]. La Cour n'utilise pas expressément le concept de « personne humaine », mais elle lie la notion de filiation qui, en droit civil français, est conditionnée à la personnalité juridique[2], à la notion d'« être humain ». La possibilité pour les enfants nés de gestation pour autrui d'établir un lien de filiation à l'égard de leurs parents d'intention n'est donc pas présentée uniquement comme un droit subjectif attaché à leur personnalité juridique, mais également comme un droit découlant de leur humanité, et donc de leur qualité de personnes humaines.

Or, le 3 juillet 2015, la Cour de cassation a opéré un revirement de jurisprudence[3], pour mettre sa position en conformité avec les exigences européennes quant au droit au respect de la vie privée des enfants nés d'une gestation pour autrui. Le souhait de la Cour de cassation de satisfaire aux exigences de la CEDH s'est ensuite traduit par la décision de mettre en œuvre, pour la première fois, la procédure de réexamen d'une décision civile rendue en violation des exigences de la Convention européenne des droits de l'Homme[4] d'une part, et, au

---

[1] CEDH, 5e sect., 26 juin 2014, n° 65192/11, *Mennesson c. France*, §96 : *AJ fam.* 2014. 499, obs. B. HAFTEL ; *ibid.* 396, obs. A. DIONISI-PEYRUSSE ; *D.* 2014. 1797, note F. CHÉNEDÉ ; *ibid.* 1773, chron. H. FULCHIRON et C. BIDAUD-GARON ; *ibid.* 1787, obs. P. BONFILS et A. GOUTTENOIRE ; *ibid.* 1806, note L. D'AVOUT ; *ibid.* 2015. 702, obs. F. GRANET-LAMBRECHTS ; *ibid.* 1007, obs. REGINE ; *ibid.* 755, obs. J.-C. GALLOUX et H. GAUMONT-PRAT ; ibid. 1056, obs. H. GAUDEMET-TALLON et F. JAULT-SESEKE ; *JDI* 2014, comm. 16, note J. GUILLAUMÉ et *JDI* 2015. chron. 7, obs. A. DIONISI-PEYRUSSE ; *AJDA* 2014. 1763, chron. L. BURGORGUE-LARSEN ; *RDSS* 2014. 887, note C. BERGOIGNAN-ESPER ; *Rev. crit. DIP* 2015. 1, note H. FULCHIRON et C. BIDAUD-GARON ; *ibid.* 144, note S. BOLLÉE ; *RTD civ.* 2014. 616, obs. J. HAUSER ; *ibid.* 835, obs. J.-P. MARGUÉNAUD ; *Dr. fam.* 2014, comm. 128, C. NEIRINCK ; *JCP G* 2014. 827, obs. B. PASTRE-BELDA ; *JCP G* 2014. 877, obs. A. GOUTTENOIRE.

[2] *Cf. infra*, n° 384 et s.

[3] Cass. ass. plén., 3 juill. 2015, nos 14-21.323 et 15-50.002 : *D.* 2015. 1438, obs. I. GALLMEISTER ; *ibid.* 1481, édito. S. BOLLÉE ; *ibid.* 1819, note H. FULCHIRON et Ch. BIDAUD-GARON ; *ibid.* 1773, obs. D. SINDRES ; *ibid.* 1919, obs. Ph. BONFILS et A. GOUTTENOIRE ; *AJ fam.* 2015. 496, obs. F. CHÉNEDÉ ; *ibid.* 364, obs. A. DIONISI-PEYRUSSE ; *RTD civ.* 2015. 581, obs. J. HAUSER ; *Gaz. Pal.* 2015. 2949, obs. P. LE MAIGAT ; *Dr. fam.* 2015, n° 166, obs. J.-R. BINET ; *D. actu.*, 7 juill. 2015, obs. R. MÉSA.

[4] Cass. ass. plén., 5 oct. 2018, n° 10-19.053 : *D.* 2019. 228, note P. DEUMIER et H. FULCHIRON ; *ibid.* 663, obs. F. GRANET-LAMBRECHTS ; *ibid.* 725, obs. Ch. GALLOUX et H. GAUMONT-PRAT ; *ibid.* 1016, obs. S. CLAVEL et F. JAULT-

cours de la même instance, la procédure de saisine de la CEDH pour avis[1] d'autre part. Après que la Cour européenne lui ait répondu, elle a de nouveau statué pour rendre une décision *au fond*[2], ce qui est, encore, une faculté qui lui est offerte par la loi de modernisation de la justice du XXI<sup>e</sup> siècle[3].

**111.** En adaptant sa jurisprudence aux exigences européennes, notamment l'exigence du respect du droit pour toute personne d'établir son identité d'être humain, la Cour de cassation a pris en considération des droits rattachés à l'humanité de la personne pour leur faire produire des effets quant à l'état de la *personne juridique*. Par ailleurs, quand bien même la CEDH élabore des notions autonomes, qui ne sont pas exactement transposables aux notions de notre droit interne, ces notions ont une incidence en droit interne, c'est ici le cas de la référence de la Cour européenne à l'« être humain », dont nous retiendrons la référence à l'« humain », et à sa charge symbolique, que l'on retrouve dans la notion de personne humaine.

Ainsi, si la distinction théorique entre la personne humaine et la personne juridique doit être maintenue, il est possible de dire que la personne forme un tout indissociable.

**112.** La personnalité juridique des personnes physiques n'est donc pas équivalente à celle des personnes morales[4], et ce en raison du lien particulier que la notion de personne juridique, au sens technique,

---

SESEKE ; *AJ fam.* 2018. 613, obs. M. SAULIER ; *ibid.* 569, obs. A. DIONISI-PEYRUSSE ; *RTD civ.* 2019. 90, obs. A.-M. LEROYER ; *Gaz. Pal.* 2018. 3079, obs. P LE MAIGAT. - J. GUILLAUMÉ, « La saga *Mennesson* : les premières fois... », *D.* 2019. p. 2000 (procédure prévue aux art. L. 452-1 à L. 452-6 du COJ, créée par la loi n° 2016-1547 de modernisation de la justice du XXI<sup>e</sup> siècle du 18 nov. 2016).

[1] Depuis la ratification du Protocole additionnel n° 16 à la Convention de sauvegarde des droits de l'Homme et des libertés fondamentales.

[2] Cass. ass. plén., 4 oct. 2019, n° 10-19.053 : *D.* 2019. 2228, note H. FULCHIRON et Ch. BIDAUD ; *D.* 2020. 424, note S. PARICARD ; *AJ fam.* 2019. 487, obs. A. DIONISI-PEYRUSSE ; *ibid.* 592, obs. G. KESSLER ; *RTD civ.* 2019. 817, obs. J.-P. MARGUÉNAUD ; *ibid.* 841, obs. A.-M. LEROYER ; *JCP* 2019, n° 1184, note A. GOUTTENOIRE et F. SUDRE ; *Dr. fam.* 2019, n° 261, note J.-R. BINET.

[3] L'art. 38 de la loi n° 2016-1547 du 18 nov. 2016 a modifié l'art. L. 411-3 du COJ, disposant désormais dans son deuxième alinéa que la Cour de cassation « peut aussi, en matière civile, statuer au fond lorsque l'intérêt d'une bonne administration de la justice le justifie ».

[4] V. en ce sens : X. BIOY, « Le droit à la personnalité juridique », *op. cit.*, p. 97 et s. ; G. CORNU, « La personne humaine, sujet de droit », *op. cit.*, p. 19 ; J. MATTIUSSI, *L'apparence de la personne physique*, *op. cit.*, p. 23 ; Y. BUFFELAN-LANORE, V. LARRIBAU-TERNEYRE, *Droit civil*, *op. cit.*, n° 782, p. 335.

entretient avec l'Homme. Notre point de vue différera, à cet égard, de la doctrine de la théorie de la réalité, et notamment de ce point de vue de DABIN : « Il ne faut même pas hésiter à reconnaître à l'être social organisé, dans le cadre de sa fin, une personnalité aussi complète que celle qui revient à l'individu personne humaine, réserve faite évidemment des droits incompatibles avec la nature spécifique de l'être social »[1]. Cette dernière réserve de l'auteur n'englobe-t-elle pas, aujourd'hui, un nombre important de droits qui concernent la personne, et liés à son humanité[2] ? L'accroissement de cette catégorie de droits n'a-t-il pas eu pour effet de créer une différence de natures entre la personnalité des personnes physiques et celle des personnes morales ? Si les deux types d'entités sont également sujets de droit, si elles sont, au même titre, titulaires de la personnalité juridique, il semble que les personnes juridiques physiques présentent des caractéristiques que les personnes morales n'ont pas. La personne ne se résume alors pas à la personnalité juridique, mais englobe également d'autres composantes telles que son corps, relié à elle par la notion de personne humaine[3].

La question de la nature de la personnalité juridique se pose aujourd'hui avec d'autant plus d'acuité qu'il est désormais envisagé de

---

[1] J. DABIN, *Le droit subjectif*, *op. cit.*, p. 151.

[2] B. EDELMAN, « Le concept juridique d'humanité », *in Le droit, la médecine et l'être humain*, 1996, PUAM, p. 245 ; article également disponible *in* B. EDELMAN, *La personne en danger*, 1999, PUF, coll. « Doctrine juridique », p. 527, qui distingue l'Homme de l'humanité : « Les droits de l'homme défendent l'homme, c'est une évidence, et cet homme dont il s'agit, s'il peut se hisser à la hauteur de l'Homme, avec un grand H, n'en reste pas moins une extrapolation magnifiée de l'individu. [...] En revanche, le type d'universalité qui soutient l'humanité est d'un tout autre genre. On ne vise plus à la défense de l'homme, mais de la Communauté humaine, du genre humain ».

[3] X. BIOY, *Le concept de personne humaine en droit public*, *op. cit.*, n° 808, p. 420 : « La personne humaine comprend donc un corps que la personne juridique n'a pas et s'adjoint la personnalité juridique qui se trouve associée au corps », puis n° 809, p. 421 : « La personne humaine apparaît ainsi comme une unité d'individualité et de socialité, c'est-à-dire d'un sujet qui s'envisage à la fois comme corporel et social, l'un ne pouvant être juridiquement traité sans l'autre » ; v. également : S.-M. FERRIÉ, *Le droit à l'autodétermination de la personne humaine*, 2018, IRJS, coll. « Bibliothèque de l'IRJS - André TUNC », p. 90-91.

la reconnaître aux animaux[1], ainsi qu'à certains « robots »[2]. L'humanité du sujet de droit est alors un argument qui légitime le refus de l'extension de la personnalité juridique à des entités qui sont aujourd'hui classées dans la catégorie des choses : « il y a en réalité, sous le propos qui se veut rassurant, une ambition mimétique de faire évoluer la condition animale sur le modèle de droits garantissant le respect de l'humain »[3]. Ces tentations doivent en effet être rejetées, car elles mettraient à mal la distinction entre les personnes et les choses. Seuls des êtres humains, et tous les humains, dès leur naissance, sont des « personnes », sans adjectif. Il est désormais possible de proposer une définition de la notion de personne, afin d'y faire entrer la notion juridique de nouveau-né.

**113.** Par conséquent, nous définirons la notion de personne, sans adjectif[4], comme une personne humaine, dotée de la personnalité juridique. Les critères d'attribution de la personnalité juridique doivent donc être respectés : la personne doit naître vivante et viable. L'enfant sans vie[5] et l'enfant à naître[6] ne sont pas traditionnellement considérés comme des personnes, malgré leur humanité. Le nouveau-né, être

---

[1] Pour les défenseurs de l'extension de la personnalité juridique aux animaux : J.-P. MARGUÉNAUD, *L'animal en droit privé*, 1992, PUF ; J.-P. MARGUÉNAUD, « La personnalité juridique des animaux », *D.* 1998, p. 205 ; J.-P. MARGUÉNAUD, F. BURGAT, J. LEROY, « La personnalité animale », *D.* 2020, p. 28). – Il semble plutôt qu'une position plus nuancée doive être trouvée, en refusant de laisser entrer l'animal dans la catégorie des personnes, tout en lui ménageant une place particulière, tenant compte de sa nature d'être vivant (en ce sens : Ph. MALAURIE, *Dictionnaire d'un droit humaniste*, 2015, LGDJ & Université Panthéon-Assas, Paris II, v° « Animaux »).

[2] Par ex. « il serait envisageable de conférer la personnalité électronique à tout robot qui prend des décisions autonomes ou qui interagit de manière indépendante avec des tiers » (Résolution n° 2015/2103 (INL) du Parlement européen du 16 févr. 2017 contenant des recommandations à la Commission concernant des règles de droit civil sur la robotique, §59.f). De même, Mme BELLIVIER leur a réservé une place particulière dans son manuel de droit des personnes (F. BELLIVIER, *Droit des personnes*, 2015, LGDJ, coll. « Domat droit privé », p. 55 et s. : l'auteure utilise le terme de « machines intelligentes »). D'autres auteurs ont proposé récemment de leur octroyer une personnalité juridique atténuée (A. BENSOUSSAN, J. BENSOUSSAN, *IA, robots et droit*, 2019, Bruylant, coll. « Lexing - Technologies avancées & droit », p. 113).

[3] G. LOISEAU, « La personnalité juridique des robots : une monstruosité juridique », préc.

[4] Les personnes morales ne peuvent donc pas être qualifiées de *personnes*, sans qu'aucun adjectif n'y soit accolé. Elles sont des personnes *juridiques*.

[5] *Cf. supra*, n° 34.

[6] *Cf. supra*, n^os 80 et s.

humain vivant et viable[1], est donc une personne. Il faut maintenant rechercher quels critères permettent de le distinguer des autres personnes.

## §2. La définition du nouveau-né comme une personne dont la viabilité est présumée

**114.** La personnalité juridique du nouveau-né n'a pas toujours été évidente. Son intégration dans la société a, pendant longtemps, été soumise à des rites[2] qui retardaient parfois son accès à la personnalité juridique. L'exemple du droit romain est particulièrement éloquent, puisque le *pater familias* pouvait refuser l'enfant, et ce refus entrainait la perte du statut de personne : la procédure d'acceptation permettant d'établir la filiation légitime à l'égard du père, si l'enfant n'était pas accepté, il perdait du même coup, non pas juridiquement, mais factuellement son *status familiae* et, plus tard, son *status libertatis*[3]. En effet, à défaut d'être accepté, l'enfant était exposé, et s'il était sauvé de la mort par un tiers, c'était souvent pour en faire un esclave[4].

**115.** Les juristes sont familiers des rites. En droit romain, le contrat, pour être formé, nécessitait que soient prononcées certaines formules, que soient faits certains gestes particuliers à chaque catégorie de contrat[5]. En droit positif, certains rites sont encore parfois nécessaires : en attestent les règles formalistes du procès[6], du droit des libéralités[7], comme l'illustre la dictée du testament au notaire qui est nécessaire

---

[1] *Cf. supra*, n^os^ 44 et s.

[2] *Cf. supra*, n^os^ 7 et s.

[3] Sur cette distinction v. P.-F. GIRARD, *Manuel élémentaire de droit romain*, *op. cit.*, p. 101 et s.

[4] A. LEFEBVRE-TEILLARD, *Introduction historique au droit des personnes et de la famille*, *op. cit.*, n° 169, p. 235.

[5] A. CASTALDO, J.-P. LÉVY, *Histoire du droit civil*, 2^e^ éd., 2010, Dalloz, coll. « Précis », n° 441, p. 687 et s.

[6] Sur les audiences de cour d'assises, v. B. BOULOC, *Procédure pénale*, 27^e^ éd., 2019, Dalloz, coll. « Précis », n° 1101, p. 992 ; sur le rituel judiciaire, v. notamment : F. DESPREZ, *Rituel judiciaire et procès pénal*, 2009, LGDJ, coll. « Bibliothèque des sciences criminelles », spéc. p. 39 et s.

[7] M. NICOD, *Le formalisme en droit des libéralités*, 2000, Imprimerie La Mouette, coll. « Doctorat et notariat », p. 24 : l'auteur y définit le « formalisme » comme « le principe qui subordonne la validité de la manifestation de volonté au respect d'un rite préétabli ».

pour lui conférer sa valeur authentique[1], du mariage[2], ou du déroulement de la soutenance de thèse[3].

La déclaration de la naissance du nouveau-né, par son oralité, suggère la dimension rituelle de la naissance, comme la dictée du testament, ou les paroles échangées lors de la cérémonie du mariage. Toutefois, concernant la déclaration de la naissance, ce formalisme semble avoir moins d'importance. C'est plutôt l'écoulement du temps entre la naissance et sa déclaration qui nous intéressera[4], puisque c'est pendant cette période que la viabilité doit être établie.

**116.** En effet, le nouveau-né a été défini, en opposition à l'enfant à naître et à l'enfant sans vie, comme un enfant né, vivant, c'est-à-dire qui a respiré[5], ce qui permet de *présumer* qu'il est viable[6]. Cette présomption de viabilité est le propre du nouveau-né. Il ne viendrait à l'idée de personne de s'interroger sur la viabilité d'un enfant tombant mortellement malade plusieurs mois, ou plusieurs années après sa naissance, ni même sur la viabilité d'une personne adulte survivant grâce à un équipement médical. La viabilité de Vincent LAMBERT n'a pas fait l'objet de discussions. Pourtant, ces personnes ne sont plus viables, dans la mesure où elles ne sont plus capables de vivre de manière autonome. À la notion de viabilité, le droit a substitué, pour les

---

[1] C. civ., art. 972. – M. GRIMALDI, « Le testament authentique ou la leçon de dictée faite au notaire », *RTD Civ.* 2011, p. 791 ; M. GRIMALDI, « Le testament authentique : une bonne intelligence du formalisme », *RTD Civ.* 2012, p. 360.

[2] L'officier de l'état civil « fera lecture aux futurs époux des articles 212 et 213, du premier alinéa des articles 214 et 215, et de l'article 371-1 » du C. civ. (C. civ., art. 75 al. 1.), puis « il recevra de chaque partie, l'une après l'autre, la déclaration qu'elles veulent se prendre pour époux ; il prononcera, au nom de la loi, qu'elles sont unies par le mariage, et il en dressera acte sur-le-champ » (C. civ., art. 75, al 6). Des formalités préalables doivent ensuite être accomplies, dont la publication des bans (C. civ., art. 63.), dont l'affiche « restera apposée à la porte de la maison commune pendant dix jours » (C. civ., art. 64 al. 1.). Par ailleurs, pour constater le défaut de consentement des époux pour un mariage célébré à Las Vegas, la C. cass. a notamment pris en compte le fait que l'épouse « avait présenté la cérémonie à Las Vegas à ses amis comme un rite sans conséquences » (Cass. 1re civ., 19 sept. 2019, nº 18-19.665 : *Bull. civ. 2019, nº 7, p. 223* ; *AJ fam.* 2019. 601, obs. J. HOUSSIER ; *JCP* 2019, nº 1112, note M. LAMARCHE ; *Dr. fam.* 2019, nº 214, note J.-R. BINET).

[3] F. ROME, « La saison des soutenances », *D.* 2007, p. 2297.

[4] L. BARTOLI, « Les rituels de naissance dans les cultures traditionnelles », *op. cit.*, p. 415 et s. ; N. BELMONT, « Le placenta et le cordon : approche historique et anthropologique », *in* R. FRYDMAN, M. SZEJER (dir.), *La naissance, Histoire, cultures et pratiques d'aujourd'hui*, 2010, Albin Michel, p. 458 et s.

[5] Sur la notion de respiration, *cf. supra*, nos 86 et s.

[6] *Cf. supra*, nos 47 et s.

personnes qui sont nées, les notions de « fin de vie » ou de « qualité de vie »[1] : la personne est bien vivante, mais plutôt que de dire qu'elle n'est plus *apte* à vivre, il convient de dire qu'elle est vouée à mourir. Le droit n'a cependant pas à présumer leur viabilité, parce qu'elle a été *acquise* par leur maintien en vie dans les jours qui ont suivi leur naissance, jusqu'à l'établissement de l'acte de naissance.

L'écoulement du temps semble donc jouer, pour le nouveau-né, un effet acquisitif, tout comme la possession peut permettre d'acquérir la propriété[2] ou un état[3]. Néanmoins, concernant le nouveau-né, ce mécanisme doit être exclu (A). C'est par le jeu d'une présomption que la viabilité du nouveau-né est acquise (B).

### A. L'exclusion d'une définition fondée sur la prescription

**117.** S'il est tentant de se fonder sur le mécanisme de la prescription pour définir la situation juridique du nouveau-né (1), plusieurs critères s'y opposent (2).

#### 1. La tentation d'une définition fondée sur la prescription

**118.** La prescription peut être définie comme un « [m]ode d'acquisition ou d'extinction d'un droit, par l'écoulement d'un certain laps de temps (d'un délai) et sous les conditions déterminées par la loi »[4]. Le Code civil distingue deux catégories de prescription : la prescription acquisitive, qui est définie à l'article 2258 du Code civil comme « un moyen d'acquérir un bien ou un droit par l'effet de la possession sans que celui qui l'allègue soit obligé d'en rapporter un titre ou qu'on puisse lui opposer l'exception déduite de sa mauvaise foi » ; la prescription extinctive, qui est un « mode d'extinction d'un droit

---

[1] X. BIOY, *Le concept de personne humaine en droit public*, *op. cit.*, n° 356, p. 192 : « Nœud gordien, les enjeux de la réanimation néo-natale retrouvent le débat sur vie et qualité de vie, dignité humaine et dignité de la personne » ; l'auteur fait également le lien entre les notions de viabilité et qualité de vie concernant la preuve de la viabilité (*ibid.*, n° 741, p. 392).

[2] C. civ., art. 2258 et s.

[3] C. civ., art. 311-1 et 311-2 pour la filiation ; C. civ., art. 61-5 pour le sexe.

[4] G. CORNU (dir.), *Vocabulaire juridique*, *op. cit.*, v° « Prescription ».

résultant de l'inaction de son titulaire pendant un certain laps de temps »[1]. La comparaison avec la condition juridique du nouveau-né nous orientera plutôt vers la prescription acquisitive, puisqu'il est question de se demander si l'écoulement du temps permet au nouveau-né d'acquérir le statut de personne. Nous n'étudierons pas la prescription extinctive.

**119.** La prescription permet, dans certains cas, l'acquisition d'un bien ou d'un droit par la possession. Pour pouvoir transposer le mécanisme de la prescription au nouveau-né, il convient donc de se demander si le nouveau-né « possède » le statut de personne : le nouveau-né, parce qu'il est en vie, a l'apparence de la viabilité (a) ; l'écoulement du temps semble alors jouer un rôle acquisitif (b).

### *a. Le nouveau-né, enfant ayant l'apparence de la viabilité*

**120.** La possession est une notion propre au droit des biens. Elle peut se définir comme le « [p]ouvoir de fait […] exercé sur une chose avec l'intention de s'en affirmer le maître […] même si – le sachant ou non – on ne l'est pas »[2]. L'intérêt de comparer cette notion avec la situation du nouveau-né réside dans la place que l'apparence occupe dans l'acquisition du statut de propriétaire du bien : « [l]a fonction acquisitive de la possession qui valide juridiquement une situation de fait combinée à une intention repose en grande partie sur l'apparence sociale »[3]. Le nouveau-né présente l'apparence sociale de la viabilité du fait qu'il soit en vie.

Par ailleurs, quand bien même le nouveau-né ne « possède » pas la viabilité dans le sens où il n'en est pas le propriétaire[4], le mécanisme a été étendu à l'état des personnes. Si la possession et la possession d'état ne sont pas des mécanismes exactement identiques[5], elles reposent toutes les deux sur une apparence, d'autant plus importante que la

---

[1] C. civ., art. 2219.

[2] G. CORNU (dir.), *Vocabulaire juridique*, *op. cit.*, v° « Possession ».

[3] S. PARICARD, « Une libéralisation du changement de sexe qui suscite des interrogations majeures », *AJ fam.* 2016, p. 585.

[4] Toutefois, CORNU a pu écrire que « [l]'enfant [n']est pas doté par le droit [de la personnalité juridique]. Il la possède, il l'a, il naît sujet de droit » (G. CORNU, « La personne humaine, sujet de droit », *op. cit.*, p. 19).

[5] M. SAULIER, « Possession et possession d'état », *RTD Civ.* 2016, p. 555.

possession doit être publique[1] : le critère de publicité interdit une possession qui serait clandestine, pour laisser la faculté au véritable titulaire du droit en question de se manifester. Pour cette raison, l'article 691 du Code civil interdit l'établissement de servitudes non apparentes[2] par la possession trentenaire. Cette logique étant étendue à l'état des personnes, l'apparence est génératrice de conséquences juridiques pour déterminer le statut de la personne[3]. La comparaison avec la situation juridique du nouveau-né, dont la viabilité, et donc le statut de personne, est déduite d'une apparence, est séduisante.

### b. *La viabilité acquise par l'écoulement du temps*

**121.** La seule possession ne permet pas l'acquisition du droit en question, sauf en matière de possession mobilière[4]. Concernant la possession immobilière, elle doit avoir duré trente ans, ou dix ans si les conditions de la prescription abrégée sont réunies[5]. La possession d'état doit également durer dans le temps en matière de filiation, notamment parce qu'elle doit être continue[6] : la continuité exclut l'instantanéité[7]. Par ailleurs, après cinq ans de possession d'état conforme au titre, l'action en contestation de la filiation est prescrite, sauf à l'égard du

---

[1] C. civ., art. 311-2 pour la possession d'état ; C. civ., art. 2261 pour la possession.

[2] « Les servitudes non apparentes sont celles qui n'ont pas de signe extérieur de leur existence, comme, par exemple, la prohibition de bâtir sur un fonds, ou de ne bâtir qu'à une hauteur déterminée » (C. civ., art. 690 al. 2).

[3] C'est le cas par exemple de la personne transsexuelle (v. en ce sens A. MARAIS, « L'apparence de la personne », *in Ruptures, mouvements et continuité du droit. Autour de Michelle GOBERT*, 2004, Economica, p. 285 et s., spéc. p. 290-291 : « Si le sexe apparent déclenche à la naissance la détermination de l'état, la modification de cette apparence chez un transsexuel reflète l'identité sexuelle de la personne. Parce qu'elle est conforme à la réalité, cette apparence doit être prise en compte par le droit. La demande de rectification de la mention du sexe sur son état civil, formée par un transsexuel après son opération, est fondée sur la modification légitime de la situation de fait sur lequel se fonde son état »).

[4] C. civ., art. 2276 : « En fait de meubles, la possession vaut titre ».

[5] C. civ., art. 2272.

[6] C. civ., art. 311-2.

[7] A. BATTEUR, L. MAUGER-VIELPEAU, *Droit des personnes, des familles et des majeurs protégés*, 11e éd., 2021, LGDJ, coll. « Manuel », no 359, p. 166 : « L'exigence d'une continuité implique que la possession d'état ait duré un certain temps : elle gagne en force de conviction à mesure que le temps passe ».

ministère public[1]. Une telle exigence d'écoulement du temps semble également admise concernant le changement de sexe, même si le législateur ne l'a pas précisé, ce qui permet le doute[2].

**122.** L'exigence d'écoulement du temps semble également convenir à la situation juridique du nouveau-né. Si l'enfant ne respire qu'une fois après l'accouchement, avant de décéder, il est fort probable qu'il ne sera pas considéré comme viable. En revanche, si sa respiration se poursuit, et ce jusqu'à la déclaration, la viabilité semble acquise. Le rôle de l'écoulement du temps apparaît dans l'article 79-1 du Code civil : « Lorsqu'un enfant est décédé **avant**[3] que sa naissance ait été déclarée à l'état civil, l'officier de l'état civil établit un acte de naissance et un acte de décès sur production d'un certificat médical » attestant de la vie et de la viabilité de l'enfant. Cette règle n'est donc pas applicable si l'enfant décède *après* la déclaration de sa naissance. Ce n'est donc que si l'enfant reste en vie de manière prolongée, jusqu'à la déclaration de la naissance à l'officier de l'état civil, que sa viabilité peut être considérée comme étant acquise et qu'un acte de naissance peut être dressé, parce que l'enfant est considéré comme une personne.

Si cette analogie entre le mécanisme de la prescription et la situation juridique du nouveau-né est intéressante, elle ne résiste cependant pas à un examen plus poussé.

### 2. Les obstacles à une définition fondée sur le mécanisme de la prescription acquisitive

**123.** Qu'il s'agisse de la possession ou de la possession d'état, l'*animus*, c'est-à-dire l'intention de se comporter comme le titulaire du droit en question, est un élément constitutif de la possession[4]. L'action en constatation de la possession d'état, prévue par l'article 330 du Code civil, n'est pas une action d'état[5], puisque sa finalité est de constater un

---

[1] C. civ., art. 333.

[2] S. PARICARD, « Une libéralisation du changement de sexe qui suscite des interrogations majeures », préc.

[3] C'est nous qui soulignons.

[4] M. SAULIER, « Possession et possession d'état », préc. ; S. PARICARD, « Une libéralisation du changement de sexe qui suscite des interrogations majeures », préc. : « la possession d'état conduit à la consécration juridique de comportements intentionnellement adoptés ».

[5] V. par ex. : Cass. 1re civ., 27 juin 2000, n° 98-23.065, inédit : *D.* 2001, somm. 974, obs. F. GRANET ; *ibid.*, p. 2870, obs. G. SERRA ; *Dr. fam.* 2000, n° 140, note

lien de filiation déjà établi. Ainsi, quand bien même cette action est de nature contentieuse, la possession d'état est préalablement établie par des actes conscients de la part du père. L'article 311-1 du Code civil prévoit en effet que, pour établir la possession d'état, la personne doit avoir traité l'enfant comme étant le sien, ou encore que « ceux-ci ont, en cette qualité, pourvu à son éducation, à son entretien ou à son installation ». De tels actes peuvent difficilement être accomplis involontairement.

**124.** Cette condition empêche de pousser l'analogie plus loin avec la situation du nouveau-né, puisqu'il vient de naître, il est donc impossible de lui prêter la moindre intention[1]. Par ailleurs, il n'est pas question dans sa situation de l'acquisition d'un droit, mais de l'acquisition de la personnalité juridique, qui est le « droit d'avoir des droits »[2]. Le fait de devenir une personne ne découle pas d'une quelconque intention ou volonté individuelle, puisque la distinction entre les personnes et les choses découle du droit objectif. La personnalité juridique est octroyée à tout être humain vivant et viable à sa naissance, indépendamment de toute volonté ou intention de sa part.

**125.** Il n'est donc pas possible d'affirmer qu'en étant vivant, l'enfant présente l'apparence de la viabilité, et *posséderait* donc le statut de personne. La notion de délai, définie par CARBONNIER comme « l'espace de temps qui est accordé par la loi pour l'exercice d'un droit »[3] ne semble pas non plus convenir, parce qu'il n'est pas question pour le nouveau-né d'exercer un droit, mais de se faire reconnaître la capacité d'en être titulaire.

**126.** Le mécanisme de la prescription, qui permet « d'acquérir un bien ou un droit par l'effet de la possession », ne semble donc pas adéquat pour qualifier la condition juridique du nouveau-né. En effet, en l'absence de possession, il ne peut y avoir de prescription. Il serait donc faux de dire que la personnalité juridique s'acquiert par la prescription. La période de temps séparant la naissance de l'établissement de l'acte de naissance n'est donc pas un délai de prescription. Il convient donc d'étudier un autre mécanisme, la présomption, également fondée sur les apparences.

---

P. MURAT ; *RJPF* 2000-11/35, note J. VASSAUX ; *RTD Civ.* 2001, p. 121, obs. J. HAUSER.

[1] *Cf. infra*, n° 326.

[2] G. BEAUSSONIE, « La personnalité juridique en droit pénal », *op. cit.*, p. 157.

[3] J. CARBONNIER, *Droit civil*, *op. cit.*, n° 172, p. 331.

### *B. Proposition d'une définition fondée sur la notion de présomption*

**127.** L'écoulement du temps et l'apparence jouent un rôle dans l'établissement de l'acte de naissance et dans sa condition de réalisation : l'octroi du statut de personne. Le nouveau-né semble alors se situer dans cet intermède entre la condition juridique de l'enfant à naître et celle de la personne dont la viabilité n'est plus à démontrer. Il est un enfant vivant jusqu'à la déclaration de sa naissance. S'il décède avant, il est considéré juridiquement comme un enfant sans vie. La viabilité, pour être constatée, nécessite l'écoulement d'un certain laps de temps. Il n'est néanmoins pas toujours possible de déterminer avec certitude, dans un délai si bref[1], si l'enfant vivra longtemps, ou s'il est voué à mourir rapidement. Cette incertitude est d'autant plus importante pour certains nouveau-nés : les enfants prématurés, dont l'existence est incertaine non pendant plusieurs heures, ou pendant plusieurs jours, mais souvent pendant plusieurs semaines, voire plusieurs mois[2].

**128.** Ainsi, si la personnalité est acquise grâce à l'écoulement d'une certaine période de temps, le principe de simultanéité d'apparition de la personnalité juridique[3] devrait être atténué : « le fait que ces deux conditions de la viabilité [la maturité et la bonne conformation] ne soient pas d'emblée réunies ne permet plus nécessairement de conclure à l'absence de personnalité. [...] Compte tenu de l'évolution du concept de viabilité, le Droit, dans son ensemble, se doit d'admettre que l'apparition de la personnalité est plus progressive que soudaine »[4]. Mais comme nous l'avons vu concernant l'accouchement[5], une telle idée de progressivité dans l'octroi de la personnalité juridique est inacceptable : le droit a besoin de bornes précises.

---

[1] Jusqu'à cinq jours en droit commun (C. civ., art. 55).

[2] P. BOILEAU, « La prise en charge médicale de la grande prématurité », *in* R. FRYDMAN, M. SZEJER (dir.), *La naissance. Histoire, cultures et pratiques d'aujourd'hui*, 2010, Albin Michel, p. 1170 : « En général, le bébé retourne à son domicile lorsqu'il arrive au terme théorique ». Plusieurs semaines peuvent donc s'écouler à l'hôpital.

[3] B. TEYSSIÉ, *Droit des personnes*, *op. cit.*, n$^{os}$ 32 et s., p. 26 et s.

[4] P. SALVAGE, « La viabilité de l'enfant nouveau-né », préc., spéc. p. 748-749.

[5] *Cf. supra*, n° 63.

**129.** Le mécanisme de la présomption[1], appliqué à la viabilité, joue ce rôle, en établissant une vérité fondée sur l'apparence[2] : tant que l'enfant est vivant, il présente l'apparence de la viabilité, il réunit donc, en apparence, les conditions pour lui octroyer la personnalité juridique. Comme l'explique Monsieur HOFFSCHIR, « les présomptions [...] constituent un mécanisme logique qui opère une substitution de présupposés. À l'égard de la preuve, cette substitution a pour effet incident d'entrainer un déplacement de l'objet de la preuve : le titulaire de la charge de la preuve peut alors prouver des faits qui font écho au présupposé substituant ou de remplacement et non plus au présupposé substitué ou initial »[3]. Ce mécanisme appliqué à la question de la viabilité, l'objet de la preuve se déplace vers la vie du nouveau-né. Une confirmation de cette présomption peut être recherchée dans les règles guidant l'établissement de l'acte de naissance.

**130.** Pour mettre en œuvre la loi, le service de l'état civil s'appuie principalement sur des circulaires administratives, qui peuvent être source d'une « doctrine administrative »[4]. La déclaration de la naissance n'y échappe pas. La loi n'impose pas de prouver la vie du nouveau-né lors de la déclaration[5] : théoriquement, il suffit au déclarant de l'affirmer. La production d'un certificat médical attestant que le nouveau-né était vivant et viable n'est impérative que s'il décède avant la déclaration de la naissance[6]. Mais la circulaire du 28 octobre 2011 exige la production d'un certificat médical pour toute déclaration de

---

[1] La possession et la possession d'état n'ont pas seulement une fonction acquisitive, elles ont également toutes les deux une fonction probatoire. La possession d'état est d'ailleurs définie, avant toute chose, dans une section dédiée aux « preuves et présomptions » relatives à la filiation. Mais comme nous l'avons vu, les conditions ne sont pas réunies pour appliquer leur mécanisme à la situation juridique du nouveau-né.

[2] C. civ., art. 1349 ancien : « Les présomptions sont des conséquences que la loi ou le magistrat tire d'un fait connu à un fait inconnu ».

[3] N. HOFFSCHIR, *La charge de la preuve en droit civil*, 2016, Dalloz, coll. « Nouvelle bibliothèque de thèses », n° 331, p. 396.

[4] P. DEUMIER, *Introduction générale au droit*, *op. cit.*, n$^{os}$ 394 et s.

[5] Le déclarant n'a plus à présenter l'enfant à l'officier de l'état civil, depuis la loi du 20 nov. 1919 (G. LAUNOY, « Actes de l'état civil. - Déclaration de naissance », *in JCl. Civil Code*, LexisNexis, §66 ; G. LAUNOY, « Actes de l'état civil. Actes de naissance. Acte de naissance des enfants trouvés. Enfants trouvés et pupilles de l'État », *op. cit.*, §6 ; M. BRUGGEMAN, « Le rôle de l'état civil », *in* C. NEIRINCK (dir.), *L'État civil dans tous ses états*, 2008, LGDJ, coll. « Droit et société », p. 32).

[6] C. civ., art. 79-1.

naissance en France[1]. Si cette circulaire, qui est à destination de l'administration, ne peut pas, en principe, être opposée aux usagers[2], il n'en demeure pas moins qu'elle l'est factuellement, et que la personne tenue de déclarer la naissance est plus ou moins tenue de s'y soumettre.

**131.** Madame DEUMIER considère, à propos de la doctrine administrative, que « l'essentiel est [...] de s'assurer que cette application ne porte pas atteinte aux droits des citoyens »[3]. Elle distingue alors trois situations. Tout d'abord, elle envisage « le risque pour un citoyen de se voir appliquer une norme qu'il ne connaissait pas »[4]. Cette crainte doit être dissipée concernant l'exigence d'un certificat médical d'accouchement, puisqu'il figure parmi les pièces indiquées comme devant être fournies sur le site internet service-public.fr, dédié aux usagers et bien connu, dans la rubrique « Déclaration de naissances »[5]. Les usagers peuvent donc parfaitement accéder à cette information. Ensuite, il faut prendre en compte « le risque pour le citoyen qui a respecté la doctrine administrative de se voir ensuite sanctionné au nom d'une nouvelle interprétation »[6]. L'exigence d'un certificat médical ne semble pas avoir subi de variation.

**132.** C'est le troisième risque qui doit être étudié, à savoir celui « pour le citoyen de se voir appliquer une doctrine administrative illégale »[7]. En effet, si la doctrine n'est pas unanime sur la mission de l'officier de l'état civil, notamment sur son pouvoir de vérification[8],

---

[1] Circ. du 28 oct. 2011 relative aux règles particulières à divers actes de l'état civil relatifs à la naissance et à la filiation ; le site internet du service public fait également figurer l'« attestation du médecin ou de la sage-femme » parmi les pièces à fournir lors de la déclaration de la naissance (URL : https://www.service-public.fr/particuliers/vosdroits/F961, consulté le 20 sept. 2022).

[2] « Le déclarant peut être sensibilisé à la nécessité de fournir des renseignements exacts et invité au besoin à fournir des documents. Mais il n'y est pas obligé sauf s'il présente une déclaration conjointe de choix de nom ; un livret de famille ou les actes d'autres enfants peuvent alors être exigés pour vérifier si l'enfant n'est pas tenu de suivre, en matière de nom, le sort d'un précédent enfant commun aux mêmes parents » (G. LAUNOY, « Actes de l'état civil. - Déclaration de naissance », *op. cit.*, §68).

[3] P. DEUMIER, *Introduction générale au droit*, *op. cit.*, n° 397.

[4] *Ibid.*

[5] URL : https://www.service-public.fr/particuliers/vosdroits/F961, consulté le 20 sept. 2022.

[6] P. DEUMIER, *Introduction générale au droit*, *op. cit.*, n° 397.

[7] *Ibid.*

[8] P. CHEVALIER, « L'état civil », *in* F. DEKEUWER-DEFOSSEZ (dir.), *Lamy Droit des personnes et de la famille*, 2021, Lamy, coll. « Lamy Droit civil », § 264-11 : « en

l'acte de naissance doit être dressé « immédiatement »[1]. L'officier de l'état civil n'a donc pas le temps de se livrer à des investigations poussées si le certificat médical n'est pas produit[2]. Même si la pratique a intégré cette exigence de certificat médical, et que ce document semble dressé presque systématiquement par le médecin ou la sage-femme qui a procédé à l'accouchement[3], s'il vient à faire défaut, l'officier de l'état civil doit admettre d'autres modes de preuve, notamment la preuve par témoignage, « par exemple dans le cas où l'accouchement serait survenu sans assistance médicale »[4], ou s'agissant d'un nouveau-né trouvé[5]. En l'absence de preuve, l'acte de naissance doit être dressé sur la seule foi de la déclaration. Dans ce cas, l'officier de l'état civil peut saisir le procureur de la République, sous le contrôle duquel il exerce ses fonctions[6], pour l'informer de la situation, et ce après avoir attiré « l'attention du déclarant sur le risque couru d'une poursuite pénale » en cas de fausse déclaration[7].

---

matière de naissance ou de décès, l'officier de l'état civil a un rôle plus étendu, puisqu'il doit s'assurer de leur réalité [celle des faits qui lui sont déclarés], soit par lui-même, soit plus généralement par l'intermédiaire d'un médecin ». V. *contra* : J. CARBONNIER, *Droit civil*, *op. cit.*, n° 258, p. 480 : « un accouchement a-t-il bien eu lieu ? au jour et à l'heure indiqués ? l'enfant était-il du sexe mentionné ? Aucun de ces points dans un acte de naissance n'a la force probante de l'authentique, car il n'entrait pas dans la mission du maire de les vérifier », puis n° 258, p. 481 : « Les formulaires dont s'inspirent les mairies tendent à réduire au minimum les constatations que l'officier de l'état civil prend à son compte personnel : ce n'est plus guère que du cadre de l'acte (date, lieu, autorité) qu'il assume la responsabilité ; quant au contenu, il se borne à recueillir tels quels les dires des comparants ».

[1] C. civ., art. 56 al. 2.

[2] *Cf. infra*, n° 193.

[3] C. DUGAS DE LA BOISSONNY, *L'état civil*, *op. cit.*, p. 67 : « Les cliniques et les maternités se chargent souvent de cette déclaration (mais n'en ont pas l'obligation ; ceci explique qu'elles demandent aux futures mères d'apporter leur livret de famille. Par précaution, les parents doivent demander avant la naissance si l'établissement assure cette démarche ou s'ils sont tenus de l'effectuer eux-mêmes pour ne pas laisser prescrire le délai imparti ». – D. DIBIE-KRAJCMAN, M. MERGER-PÉLIER, *Manuel juridique de la sage-femme*, 2e éd., 2012, LEH, coll. « Pratiques professionnelles », p. 124 : les auteurs font figurer le « certificat de naissance établi par le médecin ou la sage-femme » parmi les documents à présenter à l'officier de l'état civil lors de la déclaration de la naissance.

[4] G. LAUNOY, « Actes de l'état civil. - Déclaration de naissance », *op. cit.*, §67.

[5] C. civ., art. 58.

[6] C. civ., art. 34-1.

[7] J. CARBONNIER, *Droit civil*, *op. cit.*, n° 254, p. 473.

**133.** En revanche, rien ne s'oppose *directement* à ce qu'un certificat attestant de la vie et de la viabilité du nouveau-né soit réclamé par l'officier de l'état civil. L'article 79-1 du Code civil impose, dans le cas où un enfant décède avant que sa naissance soit déclarée, qu'un certificat médical attestant de sa vie et de sa viabilité soit produit. Un raisonnement *a contrario* ne permet pas de tirer de conséquences de cette règle pour la situation de l'enfant encore en vie au moment de la déclaration : il permettrait simplement de deviner le contenu du deuxième alinéa de l'article, à savoir que si ce certificat, dans la même situation, n'est pas produit, l'officier de l'état civil doit établir un acte d'enfant sans vie. La règle posée à l'article 79-1 du Code civil pour la situation de l'enfant décédé avant la déclaration de sa naissance ne semble donc pas s'opposer à ce qu'une preuve de la vie et de la viabilité de l'enfant par certificat soit également demandée pour un enfant qui est encore en vie au moment de la déclaration. Elle semble même justifiée par le fait que l'officier de l'état civil ne puisse pas constater la vie du nouveau-né de ses propres yeux.

Une fois l'acte de naissance établi, ce dernier constitue une preuve que l'enfant était vivant, et donc viable. L'acte de naissance rend donc l'apparence vraisemblable. Toutefois, dans la mesure où l'officier de l'état civil ne l'a pas constaté lui-même, cette preuve n'a pas de valeur authentique[1]. La présomption de viabilité ne vaut donc que jusqu'à preuve du contraire.

**134.** La pratique des services de l'état civil des mairies ne contredit donc pas l'idée de présomption qui découle de la loi. Il faut plutôt considérer que la présentation à l'officier de l'état civil d'un certificat du médecin ou de la sage-femme ayant procédé à l'accouchement participe à l'établissement de la présomption de viabilité du nouveau-né, et qu'il rend plus improbable la production d'une preuve établissant le contraire. En revanche, rien n'indique que le contenu de ce certificat ne puisse pas être contredit, par l'établissement, par exemple, d'un autre certificat.

**135.** Si l'enfant est en vie, alors il doit être considéré comme viable[2]. Le décès ultérieur à l'établissement de l'acte de naissance n'a donc, en principe, aucune incidence sur la personnalité juridique, sauf à prouver rétrospectivement qu'il n'était pas viable. Ainsi, un enfant prématuré

---

[1] *Ibid.*, nº 258, p. 480-481.

[2] Les deux critères sont donc cumulatifs, mais l'un découle naturellement de l'autre : sans vie, il ne peut y avoir de viabilité.

sera considéré comme une personne, même s'il passe plusieurs semaines en couveuse et que, pendant tout ce temps, sa survie est incertaine.

**136.** Le nouveau-né présenterait donc *l'apparence de la personnalité*, parce qu'il a été individualisé par l'accouchement, et parce qu'il est vivant. S'il décède avant que sa naissance soit déclarée, l'apparence ne tient plus, il est alors considéré comme un enfant sans vie, sauf si le médecin établit un certificat attestant que l'enfant était viable. Dès lors, même si l'acte de naissance n'a théoriquement pas de fonction constitutive[1], il confirme l'apparente viabilité de l'enfant, et il permet, par conséquent, de consolider le statut de personne en le rendant crédible. L'établissement de l'acte de naissance opère ainsi une inversion de la charge de la preuve : si l'enfant décède avant la déclaration de sa naissance, la preuve de sa viabilité doit être rapportée grâce à un certificat médical d'accouchement[2] ; si l'enfant décède après que l'acte de naissance soit dressé, et donc à une époque où il n'est plus un nouveau-né, l'absence de viabilité n'est plus présumée, elle doit être prouvée.

**137.** Et si la naissance de l'enfant n'a jamais été déclarée, ou l'a été tardivement, dans la mesure où l'enfant cesse d'être un nouveau-né une fois le délai de déclaration écoulé, l'enfant doit être tenu pour viable une fois ce délai écoulé, c'est-à-dire, en principe, cinq jours après sa naissance, sauf si un délai spécial est prévu : quinze jours si la naissance a lieu en pays étranger[3], trois jours « en cas de naissance pendant un voyage maritime »[4], dix jours aux armées[5]. Une fois l'acte dressé, ou une fois le délai de déclaration écoulé, et donc une fois que la viabilité semble acquise, l'enfant n'est plus un nouveau-né. Le nouveau-né est donc une personne dont la viabilité est douteuse. Mais par le jeu de la présomption, il faut la tenir pour certaine tant que l'enfant est en vie[6]. *Seule l'aptitude à vivre du nouveau-né doit être démontrée. Une fois que l'enfant n'est plus un nouveau-né, sa viabilité n'est plus à établir.*

---

[1] Pour de plus amples développements sur la fonction partiellement constitutive de l'acte de naissance : *cf. infra*, n[os] 324 et s.

[2] C. civ., art. 79-1 al. 1.

[3] C. civ., art. 55, al. 4.

[4] C. civ., art. 59.

[5] C. civ., art. 93, al. 4.

[6] C. civ., art. 1354 : « La présomption que la loi attache à certains actes ou à certains faits en les tenant pour certains dispense celui au profit duquel elle existe d'en rapporter la preuve ».

Le nouveau-né est donc, au sein de la catégorie des personnes, une personne dont la viabilité est à l'épreuve. Tant qu'il est vivant, il est présumé viable. Il convient maintenant de déterminer la place du nouveau-né au sein de la catégorie des mineurs.

## *Section 2. La définition du nouveau-né comme une sous-catégorie de mineur*

**138.** « Mineur » et « enfant » sont des synonymes[1]. Le mot enfant désigne tant l'enfant par l'âge que l'enfant par la filiation, et l'enfant par l'âge renvoie au mineur[2]. En outre, l'article 1er de la Convention internationale des droits de l'enfant (CIDE) stipule qu'« un enfant s'entend de tout être humain âgé de moins de dix-huit ans, sauf si sa majorité est atteinte plus tôt en vertu de la législation qui lui est applicable ». CARBONNIER remarque que le Code civil emploie le terme de *mineur* concernant les incapacités, « [m]ais ailleurs – ainsi, à propos des conséquences du divorce ou dans le fonctionnement de l'autorité parentale – il les appellera enfants »[3]. Les termes d'enfant et de mineur ne désigneraient donc que les deux facettes d'un même âge. Néanmoins, les frontières séparant les deux notions semblent ne pas pouvoir être tracées avec précision, et leur différenciation théorique présente peu d'intérêt pratique.

L'auteur précité est critique à propos de la « sécheresse de la langue juridique [...] : alors que le français populaire dispose de toute une gamme de vocables [...], le droit ne connaît que l'enfant, qui tire toute la catégorie vers le bas. L'adolescence au moins aurait pu justifier que le droit s'y arrête : l'instant est si intensément vécu. Mais ses contours sont trop flottants »[4]. Le droit connaît donc l'enfant et, ou, le mineur, qui désigne la personne âgée de moins de dix-huit ans[5], et la personne majeure. Néanmoins, le droit évolue et scinde tout de même la minorité en plusieurs étapes, qui pourraient par exemple être réparties entre

[1] G. CORNU (dir.), *Vocabulaire juridique*, *op. cit.*, v° « Enfant » ; C. NEIRINCK, « Enfance », *op. cit.*, §4.
[2] M. PICHARD, « L'enfant : à propos d'une polysémie », *op. cit.*
[3] J. CARBONNIER, *Droit civil*, *op. cit.*, n° 407, p. 827.
[4] *Ibid.*
[5] C. civ., art. 388.

l'*infans*[1], le mineur non discernant et le mineur discernant[2], voire « le grand adolescent ou grand mineur »[3], ou encore entre le mineur émancipé et le mineur non émancipé[4]. La minorité n'est donc pas la période homogène que le langage du droit civil laisse apparaître.

L'originalité de l'article 58 du Code civil réside dans l'utilisation du terme « nouveau-né », *a priori* étranger au vocabulaire habituel du droit civil. L'article utilise probablement ce terme en raison de l'âge spécifique, ou de la vulnérabilité spécifique de cet âge de l'enfance. Le découpage de la minorité entre enfant doué de discernement, adolescent ou mineur émancipé ne concerne pas le nouveau-né : s'il vient de naître, il n'est en principe pas doué de parole. Il n'est donc pas possible d'envisager une quelconque atténuation à son incapacité. En revanche, il peut être considéré comme un *infans*.

**139.** L'âge se comptant à partir de la naissance, la qualité de mineur ne saurait être reconnue à l'enfant à naître. Le nouveau-né doit donc nécessairement être considéré comme un mineur, titulaire de la personnalité juridique, mais frappé d'une incapacité générale d'exercice en raison de son très bas âge. Le nouveau-né étant âgé de seulement quelques jours, tout mineur ne saurait être qualifié de nouveau-né. Il est possible, exceptionnellement, de trouver la notion de nouveau-né évoquée aux côtés de celle de nourrisson (§1). Il sera néanmoins plus intéressant de délimiter la notion de nouveau-né par rapport à la notion plus large et mieux connue de mineur (§2).

## §1. L'absence de distinction entre nouveau-né et nourrisson en droit civil

**140.** La notion de nourrisson n'est pas une notion de droit civil, mais une notion médicale : le nourrisson est un enfant âgé de plus de vingt-huit jours, et ce jusqu'à la fin de la première année de sa vie[5]. Il n'en

[1] Y. BUFFELAN-LANORE, V. LARRIBAU-TERNEYRE, *Droit civil*, *op. cit.*, n° 1126, p. 498 : « l'enfant si jeune qu'il n'a pas de discernement ».
[2] *Ibid.*, n° 1127, p. 499 ; Ph. MALAURIE, N. PETERKA, *Droit des personnes. La protection des mineurs et des majeurs*, 11e éd., 2020, Defrénois, coll. « Droit civil », nos 347 et s., p. 305 et s.
[3] Y. BUFFELAN-LANORE, V. LARRIBAU-TERNEYRE, *Droit civil*, *op. cit.*, n° 1128, p. 499.
[4] B. TEYSSIÉ, *Droit des personnes*, *op. cit.*, nos 814 et s., p. 487 et s.
[5] *Dictionnaire de l'Académie nationale de médecine en ligne*, 2019, v° « Nourrisson ».

existerait donc pas de définition juridique. La CJUE a pourtant opéré une distinction concernant l'appréciation de la résidence habituelle d'un enfant[1]. Cette distinction n'est cependant pas claire (A) et semble présenter peu d'utilité (B).

### *A. Une distinction peu claire*

**141.** Une décision de la Cour de justice de l'Union européenne[2] distingue nouveau-né et nourrisson, sans pour autant apporter de définition. Une question préjudicielle était posée pour l'interprétation de l'article 11 §1 du règlement CE n° 2201/2003 du Conseil du 27 novembre 2003 relatif à la compétence, la reconnaissance et l'exécution des décisions en matière matrimoniale et en matière de responsabilité parentale, dit Bruxelles II bis, qui traite notamment du retour d'enfant : « Lorsqu'une personne, institution ou tout autre organisme ayant le droit de garde demande aux autorités compétentes d'un État membre de rendre une décision sur la base de la convention de La Haye du 25 octobre 1980 sur les aspects civils de l'enlèvement international d'enfants […] en vue d'obtenir le retour d'un enfant qui a été déplacé ou retenu illicitement dans un État membre autre que l'État membre dans lequel l'enfant avait sa résidence habituelle immédiatement avant son déplacement ou son non-retour illicites, les paragraphes 2 à 8 sont d'application ».

Dans l'affaire soumise à la Cour, deux époux, l'un étant italien, l'autre grecque, se marient en Italie et y résident. D'un commun accord, ils conviennent que leur enfant naîtra en Grèce, puis que la mère et l'enfant reviendront en Italie. Ils sont néanmoins restés en Grèce[3]. Le père de l'enfant assigne alors son épouse en divorce, mais il est débouté de plusieurs de ses demandes, notamment quant à la pension alimentaire et à la résidence de l'enfant, au motif que l'enfant ne réside pas en Italie.

Le problème posé par la question préjudicielle est donc « l'interprétation qu'il convient de donner de la notion de "résidence habituelle", au sens de l'article 11, paragraphe 1, du règlement n° 2201/2003, afin de déterminer si elle a affaire à un "non-retour illicite", dans une situation […] dans laquelle un enfant est né et a séjourné de manière

[1] CJUE, 8 juin 2017, 5e ch., n° C-111/17 PPU : *RCDIP* 2018, p. 115, comm. Ch. CHALAS.
[2] *Ibid.*
[3] *Ibid.*, §16 et 17.

ininterrompue avec sa mère pendant plusieurs mois, conformément à la volonté commune de ses parents, dans un État membre autre que celui où ces derniers avaient leur résidence habituelle avant sa naissance. Dans ce cadre, la juridiction de renvoi demande si, dans une telle situation, l'intention initiale des parents quant au retour de la mère accompagnée de l'enfant dans ce dernier État membre est un facteur prépondérant pour considérer que cet enfant y a sa "résidence habituelle", au sens de ce règlement, indépendamment du fait qu'il n'ait jamais été physiquement présent dans ledit État membre »[1].

Avant de répondre à la question qui lui est posée, la Cour relève que « bien que la juridiction de renvoi évoque, dans sa question, tant un "nouveau-né" qu'un "nourrisson", force est de constater que, dans la mesure où immédiatement avant le non-retour allégué, à savoir au mois de juin 2016, cet enfant était déjà âgé de cinq mois, l'affaire au principal concerne un nourrisson »[2]. La distinction entre nouveau-né et nourrisson est alors une différence d'âge.

La Cour ne donne pas plus de précision concernant un éventuel critère d'âge qui permettrait de distinguer le nouveau-né du nourrisson. Elle relève néanmoins un point commun aux deux situations, les classant dans la catégorie des « enfants en bas âge », concernant la détermination de la résidence habituelle : « s'agissant particulièrement des nouveau-nés et des nourrissons, les facteurs permettant d'ordinaire de déterminer la résidence habituelle perdraient leur pertinence en raison de la dépendance totale de ces enfants en bas âge à l'égard des personnes qui en ont la garde »[3]. Elle conclut finalement que la résidence habituelle d'un nourrisson ne peut pas être déterminée uniquement selon « l'intention initiale des parents quant au retour de la mère »[4], mais qu'il convient de déterminer le « lieu qui traduit une certaine intégration [de l'enfant] dans un environnement social et familial »[5]. Ainsi, concernant le nourrisson, au vu de sa particulière dépendance vis-à-vis de la personne qui en assume la « garde »[6], « son environnement est essentiellement familial, déterminé par la personne ou les personnes de référence avec lesquelles il vit, qui le gardent effectivement et prennent soin de lui, et qu'il partage nécessairement

---

[1] *Ibid.*, §35.
[2] *Ibid.*, §32.
[3] *Ibid.*, §23.
[4] *Ibid.*, §71.
[5] *Ibid.*, §42.
[6] Terme employé par la Cour.

l'environnement social et familial de cette personne ou de ces personnes »[1].

**142.** La distinction entre nouveau-né et nourrisson traduirait donc une différence *de degré* de dépendance de l'enfant à l'égard de la personne qui en a la « garde ». Cette intuition est confirmée par un autre arrêt, du 22 décembre 2010[2], dans lequel elle avait déjà eu à statuer sur la question de la résidence habituelle d'un nourrisson, mais sans s'intéresser au nouveau-né : « l'environnement social et familial de l'enfant, essentiel pour la détermination du lieu de sa résidence habituelle, est composé de différents facteurs variant en fonction de l'âge de l'enfant. Ainsi, les facteurs à prendre en considération dans le cas d'un enfant en âge scolaire diffèrent de ceux qu'il y a lieu de retenir s'agissant d'un mineur ayant terminé ses études ou encore de ceux qui sont pertinents en ce qui concerne un nourrisson »[3]. La Cour utilise ici la notion de nourrisson pour insister sur un degré, l'âge n'ayant pas réellement d'incidence dans l'*acquisition de droits*, ou du moins ne traduisant pas un changement d'état, comme c'est le cas en droit français quand le mineur accède à la majorité à l'occasion de son dix-huitième anniversaire. Cela est dû notamment au fait que la notion de résidence habituelle, contrairement à celle de domicile, est une notion de fait[4]. Dès lors, dire qu'un enfant est un nourrisson n'a pas de grande incidence sur son statut, du moins du point de vue du droit européen, mais plutôt sur l'appréciation du lieu de résidence habituelle.

**143.** La Cour de cassation a été saisie d'un pourvoi, sur le même fondement[5], tendant à faire infirmer un arrêt qui reconnaissait l'existence d'un enlèvement de nourrisson[6]. Elle rappelle les éléments de fait qui doivent être pris en compte dans la détermination de la résidence habituelle d'un nourrisson, mais sans définir ce qu'il faut entendre par « nourrisson »[7]. Elle considère, notamment, considérant

---

[1] CJUE, 8 juin 2017, *op. cit.*, §45.

[2] CJUE, 22 déc. 2010, 1e ch., nº C-497/10 PPU, *Barbara Mercredi c. Richard Chaffe*.

[3] *Ibid.*, §53.

[4] Y. BUFFELAN-LANORE, « Domicile, demeure et logement familial », *in Rép. civ.*, 2019, Dalloz, §6 ; P. HAMMJE, « Domicile », *in Rép. dr. international*, 2013 Dalloz, §18.

[5] Les art. 3 et 4 de la Convention de La Haye du 5 oct. 1980 sur les aspects civils de l'enlèvement international d'enfants.

[6] Cass. 1re civ., 12 juin 2020, nº 19-24.108 : *D.* 2020. chron. C. cass. 2190, obs. R. LE COTTY ; *AJ fam.* 2020. 423, obs. A. BOICHÉ ; *D. actu* 20 juill. 2020, obs. F. MÉLIN.

[7] « Lorsque l'enfant est un nourrisson, son environnement est essentiellement familial, déterminé par la personne ou les personnes de référence avec lesquelles il vit, qui le

l'intention préalable des parents du nourrisson, que « [c]ette intention initiale ne saurait être la considération prépondérante, en application d'une règle générale et abstraite selon laquelle la résidence habituelle d'un nourrisson serait nécessairement celle de ses parents ».

Toutefois, les contours de cette règle générale et abstraite sont difficiles à saisir. Il est notamment difficile de dire si elle est applicable à un enfant nouveau-né. La Cour de cassation casse la décision des juges du fond, en considérant qu'ils auraient dû rechercher « si, **au regard du très jeune âge de l'enfant et de la circonstance qu'il était arrivé à l'âge d'un mois en France**[1] et y avait séjourné de manière ininterrompue depuis lors avec sa mère, son environnement social et familial et, par suite, le centre de sa vie, ne s'y trouvait pas, nonobstant l'intention initiale des parents quant au retour de la mère, accompagnée de l'enfant, en Grèce après son séjour en France ».

Les éléments liés à l'âge de l'enfant dans la motivation de l'arrêt permettent d'affirmer que l'enfant est effectivement un nourrisson, même si la Cour de cassation ne pose pas formellement la question. Pour autant, la seule affirmation que l'enfant est très jeune n'est pas suffisante pour différencier le nourrisson du nouveau-né. Si l'enfant était âgé d'un mois lorsqu'il est arrivé en France, jusqu'à quel âge l'enfant est-il considéré comme un nourrisson ? Si l'enfant était âgé de moins d'un mois, serait-il toujours un nourrisson, ou est-il encore un nouveau-né ? La Cour de cassation ne répond pas à cette question, pas plus que la CJUE. La seule conclusion possible, au regard de la jurisprudence de la Cour de cassation et celle de la CJUE, c'est qu'entre un et cinq mois, l'enfant est un nourrisson.

**144.** Il serait intéressant que les juges statuent sur le non-retour d'un nouveau-né. Est-il possible de déterminer la résidence habituelle d'un nouveau-né ? Tant que le nouveau-né n'est pas identifié par un acte de naissance et n'est donc pas rattaché juridiquement à des parents[2], la

---

gardent effectivement et prennent soin de lui, et il partage nécessairement l'environnement social et familial de cette personne ou de ces personnes. En conséquence, lorsque, comme dans la présente espèce, un nourrisson est effectivement gardé par sa mère, dans un État membre différent de celui où réside habituellement le père, il convient de prendre en compte notamment, d'une part, la durée, la régularité, les conditions et les raisons du séjour de celle-ci sur le territoire du premier État membre, d'autre part, les origines géographiques et familiales de la mère ainsi que les rapports familiaux et sociaux entretenus par celle-ci et l'enfant dans le même État membre ».

[1] C'est nous qui soulignons.

[2] *Cf. infra*, n^os^ 362 et s.

résidence habituelle des parents n'est pas un élément qui pourrait être pris en compte. L'adjectif « habituelle » risque également de poser difficulté : comment déterminer un quelconque prolongement de la résidence dans le temps pour un enfant dont l'existence commence tout juste ? Les juges ne semblent pas prêts à retenir une définition large de la notion de nouveau-né, puisqu'au bout d'un mois, l'enfant est déjà un nourrisson. Par ailleurs, l'article 11 du règlement ayant fait l'objet de la question préjudicielle prévoit dans son quatrième alinéa que « [s]ans préjudice du premier alinéa, la juridiction rend sa décision, sauf si cela s'avère impossible en raison de circonstances exceptionnelles, six semaines au plus tard après sa saisine ». La saisine d'une juridiction concernant un nouveau-né risque donc d'être fort rare, selon le délai durant lequel le parent demandeur saisit le juge, et celui dans lequel le juge statue.

## B. *Une distinction d'une faible utilité*

**145.** En dehors de la question relative à la notion de résidence habituelle en droit européen, la distinction entre nourrisson et nouveau-né – toujours en dehors du droit médical – n'a pas réellement attiré l'attention de la doctrine, et semble présenter assez peu d'intérêt en droit positif. Alors que le juge utilise le terme de nouveau-né, certains auteurs n'hésitent pas à lui substituer le terme de nourrisson, voire de « poupon »[1], notamment en commentant l'affaire *Reklos et Davourlis c. Grèce*[2] : la CEDH statuait sur le droit au respect de la vie privée d'un « nouveau-né » juste après l'accouchement, et notamment son droit à l'image, puisque des photos de lui avaient été prises, sans pour autant se référer à un quelconque « nourrisson ».

**146.** Autre exemple, concernant un arrêt rendu par la Cour de cassation[3] sur une question de non-retour d'enfant, similaire à celles

---

[1] J. HAUSER, « L'enfant ou l'enfance ? Le droit à l'image », *D.* 2010, p. 214 (l'auteur utilise une formule telle que « le droit à l'image du nourrisson » et utilise d'autres termes apparemment synonymes tels que « bambin » ou « bébé ») ; J.-P. MARGUÉNAUD, « L'image du poupon », *RTD Civ.* 2009, p. 283 (là encore une référence au « poupon », et le terme « nourrisson » figure parmi les mots-clés à la fin de l'article).

[2] CEDH, 1e sect., 15 janv. 2009, nº 1234/05, *Reklos et Davourlis c. Grèce*.

[3] Cass. 1re civ., 26 oct. 2011, nº 10-19.905 : *Bull. civ. I, nº 178* ; *D.* 2011. 2656 ; *AJ fam.* 2011. 616, obs. A. BOICHÉ ; *Rev. crit. DIP* 2012. 599, note E. GALLANT ; *RTD eur.* 2012. 524, obs. A. PANET et C. CORSO.

qu'a connues la CJUE : une états-unienne, enceinte, vient en France pour voir son père mourant, avec sa fille qui a toujours vécu aux États-Unis. Après le décès de son père, elle met au monde son deuxième enfant en France le 10 février 2008. Le 13 mars 2008, soit plus d'un mois après l'accouchement – l'enfant était donc déjà un nourrisson, il n'était donc plus un nouveau-né –, le père qui est demeuré aux États-Unis saisit l'autorité centrale américaine d'une demande de retour de ses enfants. La cour d'appel de Lyon, par un arrêt du 9 décembre 2008, fait droit à la demande du père, et la mère forme un pourvoi en cassation.

La Cour de cassation a donc dû, comme la CJUE dans les arrêts déjà étudiés, déterminer quelle était la résidence habituelle des enfants. Pour répondre à cette question, elle n'utilise ni la notion de nouveau-né, ni celle de nourrisson : « Mme X... et M. Y... disposaient tous deux du plein et entier exercice de la responsabilité parentale et avaient leur résidence habituelle aux États-Unis dans l'État du Michigan, ensuite que cette résidence n'avait pas changé du seul fait de la naissance d'Arthur en France et de la volonté unilatérale de sa mère d'y demeurer, enfin, que le père n'avait pas autorisé son épouse à s'installer avec ses enfants sur le territoire français mais avait seulement consenti à un déplacement ponctuel limité dans le temps ; qu'elle en a justement déduit que le non-retour des enfants était illicite, en application de l'article 3 de la Convention de la Haye du 25 octobre 1980 sur les aspects civils de l'enlèvement international d'enfants ; qu'ayant en outre relevé que les deux parents étaient en mesure de prodiguer aux enfants une éducation et des conditions de vie décentes, et que la mère ne pouvait se prévaloir d'aucun danger pour ses enfants alors même qu'elle les avait, de son fait, placés en danger affectif et moral en les éloignant de leur père […] ».

Les faits sont plus complexes que ceux étudiés par la CJUE, notamment en raison de la naissance antérieure d'un enfant aux États-Unis, qui devait donc y avoir sa résidence habituelle. C'est probablement ce qui permet d'expliquer que la Cour de cassation se soit fondée sur l'intention initiale des parents pour déterminer la résidence habituelle du cadet, né en France, alors que la CJUE l'avait justement écartée. Ainsi, pour pallier l'absence de résidence habituelle de l'enfant en très bas âge, la Cour se réfère à la résidence habituelle des autres enfants de la fratrie.

Il est intéressant de noter que là encore, la doctrine utilise indifféremment les notions de nouveau-né et de nourrisson : un auteur commente cet arrêt en notant que « la résidence habituelle des parents demeurait dans le Michigan et la mère ne pouvait se maintenir en France avec son nouveau-né contre la volonté du père ; partant, la naissance dans un État ne confère pas au nouveau-né automatiquement une résidence habituelle dans cet État »[1]. Il fait d'ailleurs un parallèle avec l'arrêt *Mercredi c. Chaffe* rendu par la CJUE, qui concerne un nourrisson et non un nouveau-né. Cette confusion n'est pourtant faite ni par la Cour de cassation, ni par la CJUE.

**147.** Alors que les juges européens semblent distinguer les deux notions, aucun critère évident ne permet de tracer une frontière entre les deux. La doctrine, de plus, les utilise d'une manière totalement indifférente, là où le juge ne semblait pourtant pas les confondre. Une clarification en droit de l'Union européenne paraît souhaitable, parce que si la CJUE opère une distinction, l'appréciation factuelle de la notion de résidence habituelle semble pouvoir changer. Cet obstacle n'est cependant pas incontournable, puisque la distinction entre nouveau-né et nourrisson semble être une distinction de degré et non de nature, il suffirait alors de se fonder sur l'âge de l'enfant pour déterminer sa résidence habituelle. Le manque de clarté dans les qualifications juridiques de nouveau-né et de nourrisson, même si elle est fâcheuse, a donc peu de conséquences *en droit civil*[2].

### §2. Les critères de définition du nouveau-né au sein de la catégorie des mineurs

**148.** Même si l'infanticide n'est plus réprimé par le Code pénal, les définitions qui ont été données du nouveau-né par la doctrine pourraient éclairer le lien que la notion entretient avec le domaine des actes de l'état civil, et contribuer à préciser ses critères de définition telle qu'elle existe encore en droit positif : le nouveau-né est un enfant dont la naissance n'a pas encore été déclarée (A) mais peut encore l'être (B).

[1] A. Boiché, « La Cour de cassation admet la possibilité d'un déplacement illicite *in utero* », *AJ fam.* 2011, p. 616.

[2] Il en va différemment en matière médicale : *cf. infra*, n° 184.

### *A. Le nouveau-né, enfant dont la naissance n'a pas encore été déclarée*

**149.** La notion de nouveau-né est intrinsèquement liée au domaine des actes de l'état civil, et même plus précisément aux règles encadrant l'établissement de l'acte de naissance. Ce lien entre nouveau-né et acte de naissance peut être éclairé grâce au droit pénal, qui réprimait, jusqu'en 1994, l'infanticide. L'ancien article 300 du Code pénal, abrogé par la loi du 16 décembre 1992[1], disposait que « [l]'infanticide est le meurtre ou l'assassinat d'un enfant nouveau-né ».

La doctrine pénaliste s'était donc interrogée sur le sens de la notion de nouveau-né, le principe d'interprétation stricte de la loi pénale imposant des définitions précises. Dans les *Pandectes françaises*, le nouveau-né est défini comme « l'enfant qui, au moment où il entre dans la vie, ne participe point encore aux garanties communes, et par la facilité qu'a le coupable d'effacer jusqu'aux traces de sa naissance ». Les auteurs en concluent que « le meurtre de l'enfant commis après l'expiration des trois jours accordés par la loi pour l'inscription de la naissance sur les registres de l'état civil, ou bien après l'inscription opérée avant l'expiration du délai légal, ne constitue pas un infanticide »[2]. La qualification d'infanticide et donc, *a fortiori*, de nouveau-né, était donc attachée non seulement à la déclaration de la naissance, mais également à l'écoulement du délai pour la déclarer, alors de trois jours.

Cette définition était partagée par CHAUVEAU et FAUSTIN : « [i]l n'y a plus infanticide, il y a meurtre, dès que la naissance est légalement constatée, ou du moins que les délais requis par la loi pour cette constatation sont expirés. La naissance est alors censée connue ; la protection de la loi qui environne tous les membres de la cité veille sur l'enfant. »[3].

Cette définition n'était cependant pas approuvée unanimement : en attestent ces propos de GARRAUD, qui écrit que « si la notoriété de la naissance n'est pas démontrée ; il peut y avoir encore infanticide, même

---

[1] L. n° 92-1336 du 16 déc. 1992 relative à l'entrée en vigueur du nouveau code pénal et à la modification de certaines dispositions de droit pénal et de procédure pénal rendue nécessaire par cette entrée en vigueur.

[2] RIVIÈRE (dir.), *Pandectes françaises : nouveau répertoire de doctrine, de législation et de jurisprudence*, *op. cit.*, p. 96 et s.

[3] A. CHAUVEAU, H. FAUSTIN, *Théorie du Code pénal*, *op. cit.*, p. 401 et s.

après l'expiration de ce délai. Il est donc difficile de fixer un terme précis après lequel le meurtre d'un enfant non déclaré ne serait plus qualifié d'infanticide. La loi ne l'a pas fait, parce qu'elle ne pouvait le faire ; et il est impossible, dans son silence, de poser une règle inflexible »[1]. L'auteur se fondait donc sur une conception plus souple de la clandestinité, mais néanmoins moins objective, et donc plus difficile à caractériser.

**150.** Il semble donc que ce soit la première conception qui ait survécu jusqu'à l'abrogation de l'ancien Code pénal, et avec elle la disparition de l'infanticide[2]. Cette définition du nouveau-né comme un enfant dont la naissance n'a pas encore été déclarée concorde parfaitement avec le droit positif : l'article 58 du Code civil impose de dresser un acte tenant lieu d'acte de naissance pour un enfant nouveau-né trouvé, c'est-à-dire pour un enfant dont on suppose que sa naissance n'a pas encore été déclarée. En outre, contrairement à l'enfant sans vie, la naissance d'un nouveau-né est constatée par un acte de naissance[3] ; ainsi, une fois l'acte de naissance dressé, l'enfant n'est plus un nouveau-né : une fois la naissance déclarée, quand bien même le délai prévu pour la déclaration n'est pas écoulé, l'existence de l'enfant est connue de l'État, et des tiers. Il convient maintenant de se demander si un enfant dont la naissance n'a pas été déclarée dans le délai prévu par la loi peut toujours être qualifié de nouveau-né.

### *B. Le nouveau-né, enfant dont la naissance peut encore être déclarée*

**151.** Le chapitre précédent[4] a permis de déterminer quelques critères de définition, de distinction, de la notion de nouveau-né dans le langage juridique : le nouveau-né est un enfant vivant et viable, et il devient un nouveau-né une fois l'accouchement achevé. Il reste néanmoins à définir jusqu'à quel âge, ou jusqu'à quel événement, l'enfant peut être qualifié ainsi. Le Code civil ne contient aucune référence au nouveau-né, si ce n'est à l'article 58, dont le premier alinéa pose une règle

---

[1] R. GARRAUD, *Traité théorique et pratique du droit pénal français*, *op. cit.*, p. 198.

[2] V. en ce sens : C. NEIRINCK, *La protection de la personne de l'enfant contre ses parents*, 1984, LGDJ, coll. « Bibliothèque de droit privé », p. 107 et s., spéc. nº 116, p. 109.

[3] *Cf. supra*, nºs 34 et s.

[4] *Cf. supra*, nºs 33 et s.

spéciale de déclaration de naissance : « Toute personne qui aura trouvé un enfant nouveau-né est tenue d'en faire la déclaration à l'officier de l'état civil du lieu de la découverte […] ». La date de l'accouchement détermine le point de départ du délai pour déclarer la naissance. Tant que ce délai n'est pas écoulé, l'acte de naissance est dressé par l'officier de l'état civil sur une simple déclaration ; au-delà de ce délai, « l'officier de l'état civil ne peut la relater sur ses registres qu'en vertu d'un jugement rendu par le tribunal de l'arrondissement dans lequel est né l'enfant […] »[1]. Un tel jugement n'a pas à être rendu concernant un enfant nouveau-né trouvé : il lui est dressé « un acte tenant lieu d'acte de naissance »[2]. Cela signifie-t-il que le délai de déclaration n'est pas écoulé ? La date de la naissance est inconnue, il est donc impossible de le dire avec précision. Par conséquent, il semble que l'article 58 du Code civil permette à l'officier de l'état civil de *présumer* que l'enfant est né moins de cinq jours avant d'être trouvé, sinon il ne pourrait pas dresser un acte tenant lieu d'acte de naissance.

De plus, « [l]e sens littéral de l'expression [nouveau-né] commande toutefois qu'elle s'applique à une période restant voisine de la naissance, qui ne saurait donc excéder quelques semaines »[3]. Monsieur FAVIER semble corroborer cette idée de présomption en affirmant que le nouveau-né de l'article 58 est « un enfant paraissant âgé de moins d'un an »[4], par l'utilisation du verbe « paraître », les présomptions reposant justement sur des apparences[5] : de l'apparence de l'enfant, il est possible de déduire la date de sa naissance[6]. Il ne peut s'agir que d'une présomption simple, qui peut être renversée par la preuve que l'enfant était âgé de plus de cinq jours au moment de sa découverte. La seule preuve valable sera dans ce cas l'acte de naissance originel, dans l'hypothèse où il en existe un.

---

[1] C. civ., art. 55, al. 3.

[2] C. civ., art. 58, al. 3.

[3] G. LAUNOY, « Actes de l'état civil. Actes de naissance. Acte de naissance des enfants trouvés. Enfants trouvés et pupilles de l'État », *op. cit.*, §4.

[4] Y. FAVIER, « Actes de l'état civil », *op. cit.*, §102 (l'auteur n'explique cependant pas cette limite d'un an au-delà de laquelle l'enfant n'est plus un nouveau-né, probablement parce que s'il est plus âgé, il est difficile de présumer qu'il vient de naître) ; v. dans le même sens : X. LABBÉE, « L'amnésique », *D.* 1997, p. 29 : « l'officier de l'état civil ne peut donner qu'aux nouveau-nés, c'est-à-dire aux enfants dont l'âge apparent est inférieur à un an ».

[5] *Cf. supra*, n^os^ 127 et s.

[6] A. MARAIS, « L'apparence de la personne », *op. cit.*

Un « nouveau-né » serait donc, au sens de l'article 58 du Code civil, un enfant *présumé* âgé de moins de cinq jours. Un enfant âgé de plus de cinq jours n'est donc pas un nouveau-né, quand bien même sa naissance n'aurait pas été déclarée.

**152.** Cependant, le délai de cinq jours prévu par l'article 55 du Code civil doit être nuancé. La loi prévoit en effet des délais de déclaration de la naissance spéciaux. À titre d'illustration, la Cour de cassation a eu à statuer, le 17 décembre 2008, sur l'état d'un Français né en Inde[1]. Le visa de la décision se fonde sur l'article 2 du décret du 24 avril 1880 portant organisation de l'état civil des natifs dans les établissements français de l'Inde, qui dispose que « la déclaration de naissance d'un enfant né dans les possessions anglaises de l'Inde, de parents français domiciliés dans les Établissements français de l'Inde, devra être faite par le père ou la mère, **dans les huit jours qui suivront l'arrivée du nouveau-né**[2] sur le sol des possessions françaises **si leur retour a lieu dans l'année de naissance**[3]. La naissance d'un enfant né de parents français en pays étranger pourra toujours être inscrite sur les registres de l'état civil lorsqu'elle sera constatée par des certificats émanant des autorités compétentes du lieu de naissance ». L'enfant est qualifié de nouveau-né dans le cas où sa naissance n'a pas encore été déclarée. Néanmoins, ce décret qualifie de nouveau-nés des enfants âgés de plus de cinq jours, et même âgés de moins d'un an, et ce jusqu'au terme des huit jours suivant leur retour en France, l'enfermant ainsi dans un double délai.

Cette définition est tout à fait logique, puisque le critère de définition du nouveau-né s'appuyant anciennement sur le délai de trois jours, aujourd'hui de cinq jours, est fixé selon les délais prévus pour déclarer la naissance. Ainsi, quand la loi prévoit un délai dérogeant au droit commun, la définition du nouveau-né doit être adaptée.

**153.** Le deuxième alinéa de l'article 55 prévoit que « [p]ar dérogation, ce délai est porté à huit jours lorsque l'éloignement entre le lieu de naissance et le lieu où se situe l'officier de l'état civil le justifie. Un décret en Conseil d'État détermine les communes où le présent alinéa s'applique » ; l'article 2 du décret n° 2017-278 du 2 mars 2017 dispose que « [l]e délai de cinq jours fixé à l'article 55 du code civil pour faire les déclarations de naissance est porté à huit jours dans le

---

[1] Cass. 1re civ., 17 déc. 2008, n° 07-20.293 : *Bull. civ. I, n° 288* ; *Rev. crit. DIP* 2009. 740, note C. Bidaud-Garon.

[2] C'est nous qui soulignons.

[3] C'est nous qui soulignons.

département de Guyane, pour les communes d'Apatou, d'Awala-Yalimapo, de Camopi, de Grand Santi, d'Iracoubo, de Mana, de Maripasoula, d'Ouanary, de Papaïchton, de Régina, de Saint-Élie, de Saint-Georges, de Saint-Laurent du Maroni, de Saül et de Sinnamary » ; l'enfant, dans ces communes-là, doit donc être considéré comme nouveau-né tant que sa naissance n'a pas été déclarée, dans la limite d'un délai de huit jours après sa naissance.

Le dernier alinéa de l'article 55 du Code civil dispose qu'« [e]n pays étranger, les déclarations aux agents diplomatiques ou consulaires sont faites dans les quinze jours de l'accouchement. Toutefois, ce délai peut être prolongé par décret dans certaines circonscriptions consulaires » : le raisonnement est alors le même, l'enfant né à l'étranger est considéré comme un nouveau-né tant que sa naissance n'a pas été déclarée aux agents diplomatiques ou consulaires, dans la limite des quinze jours de l'accouchement.

La définition variera de la même façon pour le cas des naissances pendant un voyage maritime, pour lesquelles un délai de trois jours est prévu[1], ou aux armées, pour lesquelles un délai de dix jours est prévu[2]. La définition du nouveau-né est donc susceptible de varier selon le lieu de la naissance, en même temps que varie le délai de déclaration de la naissance.

**154.** La définition de la notion de nouveau-né est également susceptible de varier selon l'époque de la naissance. En effet, certaines circonstances spéciales peuvent justifier que le délai de déclaration de la naissance puisse être reporté. C'est le cas de celles survenues pendant la période de « mai 1968 »[3] : le législateur avait alors prévu que « [l]orsqu'une naissance survenue entre le 10 mai 1968 et le 1er juillet 1968 inclus n'a pas pu être déclarée dans le délai visé à l'alinéa 1er de l'article 55 du code civil, le procureur de la République pourra décider qu'elle sera néanmoins relatée sur les registres de l'état civil ». Si la naissance est relatée sur les registres de l'état civil sans qu'une déclaration judiciaire de naissance soit nécessaire, il faut se demander si, malgré l'écoulement du délai prévu pour déclarer la naissance, les enfants en question sont toujours des nouveau-nés.

Le texte ne fixe pas de délai au-delà duquel la naissance ne peut plus être déclarée sur seule décision du procureur de la République, ce qui

---

[1] C. civ., art. 59.
[2] C. civ., art. 93 al. 4.
[3] L. n° 68-696, 31 juill. 1968, art. 9 : *JO* 2 août rect. 14 août 1968 ; *JCP G* 1968, III, 34529 ; *Gaz. Pal.* 1968, 2, législ. p. 491.

laisse penser que ce texte est toujours en vigueur[1]. Toutefois, la loi prévoit une période allant jusqu'au 1er juillet 1968 au cours de laquelle le législateur a voulu excuser l'absence de déclaration de naissance. Si ces naissances n'ont pas été déclarées dans les jours, voire dans les semaines suivant le 1er juillet, la situation est nécessairement de nature à éveiller la suspicion. Ainsi, si le procureur de la République *peut* décider de néanmoins relater la naissance sur les registres de l'état civil, il peut décider le contraire. Une déclaration judiciaire de la naissance est alors nécessaire, l'enfant n'est donc plus, dans ce cas, un nouveau-né.

Par ailleurs, les naissances survenues au cours de cette période n'ont pas pu faire l'objet d'une simple déclaration de la naissance. Le texte prévoit en effet que l'établissement ultérieur de l'acte n'était possible que si le procureur le « décide », ce qui signifie que contrairement à une déclaration de naissance de droit commun, celle-ci est susceptible de faire l'objet d'un contrôle. Le verbe « décider » ne doit toutefois pas être entendu ici dans le sens d'un pouvoir de rendre une décision de justice ; il s'agit plutôt du rôle de contrôle de l'état civil du procureur de la République, rôle purement administratif et extrajudiciaire[2]. Cette procédure au cours de laquelle le procureur de la République doit décider que la naissance peut être inscrite sur les registres de l'état civil, et ce sans déclaration judiciaire de naissance, est absolument unique et pose la question du statut de l'enfant : est-ce toujours un nouveau-né ?

La nécessité d'une décision administrative, qui permet de supposer un contrôle du procureur de la République, ressemble fortement au contrôle exercé par le juge en cas de déclaration judiciaire de naissance[3]. La loi ne proroge pas le délai de déclaration de la naissance ; elle prévoit une formalité simplifiée pour établir l'acte de naissance alors que le délai est écoulé, substituant une décision administrative à une décision de justice. Ainsi, quand bien même le législateur tient compte de la situation particulière que la France a connue en 1968 pour excuser des déclarations tardives, le délai de déclaration de naissance était tout de même écoulé. L'enfant dont la naissance doit être déclarée dans cette situation n'est donc déjà plus un nouveau-né.

Le délai de déclaration de la naissance a également été aménagé dans des circonstances d'état d'urgence sanitaire.

---

[1] G. Launoy, « Actes de l'état civil. - Déclaration de naissance », *op. cit.*, §23.

[2] J. Carbonnier, *Droit civil*, *op. cit.*, n° 96, p. 175.

[3] C. civ., art. 55, al. 3.

**155.** Le délai de déclaration de la naissance a été modifié en raison de l'état d'urgence sanitaire en 2020, selon un mode de calcul relativement complexe[1] : ainsi, pour les enfants dont le délai de déclaration de la naissance expirait entre le 12 mars 2020 et le 23 juin 2020 inclus, et nés avant le 24 mai 2020[2], le législateur a prévu une prorogation automatique du délai à compter du 23 juin 2020[3], dans la limite de deux mois après l'expiration normale du délai. Ainsi, un enfant dont la naissance aurait dû être déclarée le 12 mars 2020 au plus tard est considéré comme un nouveau-né jusqu'au 12 mai 2020[4], en raison de la limite de deux mois.

Pour un autre enfant né en France le 23 mai 2020, le délai de déclaration est en principe de cinq jours, conformément à l'article 55 du Code civil ; son point de départ étant reporté au 24 juin 2020, la naissance peut donc être déclarée jusqu'au 29 juin 2020, le 28 étant un dimanche[5]. Un enfant né dans cette situation peut donc être considéré comme un nouveau-né entre le 22 mai 2020 et le 29 juin 2020, sauf si sa naissance est déclarée avant, puisque c'est le délai au cours duquel l'acte de naissance peut être établi sur la seule foi d'une déclaration.

En revanche, un enfant né en France un jour après, soit le 24 mai 2020, sera un nouveau-né pendant cinq jours, sauf si sa naissance est déclarée avant, puisque le délai de déclaration n'est pas prorogé[6].

Alors qu'en 1968 le législateur avait prévu un contrôle administratif des déclarations de naissances tardives, se substituant au contrôle

---

[1] Ordonnance n° 2020-306 du 25 mars 2020 relative à la prorogation des délais échus pendant la période d'urgence sanitaire et à l'adaptation des procédures pendant cette même période, modifiée par l'ordonnance n° 2020-560 du 13 mai 2020 fixant les délais applicables à diverses procédures pendant la période d'urgence sanitaire ; « État civil pendant le déconfinement », *AJ fam.* 2020, p. 327.

[2] Ordonnance n° 2020-306 du 25 mars 2020, art. 1, II, 12°.

[3] *Ibid.*, art. 2, al. 1er : « Tout[e] […] déclaration […] prescrit[e] par la loi ou le règlement à peine de […] prescription […] et qui aurait dû être accompli[e] pendant la période mentionnée à l'article 1er sera réputé[e] avoir été fait[e] à temps [si elle] a été effectué[e] dans un délai qui ne peut excéder, à compter de la fin de cette période, le délai légalement imparti pour agir, dans la limite de deux mois ».

[4] Sauf si la naissance est déclarée avant.

[5] D. n° 2017-278 du 2 mars 2017 relatif au délai de déclaration de naissance, art. 1er : « Le jour de l'accouchement n'est pas compté dans le délai de déclaration de naissance. / Lorsque le dernier jour du délai est un samedi, un dimanche, un jour férié ou chômé, ce délai est prorogé jusqu'au premier jour ouvrable suivant ».

[6] L'ordonnance n° 2020-306 du 25 mars 2020 n'est en effet pas applicable aux « délais pour l'établissement des actes de l'état civil relatant des événements survenus à compter du 24 mai 2020 », c'est donc le cas des actes de naissance.

judiciaire, il a prévu un mécanisme différent pour la Covid-19 : la prorogation du délai de la déclaration. Les déclarations excédant le délai prévu par le Code civil, si elles sont faites dans le délai prévu par l'ordonnance du 25 mars 2020, ne sont donc pas des déclarations tardives, elles ne sont donc pas susceptibles d'un quelconque contrôle *préalable* qui empêcherait que l'acte soit dressé, qu'il soit administratif ou judiciaire. Dans ce cas, l'enfant est un nouveau-né.

**156.** Les critères retenus permettent d'éclairer la définition du contenu de la notion de nouveau-né. Deux critères principaux, au-delà de la vie et de la viabilité, permettent de définir la spécificité du nouveau-né par rapport à tout autre mineur : son très bas âge – en principe moins d'un an – et le fait que sa naissance, non seulement n'ait pas encore été déclarée, mais également le fait qu'elle puisse encore l'être.

**157.** Autrement dit, si la naissance n'a pas encore été déclarée, et si l'enfant est vivant et viable, cela signifie qu'elle *doit* être déclarée, et ce sur le fondement de l'article 56 du Code civil. Et dans la mesure où le délai de déclaration n'est pas encore écoulé, elle peut encore être déclarée à l'officier de l'état civil, sans qu'il soit nécessaire de recourir au juge. Ainsi, le nouveau-né peut être défini comme un enfant dont la naissance doit être déclarée à l'officier de l'état civil.

## *Conclusion du chapitre II*

**158.** Le nouveau-né est un enfant dont la naissance n'a pas encore été déclarée, et doit l'être. L'obligation de déclarer la naissance du nouveau-né découle de l'article 56 du Code civil. La loi fixe un délai de cinq jours, délai de droit commun, pour déclarer la naissance. Au terme du délai prévu pour déclarer la naissance, l'enfant n'est plus un nouveau-né. Pour ce motif, l'acte de naissance ne peut plus être dressé par une déclaration à l'officier de l'état civil, mais par une déclaration judiciaire de naissance. Le mineur cesse donc d'être un nouveau-né quand sa naissance a été déclarée, ou quand le délai prévu pour déclarer sa naissance est écoulé, parce que son existence est connue.

**159.** C'est au cours de cette période que les conditions d'acquisition de la personnalité juridique sont vérifiées. L'enfant doit en effet être vivant lors de sa naissance. Mais le nouveau-né doit également rester en vie jusqu'à la déclaration de sa naissance, pour qu'un acte de naissance puisse être dressé. En revanche, s'il décède avant la déclaration de sa naissance, l'enfant sera considéré comme non viable, et un acte d'enfant sans vie sera dressé. Par conséquent, le nouveau-né, contrairement à l'enfant sans vie, est un enfant né vivant *et* viable. Il est donc titulaire de la personnalité juridique.

# CONCLUSION DU TITRE I
# LA DÉFINITION DE LA NOTION JURIDIQUE DE NOUVEAU-NÉ

**160.** Dans le langage juridique, le nouveau-né est un enfant né vivant. La condition de viabilité étant difficile à définir, le législateur a prévu que si l'enfant reste en vie jusqu'au moment de la déclaration de sa naissance, il doit être considéré comme viable. La viabilité du nouveau-né étant incertaine, il doit donc être *présumé* viable, la présomption reposant sur le fait qu'il est demeuré en vie jusqu'à la déclaration de sa naissance. Sa personnalité juridique est donc présumée, contrairement à l'enfant sans vie, dépourvu de personnalité juridique.

Le nouveau-né se différencie également de l'enfant à naître par la borne temporelle de la naissance. Pour qu'un enfant soit considéré comme né, il faut qu'il ait respiré de façon autonome, par ses propres poumons : ce moment se manifeste par son premier cri. Sa vie autonome est protégée par le droit pénal, au titre de la protection de la vie de la personne humaine, contrairement à l'enfant à naître, même si ce dernier a franchi le seuil de viabilité. Le nouveau-né, distingué de l'enfant sans vie et de l'enfant à naître, semble alors entrer dans la catégorie des personnes, parce qu'il est vivant et viable.

**161.** La définition du nouveau-né en droit positif est un héritage du droit pénal qui réprimait l'infanticide, crime commis sur un enfant dont la naissance n'a pas encore été déclarée. L'enfant cesse donc d'être considéré comme un nouveau-né soit lorsque sa naissance est déclarée, soit lorsque le délai prévu pour déclarer sa naissance est écoulé. En effet, sa naissance étant déclarée, son existence est connue sur la scène juridique. Si sa naissance n'est pas déclarée dans le délai prévu par la loi, la suspicion justifie que l'identité ne puisse plus être établie sur la seule foi d'une déclaration, mais par une décision de justice.

La définition de la notion de nouveau-né est donc une définition juridique, construite par comparaison avec d'autres notions juridiques. Elle se différencie de la définition que la notion reçoit dans le langage courant, comme un enfant qui vient de naître. La notion juridique de nouveau-né obéit à des critères de définition plus précis, et juridiques.

**162.** Cette définition n'est pas sans poser de difficultés, en raison de la place occupée par la viabilité. En effet, cette notion conduit à opérer une sélection à la naissance, au terme de laquelle certains enfants seraient exclus de la catégorie des personnes, alors qu'il est généralement admis que toute personne humaine est titulaire de la personnalité juridique : la notion de viabilité est donc à l'origine d'une incohérence importante. Par ailleurs, elle est très imprécise, ce qui peut être source d'hésitations. Ces hésitations sont difficilement admissibles, au regard de l'enjeu : l'acquisition de la personnalité juridique, et donc l'acquisition de droits.

Les médecins ne différencient pas entre les enfants viables ou non-viables : ils donnent des soins dans les deux cas. Ces soins seront souvent différents : un enfant non-viable est un enfant en fin de vie, qui reçoit des soins palliatifs, alors qu'un enfant viable sera réanimé. Il est également vrai que la médecine et le droit sont deux disciplines différentes : cela explique les différences de définitions. Mais le traitement du nouveau-né par le médecin doit interroger l'importance donnée juridiquement à la notion de viabilité, qui est justement une notion médicale.

La notion juridique de nouveau-né se différencie de la notion médicale de nouveau-né, enfant âgé de moins de vingt-huit jours. Cette notion médicale de nouveau-né semble toutefois présente en droit positif, tout particulièrement dans le contentieux relatif à la prise en charge du nouveau-né lors de l'accouchement. Il n'est donc plus question de l'établissement d'un acte de naissance, de délai de déclaration, mais de droit médical. Le domaine n'étant pas le même, le sens du mot nouveau-né n'est donc probablement plus le même. Ce constat doit donc conduire à envisager, aux côtés de la notion juridique, la coexistence de la notion médicale de nouveau-né en droit positif.

# TITRE II
# LA COEXISTENCE D'UNE NOTION MÉDICALE DE NOUVEAU-NÉ

**163.** La notion juridique de nouveau-né, telle que nous l'avons définie, ne concerne pas toutes les manifestations de la notion en droit positif. Le droit médical contient en effet beaucoup de références à la notion de nouveau-né, sans considération pour le fait que sa naissance ait été déclarée ou non. La première chambre civile de la Cour de cassation a ainsi eu à connaître de la faute du médecin quant à la réalisation du test de Guthrie, dont elle précise qu'il « fait partie de l'examen obligatoire du nouveau-né »[1], pour conclure à la responsabilité du médecin. Selon le Larousse Médical, le test de Guthrie « est systématiquement pratiqué sur le nouveau-né [...] ordinairement [...] après 72 heures de vie »[2]. Pour autant, la naissance de l'enfant peut avoir été déclarée avant l'écoulement de ce délai de soixante-douze heures : dans ce cas, aux yeux du droit civil, l'enfant n'est plus un nouveau-né, selon la définition que nous en avons retenue. Pour autant, si l'on s'en tient à l'énoncé de l'arrêt de la Cour de cassation, le test de Guthrie concerne le nouveau-né.

**164.** L'explication vient du fait que la notion de nouveau-né existe également dans la branche de la médecine, mais son domaine est différent. Le présent travail étant cantonné au droit, il ne nous revient pas de définir une notion relevant du domaine de la médecine. Elle y est, de toute manière, définie avec précision : le nouveau-né est un enfant âgé de moins de vingt-huit jours[3]. Au-delà, c'est un nourrisson. Néanmoins, si la notion médicale de nouveau-né est employée en droit positif, sa coexistence avec la notion juridique doit être étudiée. Il conviendra donc dans un premier temps de démontrer la coexistence d'une notion médicale de nouveau-né en droit positif et de délimiter le champ des notions juridique et médicale de nouveau-né (**Chapitre I**).

---

[1] Cass. 1re civ., 23 juin 1998, nº 96-22.728 : *Bull. civ. I, nº 225* ; *R.*, p. 276.

[2] Site internet Larousse : https://www.larousse.fr/encyclopedie/medical/test_de_Guthrie/13436 (consulté le 20 sept. 2022). – V. dans le même sens : Collège national des pédiatres universitaires, Collège national hospitalier et universitaire de chirurgie pédiatrique, A. BOURRILLON, G. BENOIST, C. DELACOURT, C. GRAS LE GUEN, *Pédiatrie*, 8e éd., 2021, Elsevier Masson, p. 16.

[3] *Dictionnaire de l'Académie nationale de médecine*, en ligne, vº « Nouveau-né ».

Or, la médecine ne distingue pas les nouveau-nés selon leur viabilité : au contraire, le nouveau-né non-viable a besoin de soins particuliers liés à son état de santé. Ainsi, cette polysémie est révélatrice de la caducité de la notion de viabilité comme condition générale d'accès à la personnalité juridique (**Chapitre II**).

# CHAPITRE I
# UNE POLYSÉMIE DÉLIMITÉE

**165.** Il est courant de rencontrer des notions polysémiques dans le discours juridique. Il semble que ce soit le cas de la notion de nouveau-né. Il est nécessaire d'exposer les différents cas de polysémie (Section 1) pour déterminer auquel cas la notion étudiée doit être rattachée (Section 2).

## *Section 1. La notion de polysémie*

**166.** Pour Monsieur SCHMIT, la polysémie serait un « mal » dont les définitions seraient le « remède »[1]. Il convient donc d'exposer les différents cas de polysémie (§1) pour s'interroger sur leur incidence sur la construction des définitions juridiques (§2).

### §1. Les différentes catégories de polysémie en droit

**167.** Le doyen CORNU, dans son manuel de *Linguistique juridique*[2], distingue l'appartenance, ou polysémie externe, de la charge juridique, ou polysémie interne. Concernant l'appartenance, il distingue selon que les notions appartiennent uniquement au domaine juridique ou si elles appartiennent à plusieurs domaines.

Ceux qui appartiennent exclusivement au langage juridique « n'ont de sens qu'au regard du droit. Ils n'ont aucun emploi, même dérivé, en

---

[1] L.-M. SCHMIT, *Les définitions en droit privé*, *op. cit.*, n° 201, p. 279 et s. : « La polysémie est source de confusion pour le vocabulaire juridique : elle est un mal à combattre au regard de la précision du langage du droit. Si certains auteurs ont pu voir dans les définitions le moyen d'éradiquer la polysémie, une telle ambition relève de la gageure. Plus modestement, les définitions offrent d'encadrer la polysémie ». La référence au mot « remède » semble avoir été empruntée à M. BECQUART (J. BECQUART, *Les mots à sens multiples en droit civil français. Contribution au perfectionnement du vocabulaire juridique*, 1928, PUF, p. 265 et s.).

[2] G. CORNU, *Linguistique juridique*, 3e éd., 2005, Montchrestien, coll. « Domat droit privé », p. 62 et s.

dehors du vocabulaire juridique »[1], l'auteur donnant ensuite une liste d'exemples comme « compromissoire », « *exequatur* » ou encore certaines notions propres à la procédure, comme le verbe « interjeter » ou la notion d'« intimé »[2], pour ne citer que ceux qui sont les plus éloquents. La notion de nouveau-né ne peut donc pas être classée parmi les notions appartenant exclusivement au langage juridique, puisqu'elle renferme une notion juridique, mais également une notion médicale, dont le sens est différent et totalement indépendant du langage juridique.

**168.** Pour ce qui est des termes présentant une « double appartenance »[3], l'auteur les définit comme ceux qui, « doté[s] d'un sens juridique soi[en]t aussi pourvu[s] d'un sens extrajuridique ». Il assimile cependant le langage extrajuridique au langage courant, alors qu'un terme peut ne pas avoir de sens juridique particulier, sans pour autant appartenir au langage courant. Le langage médical en fournit un exemple puisque, tout comme le langage juridique, il est en partie incompréhensible pour le profane. Cette double appartenance, que CORNU appelle également « polysémie externe »[4], doit donc également englober les notions qui ont un sens, tant dans le langage juridique que dans tout autre langage extrajuridique. Là encore, l'auteur opère une sous-distinction entre les notions qui ont une appartenance juridique principale, c'est-à-dire ceux « dont il est certain qu'ils ont un sens juridique principal et un sens extrajuridique dérivé »,[5] et les « autres cas de double appartenance »[6]. À cette distinction entre polysémie interne et polysémie externe, M. SCHMIT ajoute une distinction entre polysémie subie et polysémie choisie, laquelle résulterait des jeux de mots des plaideurs devant le juge[7]. Il ne semble pas cependant que définir la notion de nouveau-né comme relevant d'une polysémie subie ou choisie ait une grande incidence sur la construction de la définition.

**169.** À cette distinction, CORNU propose une autre classification entre la « polysémie cohérente »[8] et la « polysémie désordonnée »[9].

---

[1] *Ibid.*, p. 62.
[2] *Ibid.*, p. 63
[3] *Ibid.*, p. 68.
[4] *Ibid.*, p. 69.
[5] *Ibid.*
[6] *Ibid.*, p. 74 et s.
[7] L.-M. SCHMIT, *Les définitions en droit privé*, *op. cit.*, n° 205, p. 283.
[8] G. CORNU, *Linguistique juridique*, *op. cit.*, p. 95 et s.
[9] *Ibid.*, p. 98 et s.

Elle est cohérente lorsque « les multiples sens d'un mot [sont] unis par des *liens apparents* »[1]. Là encore, l'auteur distingue quatre sous-catégories de cas de polysémie cohérente : le cas d'un « rapport de dérivation concentrique », lorsque « la polysémie s'est opérée en cascade, pour recouvrir, successivement, tous les niveaux d'une même réalité. Ce n'est pas l'ordre chronologique d'apparition des sens qui est ici le fait essentiel, mais plutôt l'enveloppement d'ensemble qui en résulte, pour une même réalité centrale »[2] ; il peut également s'agir d'un rapport de complémentarité, lorsqu'« [a]vec ou sans dérivation, les divers sens d'un mot – au moins ses sens principaux – se complètent souvent du fait que chacun saisit l'un des aspects primordiaux sous lesquels on peut regarder une même chose. La polysémie est ici cohérente en ce qu'elle correspond à une décomposition analytique de la notion de référence »[3] ; les sens peuvent également être parallèles et opposés, lorsque « se référant tous à une même notion générique, ils en saisissent des aspects spéciaux qui se trouvent en être des applications comparables ou même antithétiques »[4] ; enfin, ils peuvent entretenir un rapport de sens générique et de sens spécifique, par exemple lorsque le même terme désigne à la fois le genre et l'espèce[5].

**170.** Mais « [l]a pluralité des sens d'un même mot a parfois un aspect chaotique ou foisonnant », c'est la polysémie « désordonnée »[6]. Là encore, l'auteur en distingue quatre. La première sous-catégorie est la « polysémie de juxtaposition », qui concerne la situation dans laquelle les « divers sens sont bien distincts et juxtaposés parce qu'ils désignent – non pas les diverses faces d'une réalité complexe, mais des choses différentes »[7] ; la « polysémie à chevauchement » qui « existe lorsque les divers sens d'un terme se rapportent *grosso modo* à une même réalité, mais sans en découper les facettes distinctes et complémentaires. Le désordre naît ici de la non-concordance, ou de la contradiction, entre des sens qui se recoupent en partie ou se heurtent »[8] ; troisièmement, la « polysémie de raffinement » dans laquelle « [l]a pluralité des sens est parfois le produit d'une

[1] *Ibid.*, p. 95.
[2] *Ibid.*
[3] *Ibid.*, p. 96.
[4] *Ibid.*, p. 97.
[5] *Ibid.*, p. 98.
[6] *Ibid.*
[7] *Ibid.*, p. 98-99.
[8] *Ibid.*, p. 99.

décomposition analytique qui relève de la plus haute subtilité juridique. Tous les sens du mot sont comme les fils d'un écheveau, que l'on peut discerner, lien par lien, qu'en observant les nuances délicates qui les distinguent »[1], en cela elle semble difficile à distinguer, comme nous le verrons, de la polysémie à chevauchement ; enfin, la « polysémie étoilée », quand « les multiples sens d'un mot se déploient généralement en ordre dispersé »[2].

**171.** Faire entrer une notion dans l'un de ces cadres présente un intérêt dans la construction de la définition de la notion de nouveau-né : cet exercice permet de déterminer les critères qui rassemblent les polysèmes, mais également, éventuellement, ceux qui les séparent. Il s'agit en réalité, une nouvelle fois, de distinguer une notion d'une autre notion, qui cependant sont rassemblées sous le même signifiant, ici celui de *nouveau-né*. L'identification de la polysémie doit donc nécessairement avoir une incidence sur la définition de la notion juridique.

## §2. L'incidence de la polysémie sur la construction des définitions

**172.** Il semble inconcevable de tolérer trop d'imprécisions dans le langage juridique. Le choix des mots guidera en effet l'application d'un régime juridique particulier : un mauvais choix aura alors de fâcheuses conséquences. La polysémie engendre nécessairement des difficultés de compréhension, les définitions sont donc d'autant plus précieuses qu'elles permettent de délimiter avec précision non seulement les limites de la notion avec les notions différentes, mais également les limites séparant la notion de ses polysèmes. La polysémie doit-elle être « combattue » par l'usage des définitions ? Pour Monsieur SCHMIT, « l'éradication de la polysémie fait doublement appel aux définitions : en amont, pour identifier les divers sens des termes polysémiques ; en aval, pour consacrer en annexe des lois le sens unique des termes préexistants et des néologismes. Elle paraît cependant inopportune : un encadrement de la polysémie doit lui être préféré », pour poursuivre que la polysémie « est un "*état profond et rayonnant, enraciné un peu partout dans le champ du vocabulaire juridique*" : vouloir l'en arracher

[1] *Ibid.*, p. 100.
[2] *Ibid.*

relèverait d'un "*rêve chimérique*" confinant au mythe »[1]. À défaut de l'éradiquer, l'auteur propose donc de l'encadrer : « la définition constitue un moyen d'encadrement de la polysémie : elle dévoile les sens multiples et permet de les sélectionner, tendant avec une intensité variable à l'unité et à la stabilité du sens »[2].

**173.** La polysémie implique donc, pour celui qui aspire à proposer la définition d'une notion, d'opérer des choix : les deux sens – voire plus – peuvent-ils coexister ? L'un des deux sens doit-il être mis de côté parce qu'il n'est pas pertinent ? Tel serait le cas d'un sens qui dériverait d'un abus de langage[3], par exemple. Enfin, faut-il élargir les critères de définition de la notion, de façon à englober les deux polysèmes, au risque cependant d'en sacrifier la précision ? Cette difficulté est évoquée par Monsieur JARROSSON : « une telle notion moniste est insuffisante car elle manque de précision. Le juriste a besoin, non seulement de cette notion moniste, mais d'autres notions monistes, plus étroites, sortes de sous-notions, liées à la précédente et qui épuisent l'institution étudiée »[4]. Il prend ensuite l'exemple de la notion de sûreté : « si l'on reprend la notion de sûreté considérée comme une notion moniste, il est nécessaire d'utiliser la "sous-notion" de sûreté réelle ou de sûreté personnelle car le régime juridique qui découle de la seule qualification générale de sûreté est grandement insuffisante pour être pratiquement utilisable »[5].

**174.** Le choix dans le domaine de la définition d'un terme doit donc être guidé par la fonctionnalité de la notion : une notion large qui engloberait tous les polysèmes, si elle a le mérite d'englober tous les sens sous un même vocable, est difficilement applicable. Pour être fonctionnelle, une notion a besoin de critères de définition précis. La polysémie ne peut alors pas être éradiquée, ses contours doivent être délimités avec la plus grande précision. Les différentes catégories et sous-catégories de polysémie auront donc pour intérêt de déterminer

---

[1] L.-M. SCHMIT, *Les définitions en droit privé*, *op. cit.*, n° 208, p. 287.

[2] *Ibid.*, n° 208, p. 289.

[3] J. BECQUART, *Les mots à sens multiples en droit civil français*, *op. cit.*, p. 255-256 : « il y a toute la série des erreurs matérielles, des fautes brutales, du mot pris pour un autre, que la diligente doctrine s'applique à dépister et dont les dommages sont souvent limités grâce à l'intervention des tribunaux. Néanmoins, si ces erreurs sont constamment répétées dans la pratique, soit officiellement consacrées dans un document législatif important – comme un titre de loi – il est plus difficile d'anéantir la signification naissante qui en découle ».

[4] C. JARROSSON, *La notion d'arbitrage*, *op. cit.*, n° 729, p. 347.

[5] *Ibid.*

s'il est possible ou non de proposer une notion moniste : une telle définition sera éventuellement envisageable s'il est possible de considérer que, concernant la notion de nouveau-né, il existe une polysémie *ordonnée*, c'est-à-dire lorsqu'il est possible de déterminer des liens cohérents, voire complémentaires, entre les polysèmes ; en revanche, si la polysémie est qualifiée de *désordonnée*, il sera plutôt souhaitable de dire que la notion doit répondre à une définition *dualiste* – voire plus – pour respecter la fonctionnalité des différentes notions regroupées sous le même signifiant. Il convient donc d'appliquer ces catégories – polysémie interne/externe, ordonnée/désordonnée, notion moniste/dualiste – à la notion de nouveau-né, pour affiner ses critères, et proposer une – ou plusieurs – définition(s).

## *Section 2. Identification du cas de polysémie de la notion de nouveau-né*

**175.** Si nous avons réussi à dégager une notion juridique de nouveau-né, il n'en demeure pas moins qu'elle coexiste avec une notion médicale, dont les critères de définition seront dégagés (§1). Il conviendra ensuite d'organiser cette coexistence entre les deux sens de la notion de nouveau-né (§2).

### §1. Les critères de définition de la notion médicale de nouveau-né

**176.** La définition d'une notion passe tant par la détermination de ses critères distinctifs (B) que par la délimitation de son champ d'application (A).

#### *A) La notion médicale de nouveau-né limitée au droit de la santé*

**177.** La distinction entre le droit médical et le droit de la santé réside dans leurs champs respectifs. Le droit médical fait partie du droit de la santé : « le droit de la santé est composé de différentes disciplines définies par leur localisation : le droit médical, le plus large, correspond à tous les soins qui sont assez importants pour relever de la compétence d'un médecin ; le droit hospitalier correspond à un espace précis, celui de l'hôpital [...] »[1]. Les notions médicales ne s'arrêtent pas à ces frontières. La notion de nouveau-né a donc vocation à les transcender, selon qu'une faute est reprochée à un praticien, qu'il soit un médecin ou une sage-femme, ou à un établissement de soins, public ou privé. Le nouveau-né a donc vocation à intéresser tant le droit médical que le droit hospitalier, par exemple. Dès lors, pour ne pas restreindre inutilement le champ de notre étude, la notion de nouveau-né sera appréhendée largement, dans le cadre du droit de la santé.

**178.** Le langage juridique, par sa confrontation à d'autres disciplines, et par la spécialisation de ses branches, est amené à s'enrichir de nouvelles notions, ou à voir le sens de certaines notions évoluer différemment dans chacune de ces branches selon les besoins[2]. Le droit de la santé n'échappe pas à cette logique, puisqu'il doit nécessairement, du fait de son objet, intégrer des notions médicales dans ses prescriptions. Pour autant, les juristes ne sont pas tenus par ces définitions médicales, et peuvent décider de les adapter aux besoins du droit. Se pose alors le problème de la délimitation de la notion médicale et de la notion juridique : les notions cohabitent-elles ? La notion juridique doit-elle nécessairement supplanter la notion médicale ?

**179.** À titre de comparaison, la dépendance a pu être définie comme une notion « médicalo-juridique » : « la dépendance est une notion médicale qu'a intégrée le droit de l'aide sociale – un des nombreux exemples de la médicalisation contemporaine du droit »[3]. Cette difficulté découlant de l'importation de notions médicales dans le langage juridique existe également quant à la définition de la notion d'infection nosocomiale : « On dispose en effet d'une notion médicale mais aussi d'une notion juridique de l'infection nosocomiale forgée par le travail de qualification juridique qu'effectue le juge en fonction de la

---

[1] A. DEMICHEL, *Le droit de la santé*, 1998, LEH, p. 18-19 ; R. SAVATIER, J.-M. AUBY, J. SAVATIER, H. PEQUIGNOT, *Traité de droit médical*, 1956, Librairie technique, Paris, p. 7 : « Le droit médical peut être défini : *l'étude des relations juridiques où est engagé le médecin* ».

[2] J. BECQUART, *Les mots à sens multiples en droit civil français*, *op. cit.*, p. 256 et s. : l'auteur est critique à l'égard de cette spécialisation du langage juridique par branches différentes, car il suffit qu'« à la suite de circonstances quelconques [les membres de ces branches] soient obligés de frayer à nouveau, ils rendent au vocabulaire indivis les termes qu'ils y avaient puisé, semblables extérieurement, profondément modifiés quant à la signification ».

[3] Ph. MALAURIE, « Solidarité - Dépendance des personnes âgées et solidarité dans le droit contemporain », *Dr. fam.* 2011, n° 7-8, dossier 16.

politique qu'il entend appliquer à l'occasion des recours portés devant lui »[1]. C'est également le cas pour la notion de déficit fonctionnel permanent, notion médicale redéfinie par la Cour de cassation[2], ou encore de la notion de handicap[3]. Il en ressort que l'entrée dans le domaine juridique de notions médicales n'est pas sans poser de difficultés. Néanmoins, la déviation de sens entre la notion médicale et une notion juridique semble être, dans les exemples évoqués, l'œuvre du juge. Tel n'est pas le cas de la notion de nouveau-né, dont nous avons relevé qu'elle était présente dans le Code civil depuis sa promulgation.

**180.** L'affirmation selon laquelle une notion médicale de nouveau-né coexiste avec la notion *juridique* précédemment proposée va poser le problème de la distinction de leurs domaines respectifs. La notion juridique de nouveau-né est propre au droit civil, même si l'on la retrouve, subsidiairement, en droit pénal[4]. Quant à la notion médicale de nouveau-né, l'intuition conduit plutôt à la rattacher au droit de la santé, dont l'objet est, notamment, la prise en charge des usagers par le système de santé, l'organisation du système de santé et la relation entre patient et médecin[5]. Ainsi, le Code de la santé publique contient vingt-

[1] A. ROUYÈRE, « Dualité des juridictions, dualité des droits ? », *RGDM* 2013, p. 51.

[2] V. notamment en ce sens : F. MEYER, « Les victimes face à la redéfinition jurisprudentielle de la nature juridique de la rente », *Dr. soc.* 2015, p. 293. – Pour la définition par la Cour de cassation des déficits fonctionnels temporaire et permanent : Cass. 2e civ., 28 mai 2009, no 08-16.829 (*Bull. civ. II, no 131* ; *D.* 2009. AJ 1606, obs. I. GALLMEISTER ; *ibid.* 2010. Pan. 49, obs. O. GOUT ; *JCP* 2009, no 38, obs. C. BLOCH ; *RTD civ.* 2009. 534, obs. P. JOURDAIN ; *RCA* 2009. étude 10, H. GROUTEL ; *JCP* 2009. II. 195, note S. PORCHY-SIMON). Il convient de noter que le *Dictionnaire de l'Académie de médecine* reprend en partie les définitions juridiques, mais pas sous les mêmes vocables, puisqu'il définit le « préjudice fonctionnel permanent », le « déficit fonctionnel personnel définitif » et le « déficit fonctionnel personnel temporaire » (*Dictionnaire de l'Académie de médecine en ligne*, consulté le 20 sept. 2022).

[3] J.-P. MARKUS, « La notion juridique de personne handicapée », *in* O. GUÉZOU, S. MANSON (dir.), *Droit public et handicap*, 2009, Dalloz, p. 27-46 : après avoir rappelé que « [l]e handicap est une notion médicale », l'auteur note que « [s]ur le plan juridique, la transposition est problématique. D'une caractéristique médicale "objective" se déduisant de la simple comparaison entre un état fonctionnel particulier et l'état fonctionnel standard, on passe à une caractéristique juridico-sociale, forcément subjective, relative et évolutive » (p. 27). Il relève que la définition du handicap n'est pas la même selon les branches du droit.

[4] *Cf. supra*, nos 78 et s.

[5] G. MÉMETEAU, M. GIRER, *Cours de droit médical*, 5e éd., 2016, LEH, p. 79.

quatre dispositions faisant référence au nouveau-né[1], bien plus que le Code civil et le Code pénal, qui n'y font référence qu'une fois chacun.

**181.** D'autre part, le droit de la santé, du fait de son objet, doit nécessairement importer des notions médicales, puisque ce sont elles qui régissent le savoir médical et les activités de soin. S'il arrive parfois au droit de créer ses propres définitions, il semble qu'il sortirait de son domaine s'il devait déterminer qui, au regard du pédiatre par exemple, doit être considéré comme un nouveau-né ou non. Le droit doit, dans ce cas-là, accueillir les définitions médicales, pour pouvoir régir cette activité de façon cohérente et intelligible pour ses acteurs.

**182.** Si la notion médicale de nouveau-né a toute sa place en droit de la santé, ou dans ce qui touche au domaine de la santé, elle semble devoir être exclue d'autres domaines. D'ailleurs, la notion juridique de nouveau-né est propre au domaine de l'établissement de l'acte de naissance, c'est-à-dire un domaine totalement étranger, en apparence, à celui de la santé[2]. En outre, aucune mention n'est faite au nouveau-né dans des corpus tels que le Code du travail, le Code de la sécurité sociale ou le Code de l'action sociale et des familles, alors qu'ils ont vocation à s'intéresser aux premiers jours de la vie : le Code du travail régit le congé maternité[3] ; le Code de la sécurité sociale régit l'assurance maternité[4] et les prestations familiales[5] et le Code de l'action sociale et des familles organise les conséquences de l'accouchement anonyme[6]. Aucun ne régit cependant la matière des actes de l'état civil voire, plus généralement, de l'état des personnes, ni le domaine de la santé. Cette absence de mention de la notion de nouveau-né dans ces domaines, qui se vérifie également en jurisprudence, semble bien confirmer le cantonnement des deux signifiés dans leurs domaines respectifs.

---

[1] Notamment dans les dispositions relatives à l'obstétrique, la néonatologie et la réanimation néonatale.

[2] Sous réserve de l'appréciation de la viabilité du nouveau-né (*cf. infra*, n[os] 217 et s.).

[3] C. trav., art. L. 1225-16 et s.

[4] CSS, art. L. 330-1 et s.

[5] CSS, art. L. 511-1 et s. : le contentieux a pu porter, notamment, sur la possibilité d'octroyer de telles prestations aux parents d'un enfant qui n'était pas né viable (Cass. 2e civ., 2 nov. 1960 : *Bull. civ., n° 630* ; Cass. 2e civ., 13 oct. 1966 : *Bull. civ., n° 846* ; Cass. soc., 18 mars 1970, n° 68-11.336 : *Bull. soc., n° 217* ).

[6] CASF, art. L. 222-6, concernant les conséquences matérielles de l'accouchement anonyme (art. L. 555-2 pour Wallis et Futuna ; art. L. 561-2 pour la Polynésie française ; L. 571-2 pour la Nouvelle Calédonie) ; l'art. L. 147-5 contient des dispositions relatives au Conseil national pour l'accès aux origines personnelles (art. R. 147-18, R. 147-22, -24, -28 et -29 pour la partie réglementaire).

**183.** Cette séparation entre droit civil, droit pénal et droit de la santé n'est cependant pas absolue. La faute du médecin, ou de l'établissement de soins, est susceptible d'engager la responsabilité de son auteur[1]. La notion médicale de nouveau-né peut donc, à l'occasion de ce contentieux, intéresser le droit civil et le droit pénal. Il ne s'agit plus, cependant, de protéger la personne qui vient de naître dans son identité, ou de la protéger contre la clandestinité, mais plutôt de déterminer la nature des obligations du médecin ou de l'établissement de soins eu égard à la nature particulière du patient. Une définition précise des domaines respectifs des notions juridique et médicale de nouveau-né est donc nécessaire.

### *B) Les critères de définition de la notion médicale de nouveau-né*

**184.** La définition du nouveau-né, dans la science médicale, repose sur un critère d'âge fixé à vingt-huit jours[2]. La délimitation de ce seuil est justifiée par le fait que « ces 28 premiers jours de vie sont pour l'enfant ceux où le risque de décès est le plus élevé. Il est par conséquent crucial qu'une alimentation et des soins appropriés soient dispensés au cours de cette période, à la fois pour améliorer les chances de survie de l'enfant et pour poser les fondations d'une vie en bonne santé »[3]. L'Académie nationale de médecine souligne l'importance des premiers instants de la vie, « période d'adaptation à la vie extra-utérine constituée d'une extraordinaire série d'ajustements fonctionnels, métaboliques, respiratoires et circulatoires destinées au maintien des fonctions vitales »[4]. Une fois cette étape passée, l'enfant doit être défini comme un nourrisson[5]. Cette définition ne posant pas de difficulté, nous la retiendrons pour définir le nouveau-né dans le domaine du droit de la santé.

**185.** Un cas particulier peut cependant poser question : celui de l'enfant prématuré. Cette question n'est pas anecdotique, puisque selon la dernière enquête nationale périnatale, elle concerne environ 7,5 %

---

[1] Pour une étude de cette responsabilité, v. not. S. HOCQUET-BERG, B. PY, *La responsabilité du médecin*, 2006, Heures de France, coll. « Droit professionnel ».
[2] *Dictionnaire de l'Académie nationale de médecine*, en ligne, v° « Nouveau-né ».
[3] Site internet de l'OMS : https://www.who.int/topics/infant_newborn/fr/.
[4] Rapp. Académie Nationale de Médecine, « La première semaine de la vie », préc.
[5] *Dictionnaire de l'Académie nationale de médecine*, en ligne, v° « Nourrisson ».

des naissances vivantes pour l'ensemble de la population[1]. La prématurité est définie comme la « naissance entre 22 et 37 semaines d'aménorrhée révolues »[2], c'est-à-dire avant le terme théorique. Dans ce cas, ne serait-il pas logique que l'enfant, étant né plus tôt qu'il ne l'aurait dû, soit considéré comme un nouveau-né jusqu'à la fin théorique de la grossesse, plus vingt-huit jours ? Le vocabulaire médical n'est pas clair sur ce point. Néanmoins, plusieurs indices pourraient permettre de penser que l'enfant prématuré est considéré comme un nouveau-né pendant une période relativement plus longue que les enfants nés à terme.

**186.** Le Code de la santé publique contient assez peu de dispositions relatives au prématuré. L'article R. 1112-65 dispose que « [s]ous réserve du cas particulier des prématurés [...], le nouveau-né quitte l'établissement en même temps que sa mère ». Cette règle fait le lien entre nouveau-né et prématuré, mais elle ne permet pas d'affirmer que tous les prématurés sont des nouveau-nés, seulement que les nouveau-nés, *dans le cas où ils sont prématurés*, peuvent ne pas quitter l'établissement en même temps que leur mère. En l'absence de dispositions spécifiques, il est fort probable que le nouveau-né prématuré soit traité comme les autres nouveau-nés, dans le service de néonatologie, voire de réanimation néonatale[3], discipline qui « a pour objet la surveillance et les soins spécialisés des nouveau-nés présentant des détresses graves ou des risques vitaux »[4]. Le prématuré reste dans ce service jusqu'à sa sortie de l'établissement de soins, et « [e]n général, le bébé retourne à son domicile lorsqu'il arrive au terme théorique »[5]. Dès lors, quand bien même il paraît incertain que le prématuré, après vingt-huit jours, soit encore un nouveau-né, force est de constater qu'il demeure traité comme un nouveau-né, c'est-à-dire comme un enfant dont les fonctions vitales doivent être surveillées avec la plus grande attention, parce qu'elles commencent à peine leur fonctionnement autonome. Dès lors que les prématurés sont traités

[1] B. BLONDEL, C. BONNET, B. COULM, J. FRESSON, S. REY, A. VANHAESEBROUCK, A. VILAIN, rapp. INSERM et DREES, préc., p. 58 et p. 124 et s.

[2] En dessous de 22 semaines, il n'est pas possible de considérer qu'il y a une naissance, et donc que l'enfant est un nouveau-né (*Ibid.*, p. 23).

[3] Le transfert en réanimation néonatale a concerné, en 2016, 2,4 % des nouveau-nés (*Ibid.*, p. 121).

[4] CSP, art. R. 6123-42.

[5] P. BOILEAU, « La prise en charge médicale de la grande prématurité », *op. cit.*, spéc. p. 1174.

comme des nouveau-nés – ils sont suivis dans le même service, par les mêmes soignants – nous les considérerons dans notre étude comme des nouveau-nés, quel que soit leur âge.

**187.** En conclusion, un enfant est, dans le langage médical, un nouveau-né jusqu'à l'âge de vingt-huit jours après l'accouchement, sous réserve de l'état de prématurité. Cette définition étant très différente de celle retenue pour la notion juridique de nouveau-né, il semble difficile d'en proposer une définition unique.

## §2. L'impossibilité de donner une définition unique de la notion de nouveau-né en droit

**188.** La difficulté de proposer une définition unique de la notion de nouveau-né, qui engloberait les notions juridique et médicale, impliquerait d'en sacrifier certains critères de définition, aboutissant à une définition dont le manque de précision risquerait de la rendre fausse (A). Il conviendra dès lors d'accepter la coexistence des deux sens de la notion de nouveau-né, et donc de la qualifier de notion *dualiste*[1] (B).

### *A) Les limites d'une définition unique fondée sur des critères trop larges*

**189.** Au vu de la définition des notions, juridique et médicale, de nouveau-né, il est désormais possible de déterminer la nature de la polysémie. S'agit-il d'une polysémie cohérente ? Il convient de reprendre les quatre sous-catégories dégagées par CORNU. Les deux signifiés entretiennent-ils un rapport de dérivation concentrique, c'est-à-dire recouvrent-ils les mêmes niveaux d'une même réalité ? Il semble que non, les deux notions renvoient à deux réalités différentes, sauf à rechercher leur trait d'union dans le fait qu'elles désignent toutes les deux un enfant en bas âge. Néanmoins, un tel critère de définition n'est pas suffisamment précis, en ce qu'il ne permet pas de définir le nouveau-né d'autres notions proches, telles que celle de nourrisson. Dès lors, il semble également difficile d'admettre que les deux signifiés présentent un rapport de complémentarité, puisqu'ils ne résultent pas de la décomposition d'une notion plus large, mais de deux sens différents.

---

[1] C. JARROSSON, *La notion d'arbitrage*, *op. cit.*, n$^{os}$ 728 et 729, p. 347.

Aucun rapport d'opposition ou de parallélisme des sens ne peut non plus être relevé.

**190.** Enfin, les deux notions ne présentent pas de rapport de genre à espèce, ce genre de relation devant permettre le passage de l'un à l'autre des deux sens. Or, les deux signifiés sont issus de deux disciplines différentes, il est dès lors impossible d'affirmer que tout nouveau-né, au sens médical, puisse être un nouveau-né, au sens civil, et inversement. Par exemple, si la naissance de l'enfant doit être déclarée dans un délai de cinq jours, au-delà de ce délai il n'est plus considéré comme un nouveau-né, selon la définition civiliste ; en revanche il demeure un nouveau-né au sens médical jusqu'au vingt-huitième jour ; dès lors, tout nouveau-né au sens du droit médical n'est pas un nouveau-né au sens du droit civil. Inversement, lorsqu'un enfant est né dans les possessions anglaises de l'Inde, il est considéré comme un nouveau-né dans les huit jours qui suivent son arrivée sur le sol des possessions françaises si leur retour a lieu dans l'année suivant la naissance[1] ; donc un enfant peut être considéré, dans ces conditions, comme un nouveau-né, près d'un an après sa naissance ; or, dans le langage médical, le nouveau-né est un enfant âgé de moins de vingt-huit jours ; donc tout nouveau-né, au sens du droit médical, n'est pas un nouveau-né, au sens du droit civil. Faute d'un signifié englobant l'autre entièrement, aucun rapport de genre à espèce ne peut donc être caractérisé.

**191.** Il reste donc à envisager l'hypothèse selon laquelle le nouveau-né est une notion présentant une polysémie *désordonnée*. S'agit-il d'une polysémie étoilée ? Il semble que non, cette catégorie supposant de multiples sens allant dans des directions totalement opposées ; tel ne semble pas être le cas puisque si les critères de définition sont différents pour les deux signifiés, il n'en demeure pas moins qu'une proximité existe, en ce qu'ils désignent chacun un âge particulier de l'enfance, pour ne pas dire le premier – en tout cas le premier suivant la naissance. S'agit-il d'une polysémie de juxtaposition ? C'est une possibilité, les deux signifiés désignant deux réalités différentes. Néanmoins, ne faut-il pas tenter de rechercher un lien, au-delà du désordre ? S'agit-il d'une polysémie de raffinement ? Cette catégorie est difficilement différenciable de la polysémie de chevauchement : en effet, dans les deux cas, les deux notions ne se recoupent pas vraiment, elles se distinguent par des critères précis, même si les premières apparences laissent penser

[1] D. du 24 avr. 1880 portant organisation de l'état civil des natifs dans les établissements français de l'Inde, art. 2.

qu'elles recouvrent la même réalité. Il existe en effet une correspondance partielle entre les deux notions, correspondance révélée par la définition du nouveau-né dans le langage courant[1] comme un « enfant qui vient de naître »[2]. Tout comme les deux signifiés techniques auxquels le signifiant renvoie, le langage courant évoque une notion d'âge qui semble relativement restreinte. Dès lors, quand bien même les deux notions ne se recoupent pas, quand bien même il serait faux d'affirmer que l'une constitue le genre et l'autre l'espèce, il existe bien souvent un chevauchement entre elles, ce qui pourrait être source de confusion.

**192.** Les deux définitions dégagées ne recouvrent donc pas le même champ. Il serait envisageable de proposer que dans tous les cas de figure, pour harmoniser le langage juridique, le nouveau-né soit défini dans le langage du droit civil selon les critères de définition de la médecine : néanmoins, quel serait le sens d'une telle définition ? Cela impliquerait une intervention du législateur pour fixer tous les délais de déclaration de la naissance à vingt-huit jours, alors que la loi en distingue aujourd'hui plusieurs, pour tenir compte de certains particularismes, notamment quant au lieu de la naissance.

Ceci dit, d'autres pays que le nôtre prévoient des délais de déclaration bien plus longs que le Code civil français, comme l'a relevé le défenseur des droits[3] qui se réfère notamment à la Belgique, où le délai est fixé à quinze jours ; il se réfère également à la Hongrie qui prévoit un délai de vingt-quatre heures si l'enfant est né à l'hôpital, mais à défaut le délai est de huit jours ; l'Italie établit également une distinction similaire : trois jours si l'enfant est né dans une maternité, dix à défaut[4]. Le défenseur des droits en conclut que le délai de déclaration prévu en France est l'un des plus courts au monde. Certains délais se rapprochent en effet des vingt-huit jours, qui permettent de définir le nouveau-né dans le langage médical : l'article 113 du Code

[1] Cette définition a pénétré le droit sans véritable cohérence, et sans qu'il soit possible de lui attribuer une réelle utilité dans le discours juridique, surtout si elle est employée comme synonyme de la notion de nourrisson.

[2] *Dictionnaire de l'Académie française*, 9e éd., v° « Nouveau-né ».

[3] Décision du Défenseur des droits n° PR/MDE/16-01 portant recommandation de réforme, 21 mars 2016.

[4] Rapp. OP (Office des publications officielles des communautés européennes), « Statistiques démographiques : Définitions et méthodes de collecte dans 31 pays européens », n° 3/2003/E/n°25, p. 31.

civil du Québec prévoit, par exemple, que la naissance doit être déclarée dans un délai de trente jours.

Une partie de la doctrine s'est fondée sur ces exemples étrangers pour réclamer un allongement du délai de déclaration ou alors un assouplissement des conditions de la déclaration[1]. D'ailleurs, ce délai a déjà été allongé de trois à cinq jours par la loi du 18 novembre 2016[2], d'abord à l'initiative de sénateurs qui avaient proposé un amendement visant à allonger le délai de trois jours pour certains territoires, notamment pour l'outre-mer : « ces règles, qui impliquent un accès facile à l'officier d'état civil ou au juge, sont inadaptées dans certaines régions »[3]. Initialement de quinze jours, le délai a ensuite été ramené à huit jours[4].

Il semble que cette démarche ait inspiré les députés, qui ont alors proposé d'allonger le délai de droit commun, le faisant passer de trois à cinq jours par un nouvel amendement, dont voici l'exposé : « dans la pratique, les parents rencontrent des difficultés pour respecter ce délai à l'occasion de la procédure de déclaration de naissance de leur enfant au service de l'état civil du lieu de l'accouchement, ainsi que le souligne le Défenseur des droits dans son avis du 21 mars 2016. Ces difficultés sont liées à plusieurs facteurs : la méconnaissance par les parents de la législation applicable (ceux-ci pensant à tort, lors de la naissance de leur enfant que le vendredi, que le samedi et le dimanche ne sont pas décomptés), la fermeture des services d'état civil et l'absence d'officiers d'état civil au sein des hôpitaux et maternité. / Conformément à l'alinéa 2 de l'article 55 du code civil, ces parents se trouvent dès lors obligés d'engager une procédure en déclaration judiciaire de naissance. Or, durant cette procédure longue et coûteuse puisque soumise au ministère d'un avocat, les enfants sont dépourvus d'état civil. / L'allongement du délai pour déclarer la naissance à 5 jours au lieu de 3 jours permettra de remédier à ces difficultés en laissant aux parents un délai raisonnable pour déclarer la naissance de l'enfant sans

[1] M. LAUNOY considère également que ce système est « *très rigide* » par rapport notamment aux dispositifs suisse (Ord. sur l'état civil, 28 avr. 2004, en vigueur depuis le 1er juill. 2004, art. 35) ou belge (C. civ. belge, art. 42 et 43), qui prévoient la possibilité de déclarer la naissance après l'écoulement du délai, après éventuellement un rappel à l'ordre des personnes tenues d'effectuer cette déclaration (G. LAUNOY, « Actes de l'état civil. - Déclaration de naissance », *op. cit.*, §22).

[2] L. n° 2016-1547 du 18 novembre 2016 de modernisation de la justice du XXIe siècle.

[3] Amendement n° 203, déposé en 1re lecture

[4] *JO* n° 120 S. (CR), 5 nov. 2015, p. 10396.

pour autant remettre en cause la nécessité de donner un état civil à la naissance de l'enfant. / Les demandes de déclaration judiciaire de naissance, qui étaient au nombre de 923 pour l'année 2015, sont en conséquence destinées à sensiblement baisser »[1]. Cet amendement n'a presque pas fait l'objet de véritable discussion en séance et a été adopté avec une grande facilité[2].

Mais est-il souhaitable de prévoir un délai plus long ? Le risque de fraude, voire de non-déclaration, n'est-il pas plus important ? L'exemple mauricien semblerait tempérer cette crainte, puisque malgré un délai de quarante-cinq jours pour déclarer la naissance, il semble que presque toutes les naissances soient déclarées[3] ; cependant, l'UNICEF n'a pas confirmé cet état de fait dans ses statistiques les plus récentes[4], ce qui peut autoriser à douter de l'extrême efficacité d'un système dans lequel un délai si long est permis. Par ailleurs, il semblerait que le taux de déclaration des naissances en France avoisinerait les 100%[5], ce qui permet de confirmer son efficacité. En outre, l'article 7 de la CIDE ne prévoit-il pas que la naissance doit être déclarée « aussitôt » ? Ne serait-ce pas s'éloigner de l'esprit du texte que proposer d'allonger le délai de déclaration ? L'UNICEF note que « [s]'il est des cas où un retard peut être excusé, l'enregistrement d'un enfant doit, dans l'idéal, avoir lieu aussitôt que possible après la naissance. Non seulement cela permettra à l'enfant de jouir dès ses premiers jours de ses droits à un nom, à une nationalité et à des liens familiaux, mais cela garantira l'exactitude et la tenue à jour des statistiques des pays »[6].

**193.** En droit interne, l'officier de l'état civil est tenu de rédiger l'acte de naissance *immédiatement*[7], le délai de cinq jours ne le concerne pas. Il doit notamment inscrire dans l'acte de naissance des

---

[1] Amendement n° CL379 déposé par M. Le Bouillonnec et M. Clément, rapporteurs.

[2] AN, Compte-rendu n° 77, 4 mai 2016, p. 12.

[3] Rapp. UNICEF, Centre de recherche Innocenti de l'UNICEF, 2002, « L'enregistrement à la naissance : un droit pour commencer », Florence, p. 10.

[4] UNICEF, mars 2019, « Birth registration » : https://data.unicef.org/wp-content/uploads/2019/10/Birth_ registration_database_June-2020.xlsx, consulté le 20 sept. 2022.

[5] *Ibid.*

[6] Rapp. UNICEF, Centre de recherche Innocenti de l'UNICEF, 2002, « L'enregistrement à la naissance : un droit pour commencer », Florence, p. 12.

[7] C. civ., art. 56.

prénoms qui lui sembleraient contraires à l'intérêt de l'enfant[1]. Ce n'est qu'ensuite qu'il peut en aviser le procureur de la République. L'officier de l'état civil n'a donc pas à vérifier les faits qui lui sont déclarés. Une telle tâche est dévolue au tribunal judiciaire lorsqu'il doit rendre une décision de déclaration judiciaire de la naissance, dans l'hypothèse où le délai pour déclarer la naissance à l'officier de l'état civil serait écoulé. Le nouveau-né n'est plus présenté à l'officier de l'état civil[2]. Ce dernier ne peut donc pas vérifier par ses propres yeux que l'enfant est bien vivant, viable et du sexe indiqué[3]. Une preuve de la vie et de la viabilité ne seront nécessaires que si l'enfant est décédé avant la déclaration de la naissance. Dans cette hypothèse, à défaut d'un certificat médical d'accouchement, l'enfant n'est pas un nouveau-né, un acte d'enfant sans vie est alors dressé[4].

L'exigence de célérité guidant l'établissement de l'acte de naissance est d'autant plus évidente si elle est mise en parallèle avec les règles guidant l'établissement de l'acte de décès : le Code civil ne prévoit aucun délai pour déclarer un décès, ni pour dresser l'acte. Sa rédaction peut même être reportée pour diverses raisons. Ainsi, dans le cas où le décès a lieu dans un établissement de santé, dans les établissements sociaux et médico-sociaux qui accueillent des personnes âgées, ou encore dans les prisons ou les maisons d'arrêt et de détention, l'officier de l'état civil peut, afin de dresser l'acte de décès, se rendre dans les établissements « pour s'assurer, sur place, du décès et en dresser l'acte »[5], et ce en cas de difficulté. Dans ces circonstances, l'officier de l'état civil ne dresse donc pas l'acte de décès immédiatement. Aussi, en présence de « signes ou indices de mort violente, ou d'autres

---

[1] C. civ., art. 57 al. 2 : « L'officier de l'état civil porte immédiatement sur l'acte de naissance les prénoms choisis » ; et al. 3 concernant la saisine du procureur de la République.

[2] G. LAUNOY, « Actes de l'état civil. - Déclaration de naissance », *op. cit.*, §66.

[3] J. CARBONNIER, *Droit civil*, *op. cit.*, n° 254, p. 472-473 : « [l'officier de l'état civil] n'est pas juge de la validité des actes qu'on lui demande de recevoir [.. ] Il doit contrôler la régularité de l'acte qui lui est demandé dans toute la mesure où il peut le faire sans se livrer à des investigations au-dehors, c'est-à-dire s'il peut constater personnellement l'irrégularité par le seul examen des déclarations et des pièces produites » ; *Ibid.*, n° 258, p. 480 : « un accouchement a-t-il bien eu lieu ? au jour et à l'heure indiqués ? l'enfant était-il du sexe mentionné ? Aucun de ces points dans un acte de naissance n'a la force probante de l'authentique, car il n'entrait pas dans la mission du maire de les vérifier ». V. également : Y. FAVIER, « Actes de l'état civil », *op. cit.*, §216 et s.

[4] C. civ., art. 79-1.

[5] C. civ., art. 80, al. 3.

circonstances qui donneront lieu de le soupçonner »[1], l'acte de décès ne peut être dressé qu'après qu'un officier de police et un docteur en médecine aient dressé un procès-verbal, qu'ils doivent transmettre « de suite » à l'officier de l'état civil. Dans ce cas-là également, l'officier de l'état civil ne dresse pas l'acte de décès immédiatement. L'acte de naissance et l'acte de décès ne relèvent donc pas de la même urgence : alors que pour dresser l'acte de naissance, l'officier de l'état civil doit se contenter des faits qui lui sont déclarés pour respecter l'objectif de célérité, il peut, avant de dresser un acte de décès, s'assurer lui-même de l'existence de certains faits, ce qui peut avoir pour effet de retarder l'établissement de l'acte.

**194.** Une difficulté peut naître de l'incertitude entourant la date de la naissance de l'enfant. C'est le cas lorsqu'un nouveau-né est trouvé. Son sort est régi par l'article 58 du Code civil : s'il est possible de présumer que l'enfant est un nouveau-né, c'est-à-dire qu'il est âgé de moins de cinq jours[2], sa naissance sera déclarée, et un acte tenant lieu d'acte de naissance sera établi[3]. Il ne sera donc pas nécessaire de recourir à un jugement déclaratif. En effet, dans le doute, il est préférable de doter l'enfant d'un état civil probable rapidement, plutôt que d'attendre les résultats d'une enquête sur les circonstances de sa naissance qui pourrait être infructueuse. Dans ce cas, un temps précieux aurait été perdu. L'article 58 du Code civil illustre donc également parfaitement l'importance de déclarer la naissance dans un délai court. Il prévoit, tout comme l'article 56, l'obligation de déclarer la naissance pour celui qui trouve le nouveau-né, sous peine d'une contravention de 5e classe, prévue par l'article R. 645-5 du Code pénal.

**195.** Dès lors, fixer le délai de déclaration de la naissance en droit civil français à vingt-huit jours irait à l'encontre de l'objectif de célérité guidant la procédure ; cette proposition est d'autant plus critiquable que le seul bénéfice qui puisse en être attendu – outre le fait que les éventuelles déclarations tardives n'auraient plus besoin d'être contrôlées par un juge[4], si tant est que cela puisse être considéré comme un bénéfice – est de mettre fin à une polysémie.

---

[1] C. civ., art. 81 et 82.

[2] *Cf. supra*, n° 151.

[3] *Cf. supra*, nos 38 et s.

[4] Les systèmes prévoyant un délai de déclaration plus long prévoient également un système de déclaration plus contraignant. Par ex., les art. 42 et 43 du C. civ. belge prévoient que si le délai de déclaration – de quinze jours – est écoulé, l'officier de l'état civil dresse l'acte de naissance sur la base d'une notification « avec attestation

La même affirmation est valable dans l'autre sens : modifier la notion de nouveau-né dans le discours du droit médical lui ferait perdre le sens qu'elle a pour les praticiens. S'il arrive au juge de redéfinir une notion médicale, il le fait en principe pour atteindre un objectif particulier. Définir le nouveau-né, en droit médical, comme un enfant âgé de moins de cinq jours, et dont la naissance n'a pas encore été déclarée à l'officier de l'état civil, n'aurait pas de sens pour les soignants qui prennent en charge le nouveau-né.

**196.** C'est donc parce que les deux définitions n'ont pas la même fonction qu'il est impossible de dégager une définition unique, englobant les deux notions, qui serait le résultat d'un raisonnement logique. Par ailleurs, il semble tout aussi difficile de définir le nouveau-né sur des critères ne tenant pas compte de son âge – puisque c'est principalement ce critère qui s'oppose à l'élaboration d'une seule définition. La définition du nouveau-né dans le vocabulaire médical, si elle est déterminée par un critère d'âge, repose sur des motifs d'ordre physiologique[1]. Or, il ne relève pas de notre compétence de déterminer si, effectivement, définir un nouveau-né comme un enfant âgé de moins de vingt-huit jours est pertinent. Le juge redéfinissant une notion médicale poursuit un objectif propre au droit ; il ne porte pas de jugement sur le savoir médical, il l'adapte aux besoins du droit. C'est ce que nous avons fait concernant l'enfant prématuré : si le langage

---

médicale ». Cette notification est dressée « en cas de naissance dans des hôpitaux ou autres établissements de soins, [par] le responsable de l'établissement ou son délégué » ou « dans les autres cas, [par] le médecin, l'accoucheuse ou les autres personnes qui ont assisté à l'accouchement ou chez qui l'accouchement a eu lieu » (C. civ. belge, art. 42). Le C. civ. du Québec prévoit également un délai plus long que le nôtre, puisqu'il est de trente jours (C. civ. Québec, art. 113). Toutefois, « [l]'accoucheur dresse le constat de la naissance. / Le constat énonce les lieu, date et heure de la naissance, le sexe de l'enfant, de même que le nom et le domicile de la mère » (C. civ. Québec, art. 111). L'accouchement donne donc lieu à l'établissement d'un acte qui servira de preuve de la véracité des faits déclarés : « [l]'accoucheur remet un exemplaire du constat à ceux qui doivent déclarer la naissance ; il transmet, sans délai, un autre exemplaire du constat au directeur de l'état civil » (C. civ. Québec, art. 112). Ainsi, même si d'autres pays que le nôtre prévoient des délais de déclaration plus longs, les modalités de la déclaration sont différentes : le risque de fraude est atténué, puisque l'acte de naissance ne peut pas être dressé sur la seule foi des propos du déclarant, comme c'est le cas en France (*cf. supra*, n° 132). Un délai de déclaration plus long pourrait donc être envisagé, mais pas sans adapter les conditions de la déclaration, en exigeant notamment une preuve de l'exactitude des faits déclarés, pour éviter des atteintes à l'état civil du nouveau-né.

[1] *Cf. supra*, n° 184.

médical n'est pas clair sur la possibilité de définir un prématuré de plus de vingt-huit jours comme un nouveau-né, il est de notre avis qu'étant soigné dans les mêmes conditions qu'un nouveau-né, il doit être qualifié juridiquement – en droit de la santé uniquement – comme un nouveau-né.

**197.** Pour faire entrer les deux notions dans une définition qui les regrouperait, il conviendrait de retenir des critères beaucoup trop larges, ce qui les dénaturerait[1]. Tel serait le cas par exemple d'un critère fondé sur la seule faiblesse de l'enfant, ou encore de son état de besoin[2], de sa vulnérabilité[3], voire de sa « sur-vulnérabilité »[4], qui sont des notions extrêmement relatives, floues, qui concernent d'ailleurs par principe tous les mineurs ; le besoin justifie que les enfants soient débiteurs d'aliments envers leurs ascendants, même majeurs ; la vulnérabilité est un concept à travers lequel la doctrine étudie la « jeunesse », qui n'est « ni l'enfance, ni l'âge adulte, mais une situation d'entre deux »[5], et dans lequel le droit intègre les majeurs protégés, définis de plus en plus souvent comme des majeurs *vulnérables*. À ces notions, il conviendrait d'ajouter des critères pour les rapprocher de la notion de nouveau-né : une idée de degré de faiblesse, de dépendance. Mais là encore, l'âge est l'indicateur le plus précis pour ce qui est d'apprécier le degré de faiblesse de l'enfant. Par ailleurs, la notion de nouveau-né, dans le domaine des actes de l'état civil, n'a de sens que si elle est définie par

---

[1] M. PICHARD formule la même remarque concernant la tentative d'une définition du droit subjectif qui rapprocherait droit personnel et droit réel : « Isoler l'essence commune de ces deux types de droits, au-delà de la reconnaissance d'un bienfait possible à un sujet de droit qui en maîtrise l'usage, est hasardeux : la tentation est grande, dès lors, de ramener l'un à l'autre, au risque de faire perdre leur spécificité à l'un ou l'autre, méthode qui ne saurait évidemment donner de résultats satisfaisants » (M. PICHARD, *Le droit à. Étude de législation française*, 2006, Economica, coll. « Recherches juridiques », p. 241).

[2] A. SAYAG, *Essai sur le besoin créateur de droit*, 1969, LGDJ, coll. « Bibliothèque de droit privé ».

[3] C. LACOUR, *Vieillesse et vulnérabilité*, 2007, PUAM, coll. « Collection du Centre Pierre Kayser » ; F.-X. ROUX-DEMARE, « La notion de vulnérabilité, approche juridique d'un concept polymorphe », *Les cahiers de la justice* 2019, p. 619.

[4] D. GUÉRIN, S. RENARD, « Réflexions sur la jeunesse en droit de la santé », *RDSS* 2018, p. 106 : en droit brésilien, « la sur-vulnérabilité vise une situation de carence fondamentale à laquelle le traitement réservé au consommateur vulnérable ne suffirait pas à sa protection. [...] En droit de la santé, la diversité des causes de vulnérabilité du jeune, qui peuvent se cumuler, justifie l'emploi des notions de "sur-vulnérabilité" ou de "particulière vulnérabilité" ».

[5] *Ibid.*

rapport au délai prévu pour déclarer la naissance ; préférer un critère plus large détacherait la notion de ce délai, et un enfant pourrait être qualifié de nouveau-né, bien après que sa naissance ait été déclarée, ce qui aurait pour effet de changer la *fonction* de la notion, et donc de s'éloigner de son sens en droit positif.

Dès lors, il semble que la notion de nouveau-né ne puisse pas être définie comme une notion *moniste*. Il faut donc l'envisager comme une notion *dualiste*.

## *B) Le nouveau-né, notion dualiste*

**198.** Une notion dualiste est une notion pour laquelle deux sens coexistent ; c'est le cas lorsqu'un signifiant renvoie à deux signifiés, comme c'est le cas pour la notion de nouveau-né. S'il n'est pas souhaitable de proposer une définition moniste, la polysémie n'est cependant pas source de confusion. En effet, les contours de chacun des deux signifiés ont été déterminés, et leurs champs respectifs ont été délimités. Monsieur JARROSSON donne ainsi l'exemple de la notion moniste de sûreté, qui regroupe deux « sous-notions » monistes de sûreté réelle et de sûreté personnelle[1]. Ne serait-il pas possible de considérer que sous le vocable nouveau-né existent deux sous-notions, par exemple appelées le *nouveau-né non déclaré* et le *nouveau-né patient* ? Le « nouveau-né non déclaré » se définirait donc comme un enfant dont la naissance n'a pas encore été déclarée à l'officier de l'état civil, mais peut encore l'être, parce que le délai n'est pas écoulé ; le « nouveau-né patient » est quant à lui un enfant âgé de moins de vingt-huit jours, sous réserve des prématurés, considérés comme des nouveau-nés tant qu'ils sont hospitalisés dans une unité de réanimation néonatale, eu égard à leur état de santé. Le « nouveau-né patient » est une notion cantonnée au droit de la santé, l'autre a trait à l'état civil de l'enfant.

Ce dualisme est d'autant plus souhaitable que l'éventualité d'une notion moniste a justement montré ses limites, notamment quant à la précision normalement attendue d'une notion juridique. Autrement dit, c'est parce que la notion de nouveau-né ne peut pas être définie par des critères unifiés qu'il faut accepter de distinguer entre les deux « sous-notions », ou entre les deux signifiés.

---

[1] C. JARROSSON, *La notion d'arbitrage*, *op. cit.*, n° 729, p. 347.

**199.** Un tempérament doit être apporté à ce dualisme, puisque la notion de nouveau-né existe également dans le langage courant, elle a donc vocation à être utilisée par la doctrine juridique[1]. Il faut cependant relativiser l'importance de l'utilisation du terme nouveau-né dans ces cas-là : en effet, il est souvent employé en tant que synonyme de nourrisson, voire, comme nous l'avons vu[2] concernant l'image de l'enfant, de « bambin » ou de « poupon »[3]. Dans ces cas, l'utilisation de ce signifiant ne peut pas être systématisée. Cette utilisation du terme nouveau-né est révélatrice de la méconnaissance de son sens en droit.

## *Conclusion du chapitre I*

**200.** La notion de nouveau-né est une notion dualiste, c'est-à-dire qu'elle intègre deux sens différents. Cette polysémie ne pose cependant pas de difficulté, puisque les champs d'action respectifs des deux notions ont été délimités. Le lecteur d'un texte, ou d'une décision de justice, doit donc pouvoir déterminer sans difficulté s'il est face au nouveau-né en tant qu'enfant non-encore déclaré à l'état civil, ou en tant que patient.

**201.** Pour autant, la présente étude est guidée par une question particulière, qui est de savoir si le nouveau-né, dans le discours juridique, est une personne. Si cette question ne pose pas de difficulté pour ce qui est de la notion juridique de nouveau-né[4], elle peut en revanche être soulevée pour le nouveau-né dans le discours médical. Il faut donc dès à présent se demander si cette différence n'est pas révélatrice d'une évolution des conditions d'accès à la personnalité juridique, et plus précisément de la caducité de la notion de viabilité comme condition générale.

---

[1] En revanche, le droit positif ne contient aucune référence à la notion de nouveau-né en dehors des deux définitions dégagées.

[2] *Cf. supra*, n° 145.

[3] J.-P. MARGUÉNAUD, « L'image du poupon », préc. ; J. HAUSER, « L'enfant ou l'enfance ? Le droit à l'image », préc.

[4] *Cf. supra*, n$^{os}$ 89 et s.

# CHAPITRE II
# UNE POLYSÉMIE RÉVÉLATRICE

**202.** Le nouveau-né a fait une entrée remarquable dans le Code de la santé publique à la suite de l'entrée en vigueur des décrets sur la périnatalité du 9 octobre 1998[1]. L'objectif de ces décrets était d'améliorer les conditions de sécurité de l'accouchement[2]. Les maternités ont alors été classées en trois catégories, selon le degré de risque de complication de chaque accouchement : les maternités de niveau I disposent d'un service d'obstétrique ; les maternités de niveau II disposent d'un service d'obstétrique et de néonatologie ; les maternités de niveau III disposent d'un service d'obstétrique, de néonatologie et de réanimation néonatale[3]. La présence de la notion médicale de nouveau-né en droit positif doit donc conduire à interroger sa définition, pour rechercher les conditions de sa coexistence avec la notion juridique de nouveau-né.

**203.** Tout comme la notion juridique de nouveau-né entre dans la catégorie des personnes et même, plus précisément, dans la catégorie des mineurs, le caractère médical de la notion de nouveau-né pourrait conduire à envisager son intégration dans le cadre de la notion de *patient*, du fait de sa relation avec le médecin, ou avec la sage-femme, et sa prise en charge par un établissement de soins, en principe. Il serait alors possible de déduire, de cette qualité de patient, la personnalité juridique du nouveau-né.

Néanmoins, cette qualification est insuffisante, parce que la notion de patient n'est pas définie avec assez de précision, et parce que certains patients ne sont pas titulaires de la personnalité juridique (Section 1). Il conviendra donc de rechercher si la notion *médicale* de nouveau-né peut également être intégrée à la catégorie des personnes (Section 2).

---

[1] D. n° 98-899 du 9 oct. 1998 modifiant le titre Ier du livre VII du code de la santé publique et relatif aux établissements de santé publics et privés pratiquant l'obstétrique, la néonatologie ou la réanimation néonatale ; D n° 98-900 du 9 oct. 1998 relatif aux conditions techniques de fonctionnement auxquelles doivent satisfaire les établissements de santé pour être autorisés à pratiquer les activités d'obstétrique, de néonatologie ou de réanimation néonatale et modifiant le code de la santé publique.

[2] Ph. CHARRIER, G. CLAVANDIER, *Sociologie de la naissance*, *op. cit.*, p. 107 ; *Contribution à la «* réflexion des citoyens, sur l'accompagnement des personnes en fin de vie *»*, préc., p. 8.

[3] *Ibid.*, p. 91.

## Section 1. L'insuffisance de la qualification du nouveau-né comme un patient

**204.** Si les notions de personne et de patient semblent se recouper, notamment au regard de la place que le consentement, et donc la volonté, occupe dans l'acte de soin (§1), il est également possible d'y faire entrer des notions habituellement refoulées hors de la catégorie des personnes, notamment l'enfant à naître : qualifier le nouveau-né de patient ne permet donc pas d'affirmer qu'il est une personne (§2).

### §1. L'assimilation apparente des notions de patient et de personne

**205.** Le droit de la santé, cadre dans lequel nous avons placé la notion médicale de nouveau-né[1], contient un vocabulaire riche, dans lequel il est aisé de se perdre : « patient »[2], « malade »[3], « usager »[4], « client »[5] voire « consommateur »[6], les mots ne manquent pas pour qualifier celui qui a affaire au médecin, ou qui est pris en charge dans un établissement de soins. La notion de patient semble néanmoins la

[1] *Cf. supra*, n^os^ 177 et s.

[2] B. PITCHO, *Le statut juridique du patient*, 2004, LEH, coll. « Thèses ».

[3] L. n° 2002-303 du 4 mars 2002 relative aux droits des malades et à la qualité du système de santé ; M. MÉMETEAU, dans son *Cours de droit médical*, traite de « la relation entre le malade et le médecin » (G. MÉMETEAU, M. GIRER, *Cours de droit médical*, *op. cit.*, p. 309 et s.), alors que Mme GIRER traite, dans le même ouvrage, des « droits des patients » (*Ibid.*, p. 680 et s.).

[4] N. CARLIN, « La personne soignée : client, usager, patient ou malade ? », *RGDM* 2008, n° 11, p. 211-218.

[5] R. SAVATIER, J.-M. AUBY, J. SAVATIER et H. PEQUIGNOT, *Traité de droit médical*, *op. cit.*, p. 211 et s. : les auteurs consacrent la deuxième partie de leur traité aux « relations du médecin libre avec son client » puis posent la question de « la capacité du malade » (p. 215).

[6] B. PITCHO, *Le statut juridique du patient*, *op. cit.*, p. 223 et s., spéc. p. 264 ; J.-M. CLÉMENT, « Le consumérisme médical : de l'usager au consommateur de soins », *in Mélanges en l'honneur de Gérard MÉMETEAU. Droit médical et éthique médicale : regards contemporains*, vol. 1, 2015, LEH, coll. « Mélanges », p. 339 et s., spéc. p. 340 ; S. PRIEUR, « Retour sur la relation juridique de soins en tant que relation consumériste », *in Mélanges en l'honneur de Gérard MÉMETEAU. Droit médical et éthique médicale : regards contemporains*, 2015, LEH, coll. « Mélanges », p. 73-82 ; Rapp. Académie nationale de médecine, « Contribution à la "*réflexion des citoyens, sur l'accompagnement des personnes en fin de vie*" », 11 déc. 2012, p. 6.

plus adaptée pour désigner « le rapport aux professionnels de santé »[1]. Par ailleurs, s'il faut choisir entre les notions de malade et de patient, « tous les bénéficiaires du système de santé ne sont pas nécessairement bénéficiaires de soins, et ne sont pas nécessairement malades », c'est le cas notamment des femmes enceintes, alors que « l'accouchement est la première cause d'hospitalisation en France »[2]. Ce raisonnement doit être étendu au nouveau-né. C'est donc dans la catégorie des patients que nous proposons, dans un premier temps, d'essayer de faire entrer la notion médicale de nouveau-né.

**206.** Le terme de patient n'est pas défini juridiquement. Il n'est pas certain qu'il s'agisse d'une notion juridique, puisqu'il n'est défini dans aucun lexique juridique. Monsieur PITCHO propose quelques éléments de définition : le patient « exprime une souffrance qu'un professionnel de santé tente de supprimer. Il est de plus possible de l'assimiler au consommateur, tandis qu'il demeure toujours titulaire, quel que soit le texte concerné, du droit au respect de la dignité, de la vie privée, de l'autodétermination quant aux soins »[3]. L'auteur conclut néanmoins sa thèse en constatant l'« échec de la définition du patient »[4], et l'« absence de statut du patient »[5].

Cette catégorie semblait pourtant pleinement adaptée au nouveau-né, notion cantonnée au droit de la santé. Elle fait d'ailleurs de multiples apparitions dans le Code de la santé publique, signe de son appréhension par le droit. Pour autant, elle semble utilisée pour remplacer d'autres notions, apparemment indifféremment. Par exemple, le premier alinéa de l'article L. 1111-6 du Code de la santé publique commence ainsi : « Toute personne majeure peut désigner une personne de confiance ». Le deuxième alinéa précise que « [s]i le patient le souhaite, la personne de confiance l'accompagne dans ses démarches et assiste aux entretiens médicaux afin de l'aider dans ses décisions ». À l'expression « personne majeure » du premier alinéa est substituée, dans le deuxième alinéa, la notion de « patient ». Pour autant, est-il possible de dire si la qualité de patient découle de la qualité de personne, ou de la majorité, ou doit-on simplement en déduire que toute personne

[1] N. CARLIN, « La personne soignée : client, usager, patient ou malade ? », prec., spéc. p. 214.

[2] C. LANTERO, *Les droits des patients*, 1re éd., 2018, LGDJ, coll. « Systèmes », p. 13-14.

[3] B. PITCHO, *Le statut juridique du patient*, *op. cit.*, p. 51.

[4] *Ibid.*, p. 600 et s.

[5] *Ibid.*, p. 602 et s.

majeure, dans la situation prévue par le texte, peut être définie comme un patient ?

**207.** La qualité de patient n'est pas attachée à la capacité juridique. Le Code de la santé publique prévoit ainsi des dispositions concernant les mineurs, en les considérant comme des patients à part entière. Par exemple, l'article L. 1112-4 du Code de la santé publique prévoit, dans son premier alinéa, que « [l]es établissements de santé, publics ou privés, et les établissements médico-sociaux mettent en œuvre les moyens propres à prendre en charge la douleur des patients qu'ils accueillent [...] ». Le dernier alinéa de l'article précise que « [l]es obligations prévues pour les établissements mentionnés au présent article s'appliquent notamment lorsqu'ils accueillent des mineurs, des majeurs protégés par la loi ou des personnes âgées ». La qualité de patient, reconnue aux personnes incapables, serait donc attachée à la personnalité juridique voire, plus largement, à la notion de « personne » sans adjectif : elle comprend la personnalité juridique, mais intègre également sa dimension corporelle et ses droits fondamentaux, c'est-à-dire la personne humaine[1]. Ainsi, le chapitre préliminaire du Code de la santé publique est consacré aux « droits de la personne ». L'article L. 1110-1, le premier du chapitre et du Code, prévoit dans son premier alinéa que « [l]e droit fondamental à la protection de la santé doit être mis en œuvre par tous moyens disponibles au bénéfice de toute personne [...] ». La personne, qu'elle soit capable ou non, serait donc toujours considérée comme un patient dans la relation médicale.

**208.** Le nouveau-né a, au sein du Code de la santé publique, une place toute particulière, avec vingt-quatre articles qui se réfèrent expressément à la notion[2]. La néonatologie, qui se définit comme l'« [é]tude du nouveau-né normal ou pathologique »[3], et la réanimation néonatale, soit l'« [e]nsemble de soins dispensés à un nouveau-né en détresse [...] »[4], sont concernées par deux sections du Code : l'une au sein d'un chapitre consacré aux « [c]onditions d'implantation de certaines activités de soins et des équipements matériels lourds »[5], et

[1] *Cf. supra*, n^os^ 112 et 113.

[2] Alors que le C. civ. et le C. pén. n'en comptent qu'un chacun, concernant le nouveau-né trouvé (C. civ., art. 58, et C. pén., art. R. 645-5).

[3] *Dictionnaire médical de l'Académie nationale de médecine*, en ligne, v° « Néonatologie », consulté le 20 sept. 2022.

[4] *Ibid.*, v° « Réanimation néonatale et relation avec les parents », consulté le 20 sept. 2022.

[5] CSP, art. R. 6123-39 à R. 6123-53.

une autre section consacrée aux « conditions techniques de fonctionnement »[1] de ce service. Néanmoins, la néonatologie et la réanimation néonatale sont toujours envisagées conjointement avec l'obstétrique, qui se définit comme la « [s]cience de la grossesse et de l'accouchement » : l'appréhension de la place du nouveau-né, dans la relation de soin et dans sa prise en charge par le système de santé semble donc toujours se faire conjointement avec celle de la femme qui accouche.

Comme pour confirmer cette hypothèse, le Code de déontologie des sages-femmes contient une sous-section dédiée aux « devoirs envers les patientes et les nouveau-nés »[2]. Du début de la grossesse aux suites de l'accouchement, il n'y aurait donc qu'un seul processus, scindé en plusieurs étapes. Ce constat rejoint le nôtre, en appréhendant l'accouchement comme un processus[3]. Ainsi, même si le Code de la santé publique et, plus largement, le droit de la santé, envisagent la période de temps allant de la conception jusqu'aux suites de l'accouchement comme une période de temps unique, il y a, au cours de cette période, un événement qu'il faudra rechercher : celui où le nouveau-né devient un patient distinct de sa mère.

**209.** Au sein d'une section du Code de la santé publique consacrée au dépistage néonatal[4], deux articles sont consacrés au nouveau-né, sans aucune référence à la femme qui accouche. L'article R. 1131-21 dispose tout d'abord que « [l]e dépistage néonatal s'entend de celui des maladies à expression néonatale, à des fins de prévention secondaire. Il est effectué auprès de tous les nouveau-nés ou, dans certains cas, auprès de ceux qui présentent un risque particulier de développer l'une de ces maladies [...] ». Le nouveau-né, dans ce cas de figure, est le sujet de l'acte en question, la femme qui accouche n'étant nullement concernée par le dépistage, sauf éventuellement en tant que titulaire de l'autorité parentale.

Par ailleurs, l'article suivant précise que « [...] [l]es informations délivrées aux titulaires de l'autorité parentale précisent notamment les finalités de ce dépistage »[5]. La femme qui a accouché est probablement titulaire de l'autorité parentale, mais le texte ne la concerne pas en tant que femme qui a accouché, mais en tant que personne qui est titulaire

[1] CSP, art. D. 6124-35 à D. 6124-63.
[2] CSP, art. R. 4127-325 à R. 4127-338.
[3] *Cf. supra*, n$^{os}$ 58 et s.
[4] CSP, art. R. 1131-21 et R. 1131-22.
[5] CSP, art. R. 1131-22.

d'un droit vis-à-vis du nouveau-né. Par ailleurs, il convient de noter que l'autorité parentale ne peut être exercée qu'à l'égard d'un enfant doté de la personnalité juridique. Dès lors, si l'information est donnée aux titulaires de l'autorité parentale concernant le dépistage néonatal, le nouveau-né concerné par ce dépistage est nécessairement titulaire de la personnalité juridique, puisqu'à défaut de personnalité juridique, aucun lien de filiation ne peut être établi, et donc aucune autorité parentale ne peut être exercée[1].

**210.** Pour ce qui concerne la néonatologie et la réanimation néonatale, ces disciplines semblent, avant tout, tournées vers le nouveau-né. Ainsi, l'article R. 6123-41 du Code de la santé publique dispose que « [l]a néonatologie a pour objet la surveillance et les soins spécialisés des nouveau-nés à risques et de ceux dont l'état s'est dégradé après la naissance ». La parturiente ne semble donc concernée qu'accessoirement. Quant à l'article suivant, il dispose que « [l]a réanimation néonatale a pour objet la surveillance et les soins spécialisés des nouveau-nés présentant des détresses graves ou des risques vitaux ». Le constat est le même : la réanimation néonatale n'a pas pour objet de dispenser des soins indistinctement à la femme qui a accouché et à son enfant, mais uniquement au nouveau-né. Il existe donc une rupture avec l'obstétrique, également définie par le Code de la santé publique. L'article R. 6123-40 dispose que :

« Afin de contribuer à l'amélioration de la sécurité de la grossesse, de la naissance et de **l'environnement périnatal de la mère et de l'enfant**[2], les établissements de santé pratiquant l'obstétrique :

1° Participent à la prise en charge des grossesses et à l'identification, en cours de grossesse, des facteurs de risques **pour la mère et pour l'enfant**[3], afin d'orienter la mère avant l'accouchement vers une structure adaptée ;

2° Assurent l'accouchement et **les soins de la mère et du nouveau-né**[4], ainsi que les actes de chirurgie abdomino-pelvienne liés à la grossesse ou à l'accouchement, dans des conditions visant à réduire les risques et permettant de faire face aux conséquences de leur éventuelle survenance ;

---

[1] *Cf. infra*, n^os^ 382 et s.
[2] C'est nous qui soulignons.
[3] C'est nous qui soulignons.
[4] C'est nous qui soulignons.

3° Assurent le suivi postnatal immédiat de **la mère et de l'enfant**[1] dans des conditions médicales, psychologiques et sociales appropriées ».

La différence avec la néonatologie et la réanimation néonatale est donc flagrante, puisque le nouveau-né est envisagé, dans le cadre de l'obstétrique, dans une relation indivisible avec la femme qui accouche.

La place du nouveau-né ne laisse donc pas réellement de doute en droit de la santé : il peut sans difficulté être qualifié de patient. Néanmoins, tous les patients ne sont pas dotés de la personnalité juridique : ainsi, qualifier le nouveau-né de patient ne permet pas de le faire entrer mécaniquement dans la catégorie des personnes.

### §2. L'absence de coïncidence des catégories de patient et de personne : l'exemple de l'enfant à naître

**211.** L'absence de définition précise de la notion de patient ne doit pas empêcher de rechercher la place de l'enfant à naître en droit de la santé. *Pars viscerum matris*, l'enfant à naître ne serait pas le patient, puisqu'il ne fait qu'un avec la mère. Le médecin prodiguerait donc des soins à la fois à l'enfant à naître et à sa mère. Monsieur PITCHO fait valoir que « [l]'embryon, qui ne dispose pas de la qualité de personne juridique, ne peut, au premier abord, pas influer sur l'exécution par le fournisseur de soins de sa prestation. Il a, pourtant, été décidé qu'en cas d'exécution défectueuse, l'enfant à naître bénéficie à son encontre d'un droit à l'indemnisation de ses préjudices »[2]. La qualité de patient de l'enfant à naître résulterait alors de la possibilité pour lui de rechercher la responsabilité du praticien, ou de l'établissement de soins qui lui aurait causé un préjudice, et ce en raison d'une faute commise avant sa naissance.

**212.** Il convient alors de s'intéresser au droit commun de la responsabilité. La Cour de cassation a rappelé que « dès sa naissance, l'enfant peut demander réparation du préjudice résultant du décès accidentel de son père survenu alors qu'il était conçu ; qu'ayant estimé que Zachary C... souffrait de l'absence définitive de son père décédé dans l'accident du [...], la cour d'appel a caractérisé l'existence d'un

---

[1] C'est nous qui soulignons.

[2] B. PITCHO, *Le statut juridique du patient*, *op. cit.*, p. 461.

préjudice moral ainsi que le lien de causalité entre le décès accidentel de Abdallah C... et ce préjudice »[1]. Étendue au domaine de la médecine, cette solution permettrait à l'enfant, une fois né, de demander réparation de son préjudice découlant de la faute du médecin pendant la grossesse : « [l]a typologie des fautes correspond, dès lors, à la variété des fautes dans le domaine de l'embryologie, de la médecine anténatale, de la génétique ou encore de l'interruption de grossesse »[2]. Elle doit cependant être différenciée de l'arrêt Perruche[3], qui n'a plus de valeur

---

[1] Cass. 2e civ., 14 déc. 2017, n° 16-26.687 : *Bull. civ. II, n° 235* ; *D.* 2018, p. 386, note M. BACACHE ; *D.* 2018, p. 2153, obs. M. BACACHE, A. GUÉGAN et S. PORCHY-SIMON ; *D.* 2019, p. 38, obs. Ph. BRUN, O. GOUT et C. QUÉZEL-AMBRUNAZ ; *AJ fam.* 2018, p. 48, obs. M. SAULIER ; *RDSS* 2018, p. 178, obs. T. TAURAN ; *RTD civ.* 2018, p. 72, obs. D. MAZEAUD ; *RTD civ.* 2018, p. 92, obs. A.-M. LEROYER ; *RTD civ.* 2018, p. 126, obs. P. JOURDAIN ; *JCP* 2018, n° 204, note J.-R. BINET ; *JCP* 2018, n° 262, chron. P. STOFFEL-MUNCK ; *Gaz. Pal.*, 30 janv. 2018, p. 62, obs. D. TAPINOS ; *RFDA* 2017, p. 983, F.-X. BRÉCHOT. – Cette décision a ensuite été confirmée, ultérieurement, par la chambre criminelle de la Cour de cassation (Cass. crim., 10 nov. 2020, n° 19-87.136 : *D. actu.* 15 déc. 2020, obs. M. RECOTILLET ; *D.* 2020. 2288 ; *JCP G* 2020. 1416 ; *AJ fam.* 2020. 679, obs. L. MARY ; *AJ pén.* 2021. 31, note Y. MAYAUD ; *RCA* 2021, comm. 2, S. HOCQUET-BERG ; *RTD Civ.* 2021. 105, chron. A.-M. LEROYER) et étendue au décès du grand-père (Cass. 2e civ., 11 févr. 2021, n° 19-23.525 : *D.* 2021. 349 ; *AJ fam.* 2021. 191, obs. J. HOUSSIER ; *RJPF* 2021, obs. I. CORPART ; *JCP* 2021. 448, obs. C. BLOCH ; *RCA* 2021. Alerte 10, obs. L. BLOCH ; *Dr. fam.* 2021. Comm. 70, L. DUPIN ; *ibid.*, Comm. 64, Ph. BONFILS ; *RTD civ.* 2021. 388, obs. A.-M. LEROYER).

[2] B. PITCHO, *Le statut juridique du patient*, *op. cit.*, p. 464.

[3] Cass. Ass. plén., 17 nov. 2000, n° 99-13.701 : *D.* 2000, p. 44, note C. LABRUSSE-RIOU et B. MATHIEU ; *D.* 2001, p. 316, concl. orales J. SAINTE-ROSE ; *ibid.*, p. 332, note D. MAZEAUD et note P. JOURDAIN ; *ibid.*, somm. 2796, obs. F. VASSEUR-LAMBRY ; *ibid.*, p. 489, chron. J.-L. AUBERT ; *ibid.*, p. 492, chron. L. AYNÈS ; *ibid.*, p. 1263, note Y. SAINT-JOURS ; *ibid.*, p. 1889, chron. P. KAYSER ; *D.* 2002, p. 1996, chron. A. SERIAUX ; p. 2349, chron. B. EDELMAN ; *JCP* 2000.II.10438, rapp. P. SARGOS, concl. J. SAINTE-ROSE, note F. CHABAS ; *ibid.*, I.279, note G. MÉMETEAU ; *ibid.*, n° 50, p. 2267, note F. TERRÉ ; *JCP* 2001.I.287, note P.-Y. GAUTIER ; *ibid.*, I.286, note G. VINEY ; *Gaz. Pal.* 2001, p. 37, rapp. P. SARGOS, concl. J. SAINTE-ROSE, note J. GUIGUE ; *LPA* 8 déc. 2000, note M. GOBERT ; *Dr. fam.* 2001, comm. n° 11, P. MURAT ; *ibid.*, chron. n° 7, D. FENOUILLET ; *CCC* 2001, n° 39, note L. LEVENEUR ; *RTD Civ.* 2001, p. 103, obs. J. HAUSER ; *ibid.*, p. 149, obs. P. JOURDAIN ; *ibid.*, p. 226, obs. R. LIBCHABER ; *ibid.*, p. 285, note M. FABRE-MAGNAN ; *RCA* 2001, chron. n° 1, C. RADÉ ; *ibid.*, chron. n° 4, F. LEDUC ; *RGDA* 2001, p. 13, note L. MAYAUX ; *RDSS* 2001, p. 1, note A. TERRASSON DE FOUGÈRES. – O. CAYLA, Y. THOMAS, *Du droit de ne pas naître. A propos de l'affaire Perruche*, 2002, Gallimard, coll. « Le débat ».

en droit positif depuis la loi Kouchner[1] : alors que dans cette dernière décision, l'Assemblée plénière avait retenu la responsabilité du médecin dont la faute avait entraîné la naissance de l'enfant, le droit positif permet de retenir la responsabilité d'un médecin dont la faute causerait un préjudice à l'enfant, par exemple un handicap[2].

**213.** Néanmoins, la faculté pour l'*enfant né* de rechercher la responsabilité du médecin pour une faute commise pendant la grossesse suffit-elle pour affirmer que l'*enfant à naître* est un patient ? Il semble que l'action en responsabilité soit ouverte dès la naissance de l'enfant parce que c'est à ce moment-là que naît le préjudice[3], mais il n'est pas possible d'en tirer une conclusion sur le statut de l'enfant à naître. Une étude du sommaire du Code de la santé publique permet également de douter de son statut de patient : le fœtus et l'embryon n'y figurent que dans les dispositions concernant la recherche biomédicale ou l'assistance médicale à la procréation. Il faut entrer dans le Code, aller sous la surface, pour trouver quelques articles qui s'intéressent au « fœtus » distinctement de la mère.

**214.** Le premier alinéa de l'article L. 2131-1 du Code de la santé publique définit le diagnostic préimplantatoire comme les « pratiques médicales, y compris l'échographie obstétricale et fœtale, ayant pour but de détecter in utero chez l'embryon ou le fœtus une affection d'une particulière gravité ». La définition retenue par cet article place l'enfant à naître au centre du processus, tout en faisant abstraction de la femme qui porte l'enfant. Ce n'est qu'au deuxième alinéa qu'il est précisé que « [t]oute femme enceinte reçoit, lors d'une consultation médicale, une information loyale, claire et adaptée à sa situation sur la possibilité de recourir, à sa demande, à des examens de biologie médicale et d'imagerie permettant d'évaluer le risque que l'embryon ou le fœtus présente une affection susceptible de modifier le déroulement ou le suivi de sa grossesse ». L'ordre dans lequel l'article évoque l'enfant à naître dans le premier alinéa, puis la femme qui le porte dans le

---

[1] L. n° 2002-303 du 4 mars 2002 relative aux droits des malades et à la qualité du système de santé ; CASF, art. L. 114-5.

[2] Sur ce point, v. not. Ph. BRUN, *Responsabilité civile extracontractuelle*, 5e éd., 2018, LexisNexis, coll. « Manuel », nos 268 et s., p. 183 et s.

[3] À propos de l'arrêt du 14 déc. 2017, M. STOFFEL-MUNCK considère que la décision « consacre simplement un type de préjudice particulier dans un cas particulier : la souffrance morale de naître sans père » (Ph. STOFFEL-MUNCK, « Responsabilité civile, *JCP G* 2018, n° 9-10, doctr. 262). Cette souffrance de « naître sans père » ne peut exister qu'à la condition de naître.

deuxième alinéa, est révélateur du rôle, principal ou secondaire, que chacun joue. Selon ces dispositions, l'affection concerne en tout premier lieu l'enfant à naître. Autrement, l'article aurait été formulé en indiquant que l'affection touche la femme enceinte, de manière à compromettre ou « modifier le déroulement ou le suivi de sa grossesse ». Il n'en est rien. Le Code de la santé publique semble donc s'intéresser au fœtus ou à l'embryon, non comme une simple partie de la femme enceinte, mais comme une entité distincte, qui peut présenter une affection sans que la mère elle-même n'en soit atteinte. Par ailleurs, pour la mise en œuvre du diagnostic prénatal, l'article R. 2131-1 du Code de la santé publique définit la médecine fœtale comme « la prise en charge adaptée ou des traitements apportés au fœtus en cas de pathologie ». Il confirme donc l'existence d'actes de soin destinés principalement à l'enfant à naître, indépendamment de la femme qui le porte.

**215.** Le Code de déontologie des sages-femmes donne également quelques indices sur la place de l'enfant à naître dans la relation de soins. Selon l'article R. 4127-318 du Code de la santé publique, « [l]a sage-femme est autorisée à pratiquer l'ensemble des actes cliniques et techniques nécessaires au suivi et à la surveillance des situations non pathologiques et au dépistage de pathologie, concernant :

a) Les femmes à l'occasion du suivi gynécologique de prévention et de la réalisation de consultations de contraception ;

b) Les femmes pendant la grossesse, l'accouchement et durant la période postnatale ;

c) Le fœtus ;

d) Le nouveau-né ».

Si l'on s'intéresse à la présentation du texte, le fœtus est placé sur un pied d'égalité avec la femme qui le porte et le nouveau-né. Il est même placé avant le nouveau-né dans l'énumération du texte. Néanmoins, la seule analyse formelle de ces dispositions présente des limites. Par exemple, l'article R. 4127-305 du Code de la santé publique dispose que « [l]a sage-femme doit traiter avec la même conscience toute patiente et tout nouveau-né quels que soient son origine, ses mœurs et sa situation de famille, son appartenance ou sa non-appartenance à une ethnie, une nation, une race ou une religion déterminées, son handicap ou son état de santé, sa réputation ou les sentiments qu'elle peut éprouver à son égard, et quel que soit le sexe de l'enfant ». L'article ne fait donc pas référence au fœtus, ou à l'enfant à naître. Faut-il en conclure que les obligations de la sage-femme ne s'imposent pas à lui ? Il semble plutôt que les obligations qu'elle a vis-à-vis de la femme enceinte s'étendent par confusion à l'enfant qu'elle porte. La même réflexion peut être formulée concernant l'article R. 4127-315 qui dispose qu'« [u]ne sage-femme qui se trouve en présence d'une femme ou d'un nouveau-né en danger immédiat ou qui est informée d'un tel danger doit lui porter assistance ou s'assurer que les soins nécessaires sont donnés ». Dans ce dernier cas de figure, il est même très probable que la priorité doive être donnée à la femme en danger par rapport à son enfant à naître.

**216.** Dès lors, au regard du peu de dispositions qui lui sont consacrées, l'enfant à naître n'est pas placé au même niveau que des patients titulaires de la personnalité juridique. Le Code de la santé publique proclame les droits de la « personne malade », ce qui semble exclure, indirectement, l'enfant à naître. Il n'est considéré comme un patient à part entière que dans quelques dispositions, marginales au regard du nombre d'articles consacrés à l'obstétrique.

Pour autant, il semble difficile d'affirmer que dans les actes en question, l'enfant à naître ne puisse pas être considéré comme un patient. La notion de patient n'est pas définie, et il semble bien que l'enfant à naître puisse être le destinataire des soins. Dans ce cas de figure, les notions de personne et de patient ne se recouperaient pas parfaitement. Qualifier le nouveau-né de patient ne permettrait donc pas d'affirmer avec certitude qu'il est titulaire de la personnalité juridique. Dès lors, il convient de sortir du vocabulaire du droit de la santé, pour mettre de côté les notions de « malade » ou de « patient ». La notion médicale de nouveau-né doit être étudiée à travers la notion de personne. Si elle présente l'inconvénient d'être plus large, elle est tout de même plus précise, dans la mesure où elle est définie[1].

## *Section 2. La confrontation de la notion médicale de nouveau-né avec les conditions d'accès à la personnalité juridique,*

[1] *Cf. supra*, n° 113.

### *révélatrice de la caducité de la notion de viabilité*

**217.** L'étude d'une notion du droit de la santé – ici, la notion de nouveau-né – à travers une notion civiliste – la notion de personne – n'est guère surprenante. Tout d'abord, la notion de personne est entrée dans le droit de la santé, notamment dans les articles du Code de la santé publique. Ensuite, et plus largement, « le droit des personnes, des biens, des obligations, dont use le droit médical, est d'abord civil »[1]. Le droit de la santé a puisé ses outils dans le droit commun, qui est le droit civil. Cependant, le rattachement de la notion médicale de nouveau-né à la catégorie des personnes rencontre un obstacle : le critère de viabilité. La notion de viabilité doit être appréciée selon les progrès de la médecine[2]. En effet, un enfant a plus de chances de survivre à sa naissance qu'il y a quelques décennies[3]. Aujourd'hui, un nouveau-né prématuré est pris en charge grâce à des techniques de plus en plus efficaces. Le maintien en incubateur – plus connu sous le nom de « couveuse » – pendant plusieurs semaines permet d'atténuer le choc du début de la vie extra-utérine pour un enfant qui est sorti trop tôt de l'enveloppe protectrice qu'est le corps maternel. Il semble donc que la viabilité du nouveau-né doive être appréciée selon l'efficacité de ces nouvelles techniques[4].

Cependant, si la viabilité est véritablement une condition d'acquisition de la personnalité juridique, quelle serait la place de l'enfant vivant mais non-viable dans le rapport de soin ? Avant tout, il convient de rechercher la place du critère de viabilité dans la définition de la notion médicale de nouveau-né : or, certains nouveau-nés étant en

---

[1] G. MÉMETEAU, M. GIRER, *Cours de droit médical*, *op. cit.*, p. 36.
[2] *Cf. supra*, n^os 45 et s.
[3] Avis CCNE, n° 65, 14 sept. 2000, « Réflexions éthiques autour de la réanimation néonatale », p. 1 ; *La première semaine de la vie*, préc. : « Le progrès de la médecine fœtale et de la néonatologie ont permis de réduire la mortalité périnatale de 18,1 ‰ en 1975 à 6,7 ‰ en 2000 et de constituer une grande part de la baisse de la mortalité infantile. Les enjeux sont d'autant plus importants qu'ils concernent entre 750.000 et 800.000 naissances par an en France ».
[4] P. CHARRIER et G. CLAVANDIER, *Sociologie de la naissance*, *op. cit.*, p. 122 : « Les progrès techniques en matière de réanimation néo-natale [*sic*] ont atteint des degrés de performance qui repoussent les limites (en termes de viabilité) qui paraissaient infranchissables il y a quelques décennies encore ».

« fin de vie », ils ne sont pas viables. La médecine ne distingue donc pas les nouveau-nés selon leur viabilité (§1).

La tentative visant à faire entrer les notions juridique et médicale de nouveau-né dans la même catégorie, celle de la personnalité juridique, permettra donc surtout de révéler la caducité de la notion de viabilité, non pas au sens strictement juridique, mais dans un sens plus large, c'est-à-dire le fait qu'elle soit « moribonde, proche de la ruine »[1]. Plus précisément, la caducité signifie « [q]ui est tombé en désuétude, qui est périmé. *Des institutions caduques. Un règlement caduc. Une loi caduque,* qui ne s'applique plus. *Une théorie caduque* »[2]. La caducité de la notion de viabilité comme condition d'accès à la personnalité juridique découle non seulement de l'évolution de la médecine néonatale, mais également de l'évolution des droits du patient en fin de vie, concernant notamment l'accès aux soins palliatifs, qui est réservé à des personnes (§2).

## §1. L'exclusion du critère de viabilité pour définir le nouveau-né en droit de la santé

**218.** La notion médicale de nouveau-né se définit, contrairement à la notion juridique, par un critère d'âge : le nouveau-né est un enfant âgé de moins de vingt-huit jours. Ce délai doit être allongé pour les enfants prématurés, en tenant compte de la durée théorique de la grossesse[3]. La viabilité est donc indifférente. Il semble même que souvent, elle ne puisse pas être établie avec certitude. L'enfant vient au monde incapable de pourvoir seul à ses besoins, incapable de survivre sans les adultes.

C'est le sens du concept de néoténie, qui est défini comme le « [r]etard de développement constaté chez l'Homme par rapport aux autres primates, touchant essentiellement le cerveau encore immature à la naissance […] »[4]. Cette immaturité consubstantielle aux premiers

---

[1] G. CORNU (dir.), *Vocabulaire juridique*, *op. cit.*, v° « Caduc ».

[2] *Dictionnaire de l'Académie française*, 9e éd., v° « Caduc ».

[3] *Cf. supra*, nos 185 et 186.

[4] *Dictionnaire médical de l'Académie nationale de médecine*, en ligne, v° « Néoténie », consulté le 20 sept. 2022. – V. également : J. D'YVOIRE, « La néoténie », *in* R. FRYDMAN, M. SZEJER (dir.), *La naissance. Histoire, cultures et pratiques d'aujourd'hui*, 2010, Albin Michel, p. 1131 : « Formé en 1884 par J. Kollmann, le terme de néoténie désigne l'aptitude qu'ont les individus de certaines

moments de la vie était la cause d'une mortalité périnatale extrêmement importante. ARIÈS, pour justifier l'absence de sépulture donnée aux enfants mort-nés, estimait qu'« [o]n ne pensait pas que cet enfant contenait déjà toute une personne d'homme, comme nous croyons communément aujourd'hui. Il en mourait trop. [...] Cette indifférence était une conséquence directe et inévitable de la démographie de l'époque »[1]. L'absence de viabilité serait donc l'état naturel du nouveau-né.

Pour cette raison, les soins aux nouveau-nés et à leurs mères ont été encadrés par les « décrets périnatalité »[2], censés apporter une meilleure sécurité pour l'accouchement. Néanmoins, malgré cette amélioration de la sécurité de l'accouchement, et malgré la baisse de la mortalité néonatale[3], certains nouveau-nés viennent encore au monde dans un état de détresse vitale nécessitant des soins urgents. Dans un avis intitulé « Réflexions éthiques autour de la réanimation néonatale », le CCNE relevait qu'« [e]nviron 2,5% des nouveau-nés sont atteints de malformations congénitales. Les malformations graves, souvent multiples, sont responsables d'une importante mortalité néonatale précoce (première semaine) »[4]. La viabilité se définissant justement comme l'aptitude à la vie autonome, il semble que ces nouveau-nés, qui décèdent dans la semaine suivant leur naissance, ne soient pas viables.

**219.** La jurisprudence constitue un indicateur fiable des liens entretenus entre les notions de nouveau-né et de viabilité en droit

---

espèces à se reproduire à un stade larvaire, alors qu'ils ne sont pas encore parvenus à la forme adulte. [...] Le terme de néoténie renvoie alors à ce processus de fœtalisation par lequel il désigne l'immaturité du nouveau-né ». Pour l'application de ce concept à l'humain : L. BOLK, « Le problème de la genèse humaine », *Revue française de psychanalyse,* 1961, vol. 25, n° 2.

[1] Ph. ARIÈS, *L'enfant et la vie familiale sous l'Ancien régime*, *op. cit.*, p. 61.

[2] D. n° 98-899 du 9 oct. 1998 modifiant le titre Ier du livre VII du code de la santé publique et relatif aux établissements de santé publics et privés pratiquant l'obstétrique, la néonatologie ou la réanimation néonatale ; D. n° 98-900 du 9 oct. 1998 relatif aux conditions techniques de fonctionnement auxquelles doivent satisfaire les établissements de santé pour être autorisés à pratiquer les activités d'obstétrique, de néonatologie ou de réanimation néonatale et modifiant le code de la santé publique.

[3] Il faut cependant noter que la mortalité néonatale est, depuis peu, de nouveau en légère hausse (E. GOMES, L. CAHOUR, C. MENGUY, N. REGNAULT, « Rapport de surveillance de la santé périnatale en France », 2022, Santé publique France, Saint-Maurice).

[4] Avis CCNE, n° 65, 14 sept. 2000, « Réflexions éthiques autour de la réanimation néonatale », p. 3.

médical. Par exemple, dans un arrêt rendu le 20 mars 1996, la chambre criminelle de la Cour de cassation a eu à connaître d'une affaire dans laquelle un médecin était poursuivi pour homicide involontaire[1] : il lui était reproché d'avoir déclenché un accouchement sans raison médicale impérieuse, comportement que les juges du fond qualifient de faute d'imprudence. Ils estiment néanmoins qu'« il n'est pas possible d'affirmer que, né à terme, l'enfant aurait survécu s'il avait contracté la même méningite fulgurante et que, par suite, il n'existe aucun lien de causalité démontré entre la faute et le décès », écartant ainsi l'homicide involontaire. Si les juges doutent de l'aptitude à la survie de l'enfant en l'absence de faute du médecin, c'est donc qu'ils doutent de la viabilité de l'enfant.

La Cour de cassation ne remet pas ce raisonnement en question, si ce n'est qu'elle estime qu'il est possible d'allouer des dommages-intérêts pour réparer le préjudice moral des parents de l'enfant décédé, du fait que la faute du médecin a tout de même occasionné à l'enfant une « perte de chance de survie ». Si la viabilité de l'enfant est douteuse, les juges ne s'en réfèrent pas moins à la notion de nouveau-né, puisqu'ils estiment que la faute du médecin « a ainsi augmenté le risque de contamination infectieuse du nouveau-né ». La notion médicale de nouveau-né semble donc être ici employée pour désigner un enfant non viable.

**220.** La notion de perte de chance a également été employée par le juge administratif. Le Conseil d'État, dans un arrêt rendu le 25 mai 2018[2], a eu à connaître de la faute d'un médecin ayant entrainé une perte de chance pour l'enfant de ne pas être transféré dans un service de réanimation néonatale. C'est à l'occasion de cette réanimation que l'enfant a contracté l'infection nosocomiale à l'origine de son décès. Les juges du fond ont estimé cette perte de chance à hauteur de 90%, mais que la perte de chance d'éviter l'infection nosocomiale n'était que de 50%[3]. Le Conseil d'État censure ce raisonnement au motif « qu'ayant ainsi retenu que les fautes commises par les médecins avaient entraîné une perte de chance de 90 % d'éviter que l'enfant doive subir les soins au cours desquels il avait contracté une infection nosocomiale mortelle, la cour n'a pu, sans entacher son arrêt d'une

[1] Cass. crim., 20 mars 1996, n° 95-81.168 : *Bull. crim., n° 119* ; *RTD civ.* 1996. 912, obs. P. JOURDAIN ; *JCP* 1996. I. 3985, n° 22, obs. G. VINEY.

[2] CE, 25 mai 2018, 5e et 6e ch. réunies, n° 410142, Rec. Lebon.

[3] *Ibid.*, §3.

erreur de droit, juger que ces fautes étaient à l'origine de la moitié seulement des préjudices ayant résulté du décès ».

Dans cette décision, l'enfant est qualifié à deux reprises de nouveau-né. Est-il pour autant possible d'affirmer que l'enfant en question n'était pas viable ? La faute médicale a contribué à hauteur de 90% au transfert de l'enfant en réanimation néonatale, ce qui signifie, *a contrario*, que le risque de décès de l'enfant est évalué à hauteur de 10 %, et ce malgré les soins qu'il était possible de dispenser. Si l'absence de viabilité n'est pas certaine, la viabilité est douteuse. Il est un cas particulier dans lequel l'absence de viabilité de l'enfant est certaine : c'est celui dans lequel le médecin, s'il réanime l'enfant qui vient de naître, se rend coupable d'obstination déraisonnable. L'étude de la notion d'obstination déraisonnable (A) permettra d'éclairer la notion de viabilité dans le cadre de la réanimation néonatale (B).

## *A. La viabilité douteuse des nouveau-nés en réanimation : étude de la notion d'obstination déraisonnable*

**221.** La décision d'arrêt des soins, qui permet de mettre fin à une obstination déraisonnable, est intrinsèquement liée à la volonté du patient (1). Un cadre objectif demeure cependant : l'obstination déraisonnable, en matière de réanimation néonatale, concerne des traitements de maintien en vie (2).

### 1. Obstination déraisonnable et décision d'arrêt des soins : la recherche de la volonté de la personne

**222.** Selon l'article L. 1110-5-1 du Code de la santé publique, « [l]es actes mentionnés à l'article L. 1110-5[1] ne doivent pas être mis en œuvre

[1] CSP, art. L. 1110-5 : « Toute personne a, compte tenu de son état de santé et de l'urgence des interventions que celui-ci requiert, le droit de recevoir, sur l'ensemble du territoire, les traitements et les soins les plus appropriés et de bénéficier des thérapeutiques dont l'efficacité est reconnue et qui garantissent la meilleure sécurité sanitaire et le meilleur apaisement possible de la souffrance au regard des connaissances médicales avérées. Les actes de prévention, d'investigation ou de traitements et de soins ne doivent pas, en l'état des connaissances médicales, lui faire

ou poursuivis lorsqu'ils résultent d'une obstination déraisonnable. Lorsqu'ils apparaissent inutiles, disproportionnés ou lorsqu'ils n'ont d'autre effet que le seul maintien artificiel de la vie, ils peuvent être suspendus ou ne pas être entrepris, conformément à la volonté du patient et, si ce dernier est hors d'état d'exprimer sa volonté, à l'issue d'une procédure collégiale définie par voie réglementaire ». La notion d'obstination déraisonnable n'est pas définie par l'article L. 1110-5. Alors qu'il est interdit de mettre en œuvre ou de poursuivre des actes résultant d'une obstination déraisonnable – le texte utilise le verbe « devoir » –, les actes qui apparaissent inutiles, disproportionnés ou n'ayant d'autre effet que le maintien artificiel de la vie « peuvent » être suspendus. Les deux catégories d'actes ne semblent donc pas pouvoir être assimilées, leurs régimes juridiques étant distincts[1].

Cette interprétation n'est cependant pas partagée par l'ensemble de la doctrine : « [c]'est ainsi le choix du verbe "pouvoir" qui a été définitivement retenu en commission, au lieu d'utiliser un impératif ou un indicatif, pour laisser la possibilité de suspendre les traitements »[2]. Si cette interprétation semble s'écarter de la lettre du texte, et notamment de l'utilisation du verbe « devoir » au premier alinéa, elle semble confirmée par l'article qui le suit immédiatement, et par la définition de la notion d'obstination déraisonnable arrêtée par la jurisprudence.

**223.** L'article L. 1110-5-2 précise qu'« [à] la demande du patient d'éviter toute souffrance et de ne pas subir d'obstination déraisonnable, une sédation profonde et continue provoquant une altération de la conscience maintenue jusqu'au décès, associée à une analgésie et à l'arrêt de l'ensemble des traitements de maintien en vie, est mise en œuvre [...] »[3]. Le quatrième alinéa prévoit également que « [l]orsque le

courir de risques disproportionnés par rapport au bénéfice escompté. Ces dispositions s'appliquent sans préjudice ni de l'obligation de sécurité à laquelle est tenu tout fournisseur de produits de santé ni de l'application du titre II du présent livre.

Toute personne a le droit d'avoir une fin de vie digne et accompagnée du meilleur apaisement possible de la souffrance. Les professionnels de santé mettent en œuvre tous les moyens à leur disposition pour que ce droit soit respecté ».

[1] V. en ce sens : D. THOUVENIN, « L'arrêt de traitement qui mettrait fin à la vie d'une très jeune enfant : un bébé n'est pas un adulte en réduction », *RDSS* 2017, p. 698 ; X. BIOY, « Arrêt des traitements et fin de vie. Le Conseil d'État face aux ambigüités de la loi du 2 février 2016 », *AJDA* 2018, p. 578 ; A. GOGOS-GINTRAND, « La décision d'arrêt des traitements pour les mineurs », *D.* 2019, p. 80.

[2] G. MÉMETEAU et M. GIRER, *Cours de droit médical*, *op. cit.*, p. 724.

[3] CSP, art. L. 1110-5-2 al. 1er.

patient ne peut pas exprimer sa volonté et, au titre du refus de l'obstination déraisonnable mentionnée à l'article L. 1110-5-1, dans le cas où le médecin arrête un traitement de maintien en vie, celui-ci applique une sédation profonde et continue provoquant une altération de la conscience maintenue jusqu'au décès, associée à une analgésie ». Ces dispositions lient l'interdiction de l'obstination déraisonnable à la volonté du patient et, en l'absence de volonté, la décision d'arrêt des traitements doit résulter de la procédure collégiale, prévue par voie réglementaire, et régie par les articles R. 4127-37 et suivants du Code de la santé publique.

**224.** Le Conseil constitutionnel fait également ce lien entre la notion d'obstination déraisonnable et la possibilité ou non d'émettre une volonté, en notant que le Code de la santé publique habilite « le médecin en charge d'un patient hors d'état d'exprimer sa volonté à arrêter ou à ne pas mettre en œuvre, au titre du refus de l'obstination déraisonnable, les traitements qui apparaissent inutiles, disproportionnés ou sans autre effet que le seul maintien artificiel de la vie »[1]. *A contrario*, si le patient peut manifester sa volonté de demeurer en vie, le médecin y est tenu.

Concernant la procédure de décision collégiale, le Conseil précise qu'il ne lui appartient pas « de substituer son appréciation à celle du législateur sur les conditions dans lesquelles, en l'absence de volonté connue du patient, le médecin peut prendre, dans une situation d'obstination thérapeutique déraisonnable, une décision d'arrêt ou de poursuite des traitements »[2]. Ainsi, même en cas de « situation d'obstination thérapeutique déraisonnable », la poursuite des soins serait soumise à la volonté du patient ou, à défaut, à la procédure de décision collégiale. Enfin, Monsieur LEONETTI place la volonté du patient au premier rang des éléments d'évaluation de l'obstination déraisonnable[3]. Il faut alors se demander comment ce critère peut être appliqué à un enfant nouveau-né.

---

[1] C. constit., 2 juin 2017, n° 2017-632 QPC, *Union nationale des associations de familles de traumatisés crâniens et de cérébro-lésés*, §9 : *AJDA* 2017, p. 1908, note X. BIOY ; *D.* 2017, p. 1194, obs. F. VIALLA ; *ibid.*, p. 1307, point de vue A. BATTEUR ; *RDSS* 2017, p. 1035, note D. THOUVENIN.

[2] *Ibid.*, §11.

[3] J. LÉONETTI, « Observations de Jean Léonetti », *RFDA* 2014, p. 696 : « Les critères définissant l'obstination déraisonnable sont variables et dépendent de la volonté du patient, qui peut être soumis à des fluctuations ou des interprétations de la part des tiers et de sa situation médicale, qui peut elle aussi être l'objet d'incertitudes ».

### 2. La notion d'obstination déraisonnable appliquée à des nouveau-nés voués à la mort

**225.** La notion d'obstination déraisonnable n'a pas été définie par le législateur, pour en permettre une interprétation souple[1]. Pour ce motif, dans l'affaire dite *Lambert*, le Conseil d'État avait, avant de statuer sur l'existence d'une obstination déraisonnable, demandé leurs observations à l'Académie nationale de médecine, au Comité consultatif national d'éthique, au Conseil national de l'ordre des médecins et à Monsieur LEONETTI[2], et ce « en raison de l'ampleur et de la difficulté des questions d'ordre scientifique, éthique et déontologique qui se posent à l'occasion de l'examen du présent litige »[3]. La difficulté, dans cette affaire, tenait à la situation de la personne concernée, qui n'était pas en « fin de vie », mais dont la vie était maintenue artificiellement par alimentation et hydratation.

Le Conseil d'État rendit alors une nouvelle décision, dans laquelle il considéra que l'interdiction de l'obstination déraisonnable pouvait également concerner les soins et traitements administrés à des patients qui ne sont pas en fin de vie[4]. Pour aller en ce sens, il s'est notamment fondé sur les observations qui avaient été demandées. L'Académie nationale de médecine relève en introduction de ses observations, entre autres, que le champ d'application de la loi interdisant l'obstination déraisonnable « concerne à la fois les diverses situations de "fin de vie" mais également les situations, heureusement peu fréquentes mais qui posent le très difficile questionnement éthique "d'arrêt de vie" d'un

---

[1] *Ibid.* : « Pour permettre l'application de la loi à une grande diversité de situations médicales et humaines, le Parlement a eu le souci de ne pas figer les notions d'obstination déraisonnable, d'arrêt ou de limitation de traitement ou d'expression de la volonté du malade dans un cadre juridique trop rigide ».

[2] CE, ass., 14 févr. 2014, n° 375081, rec. Lebon avec les concl. ; « Observations de l'Académie nationale de médecine », *RFDA* 2014, p. 671 ; « Observations du Comité consultatif national d'éthique », *RFDA* 2014, p. 676 ; « Observations du Conseil national de l'ordre des médecins », *RFDA* 2014, p. 692 ; J. LEONETTI, « Observations de Jean Léonetti », *RFDA* 2014, p. 696 ; *AJDA* 2014. 1484, chron. A. BRETONNEAU et J. LESSI ; *ibid.*, p. 1669, note D. TRUCHET ; *D.* 2014, p. 1856, et les obs., note D. VIGNEAU ; *ibid.*, p. 2021, obs. A. LAUDE ; *ibid.* 2015, p. 755, obs. J.-C. GALLOUX et H. GAUMONT-PRAT ; *AJ fam.* 2014, p. 396, obs. A. DIONISI-PEYRUSSE ; *RFDA* 2014, p. 657, concl. R. KELLER ; *ibid.*, p. 702, note P. DELVOLVÉ ; *RDSS* 2014, p. 1101, note D. THOUVENIN.

[3] *Ibid.*, cons. n° 22.

[4] CE, ass., 24 juin 2014, n° 375081, rec. Lebon, cons. n° 10.

patient en “survie” »[1]. Pour ce faire, l’Académie se réfère à sa contribution[2] au rapport dit « SICARD » remis au Président de la République[3].

**226.** Elle y distingue « fin de vie » et « arrêt de vie ». Au sein même de la notion de « fin de vie », l’Académie différencie plusieurs cas de figure : la « fin de vie, en tant qu’évolution terminale d’une maladie devenue incurable, en dépit des traitements entrepris pour tenter de la guérir, et ce, quel que soit l’âge de la personne »[4] d’une part, et d’autre part la fin de la vie en tant qu’événement inéluctable de toute vie humaine. Néanmoins, quand bien même toute vie humaine a un terme, certaines personnes âgées sont « *physiquement* dépendantes et privées de leur conscience et de toute capacité relationnelle »[5] : elles peuvent dans certaines situations, détaillées par l’Académie, faire l’objet de soins obstinés. Elle les distingue des « personnes âgées autonomes, sans déficit cognitif, juridiquement “capables” », pour lesquelles elle estime que « [r]ien ne saurait justifier que la société les encourage au suicide encore moins qu’elle se décharge sur le médecin de l’aide à mourir par suicide assisté »[6].

**227.** Pour ce qui est de l’« arrêt de vie », l’Académie refuse d’admettre l’aide active à mourir. Elle admet néanmoins que l’arrêt des traitements puisse être demandé dans certains cas de figure, alors même qu’il conduirait à la fin de la vie du patient. Elle distingue alors deux situations : celle dans laquelle « [a]près échec d’un traitement délibérément entrepris chez une personne souvent jeune dans l’espoir de la faire bénéficier des progrès scientifiques et techniques, le patient demeure totalement dépendant, sans conscience, juridiquement “incapable” »[7], et celle dans laquelle le patient est « conscient, juridiquement “capable” »[8]. Dans les deux hypothèses, à des conditions différentes, elle admet que les soins de maintien en vie puissent être interrompus.

---

[1] « Observations de l’Académie nationale de médecine », *op. cit.*

[2] *Contribution à la «* réflexion des citoyens, sur l’accompagnement des personnes en fin de vie *»*, préc.

[3] Rapp. D. SICARD (dir.), « Penser solidairement la fin de vie », Commission de réflexion sur la fin de vie, 18 déc. 2012.

[4] Rapp. Académie nationale de médecine, « *Contribution à la* “réflexion des citoyens, sur l’accompagnement des personnes en fin de vie” », préc., p. 2.

[5] *Ibid.*, p. 3.

[6] *Ibid.*, p. 6.

[7] *Ibid.*, p. 7.

[8] *Ibid.*

Néanmoins, alors que l'Académie n'avait annoncé que deux situations particulières d'arrêt de vie, distinguant selon que le patient est conscient ou non, elle en aborde une troisième, inattendue : le cas de la réanimation néonatale, que l'intuition nous aurait plutôt conduit à classer dans les situations de « fin de vie ». L'Académie ne donne pas de justification précise à ce choix. Elle note seulement que « [l]es décisions d'abstention ou de retrait des thérapeutiques indispensables à la survie doivent être prises au cas par cas, dans le respect de l'intérêt supérieur de l'enfant, tenant compte de la qualité attendue de sa vie future en cas de séquelles neurologiques lourdes obérant sévèrement ses capacités relationnelles », puis approuve « [l]e renoncement aux soins intensifs ou de réanimation cardio-respiratoire soit d'un nouveau-né à terme, ayant souffert d'une asphyxie, soit d'un prématuré présentant des lésions cérébrales graves avérées, dont le pronostic est incompatible avec une vie relationnelle acceptable »[1]. Elle approuve, cependant, également la pratique consistant à renoncer « à la prise en charge d'une naissance prématurée en dessous de la limite de viabilité, scientifiquement définie »[2].

**228.** Un nouveau-né en réanimation est-il en fin de vie ou maintenu artificiellement en vie ? Le maintien en vie d'un enfant qui vient de naître a des conséquences sur la détermination de sa viabilité, et donc de sa personnalité juridique. Dès lors, si le nouveau-né est considéré comme étant en fin de vie dès les premiers instants qui suivent sa naissance, sa viabilité est extrêmement douteuse. En revanche, si les soins qui sont prodigués à l'enfant sont considérés comme relevant du maintien artificiel de la vie, la question est plus délicate.

La situation de la réanimation néonatale semble irréductible à cette distinction entre arrêt de vie et fin de vie. Il est en effet difficile de comparer un enfant nouveau-né en état de détresse vitale avec un adulte dans un état pauci-relationnel, maintenu en vie par une hydratation et une alimentation artificielles, tout d'abord parce que c'est l'état normal d'un nouveau-né que d'avoir une conscience limitée et d'avoir besoin des adultes pour être nourri et hydraté. Pour autant, même constitutive d'une obstination déraisonnable, la réanimation du nouveau-né peut lui permettre de survivre, souvent frappé d'un lourd handicap[3], ce qui

---

[1] *Ibid.*, p. 8.

[2] *Ibid.*

[3] P. CHARRIER, G. CLAVANDIER, *Sociologie de la naissance*, *op. cit.*, p. 122 : « La réanimation néo-natale [*sic*] autorise à sauver un fœtus de 30 semaines mais, dans le même temps, elle accroit l'incertitude quant à la viabilité de celui-ci sur une longue

exclut la qualification de « fin de vie ». La réanimation néonatale se situe donc dans un entre-deux inconfortable entre ces deux catégories.

**229.** Il semble cependant que cette distinction importe peu pour ce qui est de la définition de l'obstination déraisonnable : dans tous les cas, si la réanimation est constitutive d'une obstination déraisonnable, c'est qu'elle ne doit pas être entreprise, et donc que l'enfant ne doit pas être maintenu en vie. Le mot « réanimation » tient son origine du mot « ranimation », « animer à nouveau (ramener à la vie), qui a supplanté ressusciter au XVème siècle »[1]. Elle se définit comme l'« [e]nsemble des moyens mis en œuvre pour maintenir les fonctions vitales compromises par des circonstances pathologiques ou traumatiques [...] »[2]. Dès lors, si tous les soins peuvent être constitutifs d'une obstination déraisonnable, la notion de réanimation néonatale renvoie à des soins de maintien en vie de nouveau-nés. Cette situation est donc radicalement différente de celle de patients en état pauci-relationnel maintenus en vie par alimentation et hydratation artificielles. De plus, en se concentrant sur les nouveau-nés réanimés avec succès, et qui survivraient frappés d'un lourd handicap, l'Académie nationale de médecine fait abstraction de la situation des nouveau-nés qui n'y survivent pas, et auxquels la réanimation cause des douleurs inutiles[3]. Il semble pourtant que le fait d'entreprendre leur réanimation puisse également être qualifié d'obstination déraisonnable.

**230.** Le Comité consultatif national d'éthique assimile l'obstination déraisonnable à l'« acharnement thérapeutique »[4], qu'il définit comme « une "obstination déraisonnable, refusant par un raisonnement buté de reconnaître qu'un homme (ici un nouveau-né) est voué à la mort et qu'il

---

durée, de même que la possibilité d'une vie future jugée comme satisfaisante. Ainsi, ce débordement technique contient une série de questionnements qui débordent, eux-aussi, la maternité-institution et la tentative de réduction de la naissance à l'accouchement ».

[1] *Dictionnaire médical de l'Académie nationale de médecine*, en ligne, v° « Réanimation », consulté le 20 sept. 2022.

[2] *Ibid.*

[3] *Cf. infra*, n° 240.

[4] Sur le choix terminologique entre « acharnement thérapeutique » et « obstination déraisonnable » : « Le législateur a considéré que le terme "d'obstination déraisonnable" était plus approprié que celui couramment utilisé "d'acharnement thérapeutique". L'interdit de l'obstination déraisonnable ne se limite pas à la thérapeutique mais aussi aux investigations et l'acharnement thérapeutique peut être bénéfique dans certaines circonstances (urgence, détresse, etc.). Enfin, l'ensemble du corps médical s'était déjà approprié cette terminologie utilisée dans le code de déontologie » (J. LÉONETTI, « Observations de Jean Léonetti », préc.).

n'est pas curable" »[1]. N'est-ce pas la définition de la viabilité ? Si un être est « voué à la mort », n'est-il pas juste d'admettre qu'il n'est pas apte à vivre ? L'on pourrait objecter que tout être humain qui naît est voué au décès, tôt ou tard. Mais l'échelle d'appréciation de la notion d'obstination déraisonnable est celle de l'acte de soin. En matière de réanimation néonatale, il s'agit d'une échelle de temps d'autant plus réduite, les décisions devant souvent être prises dans l'urgence[2].

Dans certains cas néanmoins, une réanimation dite « d'attente » peut être mise en œuvre, en attendant de prendre une bonne décision. Mais cette attente pourrait être, en elle-même, constitutive d'une obstination déraisonnable[3], ce qui a un effet dissuasif. Le CCNE note ainsi que « la réanimation d'attente n'est justifiée que si les possibilités de survie ne sont pas nulles ; malheureusement celles-ci ne peuvent encore être exactement appréciées au moment où est mise en œuvre cette réanimation. La réanimation d'attente est légitime si elle sait mettre un terme à l'obstination thérapeutique avant qu'elle ne devienne un acharnement. Dans cette situation l'arrêt de la réanimation est ici assimilé à l'arrêt de l'acharnement thérapeutique »[4].

**231.** Dès lors, si la notion d'obstination déraisonnable, appliquée au domaine de la réanimation, est retenue pour des patients voués à la mort, il est possible d'affirmer qu'appliquée à des enfants dans le temps qui suit immédiatement leur naissance, ces derniers ne sont pas viables, puisque c'est justement dans cette période de temps que la viabilité est appréciée. Ainsi, si la notion d'obstination déraisonnable est mobilisée en matière de réanimation néonatale, et que ces enfants sont tout de même qualifiés de nouveau-nés, c'est parce que la viabilité n'est pas un critère de définition de la notion médicale de nouveau-né, contrairement à la notion juridique.

---

[1] Avis CCNE, n° 65, 14 sept. 2000, « Réflexions éthiques autour de la réanimation néonatale ».

[2] C. CHAMOT, « La notion d'obstination déraisonnable en matière de réanimation néonatale », préc. : « Ce contexte, propice à une réflexion élargie sur la notion d'obstination raisonnable en matière médicale, ne doit toutefois pas selon nous conduire à mettre sur le même plan les situations de fin de vie ou arrêts de vie à la suite de traitements qui se mesurent en semaines, mois ou années, et le cas particulier de la réanimation du nouveau-né en salle de naissance qui intervient dans une situation d'urgence, voire d'extrême urgence se mesurant en heures ou en minutes ».

[3] Avis CCNE, n° 65, 14 sept. 2000, « Réflexions éthiques autour de la réanimation néonatale », p. 11 et s.

[4] *Ibid.*, p. 12.

### *B. L'affirmation de l'absence de viabilité des nouveau-nés dont la réanimation est constitutive d'une obstination déraisonnable*

**232**. Les juges ont joué un rôle déterminant dans la précision des contours de la notion d'obstination déraisonnable en matière de réanimation néonatale, branche de la médecine dédiée à la réanimation du nouveau-né. C'est notamment le cas de l'arrêt rendu par la cour administrative d'appel de Marseille le 12 mars 2015[1]. Les circonstances qui ont conduit à la saisine du juge sont les suivantes : à la suite d'un accouchement, une femme donne naissance à un enfant en état de mort apparente. Les médecins choisissent de le réanimer, pendant « plus de 20 minutes »[2], pendant lesquelles, en raison de l'absence de respiration, le cerveau de l'enfant n'est pas oxygéné. L'enfant survit, avec un lourd handicap, du fait de l'anoxie cérébrale[3]. L'importance du handicap de l'enfant a alors conduit à se poser la question suivante : l'enfant aurait-il dû être réanimé pendant si longtemps ? La responsabilité des médecins et de l'établissement de soins est recherchée sur le fondement d'une obstination déraisonnable. Retenue en première instance[4], elle est rejetée par la cour d'appel : « les médecins ne pouvaient pas, à la naissance, évaluer la prévisibilité des séquelles de l'enfant et adapter en conséquence la durée de sa réanimation ; que, par suite et dans un contexte d'extrême urgence, les médecins n'ont pas fait preuve d'obstination déraisonnable […] en poursuivant moins de 20 minutes et alors que l'ampleur des séquelles associées aux troubles du rythme cardiaque fœtal ne pouvait être évaluée dans les minutes qui ont suivi

[1] CAA Marseille, 12 mars 2015, nº 10MA03054, *Centre hospitalier d'Orange* : *RFDA* 2015, p. 574, concl. C. CHAMOT ; *AJDA* 2015, p. 861, chron. I. HOGEDEZ.

[2] *Ibid.*, §7.

[3] *Dictionnaire médical de l'Académie nationale de médecine*, en ligne vº « Anoxie cérébrale », consulté le 20 sept. 2022 : « État résultant d'un apport insuffisant d'oxygène au cerveau, observé dans des circonstances étiologiques variées, et qui peut être de type ischémique (secondaire à une défaillance cardiocirculatoire), anoxique (altitude, affection pulmonaire, accident d'anesthésie, etc.) ou anémique (anémie sévère, intoxication oxycarbonée) ».

[4] TA Nîmes, 2 juin 2009, nº 0622251, *AJDA* 2009, p. 2474, concl. D. RIFFARD ; *D.* 2010, p. 419, note J.-S. BORGHETTI ; *ibid.*, 2009, p. 2793, édito. F. ROME ; *ibid.*, p. 2874, point de vue A. CHEYNET DE BEAUPRÉ ; *ibid.* 2010, p. 604, obs. J.-C. GALLOUX et H. GAUMONT-PRAT.

la naissance, la réanimation de l'enfant ; qu'ils n'ont pas commis, pour ce motif, une faute médicale de nature à engager la responsabilité du centre hospitalier d'Orange, contrairement à ce qu'ont estimé les premiers juges »[1].

La motivation de cette décision permet de soulever une remarque : les juges ne prennent pas en considération le résultat de la réanimation, c'est-à-dire la survie du nouveau-né. Si l'obstination déraisonnable avait été retenue, n'en aurait-on pas déduit qu'il eût été préférable que l'enfant ne survive pas ? C'est justement ce qu'avaient décidé les juges en première instance[2]. Le contexte de cette décision rappelle celui de l'affaire *Perruche*[3], sur l'éventuel préjudice lié à la survie pour une personne handicapée. Certes, la réanimation de l'enfant lui a causé un handicap important – une incapacité permanente de 80% – mais il n'aurait pas survécu sans elle. Il ne s'agit pas de remettre en question la gravité d'un tel préjudice, ni la douleur quotidienne que peut causer un handicap de cette ampleur. Il est néanmoins indéniable que la mise en balance avec la protection de la vie humaine soulève des questions délicates. Si la cour d'appel avait décidé que la réanimation avait été constitutive d'une obstination déraisonnable, c'eût été admettre qu'il aurait été préférable que l'enfant ne soit pas réanimé, et donc qu'il ne survive pas.

**233.** La cour administrative d'appel de Marseille a de nouveau statué, ultérieurement, dans une autre affaire de réanimation néonatale[4] : une femme enceinte est admise à la maternité en vue de son accouchement pour des triplées. Avant l'accouchement, les médecins s'entretiennent avec la mère pour lui expliquer, « du fait de la rupture prématurée des membranes concernant la première triplée, la situation à la limite de la viabilité de l'enfant à naître et l'obstination déraisonnable que constituerait une réanimation néonatale en raison des risques élevés de mortalité et de morbidité [...]. Le même médecin a expliqué au cours de ces entretiens que les deux autres triplées feraient l'objet d'une tentative d'accouchement différé »[5].

Les médecins ont alors procédé à l'accouchement pour les trois prématurées, ce qui a posé la question du respect de la procédure

---

[1] CAA Marseille, 12 mars 2015, n° 10MA03054, *Centre hospitalier d'Orange*, §11.
[2] TA Nîmes, 2 juin 2009, n° 0622251, *AJDA* 2009, p. 2474, concl. D. RIFFARD.
[3] *Cf. supra*, n[os] 21 et 212.
[4] CAA Marseille, 28 févr. 2019, n° 17MA01092 : *AJDA* 2019, p. 1949, comm. C. LANTERO.
[5] *Ibid.*, §16.

collégiale qui doit être mise en œuvre pour les patients hors d'état de manifester leur volonté, ce qui est le cas pour des nouveau-nés. Les juges délivrent des indices permettant d'apprécier l'existence d'une obstination déraisonnable : « les risques élevés de mortalité et de morbidité pour des enfants nés prématurément ne constituent pas l'unique critère permettant d'apprécier si une réanimation néonatale revêt ou non le caractère d'une obstination déraisonnable »[1]. Sans écarter ce critère, les juges le relativisent : « [l]e médecin en charge doit se fonder sur un ensemble d'éléments, médicaux et non médicaux, dont le poids respectif ne peut être prédéterminé et qui dépend des circonstances particulières à chaque naissance, le conduisant à appréhender chaque situation dans sa singularité »[2]. Les chances de survie de l'enfant ne semblent donc pas être l'élément de fait le plus déterminant pour qualifier l'obstination déraisonnable.

Cette formulation est identique à celle adoptée par le Conseil d'État dans l'affaire *Lambert*, dans son arrêt du 24 juin 2014, sauf en ce qui concerne le début de la phrase, qui semble exclure une application possible à la réanimation néonatale : « pour apprécier si les conditions d'un arrêt d'alimentation et d'hydratation artificielles sont réunies **s'agissant d'un patient victime de lésions cérébrales graves**[3], quelle qu'en soit l'origine, **qui se trouve dans un état végétatif ou dans un état de conscience minimale le mettant hors d'état d'exprimer sa volonté**[4] et dont le maintien en vie dépend de ce mode d'alimentation et d'hydratation, le médecin en charge doit se fonder sur un ensemble d'éléments, médicaux et non médicaux, dont le poids respectif ne peut être prédéterminé et dépend des circonstances particulières à chaque patient, le conduisant à appréhender chaque situation dans sa singularité »[5].

Le Conseil d'État paraît donc limiter ce mode d'appréciation de l'obstination déraisonnable au cas du patient dans un état végétatif, qui n'est donc pas en réanimation, comme c'est le cas du nouveau-né en situation de détresse vitale. La cour d'appel a donc transposé au cas de la réanimation néonatale un raisonnement formulé pour des circonstances différentes. La suite de la motivation confirme ce décalage : elle considère en effet que « [l]'appréciation par le médecin

[1] *Ibid.*, §22.
[2] *Ibid.*
[3] C'est nous qui soulignons.
[4] C'est nous qui soulignons.
[5] CE, ass., 24 juin 2014, n° 375081, rec. Lebon, cons. n° 17.

du contexte parental, permettant d'évaluer la capacité du couple à supporter et à gérer une situation aiguë ou chronique, et la volonté exprimée par les parents, ainsi qu'il ressort d'ailleurs du protocole établi par l'hôpital Nord, revêtent une importance toute particulière »[1].

Cette formulation paraît également inspirée du même arrêt rendu par le Conseil d'État dans l'affaire *Lambert* : « outre les éléments médicaux, qui doivent couvrir une période suffisamment longue, être analysés collégialement et porter notamment sur l'état actuel du patient, sur l'évolution de son état depuis la survenance de l'accident ou de la maladie, sur sa souffrance et sur le pronostic clinique, le médecin doit accorder une importance toute particulière à la volonté que le patient peut avoir, le cas échéant, antérieurement exprimée, quels qu'en soient la forme et le sens »[2].

La cour administrative d'appel transpose donc un raisonnement en tentant de l'adapter aux faits qui lui sont soumis, très maladroitement : de la nécessité de rechercher de la volonté du patient, imposée par la loi et rappelée par le Conseil d'État, la cour administrative d'appel en a déduit la nécessité de tenir compte de la volonté exprimée par les parents du nouveau-né.

**234.** Ces considérations abstraites sont difficiles à comprendre, tant elles font dépendre la qualification d'obstination déraisonnable des circonstances de l'espèce. Néanmoins, si l'on suit la motivation des juges, les médecins pourraient poursuivre la réanimation d'un enfant voué à la mort de façon quasi certaine, sans obstination déraisonnable, dès lors que les parents expriment la volonté de poursuivre les soins. Ce raisonnement est retenu par les juges, puisqu'ils retiennent la faute des médecins qui n'ont pas entrepris la réanimation des nouveau-nés : « En se fondant sur le risque élevé de morbidité pour s'abstenir de procéder à une réanimation néonatale des deuxième et troisième triplées, sans avoir informé la patiente dans les conditions vues au point 19, ni s'être attachée à prendre en compte le contexte parental, alors qu'il lui appartenait, ainsi que le rappelle l'article R. 4127-42 du code de la santé publique, de s'efforcer de parvenir si possible au cours de la période anténatale à un accord avec les parents concernant la décision à prendre, et que M. et Mme H., dont la position concernant ces deux enfants ne peut être préjugée au regard de la décision qu'ils ont acceptée concernant la première, avaient manifesté tout au long de la journée du

[1] CAA Marseille, 28 févr. 2019, nº 17MA01092, §22.
[2] CE, ass., 24 juin 2014, nº 375081, rec. Lebon, cons. nº 17.

21 juin 2010 leur attachement à ce que des soins de réanimation soient procurés aux enfants à naître et avaient exprimé leur volonté, dans le contexte propre à ce couple, d'accueillir un enfant susceptible de décéder rapidement malgré les soins procurés ou de rester gravement handicapé, l'équipe médicale de l'hôpital Nord a commis une faute de nature à engager la responsabilité de l'AP-HM »[1].

Pour motiver leur décision, les juges ne détaillent pas l'état de santé des enfants. Il semblait en effet acquis que leurs chances de survie, même en cas de réanimation, étaient faibles. Le rappel des faits est, à lui seul, suffisamment éloquent : « La première enfant est née le même jour à 21 h 50 en état de mort apparente avec un poids de 550 grammes et est décédée à 21 h 55. La deuxième enfant est née à 22 h 40 avec un poids de 560 grammes avec des mouvements ventilatoires, un gasp[2] important et sans cri et est décédée à 22 h 50. La troisième enfant est née à 22 h 48 en état de mort apparente avec un poids de 510 grammes et est décédée à 22 h 49 ».

**235.** Sans prétendre se substituer à l'appréciation souveraine des juges, il semble que les chances de survie des enfants, critère d'appréciation de la limite de l'obstination déraisonnable, aient été très fortement relativisées par les juges. Par ailleurs, la portée de la volonté des parents paraît avoir été exagérée[3] : au-delà de la question de l'applicabilité des règles relatives à la procédure collégiale à un enfant qui n'est pas encore né, et donc pas encore titulaire de la personnalité juridique, la loi ne soumet pas la décision de l'arrêt des soins à la volonté des parents, ni même des « proches ». Les juges estiment que l'article R. 4127-42 du Code de la santé publique aurait été méconnu

---

[1] CAA Marseille, 28 févr. 2019, n° 17MA01092, § 22.

[2] *Dictionnaire médical de l'Académie nationale de médecine*, en ligne, v° « Gasp », consulté le 20 sept. 2022 : « Inspiration forcée, avec ouverture de la bouche et dilatation des ailes du nez, se produisant en série lors de l'agonie, particulièrement en cas d'arrêt circulatoire.

[…] Chez le nouveau-né, ce trouble respiratoire peut survenir en cas d'anoxie ou de lésion cérébro-méningée : il se caractérise alors par des inspirations saccadées, en hoquet ».

V. aussi : P. Bétrémieux, « La vie du nouveau-né extrêmement prématuré non réanimé », *Périnatalité* 2022/3, vol. 14, p. 138 : « La respiration est un phénomène automatique déclenché par un centre nerveux bulbaire automatique et régulé par des influx nerveux d'origine corticale. Lorsque s'installe un bas débit sanguin cortical, peu de temps avant la mort, la régulation est perdue et le centre bulbaire commande des respirations anormalement amples et lentes, les "gasps" […] ».

[3] C. Lantero, « Obstination déraisonnable à la naissance et loi Claeys-Leonetti : l'impasse », *AJDA* 2019, p. 1949.

par les médecins. Le premier alinéa dispose en effet qu'« un médecin appelé à donner des soins à un mineur ou à un majeur protégé doit s'efforcer de prévenir ses parents ou son représentant légal et d'obtenir leur consentement ». Au-delà de l'urgence dans laquelle le médecin doit prendre une décision, et ce même si la procédure collégiale se déroule pendant la période anténatale, l'article R. 4127-43 du Code de la santé publique, donc celui qui suit directement l'article que les médecins n'auraient pas respecté, dispose que « [l]e médecin doit être défenseur de l'enfant lorsqu'il estime que l'intérêt de sa santé est mal compris ou mal préservé par son entourage ». Cette disposition n'était certes pas applicable au cas d'espèce, puisque les parents n'ont pas été associés à la décision de ne pas réanimer les deux triplées qui ont suivi le premier enfant décédé. Néanmoins, il donne un indice sur les priorités du médecin : dans tous les cas, il doit protéger le patient, et agir dans son seul intérêt. Le Conseil d'État l'avait rappelé dans l'arrêt *Lambert*, en décidant que le médecin « doit, dans l'examen de la situation propre de son patient, être avant tout guidé par le souci de la plus grande bienfaisance à son égard »[1]. Dans le cas d'espèce, les médecins espéraient pouvoir différer l'accouchement pour les deux triplées en question. Si le fait de ne pas avoir envisagé avec les parents l'éventualité d'un échec peut être constitutif d'une faute, le choix de ne pas poursuivre la réanimation sans avoir consulté les parents aurait peut-être pu être excusé au titre du refus de l'obstination déraisonnable.

Il semble également utile de rappeler que dans les faits de l'espèce, les nouveau-nés ont reçu des soins palliatifs[2], qui sont un droit du patient « dont l'état le requiert »[3]. La cour administrative d'appel de Bordeaux a ainsi retenu la faute des médecins qui n'ont pas administré de traitement antalgique, « compte tenu de l'état de souffrance et de la pathologie » du patient, considérant même que « cette faute a aggravé les souffrances physiques subies par [le patient] avant son décès »[4].

Dès lors, la motivation de la décision de la cour d'appel de Marseille doit être relativisée. Elle ne donne pas suffisamment d'importance aux chances de survie visiblement extrêmement faibles des nouveau-nés, ni même le risque de causer des souffrances inutiles pour, au contraire, donner une importance excessive à la consultation des parents. Les juges vont jusqu'à considérer qu'« [i]l sera fait une juste appréciation

[1] CE, ass., 24 juin 2014, n° 375081, rec. Lebon, cons. n° 17.
[2] CAA Marseille, 28 févr. 2019, n° 17MA01092, §1.
[3] CSP, art. L. 1110-9.
[4] CAA Bordeaux, 3e chambre, 13 juin 2006, n° 03BX01900.

du préjudice moral [des parents] résultant des fautes examinées aux points 19 et 22, né du fait de […] n'avoir pu […] influencer le sens de la décision médicale »[1]. Comme l'a relevé Madame LANTERO, si le médecin est tenu de consulter les parents, il n'est en revanche pas tenu de leur obéir, ou d'adapter sa décision pour se conformer à leurs souhaits[2].

**236.** Entre l'obstination déraisonnable et le droit d'accéder à des soins palliatifs, les médecins doivent prendre des décisions dans le seul intérêt du patient. Si l'avis de l'entourage peut avoir un rôle important, comme ce fût le cas dans l'affaire *Lambert*, pour qui il n'était pas question de réanimation d'urgence, il doit être relativisé en matière de réanimation néonatale. En effet, la réanimation de certains nouveau-nés est susceptible d'être doublement fautive : elle peut recevoir la qualification d'obstination déraisonnable, surtout si les chances de survie sont très faibles, et elle nie le droit du patient en fin de vie de recevoir des soins palliatifs.

Si des soins à destination d'un nouveau-né peuvent être constitutifs d'une obstination déraisonnable, c'est parce qu'ils ne doivent pas être entrepris. Dans ce cas de figure, il semble que l'enfant ne soit pas viable, tout en étant considéré comme sujet de droit dans sa relation avec le médecin. Cela met en relief la caducité de la notion de viabilité, créée à une époque où les enfants mouraient souvent dès leur naissance, et qui n'a plus sa place au regard des évolutions de la médecine, et de la chute de la mortalité néonatale.

## §2. La caducité de la notion de viabilité comme condition d'accès à la personnalité juridique

**237.** La doctrine juridique considère que la personnalité juridique est octroyée à des enfants qui, en plus de naître vivants, doivent être viables. Or, si les médecins cessent la réanimation d'un nouveau-né pour ne pas se rendre coupables d'une obstination déraisonnable, ou bien qu'ils la poursuivent, mais que l'enfant décède tout de même, cet enfant n'est pas viable, puisque la notion d'obstination déraisonnable est appliquée à des soins de maintien en vie.

---

[1] CAA Marseille, 28 févr. 2019, nº 17MA01092.

[2] C. LANTERO, « Obstination déraisonnable à la naissance et loi Claeys-Leonetti : l'impasse », préc.

Pourtant, les enfants en question sont qualifiés de nouveau-nés, tant par les juges que par la doctrine qui ont à connaître de la notion d'obstination déraisonnable en matière de réanimation *néonatale*. La notion médicale de nouveau-né n'implique donc pas la viabilité. Dès lors, l'enfant nouveau-né, en droit de la santé, pourrait être exclu de la catégorie des personnes. Cela signifie que la notion d'obstination déraisonnable pourrait être appliquée à des êtres qui ne sont pas des personnes. L'absence de personnalité juridique n'empêche pas, cependant, que le nouveau-né soit considéré comme un patient, comme cela a été souligné pour l'enfant à naître[1].

**238.** Mais dans quelle catégorie de patients le nouveau-né doit-il être intégré ? Le fœtus a une place particulière dans le Code de la santé publique, mais le fait de ne pas être considéré comme une personne n'empêche pas sa protection par l'entremise de la femme qui le porte. Le nouveau-né, quant à lui, est séparé de la femme qui en a accouché. Dès lors, quelle est sa place dans le rapport de soin avec le médecin ? Comment qualifier juridiquement un patient qui ne serait pas une personne ?

L'interdiction faite au médecin de poursuivre les soins résultant d'une obstination déraisonnable, figurant aux articles L. 1110-5-1 et suivants du Code de la santé publique, est traitée dans le chapitre préliminaire du Code, dédié aux « droits de la personne ». Si le terme « personne » désigne la personne humaine, la personne juridique est également visée : les actes du médecin ne sont pas seulement pratiqués sur un corps humain, ils sont également pratiqués à l'égard d'une personne qui doit, en principe, consentir, et donc émettre une volonté[2] – quelle qu'en soit la source[3], attribut caractéristique de la personne juridique. L'interdiction de l'obstination déraisonnable étant un droit de la personne, interprété selon la possibilité pour le patient d'émettre une volonté ou non, comment affirmer que le nouveau-né, dont la réanimation peut être constitutive d'une obstination déraisonnable,

---

[1] *Cf. supra*, n[os] 211 et s.

[2] Selon le principe bien connu du « *noli me tangere* » ; C. civ., art. 16-3 al. 2 : « Le consentement de l'intéressé doit être recueilli préalablement hors le cas où son état rend nécessaire une intervention thérapeutique à laquelle il n'est pas à même de consentir » ; CSP, art. L. 1111-4 al. 3 : « Le médecin a l'obligation de respecter la volonté de la personne après l'avoir informée des conséquences de ses choix et de leur gravité […] » ; G. Mémeteau, M. Girer, *Cours de droit médical*, *op. cit.*, p. 417 et s.

[3] F. Zenati-Castaing, T. Revet, *Manuel de droit des personnes*, *op. cit.*, n° 297, p. 263 et s. ; les auteurs classent le consentement à l'acte médical parmi les actes de disposition que la personne peut faire sur son corps (n[os] 300 et s., p. 266 et s.).

n'est pas une personne ? En effet, la place prépondérante de la volonté dans la procédure de décision d'arrêt des traitements semble faire de l'interdiction de l'obstination déraisonnable, en premier lieu, un droit subjectif du patient, conditionné, ou suppléé, par le droit objectif.

**239.** Ce constat permet donc de douter que la viabilité soit encore une condition générale d'accès à la personnalité juridique. En effet, cela signifierait que les professionnels de santé qui assurent l'accouchement n'auraient pas à considérer le nouveau-né non-viable comme une personne. Pourtant, la viabilité est de plus en plus déterminée par les soins donnés à l'enfant. Ce sont même les progrès de la médecine qui ont permis de faire reculer les frontières de la viabilité, en donnant à des enfants qui seraient morts autrefois une chance de survivre aujourd'hui. Le nouveau-né est donc le destinataire principal des soins périnataux, qu'il soit viable ou non, parce qu'il est le « patient le plus vulnérable »[1]. En outre, même si l'enfant n'est pas viable, le médecin doit lui administrer les soins auxquels le patient a droit s'il est en fin de vie, notamment ceux qui visent à apaiser la douleur.

**240.** La prise en charge de la douleur est en effet une autre évolution de la médecine qui remet en cause la pertinence de la condition de viabilité dans l'accès à la personnalité juridique. Pendant longtemps, il a été admis que le nouveau-né ne souffrait pas, et que sa sensibilité à la douleur de la personne se développait avec l'âge[2]. Les connaissances de l'anatomie du nouveau-né ayant progressé, nous savons aujourd'hui que le réseau de nerfs et de capteurs sensoriels évolue dans le sens exactement inverse : très développé dès la naissance, il se dégrade en l'absence de stimuli, ce qui rend la personne particulièrement sensible, au commencement de sa vie, à la douleur[3]. Dès lors, la question de

---

[1] C. AUBERT, « La fin de vie du patient le plus vulnérable », *in* A. BATTEUR, G. RAOUL-CORMEIL (dir.), *Éthique et conditions de la fin de la vie*, 2016, mare et martin, coll. « Sciences et droit », p. 237 et s.

[2] C. LANTERO, *Les droits des patients*, *op. cit.*, p. 108 : « on pensait que la souffrance était une punition du péché et que le bébé était nécessairement innocent. On a ensuite estimé que ses connexions neuronales étaient encore trop immatures pour véhiculer des messages de douleur ». – J. HAMZA, « La douleur du nouveau-né et du fœtus », *in* R. FRYDMAN, M. SZEJER (dir.), *La naissance, Histoire, cultures et pratiques d'aujourd'hui*, 2010, Albin Michel, p. 1140 : « La douleur néonatale a longtemps été niée car l'enfant soumis à une douleur réagit d'une façon qui pouvait être interprétée comme un réflexe, sans localisation précise du stimulus ni mémorisation apparente ».

[3] J. HAMZA, « La douleur du nouveau-né et du fœtus », *op. cit.*, p. 1140-1141 : « Les voies de conduction de la douleur sont fonctionnelles dès le début du troisième trimestre de la grossesse [...]. Le médiateur qui véhicule le message douloureux est

l'accès aux soins palliatifs pour le nouveau-né, c'est-à-dire ceux qui « visent à soulager la douleur, à apaiser la souffrance psychique, à sauvegarder la dignité de la personne malade et à soutenir son entourage »[1], est essentielle.

En pratique, les médecins les administrent aux nouveau-nés en fin de vie, notamment parce qu'ils considèrent qu'ils en ont l'obligation : « Rappelons que la loi Leonetti en France, nous oblige à mettre en œuvre les soins palliatifs lorsqu'on décide de ne pas entreprendre un traitement de suppléance vitale. [...] Faute de pouvoir les sauver et les conduire vers une vie autonome, nous devons au minimum leur prodiguer respect et confort, sans laisser ces objectifs au hasard »[2]. Selon certains auteurs, c'est même le droit relatif à la fin de vie qui a favorisé l'essor des soins palliatifs pour le nouveau-né non-viable[3].

L'article L. 1110-9 du Code de la santé publique dispose que « [t]oute personne malade dont l'état le requiert a le droit d'accéder à des soins palliatifs et à un accompagnement ». Que penser du nouveau-né vivant, non-viable, et qui souffre ? S'il n'est pas titulaire de la personnalité juridique, peut-il être qualifié de « personne malade » au sens de l'article ? L'article L. 1110-10 précité définit les soins palliatifs comme des soins destinés à préserver la dignité de la personne, qui semble renvoyer à la protection de la personne en tant qu'être humain victime de douleurs, plutôt qu'au fait qu'elle soit titulaire de droits ou non[4].

---

la substance P : il en existe d'avantage dans le système nerveux central du nouveau-né que dans le celui de l'adulte, signifiant que la capacité d'avoir des médiateurs véhiculant la douleur est plus importante chez le nouveau-né ».

[1] CSP, art. L. 1110-10.

[2] P. BÉTRÉMIEUX, « La vie du nouveau-né extrêmement prématuré non réanimé », préc. : l'auteur décrit avec une grande précision les soins donnés au nouveau-né. – V. aussi : P.-Y. ANCEL, G. BREART, H. BRUEL, T. DEBILLON, C. D'ERCOLE, P. DERUELLE, M. DREYFUS, L. FOIX-L'HELIAS, F. GOFFINET, P.-H. JARREAU, P. KUHN, B. LANGER, « Propositions sur la prise en charge en cas d'extrême prématurité – Le groupe de travail "Extrême Prématurité" pour la SFMP, le CNGOF et la SFN », *Gynécologie Obstétrique Fertilité & Sénologie*, déc. 2020, vol. 48, p. 850.

[3] I. DE MONTGOLFIER, V. CHAMPION, M.-S. CHAVET, D. MITANCHEZ, « Prise en charge palliative périnatale de nouveau-nés en salle de naissance : à propos de 40 observations. Que peut-on améliorer ? », *Revue de médecine périnatale*, 2018/3, vol. 10, p. 137.

[4] X. BIOY, *Le concept de personne humaine en droit public*, *op. cit.*, n° 356, p. 192 : « Pendant un certain temps, de façon certaine dans le délai de trois jours qui conditionne la déclaration à l'état civil, mais souvent concrètement, bien au-delà, le

Cependant, le chapitre dans lequel l'article L. 1110-9 est inséré est intitulé « Droits de la personne ». L'absence d'adjectif qualificatif adossé à la notion de personne devrait impliquer la concordance des personnalités humaine et juridique[1]. En outre, le complément « de » pourrait indiquer, dans cet intitulé, un « *rapport d'appartenance, de dépendance* »[2]. Dans ce cas, « [l]e complément introduit par De indique l'objet, l'ensemble auquel appartiennent un ou plusieurs êtres, une ou plusieurs choses. *La lame d'une épée. Le pied d'une table. Les colonnes d'un temple* »[3]. Les droits de la personne. Cette interprétation impliquerait que la personne est titulaire des droits évoqués dans le chapitre en question, et que le droit d'accéder à des soins palliatifs est un droit subjectif, donc lié à la qualité de sujet de droit. Par ailleurs, comme nous l'avons relevé, le droit de bénéficier de soins palliatifs est corrélatif à l'interdiction de l'obstination déraisonnable[4]. Or, la procédure d'arrêt des soins est conditionnée, en principe, à la volonté de la personne.

Ce n'est qu'en l'absence de volonté de la personne malade que la procédure collégiale peut être mise en œuvre. En effet, selon le premier alinéa de l'article R. 4127-37-2 du Code de la santé publique, « [l]orsque le patient est hors d'état d'exprimer sa volonté, la décision de limiter ou d'arrêter les traitements dispensés, au titre du refus d'une obstination déraisonnable, ne peut être prise qu'à l'issue de la procédure collégiale prévue à l'article L. 1110-5-1 et dans le respect des directives anticipées et, en leur absence, après qu'a été recueilli auprès de la personne de confiance ou, à défaut, auprès de la famille ou de l'un des proches le témoignage de la volonté exprimée par le patient ». Pour décider de limiter ou d'arrêter les traitements, la volonté du patient doit être recherchée par tous les moyens.

Dès lors, la place qu'elle occupe ne suppose-t-elle pas que l'interdiction de l'obstination déraisonnable, et que le droit aux soins palliatifs, ne puissent être mis en œuvre que pour un être qui est sujet de droit ? Ne faut-il pas être titulaire du droit de bénéficier de soins

---

prématuré n'a pas de personnalité juridique. Cela n'empêche pas une protection, liée à son humanité. Sans droit propre, le grand prématuré non-viable devrait jouir du respect dû à l'être humain voire du bénéfice de la personne humaine (primauté et intégrité) ».

[1] *Cf. supra*, n[os] 105 et s., spéc. n° 113.

[2] *Dictionnaire de l'Académie française*, 9e éd., v° « De ».

[3] *Ibid.*

[4] *Cf. supra*, n° 235.

palliatifs, ou d'un *droit aux* soins palliatifs pour pouvoir manifester la volonté d'en bénéficier ?

La formulation « droit à » est souvent accolée aux soins palliatifs[1], mais pas toujours[2]. Les « droits à » sont une sous-catégorie de droits subjectifs[3], c'est-à-dire de droits attachés à la personnalité juridique. Le nouveau-né non-viable ne serait donc pas titulaire du droit à bénéficier de soins palliatifs. Cependant cette classification parmi les « droits à » est incertaine : l'article L. 1110-9 du Code de la santé publique dispose que « [t]oute personne malade dont l'état le requiert a le droit d'accéder à des soins palliatifs », et non pas « le droit *à* accéder à des soins palliatifs ». La jurisprudence semble par ailleurs trop rare pour interpréter l'article L. 1110-9 dans un sens différent de ce qui y est écrit. En raison de la connotation subjective de la notion de dignité, l'accès aux soins palliatifs, censés la garantir, serait incertain pour le nouveau-né non-viable.

L'interdiction de l'obstination déraisonnable, et l'accès aux soins palliatifs, par la proximité qu'ils entretiennent avec la volonté de la personne, renvoient à une conception très *subjective* de la dignité, et n'accordent pas suffisamment de place à la dignité *objective*, c'est-à-dire à la dignité attachée à l'humanité de l'être souffrant[4]. Pourtant, indépendamment de la volonté du patient, le médecin accorde de l'attention à la souffrance de l'être humain qu'il doit soigner ou, à tout le moins, accompagner. Par ailleurs, une limite objective à la volonté du sujet de droit demeure en ce que l'euthanasie, ou le suicide assisté, restent interdits[5].

---

[1] Par exemple, C. LANTERO, *Les droits des patients*, *op. cit.*, p. 111 : « [La loi du 9 juin 1999 visant à garantir le droit à l'accès aux soins palliatifs] consacre un véritable "droit à" la prise en charge de la douleur » ; B. MATHIEU, « Fin de vie : liberté, droits et devoirs, l'impossible conciliation ? », *Constitutions* 2013, p. 517 ; M. BÉNÉJAT-GUERLIN, « Droit pénal et fin de vie », *AJ Pén.* 2016, p. 522 : « La dernière réforme du code la santé publique [la loi n° 2016-87 du 2 févr. 2016 créant de nouveaux droits en faveur des malades et des personnes en fin de vie] a confirmé le droit aux soins palliatifs dans leur forme la plus étendue ».

[2] L'art. L. 1110-9 CSP lui-même utilise la formulation « *droit de* ».

[3] M. PICHARD, *Le droit à. Étude de législation française*, *op. cit.*, p. 245 et s

[4] M. FABRE-MAGNAN, *L'institution de la liberté*, *op. cit.*, p. 275-276 : « lorsque le principe de dignité s'exprime et s'incarne dans des droits subjectifs, ceux-ci ne peuvent être invoqués que par leurs titulaires, et donc nécessairement par des personnes juridiques ».

[5] B. PITCHO, *Le statut juridique du patient*, *op. cit.*, p. 371 : « Si la reconnaissance du droit à une "*mort digne*" semble dépassée, l'obligation de procurer une "*vie digne jusqu'à la mort*" reconnue dans l'article L. 1110-5 in fine du Code de la santé publique

**241.** Ces incertitudes mettent bien en relief la caducité de la notion de viabilité. L'évolution de la médecine, notamment de la médecine néonatale, ainsi que l'évolution des droits des patients en fin de vie entrent en contradiction directe avec le fait de refuser la personnalité juridique au nouveau-né, sous le prétexte qu'il est justement en fin de vie.

Par conséquent, le rôle de la notion de viabilité doit être limité à ses manifestations en droit positif. En effet, la condition de viabilité pour acquérir de la personnalité juridique n'est pas établie par le droit positif. C'est la doctrine qui a déduit cette condition de quatre articles du Code civil. Tout d'abord, aux termes de l'article 318 du Code civil, « [a]ucune action n'est reçue quant à la filiation d'un enfant qui n'est pas né viable ». Si l'établissement de la filiation est une question

---

trahit la conception d'une dignité objectivement entendue : il n'appartient, en effet, plus au malade de définir son seuil de dignité, permettant au besoin l'arrêt des soins ». – La volonté du patient est en effet étroitement associée à l'ouverture de l'« aide active à mourir », elle y occupe même une place centrale. C'est ce dont atteste la proposition de loi portée par l'Association pour le droit de mourir dans la dignité (l'ADMD a publié sur son site Internet une « Proposition de loi visant à légaliser l'euthanasie et le suicide assisté et à assurer un accès universel aux soins palliatifs » [www.admd.net, site Internet consulté le 20 sept. 2022]), ou celle déposée par M. TOURAINE à l'Assemblée nationale le 26 janv. 2021 (« Proposition de loi visant à garantir et renforcer les droits des personnes en fin de vie », n° 3806, 26 janv. 2021), qui n'a jamais été mise en discussion, mais dont l'étude peut permettre de se représenter l'influence de l'ouverture de l'aide active à mourir à l'égard des personnes incapables d'exprimer une volonté, et donc, notamment, à l'égard du nouveau-né en fin de vie. L'art. 2 de la proposition de loi dispose notamment que les médecins informent le patient « des possibilités qui lui sont offertes par les dispositifs de soins palliatifs adaptés à sa situation et prennent, si la personne en fait la demande, les mesures nécessaires pour qu'elle puisse effectivement en bénéficier ». Cet article aurait conditionné donc l'accès aux soins palliatifs à la demande de la personne. L'art. 7 de la proposition de loi l'exprime encore plus clairement : « Toute personne en fin de vie dont l'état le requiert et qui le demande, a un droit universel d'accéder à des soins palliatifs et à un accompagnement ». La conjonction de coordination « et » implique donc deux conditions cumulatives : l'état du patient doit requérir les soins palliatifs, *et* le patient doit en faire la demande. Interprété *a contrario*, cet article dispose que la personne qui ne le demande pas n'a pas de droit d'accéder à des soins palliatifs. Une interprétation large de cet article permettrait éventuellement de permettre aux titulaires de l'autorité parentale de demander l'accès aux soins palliatifs pour leur enfant, mais pour que l'autorité parentale puisse être exercée, il faut qu'un lien de filiation soit établi, et donc que l'enfant soit titulaire de la personnalité juridique. Or, la viabilité étant un critère d'acquisition de la personnalité juridique, le nouveau-né non-viable serait exclu de façon plus certaine qu'il ne l'est aujourd'hui du bénéfice des soins palliatifs.

d'ordre avant tout extrapatrimonial, ses effets sont en partie patrimoniaux. Il semble d'ailleurs que le refus des actions pour les enfants qui ne sont pas nés viables soit notamment justifié par des considérations patrimoniales[1].

La doctrine fait cependant rarement le lien entre viabilité et succession pour comprendre le sens de l'article 318 : l'irrecevabilité de l'action serait plutôt liée à l'absence de personnalité juridique d'une part, et à l'inutilité de l'action d'autre part[2]. L'article 318 serait donc tout à la fois la justification et le résultat de l'absence de personnalité juridique[3]. L'évolution de la pratique médicale, et la reconnaissance de « parents » au nouveau-né dépourvu de viabilité[4], empêchent désormais d'étendre le rôle de la notion de viabilité au-delà de la lettre du Code civil.

De la même façon, le premier alinéa de l'article 725 du Code civil dispose que « [p]our succéder, il faut exister à l'instant de l'ouverture de la succession ou, ayant déjà été conçu, naître viable ». L'article 906 contient la même condition en matière de donations[5]. Ces deux dernières règles sont applicables au cas où une succession serait ouverte, ou une donation faite, au bénéfice d'un enfant *conçu*. Il est tout à fait envisageable de réduire la portée de la notion de viabilité à la capacité de recevoir une donation, une succession, ou d'établir un lien de filiation en justice. En revanche, il demeurerait possible d'établir un lien de filiation par le seul effet de la loi.

---

[1] P.-A. FENET, *Recueil complet des travaux préparatoires du Code civil*, t. 10, 1836, Imprimerie d'Hippolyte Tilliard, p. 38 : REGNAUD avait alors affirmé que « la question de savoir si l'enfant a vie influe sur l'ordre des successions. Il faut que l'homme de l'art décide si l'enfant est né vivant ou mort, dans plusieurs cas pour savoir si le père ou la mère hérite de lui, ou si la succession passera à des collatéraux. Sous cet aspect la question de la filiation tient à celle de la successibilité, et mérite d'être examinée sous ce double rapport ».

[2] F. TERRÉ, C. GOLDIE-GENICON, D. FENOUILLET, *Droit civil. La famille*, 9e éd., 2018, Dalloz, coll. « Précis », no 570, p. 521 ; P. COURBE, A. GOUTTENOIRE, *Droit de la famille*, 7e éd., 2017, Sirey, coll. « Université », no 1061, p. 362.

[3] A. MARAIS, *Droit des personnes*, *op. cit.*, no 14, p. 14 : « [l]'exigence [des conditions de vie et de viabilité], cumulatives et non alternatives, n'est pas clairement affirmée mais se déduit d'articles du Code civil : l'article 318 du Code civil énonce ainsi qu'"aucune action n'est reçue quant à la filiation d'un enfant qui n'est pas né viable" » – Dans le même sens : F. TERRÉ et D. FENOUILLET, *Droit civil. Les personnes*, *op. cit.*, no 20, p. 23.

[4] *Cf. infra*, nos 383 et s.

[5] « [...] la donation ou le testament n'auront leur effet qu'autant que l'enfant sera né viable ».

**242.** Enfin, l'article 79-1 du Code civil emploie les notions de « père et mère ». La circulaire guidant l'application de l'article 79-1 du Code civil disposait, avant la loi du 6 décembre 2021[1], qu'« aucun nom de famille ne peut lui être conféré et aucun lien de filiation ne peut être établi à son égard. En effet, la filiation et le nom de famille constituent des attributs de la personnalité juridique. Celle-ci résulte du fait d'être né vivant et viable et ne peut en conséquence être conférée à l'enfant sans vie »[2]. Ainsi, la circulaire justifiait l'impossibilité d'établir un lien de filiation par la conception doctrinale de la personnalité juridique, sans s'appuyer sur une quelconque règle contraignante du droit positif.

Aucune norme contraignante n'interdit donc de considérer qu'un lien de filiation puisse être établi, ni même que l'enfant puisse être titulaire de droits. En effet, les circulaires n'ont, en principe, pas de valeur contraignante à l'égard des administrés[3]. Et quand bien même celle-ci en aurait une, elle édicte une règle relative à l'état des personnes, domaine dévolu au domaine de la loi par l'article 34 de la Constitution. Aucune règle relative à la filiation de l'enfant sans vie ne peut donc être tirée de cette circulaire.

Ce n'est donc pas parce qu'un enfant est « sans vie » au sens de l'article 79-1 du Code civil qu'il doit être exclu de la catégorie des personnes. La distinction opérée en droit positif entre nouveau-né et enfant sans vie est source de confusion : une réforme de l'article 79-1 du Code civil serait souhaitable, afin de supprimer toute référence à la viabilité, et que soit établi un acte de naissance à tout enfant né vivant, peut important qu'il ait été viable ou non.

Les dispositions du Code civil ne s'opposent donc pas à restreindre les effets de la notion de viabilité à ses manifestations en droit positif. Le nouveau-né non-viable serait alors une personne juridique frappée d'une incapacité générale de jouissance de droits patrimoniaux, mais néanmoins titulaire d'un droit à une fin de vie digne, notamment. La notion de viabilité étant également présente en matière sociale, il

---

[1] L. n° 2021-1576 du 6 déc. 2021 visant à nommer les enfants nés sans vie.

[2] Circ. interministérielle DGCL/DACS/DHOS/DGS du 19 juin 2009 relative à l'enregistrement à l'état civil des enfants décédés avant la déclaration de naissance et de ceux pouvant donner lieu à un acte d'enfant sans vie, à la délivrance du livret de famille, à la prise en charge des corps des enfants décédés, des enfants sans vie et des fœtus, p. 4.

[3] En ce sens : B. BEIGNIER, J.-R. BINET, A.-L. THOMAT-RAYNAUD, *Introduction au droit*, 7e éd., 2020, LGDJ, coll. « Cours », n° 107, p. 242. – L'art. 79-1 est d'ailleurs, pour le moment, silencieux sur l'attribution des noms de famille et prénoms, ce qui pourrait permettre de considérer qu'il est possible de lui en attribuer.

convient donc d'y rechercher une confirmation ou une infirmation de notre hypothèse.

**243.** Le premier alinéa de l'article L. 1225-19 du Code du travail dispose que « [l]orsque, avant l'accouchement, la salariée elle-même ou le foyer assume déjà la charge de deux enfants au moins ou lorsque la salariée a déjà mis au monde au moins deux enfants nés viables, le congé de maternité commence huit semaines avant la date présumée de l'accouchement et se termine dix-huit semaines après la date de celui-ci ». Au cours de cette période de congé, la femme enceinte perçoit une indemnité journalière de repos. Une règle similaire, prenant en compte l'existence éventuelle de deux enfants nés viables, figure dans l'article L. 331-4 du Code de la sécurité sociale : « La période d'indemnisation prévue au premier alinéa de l'article L. 331-3 est portée à huit semaines avant la date présumée de l'accouchement et à dix-huit semaines après celui-ci, lorsque l'assurée elle-même ou le ménage assume déjà la charge d'au moins deux enfants dans les conditions prévues aux premier et quatrième alinéas de l'article L. 521-2, ou lorsque l'assurée a déjà mis au monde au moins deux enfants nés viables [...] ». La période prévue est la même que celle prévue par le Code du travail.

Ces deux dispositions concernent avant tout la salariée, pour la protéger et lui garantir une rémunération de substitution pendant les dernières semaines de grossesse et les premières semaines de la vie de son enfant. L'enfant n'est concerné qu'indirectement, à travers la protection de sa mère. L'allongement du congé de maternité, et donc de l'indemnisation par la sécurité sociale, lorsque la mère a déjà mis au monde au moins deux enfants nés viables, ne doit pas être étudié au prisme de la personnalité juridique éventuelle des enfants. Cet allongement est en effet justifié par le fait que la mère a déjà au moins deux enfants à charge. Sont donc exclus, pour justifier l'allongement du délai, les enfants qui seraient décédés peu de temps après leur naissance. La viabilité, en matière sociale, ne semble donc pas induire une quelconque personnalité juridique des enfants en question ; elle a pour intérêt de déterminer le nombre d'enfants dont la mère à la charge.

**244.** Par conséquent, peu importe que l'enfant soit viable ou non pour qu'il accède à la personnalité juridique. La distinction entre nouveau-né et enfant sans vie est factice, d'autant plus que l'enfant vivant mais non-viable est considéré, dans le langage médical, comme un nouveau-né.

La formule selon laquelle l'être humain accède à la personnalité juridique à condition de naître vivant et viable pourrait être définie comme un aphorisme, c'est-à-dire « une proposition dogmatique résumant une théorie »[1]. La formule dogmatique est celle qui a acquis tellement de force qu'elle interdit la remise en cause[2]. Son caractère incontestable la rapproche d'une maxime juridique, ou d'un adage, qui sont des « formules imaginées par une doctrine ou une jurisprudence anciennes, souvent très anciennes [...] pour condenser et rendre frappantes des règles de droit communément admises »[3]. Or, l'ancienneté des racines de la notion de viabilité est avérée[4], et elle est au fondement d'une théorie doctrinale qui a été érigée au rang de véritable règle. Toutefois, son caractère dogmatique, ou communément admis, a empêché sa remise en question : ainsi, tant que la notion de viabilité a figuré dans le Code civil, la doctrine en a déduit qu'elle était une condition d'accès à la personnalité juridique, sans tenir compte de la reconnaissance de droits au nouveau-né non-viable. L'ancienneté de l'adage n'est pas, ou plus, suffisante pour rendre légitime la règle dont il est porteur[5].

## *Conclusion du chapitre II*

**245.** La notion médicale de nouveau-né renvoie à un enfant vivant et âgé de moins de vingt-huit jours. En revanche, la viabilité n'est pas un critère de définition, contrairement à la notion juridique de nouveau-né. Ainsi, la médecine ne distingue pas les nouveau-nés selon leur viabilité ; bien au contraire, ce sont les nouveau-nés dont la viabilité est douteuse qui ont le plus besoin de soins. Le plus souvent, ce sont donc eux qui sont les plus concernés par les droits de la « personne malade », notamment par l'interdiction de l'obstination déraisonnable et le droit de bénéficier de soins palliatifs.

---

[1] A. LALANDE (dir.), *Vocabulaire technique et critique de la philosophie*, *op. cit.*, v° « Aphorisme ».
[2] *Ibid.*, v° « Dogmatisme ».
[3] J. CARBONNIER, *Droit civil*, *op. cit.*, n° 137, p. 251.
[4] *Cf. supra*, n° 14.
[5] G. RIPERT, *Les forces créatrices du droit*, 2e éd., 1955, LGDJ, n° 133, p. 328-329 : « Ces vieilles règles, qui ont une saveur d'ancienneté, et parfois une formulation mystérieuse, existent. On les cite à l'École et au Palais. Les juristes les connaissent si bien que souvent les premiers mots de la phrase suffisent. [...] À les regarder de plus près l'admiration décroît. S'ils ne valent que par leur ancienneté est-ce une force ou une faiblesse ? [...] On a dressé des listes d'anciens adages ; nul ne songerait à y voir un tableau des principes juridiques ».

**246.** Par ailleurs, le droit de la santé ne distingue pas entre personne humaine et personne juridique : il reconnaît des droits à la « personne » sans adjectif, ce qui suppose une coïncidence entre personne humaine et personne juridique. Ainsi, désormais, le juge sanctionne l'obstination déraisonnable dans la réanimation du nouveau-né non-viable : or, l'obstination déraisonnable est interdite à l'égard du sujet de droit. Le nouveau-né peut également recevoir des soins palliatifs, qui sont un droit de la personne. Il faut donc en conclure que la notion de viabilité ne joue plus de rôle comme condition générale d'accès à la personnalité juridique. L'évolution de la médecine et du droit de la santé l'ont rendue caduque. Ses effets doivent être limités à ses manifestations expresses en droit positif, donc principalement en matière patrimoniale. Quant à l'article 79-1 du Code civil, il doit faire l'objet d'une réforme supprimant toute référence à la viabilité, afin que les enfants non-viables puissent bénéficier d'un acte de naissance dès lors qu'ils sont nés vivants.

# CONCLUSION DU TITRE II

**247.** La notion médicale de nouveau-né se définit comme un mineur âgé de moins de vingt-huit jours, à l'exception des nouveau-nés prématurés, à l'égard desquels ce délai est calculé à partir du terme théorique de la grossesse. Cette exception à l'égard des prématurés est justifiée par les soins prolongés dont ils ont besoin. La notion médicale de nouveau-né est donc différente de la notion juridique, qui se définit comme un enfant dont la naissance n'a pas encore été déclarée d'une part, et pour lequel le délai de déclaration n'est pas encore écoulé d'autre part.

La notion de nouveau-né est donc une notion polysémique. Elle renferme une polysémie de chevauchement[1] : si les deux notions ne se recoupent pas parfaitement, elles renvoient à la même époque de la vie de l'enfant. Cette époque est celle qui suit immédiatement la naissance. Il n'est cependant pas possible d'englober les deux notions dans une notion plus large : chacune ayant une fonction et un domaine particuliers, modifier leurs critères de définition pour les faire coïncider n'aurait aucun sens. La polysémie n'est ici pas une cause de confusion, puisque chacune est définie précisément, et chacune est cantonnée à un domaine particulier : la notion juridique de nouveau-né est employée en matière d'état civil, et la notion médicale de nouveau-né est employée en droit de la santé.

**248.** Cependant, le travail de définition a révélé les incertitudes entourant l'accès à la personnalité juridique. En effet, la doctrine exclut les nouveau-nés non-viables de la catégorie des personnes. Or, la notion médicale de nouveau-né renvoie bien à un enfant qui vient de naître vivant, mais le droit de la santé n'attache pas d'importance particulière à sa viabilité pour guider la prise en charge du nouveau-né en état de détresse vitale, et qui nécessite pourtant des soins. La détresse vitale implique même un doute sur la viabilité de l'enfant : ainsi, parmi les nouveau-nés, celui qui a le besoin le plus impérieux de soins médicaux ne pourrait pas être titulaire des droits reconnus à la personne malade, et notamment de ceux reconnus à la personne en fin de vie. Cette hypothèse est tellement absurde que ni le médecin, ni le juge ne s'interrogent sur la viabilité du nouveau-né pour déterminer sa qualité de sujet de droit dans la relation de soins.

---

[1] *Cf. supra*, n° 170 et n$^{os}$ 191 et s.

En effet, le juge a parfois appliqué la notion d'obstination déraisonnable à la réanimation néonatale ; or l'obstination déraisonnable se définit comme le refus « par un raisonnement buté de reconnaître qu'un homme (ici un nouveau-né) est voué à la mort et qu'il n'est pas curable" »[1]. Si la viabilité est définie comme l'aptitude à la vie autonome, et qu'un nouveau-né peut parfois être considéré comme étant voué à la mort, c'est que dans ces cas, le nouveau-né n'est pas viable. Et comme les nouveau-nés non-viables sont exclus de la catégorie des personnes par la doctrine, certains nouveau-nés, au sens du droit médical, seraient exclus de la catégorie des personnes. Par conséquent, si l'interdiction de l'obstination déraisonnable est un droit de la personne malade, et si l'obstination déraisonnable concerne la réanimation néonatale, cela signifie que le nouveau-né doit être considéré comme une personne malade, et donc qu'il est titulaire de droits.

La théorie doctrinale faisant de la viabilité une condition d'accès à la personnalité juridique est donc désormais sans rapport avec la pratique médicale, elle-même prise en compte par la jurisprudence. C'est même justement dans le cas où le nouveau-né est voué à la mort, et donc qu'il n'est pas viable, que la réanimation doit cesser, et qu'elle doit être qualifiée, le cas échéant, d'obstination déraisonnable ; c'est justement dans le cas où le nouveau-né est voué à la mort qu'il a besoin de soins palliatifs, destinés à apaiser ses éventuelles douleurs, comme toute autre personne humaine en fin de vie.

Les progrès de la médecine permettant la survie de nouveau-nés prématurés, et l'évolution des droits des patients en fin de vie ont donc rendu la notion de viabilité caduque. Elle n'est plus une condition d'accès à la personnalité juridique en droit positif. Par conséquent, le nouveau-né doit toujours être considéré comme une personne, à la fois humaine et juridique, qu'il soit viable ou non.

En revanche, l'essor de la médecine périnatale ne permet de remettre en question la naissance comme seuil d'accès à la personnalité juridique[2]. Par ailleurs, elle est tellement bien admise – contrairement à la viabilité – que les effets de droit qui lui sont habituellement attachés doivent être maintenus : « le juriste qui dénonce la sénescence de certaines règles et en propose d'autres n'a pas le dessein d'ébranler le

---

[1] Avis CCNE, n° 65, 14 sept. 2000, « Réflexions éthiques autour de la réanimation néonatale ».

[2] *Cf. supra*, n° 23.

statisme du droit. Pour lui, l'esprit de réforme se concilie parfaitement avec l'esprit de conservation. Réparer le vieil édifice c'est empêcher qu'il risque de s'écrouler. L'adaptation de règles anciennes à des situations nouvelles est une forme heureuse de conservation »[1].

---

[1] G. RIPERT, *Les forces créatrices du droit*, *op. cit.*, n° 2, p. 4-5.

# CONCLUSION DE LA PREMIÈRE PARTIE

**249.** La définition de la notion de nouveau-né a révélé la coexistence de deux « sous-notions ». La notion juridique de nouveau-né, tout d'abord, se distingue en droit positif de l'enfant sans vie parce qu'il est en vie, et qu'il le demeure jusqu'à la déclaration de sa naissance, ce qui permet de présumer sa viabilité. Il se distingue également de l'enfant à naître, non seulement parce qu'il est né, mais aussi, selon la jurisprudence de la chambre criminelle de la Cour de cassation, parce qu'il a commencé une vie autonome. La vie autonome commence avec le début de la respiration pulmonaire, qui se manifeste par le premier cri de l'enfant. Un enfant nouveau-né est donc un enfant qui a poussé ce premier cri, manifestant ainsi sa vie autonome. Mais le droit positif cantonne la notion juridique à une période très courte après la naissance : si l'enfant n'est un nouveau-né que s'il est vivant et viable, il ne le demeure que tant que sa naissance n'a pas été déclarée d'une part, et que le délai prévu pour la déclaration n'est pas écoulé d'autre part.

Par conséquent, la notion juridique de nouveau-né se définit comme un enfant né vivant, dont la viabilité est présumée, dont la naissance n'a pas encore été déclarée à l'officier de l'état civil, et pour laquelle le délai n'est pas encore écoulé. Une fois le délai de déclaration écoulé, quand bien même la naissance n'a pas été déclarée, l'enfant n'est plus un nouveau-né. La présomption de viabilité ne tient plus, cependant, si l'enfant décède avant la déclaration, ou avant l'écoulement du délai pour déclarer la naissance. Conformément à l'article 79-1 du Code civil, un acte d'enfant sans vie doit alors être dressé. De nouveau-né, l'enfant devient un enfant sans vie. Si l'enfant présentait l'apparence de la viabilité tant qu'il était en vie, le décès fait céder cette apparence.

Cependant, cette définition n'est pas sans poser de difficultés, car la notion de viabilité est vague, et elle empêche ainsi de tracer précisément les contours de la notion de nouveau-né. La viabilité, dont la définition est le plus souvent laissée à l'appréciation d'un médecin, est pourtant indifférente pour définir le nouveau-né en médecine.

**250.** La notion médicale de nouveau-né renvoie à la période s'étendant de la naissance de l'enfant jusqu'au vingt-huitième jour de sa vie, sauf pour les prématurés, pour lesquels il faut prendre en compte le terme théorique de la grossesse pour calculer le délai de vingt-huit jours. Cette définition prend en compte tout enfant né vivant, mais ne tient pas compte de la viabilité. Ainsi, la notion médicale de nouveau-né n'est pas en adéquation avec les conditions dégagées par la doctrine pour accéder à la personnalité juridique. L'enfant qualifié de nouveau-né par le langage médical sera qualifié d'enfant sans vie par le droit civil s'il n'est pas viable.

**251.** Il serait alors possible de déduire de ce constat que les personnalités humaine et juridique ne concordent pas absolument. En effet, si la viabilité est une condition d'acquisition de la personnalité juridique, elle ne l'est pas pour le statut de personne humaine comme le révèle la jurisprudence de la chambre criminelle de la Cour de cassation. Dépourvu de viabilité, le nouveau-né serait alors une personne humaine dépourvue de personne juridique.

Toutefois, cette conclusion n'est pas satisfaisante. En effet, la médecine néonatale permet la survie d'enfants autrefois voués à la mort. Ainsi, la viabilité de certains enfants dépend notamment des soins qui leur seront donnés. Or, le juge reconnaît désormais que la réanimation néonatale peut être constitutive d'une obstination déraisonnable. Par conséquent, le nouveau-né non-viable est devenu bénéficiaire de droits reconnus à la personne malade. Il peut même parfois bénéficier de soins palliatifs destinés à apaiser ses douleurs. Or, le droit d'accès aux soins palliatifs est également un droit reconnu à la personne malade en fin de vie.

Ainsi, la médecine, et le droit de la santé par ricochet, font de la viabilité un élément permettant d'estimer les soins dont le nouveau-né doit bénéficier. Si le nouveau-né non-viable bénéficie des droits accordés aux personnes malades et à celles qui sont en fin de vie, il faut en conclure qu'il est une personne. La viabilité n'est donc plus une condition générale d'accès à la personnalité juridique.

**252.** La condition de viabilité pour accéder à la personnalité juridique a été déduite par la doctrine de dispositions éparses dans le Code civil. Pendant longtemps, la jurisprudence a adopté cette théorie, mais aujourd'hui, le juge reconnaît des droits au nouveau-né non-viable. Il n'est donc plus possible d'étendre les effets de la viabilité au-delà de la lettre de la loi.

Cette première partie a donc non seulement permis de définir la notion de nouveau-né, mais également de lever un obstacle à l'étude du nouveau-né. En effet, si la viabilité n'est pas une condition d'accès à la personnalité juridique, la distinction entre la notion juridique de nouveau-né et l'enfant sans vie doit être considérée comme factice : l'enfant vivant mais non-viable, habituellement qualifié d'enfant sans vie, doit être qualifié de nouveau-né. Il doit donc être pris en compte dans notre étude de la condition juridique du nouveau-né.

# DEUXIÈME PARTIE
# LA CONDITION JURIDIQUE DU NOUVEAU-NÉ

**253.** L'enfant nouveau-né se situe à la frontière de la personnalité juridique. Or, l'accouchement est un processus[1], il n'en constitue donc pas le seuil absolu ; il s'agirait plutôt d'une frontière poreuse. Si la définition de la notion de nouveau-né a permis de contester la place que la doctrine faisait à la notion de viabilité dans l'accès à la personnalité juridique, l'étude de sa condition juridique consistera à mettre en lumière les atteintes à la personnalité juridique du nouveau-né en droit positif.

Le droit civil distingue traditionnellement la personne concrète, de chair et d'os, de la personne juridique, abstraite, « enveloppe juridique dont sont pourvus les sujets de droit »[2]. Cependant, les conditions d'existence physique de la personne sont susceptibles d'entraver, c'est-à-dire de « gêner », voire « empêcher »[3], l'accès à la personnalité juridique. La notion d'entrave suppose ainsi plusieurs degrés, qui seront étudiés chronologiquement.

Pour les personnes physiques, la personnalité juridique est dans un premier temps dépendante de conditions biologiques. Or, le droit positif régit la condition juridique du nouveau-né dans le cadre de l'accouchement, et l'accouchement est un processus biologique : la progressivité de l'accès à la vie physique, et donc le maintien d'un lien de dépendance entre l'enfant et la femme qui en accouche est la cause, en droit positif, d'un rapport d'accessoire entre eux, fondé sur l'accouchement, qui perturbe sa personnalité juridique (**Titre I**). En outre, si l'accès à la vie physique du nouveau-né conditionne son accès à la vie juridique[4], il n'est cependant pas immédiatement pourvu d'un acte de naissance. L'absence d'acte de naissance a des conséquences

---

[1] *Cf. supra*, n^os^ 62 et 63.

[2] B. BEIGNIER, J.-R. BINET, *Droit des personnes et de la famille*, 4^e^ éd., 2019, LGDJ, coll. « Cours », n° 9, p. 27.

[3] *Dictionnaire de l'Académie française*, 9^e^ éd., v° « Entraver ».

[4] Distinction retenue par C. NEIRINCK (*La protection de la personne de l'enfant contre ses parents*, *op. cit.*, n^os^ 18 et s., p. 19 et s.).

sur son état civil, et donc sur son existence juridique : elle entrave sa personnalité juridique (**Titre II**).

# TITRE I
# LA PERSONNALITÉ JURIDIQUE DU NOUVEAU-NÉ PERTURBÉE PAR UN RAPPORT D'ACCESSOIRE

**254.** Si le nouveau-né n'est plus *pars viscerum matris*[1] parce qu'il n'est plus à naître, sa protection est envisagée à travers l'appréhension juridique de l'accouchement, et donc en lien avec la femme qui en accouche. Malgré l'accouchement, un lien persiste donc entre le nouveau-né et la parturiente, que nous qualifierons de rapport d'accessoire.

Ce rapport d'accessoire est bien connu en droit positif : il découle de la règle selon laquelle l'accessoire suit le principal, *accessorium sequitur principale*[2]. Cette règle générale trouve à s'appliquer en droit des personnes, à travers l'ancien adage *partus sequitur ventrem*, « le part suit le ventre, l'enfant suit la condition de sa mère »[3]. Selon cette règle, le *part* est « [l]'enfant dont une femme vient d'accoucher »[4]. La notion de part dérive du latin *partus*, qui sert autant à désigner l'enfant à naître que le nouveau-né[5]. Il est le résultat de l'action d'« enfanter », *parere* en latin, qui est à l'origine du mot « parturiente », qui désigne la « [f]emme qui est en train d'accoucher »[6]. En latin, la femme qui accouche, la parturiente, et son nouveau-né, le part, sont donc désignés par des mots de la même famille. Si la notion de part, pour désigner le

---

[1] « Partie des entrailles de la mère, dans le sein de la mère » (H. ROLAND, *Lexique juridique des expressions latines*, 8e éd., 2021, LexisNexis, v° « *Pars viscerum matris* »).

[2] *Ibid.*, v° « *Accessorium sequitur principale* ».

[3] H. ROLAND, *Lexique juridique des expressions latines*, *op. cit.*, v° « *Partus sequitur ventrem* » : « terme employé dans les expressions : *supposition de part* (simulation d'enfant), *suppression de part* (infanticide), *confusion de part* (possibilité d'attribution de la paternité à plusieurs hommes), *substitution de part* (substitution d'un enfant à un autre peu après l'accouchement) ».

[4] *Dictionnaire de l'Académie française*, 9e éd., v° « Part ».

[5] Y. THOMAS, « Le "ventre". Corps maternel, droit paternel », préc.

[6] *Dictionnaire de l'Académie française*, 9e éd., v° « Parturiente ».

nouveau-né, n'est plus très employée dans le langage juridique courant, elle traduit pourtant bien sa condition juridique en droit positif.

**255.** En effet, le nouveau-né est traité comme le prolongement naturel et indissociable de la femme qui en accouche, ce qui justifie que sa condition juridique dépende parfois d'elle[1]. Le parallèle entre la règle de l'accessoire, qui trouve notamment à s'appliquer en droit des biens, et la condition juridique du nouveau-né, qui est une personne, peut paraître choquant au regard de la connotation péjorative que l'analogie suggère. Cela ne doit pas, cependant, interdire l'analogie qui, justement, permet de révéler une situation anormale, qui consiste en une perturbation de la personnalité juridique du nouveau-né.

Sa condition juridique peut être mise en parallèle avec l'accessoire par production en droit des biens : le lien de dépendance « peut résulter du fait que la chose dépendante a été produite par une autre chose : elle a alors un caractère génétique »[2]. Le sol est toujours le bien principal : « *superficies solo credit.* Cette prééminence du sol est fondée : non seulement il aura toujours, par rapport aux constructions, le primat de l'éternité, mais encore, si elles ne peuvent exister sans lui, lui peut exister sans elles »[3]. Parallèlement, le nouveau-né ne peut exister sans la femme qui en accouche, mais la femme qui en accouche peut exister sans lui, ce qui justifie qu'elle ait la qualité de principal. L'analogie permet ainsi de mettre en relief l'assimilation de la parturiente au sol, et le lien de dépendance *naturelle*[4] qu'elle entretient avec le nouveau-né. L'accouchement joue la fonction de désigner cette personne, le principal, accouchement auquel le juge applique justement la qualification d'événement, ou de processus naturel[5].

---

[1] Dans la littérature, v. SADE, *La philosophie dans le boudoir ou Les Instituteurs immoraux*, *op. cit.*, p. 122 sur la justification de l'infanticide : « Fût-il au monde, nous serions toujours maîtresses de le détruire. Il n'y a sur la terre aucun droit plus certain que celui des mères sur leurs enfants. Il n'est aucun peuple qui n'ait reconnu cette vérité : elle est fondée en raison, en principe ».

[2] F. ZENATI-CASTAING, T. REVET, *Les biens*, 3e éd., 2008, PUF, coll. « Droit fondamental », n° 112, p. 177. – Pour une contestation de cette utilisation de la règle de l'accessoire : M. COTTET, *Essai critique sur la théorie de l'accessoire en droit privé*, 2013, LGDJ, coll. « Bibliothèque de droit privé », nos 19 et s., p. 19 et s.

[3] W. DROSS, *Droit des biens*, *op. cit.*, n° 406.

[4] S. PARICARD, « Quelques réflexions sur l'accouchement », *op. cit.*, spéc. p. 556 : « Le lien physiologique primaire, quasiment animal, né de l'accouchement, garantissant l'établissement du lien de filiation maternel, l'établissement du lien de filiation paternel à la naissance de l'enfant apparaît par là même secondaire ».

[5] *Cf. supra*, nos 62 et 63. – Sur le lien entre féminité et nature, v. E. BADINTER, *XY. De l'identité masculine*, *op. cit.*, p. 108 : « Par opposition à "la femme qui *est*, l'homme,

Plus généralement, dans ce cas d'accessoire par « production », « l'accessoire occupe une position intermédiaire entre l'indépendance et la fusion avec le principal »[1]. De même, le nouveau-né occupe une position intermédiaire entre la personnalité juridique autonome et la confusion complète avec la parturiente. Si la règle *partus sequitur ventrem* paraît désuète au premier regard, l'étude du lien d'accessoire, fondé par l'accouchement, entre la parturiente et l'enfant, permettra d'établir son actualité : l'enfant nouveau-né, même individualisé par l'accouchement, et donc titulaire d'une personnalité juridique autonome, demeure, dans les instants suivant la naissance, soumis à la condition juridique de la parturiente, en raison d'un rapport d'accessoire, parfois au mépris de sa qualité de sujet de droit distinct.

**256.** Sauf quelques rares exceptions, illustrant l'application classique des règles relatives à l'autorité parentale[2], c'est surtout à travers son existence physique et la prise en charge médicale de la grossesse et de l'accouchement que le nouveau-né est appréhendé juridiquement. La prise en charge du nouveau-né par le système de soins est le prolongement d'un certain nombre de mesures préventives

---

lui, doit être *fait*. En d'autres mots, les menstruations, qui ouvrent à l'adolescente la possibilité d'avoir des enfants, fondent son identité féminine ; il s'agit d'une initiation naturelle qui la fait passer de l'état de fille à l'état de femme ; par contre, chez l'homme un processus éducatif doit prendre la relève de la nature". Autrement dit, le devenir-homme est une fabrication volontariste [...] ».

[1] G. GOUBEAUX, *La règle de l'accessoire en droit privé*, 1969, LGDJ, coll. « Bibliothèque de droit privé », n° 366, p. 502.

[2] La CEDH avait eu à connaître de faits dans lesquels le photographe d'une maternité avait capturé des images d'un nouveau-né dans un espace réservé au personnel de l'établissement, et ce sans l'accord de ses parents, lesquels ont assigné l'État grec devant la CEDH en raison d'une atteinte au droit au respect de la vie privée du nouveau-né, garanti par l'article 8 de la Convention (CEDH, 1re sect., 15 janv. 2009, n° 1234/05, *Reklos et Davourlis c. Grèce* : *RTD civ.* 2009. 283, obs. J.-P. MARGUÉNAUD ; *D.* 2010. 214, note J. HAUSER). Le gouvernement grec avait estimé qu'« il va de soi que la maturité intellectuelle d'un nouveau-né âgé seulement d'un jour n'est pas suffisamment développée pour que l'enfant puisse ressentir pareille atteinte supposée à sa personnalité » (*Ibid.*, § 31). La Cour estime qu'« elle ne saurait répondre à la question générale, posée par les requérants, de savoir si la reconnaissance d'une atteinte éventuelle au droit à l'image d'un individu présuppose que celui-ci en ait conscience » (*Ibid.*, § 34). Elle préfère donc retenir le non-respect de la volonté des titulaires de l'autorité parentale, plus objective, pour justifier l'atteinte au droit au respect de la vie privée du nouveau-né (*Ibid.*, § 42-43). Ainsi, l'absence de conscience du nouveau-né n'empêche pas la protection de son droit au respect de son image, protection exercée par ses représentants légaux.

pendant la grossesse[1]. Elles ne concernent pas directement le nouveau-né, mais elles permettent de préparer la naissance. Un éminent spécialiste de la matière estimait en effet qu'« [i]l n'existe aucun secteur médical où la prévention soit aussi efficace qu'en matière de mortalité et de morbidité périnatales »[2]. Le travail de la mère est d'ailleurs une cause supplémentaire de danger pour la santé de l'enfant à naître et donc, par ricochet, du nouveau-né[3], ce qui justifie que la salariée puisse bénéficier d'un congé de maternité[4]. Ces règles ne concernent toutefois pas directement le nouveau-né. Celles qui le protègent particulièrement figurent dans le Code de la santé publique.

---

[1] Ainsi, le CSP organise le suivi médical de la grossesse (CSP, art. L. 2122-1 à L. 2122-5 ; *cf. infra*, n$^{os}$ 330 et s.). Ce suivi permet entre autres d'assurer la délivrance d'information à la femme enceinte sur la consommation de tabac pendant la grossesse et de lui proposer des moyens de sevrage tabagique (v. notamment D. n° 2016-1479 du 2 nov. 2016 relatif aux modalités de mise en œuvre de l'expérimentation de mise en place systématique d'une consultation et d'un suivi spécialisés destinés à toute femme enceinte consommant régulièrement des produits du tabac). Ce suivi médical permet, entre autres, de prévoir un certain nombre de difficultés susceptibles de survenir au moment de l'accouchement, et donc d'orienter la femme enceinte vers une maternité de niveau III, équipée d'un service de réanimation néonatale. L'art. R. 2122-1 CSP dispose que « [l]es examens médicaux obligatoires des femmes enceintes [...] sont au nombre de sept pour une grossesse évoluant jusqu'à son terme » et le deuxième alinéa précise que « [l]e premier examen médical prénatal doit avoir lieu avant la fin du troisième mois de grossesse. Les autres examens doivent avoir une périodicité mensuelle à partir du premier jour du quatrième mois et jusqu'à l'accouchement ». À ces examens s'ajoute en principe un entretien prénatal précoce, au cours duquel le professionnel de santé évalue « avec la femme enceinte ses éventuels besoins en termes d'accompagnement au cours de la grossesse » (CSP, art. L. 2122-1 *in fine*). Seules 28,5% des femmes ayant accouché en 2016 déclarent avoir pu suivre cet entretien, ce qui est très faible (B. BLONDEL, C. BONNET, B. COULM, J. FRESSON, S. REY, A. VANHAESEBROUCK, A. VILAIN, rapp. INSERM et DREES, préc., p. 46). Cet entretien a probablement vocation à se développer dans les années à venir, vu l'importance que le ministère de la santé semble vouloir lui accorder (Rapp. Ministère des solidarités et de la santé, « Les 1000 premiers jours », préc., p. 52). La salariée bénéficie d'autorisations d'absence pour se rendre à ces examens médicaux obligatoires (C. trav., art. L. 1225-16).

[2] A. MINKOWSKI, *La maternité*, 1982, Fayard, p. 123.

[3] A. MINKOWSKI, *Pour un nouveau-né sans risque*, *op. cit.*, p. 23.

[4] C. trav., art. L. 1225-17, al. 1$^{er}$ : « La salariée a le droit de bénéficier d'un congé de maternité pendant une période qui commence six semaines avant la date présumée de l'accouchement et se termine dix semaines après la date de celui-ci ». Ce délai est augmenté en cas de grossesse pathologique (C. trav., art. L. 1225-21). Il est interdit à l'employeur de faire travailler la salariée pendant une période de huit semaines en tout, avant et après la naissance (C. trav., art. L. 1225-29).

**257.** L'enfant ne devient un nouveau-né qu'au terme de l'accouchement. Afin de lutter contre la mortalité infantile inhérente aux premiers instants de la vie, le droit régit la prise en charge médicale de l'accouchement et de ses suites. Il est donc protégé en tant qu'être de chair, en tant qu'être humain, à travers la prise en charge de l'accouchement et de ses suites. Au cours de cette période, le nouveau-né demeure soumis au libre choix de la parturiente des circonstances de son accouchement (**Chapitre I**). Une fois l'accouchement achevé, son statut de sujet de droit demeure douteux, en raison de la persistance du rapport d'accessoire reliant le nouveau-né à la femme qui en a accouché (**Chapitre II**).

# CHAPITRE I
# LE FONDEMENT DU RAPPORT D'ACCESSOIRE : L'ACCOUCHEMENT

**258.** L'accouchement est un fait auquel le droit s'intéresse peu[1]. Le refus, aujourd'hui infirmé[2], de lui reconnaître la qualification d'acte médical, au motif qu'il s'agirait d'un événement naturel[3], était une manifestation de ce désintérêt. Ces hésitations étaient difficilement compréhensibles dans la mesure où, en France, l'accouchement se déroule principalement à l'hôpital[4]. En effet, la naissance et la prise en charge du nouveau-né sont entourées par la médecine[5]. L'importance

---

[1] *Cf. supra*, n° 59.

[2] CE, 4e et 5e ch. réun., 27 juin 2016, n° 386165, Rec. Lebon 2016 : *JDSAM* 2016, n° 14, p. 67, note L. MORLET-HAÏDARA ; *D. actu* 4 juill. 2016, obs. D. POUPEAU ; *AJDA* 2016. 1316, somm. D. POUPEAU ; *JCP A* 2016, n° 27, act. 589, veille F. TESSON. – Cass. 1re civ., 23 janv. 2019, n° 18-10.706, *Bull. civ., n° 55* : *D. actu* 21 févr. 2019, obs. A. HACENE ; *D.* 2019. 976, note J. MATTIUSSI ; *RDSS* 2019. 565, obs. G. TREDEZ ; *RCA* 2019, n° 4, comm. L. BLOCH ; Cass. 1re civ., 19 juin 2019, n° 18-20.883, *Bull. civ., n° 586* : *D. actu.*, 4 juill. 2019, note S. HORTALA ; *RTD Civ.* 2019. 602, note P. JOURDAIN ; *D.* 2019. 2058, chron. M. BACACHE ; *RDSS* 2019. 942, note P. CURIER-ROCHE ; *ibid.* 1007, note F. ARHAB-GIRARDIN ; *Gaz. pal.* 2019, n° 25, p. 26, pan. C. BERLAUD ; *ibid.*, n° 28, p. 25, note C. COUSIN. – V. antérieurement, rendu à propos de risques liés à l'accouchement : Cass. 1re civ., 9 oct. 2001, n° 00-14.564 : *Bull. civ. I, n° 249* ; *D.* 2001. 3470, rapp. P. SARGOS, note D. THOUVENIN ; *RTD civ.* 2002. 176, obs. R. LIBCHABER ; *ibid.* 507, obs. J. MESTRE et B. FAGES ; *JCP* 2002. II. 10045, note O. CACHARD ; *CCC* 2002, n° 22, note L. LEVENEUR ; *Gaz. Pal.* 2001. 1818, note J. GUIGUE ; *LPA* 6 déc. 2001, note C. CLÉMENT ; *ibid.* 13 mars 2002, note F. MARMOZ.

[3] S. PARICARD, « Quelques réflexions sur l'accouchement », *op. cit.*, p. 541.

[4] S. PARICARD, « Quelques réflexions sur l'accouchement », *op. cit.*, p. 544-545 : « l'accouchement en France se déroule à 99 % dans des établissements de santé ».

[5] Rapp. Académie Nationale de Médecine, « La première semaine de la vie », préc. : « Passées les premières minutes avec évaluation du score d'Apgar, la naissance est suivie d'un premier examen par une sage-femme ou par un médecin compétent en néonatologie avant de quitter la salle de naissance ». – Le score d'Apgar est le « [n]ombre permettant d'évaluer chez un nouveau-né cinq grandes fonctions vitales : le rythme cardiaque, le rythme respiratoire, le tonus, la coloration cutanée et la réactivité aux stimulus, cotées de 0 à 2 de façon répétitive aux première, troisième, cinquième et dixième minutes qui suivent la naissance » (*Dictionnaire Académie de médecine en ligne*, v° « Apgar (score d'), consulté le 20 sept. 2022 »). Il a été établi par Virginie APGAR en 1953 en Angleterre (J. CHEYMOL, « Le suivi pédiatrique à la

du séjour à l'hôpital pose d'ailleurs aujourd'hui la question du retour précoce à domicile, qui peut nuire au suivi postnatal de l'enfant et de la parturiente[1]. Même après l'accouchement, leur santé demeure sous surveillance.

**259.** L'accouchement à l'hôpital est un gage de sécurité. Le législateur français a mis en place une réglementation censée garantir la sécurité de l'accouchement et une bonne prise en charge du nouveau-né, qui doit être adaptée à son état de santé. Par ailleurs, l'État a des obligations positives en ce qui concerne la protection de la vie des usagers du système de santé[2], c'est-à-dire qu'il doit mettre en œuvre « un cadre réglementaire imposant aux hôpitaux, qu'ils soient publics ou privés, l'adoption de mesures propres à assurer la protection de la vie de leurs malades »[3]. Le non-respect de ces obligations justifie donc la condamnation de l'État, notamment lorsque la victime est un nouveau-né[4]. Le droit français régit donc avec précision la prise en charge du nouveau-né par le système de soins (Section 1). Cependant, à côté de ce modèle de prise en charge censée assurer la sécurité de l'enfant et de la parturiente, émerge une nouvelle approche de l'accouchement, dans un cadre moins médicalisé, à la demande des parturientes (Section 2).

---

maternité », *in* R. FRYDMAN, M. SZEJER (dir.), *La naissance. Histoire, cultures et pratiques d'aujourd'hui*, 2010, Albin Michel, p. 1133).

[1] En ce sens : Rapp. Académie Nationale de Médecine, « La première semaine de la vie », préc. ; M. SZEJER, « La sortie précoce de la maternité », *in* R. FRYDMAN, M. SZEJER (dir.), *La naissance. Histoire, cultures et pratiques d'aujourd'hui*, 2010, Albin Michel, p. 1081-1082. – À contre-courant des recommandations de l'Académie nationale de médecine, l'Assurance maladie a mis en place le Programme d'accompagnement du retour à domicile (PRADO) qui « a pour objectif de permettre un retour à domicile plus rapide après une hospitalisation sans complication » (B. BLONDEL, C. BONNET, B. COULM, J. FRESSON, S. REY, A. VANHAESEBROUCK, A. VILAIN, *Enquête nationale périnatale. Rapport 2016*, préc., p. 178. – Pour une comparaison avec d'autres pays : P. CHARRIER et G. CLAVANDIER, *Sociologie de la naissance*, *op. cit.*, p. 109). L'accompagnement est alors réalisé par une sage-femme libérale (B. BLONDEL, C. BONNET, B. COULM, J. FRESSON, S. REY, A. VANHAESEBROUCK, A. VILAIN, rapp. INSERM et DREES, préc.).

[2] Au titre de l'art. 2 de la Conv. EDH qui protège le droit à la vie.

[3] CEDH, Gr. ch., 17 janv. 2002, n° 32967/96, *Calvelli et Ciglio c. Italie*, §49.

[4] CEDH, 2e sect., 27 janv. 2015, n° 24109/07, *Asiye Genç c. Turquie* ; CEDH, 2e sect., 30 août 2016, n° 40448/06, *Aydoğdu c. Turquie*, spéc. §103.

## *Section 1. Le principe de la prise en charge médicale de l'accouchement et du nouveau-né*

**260.** Les maternités sont aujourd'hui organisées en réseaux, censés garantir une prise en charge du nouveau-né adaptée aux risques particuliers liés à chaque accouchement[1]. La prise en charge du nouveau-né fait, à ce titre, l'objet de dispositions particulières dans le Code de la santé publique (§1). Ces dispositions sont remarquables par leur précision (§2).

### §1. La spécificité des règles dédiées à la prise en charge du nouveau-né par les établissements de soin

**261.** Le nouveau-né bénéficie, dans le Code de la santé publique, d'un traitement de faveur indéniable. Ce Code contient une section dédiée à l'obstétrique, la néonatologie et la réanimation néonatale, qui rassemble les articles R. 6123-39 à R. 6123-53, ainsi qu'une sous-section rassemblant les articles D. 6124-35 à D. 6124-63. Dans les deux cas, ces sections sont consacrées à la prise en charge du nouveau-né par les établissements de soin. Ce dernier est le seul à bénéficier d'un tel traitement de faveur en raison de son âge. En effet, le nourrisson, c'est-à-dire l'enfant situé dans la catégorie d'âge suivante[2], est absorbé par des catégories plus larges : il est appréhendé dans les mêmes dispositions que celles dédiées à l'enfant et à l'adolescent, à quelques spécificités près[3].

Par exemple, concernant la réanimation pédiatrique et la réanimation pédiatrique spécialisée, le premier alinéa de l'article R. 6123-38-2 du Code de la santé publique dispose que « [c]ette activité est exprimée en nombre de nourrissons, d'enfants et d'adolescents de moins de 18 ans, en dehors des nouveau-nés relevant de la réanimation néonatale telle que définie au III de l'article R. 6123-42 ». L'article suivant précise que « [l]a réanimation pédiatrique a pour mission le traitement des détresses vitales les plus fréquentes des nourrissons, enfants et adolescents ; elle

---

[1] *Cf. supra*, n° 202.

[2] *Cf. supra*, n° 185.

[3] Le CSP prévoit une série de dispositions dédiées aux « consultations de nourrissons », aux articles R. 2132-4 à R. 2132-18.

assure également la réanimation postopératoire des enfants de la chirurgie pédiatrique et, le cas échéant, de la chirurgie néonatale »[1]. « Le cas échéant », c'est-à-dire en cas de nécessité, si le nouveau-né ne peut pas être pris en charge dans le service qui lui est dédié.

**262.** Trois catégories de services sont dédiées à la prise en charge du nouveau-né. Le premier est le service d'obstétrique qui assure « l'accouchement et les soins de la mère et du nouveau-né, ainsi que les actes de chirurgie abdomino-pelvienne liés à la grossesse ou à l'accouchement, dans des conditions visant à réduire les risques et permettant de faire face aux conséquences de leur éventuelle survenance »[2]. Ensuite, le service de néonatologie « a pour objet la surveillance et les soins spécialisés des nouveau-nés à risques et de ceux dont l'état s'est dégradé après la naissance »[3]. Enfin, « [l]a réanimation néonatale a pour objet la surveillance et les soins spécialisés des nouveau-nés présentant des détresses graves ou des risques vitaux »[4]. Ces trois catégories de services ne sont toutefois pas présentes dans tous les établissements de soins. Leur répartition sur le territoire répond à des besoins établis par l'État, par le biais des ARS[5].

**263.** Pour pouvoir fonctionner, les différents services prenant en charge le nouveau-né doivent recevoir une autorisation[6], nécessaire tant pour les établissements de santé publics que privés[7], et ce pour « assurer [...] la qualité et la sécurité des prises en charge »[8]. Ainsi, les articles R. 6123-39 à R. 6123-53 du Code de la santé publique fixent les conditions d'implantation de chacun des trois services destinés à prendre en charge le nouveau-né ; les articles D. 6124-35 à D. 6124-63 du même code fixent, pour ces mêmes services, leurs conditions techniques de fonctionnement. Ces autorisations de fonctionnement sont délivrées par les ARS dans le cadre de schémas régionaux de santé (SRS), qui ont pour objet de déterminer, « pour l'ensemble de l'offre

---

[1] CSP, art. R. 6123-38-3.
[2] CSP, art. R. 6123-40, 2°.
[3] CSP, art. R. 6123-41.
[4] CSP, art. R. 6123-42.
[5] CSP, art. L. 6122-1. – Sur ce point, v. notamment D. TRUCHET, B. APOLLIS, *Droit de la santé publique*, 10e éd., 2020, Dalloz, coll. « Mementos », p. 76.
[6] CSP, art. L. 6122-1 et s. – V. le dossier consacré : « Les autorisations sanitaires », *RDSS* 2020, p. 421 et s.
[7] J.-M. LEMOYNE DE FORGES, « 50 ans d'autorisations sanitaires », *RDSS* 2020, p. 423.
[8] M. DUPONT, C. BERGOIGNAN-ESPER, *Droit hospitalier*, 10e éd., 2017, Dalloz, coll. « Cours », n° 384, p. 314.

de soins et de services de santé, y compris en matière de prévention, de promotion de la santé et d'accompagnement médico-social, des prévisions d'évolution et des objectifs opérationnels »[1]. Ces schémas font eux-mêmes partie d'un programme régional de santé (PRS), qui « définit, en cohérence avec la stratégie nationale de santé et dans le respect des lois de financement de la sécurité sociale, les objectifs pluriannuels de l'agence régionale de santé dans ses domaines de compétences, ainsi que les mesures tendant à les atteindre »[2]. L'implantation de services d'obstétrique, de néonatologie et de réanimation néonatale dépend donc de ce schéma régional. Les maternités sont par ailleurs intégrées pour leur grande majorité à des réseaux de santé en périnatalité[3].

Les notions mobilisées pour définir ces schémas et programmes régionaux sont bien vagues, notamment la notion d'« objectif opérationnel ». Il faut s'intéresser aux travaux des ARS pour comprendre précisément les enjeux de la planification, et les décalages qui peuvent exister entre des régions différentes. Par exemple, le schéma régional de santé 2018-2022 pour l'Ile-de-France prévoit des orientations concernant la gynécologie-obstétrique, la néonatologie et la réanimation néonatale. Il liste trois objectifs : « faire baisser la mortalité maternelle en raison d'une surmortalité maternelle qui persiste en Ile-de-France [...] faire baisser la mortalité infantile et néonatale qui est supérieure en Ile-de-France à celle de la France métropolitaine [et] modifier les pratiques de l'accouchement et l'organisation des blocs de naissances afin de mieux accompagner la prise en charge de l'accouchement »[4].

À titre de comparaison, les objectifs quant à l'offre de soins en Occitanie sont différents de ceux fixés en Ile-de-France, en raison du nombre de départements ruraux. Le SRS indique ainsi que « [l]'objectif général du PRS, en matière de périnatalité, est de garantir le même niveau de sécurité et de qualité des soins sur tous les territoires »[5]. Il contient un état des lieux des maternités sur le territoire régional, avec des projets de transformations, de regroupements ou de coopération

---

[1] CSP, art. L. 1434-2, al. 3.

[2] CSP, art. L. 1434-1.

[3] Pour le cahier des charges de ces réseaux : Inst. nº DGOS/PF3/R3/DGS/MC1/2015/227, 3 juil. 2015, relative à l'actualisation et à l'harmonisation des missions des réseaux de santé en périnatalité dans un cadre régional.

[4] ARS Ile-de-France, « Projet régional de santé 2018-2022 », p. 157-158.

[5] ARS Occitanie, « Projet régional de santé 2018-2022 », p. 286.

pour celles qui ne respectent plus les conditions de fonctionnement, notamment celles qui n'atteignent pas le nombre d'accouchements nécessaire[1]. Il fixe également des objectifs qualitatifs, liés là encore à des problèmes particuliers en zone rurale, qui sont de « poursuivre la réorganisation de l'offre en maternité pour assurer la meilleure sécurité et qualité des soins en tenant compte des problèmes de démographie médicale ; [...] prévenir, dépister et prendre en charge précocement les pathologies et les déficiences de la période néo-natale sur tout le territoire régional ; [...] renforcer les liens entre les maternités et les acteurs de santé de ville au cours de la grossesse et du post-partum (suivi de la mère et du nouveau-né) »[2].

La répartition territoriale des services destinés à prendre en charge le nouveau-né est donc dépendante de politiques publiques, évaluées grâce aux enquêtes nationales périnatales périodiques[3], et justifiées, entre autres, par des motifs de sécurité. La dernière enquête constate ainsi qu'il n'y a pas eu de dégradation de l'état de santé néonatal entre 2010 et 2016[4].

Cette planification est indépendante de la qualité de sujet de droit du nouveau-né : l'objectif poursuivi est plutôt de lutter contre la mortalité périnatale, c'est-à-dire de protéger la parturiente et le nouveau-né en tant qu'êtres humains. En outre, pour protéger l'existence particulièrement fragile de l'enfant, le Code de la santé publique prévoit des normes minimales à respecter pour que les services d'obstétrique, de néonatologie et de réanimation néonatale puissent fonctionner.

## §2. La précision des règles dédiées à la prise en charge du nouveau-né

**264.** Tous les établissements de soins ne peuvent pas accueillir des accouchements. Les soins dont le nouveau-né a besoin sont si particuliers qu'il doit être pris en charge, autant que possible, selon un protocole bien établi, ce qui n'était pas possible dans les anciennes « petites maternités », le plus souvent dans des zones rurales, qui étaient sous-équipées, et qui fonctionnaient grâce à des praticiens qui n'étaient

---

[1] *Ibid.*, p. 289-290.
[2] *Ibid.*
[3] B. BLONDEL, C. BONNET, B. COULM, J. FRESSON, S. REY, A. VANHAESEBROUCK, A. VILAIN, rapp. INSERM et DREES, préc.
[4] *Ibid.*, p. 55.

pas toujours spécialisés en obstétrique[1]. Le législateur s'est donc appliqué à faire disparaître ces petites maternités, qualifiées parfois de véritables « coupe-gorges »[2], en subordonnant l'autorisation de fonctionnement des services d'obstétrique à un minimum de trois cents accouchements annuels[3], et en fixant des règles de fonctionnement destinées à garantir le plus de sécurité possible au déroulement de l'accouchement. Les articles D. 6124-35 à D. 6124-63 fixent avec une grande précision les conditions dans lesquelles le nouveau-né doit être pris en charge dans un établissement de soins : nombre de lits, organisation des locaux, équipements nécessaires, effectif du personnel soignant, en distinguant pour chaque spécialité[4] : sages-femmes, gynécologue-obstétricien, pédiatre[5], anesthésiste-réanimateur. Le non-respect de ces conditions peut justifier le retrait de l'autorisation de fonctionnement[6]. Le Code de la santé publique régit également certains soins destinés au nouveau-né, comme le dépistage des malades néonatales.

**265.** L'article R. 1131-21 du Code de la santé publique définit le dépistage des maladies néonatales comme « celui des maladies à expression néonatale, à des fins de prévention secondaire ». La liste de ces maladies a été fixée par un arrêté du 22 février 2018[7]. Ce test est effectué « auprès de tous les nouveau-nés ou, dans certains cas, auprès de ceux qui présentent un risque particulier de développer l'une de ces maladies »[8]. Il permet « la prévention secondaire de maladies à forte

---

[1] A. MINKOWSKI, *La maternité*, *op. cit.*, p. 46 et s.

[2] *Ibid.*

[3] CSP, art. R. 6123-50. – Le même article prévoit toutefois qu'une dérogation peut être accordée même si le seuil des trois cents accouchements n'est pas atteint « lorsque l'éloignement des établissements pratiquant l'obstétrique impose des temps de trajet excessifs à une partie significative de la population » (al. 2). À défaut d'autorisation, la maternité peut devenir un centre périnatal de proximité, qui « peut assurer les consultations prénatales et postnatales, les cours de préparation à la naissance, l'enseignement des soins aux nouveau-nés et les consultations de planification familiale » (al. 4).

[4] L'art. D. 6124-44 CSP prévoit, selon chaque unité, un nombre minimum de sages-femmes, de médecins, en distinguant selon les spécialités, et de personnel paramédical.

[5] Sur l'éventuelle concurrence entre gynécologue-obstétricien et pédiatre : P. CHARRIER, G. CLAVANDIER, *Sociologie de la naissance*, *op. cit.*, p. 132 et s.

[6] CSP, art. L. 6122-13.

[7] Arrêté du 22 févr. 2018 relatif à l'organisation du programme national de dépistage néonatal recourant à des examens de biologie médicale, art. 7.

[8] CSP, art. R. 1131-21, al. 1er.

morbi-mortalité, dont les manifestations et complications surviennent dès les premiers jours ou les premières semaines de vie et peuvent être prévenues ou minimisées par un traitement adapté si ce dernier est débuté très précocement »[1].

L'épidémie de Covid-19 a rendu difficile l'approvisionnement de certains établissements de soin en buvards, nécessaires au dépistage des maladies néonatales, ce qui a conduit l'APHP à rappeler certaines manifestations de ces maladies, même si « à la naissance, les signes sont souvent absents et non spécifiques »[2]. En plus de ce dépistage, le Code de la santé publique contient des dispositions concernant l'alimentation du nouveau-né, et notamment l'allaitement.

**266.** Le Code de la santé publique organise « la collecte, la préparation, la qualification, le traitement, la conservation, la distribution et la délivrance sur prescription médicale du lait maternel »[3], et ce pour faire face aux situations dans lesquelles la parturiente ne peut pas allaiter le nouveau-né[4]. L'alimentation du nouveau-né est en effet un enjeu important de santé publique. Recommandé[5] entre autres par l'OMS[6], par l'Académie nationale de médecine[7] et encouragé par les politiques publiques à travers le programme national nutrition-santé[8], l'allaitement maternel[9] permet de

---

[1] Arrêté du 22 févr. 2018 relatif à l'organisation du programme national de dépistage néonatal recourant à des examens de biologie médicale, art. 1er, al. 2.

[2] Note de l'APHP, « Vigilance dans la prise en charge des nouveau-nés, en situation de crise COVID-19 », 30 mars 2020, disponible sur le site internet du CNGOF.

[3] CSP, art. L. 2323-1, al. 1er.

[4] M. HERZOG-EVANS, « Aspects juridiques de l'allaitement maternel en France », *RDSS* 2001, p. 223.

[5] Pour un regard critique et historique sur l'encouragement de l'allaitement maternel : E. BADINTER, *L'amour en plus*, *op. cit.*, spéc. p. 233 et s.

[6] Déclaration de l'OMS, « Alimentation au sein exclusive pendant 6 mois pour les nourrissons du monde entier », 15 janv. 2011.

[7] Rapp. Académie nationale de médecine, « Alimentation du nouveau-né et du nourrisson », févr. 2009, *Bull. Acad. Nat. Méd.*, 2009, 193, n° 2, 431-446.

[8] « Programme national nutrition-santé 2019-2023 », Ministère des solidarités et de la santé, p. 46.

[9] Pour une définition de l'allaitement maternel, v. M. HERZOG-EVANS, *Allaitement maternel et droit*, 2007, L'Harmattan, coll. « La Justice au quotidien », p. 15-16 : « Constitue un allaitement maternel exclusif le fait pour l'enfant de recevoir exclusivement du lait maternel provenant de sa mère ou d'une autre femme qui l'allaite, ou du lait maternel exprimé, mais aucun autre liquide ou solide à l'exception de gouttes ou de sirops consistant en vitamines, suppléments minéraux ou médicaments ».

prévenir un certain nombre de pathologies pouvant survenir chez l'enfant et chez l'adulte[1]. La pratique est toutefois en légère baisse[2].

De façon générale, l'allaitement n'est pas une pratique qui n'est destinée qu'au nouveau-né, elle concerne également le nourrisson qui est, étymologiquement, un « [e]nfant qu'une femme nourrit de son lait »[3]. D'ailleurs, le Code du travail permet à la salariée d'allaiter son enfant pendant ses heures de travail au cours de l'année qui suit la naissance de son enfant[4] : cette disposition a donc bien été édictée au bénéfice des nouveau-nés et des nourrissons, qui sont des enfants âgés de moins d'un an[5]. Pourtant, le lait maternel conservé dans les lactariums est destiné aux nouveau-nés, et non aux nourrissons[6]. En effet, ces lactariums permettent la fourniture de lait à des enfants pour lesquels l'allaitement est impossible : c'est le cas principalement des nouveau-nés prématurés[7].

Les règles de fonctionnement de ces lactariums sont fixees aux articles D. 2323-1 à D. 2323-15 du Code de la santé publique. Tout comme les services d'obstétrique, de néonatologie et de réanimation néonatale, ils nécessitent une autorisation de l'ARS[8]. Le Code distingue les lactariums à usage intérieur et extérieur[9] et à usage intérieur[10]. Le lactarium à usage intérieur et extérieur exerce sa mission « au bénéfice de nouveau-nés hospitalisés dans un établissement de santé et de

---

[1] Rapp. Académie nationale de médecine, « Alimentation du nouveau-né et du nourrisson », préc. ; Rapp. Ministère des solidarités et de la santé, « Les 1000 premiers jours », préc., p. 32-33 : « Des bénéfices pour les enfants sont documentés avec un niveau de preuve élevé : réduction des otites avant deux ans, des infections gastro-intestinales, et des affections respiratoires. Des bénéfices ont aussi été rapportés à plus long terme, comme la réduction des risques d'obésité et de diabète de type 2 ».

[2] B. Blondel, C. Bonnet, B. Coulm, J. Fresson, S. Rey, A. Vanhaesebrouck, A. Vilain, rapp. INSERM et DREES, préc., p. 13.

[3] *Dictionnaire de l'Académie française*, 9e éd., v° « Nourrisson ».

[4] C. trav., art. L. 1225-30.

[5] *Cf. supra*, n° 184.

[6] CSP, art. D. 2323-2 *in fine*.

[7] M. Herzog-Evans, *Allaitement maternel et droit*, *op. cit.*, p. 126. – L'association des lactariums de France, dans un communiqué du 9 avr. 2020 concernant la Covid-19 écrit : « plus cette période se prolonge, plus nous courons le risque que les stocks de lait de don anonyme s'épuisent, car le nombre d'enfants prématurés n'a pas diminué pendant la pandémie. Il est donc particulièrement important que tous les professionnels des services de néonatologie et de maternité restent vigilants et continuent à expliquer aux mères l'intérêt et les modalités du don anonyme de lait ».

[8] CSP, art. D. 2323-6, al. 1er.

[9] CSP, art. D. 2323-2 et D. 2323-3.

[10] CSP, art. D. 2323-4 et D. 2323-5.

nouveau-nés présents à leur domicile » ; le lactarium à usage intérieur exerce sa mission « uniquement à partir de dons de lait personnalisés au bénéfice de nouveau-nés hospitalisés dans un établissement de santé siège de l'implantation du lactarium. À titre exceptionnel, en cas de transfert d'un nouveau-né vers un autre établissement de santé, le lait personnalisé destiné à ce nouveau-né, précédemment collecté et pasteurisé par le lactarium à usage intérieur, peut être transféré vers le nouvel établissement qui accueille le nouveau-né [...] »[1]. La précision de ces règles de fonctionnement est justifiée par le fait que le lait soit récolté, conservé et redistribué dans des conditions qui garantissent l'hygiène et la sécurité sanitaire[2].

La prise en charge du nouveau-né par les établissements de santé fait donc l'objet d'une réglementation particulièrement minutieuse, justifiée par sa fragilité particulière. Cette exigence particulière de sécurité est toutefois aujourd'hui confrontée à un mouvement de *démédicalisation* de l'accouchement, prenant sa source dans le désir des parturientes, que le droit entend néanmoins limiter, soit par une réglementation contraignante, soit par la dissuasion.

---

[1] CSP, art. D. 2323-4 *in fine*.

[2] E. Martinent, « La liberté de la femme en couches et l'alimentation de son nourrisson en droit », *RGDM* n° 14, p. 315.

## *Section 2. La liberté de la femme de choisir les circonstances de son accouchement, révélatrice du rapport d'accessoire avec le nouveau-né*

**267.** Face à la surmédicalisation de l'accouchement, le législateur admet désormais, à la demande des parturientes, que les accouchements non-pathologiques ne bénéficient que d'une prise en charge médicale minimale (§1). Cette médicalisation raisonnée constitue une alternative à l'accouchement à domicile, qui présente des risques pour la santé du nouveau-né. L'accouchement à domicile n'est pas encadré, pour en décourager la pratique. Il demeure cependant dans la sphère de la convenance personnelle de la femme qui accouche (§2).

### §1. L'émergence d'alternatives à l'accouchement surmédicalisé à la demande des parturientes

**268.** Les sage-femmes sont aujourd'hui les actrices[1] principales de l'accouchement. Leur domaine de compétence est toutefois limité aux accouchements non-pathologiques (A). Elles jouent également un rôle dans le fonctionnement des maisons de naissance, imaginées pour freiner la surmédicalisation de l'accouchement, sous réserve du respect de conditions de sécurité (B).

[1] Le mot « sage-femme » est défini comme un nom féminin par le dictionnaire de l'Académie française, ce qui nécessite l'accord (*Dictionnaire de l'Académie française*, 9e éd., v° « Sage-femme »), même si la profession de sage-femme est ouverte aux hommes depuis 1982, ce qui avait d'ailleurs suscité certaines réactions hostiles, notamment venant des sages-femmes elles-mêmes (M. JACQUET, « Les sages-femmes dans le monde », *in* R. FRYDMAN, M. SZEJER (dir.), *La naissance. Histoire, cultures et pratiques d'aujourd'hui*, 2010, Albin Michel, p. 776).

### A. L'intervention des sages-femmes limitée aux accouchements non-pathologiques

**269.** Traditionnellement, la relation de soins est d'abord envisagée par rapport au médecin. Les obligations de la sage-femme, à plusieurs égards, sont formulées de manière identique. Les obligations du médecin à l'égard du nouveau-né ne diffèrent pas, à première vue, de celles qu'il a à l'égard de tout autre patient, un exposé succinct sera donc suffisant. Elles sont définies dans la formule de l'arrêt *Mercier*[1], reprise dans le Code de déontologie médicale : « Dès lors qu'il a accepté de répondre à une demande, le médecin s'engage à assurer personnellement au patient des soins consciencieux, dévoués et fondés sur les données acquises de la science, en faisant appel, s'il y a lieu, à l'aide de tiers compétents »[2]. Ces soins doivent dès lors être adaptés au patient, et notamment à ses pathologies et à son âge. Le juge n'étant pas médecin, il lui est nécessaire de se reposer sur des experts pour apprécier l'existence d'une faute[3], et donc plus particulièrement, pour ce qui concerne le nouveau-né, sur des connaissances en obstétrique, en néonatologie ou, plus largement, en pédiatrie. La sage-femme mérite toutefois un exposé particulier, son travail étant entièrement tourné vers la parturiente et le nouveau-né.

**270.** La sage-femme n'est pas seulement « témoin actif de la venue au monde d'un être nouveau »[4], elle est une actrice de premier ordre dans le suivi de la grossesse et de l'accouchement. La dernière enquête périnatale relève ainsi que « pour un quart des femmes, une sage-femme en maternité publique ou en secteur libéral a été la responsable principale de la surveillance dans les six premiers mois de la grossesse »[5], et qu'« elles réalisent 87,4 % des accouchements par voie basse non instrumentale contre 81,8 % en 2010 »[6]. La profession est régie par le Code de déontologie des sages-femmes, reproduit aux articles R. 4127-301 à R. 4127-367 du Code de la santé publique.

---

[1] Cass. civ., 20 mai 1936 : *DP* 1936. 1. 88, concl. MATTER, rapp. JOSSERAND, note E. P. ; *S.* 1937. 1. 321, note BRETON ; *Gaz. Pal.* 1936. 2. 41.
[2] CSP, art. R. 4127-32.
[3] G. MÉMETEAU, M. GIRER, *Cours de droit médical*, *op. cit.*, p. 529.
[4] D. DIBIE-KRAJCMAN, M. MERGER-PÉLIER, *Manuel juridique de la sage-femme*, *op. cit.*, p. 15.
[5] B. BLONDEL, C. BONNET, B. COULM, J. FRESSON, S. REY, A. VANHAESEBROUCK, A. VILAIN, rapp. INSERM et DREES, préc., p. 12.
[6] *Ibid.*

L'accès à la profession de sage-femme est réglementé, au même titre que la profession de médecin, par l'article L. 4111-1 du Code de la santé publique[1].

**271.** En outre, au regard de la nature particulière de son métier, la sage-femme a des devoirs à l'égard des patientes *et* des nouveau-nés[2] : elle « s'engage à assurer personnellement avec conscience et dévouement les soins conformes aux données scientifiques du moment que requièrent la patiente et le nouveau-né »[3]. Les actes que la sage-femme peut pratiquer sont décrits dans la partie législative du Code de la santé publique, aux articles L. 4151-1 à L. 4152-9. L'article L. 4151-1 dispose, entre autres, que « [l]'exercice de la profession de sage-femme comporte la pratique des actes nécessaires au diagnostic, à la surveillance de la grossesse et à la préparation psychoprophylactique à l'accouchement, ainsi qu'à la surveillance et à la pratique de l'accouchement et des soins postnataux en ce qui concerne la mère et l'enfant ». Les missions de la sage-femme sont donc en principe orientées vers l'accouchement et la prise en charge du nouveau-né. Elle ne peut cependant exercer sa profession de façon totalement indépendante : elle doit, dans certains cas, faire appel à un médecin. Elle ne s'y substitue donc pas[4].

**272.** L'article L. 4151-3 du Code de la santé publique dispose en effet qu'« [e]n cas de pathologie maternelle, fœtale ou néonatale pendant la grossesse, l'accouchement ou les suites de couches, et en cas d'accouchement dystocique[5], la sage-femme doit faire appel à un médecin. Les sages-femmes peuvent pratiquer les soins prescrits par un médecin en cas de grossesse ou de suites de couches pathologiques ».

---

[1] Il exige que la sage-femme soit titulaire d'un diplôme, qu'elle soit inscrite à un tableau de l'ordre des sages-femmes et il impose des conditions de nationalité. L'article L. 4151-5 du même code précise quels titres de formation peuvent permettre l'exercice de la profession. – Sur la formation des sages-femmes, v. rapp. AN, n° 1560, 19 nov. 2013, Y. FAVENNEC (dir.), « Rapport fait au nom de la commission des affaires sociales sur la proposition de loi, adoptée par le Sénat, autorisant l'expérimentation des maisons de naissance », p. 16.

[2] CSP, art. R. 4127-325 à R. 4127-338.

[3] CSP, art. R. 4127-325, al. 1er. – La formulation est identique à celle employée dans le Code de déontologie médicale (CSP, art. R. 4127-32).

[4] Sur la ligne de partage entre les compétences du médecin et celles de la sage-femme, notamment au regard de leur formation et de leur pratique concrète : P. CHARRIER et G. CLAVANDIER, *Sociologie de la naissance*, *op. cit.*, p. 128 et s.

[5] *Dictionnaire de l'Académie de médecine en ligne*, v° « Dystocie », consulté le 20 sept. 2022 : « Obstacle à la progression de l'accouchement ».

Cette obligation de faire appel au médecin est également prescrite par le Code de déontologie des sages-femmes[1]. Elle concerne tant l'accouchement que l'examen postnatal[2]. Si la sage-femme n'obéit pas à cette règle, elle commet une faute, susceptible d'engager sa responsabilité personnelle en cas de dommage[3].

**273.** Le champ des compétences des sages-femmes n'est pas anecdotique, car il permet de déterminer le champ de leur responsabilité. Ainsi, la Cour de cassation a par exemple décidé, pour retenir la responsabilité d'une sage-femme, qu'« un médecin accoucheur n'est pas tenu de suivre l'état d'une parturiente dès son entrée en clinique, lorsque celle-ci est sous la surveillance d'une sage-femme, ce qui relève de la compétence professionnelle de cette dernière, en application de l'article 28 du Code de déontologie des sages-femmes […] et qu'aucun élément ne permet de suspecter un accouchement dystocique ; que les juges du fond, qui n'ont pas relevé un tel élément et qui ont constaté que M. Y... était intervenu dès que la sage-femme le lui avait demandé et qu'il avait alors agi conformément aux données acquises de la science en 1962, ont pu en déduire qu'aucune faute ne pouvait lui être reprochée »[4].

Par ailleurs, si les sages-femmes bénéficient d'un principe de liberté dans l'exercice de leur art[5] au même titre que les médecins, l'existence d'un lien de préposition justifie que la responsabilité du commettant puisse être recherchée sur le fondement de l'article 1242 du Code civil, qu'il s'agisse de l'établissement de soins[6] ou du médecin qui supervise

---

[1] CSP, art. R. 4127-325, al. 2 : « Sauf cas de force majeure, notamment en l'absence de médecin ou pour faire face à un danger pressant, la sage-femme doit faire appel à un médecin lorsque les soins à donner débordent sa compétence professionnelle ou lorsque la famille l'exige ».

[2] C'est-à-dire l'examen du nouveau-né. – CSP, art. L. 4151-1 : « La sage-femme peut effectuer l'examen postnatal à la condition d'adresser la femme à un médecin en cas de situation pathologique constatée ».

[3] Cass. 1re civ., 13 déc. 2005, nº 03-12.364 : *Bull. civ. I, nº 498* ; *RCA* 2006. comm. 95.

[4] Cass. 1re civ., 20 juin 2000, nº 98-21.283 : *Bull. civ. I, nº 192* ; *R.* 380, 382 et 391 ; *RDSS* 2000. 730, obs. L. DUBOUIS ; *RCA* 2000, comm. 304.

[5] Cass. 1re civ., 7 juill. 1998, nº 97-10.869 : *Bull. civ. I, nº 239* ; *R.* 275 ; *D.* 1999. somm. 391, obs. J. PENNEAU.

[6] Cass. 1re civ., 9 nov. 2004, nº 01-17.168 : *Bull. civ. I, nº 260* ; *D.* 2005. 253, note F. CHABAS ; *RTD civ.* 2005. 143, obs. P. JOURDAIN ; *JCP* 2005. I. 132 nº 8, obs. G. VINEY ; *JCP* 2005. II. 10020, rapp. D. DUVAL-ARNOULD, note S. PORCHY-SIMON ; *RCA* 2004, comm. 364 ; *LPA* 22 déc. 2004, note J.-F. BARBIÈRI : « la sage-femme salariée qui agit sans excéder les limites de la mission qui lui est impartie par

l'accouchement pathologique[1]. Les compétences de la sage-femme se cantonnent donc à la prise en charge du nouveau-né normal, non-pathologique. Son rôle ne doit toutefois pas être minimisé, puisqu'elle assure la venue au monde du nouveau-né dans de bonnes conditions et qu'elle peut déceler une éventuelle pathologie, ce qui permet ensuite une prise en charge adaptée de l'enfant[2].

Par ailleurs, à la demande des parturientes, l'État a aménagé un nouvel espace dont les sages-femmes sont les acteurs privilégiés[3] : il s'agit des maisons de naissance.

### *B. Les maisons de naissance, alternatives à la surmédicalisation de l'accouchement*

**274.** Aujourd'hui, l'hôpital est perçu « comme un passage obligé et non plus comme un séjour, un moment de repos à mettre à profit pour soi, sa famille et son bébé »[4]. Pour offrir une alternative plus humaine à ces environnements surmédicalisés, l'État a souhaité expérimenter le cadre de la maison de naissance, qui « est une structure gérée par des sages-femmes où celles-ci prennent en charge le suivi de la grossesse, l'accouchement et les suites de couches des femmes qui ont une grossesse et un accouchement physiologiques, c'est-à-dire normaux, ne présentant *a priori* aucun risque »[5]. Mises à l'honneur par France

---

l'établissement de santé privé, n'engage pas sa responsabilité à l'égard de la patiente » ; Cass. 1re civ., 17 févr. 2011, nos 10-10.449 et 10-10.670 : *Bull. civ. I, no 29* ; *D.* 2011. AJ 675, obs. I. GALLMEISTER ; *RLDC* 2011, no 4204, obs. J.-Ph. BUGNICOURT ; *RTD civ.* 2011. 356, obs. P. JOURDAIN.

[1] Cass. 1re civ., 9 nov. 2004, no 01-16.739 : *Bull. civ. I, no 261* : faute du médecin « ayant consisté aussi en une absence de surveillance de la patiente qu'il n'avait pas visité avant la naissance ainsi qu'en un défaut de contrôle de l'action de la sage-femme qui n'avait pas reçu d'instructions précises sur les mesures appropriées et que ces fautes avaient retardé la découverte de la souffrance fœtale à l'origine des lésions dont souffre l'enfant ».

[2] Rapp. AN, no 1560, 19 nov. 2013, Y. FAVENNEC (dir.), préc., p. 16 : « Les sages-femmes sont en effet des professionnelles dont les compétences sont pleinement appropriées pour assurer le suivi des grossesses et des accouchements physiologiques, y compris pour réaliser une première identification des risques et des complications ».

[3] *Ibid.*

[4] P. CHARRIER, G. CLAVANDIER, *Sociologie de la naissance*, *op. cit.*, p. 109.

[5] Rapp. AN, no 1560, 19 nov. 2013, Y. FAVENNEC (dir.), préc., p. 19.

télévisions en 2022[1], les maisons de naissance répondent à une demande des femmes de pouvoir accoucher dans des conditions correspondant à leur volonté, sans multiplication des actes qui ne seraient pas utiles au bon déroulement de l'accouchement. Attendues depuis longtemps[2], expérimentées depuis 2014[3], les maisons de naissance ont été pérennisées par la loi de financement de la sécurité sociale pour 2021[4]. Ce dispositif sera régi aux articles L. 6323-4 à L. 6323-4-6 du Code de la santé publique. La date d'entrée en vigueur de cet article doit être fixée par décret, au plus tard le 1er novembre 2021[5].

**275.** L'auteure de la proposition de loi visant l'expérimentation des maisons de naissance a mis en avant plusieurs arguments qui plaident en faveur du développement de cette alternative. Le premier d'entre eux est le risque iatrogène lié à la surmédicalisation[6]. Un risque iatrogène est un risque lié à l'acte médical lui-même[7] : ainsi, la multiplication d'actes médicaux non nécessaires fait courir un risque vain à la parturiente. Par ailleurs, tous ces actes médicaux sont générateurs de coûts pour le contribuable[8], que la Cour des comptes entend réduire, notamment en permettant de confier plus de tâches aux sages-femmes[9],

---

[1] A. GLOAGUEN (réalisation), *Tu enfanteras dans la douceur*, 2022, disponible sur la plateforme *france.tv* du 12 juillet 2022 au 31 août 2022.

[2] G. BREART, F. PUECH, J. C. ROZÉ, « Vingt propositions pour une politique périnatale », Ministère de la Santé, de la Famille et des Personnes handicapées, 2003, proposition n° 4.

[3] L. n° 2013-1118 du 6 déc. 2013 autorisant l'expérimentation des maisons de naissance. – Sur la méthode de l'expérimentation, v. entre autres : F. TERRÉ, N. MOLFESSIS, *Introduction générale au droit*, 13e éd., 2021, Dalloz, coll. « Précis », n° 506, p. 660 et s.

[4] L. n° 2020-1576 du 14 déc. 2020 de financement de la sécurité sociale pour 2021, art. 58.

[5] *Ibid.*

[6] Rapp. Sénat, n° 368, 20 févr. 2013, M. DINI, « Rapport fait au nom de la commission des affaires sociales sur la proposition de loi autorisant l'expérimentation des maisons de naissance », p. 7 et s. ; Rapp. AN, n° 1560, 19 nov. 2013, Y. FAVENNEC (dir.), préc., p. 9 ; F. PUECH, B. HÉDON, « Entre sécurité et intimité de la naissance : la position du CNGOF en 2012 sur le suivi, l'accompagnement et la prise en charge de l'accouchement physiologique », 5 déc. 2012.

[7] *Dictionnaire Académie de médecine en ligne*, v° « Iatrogène », consulté le 20 sept. 2022.

[8] F. PUECH et B. HÉDON, F. PUECH, B. HÉDON, « Entre sécurité et intimité de la naissance : la position du CNGOF en 2012 sur le suivi, l'accompagnement et la prise en charge de l'accouchement physiologique », préc.

[9] Rapp. AN, n° 1560, 19 nov. 2013, Y. FAVENNEC (dir.), préc., p. 18 ; « Le rôle des sages-femmes dans le système de soins », *in* rapp. Cour des comptes, « La sécurité

qui sont les actrices de premier plan des maisons de naissance. Mais l'argument le plus fort est celui de répondre à la demande des femmes d'accoucher dans un environnement qui n'est pas une « usine à bébés »[1] et de choisir les conditions de la venue au monde de leur enfant. La question du libre choix des parturientes du degré de médicalisation de leur accouchement et de la nécessité des actes pratiqués à cette occasion s'inscrit également dans le débat autour des violences obstétricales.

**276.** En effet, ces dernières années ont vu émerger une demande croissante en faveur d'un accouchement moins médicalisé[2], plus humain. La standardisation des protocoles d'accouchement et l'automatisme avec lequel certains actes sont pratiqués, comme l'épisiotomie, ou la péridurale, semblent en contradiction avec le droit reconnu à chaque patient de consentir aux traitements[3]. De ce constat a émergé le concept de violences obstétricales[4], définies par Madame ROMAN comme « tout acte, positif ou négatif, commis par le personnel de santé à l'encontre d'une femme enceinte ou d'une parturiente, portant atteinte à son intégrité physique ou psychologique et soit qui n'est pas justifié médicalement, compte tenu des informations disponibles à la date de l'acte, soit qui est réalisé sans son consentement libre et éclairé »[5]. La dénonciation de ces violences obstétricales a conduit à une saisine du Haut Conseil à l'Égalité entre les femmes et

sociale », sept. 2011, p. 173 et s. ; Rapp. Cour des comptes, « Rapport public annuel », 2006, p. 383.

[1] Rapp. AN, n° 1560, 19 nov. 2013, Y. FAVENNEC (dir.), préc., p. 11.

[2] Les médecins pointent depuis longtemps la médicalisation excessive des accouchements à faible risque, comme en attestent les conclusions de 2003 de la mission périnatalité : G. BREART, F. PUECH, J. C. ROZÉ, « Vingt propositions pour une politique périnatale », préc. – Sur les excès des revendications pour une démédicalisation : L. DAUSSY, « Accouchement. La souffrance, c'est tendance », *Charlie Hebdo*, 17 juin 2020, p. 4.

[3] CSP, art. L. 1111-4, al. 4 : « Aucun acte médical ni aucun traitement ne peut être pratiqué sans le consentement libre et éclairé de la personne et ce consentement peut être retiré à tout moment ».

[4] Cette question a notamment été portée à la connaissance du grand public par la diffusion à la télévision d'un reportage documentaire, qui a été suivie d'un débat public pendant quelques semaines (OVIDIE, *Tu enfanteras dans la douleur*, Arte, 2019).

[5] D. ROMAN, « Les violences obstétricales, une question politique aux enjeux juridiques », *RDSS* 2017, p. 867.

les hommes (HCE), lequel a rendu un rapport consacré aux « actes sexistes durant le suivi gynécologique et obstétrical »[1].

L'émergence du concept de violences obstétricales est révélatrice de l'équilibre délicat à trouver pour une juste médicalisation de l'accouchement. Elle est également révélatrice de l'ambiguïté de la situation, dans laquelle les décisions de la parturiente n'engagent pas qu'elle, puisque l'accouchement est le moment de la venue au monde d'un enfant ; toutefois, l'enfant n'étant pas encore né au moment où l'accouchement débute, les décisions de la femme qui le porte relèvent encore de la relation qu'elle a avec son propre corps[2], et non pas d'un rapport avec autrui. D'ailleurs, les arguments qui plaident en faveur de l'expérimentation des maisons de naissance exposent très peu de bénéfices pour le nouveau-né : elles permettent surtout de satisfaire une demande des parturientes. Ainsi, parallèlement aux bénéfices escomptés, le législateur a fixé des conditions de sécurité à respecter pour que ces maisons de naissance puissent fonctionner.

**277.** Tout accouchement, même non pathologique, peut avoir des conséquences imprévues. Il est donc nécessaire de pouvoir transporter la parturiente ou le nouveau-né en urgence dans une maternité. Or, le transport est un facteur de risques, ce qui justifie la nécessité de prévoir un transfert qui soit le plus rapide possible. Cette préoccupation avait déjà animé le législateur au stade de l'élaboration du cadre juridique de l'expérimentation des maisons de naissance. L'article 1er de la loi du 6 décembre 2013 disposait ainsi que « [l]a maison de naissance doit être contiguë à une structure autorisée pour l'activité de gynécologie-obstétrique avec laquelle elle passe obligatoirement une convention et avec laquelle un accès direct est aménagé, permettant, notamment, un transfert rapide des parturientes en cas de complication ». Le deuxième alinéa de l'article suivant précisait que « [l]es maisons de naissance ne sont pas des établissements de santé au sens de l'article L. 6111-1 » du

---

1 Rapp. HCE, nº 2018-06-26-SAN-034, 26 juin 2018, « Les actes sexistes durant le suivi gynécologique et obstétrical. Des remarques aux violences, la nécessité de reconnaitre, prévenir et condamner le sexisme ». – Ce rapport ne s'intéresse presque pas à la sécurité de l'accouchement, et ne parle pas du tout du nouveau-né. Par ailleurs, les données de ce rapport doivent être prises avec beaucoup de précautions. De l'aveu même de ses auteurs, le phénomène des violences de genre n'est pas quantifiable, au vu de l'absence de statistiques dédiées à cette catégorie de violences (p. 55 et p. 66). L'ampleur du phénomène a donc été en partie déduite du nombre de témoignages sur les réseaux sociaux (p. 55) et de données fournies par des associations de victimes. Il ne s'agit donc pas de données fiables.

2 *Cf. infra*, nº 280.

Code de la santé publique. La maison de naissance n'est donc pas un établissement autonome : elle est dépendante de l'autorisation de fonctionnement accordée à l'établissement de santé auquel elle est contiguë.

Le critère de contiguïté implique le contact[1] entre la maison de naissance et l'établissement de santé. Il est justifié par la nécessité de pouvoir dispenser des soins urgents le plus rapidement possible à la parturiente et au nouveau-né en cas de nécessité. Cette question n'est pas anecdotique, puisque l'évaluation du fonctionnement des maisons de naissance en 2018 a révélé que 22 % des femmes dont l'accouchement était prévu dans ces structures ont finalement été transférées vers l'établissement de soins attenant[2], soit plus d'une femme sur cinq. Plus généralement, la dernière enquête nationale périnatale relève une augmentation des « transferts ou [...] hospitalisations du nouveau-né en dehors du service de suites de couches pour raison médicale »[3]. Pourtant, certains parlementaires ont souhaité, à l'occasion de la pérennisation du dispositif, assouplir ce critère, avec l'approbation du gouvernement, en proposant celui de « proximité immédiate »[4], avec l'intention évidente de permettre que des maisons de naissance puissent fonctionner sans contiguïté avec l'établissement de soins. En effet, alors que la notion de contiguïté est relativement claire, celle de « proximité immédiate » permet l'interprétation. C'est pour cette raison que les sénateurs, contre l'avis du gouvernement[5], ont réintroduit le critère de contiguïté[6]. Il a finalement été conservé[7].

---

[1] *Dictionnaire de l'Académie française*, 9e éd., v° « Contigu » : « Qui touche à ; qui est au contact, au voisinage immédiat de ». – Le mot « attenant » avait également été proposé, cela signifie « qu'un transfert de la maison de naissance vers la maternité peut avoir lieu en brancard et dans un délai compatible avec l'urgence » (F. PUECH, « Le plan de périnatalité », *in* R. FRYDMAN, M. SZEJER (dir.), *La naissance. Histoire, cultures et pratiques d'aujourd'hui*, 2010, Albin Michel, p. 767, spéc. p. 772).

[2] A. CHANTRY, P. SAUVEGRAIN, I. ROELENS, C. GUIGUET-AUCLAIR, S. GOYET, F. VENDITTELLI, rapp. INSERM, nov. 2019, « Rapport d'étude sur la qualité des soins prodigués en maisons de naissance en France », p. 39.

[3] B. BLONDEL, C. BONNET, B. COULM, J. FRESSON, S. REY, A. VANHAESEBROUCK et A. VILAIN, rapp. INSERM et DREES, préc., p. 56.

[4] *JO* n° 115 AN (CR), 24 oct. 2020, p. 7940 à 7942.

[5] *JO* n° 89 S (CR), 14 nov. 2020, p. 8732.

[6] *Ibid.*, p. 8734.

[7] CSP, art. L. 6323-4, al. 2 : « Chaque maison de naissance doit être contiguë à un établissement de santé autorisé pour l'activité de soins de gynécologie-obstétrique,

En revanche, aucun mouvement similaire de « juste médicalisation » n'a été prévu au sein de l'hôpital public, ce que certains parlementaires ont pu regretter à juste titre[1], d'autant que de telles initiatives existent déjà[2]. Elles mériteraient d'être prises en compte pour éviter une concurrence avec les maisons de naissance, et pour contribuer un peu plus à la réduction des violences obstétricales.

Ainsi, si le législateur permet le fonctionnement des maisons de naissance, c'est à la condition que des soins médicaux puissent être dispensés à la parturiente et à son nouveau-né en urgence. La lutte contre la surmédicalisation ne doit pas conduire à une « démédicalisation » de l'accouchement, qui peut avoir des conséquences dramatiques en cas d'imprévu. C'est ce que révèle le traitement juridique de l'accouchement à domicile, laissé à la convenance personnelle de la parturiente.

## §2. Le choix d'accoucher à domicile dépendant de la convenance personnelle de la parturiente

**278.** Aucune règle n'interdit expressément l'accouchement à domicile en France (A). Il est toutefois découragé, ce qui permet

---

avec lequel elle conclut une convention prévoyant, notamment, les modalités d'un transfert rapide des parturientes ou des nouveau-nés en cas de nécessité ».

[1] Certains députés ont fait valoir, à juste titre, que pour assurer la sécurité de l'accouchement, il serait également possible de prévoir un dispositif similaire aux maisons de naissance géré par l'hôpital public, dénonçant une « *logique de contournement du service public* » (*JO* n° 115 AN (CR), 24 oct. 2020, p. 7938, intervention de M. DHARRÉVILLE), ces maisons de naissance étant créées et gérées par des sages-femmes libérales : « Si la demande sociétale d'accouchements non médicalisés se confirme, accordons aux maternités publiques les moyens de donner le choix aux femmes » (*Ibid.*, intervention de Mme FIAT). Le gouvernement a toutefois éludé la question. Il ressort donc de ces débats à l'Assemblée nationale et au Sénat que le mouvement vers une médicalisation raisonnée de l'accouchement sera poursuivi par des initiatives privées, là où l'action de l'État était pourtant attendue en faveur des maternités. Par ailleurs, il est particulièrement malvenu de faire du refus de la surmédicalisation de l'accouchement une question de choix censé émaner de la parturiente. Les risques iatrogènes liés à des actes médicaux inutiles devraient être évités dans toutes les maternités, et non seulement dans les maisons de naissance, parce que ces risques concernent également le nouveau-né.

[2] La dernière enquête nationale périnatale révèle que 40 % des maternités ont déjà créé un secteur de naissance comprenant un espace dédié pour réaliser des accouchements peu médicalisés (B. BLONDEL, C. BONNET, B. COULM, J. FRESSON, S. REY, A. VANHAESEBROUCK, A. VILAIN, rapp. INSERM et DREES, préc., p. 202).

d'intégrer le traitement que le droit lui réserve dans la catégorie de la convenance personnelle (B).

### A. *L'absence d'interdiction de l'accouchement à domicile pour les parturientes*

**279.** Le droit français ne contient aucune disposition concernant l'accouchement à domicile. Il est donc difficile, à première vue, de dire si cette pratique est licite ou non. Les débats parlementaires fournissent toutefois un premier indice, puisque certains sénateurs ont déploré dans des questions au gouvernement, demeurées sans réponse, les difficultés que les sages-femmes rencontraient pour assurer leur activité[1]. En effet, l'accouchement à domicile ne peut, en principe, être exécuté que par une sage-femme libérale. Or, la loi du 4 mars 2002 a inséré un article L. 1142-2 dans le Code de la santé publique imposant aux sages-femmes de souscrire un contrat d'assurance[2], ce qui s'avère extrêmement difficile en pratique.

**280.** Il paraît difficile d'interdire à la femme enceinte d'accoucher chez elle. La Cour européenne des droits de l'homme a en effet eu l'occasion de rappeler, justement concernant l'accouchement à domicile, que les circonstances de l'accouchement relèvent du domaine de protection de l'article 8 de la Convention en ce qu'elles font partie de la vie privée des femmes[3]. Par ailleurs, l'enfant n'étant pas encore né au moment du choix du lieu de l'accouchement, la décision de la parturiente relève nécessairement de sa liberté corporelle. Il s'agit même, plus précisément, d'un acte réflexif de la femme sur son corps c'est-à-dire un acte « que la personne peut pratiquer sur elle-même, que

---

[1] Question écrite sans réponse n° 12644 de M. DÉTRAIGNE, 17 oct. 2019 ; Question écrite sans réponse n° 14628 de Mme BORIES, 5 mars 2020.

[2] L. n° 2002-303 du 4 mars 2002 relative aux droits des malades et à la qualité du système de santé, art. 98.

[3] CEDH, Gr. ch., 15 nov. 2016, n[os] 28859/11 et 28473/12, *Dubská et Krejzová c. République Tchèque*, §163 : « donner la vie est un moment unique et délicat dans la vie d'une femme. La mise au monde d'un enfant englobe des questions touchant à l'intégrité physique et morale, aux soins médicaux, à la santé génésique et à la protection des informations relatives à la santé. Ces questions, y compris le choix du lieu de l'accouchement, sont donc fondamentalement liées à la vie privée d'une femme et elles relèvent de cette notion aux fins de l'article 8 de la Convention ».

cela soit de sa seule main ou avec l'aide d'un tiers, dans un but non-thérapeutique, simplement en vertu du fait que la personne est son corps »[1]. L'accouchement, en effet, n'est pas pratiqué dans un but quelconque. Il se déroule naturellement du seul fait que la femme soit enceinte, qu'elle soit ou non assistée d'un médecin ou d'une sage-femme. Si cette assistance est souhaitable parce qu'elle peut permettre de sauver la vie de certains nouveau-nés dans un état pathologique, elle n'est pas obligatoire.

**281.** Le flou qui entoure l'accouchement à domicile, en raison notamment de l'impossibilité de l'interdire à la femme enceinte, rappelle la notion de convenance personnelle. Il ne s'agit pas d'une convenance personnelle explicite, permise par la loi, à charge d'une soulte juridique déterminée[2], mais d'une convenance personnelle qui découle de la nature même de la situation, c'est-à-dire du seul fait de la liberté de la femme de choisir les circonstances de son accouchement. Le choix des circonstances de l'accouchement est même un terreau particulièrement fertile au développement de la notion de convenance personnelle, qui s'épanouit dans les désirs personnels des sujets de droit[3]. Le premier aspect de la convenance personnelle est caractérisé pour l'accouchement à domicile : il s'agit de son aspect non-coupable. Ainsi, la responsabilité civile du fait personnel de la femme qui accouche ne pourra pas être recherchée si son choix occasionne un préjudice au nouveau-né, puisqu'elle suppose l'existence d'une faute[4], donc d'un comportement coupable. Mais le droit décourage la pratique, ce qui pourrait permettre de caractériser le second aspect de la convenance personnelle, qui est « un comportement différent de celui proposé en modèle par la norme »[5].

---

[1] S. PARICARD-PIOUX, *La convenance personnelle*, *op. cit.*, nº 368, p. 332.
[2] *Ibid.*, nº 339, p. 303.
[3] *Ibid.*, nº 659, p. 559 : « la convenance personnelle prend tout son essor dans la réponse du droit à la soif d'épanouissement du sujet. C'est en effet un seul désir qui intègre la norme dégagé de tout rapport de nécessité et touchant par définition à l'intimité même du sujet ».
[4] C. civ., art. 1240 et 1241.
[5] S. PARICARD-PIOUX, *La convenance personnelle*, *op. cit.*, nº 161, p. 147.

## B. *L'illégitimité de l'accouchement à domicile en raison du risque pour le nouveau-né*

**282.** Si l'accouchement à domicile n'est pas interdit, il n'en demeure pas moins fortement découragé. Le Code de la santé publique réglemente les conditions de fonctionnement des services d'obstétrique, de néonatologie et de réanimation néonatale dans les établissements de soin, et le législateur permet que les accouchements normaux se déroulent dans des maisons de naissance, néanmoins attenantes à un établissement de soins autorisé à pratiquer l'obstétrique. En effet, si la parturiente est libre de choisir les circonstances de son accouchement, elle doit donner naissance à un enfant, qui deviendra presque immédiatement une personne, sujet de droit. La protection préventive de la vie et de la santé du nouveau-né justifie alors que l'accouchement à domicile soit découragé par l'État. La Cour européenne des droits de l'homme, dans son arrêt *Dubská et Krejzová c. République Tchèque*, constate en effet que « si aucun conflit d'intérêts n'oppose généralement une mère et son enfant, on peut considérer que certains choix opérés par les mères quant au lieu, aux conditions ou à la méthode d'accouchement engendrent un risque accru pour la santé et la sécurité des nouveau-nés, dont le taux de mortalité n'est pas négligeable – comme l'attestent les chiffres relatifs aux décès périnatals et néonatals – malgré tous les progrès accomplis en matière de soins médicaux »[1]. Dans cet arrêt, la Cour devait connaître de la législation tchèque, qui mettait les femmes dans l'impossibilité de se faire assister par une sage-femme pour leur accouchement à domicile. Elle a conclu à l'absence de violation de l'article 8 de la Convention, au terme d'un contrôle de proportionnalité, dans lequel elle a mis en balance la liberté de la parturiente de choisir les circonstances de l'accouchement avec l'objectif de santé publique visant à décourager l'accouchement à domicile, notamment la protection de la vie du nouveau-né[2].

---

[1] CEDH, Gr. ch., 15 nov. 2016, n^os 28859/11 et 28473/12, *Dubská et Krejzová c. République Tchèque*, §185.

[2] *Ibid.*, §186 : « la Cour prend acte de l'argument du gouvernement défendeur [...], consistant à dire que le risque pour les mères et les nouveau-nés [...] est plus élevé en cas d'accouchement à domicile qu'en cas d'accouchement dans une maternité dotée de tout le personnel nécessaire et adéquatement équipée sur les plans technique et matériel, et que même si une grossesse se déroule sans complications et peut donc être

**283.** Pour exercer son contrôle, la Cour européenne prend en considération la possibilité pour les femmes de faire respecter leurs choix quant à leur prise en charge dans les établissements de santé[1]. C'est en effet le non-respect de leur volonté par le personnel de l'établissement de soins, lors d'un accouchement précédent, qui avait motivé les requérantes à opter pour un accouchement à domicile[2], situation que l'on pourrait qualifier de violences obstétricales[3]. La Cour européenne a donc pris en compte l'existence de ces comportements pour apprécier la proportionnalité de l'atteinte au droit au respect de leur vie privée, estimant que le refus d'accoucher dans un établissement de soins peut être considéré comme légitime lorsqu'il est justifié par la crainte de violences. Après avoir pris acte des efforts du gouvernement pour améliorer la prise en charge des parturientes dans les établissements de soin[4], elle conclut à l'absence de violation de l'article 8 de la Convention.

---

tenue pour une grossesse "à faible risque", des difficultés inattendues peuvent survenir au moment de l'accouchement et nécessiter sur-le-champ une intervention médicale spécialisée, telle qu'une césarienne ou une assistance spéciale pour le nouveau-né. La Cour ajoute que l'ensemble des soins médicaux urgents qui sont nécessaires peuvent être assurés dans une maternité mais non dans le cadre d'un accouchement à domicile, même en présence d'une sage-femme ».

[1] *Ibid.*, §188 : « selon les observations des requérantes tirées de leur propre expérience [...], il semblerait que dans nombre de ces hôpitaux les femmes enceintes sont admises et prises en charge sur les plans médical et médicamenteux dans des conditions discutables, et que dans plusieurs établissements locaux les souhaits des futures mères ne sont pas pleinement respectés ».

[2] *Ibid.*, §9 : « lors de son accouchement le personnel médical présent la pressa d'accepter divers types d'interventions médicales alors qu'elle avait expressément formulé le souhait qu'on lui épargnât tout traitement médical non indispensable. On l'aurait également obligée à accoucher dans une position qu'elle trouvait inconfortable ». Également §18 : « La requérante a indiqué qu'elle avait décidé d'accoucher à domicile après avoir visité plusieurs hôpitaux, lesquels auraient tous écarté sa demande, à savoir qu'on la laissât accoucher en lui épargnant toute intervention médicale non strictement nécessaire. Les hôpitaux en question auraient également refusé d'accéder à son souhait de garder un contact ininterrompu avec le bébé dès la naissance, alors que la pratique courante consistait selon elle à retirer l'enfant à sa mère juste après l'accouchement pour le peser, le mesurer et le garder sous observation médicale pendant deux heures ».

[3] D. Roman, « Les violences obstétricales, une question politique aux enjeux juridiques », préc.

[4] CEDH, 15 nov. 2016, Gr. ch., n^os^ 28859/11 et 28473/12, *Dubská et Krejzová c. République Tchèque*, §189.

Le même mouvement de réduction des actes médicaux non nécessaires est observable en France[1]. La dernière enquête nationale périnatale relève que « [l]es femmes sont assez peu nombreuses à rédiger un projet de naissance (3,7 %) ou à exprimer des demandes particulières à leur arrivée à la maternité. Ces femmes ayant eu des demandes particulières concernant leur accouchement sont très souvent satisfaites des réponses apportées par l'équipe médicale à leurs souhaits »[2]. L'enquête conclut que « [l]a très grande majorité des femmes (88,3 %) disent avoir été très ou plutôt satisfaites des méthodes reçues pour gérer la douleur et les contractions ; toutefois, près de 12 % d'entre elles étaient peu ou pas du tout satisfaites, soulignant le fait qu'il est important de continuer les efforts pour améliorer le confort des femmes pendant le travail »[3].

Ces résultats peuvent permettre de croire que la Cour européenne conclurait à une atteinte proportionnée au droit au respect de la vie privée d'une requérante Française qui n'aurait pas pu choisir l'accouchement à domicile, par rapport à l'objectif de protection de la santé de la mère et de son nouveau-né, dans la mesure où les souhaits des femmes accouchant dans les établissements de soins français semblent le plus souvent respectés, même si des progrès doivent encore être faits.

Ainsi, la Cour européenne des droits de l'homme admet la légitimité de l'entrave à la pratique de l'accouchement à domicile, entrave justifiée par la préservation de la sécurité de l'accouchement, nécessaire à la survie et à la bonne santé du nouveau-né.

**284.** Toutefois, la convenance personnelle suppose une soulte juridique, qui est « le prix de la non-conformité exclusivement volontaire de son comportement au modèle »[4]. Cette soulte est destinée à compenser un déséquilibre : elle est « le moyen d'instaurer un choix entre deux comportements d'inégale valeur, un comportement légitime et un comportement divergent »[5]. L'accouchement à domicile est

---

[1] B. BLONDEL, C. BONNET, B. COULM, J. FRESSON, S. REY, A. VANHAESEBROUCK, A. VILAIN, rapp. INSERM et DREES, préc., p. 14.

[2] *Ibid.*, p. 14-15. – Sur la valeur juridique du projet de naissance, v. S.-M. FERRIÉ, « L'autonomie : à la vie à la mort. Étude de l'anticipation de la volonté dans le projet de naissance et les directives anticipées », *RJPF* 2021, nº 3, p. 5.

[3] B. BLONDEL, C. BONNET, B. COULM, J. FRESSON, S. REY, A. VANHAESEBROUCK, A. VILAIN, rapp. INSERM et DREES, préc., p. 15.

[4] S. PARICARD-PIOUX, *La convenance personnelle*, *op. cit.*, nº 344, p. 307.

[5] *Ibid.*, nº 141, p. 132.

évidemment le comportement divergent. Dès lors, quel est le prix de l'accouchement à domicile ? Le droit français refuse de le régir, et ce silence a pour conséquence la grande difficulté pour les femmes dans cette situation de se faire assister d'une sage-femme, en raison des difficultés qu'elles-mêmes rencontrent pour être assurées.

Ce prix est insinué par les requérantes dans l'arrêt *Dubská et Krejzová c. République Tchèque* : « la protection de la santé des femmes et de leurs enfants [...] se trouve gravement compromise lorsque l'État autorise les femmes à accoucher chez elles tout en adoptant des règles qui les empêchent de bénéficier de l'assistance d'une sage-femme »[1]. L'une des requérantes estime également que « la politique mise en œuvre par l'État n'a pas pour effet de protéger la santé et la vie des femmes et de leurs enfants, mais d'aggraver les risques auxquels leur santé et leur vie sont exposées »[2]. Cet argument mérite toutefois d'être nuancé.

En effet, les requérantes auraient pu se fonder sur le danger pesant sur leur vie, et sur celle de leur enfant, du fait de leur difficulté à trouver une sage-femme pour les accompagner au cours de leur accouchement à domicile. Or, la Convention européenne des droits de l'homme protège le droit à la vie dans son article 2, qui « impose à l'État l'obligation non seulement de s'abstenir de donner la mort "intentionnellement", mais aussi de prendre les mesures nécessaires à la protection de la vie des personnes relevant de sa juridiction »[3]. Ainsi, en matière d'accouchement, l'État pourrait être débiteur d'une obligation positive consistant à permettre l'accouchement à domicile dans les meilleures conditions de sécurité.

Dans cette même décision, la Cour précise que « [c]es principes s'appliquent aussi dans le domaine de la santé publique. Les obligations positives énoncées ci-dessus impliquent donc la mise en place par l'État d'un cadre réglementaire imposant aux hôpitaux, qu'ils soient publics ou privés, l'adoption de mesures propres à assurer la protection de la

---

[1] CEDH, 15 nov. 2016, Gr. ch., n[os] 28859/11 et 28473/12, *Dubská et Krejzová c. République Tchèque*, §77.

[2] *Ibid.*, §86. – V. dans le même sens l'opinion dissidente commune aux juges Sajó, Karakaş, Nicolaou, Laffranque et Keller : « Le système en question est de plus préjudiciable à la santé des mères et de leurs nouveau-nés, et il les prive de la possibilité de recevoir l'indispensable assistance d'une sage-femme lors d'une naissance à domicile ».

[3] CEDH, Gr. ch., 17 janv. 2002, n[o] 32967/96, *Calvelli et Ciglio c. Italie*, §48.

vie de leurs malades »[1]. Cette dernière formulation semble permettre de tracer la frontière de l'obligation positive de l'État, qui est circonscrite à la sécurité dans les établissements de soins. En outre, dans l'affaire *Dubská et Krejzová*, les requérantes ne se sont presque pas engagées sur ce terrain[2], et le débat est resté centré sur le droit au respect de la vie privée. La Cour européenne n'aurait en effet peut-être pas admis un manquement de l'État tchèque à ses obligations de garantir la protection de la vie de ses ressortissants, dans la mesure où le défaut d'assistance médicale résulte surtout du refus de la parturiente d'accoucher dans un établissement de soins.

**285.** Il faut en déduire que la soulte juridique attachée à l'accouchement à domicile est très limitée. Par ailleurs, l'impossibilité pour la sage-femme d'assurer une telle activité ne l'empêche pas, en cas d'urgence, de pratiquer effectivement l'accouchement à domicile. Le Code de déontologie des sages-femmes[3] prévoit en effet qu'« [u]ne sage-femme qui se trouve en présence d'une femme ou d'un nouveau-né en danger immédiat ou qui est informée d'un tel danger doit lui porter assistance ou s'assurer que les soins nécessaires sont donnés »[4]. Cette disposition peut être interprétée dans le sens d'une autorisation d'assister une parturiente au cours de son accouchement à domicile si,

---

[1] *Ibid.*, §49.

[2] Pour une référence isolée, CEDH, 15 nov. 2016, Gr. ch., n^os^ 28859/11 et 28473/12, *Dubská et Krejzová c. République Tchèque*, § 92 : « La requérante considère par ailleurs que l'approche répressive adoptée par la République tchèque peut avoir des répercussions sur la possibilité pour les femmes d'exercer d'autres droits fondamentaux, comme le droit à la vie et le droit à la santé ».

[3] Les codes de déontologie ont, de manière générale, une valeur contraignante, puisqu'ils « établissent les droits et les devoirs de certains professionnels de santé » (A. DEMICHEL, *Le droit de la santé*, *op. cit.*, p. 21). Ils figurent par ailleurs dans la partie réglementaire du CSP, ce qui confirme leur valeur juridique, donc contraignante. Ainsi, la C. de cass. a par exemple décidé, pour retenir la responsabilité d'une sage-femme, qu'« un médecin accoucheur n'est pas tenu de suivre l'état d'une parturiente dès son entrée en clinique, lorsque celle-ci est sous la surveillance d'une sage-femme, ce qui relève de la compétence professionnelle de cette dernière, en application de l'article 28 du Code de déontologie des sages-femmes [...] et qu'aucun élément ne permet de suspecter un accouchement dystocique ; que les juges du fond, qui n'ont pas relevé un tel élément et qui ont constaté que M. Y... était intervenu dès que la sage-femme le lui avait demandé et qu'il avait alors agi conformément aux données acquises de la science en 1962, ont pu en déduire qu'aucune faute ne pouvait lui être reprochée » (Cass. 1re civ., 20 juin 2000, n° 98-21.283 : *Bull. civ. I, n° 192* ; *R.* 380, 382 et 391 ; *RDSS* 2000. 730, obs. L. DUBOUIS ; *RCA* 2000, comm. 304.).

[4] CSP, art. R. 4127-315.

malgré les avertissements et l'information délivrée, celle-ci maintient son refus d'accoucher dans un lieu médicalisé.

Le Code précise également que « [l]a sage-femme peut se dégager de sa mission, à condition de ne pas nuire de ce fait à sa patiente ou à l'enfant, de s'assurer que ceux-ci seront soignés et de fournir à cet effet les renseignements utiles »[1]. *A contrario*, une sage-femme ne peut pas se dégager de sa mission en laissant une femme accoucher seule, sans assistance médicale. Le même article précise que « [q]uelles que soient les circonstances, la continuité des soins doit être assurée »[2]. Une sage-femme à laquelle une parturiente ferait appel ne pourrait donc pas refuser de l'assister, surtout si l'accouchement est imminent.

La limite de l'accouchement à domicile se trouve donc plutôt dans l'impossibilité d'encourager la pratique. En effet, la sage-femme, tout comme le médecin, « s'engage à assurer personnellement avec conscience et dévouement les soins conformes aux données scientifiques du moment que requièrent la patiente et le nouveau-né »[3]. Une sage-femme qui encouragerait l'accouchement à domicile, voire qui ne le découragerait pas suffisamment, en n'invitant pas, par exemple, la parturiente à accoucher dans un lieu médicalisé, commettrait alors une faute[4].

**286.** La soulte juridique liée à l'accouchement à domicile est donc très mesurée. La vie de la femme enceinte et de l'enfant nouveau-né étant en jeu, l'État ne peut pas interdire franchement cette pratique, qui relève de toute manière de l'autonomie personnelle de la parturiente. Il ne peut que décourager la pratique, en ne l'encadrant pas. La faiblesse de la soulte juridique n'est toutefois pas de nature à remettre en question la qualification de convenance personnelle. *A contrario*, ce n'est pas non plus le signe de la reconnaissance, par le droit, d'une certaine légitimité à ces comportements relevant du seul désir. Pour ce qui est du choix du lieu de l'accouchement, ce n'est pas tant la liberté de la parturiente qui justifie la faiblesse de la soulte, mais la protection de la vie et de la santé du nouveau-né, qui ne choisit pas les circonstances de sa naissance, et qui n'est donc pas responsable du danger particulier qui pèse sur son existence.

---

[1] CSP, art. R. 4127-328, al. 2.

[2] *Ibid.*, al. 3.

[3] CSP, art. R. 4127-325.

[4] D. DIBIE-KRAJCMAN, M. MERGER-PÉLIER, *Manuel juridique de la sage-femme*, *op. cit.*, p. 176 : « [l'accouchement à domicile] n'est pas interdit, mais la sage-femme risque de voir sa responsabilité engagée en cas de complication ».

## *Conclusion du Chapitre I*

**287.** Le Code de la santé publique régit donc méticuleusement les conditions de sécurité de l'accouchement. Une prise en charge peu médicalisée est parfois permise, mais seulement dans les cas où l'accouchement est non pathologique ; en cas de risque pour la vie ou la santé de la parturiente ou de l'enfant, le médecin se substitue à la sage-femme, et l'accouchement ne peut plus se dérouler dans une maison de naissance, mais dans un établissement de soins. Ce cadre juridique témoigne d'une protection *objective* du nouveau-né en tant qu'être humain, à travers la protection de sa vie et de sa santé.

L'absence de droits subjectifs de l'enfant au moment du choix des circonstances de l'accouchement est évidente, puisqu'il est encore *à naître*. Si le droit encadre la liberté de choix de la femme qui accouche, tant à travers les maisons de naissance que par la dissuasion de l'accouchement à domicile, la protection de la vie et de la santé de l'enfant nouveau-né est dépendante du cadre de l'accouchement lequel dépend de la volonté de la parturiente. La condition juridique du nouveau-né, au moment de l'accouchement, n'est donc pas dépendante d'un rapport d'un sujet de droit à un autre sujet de droit ; elle n'est pas dépendante d'un lien de filiation ; la condition juridique du nouveau-né est dépendante de l'autonomie personnelle de la femme qui en a accouché, c'est-à-dire d'un rapport avec son propre corps. Le nouveau-né est donc dépendant d'un rapport d'accessoire à l'égard de la parturiente, fondé sur l'accouchement.

L'accouchement, en tant que fondement du rapport d'accessoire entre la parturiente et le nouveau-né, produit des effets tellement importants qu'ils persistent même une fois que l'accouchement est achevé.

# CHAPITRE II
# L'ÉTENDUE DU RAPPORT D'ACCESSOIRE

**288.** Le nouveau-né, individualisé par l'accouchement, est une personne juridique distincte de la femme qui en a accouché. Il n'est plus *pars matris*, « partie de la mère »[1]. Par conséquent, à moins que la parturiente n'ait refusé l'établissement du lien de filiation, notamment en demandant le secret de son identité lors de l'accouchement, la femme qui a accouché devient titulaire de l'autorité parentale dès que l'acte de naissance est établi[2]. Il existe pourtant des situations dans lesquelles le lien de filiation ou l'autorité parentale ne permettent pas de justifier le droit positif. Dans ces cas, le droit entérine un lien de dépendance qui semble naturel entre la parturiente et le nouveau-né, persistant juste après l'accouchement et après l'établissement de l'acte de naissance, et qui justifie que la condition juridique de l'un soit entièrement déterminée par celle de l'autre. Le lien entre la parturiente et le nouveau-né conduit parfois à ce que sa qualité de sujet de droit distinct lui soit refusée (Section 1). Ce rapport d'accessoire justifie également que la femme qui accouche puisse refuser l'enfant, ce qui lui interdit la connaissance de sa famille biologique. Le droit, dans ce cas, n'accorde pas de protection particulière au nouveau-né abandonné, signe de l'importance de ce rapport d'accessoire (Section 2).

## *Section 1. Le déni ponctuel de la qualité de sujet de droit distinct*

**289.** Le nouveau-né est parfois absorbé par le statut de la femme qui en a accouché, au mépris de sa qualité de sujet de droit distinct. C'est tout d'abord dans les instants qui suivent l'accouchement, puisque le juge reconnaît à la parturiente le libre choix du praticien chargé d'examiner le nouveau-né (§1). C'est le cas ensuite lorsque l'accouchement se déroule pendant que la parturiente purge une peine de prison : il vit alors avec elle, sans que la loi n'ait prévu de statut particulier, en dépit du principe de légalité (§2).

---

[1] H. ROLAND, *Lexique juridique des expressions latines*, *op. cit.*, v° « *Pars matris* ».

[2] *Cf. infra*, n$^{os}$ 363 et s.

## §1. La liberté de la femme qui accouche de choisir le pédiatre chargé de l'examen médical du nouveau-né

**290.** L'examen clinique du nouveau-né se déroule dans les heures suivant l'accouchement[1], probablement avant qu'un acte de naissance soit établi, et donc avant que les parents de l'enfant ne soient reconnus juridiquement[2]. L'absence de parenté juridique permet alors au rapport d'accessoire unissant le nouveau-né à la femme qui en a accouché de continuer à produire ses effets.

En effet, reprenant la formulation de l'article L. 1110-8 du Code de la santé publique, la Cour de cassation a décidé, dans un arrêt rendu le 6 mai 2003, que « le droit du malade au libre choix de son praticien est un principe fondamental de la législation sanitaire et que, aux termes de l'article 11 du décret du 7 août 1975, le médecin qualifié en pédiatrie, dont doit disposer tout établissement ou section d'accouchement, est chargé de l'examen médical du nouveau-né et de l'établissement du certificat de santé obligatoire "sauf recours de la femme à un autre praticien" »[3]. La Cour de cassation a ainsi justifié de remettre en cause la portée de l'exclusivité qu'une clinique privée avait accordée à des pédiatres, puisque cette exclusivité portait atteinte au libre choix du patient de son médecin. Cette décision étend le libre choix de la parturiente de son praticien à l'examen médical du nouveau-né, c'est-à-dire à l'examen d'un autre patient qu'elle[4].

**291.** Théoriquement, le nouveau-né étant un « malade » au sens de l'article L. 1110-8 du Code de la santé publique, il doit pouvoir librement choisir son praticien. Toutefois, en tant que mineur, il devrait être soumis à l'autorité parentale. Or, les parents doivent protéger leur enfant dans sa santé[5], ce qui leur donne le droit de consentir aux actes médicaux à sa place[6]. Ce droit découlant de l'autorité parentale, il est

---

[1] J. CHEYMOL, « Le suivi pédiatrique à la maternité », *op. cit.*

[2] *Cf. infra*, n^os^ 362 et s.

[3] Cass. 1^re^ civ., 6 mai 2003, n° 01-03.259 : *Bull. civ. I, n° 109* ; *RDSS* 2003. 630, obs. G. MÉMETEAU ; *JCP G* 2003. II. 10115, comm. J. SAINTE-ROSE.

[4] Sur la qualité de patient du nouveau-né : *cf. supra*, n^os^ 204 et s.

[5] C. civ., art. 371-1. – Sur cette question, v. Y. FAVIER, « La défaillance parentale en matière de santé : protection judiciaire et protection médicale », *RGDM* 2011, n° 17, p. 51.

[6] CSP, art. L. 1111-2, al. 5.

nécessairement limité par l'intérêt de l'enfant[1]. Par conséquent, la liberté de choix du praticien par le mineur est exercée par les parents en vertu de l'autorité parentale. Elle ne peut donc pas être rattachée à la liberté de choix *de la mère*, même concernant un enfant nouveau-né. La décision de rattacher le choix du médecin chargé d'examiner le nouveau-né à la liberté de la mère, et non aux règles de l'autorité parentale, induit une différence de régime juridique, puisque la liberté de la mère est insusceptible de contrôle, alors que l'exercice de l'autorité parentale, en cas de désaccord des parents, peut faire l'objet d'un contrôle judiciaire[2].

L'autorité parentale, en effet, est exercée en commun[3], à condition que la filiation soit établie à l'égard des deux parents. L'article 372-2 du Code civil prévoit qu'« [à] l'égard des tiers de bonne foi, chacun des parents est réputé agir avec l'accord de l'autre, quand il fait seul un acte usuel de l'autorité parentale relativement à la personne de l'enfant ». La frontière entre l'acte qui est usuel et celui qui ne l'est pas n'est pas établie par la loi. Il est généralement admis en doctrine qu'elle réside dans la gravité de l'acte[4]. Or, l'examen du nouveau-né est obligatoire pour le pédiatre : le fait de ne pas réaliser cet examen peut être constitutif d'une faute, et permettre d'engager la responsabilité civile du pédiatre si cela empêche de diagnostiquer une maladie[5]. Son caractère obligatoire pourrait donc permettre de considérer l'examen du

---

[1] C. civ., art. 371-1, al. 1 : « L'autorité parentale est un ensemble de droits et de devoirs ayant pour finalité l'intérêt de l'enfant ». – Ainsi, par exemple, l'art. L. 1111-4 CSP prévoit que « [d]ans le cas où le refus d'un traitement par le titulaire de l'autorité parentale ou par le tuteur risque d'entrainer des conséquences graves pour la santé du mineur […], le médecin délivre les soins indispensables ».

[2] C. civ., art. 373-2-6.

[3] C. civ., art. 372.

[4] F. TERRÉ, C. GOLDIE-GENICON, D. FENOUILLET, *Droit civil. La famille*, *op. cit.*, n° 977, p. 1069 ; C. ROUGÉ-MAILLART, « Le mineur dans la relation de soin », *Méd. et droit* 2011, p. 218.

[5] Cass. 1re civ., 23 juin 1998, n° 96-22.728 : *Bull. civ. I, n° 225* : « le test de Guthrie fait partie de l'examen obligatoire du nouveau-né ; que, relevant l'importance de ce test, elle a considéré que le praticien, chargé de cet examen, ne devait pas permettre à des tiers de porter les renseignements concernant ledit test sans les vérifier lui-même au vu des documents de la clinique ; qu'elle a pu en déduire, que Mme X..., en signant le carnet de santé en regard de diverses observations qu'elle avait faites sur l'état de santé de l'enfant et de deux lignes qu'elle avaient laissées en blanc concernant la date du dépistage de la maladie et de son résultat, avait commis une négligence, en relation directe avec le retard apporté au diagnostic ».

nouveau-né comme un acte usuel[1]. Il s'agit par ailleurs d'un acte bénin, qui n'implique pas d'atteinte à l'intégrité corporelle de l'enfant nouveau-né. Il doit par conséquent être qualifié d'acte usuel. Toutefois, l'article 372-2 n'exclut pas la règle de la codécision parentale, il établit simplement une présomption à l'égard du tiers de bonne foi. Ainsi, un désaccord entre les parents quant au choix du pédiatre devrait justifier la saisine du juge aux affaires familiales.

**292.** La Cour de cassation a cependant détaché l'examen du nouveau-né de l'autorité parentale, parce qu'à ce moment de son existence, le nouveau-né n'a bien souvent aucun parent désigné juridiquement[2]. Elle a donc rattaché le choix du praticien chargé de l'examen du nouveau-né à la liberté de choix de la femme qui a accouché. Ce libre choix par le patient de son médecin est insusceptible de contrôle. Ce détachement de l'autorité parentale est d'autant plus évident que la Cour de cassation écarte le père de la décision, ce qui atteste bien du fait que le libre choix du praticien découle bien de l'accouchement. Il échappe donc également à la règle de la codécision qui guide les actes usuels de l'autorité parentale.

Ce choix s'inscrit dans la perception générale des soins du nouveau-né comme faisant partie des suites naturelles de l'accouchement. Ces soins, cependant, ne cessent pas dans les heures suivant l'accouchement. Le droit positif régit des situations dans lesquelles le rapport d'accessoire continue de produire des effets bien après que l'acte de naissance a été établi, voire, très exceptionnellement, une fois que l'enfant n'est plus un nouveau-né. C'est ce dont atteste la situation de l'enfant nouveau-né qui vit en prison avec sa mère, du seul fait que l'accouchement se soit déroulé pendant qu'elle subissait une peine. Une telle faculté n'est pas reconnue aux pères de nouveau-nés.

### §2. L'emprisonnement du nouveau-né avec la femme qui en a accouché

**293.** Le droit positif est indifférent au statut du nouveau-né, puis de l'enfant en bas âge, vivant en prison (A). Des mesures permettant d'aménager cette situation seront proposées, afin de garantir la pleine reconnaissance de la qualité de sujet de droit, titulaire de droits

---

[1] P. BONFILS et A. GOUTTENOIRE, *Droit des mineurs*, *op. cit.*, n° 647, p. 379-380.
[2] *Cf. infra*, n^os^ 362 et s.

fondamentaux, au nouveau-né vivant en prison sans y avoir été condamné par un juge (B).

## *A. L'indifférence du droit positif pour le nouveau-né vivant en prison avec la femme qui en a accouché*

**294.** Les enfants de moins de dix-huit mois sont les seuls êtres humains, en France, qui peuvent vivre en prison sans y avoir été condamnés par une décision de justice. Ils y demeurent pour accompagner leur mère qui y subit sa peine. Certains sont des nouveau-nés, il s'agit même de la majorité des enfants concernés. D'autres sont plus âgés, puisque le législateur a fixé une limite d'âge à dix-huit mois. L'étude de ces enfants a cependant toute sa place dans ce travail, puisque leur situation est fondée sur l'accouchement.

**295.** Le législateur s'est peu intéressé à ces enfants : le seul article de loi qui régisse cette situation est l'article 38 de la loi pénitentiaire du 24 novembre 2009[1], lequel prévoit qu'« [u]ne convention entre l'établissement pénitentiaire et le département définit l'accompagnement social proposé aux mères détenues avec leurs enfants et prévoit un dispositif permettant la sortie régulière des enfants à l'extérieur de l'établissement pour permettre leur socialisation ». Cette disposition ne donne aucune indication sur les motifs justifiant qu'un nouveau-né puisse vivre en détention, et elle en donne peu sur les conditions de cette vie en détention.

En revanche, la partie *réglementaire* du Code de procédure pénale est plus prolixe. Elle contient un titre consacré à la détention, dont une section dédiée à la « protection de la mère et de l'enfant »[2]. L'article D. 400 du Code de procédure pénale prévoit que « [t]outes dispositions doivent être prises par les médecins des structures visées à l'article D. 368 pour que les détenues enceintes bénéficient d'un suivi médical adapté et que leur accouchement soit réalisé dans le service hospitalier approprié à leur état de santé ». Dans le prolongement de cet article, le premier alinéa de l'article D. 401 dispose que « [l]es enfants peuvent être laissés auprès de leur mère en détention jusqu'à l'âge de dix-huit mois ». Ce dispositif ne concerne donc pas seulement le nouveau-né,

[1] L. nº 2009-1436 du 24 nov. 2009 pénitentiaire.
[2] C. pr. pén., art. D. 400 à D. 401-2.

mais également le nourrisson, voire des enfants encore un peu plus âgés. Toutefois, le maintien de l'enfant en détention avec sa mère est justifié par la préservation du lien mère-enfant dans la période suivant immédiatement l'accouchement. Ne pas envisager la condition juridique du nouveau-né détenu au motif que le nouveau-né n'est pas le seul concerné aurait donc constitué un manque[1].

Les dispositions suivantes prévoient les conditions techniques dans lesquelles l'accueil du nouveau-né en détention doit se dérouler. Cette section mélange ainsi des dispositions relatives à l'accouchement en détention, et d'autres relatives à la possibilité de « laisser » des enfants auprès de leur mère détenue, c'est-à-dire « [f]aire qu'une personne, une chose reste dans le même endroit, la même position, la même situation, le même état qu'auparavant »[2], ce qui implique un état antérieur, celui de la grossesse. L'article D. 400-1 du Code de procédure pénale concerne les « détenues enceintes et celles qui ont gardé leur enfant auprès d'elles » : le verbe « garder » induit également une idée d'origine[3], l'enfant « provient » de sa mère.

C'est en effet principalement le fait que des accouchements se déroulent en détention qui explique que des enfants puissent y vivre avec leur mère. Cette explication est confirmée par les statistiques récentes : entre le 1er janvier 2018 et le 1er juillet 2019, « [l]es trois quarts des femmes arrivent enceintes en cellule mère/enfant, en moyenne à 6 mois de grossesse. Sur les 115 femmes qui ont intégré une telle cellule sur la période de référence, seules 21 sont arrivées avec un enfant déjà né »[4]. Il arrive par ailleurs que certains enfants soient conçus

---

[1] Ce délai de dix-huit mois « n'a pas été choisi au hasard : c'est le moment où l'enfant commence à se mouvoir et se mouvoir dans un milieu carcéral avec des grilles rend la situation pire pour un enfant de 2 ans, que pour le bébé de deux ou trois mois » (A. HAZAN, « Les conditions matérielles d'accueil des enfants aux côtés de leur mère détenue », *in* C. MENABÉ, M. MARTINELLE (dir.), *L'enfant en prison*, 2017, L'Harmattan, coll. « BibliothèqueS de droit », p. 36-45, spéc. p. 38).

[2] *Dictionnaire de l'Académie française*, 9e éd., v° « Laisser ».

[3] « Retenir quelque chose en sa possession, ne pas s'en séparer, ne pas s'en dessaisir » (*Dictionnaire de l'Académie française*, 9e éd., v° « Garder »).

[4] L. SIMON, C. TOURAUT, « Exercer sa maternité en prison. Les cellules mère/enfant dans les établissements pénitentiaires français », *Cahiers d'études pénitentiaires et criminologiques,* n° 51, p. 9. – Les auteurs précisent ensuite qu'« [u]n quart des femmes enceintes sortent de cellule mère/enfant avant d'avoir accouché. Pour les trois quarts restantes, après quelques jours passés à la maternité, elles réintègrent leur cellule avec leur nouveau-né. Sur la période de référence, 67 bébés ont ainsi intégré une cellule mère/enfant avec leur mère ».

pendant la période de détention[1]. Ainsi, du seul fait de l'accouchement en prison, sans qu'aucun texte de loi ne le permette, le nouveau-né peut être maintenu auprès de sa mère et donc, conséquemment, privé de liberté.

**296.** Le fait que l'accouchement se déroule pendant une peine privative de liberté doit interroger, eu égard à nos développements précédents sur la nécessité d'une prise en charge médicale[2]. En effet, « [l]es patients détenus disposent des mêmes droits d'accès aux soins que tous les autres sous réserve des restrictions liées à la privation de liberté d'aller et venir dont ils font l'objet »[3]. Il arrive parfois que ces soins ne puissent pas être dispensés dans l'établissement pénitentiaire. C'est le cas de l'accouchement, qui est censé se dérouler dans un établissement de santé autorisé par l'ARS[4]. Les conditions techniques de fonctionnement d'un service d'obstétrique semblent interdire qu'une unité de soin installée dans un établissement pénitentiaire reçoive une telle autorisation, notamment en raison de l'impossibilité d'assurer au moins trois-cents accouchements par an[5].

L'article L. 6111-1-2 du Code de la santé publique permet aux établissements de santé de dispenser des soins « [a]ux personnes détenues en milieu pénitentiaire et, si nécessaire, en milieu hospitalier »[6]. Il faut alors procéder à l'extraction[7] de la détenue vers l'établissement de soins. Ainsi, par exemple, les femmes détenues dans la maison d'arrêt pour femmes de Fleury-Mérogis accouchent au centre

---

[1] *Ibid.*, p. 10.

[2] *Cf. supra*, n^os^ 258 et s.

[3] Avis CGLPL du 16 juin 2015 relatif à la prise en charge des personnes détenues au sein des établissements de santé, *JO* 16 juill. 2015, n° 148.

[4] *Cf. supra*, n^os^ 262 et 263. – Il peut arriver que l'accouchement se déroule dans l'établissement pénitentiaire. Dans cette éventualité, l'art. D. 400 CPP précise que « l'acte de l'état civil mentionne seulement la rue et le numéro de l'immeuble ».

[5] Cette impossibilité est d'ordre théorique, parce qu'il y a moins d'une centaine d'enfants par an qui viennent au monde pendant que leur mère est en détention.

[6] Les conditions dans lesquelles ces soins sont administrés figurent aux articles R. 6111-27 à R. 6111-40 CSP.

[7] C. pr. pén., art. D. 291 : « L'extraction est l'opération par laquelle un détenu est conduit sous surveillance en dehors de l'établissement de détention, lorsqu'il doit comparaître en justice, ou lorsqu'il doit recevoir des soins qu'il n'est pas possible de lui donner dans l'établissement pénitentiaire, ou plus généralement lorsque l'accomplissement d'un acte ne pouvant être effectué dans un établissement pénitentiaire a été reconnu absolument nécessaire et compatible avec la situation de l'intéressé ».

hospitalier Sud-francilien, dans des chambres sécurisées[1]. La personne continue pourtant de subir sa peine[2], ce qui justifie que des « mesures de sécurité adéquates doivent être prises dans le respect de la confidentialité des soins »[3]. La confidentialité est d'autant plus importante concernant l'accouchement, en raison de l'intimité que l'événement requiert. C'est pourquoi l'article 52 de la loi pénitentiaire du 24 novembre 2009[4] précise que « [t]out accouchement ou examen gynécologique doit se dérouler sans entraves et hors la présence du personnel pénitentiaire, afin de garantir le droit au respect de la dignité des femmes détenues ». Ces dispositions semblent aujourd'hui respectées[5].

**297.** Il est prévu par circulaire qu'« [i]l appartient aux seuls parents de décider si l'enfant de moins de 18 mois demeure ou non auprès de sa mère en détention, dans la limite de la capacité d'accueil des établissements pénitentiaires équipés pour recevoir des enfants. // De fait, c'est la mère, seule, qui sera le plus souvent amenée à prendre cette décision au moment de son incarcération. Celle-ci n'a pas de conséquence sur l'autorité parentale »[6]. Le seul cas de figure dans lequel le nouveau-né pourrait être séparé de sa mère contre la volonté de cette dernière serait celui dans lequel l'enfant est prématuré[7], puisque celui-ci doit pouvoir bénéficier de soins médicaux spécifiques qui justifient qu'il n'accompagne pas immédiatement sa mère en prison. Un tel cas de figure s'est notamment présenté pour une mère détenue à la maison d'arrêt pour femmes de Fleury-Mérogis : « Lorsque la mère était encore présente à l'hôpital, elle avait été autorisée à se rendre au sein de la salle de néo-natalité mais uniquement escortée de policiers armés. Des négociations entre les personnels médicaux et l'administration pénitentiaire avaient finalement permis de mettre un terme à cette pratique. Lors de son retour en détention, l'UMME[8] avait

---

[1] Rapp. d'enquête CGLPL, 19 juin 2013, p. 22-23 : « Le service de maternité dispose de deux chambres sécurisées, à l'écart des autres chambres. […] La garde statique est assurée par des fonctionnaires de police ».
[2] C. pr. pén., art. D. 395.
[3] C. pr. pén., art. D. 397.
[4] L. n° 2009-1436 du 24 nov. 2009 pénitentiaire.
[5] Rapp. d'enquête CGLPL, 19 juin 2013, p. 22.
[6] Circ. n° AP 99-2296, 18 août 1999, relative aux conditions d'accueil des enfants laissés auprès de leur mère incarcérée.
[7] A. GARRAUD, « Le lien maternel bouleversé par l'incarcération », *AJ fam.* 2014, p. 551.
[8] Unité mobile mère-enfant.

contacté le juge en charge du dossier de cette personne et obtenu qu'elle puisse se rendre deux fois par mois au CHSF[1], simplement accompagnée d'une religieuse, afin de rendre visite à ses enfants. Les membres de l'UMME ont précisé aux chargées d'enquête que, dans le cas des personnes libres, les parents se rendent généralement quotidiennement auprès de leurs nourrissons (sic) restés à l'hôpital »[2]. L'enfant peut ensuite la rejoindre, dans une unité dite « mère/enfant »[3].

**298.** Le désintérêt du législateur pour la situation des nouveau-nés en détention est manifeste[4] : son sort est régi par voie réglementaire, parce qu'il n'est pas considéré comme un « détenu »[5]. Selon les règles dites de Bangkok élaborées par l'ONU, et notamment la règle 49, « [l]es enfants en prison avec leur mère ne doivent jamais être traités comme des détenus »[6]. Si le nouveau-né vit en détention, ce n'est pas à titre de peine, mais pour maintenir le lien entre l'enfant et sa mère, dont on estime qu'il ne doit pas être altéré, en raison de son importance[7] dans

---

[1] Centre hospitaliser Sud-francilien.

[2] Rapp. d'enquête CGLPL, 19 juin 2013, p. 24.

[3] Pour une étude de ces unités, v. not. : L. SIMON et C. TOURAUT, « Exercer sa maternité en prison. Les cellules mère/enfant dans les établissements pénitentiaires français », préc.

[4] J.-B. THIERRY, « Les conditions juridiques d'accueil des enfants aux côtés de leur mère détenue », *in* C. MENABÉ, M. MARTINELLE (dir.), *L'enfant en prison*, 2017, L'Harmattan, coll. « BibliothèqueS de droit », p. 23-36, spéc. p. 30 ; M. HERZOG-EVANS, « Aménager la "peine" des enfants de détenus ? », *in* C. MENABÉ, M. MARTINELLE (dir.), *L'enfant en prison*, 2017, L'Harmattan, coll. « BibliothèqueS de droit ».

[5] M. HERZOG-EVANS, *Droit pénitentiaire 2020/2021*, 2019, Dalloz, coll. « Dalloz action », p. 631.

[6] UNODC, « Règles de Bangkok », résol. A/RES/65/229, 21 déc. 2010.

[7] J.-B. THIERRY, « Les conditions juridiques d'accueil des enfants aux côtés de leur mère détenue », *op. cit.*, p. 24-25 ; Rapp. APCE, nº 8762, 9 juin 2000, « Mères et bébés en prison », spéc. §10 : « Le mieux pour un nouveau-né ou un nourrisson, c'est d'être avec sa mère. Une séparation forcée à la naissance ou dans les premiers mois est préjudiciable au développement d'un enfant et nuit à la relation mère-enfant. L'allaitement au sein d'un nouveau-né est connu pour contribuer à un meilleur départ dans la vie à la fois du point de vue nutritionnel et émotionnel. Sheila Kitzinger, expert de réputation internationale en matière de protection infantile, qualifie de "mutilation affective" la séparation forcée d'une mère et de son bébé » ; APCE, recommandation nº 1469 (2000), « Mères et bébés en prison », § 4 : « Les experts conviennent qu'une séparation précoce d'avec la mère engendre chez l'enfant des difficultés durables, dont une incapacité à s'attacher aux autres, une inadaptation affective et des troubles de la personnalité ».

le développement psychique de l'enfant. Les établissements sont donc censés adapter leur fonctionnement à cette situation particulière.

**299.** Toutefois, malgré ces précautions, le fait que le nouveau-né vive en détention a nécessairement des conséquences sur ses conditions d'existence. Son exclusion de la catégorie des détenus est artificielle. La Cour européenne des droits de l'homme considère que « le terme "détenus" s'applique essentiellement aux personnes placées en détention provisoire par une autorité judiciaire ou privées de liberté à la suite d'une condamnation, mais il peut aussi se référer à toute personne qui se trouve pour quelque raison que ce soit dans une prison »[1], ce qui permettrait d'englober les nouveau-nés qui sont en prison avec leur mère. Toutefois, quand la Cour européenne a été saisie d'une requête concernant un nouveau-né vivant en détention avec sa mère, la question de son statut n'a même pas été soulevée[2]. Selon l'ONU, « [o]n entend par "privation de liberté" toute forme de détention ou d'emprisonnement ou le placement d'un enfant dans un établissement public ou privé de surveillance dont il n'est pas autorisé à sortir à son gré, sur l'ordre d'une autorité publique ou à son initiative ou avec son consentement exprès ou tacite »[3]. Le nouveau-né doit donc être considéré comme privé de liberté, et l'ONU prend en compte la condition des « enfants vivant en prison avec un pourvoyeur primaire de soins »[4].

**300.** En droit interne, l'article 38 de la loi pénitentiaire prévoit que l'établissement pénitentiaire et le département concluent une convention afin d'établir « un dispositif permettant la sortie régulière des enfants à l'extérieur de l'établissement pour permettre leur socialisation »[5]. Deux points méritent d'être soulevés quant à cet article. Tout d'abord, une situation si exceptionnelle que la présence d'un enfant en prison, et plus particulièrement les conditions de sa sortie, dans la mesure où il n'est pas détenu, *devraient* être régies par la loi. En effet, dans la mesure où il échappe au statut de détenu, aucun statut établi par la loi ne lui est réellement applicable, alors qu'il mériterait justement une protection très particulière eu égard à ses conditions de vie exceptionnelles. Les seules règles de valeur légale qui sont

---

[1] CEDH, « Guide sur la jurisprudence de la Cour européenne des droits de l'homme. Droit des détenus », 2020, p. 6.
[2] CEDH, 24 mars 2016, n° 56660/12, *Korneykova et Korneykov c. Ukraine.*
[3] Rapp. ONU, 11 juill. 2019, n° A/74/136, « Étude mondiale sur les enfants privés de liberté », p. 4.
[4] *Ibid.*, p. 12 et s.
[5] L. n° 2009-1436 du 24 nov. 2009 pénitentiaire.

applicables sont celles figurant dans le Code civil, relatives à l'autorité parentale, et notamment celles relatives au maintien des liens entre l'enfant et ses parents[1]. En revanche, la loi ne régit pas les rapports du nouveau-né avec l'administration pénitentiaire, alors que c'est elle qui décide des conditions de son séjour[2].

Le second point, qui découle du premier, est donc l'incertitude entourant les conditions de sortie de l'enfant. Le texte prévoit en effet que cette convention conclue entre le département et l'établissement pénitentiaire doit permettre une sortie « régulière », sans plus de précision. La régularité implique une périodicité, une habitude[3], mais n'est pas synonyme de fréquence. Ainsi, il n'est pas indispensable, si l'on s'en tient au lexique privilégié par le législateur, que l'enfant puisse sortir *souvent*, ni autant que cela est nécessaire. En outre, selon le contrôleur général des lieux de privation de liberté, « [l]'enfant hébergé auprès de sa mère détenue ne relève pas du statut de détenu mais reste soumis à certaines contraintes liées à l'incarcération, comme la fouille systématique à son entrée et sa sortie de l'établissement ou l'enfermement en cellule le soir et la nuit »[4]. Il semble donc évident que l'affirmation selon laquelle le nouveau-né qui « vit en prison » avec sa mère n'est pas un détenu est un artifice, dangereux parce qu'il revient à considérer la situation comme étant naturelle : la mère est détenue, son enfant nouveau-né doit donc vivre avec elle en prison.

**301.** Cette possibilité de maintenir un enfant nouveau-né en détention semble aller à contre-courant des derniers travaux concernant les « 1000 premiers jours », qui insistent sur l'importance de l'environnement dans lequel est élevé l'enfant en très bas âge[5]. Par ailleurs, concernant l'accouchement, alors que l'hôpital est remis en question parce qu'il est devenu une « usine à bébés », alors que se mettent en place les maisons de naissance, censées permettre l'accouchement « comme à la maison »[6], ce qui est vu comme un

---

[1] C. civ., art. 373-2-6.
[2] M. HERZOG-EVANS, *Droit pénitentiaire 2020/2021*, *op. cit.*, p. 628.
[3] *Dictionnaire de l'Académie française*, 9e éd., v° « Régulier ».
[4] Rapp. d'activité CGLPL 2010, p. 198. – Dans le même sens : J.-B. THIERRY, « Les conditions juridiques d'accueil des enfants aux côtés de leur mère détenue », *op. cit.*, p. 32-33.
[5] Rapp. Ministère des solidarités et de la santé, « Les 1000 premiers jours », préc., p. 27.
[6] *Cf. supra*, nos 274 et s.

progrès, le fait que certains nouveau-nés puissent passer les premiers instants de leur vie en détention doit interroger.

Tout le monde semble d'ailleurs s'accorder pour dire que cette situation n'est pas la meilleure[1]. La CEDH partage cette position, mais n'a pas remis en cause la possibilité de maintenir des enfants nouveau-nés en prison[2]. Elle a toutefois considéré que le fait que le nouveau-né ne puisse pas bénéficier d'un suivi pédiatrique hebdomadaire[3] constituait une violation de l'article 3 de la Convention, prohibant les traitements inhumains et dégradants[4]. Pourtant, en principe, la Cour européenne rattache la protection de la santé à l'article 2 qui protège le droit à la vie[5]. Ainsi, la circonstance que l'enfant soit en prison justifie que le fondement de la décision ne soit plus le même, ce qui rend le besoin d'un statut protecteur particulier encore plus évident.

### *B. La nécessité de créer un statut de l'enfant vivant en prison avec la femme qui en a accouché*

**302.** Il serait tentant de justifier des propositions de réforme en invoquant l'intérêt *supérieur* de l'enfant[6], dont l'article 3-1 de la CIDE

---

[1] Avis CGLPL du 8 août 2013 relatif aux jeunes enfants en prison et à leurs mères détenues, NOR : CPLX1322210V : « Lorsque des parents sont privés de liberté, le choix ou bien de les séparer de leurs enfants ou bien, pour éviter les effets de la séparation, d'associer ces derniers à la privation de liberté est une alternative en soi insatisfaisante ».

[2] CEDH, 24 mars 2016, n° 56660/12, *Korneykova et Korneykov c. Ukraine.*

[3] *Ibid.*, §152.

[4] *Ibid.*, §157 et 158. – Si l'on applique ce raisonnement au cas français, l'art. R. 2122-3 CSP impose un examen postnatal dans les huit semaines qui suivent l'accouchement. Le manquement à cette règle pourrait donc justifier la condamnation de l'État français sur le fondement de l'art. 3 de la CEDH.

[5] CEDH, Gr. ch., 17 janv. 2002, n° 32967/96, *Calvelli et Ciglio c. Italie*, §48 et 49 ; *cf. supra*, n° 259.

[6] A. MOINE, « L'intérêt supérieur de l'enfant en prison », *in* C. MENABÉ, M. MARTINELLE (dir.), *L'enfant en prison*, 2017, L'Harmattan, coll. « BibliothèqueS de droit », p. 149-181 ; A. AMADO, « Un régime spécifique pour l'enfant en détention ou la conciliation des *best intesrests of the child* : l'exemple anglais saisi dans le paysage européen », *in* C. MENABÉ, M. MARTINELLE (dir.), *L'enfant en prison*, 2017, L'Harmattan, coll. « BibliothèqueS de droit », p. 53-81.

impose la prise en compte[1]. Mais comme « chacun demeure libre d'imaginer ce qu'elle recouvre car elle n'évoque rien de précis »[2], cette notion sera mise à l'écart au profit d'autres, mieux définies. Or, la question de la détention appelle nécessairement des notions de droit pénal, aux contours plus précis afin de respecter le principe de légalité[3]. Les développements précédents invitent à envisager la possibilité d'individualiser la peine de la mère du nouveau-né pour éviter l'enfermement. Toutefois, la peine privative de liberté ne pouvant pas toujours être évitée, il est nécessaire de prévoir un statut particulier pour l'enfant vivant en prison avec sa mère, afin de satisfaire aux exigences du principe de légalité.

**303.** Le Code pénal met des outils à disposition des juges leur permettant d'individualiser les peines[4]. Ainsi, la peine de la mère d'un enfant de moins de dix-huit mois ou d'une femme enceinte pourrait bénéficier d'une telle individualisation, afin d'éviter que des enfants de cet âge, *a fortiori* des nouveau-nés, ne vivent en prison. Les conséquences d'une interdiction de prononcer une peine privative de liberté à l'égard de la mère d'un nouveau-né seraient très faibles du point de vue de l'éventuelle atteinte à l'ordre social qui en résulterait. Au 1er décembre 2020, les femmes représentaient 3,6 % des personnes écrouées en France[5], ce qui est bien peu.

L'Assemblée parlementaire du Conseil de l'Europe a invité les États membres « à instaurer et à appliquer aux mères ayant de jeunes enfants des peines à purger au sein de la communauté, et à éviter le recours à la

---

[1] D'autant que l'art. 3-1 de la CIDE est d'application directe en droit interne (Cass. 1re civ., 14 juin 2005, nº 04-16.942 : *Bull. civ. I, nº 245* ; *R.*, p. 416 ; *D.* 2005. 2790, note F. BOULANGER ; *JCP* 2005. II. 10115, concl. C. PETIT, note C. CHABERT ; *Gaz. Pal.* 2005. 3412, note G. SALAMÉ ; *Defrénois* 2005. 1418, note J. MASSIP ; *Dr. et patr.* 9/2005. 101, obs. Ph. BONFILS ; *RDSS* 2005. 814, note C. NEIRINCK ; *RTD civ.* 2005. 750, obs. P. RÉMY-CORLAY ; *Rev. crit. DIP* 2005. 679, note D. BUREAU).

[2] C. NEIRINCK, « A propos de l'intérêt de l'enfant », *in* C. NEIRINCK, M. BRUGGEMAN (dir.), *La Convention internationale des droits de l'enfant, une convention particulière*, 2014, Dalloz, coll. « Thèmes et commentaires », p. 25.

[3] E. DREYER, *Droit pénal général*, *op. cit.*, nos 284 et s., p. 251 et s.

[4] M. HERZOG-EVANS, « Aménager la "peine" des enfants de détenus ? », *op. cit.*, p. 94 et s.

[5] Direction de l'Administration Pénitentiaire, « Statistique des établissements des personnes écrouées en France », situation au 1er déc. 2020, p. 37. – Cette faible statistique pourrait permettre d'expliquer le désintérêt du législateur et de la doctrine (v. en ce sens J.-B. THIERRY, « Les conditions juridiques d'accueil des enfants aux côtés de leur mère détenue », *op. cit.*, p. 23).

détention »[1], c'est-à-dire « des mesures de liberté surveillée, d'intérêt général et des mesures de réparation comme la médiation, la compensation des victimes, ou des peines d'emprisonnement avec sursis à purger seulement en cas de récidive »[2]. Elle invite également « à reconnaître qu'il ne faudrait recourir à la détention pour les femmes enceintes et les mères de jeunes enfants qu'en dernier ressort, dans les cas où ces femmes sont reconnues coupables de délits très graves et représentent un danger pour la société »[3], et ce afin de restreindre les situations dans lesquelles l'enfant doit vivre en détention avec sa mère. De même, dans son rapport d'activité de 2010, le contrôleur général des lieux de privation de liberté estimait qu'« [u]ne réflexion doit être engagée sur l'absence d'incarcération des mères accompagnées de très jeunes enfants, prenant la forme ou bien d'une impossibilité se traduisant par un aménagement de peine, ou bien à tout le moins, d'une suspension de peine pour motif de maternité »[4]. Les appels sont donc nombreux pour éviter la peine privative de liberté à la mère d'enfants en très bas âge.

**304.** En réponse à ces demandes, la loi du 15 août 2014[5] a créé l'article 708-1 du Code de procédure pénale, lequel dispose que « [l]orsque doit être mise à exécution une condamnation à une peine d'emprisonnement concernant une femme enceinte de plus de douze semaines, le procureur de la République ou le juge de l'application des peines s'efforcent par tout moyen soit de différer cette mise à exécution, soit de faire en sorte que la peine s'exécute en milieu ouvert », et ce pour éviter qu'à l'époque de l'accouchement, la mère soit privée de liberté.

La formulation de cet article a fait l'objet de débats parlementaires, notamment sur les efforts que doivent déployer le juge de l'application des peines et le procureur de la République pour éviter l'emprisonnement à la femme enceinte : ils « s'efforcent par tout moyen », formulation qui a remplacé « recherchent s'il est possible », ce dont s'est félicité le rapporteur du projet de loi : « Cela n'a plus rien à voir. Il s'agit non plus d'une obligation de moyens, mais d'une obligation de résultat », avant de préciser que « [c]ela veut dire qu'**il ne sera plus**

[1] APCE, recommandation n° 1469 (2000), « Mères et bébés en prison », §5.1.
[2] *Ibid.*
[3] *Ibid.*, §5.3.
[4] Rapp. d'activité CGLPL 2010, p. 193.
[5] L. n° 2014-896 du 15 août 2014 relative à l'individualisation des peines et renforçant l'efficacité des sanctions pénales, art. 25.

**possible**[1], dans les années à venir, **qu'une femme enceinte de plus de douze semaines soit maintenue ou placée en détention**[2]. Je tiens à le répéter pour qu'il n'y ait aucune ambiguïté et que les magistrats qui nous lisent sachent exactement quelle a été la volonté du législateur »[3].

Cette affirmation vigoureuse de l'impossibilité de maintenir une femme enceinte en détention contraste toutefois avec le contenu du texte adopté, qui impose au juge ou au procureur de la République de s'« efforcer » d'éviter la détention, c'est-à-dire « faire effort, déployer son énergie, son activité en vue d'obtenir un résultat, d'atteindre un but »[4], voire « essayer, avec une certaine application »[5]. Si le verbe « s'efforcer » peut éventuellement se prêter à l'interprétation quant à l'intensité de l'énergie à déployer, il ne peut pas être interprété dans le sens d'une obligation à la charge du juge ou du procureur de la République d'éviter à tout prix la détention à toute femme enceinte. Il y a donc un décalage entre l'ambition affichée par les rédacteurs du texte et l'injonction contenue par le texte. La loi pénale étant d'interprétation stricte[6], c'est le verbe contenu dans l'article 708-1 du Code de procédure pénale qui s'impose, et non l'intention du législateur. Malgré les apparences, il est donc toujours possible de décider d'une peine de détention à l'égard d'une femme enceinte. L'offensive du législateur est donc bien timide contre cette situation.

**305.** L'absence d'interdiction de prononcer une peine privative de liberté à l'égard d'une femme enceinte, de la mère d'un nouveau-né, voire d'un nourrisson, est justifiée par la crainte de l'impunité[7]. Le Conseil constitutionnel considère en effet qu'il est nécessaire de trouver un équilibre entre la protection des droits et libertés des détenus et « l'objectif de valeur constitutionnelle de sauvegarde de l'ordre public ainsi que les finalités qui sont assignées à l'exécution des peines privatives de liberté »[8]. Or le nouveau-né vit en détention parce que sa

---

[1] C'est nous qui soulignons.
[2] C'est nous qui soulignons.
[3] *JOAN*, 16 juill. 2014, p. 5624.
[4] *Dictionnaire de l'Académie française*, 9e éd., v° « Efforcer (s') ».
[5] *Ibid.*
[6] C. pén., art. 111-4.
[7] *JOAN*, 5 juin 2014, p. 3931, v. les propos de Mme TAUBIRA : « C'est un sujet presque inextricable dans toute démocratie : on ne peut concevoir l'impunité, mais on connaît les effets de l'enfermement sur les enfants, comme ceux du reste de la séparation ».
[8] C. constit., décision n° 2014-393 QPC du 25 avr. 2014, *M. Angelo R.*, § 5.

mère y subit une peine. Dans les cas où elle aurait commis une infraction extrêmement grave, la prison ne peut pas être évitée.

Toutefois, il n'existe aucune statistique concernant les enfants vivant en prison avec leur mère, il n'y a donc pas non plus de recensement des infractions pour lesquelles ces femmes ont été condamnées. Au regard du peu de personnes concernées, un tel recensement serait rapide, et permettrait d'avoir un aperçu du profil des mères qui vivent en prison avec leur enfant nouveau-né, ce qui rendrait possible un travail théorique sur la question de l'individualisation de leurs peines. À défaut d'un tel recensement, en plus d'envisager la question de l'individualisation de la peine de la mère, en proposant un équilibre entre la recherche d'alternatives à la prison à tout prix d'une part, et la nécessité de maintenir une réponse pénale à l'infraction commise par la mère, il faut tenter d'organiser *dans la loi* la vie d'enfants en très bas âge en détention : en effet, en tant que sujet de droit, le nouveau-né est titulaire d'un droit à la sûreté.

**306.** La liberté et la sûreté sont des « droits naturels et imprescriptibles de l'homme »[1], attachés à tout être humain titulaire de la personnalité juridique. La sûreté est « le droit de subir le moins possible le système pénal, avec toutes les constructions et les mécanismes que cela implique : principe de légalité et présomption d'innocence essentiellement »[2], et chacun est titulaire de ce droit, dès lors qu'il est titulaire de la personnalité juridique[3]. Or, le nouveau-né qui vit en prison subit effectivement le système pénal, puisque ses sorties sont restreintes : il est privé de sa liberté, et ses relations avec sa famille sont soumises aux règles inhérentes à la vie en détention. Cette situation n'est pas le fait d'une loi – au sens strict – ni d'une décision de justice : le nouveau-né vit en prison du seul fait des circonstances de sa naissance, et rien n'est plus arbitraire que les circonstances de la naissance. La privation de liberté, concrète, du nouveau-né, pourrait alors être vue comme une atteinte à son droit à la sûreté, car elle n'est pas prévue par la loi, en méconnaissance de son statut de personne. Le fait que le nouveau-né soit incapable de se mouvoir, qu'il ne soit pas conscient de sa condition, ne change rien au fait objectif qu'il vit dans une prison. Pour toute autre catégorie de personnes, la situation serait intolérable ; elle doit également l'être pour le nouveau-né, devenu une

---

[1] DDHC, art. 2.

[2] G. BEAUSSONIE, « La personnalité juridique en droit pénal », *op. cit.*, p. 166.

[3] *Ibid.*, p. 167 : « La personnalité juridique, en droit pénal, serait donc aussi et peut-être surtout une aptitude à la sûreté ».

personne à part entière par la séparation de sa mère lors de l'accouchement.

**307.** Le Conseil constitutionnel a été saisi de la question de la compétence du législateur concernant l'organisation de la vie en détention[1], à propos de l'ancien article 728 du Code de procédure pénale[2], lequel disposait qu'« [u]n décret détermine l'organisation et le régime intérieur des établissements pénitentiaires ». Le Conseil constitutionnel a considéré qu'« aucune disposition législative ne prévoit les conditions dans lesquelles sont garantis les droits dont ces personnes continuent de bénéficier dans les limites inhérentes à la détention ; qu'en renvoyant au décret le soin de déterminer ces conditions qui incluent notamment les principes de l'organisation de la vie en détention, de la surveillance des détenus et de leurs relations avec l'extérieur, les dispositions contestées confient au pouvoir réglementaire le soin de fixer des règles qui relèvent de la loi ; que, par suite, en adoptant les dispositions contestées, le législateur a méconnu l'étendue de sa compétence »[3]. Il en conclut que « la méconnaissance, par le législateur, de sa compétence dans la détermination des conditions essentielles de l'organisation et du régime intérieur des établissements pénitentiaires prive de garanties légales l'ensemble des droits et libertés constitutionnellement garantis dont bénéficient les détenus dans les limites inhérentes à la détention »[4].

Cette décision concerne les détenus, et le nouveau-né vivant en détention est exclu de la catégorie des détenus. Pourtant, du seul fait qu'il vive en prison, il est soumis à certaines contraintes inhérentes à la détention, notamment en étant fouillé, et ses relations avec l'extérieur étant limitées[5]. Le législateur étant compétent pour déterminer les « conditions essentielles de l'organisation et du régime intérieur des établissements pénitentiaires »[6], il doit organiser dans la loi, et non par voie réglementaire, la vie des nouveau-nés vivant en détention. Le nouveau-né est exclu du statut de détenu, mais le législateur n'a pas pour autant prévu un statut protecteur pour l'enfant vivant dans cette

[1] C. constit., décision nº 2014-393 QPC du 25 avr. 2014, *M. Angelo R.*

[2] Dans sa version antérieure à la L. nº 2009-1436 du 24 nov. 2009 pénitentiaire, art. 86.

[3] C. constit., décision nº 2014-393 QPC du 25 avr. 2014, *M. Angelo R*, § 6.

[4] *Ibid.*, §7.

[5] *Cf. supra*, nº 300.

[6] C. constit., décision nº 2014-393 QPC du 25 avr. 2014, *M. Angelo R*, § 7.

situation[1], alors que son caractère exceptionnel nécessiterait justement des garanties exceptionnelles, prévues par la loi. S'il « appartient [...] au législateur [...] de déterminer les conditions et les modalités d'exécution des peines privatives de liberté dans le respect de la dignité de la personne »[2], il lui appartient, *a fortiori*, de déterminer les conditions de vie en détention de ceux qui ne devraient pas y vivre, mais qui y vivent tout de même, parce qu'ils y subissent la peine de leur mère avec elle. Ces conditions de vie ont notamment des conséquences sur la résidence[3] du nouveau-né et sur les modalités d'exercice de l'autorité parentale, qui sont régies par la loi.

**308.** Les modalités d'exercice de l'autorité parentale sont fixées par la loi : elle fixe un principe d'exercice en commun par les parents[4], qui est maintenu en cas de séparation[5]. Or, quand la mère vit en prison avec son nouveau-né, elle est bien « séparée »[6] du père. Dans ces conditions,

---

[1] B. PY, « Conclusion », *in* C. MÉNABÉ, M. MARTINELLE (dir.), *L'enfant en prison*, 2017, L'Harmattan, coll. « BibliothèqueS de droit », p. 245-247 : « Personne n'a pu donner un qualificatif consensuellement admis pour parler de cet enfant en détention. [...] Il est dans une espèce de "*no man's land*", de statut hors sol, hors droit ».

[2] C. constit., décision n° 2014-393 QPC du 25 avr. 2014, *M. Angelo R*, § 4.

[3] L'étude de la résidence de l'enfant est bien plus intéressante que celle de son domicile. La personnalité juridique implique que la personne ait un domicile qui permette de la situer dans l'espace. En principe, les mineurs non-émancipés, et donc *a fortiori* le nouveau-né, ont leur domicile « légal », « de dépendance », « d'origine », chez leurs parents (C. civ., art. 108-2 ; v. J. CARBONNIER, *Droit civil*, *op. cit.*, n^os 245-246, p. 459-463). Le nouveau-né est donc domicilié avec sa mère détenue. Mais le domicile est une notion abstraite, et le domicile des détenus est fixé d'une façon toute aussi abstraite au « domicile de secours », qui est « une notion conçue et utilisée uniquement pour des raisons administratives d'imputation des dépenses » (Circ., 1^er févr. 2013, relative à la domiciliation en établissement pénitentiaire, *BOMJ* n° 2013-02 du 28 févr. 2013) de prestations sociales, entre autres (CASF, art. L. 122-1 à L. 122-5). L'étude de la domiciliation du nouveau-né vivant avec sa mère détenue a donc un intérêt très limité, si ce n'est relever que la circulaire précisant l'art. 30 de la loi pénitentiaire (L. n° 2009-1436 du 24 nov. 2009) prévoit que « [l]es mineurs (de 13 à 18 ans) incarcérés sont domiciliés au lieu de résidence des personnes exerçant l'autorité parentale. Il n'y a donc pas lieu de les domicilier à l'établissement pénitentiaire » (Circ., 1^er févr. 2013, relative à la domiciliation en établissement pénitentiaire, *BOMJ* n° 2013-02 du 28 févr. 2013, p. 3). Cette règle peut aisément être étendue au nouveau-né, le texte ne s'en préoccupe pas particulièrement. La question de la domiciliation du nouveau-né est donc liée à celle de sa mère. C'est plutôt le lieu de sa résidence qui doit être étudié.

[4] C. civ., art. 372.

[5] C. civ., art. 373-2, al. 1^er.

[6] Sur la notion de séparation : F. TERRÉ, C. GOLDIE-GENICON, D. FENOUILLET, *Droit civil. La famille*, *op. cit.*, n^os 971 et s., p. 1054 et s.

l'article 373-2-7 du Code civil donne la priorité à l'accord parental concernant les modalités d'exercice de l'autorité parentale, par une convention homologuée par le juge aux affaires familiales. À défaut d'accord, c'est le juge qui statue sur ces modalités[1], et notamment sur le lieu de fixation de la résidence de l'enfant[2].

Or, les contraintes liées à la détention imposent de déroger à la possibilité pour les parents de s'accorder par convention, puisque leur volonté sera nécessairement limitée par les règles de fonctionnement de l'établissement pénitentiaire. Une réflexion sur le statut du nouveau-né en détention avec sa mère devrait donc porter principalement sur les modalités d'exercice conjoint de l'autorité parentale à l'égard de l'enfant, puisqu'il est avéré que la détention entrave les liens du nouveau-né avec l'extérieur[3]. Par ailleurs, l'article 373-2-11 du Code civil donne une liste des éléments que le juge prend en compte pour fixer les modalités de l'exercice de l'autorité parentale. Cette liste est non exhaustive, ce qui permet de prendre en compte les contraintes inhérentes à la détention pour prendre sa décision.

En outre, le juge ne peut pas confier l'autorité parentale à la mère seule sous le prétexte unique que l'enfant vit en détention avec elle : il ne peut prendre une telle décision qu'au regard de l'intérêt de l'enfant[4]. Quand bien même le juge priverait le père de l'exercice de l'autorité parentale, pour d'autres motifs, l'article 373-2-1 du Code civil précise que « [l]orsque, conformément à l'intérêt de l'enfant, la continuité et l'effectivité des liens de l'enfant avec le parent qui n'a pas l'exercice de l'autorité parentale l'exigent, le juge aux affaires familiales peut organiser le droit de visite dans un espace de rencontre désigné à cet effet ». Or, l'absence de statut prévu par la loi pour le nouveau-né en prison avec sa mère est susceptible de nuire à l'effectivité de cette règle.

Le père n'est d'ailleurs pas le seul à bénéficier de telles dispositions : l'article 371-4 du Code civil dispose en effet que « [l]'enfant a le droit d'entretenir des relations personnelles avec ses ascendants. Seul l'intérêt de l'enfant peut faire obstacle à l'exercice de ce droit ». Les règles de fonctionnement de l'établissement pénitentiaire ne peuvent donc pas y faire obstacle.

En ne régissant pas la situation du nouveau-né vivant en prison, le législateur contrevient donc au principe de légalité. Le statut du

---

[1] C. civ., art. 373-2-8.

[2] C. civ., art. 373-2-9.

[3] *Cf. supra*, n° 300.

[4] C. civ., art. 373-2-1.

nouveau-né doit notamment prendre en compte le droit de l'enfant d'entretenir des relations avec sa famille, qu'il s'agisse de son père ou de ses ascendants. Cela nécessitera également de régir les conditions dans lesquelles le nouveau-né peut sortir de la prison, pour qu'il cesse d'être *privé de liberté en même temps que sa mère*.

Le lien naturel entre le nouveau-né et la mère semble donc insécable, ce qui justifie que l'enfant, ne soit pas tout à fait considéré comme un sujet de droit distinct dans certains cas. Il est cependant une situation dans laquelle l'inaltérabilité du lien maternel peut être discutée. C'est celle dans laquelle le nouveau-né est abandonné par la femme qui en a accouché. Dans ce cas, son sort est presque ignoré du droit.

## *Section 2. L'atteinte au droit à une protection et une aide spéciales du nouveau-né abandonné par la femme qui en a accouché*

**309.** Le nouveau-né est titulaire d'un droit à une protection et une aide spéciale lorsqu'il est abandonné par la femme qui en a accouché (A). Cependant, ce droit n'est pas garanti (B).

### §1. L'existence d'un droit à une protection et une aide spéciales du nouveau-né abandonné par la femme qui en a accouché

**310.** Les enfants abandonnés représentaient environ 36,4 % des enfants admis en qualité de pupille de l'État au 31 décembre 2014[1] : il s'agit des enfants sans filiation, c'est-à-dire des enfants dont la femme a demandé le secret de son identité lors de son accouchement, et des enfants trouvés. Ils doivent être différenciés des orphelins, qui sont les enfants qui ont perdu l'un de leurs parents ou les deux[2]. Toujours en

[1] Rapp. ONED, « La situation des pupilles de l'État : enquête au 31 décembre 2014 », févr. 2016, p. 12.

[2] M. MONTEIL, *L'orphelin mineur*, Thèse, 2018, Université Toulouse 1 Capitole, p. 3 : « trois conditions cumulatives doivent être remplies pour être qualifié d'orphelin : avoir été conçu, jouir d'une filiation et perdre ses parents. En ce sens, la femme qui accouche dans l'anonymat ne laisse pas d'orphelin en décédant puisqu'elle n'a pas

2014, 625 enfants sont nés après que la femme qui en a accouché ait demandé le secret de son identité, et 4 enfants ont été trouvés[1]. Ces enfants sont placés, du seul fait de leur abandon, dans une situation pouvant mettre en péril leur santé, voire leur vie[2].

À Rome, l'exposition du nouveau-né par le *pater familias* était un abandon dont la finalité était de *laisser mourir* l'enfant, incapable de subvenir à ses besoins, ce qui justifia au Ve siècle que les parents qui s'en rendent coupables puissent encourir les peines applicables au meurtre[3]. C'est justement pour éviter l'exposition, qui n'était rien de moins qu'un infanticide, qu'il a peu à peu été admis que les parents devaient pouvoir remettre leurs enfants à une institution dans le secret, par la mise en place des tours[4], système qui a conduit à l'institution de l'accouchement dans le secret d'aujourd'hui[5]. Plus tard, au XVIIIe siècle, il était d'usage dans certaines familles de laisser les enfants en nourrice, et ce immédiatement après leur naissance : un nombre important de nouveau-nés trouvaient ainsi la mort en raison des mauvais traitements qu'ils subissaient et qui étaient la conséquence de négligences, plus ou moins volontaires[6].

**311.** Désormais, le premier alinéa de l'article 20 de la CIDE prévoit que « [t]out enfant qui est temporairement ou définitivement privé de son milieu familial, ou qui dans son propre intérêt ne peut être laissé dans ce milieu, a droit à une protection et une aide spéciales de l'État ». En France, cette protection et cette aide sont en principe apportées par le service de l'Aide sociale à l'enfance, dont les missions sont définies à l'article L. 221-1 du Code de l'action sociale et des familles. Ainsi,

---

établi de lien de filiation à l'égard de l'enfant. En effet, en raison du secret qui l'entoure, l'accouchement est détaché artificiellement de la naissance, ce qui empêche de relier automatiquement le nouveau-né à la femme qui lui a donné la vie ».

[1] Rapp. ONED, « La situation des pupilles de l'État : enquête au 31 décembre 2014 », préc., p. 39.

[2] C. NEIRINCK, « Enfance », *op. cit.*, §89 : « [l]*'abandon représente une menace vitale pour l'enfant* ».

[3] N. LEFAUCHEUR, « L'abandon en Occident », *in* R. FRYDMAN, M. SZEJER (dir.), *La naissance. Histoire, cultures et pratiques d'aujourd'hui*, 2010, Albin Michel, p. 212-221.

[4] C. NEIRINCK, « L'accouchement sous X : le fait et le droit », préc. : « La mère y déposait l'enfant puis sonnait une cloche. À ce signal, de l'autre côté du mur, quelqu'un faisait basculer le tour et recueillait le nourrisson sans avoir vu celle qui l'y avait mis ».

[5] Pour une étude des motivations des mères qui accouchent dans le secret : C. BONNET, *Geste d'amour. L'accouchement sous X*, 1996, Odile Jacob, coll. « Opus ».

[6] *Cf. supra*, n° 6.

une protection et une aide spéciales du nouveau-né abandonné par la femme qui en a accouché pourraient être attendues, au regard de sa fragilité particulière. Rien, cependant, ne garantit une prise en charge spéciale du nouveau-né abandonné, adaptée à ses besoins.

### §2. L'absence de garantie du droit à une protection et une aide spéciales du nouveau-né abandonné par la femme qui en a accouché

**312.** Le droit positif permet à la femme qui accouche de demander le secret « de son admission et de son identité »[1]. Si l'accouchement est le fondement du rapport d'accessoire entre l'enfant et la femme qui en a accouché, le secret qui l'entoure devrait avoir pour conséquence de dissimuler ce lien, et donc de le priver de ses effets. Ainsi, par exemple, la femme qui accouche dans le secret ne peut pas imposer le libre choix de son praticien pour examiner le nouveau-né ; de même, si elle accouche pendant qu'elle purge une peine de prison, elle ne peut pas garder l'enfant avec elle. Cependant, cette analyse doit être précisée.

Tout d'abord, l'accouchement n'est que secret ; le voile qui le recouvre peut ensuite être levé pendant une courte période. Pour ce motif, l'enfant ne peut pas être confié immédiatement à ceux qui seraient susceptibles de l'adopter. Un délai de deux mois doit être respecté[2], durant lequel l'enfant est admis en qualité de pupille de l'État à titre provisoire[3]. Au cours de ce délai, « l'enfant peut être repris immédiatement et sans aucune formalité par celui de ses père ou mère qui l'avait confié au service. Ce délai est porté à six mois, dans le cas prévu au 3° de l'article L. 224-4 pour celui des père ou mère qui n'a pas confié l'enfant au service »[4]. Ainsi, même abandonné par la femme qui en a accouché, la situation familiale du nouveau-né est incertaine, puisque son état d'abandon lui-même est incertain. La femme qui en a accouché, mais également son « père », s'il y parvient[5], peut reprendre l'enfant.

---

[1] C. civ., art. 326.
[2] CASF, art. L. 224-6.
[3] CASF, art. L. 224-4, 1°.
[4] CASF, art. L. 224-6, al. 2.
[5] *Cf. infra*, n[os] 366 et s.

Ensuite, le secret de l'accouchement a pour effet presque certain de priver l'enfant de toute sa famille d'origine[1], ce qui permet de souligner l'importance des prérogatives accordées à la femme qui accouche. Le secret de l'accouchement n'a donc pas pour seul effet de priver le rapport d'accessoire de ses effets ; au contraire, le secret de l'accouchement est une prérogative découlant de ce rapport d'accessoire. Seule la femme qui accouche peut demander le secret. Par conséquent, lorsque la parturiente demande le secret de l'accouchement, elle exerce une prérogative qui lui est attribuée par la loi du seul fait qu'elle accouche ; en l'exerçant, elle se prive de la possibilité d'exercer les autres prérogatives que le droit attache à ce rapport d'accessoire, sauf si elle décide de reprendre son enfant avant son placement en vue de son adoption.

Le secret de l'accouchement permet donc de mesurer les effets importants de ce rapport d'accessoire : il traduit encore un lien de dépendance naturelle entre la femme qui accouche et le nouveau-né. Il justifie non seulement que la parturiente soit la seule à pouvoir prendre cette décision, mais également les effets du secret à l'égard de toute la famille de l'enfant.

Toutefois, le secret de l'accouchement a pour effet de priver l'enfant nouveau-né de la personne dont il est tellement dépendant. À cette situation, le droit pourrait répondre par une protection particulière du nouveau-né, puis du nourrisson, en jalonnant précisément les modalités de sa prise en charge avant son adoption, mais il n'en est rien. Au cours de ce délai de deux mois, ceux qui s'en occuperont concrètement ne sont pas désignés avec certitude par la loi. Ainsi, tout en considérant que l'accouchement fonde un lien d'accessoire entre la femme et l'enfant, le droit ne se préoccupe pas des conséquences concrètes de la rupture de ce lien, comme si, en l'absence de ce rapport conçu comme naturel, le droit refusait de reconnaître immédiatement un autre lien qui ne serait pas naturel, mais factice.

**313.** Un arrêté du 3 juin 2019 a constaté tant les besoins particuliers que les carences que les enfants pris en charge par l'ASE subissent[2],

---

[1] L. JUZAN, *L'enfant refusé*, 2021, Presses de l'Université Toulouse 1 Capitole, coll. « Thèses de l'IFR », n[os] 177 et s., p. 179 et s.

[2] Arrêté du 3 juin 2019 relatif à l'expérimentation pour un parcours de soins coordonné des enfants et adolescents protégés (NOR : SSAA1916180A) : *JO*, 16 juin 2019 : « En matière de santé, les enfants et adolescents pris en charge au titre de la protection de l'enfance constituent une population particulièrement vulnérable, avec des besoins spécifiques. Les études disponibles montrent des carences importantes dans la prise

signe que la question du manque de soins des enfants abandonnés est toujours d'actualité. Le Défenseur des droits fait le même constat pour les enfants en situation de handicap[1]. Fort de ce constat, le législateur a autorisé par arrêté l'expérimentation du programme Pégase, qui est un « protocole de santé standardisé appliqué aux enfants ayant bénéficié avant l'âge de cinq ans d'une mesure de protection de l'enfance »[2]. Ces premiers efforts doivent être au fondement d'une réflexion plus particulière sur le sort des nouveau-nés abandonnés, qu'ils aient vocation ou non à être adoptés.

Les besoins particuliers de l'enfant dans les premiers mois de sa vie sont pourtant aujourd'hui bien connus : outre les besoins physiologiques du nouveau-né du fait de son adaptation à la vie extra-utérine[3], l'enfant a des besoins « sociaux »[4], théorisés sous la notion de « théorie de l'attachement » : « un comportement d'attachement est un comportement, quel qu'il soit, qui a pour effet l'accès ou le maintien de la proximité avec une personne clairement identifiée considérée comme mieux à même que soi de faire face au monde extérieur. [...] Savoir

---

en compte de leurs besoins en santé par rapport à la population générale : manque d'informations sur les antécédents personnels et familiaux, facteurs de risque (prématurité, retard de croissance néonatal, etc.), parcours souvent marqué de pathologies associés, de traumatismes et d'hospitalisations, fréquence d'insuffisances pondérales ou de surpoids, et besoin de prise en charge en santé mentale »

[1] Rapp. Défenseur des droits, 2015, « Des droits pour des enfants invisibles », édito : il relève que les enfants pris en charge par l'État sont « [d]es enfants “invisibles”, dans les politiques publiques d'accompagnement du handicap, comme dans celles de protection de l'enfance, car oubliés des systèmes d'information existants, et donc ni quantifiés ni identifiés. Or selon les estimations retenues au rapport, prudentielles, et qui ne prennent en compte que les handicaps reconnus par les MDPH, 70 000 enfants confiés à l'Aide Sociale à l'Enfance seraient concernés, avec une sensible surreprésentation par rapport à la population générale ».

[2] Arrêté du 19 juill. 2019 relatif à l'expérimentation d'un protocole de santé standardisé appliqué aux enfants ayant bénéficié avant l'âge de cinq ans d'une mesure de protection de l'enfance (NOR : SSAA1921317A, *JORF* 3 août 2019).

[3] *Cf. supra*, n° 184.

[4] V. cependant R. SPITZ, *De la naissance à la parole. La première année de la vie*, 10e éd., 2002, PUF, coll. « Bibliothèque de psychanalyse », p. 28 : « J'estime tout aussi insoutenables les spéculations sur les perceptions sensorielles du nourrisson pendant l'accouchement, ou sur ses activités psychiques et mentales pendant les premières semaines ou mois de vie, et je les place au même niveau que les théories en vigueur dans les siècles passés selon lesquelles le cri que pousse le nouveau-né en voyant le jour exprime son désespoir devant cette première confrontation avec notre triste monde ». A. FREUD, qui a préfacé l'ouvrage, qualifie l'âge du nouveau-né comme celui « qui est encore le plus obscur de l'histoire de l'homme ».

qu'une figure d'attachement est disponible et sensible envers soi procure un sentiment de sécurité intense et prégnant »[1].

Ces besoins particuliers de la première enfance ont été reconnus par le ministère de la santé, qui a édité un rapport dédié à la période des « 1000 premiers jours », dont le ministre considère que c'est une « une politique publique ambitieuse, inédite, qui regarde en face l'origine des inégalités de destin et nous savons que ces inégalités se nouent avant même la naissance de l'enfant. Les 1000 premiers jours sont donc essentiels, pour son développement mais aussi pour la santé globale de l'adulte qu'il deviendra »[2]. Ces besoins particuliers n'ont pourtant pas justifié de garanties juridiques particulières, ni plus largement de politique publique particulière pour ces enfants lorsqu'ils sont privés de leurs parents. Même ce rapport des « 1000 premiers jours » ne traite pas des enfants abandonnés.

**314.** Ce désintérêt pour la condition du nouveau-né abandonné est également éloquent dans la loi. Concernant l'accouchement dans le secret, l'article 326 du Code civil énonce laconiquement que « [l]ors de l'accouchement, la mère peut demander que le secret de son admission et de son identité soit préservé », sans qu'il soit fait référence à l'enfant. Alors que le droit lie indissociablement le nouveau-né avec la parturiente, comme si l'accouchement ne s'était pas réellement achevé, l'abandon décidé par la femme qui accouche a un effet inversement radical. Le Code de l'action sociale et des familles n'y consacre également qu'un article[3], à la fin d'une section consacrée aux « prestations d'aide sociale à l'enfance », qui concerne avant tout la prise en charge de la mère, et fait peu de cas du nouveau-né particulièrement. Une fois le secret de l'admission de l'identité de la mère demandé, ce sont des règles de droit commun qui s'appliquent.

C'est alors par déduction qu'il faut comprendre qu'elles s'appliquent au nouveau-né, à défaut de règles spéciales. Ainsi, en tant qu'enfant dont la filiation est « inconnue »[4], il peut être admis en qualité de pupille

[1] J. BOWLBY, *A secure base : Clinical applications of attachment theory*, 1988, trad. Y WIART, London, Routledge, cité par R. KAREN, « La théorie de l'attachement », *in* R. FRYDMAN, M. SZEJER (dir.), *La naissance. Histoire, cultures et pratiques d'aujourd'hui*, 2010, Albin Michel, p. 1236. – V. également le numéro 2020/1 de la revue *Périnatalité* consacré à « La théorie de l'attachement et les pratiques périnatales ».

[2] O. VERAN, « édito » *in* Rapp. Ministère des solidarités et de la santé, « Les 1000 premiers jours », préc.

[3] CASF, art. L. 222-6.

[4] CASF, art. L. 224-4, 1°.

de l'État. Le nouveau-né peut toutefois également être recueilli par un organisme autorisé pour l'adoption : si l'agrément de ces organismes est imposé par la loi[1], il faut se référer à la partie réglementaire du Code de l'action sociale et des familles[2] pour connaître les modalités de prise en charge concrète des enfants, et donc *a fortiori* des nouveau-nés, nés sur le territoire français.

**315.** C'est également par déduction qu'il est possible de supposer que le nouveau-né est pris en charge par un assistant maternel, par un assistant familial ou dans une pouponnière, à caractère sanitaire[3] ou social[4], avant son placement en vue de son adoption s'il est pupille de l'État. L'assistant maternel « accueille habituellement et de façon non permanente des mineurs à son domicile »[5], c'est-à-dire des enfants de tous âges. L'assistant familial « accueille habituellement et de façon permanente des mineurs et des jeunes majeurs de moins de vingt et un ans à son domicile »[6], la famille d'accueil n'est donc pas un dispositif dédié aux nouveau-nés abandonnés. Les deux catégories de pouponnières peuvent accueillir des enfants de moins de trois ans accomplis[7], c'est-à-dire qu'elles ne sont pas non plus particulièrement dédiées à la prise en charge de nouveau-nés : elles accueillent également des nourrissons, et des enfants plus âgés.

Parmi ces différents dispositifs, la pouponnière pourrait être l'institution la plus adaptée à l'accueil du nouveau-né, parce que c'est la seule qui soit dédiée particulièrement aux enfants en bas âge. Pourtant, en pratique, les assistants maternels ou familiaux semblent préférés, parce qu'ils permettent des soins plus individualisés aux nouveau-nés[8], contrairement aux pouponnières qui sont des structures d'accueil collectives. En effet, en principe, l'assistant maternel ne peut accueillir à son domicile plus de quatre mineurs simultanément[9], et l'assistant familial ne peut en accueillir plus de trois[10], alors qu'une pouponnière à caractère social ou sanitaire peut accueillir jusqu'à

---

[1] CASF, art. L. 225-11 et R. 225-15 et s.
[2] CASF, art. R. 225-24 et s.
[3] CSP, art. R. 2324-1 et s.
[4] CASF, art. D. 341-1 et s.
[5] CASF, art. L. 421-1.
[6] CASF, art. L. 421-2.
[7] CSP, art. 2324-1 et CASF, art. D. 341-1.
[8] V. MALEK-YONAN, « Le placement familial », *Enfances & Psy*, 2005/4, nº 29, p. 67, spéc. p.74.
[9] CASF, art. L. 421-4.
[10] CASF, art. L. 421-5.

cinquante enfants[1]. Le parcours du nouveau-né abandonné par sa mère n'est donc pas clairement jalonné dans la loi. Plusieurs catégories de structures sont susceptibles d'accueillir le nouveau-né. Pourtant, la situation dans laquelle il se trouve devrait susciter une protection particulière.

**316.** Si le droit traite peu des soins à donner au nouveau-né, c'est parce qu'en principe, ce sont ses parents qui s'en occupent. En l'absence de parents, c'est l'État qui doit assumer la charge de l'enfant[2], soit parce que sa mère a demandé le secret de son identité, soit dans le cas du nouveau-né trouvé, prévu par l'article 58 du Code civil. Il est alors admis en qualité de pupille de l'État[3] à titre provisoire, puis définitivement au bout de deux mois[4], ce qui permet souvent son adoption[5]. À ce moment-là, l'enfant n'est donc déjà plus un nouveau-né. Un procès-verbal concernant la situation de l'enfant est établi[6] et une tutelle est ouverte. Toutefois, les règles de la tutelle ne renseignent pas les conditions matérielles dans lesquelles le nouveau-né est pris en charge : la tutelle est exercée par le représentant de l'État dans le département, et le conseil de famille doit examiner la situation de l'enfant au moins une fois par an[7]. Le législateur s'est donc désintéressé des conditions d'accueil concrètes du nouveau-né abandonné, et il faut se référer aux règles plus générales de prise en charge des enfants par l'ASE. Ce constat pose ainsi la question de qui s'occupe de l'enfant nouveau-né.

**317.** Une auteure relève que « [l]es institutions s'attachent bien sûr, avec plus ou moins de bonheur, à procurer un nursing adapté à ces bébés qui se retrouvent comme sans attaches »[8]. Cette absence d'attache

---

[1] CASF, art. L. D. 341-4 et CSP, art. R. 2324-4.

[2] Le décret du 28 juin 1793 relatif à l'organisation des secours à accorder annuellement aux enfants, aux vieillards et aux indigents disposait que « la nation se charge de l'éducation physique et morale des enfans connus sous le nom d'*enfans abandonnés* » (Section II, art. 1er).

[3] CASF, art. L. 224-4, 1°.

[4] CASF, art. L. 224-6.

[5] Toutefois, l'adoption n'est pas systématique. Elle est le plus souvent exclue, à cet âge, en raison d'un handicap ou problème de santé de l'enfant (Rapp. ONED, « La situation des pupilles de l'État : enquête au 31 décembre 2014 », préc., p. 23).

[6] CASF, art. L. 224-5.

[7] CASF, art. L. 224-1.

[8] M. SZEJER, « Accompagnement de l'accouchement sous X », *in* R. FRYDMAN, M. SZEJER (dir.), *La naissance. Histoire, cultures et pratiques d'aujourd'hui*, 2010, Albin Michel, p. 999.

contraste avec la force du lien qui unit l'enfant à la femme qui accouche. Cette situation d'errance, subie par l'enfant, commence dans l'établissement de soins où il voit le jour : il y est pris en charge tant que son état de santé le nécessite. Il reçoit ainsi les mêmes soins que tout nouveau-né[1], sans qu'une prise en charge particulière soit prévue.

Le parcours de vie du nouveau-né abandonné n'étant pas clairement jalonné par la loi, il faut se référer à une instruction éditée par le Ministère de la santé pour connaître les modalités précises de prise en charge du nouveau-né abandonné par sa mère[2], et pour trouver un « guide de bonnes pratiques pour l'accompagnement d'une femme souhaitant accoucher dans le secret ». Ce protocole et ce guide ont pour but de « doter d'outils communs, homogènes, les établissements de santé concernés par les accouchements dans le secret afin de mettre en place des dispositifs adaptés pour une mise en œuvre efficace de la loi du 22 janvier 2002 ». Même dans ce guide, le sort de l'enfant est traité après la question de l'accompagnement de la « mère de naissance ».

L'un des effets principaux de l'abandon de l'enfant par sa famille est qu'il est pris en charge successivement par plusieurs personnes différentes. Le guide de bonnes pratiques recommande donc que parmi le personnel de l'établissement où l'accouchement s'est déroulé, ce soient les mêmes personnes qui s'occupent du nouveau-né[3], afin de créer une légère attache.

---

[1] Instruction DGCS/CNAOP/DGS/DGOS/2016/107 du 4 avr. 2016 (NOR : AFSA1609179J) : « L'enfant doit bénéficier d'un accueil et d'une attention adaptés, comme tout nouveau né. Son séjour peut être prolongé si nécessaire ; il appartient à l'équipe médicale qui le suit de déterminer, en concertation avec le correspondant départemental du CNAOP, la date de sortie en fonction de son état de santé et de ce qui a pu être organisé pour son accueil ». – Pour cette raison, parmi les enfants pris en charge par l'ASE, ce sont ceux qui naissent prématurés qui ont le meilleur état de santé en grandissant. En effet, leur prématurité justifie un suivi médical particulier jusqu'à leurs sept ans, indépendamment de leur abandon, dont les autres enfants ne bénéficient pas (Annexe à l'arrêté du 19 juill. 2019 relatif à l'expérimentation d'un protocole de santé standardisé appliqué aux enfants ayant bénéficié avant l'âge de cinq ans d'une mesure de protection de l'enfance (NOR : SSAA1921317A, *JORF* 3 août 2019), p. 2).

[2] Instruction DGCS/CNAOP/DGS/DGOS/2016/107 du 4 avr. 2016 (NOR : AFSA1609179J).

[3] En outre, et plus concrètement, ce guide « préconise » qu'un référent médical soit désigné pour l'enfant dont le rôle est d'organiser les conditions d'existence du nouveau-né dans l'établissement de santé, de faire procéder aux examens médicaux nécessaires et de préparer la sortie de l'enfant.

**318.** Il prévoit également le rassemblement d'éléments qui constitueront les premières étapes de l'histoire de l'enfant, et qui permettront une continuité dans sa prise en charge : « Il est souhaitable que des photographies de l'enfant soient prises par le personnel qui s'en occupe durant son séjour dans l'établissement de santé le plus tôt possible après sa naissance et jusqu'à sa sortie et qu'un album photo soit remis pour l'enfant au correspondant départemental du CNAOP. Dans la mesure du possible, un journal de vie sera élaboré par l'équipe pour rendre compte de l'évolution quotidienne de l'enfant. // Celui-ci ne devra comporter que des éléments objectifs concernant l'enfant. Ces objets, mémoire des premiers jours de vie de l'enfant, seront remis ensuite à l'assistante familiale ou à la structure qui prendra le relais et l'accueillera à la sortie de l'établissement de santé ; ils suivront l'enfant jusqu'à son placement en vue d'adoption ou, le cas échéant, jusqu'à sa restitution à ses parents de naissance. Peuvent y être ajoutés d'autres objets, comme le bracelet de naissance avec son prénom, son premier biberon, son doudou... ». Si ces éléments ne permettent pas d'établir une attache à l'égard de ceux qui s'occupent de l'enfant, ils aident à conserver la mémoire d'attaches dans l'espace et dans le temps, des *racines* de la personne, c'est-à-dire, au sens figuré, « des attaches profondes qui lient une personne à son pays natal, à son milieu d'origine »[1]. Ces éléments permettent, d'une part, de ne pas *déraciner* l'enfant dès qu'il est pris en charge par une autre personne, et d'essayer de maintenir une continuité dans les soins donnés au nouveau-né ; d'autre part, ils permettent à l'enfant lui-même de conserver une trace de ces racines, malgré l'absence d'attache pérenne au cours de cette partie de son existence.

Une initiative visant créer des « boîtes à mémoire » a également été suggérée pour les pouponnières[2]. Ces éléments permettent de contribuer à individualiser l'enfant, et à assurer une continuité dans les soins qui lui sont apportés[3]. En effet, contrairement à un nouveau-né

---

[1] *Dictionnaire de l'Académie française*, 9e éd., v° « Racine ».

[2] https://www.programmepegase.fr/presentation-pegase : « quand ils parviennent à leur majorité rares sont ceux qui possèdent des matériaux mémoriels de leur enfance passée à l'ASE, hormis ceux qui ont eu la chance de rester dans une famille d'accueil stable qui s'est chargée de collecter ces éléments, travaux scolaires, photos, courriers, vieux doudous, jouets chéris mais abandonnés avec les années... Bref, tout ce qui s'entasse dans une caisse au grenier pour les enfants vivant dans des familles attentives », éléments qui sont des « trésors intimes constitutifs de leur identité ».

[3] V. MALEK-YONAN, « Le placement familial », préc.

élevé par sa famille, celui qui a été abandonné sera pris en charge successivement par le personnel de l'établissement de santé où il a vu le jour, par les différents services de l'ASE[1], puis, finalement, pour ceux qui sont déclarés adoptables, par leurs parents adoptifs. Il paraît souhaitable qu'une réflexion plus approfondie soit entreprise afin d'assurer aux nouveau-nés abandonnés de pouvoir bénéficier d'un suivi continu jusqu'à leur adoption, et de pouvoir conserver les traces de leurs premiers jours, comme la plupart des autres enfants.

Ce guide précise enfin que « cet enfant a droit au respect de son intimité ; le fait que ses parents aient décidé de ne pas le garder, ne signifie pas qu'il appartient à tout le monde, il ne doit pas être l'objet de manifestations de curiosité ; la discrétion sur son histoire s'impose, elle n'a pas à être connue de tous ».

**319.** Ce guide de « bonnes pratiques » a été élaboré dans un souci de clarification des procédures d'accompagnement de la femme accouchant dans le secret et de la prise en charge du nouveau-né abandonné[2]. Il peut paraître regrettable que le constat des difficultés à connaître les différentes étapes de l'accompagnement du nouveau-né abandonné n'ait pas conduit à une intervention plus importante qu'une simple instruction, non contraignante, adressée aux établissements de soins pratiquant des accouchements.

Cette incertitude se poursuit à la fin du guide pratique, qui traite de la sortie du nouveau-né de l'établissement de santé : « Le responsable de l'ASE a pour mission d'organiser un projet d'accueil pour la sortie de l'enfant : soit une assistante familiale (famille d'accueil), soit une pouponnière. Le choix de la forme d'accueil se fait en fonction des besoins de l'enfant, et d'éléments concernant son histoire. Des raisons de disponibilité dans les structures d'accueil peuvent également intervenir en dernier lieu »[3]. De nouveau, une telle règle aurait toute sa légitimité dans le Code de l'action sociale et des familles : il est d'ailleurs surprenant que la désignation des personnes censées

---

[1] Sur le caractère temporaire de la vie en pouponnière : Direction de l'action sociale, *L'enfant en pouponnière et ses parents. Conditions et propositions pour une étape constructive*, 1997, La documentation française, p. 81 et s.

[2] Instruction DGCS/CNAOP/DGS/DGOS/2016/107, 4 avr. 2016 (NOR : AFSA1609179J) : « Il a pour but de permettre à chaque professionnel confronté à cette situation complexe de trouver la réponse la plus adaptée et de joindre les interlocuteurs qui pourront l'aider à assurer au mieux cette mission ».

[3] Instruction DGCS/CNAOP/DGS/DGOS/2016/107, 4 avr. 2016 (NOR : AFSA1609179J).

s'occuper du nouveau-né abandonné soit si incertaine et dépende de contingences d'ordre matériel. Le guide admet la nécessité de tenir compte des besoins de l'enfant et de son histoire, mais cette nécessité n'est pas garantie. L'insertion d'un nouvel article dans le Code de l'action sociale et des familles serait donc envisageable, garantissant que : « Le choix de la forme d'accueil doit tenir compte des besoins de l'enfant et d'éléments concernant son histoire ». L'insertion du verbe « devoir » permettrait ainsi de ne pas soumettre l'accueil de l'enfant à des contingences d'ordre matériel, comme semble le permettre l'instruction du ministère de la santé.

**320.** La loi ne prend donc pas en compte les besoins particuliers du nouveau-né abandonné. Il a droit au même traitement que d'autres enfants plus âgés. Ce désintérêt contraste fortement avec la précision avec laquelle le Code de la santé publique régit la prise en charge de l'accouchement et du nouveau-né par le système de santé. Il n'est cependant pas le propre du nouveau-né : il concerne, de façon plus générale, les enfants accueillis par l'ASE. Selon l'article 20 de la CIDE, l'enfant a droit à une prise en charge spécifique par l'État du fait de son abandon : en France, le caractère spécifique de cette prise en charge n'est pas garanti par la loi. Ce sont ceux qui font face à cette situation concrètement qui s'efforcent de trouver la meilleure façon possible de répondre aux besoins du nouveau-né. La situation du nouveau-né abandonné n'est donc pas régie clairement par la loi. Le droit reconnaît le lien particulier existant entre le nouveau-né et la femme qui en accouche, mais n'édicte pas de règles de protection particulières lorsque ce lien n'existe pas.

## *Conclusion du Chapitre II*

**321.** Le rapport d'accessoire unissant le nouveau-né à la femme qui en a accouché ne concerne pas seulement le choix des circonstances de l'accouchement : il persiste dans les instants suivant l'accouchement, comme en atteste la liberté de la parturiente de choisir le praticien chargé de l'examen clinique du nouveau-né. Il peut même, exceptionnellement, durer plusieurs semaines, voire plusieurs mois, lorsque l'accouchement s'est déroulé pendant une peine de prison. Dans ce cas, le droit positif permet à l'enfant de demeurer en prison avec sa mère, sans pour autant prévoir un statut légal, comme s'il était naturel que l'enfant demeure avec celle qui en a accouché.

L'importance du rapport d'accessoire est telle qu'il donne à la femme qui accouche la faculté de priver l'enfant de sa famille d'origine pour le restant de sa vie. Le droit positif, cependant, tire peu de conséquences de cet abandon, puisqu'avant son placement en vue de son adoption, le nouveau-né se retrouve dans une situation d'errance. Ainsi, la séparation de l'enfant de la femme qui en a accouché n'a pas pour conséquence d'ouvrir le droit au nouveau-né à des soins particuliers liés à sa situation.

# CONCLUSION DU TITRE I

**322.** Le droit positif reconnaît une place particulière au nouveau-né en raison des périls auxquels il est exposé au cours de l'accouchement. Les politiques de santé publique organisent les maternités en réseaux de façon à permettre la sécurité de la prise en charge de l'accouchement, ce qui doit conduire à la réduction de la mortalité maternelle et infantile.

Cette politique de protection de l'enfant pendant et juste après l'accouchement est cependant aujourd'hui confrontée au désir des parturientes de réduire la surmédicalisation de l'accouchement. Cette évolution récente de la prise en charge de l'accouchement devrait conduire à se questionner sur la « juste médicalisation », qui permettrait de trouver un équilibre entre les désirs des femmes qui accouchent, et le besoin d'accoucher en sécurité, tant pour la parturiente que pour le nouveau-né : cette situation est donc révélatrice de l'influence du désir de la femme qui accouche sur la possibilité d'assurer une prise en charge médicale du nouveau-né.

L'État doit donc s'efforcer de maintenir une prise en charge médicale minimale de l'accouchement, notamment par des sages-femmes, et parfois dans des maisons de naissance que le législateur a entendu pérenniser récemment. L'État demeure toutefois réticent à autoriser l'accouchement à domicile. En effet, même s'il résulte d'un désir contemporain de certaines femmes d'échapper à l'hôpital, l'absence totale d'établissement de soins à proximité du lieu de l'accouchement est un facteur de risques. L'accouchement est un processus au cours duquel la vie de la parturiente et celle de son enfant peuvent être en péril, ce qui justifie un encadrement médical. L'accouchement à domicile demeure donc dans la sphère de la convenance personnelle de la femme qui accouche.

Ce rattachement de l'accouchement à domicile à la convenance personnelle de la femme qui accouche est révélateur de la place importante que le droit reconnaît à son désir : en effet, l'État ne peut pas imposer que l'accouchement se déroule dans un établissement de santé, cadre censé garantir la sécurité de l'accouchement, parce que le choix par la parturiente des circonstances de l'accouchement est la conséquence d'un acte réflexif sur son corps.

**323.** Par conséquent, la protection du nouveau-né est étroitement liée à la condition juridique de la femme qui en accouche, en raison d'un rapport d'accessoire l'unissant à elle, qui est étranger à l'autorité parentale : *partus sequitur ventrem*, le part suit le « ventre », la condition juridique du nouveau-né suit celle de la femme qui en a accouché. Ce rapport d'accessoire produit ensuite ses effets à l'égard de certaines conséquences de l'accouchement. Ainsi, par exemple, l'examen du nouveau-né se déroule quelques heures après l'accouchement, donc le choix du praticien chargé de cet examen est rattaché à la liberté individuelle de la femme qui a accouché, et non à une quelconque autorité parentale. Par ailleurs, exceptionnellement, quand l'enfant naît en prison, il peut y demeurer avec sa mère, sans qu'aucun statut légal ne soit prévu pour le protéger, et sans qu'une telle faculté soit reconnue au père.

Enfin, la femme qui accouche est la seule à pouvoir rompre ce rapport d'accessoire, en demandant le secret de son identité lors de son accouchement : dans ce cas, l'accouchement dans le secret est à la fois *un effet de ce rapport d'accessoire*, parce qu'il n'est accordé qu'à la parturiente, et qu'il n'est pas une manifestation d'une quelconque autorité parentale, dans la mesure où aucun lien de filiation n'est établi ; et *il éteint le rapport d'accessoire*. Le nouveau-né, accessoire privé de son principal, devrait alors bénéficier d'une protection particulière liée à sa condition, car « [s]i l'accessoire a besoin du support que représente pour lui le principal, cela signifie que l'accessoire, envisagé seul, est incomplet »[1]. Il n'en est cependant rien : le droit le confond avec les autres enfants pris en charge par l'ASE, et les soins à donner au nouveau-né abandonné ne sont pas précisément prévus. Cette situation n'est pas logique : le droit devrait prévoir un palliatif à la disparition du principal.

La qualité de sujet de droit distinct du nouveau-né n'est donc pas absolue dans les jours qui suivent sa naissance, puisque, même théoriquement titulaire de droits individuels, son sort est dépendant de celui de la femme qui en accouche : l'accessoire suit le principal. L'état de dépendance physique du nouveau-né à l'égard de la parturiente n'empêche pas l'accès à la personnalité juridique, mais il le perturbe, en maintenant l'enfant, dans certains cas, soumis à des droits exorbitants de l'autorité parentale, découlant du rapport d'accessoire qui le lie à la femme qui en a accouché. C'est d'ailleurs au cours de cette période suivant l'accouchement que l'acte de naissance est établi. Or, l'absence d'acte de naissance est également susceptible d'affecter

---

[1] G. GOUBEAUX, *La règle de l'accessoire en droit privé*, *op. cit.*, n° 366, p. 502.

la condition juridique du nouveau-né. C'est ce qu'il convient maintenant d'étudier.

# TITRE II
# LA PERSONNALITÉ JURIDIQUE DU NOUVEAU-NÉ ENTRAVÉE PAR L'ABSENCE D'ACTE DE NAISSANCE

**324.** La doctrine reconnaît une double fonction à l'acte de naissance, de preuve et de publicité. Il s'agirait donc d'un *instrumentum*, qu'il faudrait distinguer du *negotium*. L'acte de naissance ne ferait que constater une situation préexistante[1] : il n'aurait donc qu'une fonction déclarative[2]. Il est d'ailleurs dressé sur le fondement d'une déclaration, c'est-à-dire d'une « [f]ormalité, souvent enfermée dans un délai, consistant pour celui qui l'accomplit à révéler à une autorité un fait dont il a personnellement connaissance »[3]. Ainsi, l'acte de naissance serait seulement le *révélateur* d'un état civil préexistant, lui-même détaché de la personnalité juridique[4].

**325.** Cette distinction, cependant, est artificielle. En effet, si l'acte de naissance ne fait, théoriquement, que prouver l'état civil, la personne qui en est dépourvue ne peut pas, par conséquent, jouir des droits qui y sont attachés : « [d]e cet enregistrement dépend l'existence même de l'enfant sur la scène juridique et la jouissance effective des droits dont

[1] B. TEYSSIÉ, *Droit des personnes*, *op. cit.*, n° 34, p. 26 ; B. BEIGNIER, J.-R. BINET, *Droit des personnes et de la famille*, *op. cit.*, n° 101, p. 101.

[2] G. CORNU (dir.), *Vocabulaire juridique*, *op. cit.*, v° « Déclaratif, ive » : « Qui constate un fait préexistant (lien de filiation, état de cessation des paiements) ou reconnaît un droit préexistant (mais contesté) […] ».

[3] *Ibid.*, v° « Déclaration ». – La déclaration trouve un équivalent judiciaire dans l'action déclaratoire, qui « n'a que pour objet que de faire constater que sont remplies une ou plusieurs conditions contenues dans le présupposé de la règle » (J. HÉRON, T. LE BARS, K SALHI, *Droit judiciaire privé*, 7e éd., 2019, LGDJ, coll. « Domat Droit privé », n° 70, p. 74). L'état civil constitue l'une des terres de prédilection de ces actions, comme en matière de nationalité par exemple (*Ibid.*, n° 73, p. 76). Ainsi, l'art. 29-3 C. civ. dispose que « [t]oute personne a le droit d'agir pour faire décider qu'elle a ou qu'elle n'a point la qualité de Français ». L'existence des actions déclaratoires est envisagée depuis fort longtemps en doctrine (v. par ex. H. VIZIOZ, *Études de procédure*, 1956, éd. Bière, rééd. 2011, Dalloz, coll. « Bibliothèque Dalloz », p. 194 et s.), et suscite toujours l'intérêt (P.-Y. GAUTIER, « De l'action déclaratoire, ou préventive, en droit interne et international », *in Les coutures du droit. Mélanges en l'honneur de Philippe THÉRY*, 2022, LGDJ et Dalloz).

[4] P. MURAT, « Décès périnatal et individualisation juridique de l'être humain », préc.

il peut bénéficier »[1]. En témoigne l'affaire de « l'amnésique », dont avaient eu à connaître les juges du TGI de Lille[2] : la personne en question n'avait plus de souvenir de son identité. Les juges avaient notamment relevé que « l'impossibilité d'établir un état civil le place dans une situation administrative inextricable et le prive des droits attachés à la personne humaine, tels que la liberté d'aller et venir (tout contrôle d'identité conduisant systématiquement à son arrestation, faute de pouvoir justifier de son identité), le droit de travailler, d'avoir un logement, de fonder une famille ». L'amnésique était alors dans une situation si proche de celle d'un nouveau-né, que les juges ont décidé, pour lui établir un état civil, d'appliquer l'article 58 du Code civil par analogie, qui concerne le nouveau-né trouvé, dont la date et le lieu de la naissance sont inconnus.

Si la doctrine s'est souvent émue du sort des enfants, et plus largement des personnes dépourvues d'acte de naissance[3], la condition juridique du nouveau-né, qui est une personne normalement privée d'acte de naissance, ne suscite guère d'intérêt. Pourtant, en principe, toute personne juridique est pourvue d'un état civil[4], alors que les

---

[1] Ph. BONFILS, A. GOUTTENOIRE, *Droit des mineurs*, *op. cit.*, n° 271, p. 168.

[2] TGI Lille, ch. conseil, 28 sept. 1995 : *D.* 1997. 29, note X. LABBÉE.

[3] Pour un enfant dont le lieu de naissance était incertain : CA Colmar, 6 oct. 1995 : *D.* 1997. 431, note S. MIRABAIL ; *RTD Civ.* 1997. 95, obs. J. HAUSER : « une caravane est essentiellement mobile et qu'elle pouvait se trouver à ce moment-là aussi bien d'un côté que de l'autre du Rhin ; qu'il n'est donc même pas certain que l'enfant soit né sur le territoire français ; [...] que dans ces conditions il ne peut être fait droit à la requête des époux D... tendant à faire inscrire l'enfant sur les registres d'état civil de Strasbourg ». – Pour les enfants dont la naissance n'a pas été déclarée dans le délai requis, qualifiés de fantôme par la doctrine : A. DENIZOT, « Réforme de l'article 55 du code civil : la fausse modernisation d'un vieux problème », préc. ; C. DEFFONTAINES, « L'énigme des enfants fantômes », *Site internet de l'Obs*, 12 déc. 2013, consulté le 20 sept. 2022. – V. également la décision du Défenseur des droits : *Requête n° PR/MDE/16-01*, 21 mars 2016 : « les parents se voient contraints de procéder à une déclaration judiciaire de naissance [...]. Il en résulte une procédure judiciaire longue, pouvant durer devant certains tribunaux jusqu'à 18 mois, durant laquelle l'enfant n'a pas d'existence juridique ». Il met l'accent sur « les effets particulièrement disproportionnés que cette absence de déclaration génère sur l'enfant et sa famille ». Ces effets sont notamment que « l'enfant ne pouvait ni être bénéficiaire de la sécurité sociale, ni se voir délivrer de passeport, ni être inscrit à la crèche - sauf bienveillance du personnel - et les parents ne pouvaient pas non plus bénéficier des aides étatiques pour d'autres modes de garde » (A. DENIZOT, « Réforme de l'article 55 du code civil : la fausse modernisation d'un vieux problème », préc.).

[4] F. ZENATI-CASTAING, T. REVET, *Manuel de droit des personnes*, *op. cit.*, n° 33, p. 49 : « C'est en vue de leur participation au commerce juridique que les personnes

choses en sont dépourvues. En effet, si certaines d'entre elles doivent être immatriculées, comme les navires ou les aéronefs, cette formalité les rapproche plus du régime des biens immeubles et de la publicité foncière[1] que du statut de personne[2].

**326.** Dans l'état des lieux qu'elle dresse de la notion d'état des personnes, Madame LEROYER relève la coexistence de deux conceptions dans notre ordre juridique : celle de l'état des personnes en tant qu'« institution publique résistant à la volonté individuelle »[3], et « la conception individualiste »[4] qui prend en compte le rôle de la volonté dans la construction de l'identité. L'état des personnes se définirait alors « comme l'ensemble des éléments d'identité que la loi prend en compte pour y attacher des effets de droit. Ces éléments traduisent la relation que la personne entretient avec elle-même (identité subjective) et avec autrui (identité objective) »[5]. Cela signifierait donc *a contrario* que si le droit n'a pas connaissance de certains éléments de

---

ont besoin d'être identifiées autant que d'être certifiées dans leur existence. En ce sens, l'état des personnes peut être considéré comme une condition a priori de la personnalité juridique ». – X. LABBÉE, *Condition juridique du corps humain avant la naissance et après la mort*, *op. cit.*, p. 104 : « Il faut donc déduire qu'en fait, seul l'enfant venu au monde vivant et viable dispose d'un état civil véritable. Et l'on remarquera d'ailleurs que pour l'état civil, l'enfant venu au monde vivant et viable voit sa personnalité juridique apparaître avec l'acte de naissance ».

[1] F. TERRÉ, Ph. SIMLER, *Droit civil. Les biens*, *op. cit.*, nº 40, p. 50.

[2] P. MURAT, « Décès périnatal et individualisation juridique de l'être humain », préc. : « bien des meubles font l'objet d'une immatriculation qui les individualisent sans pour autant les rapprocher du traitement réservé à l'être humain. L'intérêt de l'organisation d'un état civil, comme son nom l'indique, est de donner un état qui semble être le propre des personnes ». – Dans le même sens, v. A. SUPIOT, *Homo juridicus*, *op. cit.*, p. 58 : « Promouvoir ce sujet à deux faces est notre manière d'instituer l'Homme, d'en faire un sujet de droit qui puise dans l'hétéronomie de la loi les moyens de son autonomie. Chez nous comme ailleurs, il n'est pas de "je" possible sans une instance garante du "je", ou pour le dire en termes juridiques, sans une instance garante de l'état des personnes » ; C. NEIRINCK, « Les caractères de l'état civil », *in* C. NEIRINCK (dir.), *L'État civil dans tous ses états*, 2008, LGDJ, coll. « Droit et société », p. 41-42 : « C'est parce que nous sommes des personnes au sens juridique […] que nous avons un état. Celui-ci ne saurait être assimilé à une sorte de pedigree humain. Si le pedigree donne identité à l'animal de race par référence à sa généalogie, il ne révèle ni son unicité ni son statut ; dépourvu de portée juridique il se borne à constater l'existence d'un semblable par référence aux qualités biologiques de ses géniteurs. Au contraire, accompagné du qualificatif civil, l'état donne statut à l'être juridique social ».

[3] A.-M. LEROYER, « La notion d'état des personnes », *op. cit.*, p. 256.

[4] *Ibid.*

[5] *Ibid.*, p. 274.

l'identité, parce qu'ils n'ont pas été constatés juridiquement, ils ne peuvent pas produire d'effets de droit.

Il est cependant couramment admis, en psychologie, que l'enfant qui vient de naître n'entretient pas de relation avec lui-même[1]. Son esprit est entièrement tourné vers la satisfaction de besoins primitifs et vitaux. Il n'est donc pas question de se demander si un nouveau-né peut se choisir une identité. L'état civil du nouveau-né ne peut donc pas porter l'empreinte de sa liberté de choisir – son nom, son prénom, son sexe. Il ne peut être établi que grâce à des éléments objectifs d'une part, et par la volonté des adultes d'autre part.

**327.** La fonction purement déclarative de l'acte de naissance doit être relativisée (**Chapitre I**). En effet, il participe, dans une certaine mesure, à établir l'état civil de la personne, il permet donc l'existence juridique de la personne : il a une fonction partiellement constitutive, c'est-à-dire qu'il « établit une situation juridique nouvelle »[2], qui ne lui préexiste pas (**Chapitre II**).

---

[1] R. SPITZ, *De la naissance à la parole*, *op. cit.*, p. 4-5. – Dans le même sens et plus récemment : Rapp. Ministère des solidarités et de la santé, « Les 1000 premiers jours », préc., p. 19-20.

[2] G. CORNU (dir.), *Vocabulaire juridique*, *op. cit.*, v° « Constitutif, ive ».

# CHAPITRE I
# LA RELATIVISATION DE LA FONCTION PUREMENT DÉCLARATIVE DE L'ACTE DE NAISSANCE

**328.** Il est presque unanimement admis que l'acte de naissance ne fait que constater une réalité préexistante. Il a une double fonction probatoire et de publicité ; il ne jouerait donc aucun rôle dans l'octroi de la personnalité juridique. Cependant, sa fonction de publicité est toute relative, puisque de nos jours, la venue au monde de l'enfant est largement prévenue et entourée (Section 1).

Quant à sa fonction purement probatoire, elle est contestable. L'acte de naissance est le « réceptacle de l'histoire juridique de la personne »[1]. Tous les événements de cette histoire sont inscrits en marge de l'acte de naissance[2]. Dès lors, une personne dépourvue d'acte de naissance est non seulement privée de la connaissance de ses origines, mais également de chaque étape de sa vie juridique et de son statut actuel. Pour ce faire, la naissance doit être déclarée dans les cinq jours qui suivent l'accouchement, c'est-à-dire dans un délai court[3]. La preuve de l'état civil de la personne a des conséquences directes sur la mise en œuvre de ses droits. Il serait même possible de dire que « [d]e l'identification d'une personne dépend […] son existence juridique »[4].

Il serait donc insuffisant de dire que le nouveau-né, enfant dépourvu d'acte de naissance, est uniquement dépourvu de preuve de son état civil. L'absence d'acte de naissance est susceptible d'affecter la jouissance des droits qui y sont attachés et, par conséquent, d'affecter sa personnalité juridique. Ne faudrait-il pas en déduire que le nouveau-

[1] S. PARICARD, « Vers un droit spécial de la filiation ? », *D.* 2018, p. 75.

[2] D'où leur appellation, « mentions marginales », que Mmes LEROYER et THÉRY proposent de rebaptiser « mentions subséquentes » (I. THÉRY, A.-M. LEROYER, *Filiation, origines, parentalité. Le droit face aux nouvelles valeurs de responsabilité générationnelle*, 2014, Odile Jacob, p. 74). – Sur la notion de mention marginale, v. également G. RAOUL-CORMEIL, « Les mentions marginales », *in* L. MAUGER-VIELPEAU, E. SAILLANT-MARAGHNI (dir.), *État civil et autres questions de droit administratif*, 2021, Dalloz, coll. « Thèmes et commentaires », p. 33.

[3] *Cf. supra*, n^os^ 192 et s.

[4] S. MIRABAIL, « Une nouvelle catégorie de marginaux : les êtres humains non identifiés », *D.* 1997, p. 431.

né, dépourvu d'acte de naissance, est un être humain dépourvu d'existence juridique ? La valeur probatoire de l'acte de naissance mérite donc d'être éprouvée (Section 2).

## *Section 1 : La relativisation de la fonction de publicité de l'acte de naissance*

**329.** L'acte de naissance a une fonction de publicité, puisqu'il permet de faire connaître, dans une certaine mesure, l'existence du nouveau-né à l'État, notamment au service de PMI[1]. À l'occasion de la déclaration de la naissance, l'officier de l'état civil remet ainsi aux parents le carnet de santé de l'enfant[2]. L'existence du nouveau-né, enfant dépourvu d'acte de naissance, serait donc en principe inconnue, et pourrait demeurer clandestine. La clandestinité peut être définie comme ce qui « s'accomplit en cachette, en secret, et le plus souvent dans l'illégalité »[3] ; il est donc possible de craindre qu'un enfant aussi jeune qu'un nouveau-né soit fortement affecté par une telle situation.

Il n'en est pourtant rien. La venue au monde de l'enfant est prévenue par des mesures de « préinscription » (§1). Ce n'est qu'exceptionnellement, malgré les précautions, que l'enfant naît dans la clandestinité. Dans ces cas, lorsque l'enfant est victime d'une infraction, le droit pénal permet le report du point de départ du délai de prescription de l'action publique (§2).

### §1. La prévention de la clandestinité du nouveau-né par des mesures de préinscription.

**330.** De nos jours, la naissance est un événement social, préparé bien en amont par les futurs parents. Ils annoncent la venue au monde de l'enfant à l'entourage familial et amical, notamment par l'envoi d'un faire-part[4] ou encore par l'établissement d'une liste de naissance[5]. Ces rites de naissance contemporains s'accompagnent de démarches que les

[1] CSP, art. R. 2112-21.
[2] CSP, art. L. 2132-1.
[3] *Dictionnaire de l'Académie française*, 9e éd., v° « Clandestin ».
[4] P. Charrier, G. Clavandier, *Sociologie de la naissance*, *op. cit.*, p. 156 et s.
[5] *Ibid.*, p. 148 et s.

parents doivent accomplir pour pouvoir obtenir un certain nombre de prestations, en vertu des politiques de natalité.

**331.** L'État incite les femmes enceintes à suivre un certain nombre d'examens prénataux qui permettent de s'assurer de la bonne santé de l'enfant à naître. Pour permettre un suivi de l'enfant, non seulement pendant la grossesse, mais également dès sa naissance, la femme enceinte doit obligatoirement se soumettre à divers examens, ce qui permet une « préinscription »[1] de l'enfant à naître, préalable à l'établissement d'un acte de l'état civil. Le premier alinéa de l'article L. 2122-1 du Code de la santé publique dispose que « [t]oute femme enceinte bénéficie d'une surveillance médicale de la grossesse et des suites de l'accouchement qui comporte, en particulier, des examens prénataux et postnataux obligatoires pratiqués ou prescrits par un médecin ou une sage-femme […] ». Le suivi de l'enfant et de sa mère, pour s'assurer de leur santé, ne peut en effet être effectif que si la grossesse est connue des tiers.

Toutefois, la mère n'encourt aucune sanction si elle manque à cette obligation. Le législateur a préféré inciter la mère à se soumettre à ces examens en y soumettant l'octroi de diverses prestations. C'est le cas de la prime à la naissance[2] qui « est attribuée au ménage ou à la personne dont les ressources ne dépassent pas un plafond, pour chaque enfant à naître, avant la naissance de l'enfant […] »[3]. Elle s'élève actuellement à 1 003,97 euros[4], et elle « est due et versée avant la fin du dernier jour du second mois civil suivant la naissance ou la justification de la fin de la grossesse »[5]. Ce premier examen donne lieu, en outre, à une information des services de PMI[6]. Les parturientes doivent également déclarer leur grossesse à leur employeur pour pouvoir bénéficier d'un congé de maternité[7].

**332.** Ces mesures de préinscription du nouveau-né sont d'une autre nature que celle consistant dans l'établissement d'un acte de naissance. En effet, elles n'obéissent pas au formalisme des actes de l'état civil,

---

[1] C. DARDY, *Exister par écrit. Essai sur l'identification en culture de l'écrit*, 2018, L'Harmattan, coll. « Logiques sociales », p. 41.

[2] CSS, art. L. 533-1.

[3] CSS, art. L. 531-2.

[4] https://www.service-public.fr/particuliers/vosdroits/F2550, consulté le 20 sept. 2022. – Les modalités de calcul de la prime sont prévues à l'art. D. 531-2 CSP.

[5] CSS, art. D. 531-2.

[6] CSP, art. L. 2122-4. – Les missions du service de PMI sont fixées à l'art. L. 2111-1 CSP.

[7] C. trav., art. R. 1225-1.

qui est garant de la fiabilité des registres de l'état civil. Elles n'ont donc pas de valeur authentique. Elles constituent cependant des moyens épars de faire connaître l'existence du futur enfant aux tiers, de sorte que le nouveau-né naît extrêmement rarement dans la clandestinité.

**333.** Toutefois, lorsque la situation se présente, le droit pénal tient compte de cette situation, et permet le rattachement des atteintes au nouveau-né à la catégorie des infractions clandestines.

### §2. Le traitement de la clandestinité du nouveau-né par le report du point de départ du délai de prescription de l'action publique

**334.** La clandestinité est un terreau fertile à la commission d'infractions, leurs auteurs pouvant espérer bénéficier du secret pour agir dans l'impunité. Le temps peut alors s'écouler sans que l'action publique ne soit jamais engagée. Le droit pénal s'est donc adapté, et permet le report du point de départ du délai de prescription de l'action publique lorsque l'infraction est demeurée clandestine.

Les infractions clandestines par nature sont une catégorie construite par la Cour de cassation en matière de délits d'affaires[1]. Elle l'a ensuite étendue aux délits de simulation et dissimulation ayant entrainé une atteinte à l'état civil dans un arrêt rendu le 23 juin 2004[2]. Le législateur a consacré cette création prétorienne par l'insertion de l'article 9-1 du Code de procédure pénale, lequel dispose que « le délai de prescription de l'infraction occulte ou dissimulée court à compter du jour où l'infraction est apparue et a pu être constatée dans des conditions permettant la mise en mouvement ou l'exercice de l'action publique, sans toutefois que le délai de prescription puisse excéder douze années révolues pour les délits et trente années révolues pour les crimes à compter du jour où l'infraction a été commise ».

**335.** L'exemple le plus évident concernant le nouveau-né est l'arrêt rendu par l'Assemblée plénière de la Cour de cassation dans l'affaire

---

[1] C. HARDOUIN-LE GOFF, *L'oubli de l'infraction*, 2008, LGDJ, coll. « Bibliothèque des sciences criminelles », p. 207 et s.

[2] Cass. crim., 23 juin 2004, n° 03-82.371, *Bull. crim n° 173* : *RSC* 2004, p. 883, note Y. MAYAUD ; *ibid.* 2004. 897, obs. D. COMMARET ; *D.* 2005, p. 1399, note M. ROYO ; *AJ Pén.* 2004, p. 366, note J. COSTE.

*Cottrez*, concernant le meurtre de huit nouveau-nés[1]. Elle a décidé que « si, selon l'article 7, alinéa 1er, du code de procédure pénale, l'action publique se prescrit à compter du jour où le crime a été commis, la prescription est suspendue en cas d'obstacle insurmontable à l'exercice des poursuites ». Ce principe ne figurait pas encore dans le Code de procédure pénale, il a été dégagé par la Cour de cassation. Au vu de ce principe, elle contrôle la motivation des juges du fond : « l'arrêt retient que les grossesses de Mme Y..., masquées par son obésité, ne pouvaient être décelées par ses proches ni par les médecins consultés pour d'autres motifs médicaux, que les accouchements ont eu lieu sans témoin, que les naissances n'ont pas été déclarées à l'état civil, que les cadavres des nouveau-nés sont restés cachés jusqu'à la découverte fortuite des deux premiers corps le 24 juillet 2010 et que, dans ces conditions, nul n'a été en mesure de s'inquiéter de la disparition d'enfants nés clandestinement, morts dans l'anonymat et dont aucun indice apparent n'avait révélé l'existence ». Elle conclut que « la chambre de l'instruction, qui a caractérisé un obstacle insurmontable à l'exercice des poursuites, ce dont il résultait que le délai de prescription avait été suspendu jusqu'à la découverte des cadavres, a, par ces seuls motifs, légalement justifié sa décision ». Dans la mesure où la naissance d'un nouveau-né n'est pas inscrite sur les registres de l'état civil, son décès est susceptible d'être clandestin, et le délai de prescription ne peut courir.

Néanmoins, la qualité de nouveau-né ne suffit pas, à elle seule, à caractériser un obstacle insurmontable à l'exercice des poursuites : en plus du fait que les victimes étaient des nouveau-nés, l'obésité de la mère lui avait permis de masquer sa grossesse à son entourage, et notamment à son époux. Cette motivation abondante est parfaitement justifiée, parce que tous les enfants ne naissent pas dans la clandestinité. Il semble même plutôt que très souvent, la naissance se déroule dans un environnement médicalisé ; c'est un événement social. La situation à laquelle les juges ont eu affaire n'est donc pas révélatrice d'une tendance générale.

---

[1] Cass. Ass. plén., 7 nov. 2014, n° 14-83.739, *Bull. crim., n° 1* : *D. actu.*, 21 nov. 2014, obs. C. FONTEIX ; *RSC* 2014. 777, note Y. MAYAUD ; *ibid.* 803, note D. BOCCON-GIBOD ; *D.* 2014. 2498, note R. PARIZOT ; *ibid.* 2469, note L. SAENKO ; *D.* 2015. 1738, obs. J. PRADEL ; *ibid.* 1919, obs. Ph. BONFILS et A. GOUTTENOIRE ; *RSC* 2015. 121, note A. GIUDIELLI ; *Dr. fam.* 2015, n° 1, p. 1, comm. Ph. BONFILS ; *DP* 2014, n° 12, comm. A. MARON et M. HAAS ; *ibid.*, note J.-Y. MARÉCHAL ; *AJ pén.* 2015. 36, note A. DARSONVILLE.

**336.** En revanche, le fait que la Cour de cassation ait estimé que le délai de prescription avait été suspendu, et non reporté, a suscité des interrogations[1]. En effet, comment suspendre un délai de prescription qui n'a pas pu commencer à courir ? La notion de suspension est utilisée lorsqu'il existe un obstacle insurmontable à l'exercice des poursuites : l'article 9-3 du Code de procédure pénale prévoit désormais que « [t]out obstacle de droit, prévu par la loi, ou tout obstacle de fait insurmontable et assimilable à la force majeure, qui rend impossible la mise en mouvement ou l'exercice de l'action publique, suspend la prescription ». Cette disposition aurait vocation à s'appliquer tant au meurtre du nouveau-né qu'à l'atteinte à son état civil, si tant est que le délai de prescription ait commencé à courir, condition *sine qua non* pour qu'il soit suspendu[2]. Il n'est donc pas question de clandestinité, mais d'un obstacle juridique à l'exercice de l'action publique. Cette justification de la suspension du délai de prescription est toutefois en contradiction avec l'arrêt rendu par l'Assemblée plénière, qui a fait de la clandestinité un obstacle de fait à l'exercice des poursuites, clandestinité qui s'oppose à toute connaissance de l'infraction par la victime ou par le ministère public. Cette solution est isolée, la chambre criminelle refusant depuis lors de la réitérer[3]. L'article 9-3 du Code de procédure

---

[1] D. BOCCON-GIBOD, « Prescription : En matière criminelle, la prescription de l'action publique est suspendue lorsqu'un obstacle insurmontable empêche l'exercice de cette dernière », *RSC* 2014, p. 803 ; A. DARSONVILLE, « Prescription de l'action publique : l'urgence de repenser "un système en crise" », *AJ pén.* 2015, p. 36. – La C. de cass. entend restreindre les cas d'admission d'un obstacle insurmontable, mais elle n'affirme pas clairement que la suspension du délai de prescription implique la connaissance de l'infraction par la victime ou par le ministère public, ce qui exclurait, mécaniquement, les infractions clandestines. Il semble plutôt que le fait que la victime d'un meurtre soit un nouveau-né soit un élément de fait, qui concoure, au soutien d'autres éléments de fait, à caractériser l'existence d'une infraction dissimulée, ce qui justifie le *report* du délai de prescription.

[2] C. HARDOUIN-LE GOFF, *L'oubli de l'infraction*, *op. cit.*, p. 585 ; S. FUCINI, « Viol sur mineur : l'amnésie traumatique ne suspend pas la prescription », *D. actu.* 30 oct. 2018.

[3] Cass. crim., 13 déc. 2017, n° 17-83.330 : *Bull. crim., n° 290* ; *D.* 2018. 11 ; *D. actu.* 11 janv. 2018, obs. V. MORGANTE ; *AJ pén.* 2018. 97, obs. M. LACAZE ; *D.* 2018. pan. 1611, obs. J. PRADEL ; *RSC* 2018. 129, note R. PARIZOT ; *ibid.* 421, note Y. MAYAUD. – Cass. crim., 17 oct. 2018, n° 17-86.161 : *Bull. crim., n° 173* ; *D. actu.* 30 oct. 2018, obs. S. FUCINI ; *Gaz. Pal.* 5 févr. 2019, p. 60, note F. FOURMENT ; *Procédures* 2018, n° 380, obs. A.-S. CHAVENT-LECLÈRE ; *RSC* 2018. 887, note Y. MAYAUD ; *ibid.* 2019. chron. 144, note P.-J. DELAGE.

pénale n'est donc pas applicable aux infractions clandestines. Les atteintes au nouveau-né sont des infractions occultes, ou dissimulées.

**337.** L'article 9-1 du Code de procédure pénale définit et distingue les infractions occultes et les infractions dissimulées. Tout d'abord, « [e]st occulte l'infraction qui, en raison de ses éléments constitutifs, ne peut être connue ni de la victime ni de l'autorité judiciaire ». Cette qualification convient parfaitement aux atteintes à l'état civil, et notamment à la substitution, simulation et dissimulation d'enfants ayant entrainé une atteinte à l'état civil[1], qui suppose la clandestinité. En effet, la Cour de cassation a qualifié ce délit d'infraction clandestine par nature. Elle doit donc être qualifiée d'infraction occulte[2].

Cependant, concernant l'infanticide, la qualité de nouveau-né n'est plus, depuis 1994, un élément constitutif d'une quelconque infraction relevant des atteintes à la vie[3]. Par ailleurs, le meurtre d'un mineur de

[1] L'art. 227-13 C. pén. dispose que « [l]a substitution volontaire, la simulation ou dissimulation ayant entraîné une atteinte à l'état civil d'un enfant est punie de trois ans d'emprisonnement et de 45 000 euros d'amende ». La substitution volontaire consiste en l'échange de deux enfants. Il n'est pas nécessaire, pour que l'infraction soit constituée, que les enfants soient des nouveau-nés. Néanmoins, pour que l'infraction puisse être effectivement commise, il semble nécessaire que la naissance n'ait pas encore été déclarée. Il s'agit, en tout état de cause, du moment le plus propice pour que le mensonge ne fasse l'objet d'aucun contrôle. Selon la définition de la chambre criminelle de la C. de cass., « les délits de simulation et de dissimulation d'enfant, prévus par l'article 227-13 du Code pénal entré en vigueur le 1er mars 1994, constituent les deux aspects des faits de supposition d'enfant, qualifiés par l'article 345 ancien dudit Code ; que la supposition, qui consistait à attribuer la maternité d'un enfant à une femme qui n'avait pas accouché, impliquait tant la simulation de la naissance par la mère fictive que la dissimulation de la maternité de la mère réelle » (Cass. crim., 12 janv. 2000, n° 99-82.905 : *Bull. crim., n° 21* ; *D.* 2001. somm. 2791, obs. C. POMART ; *Dr. pén.* 2000. comm. 84, obs. M. VÉRON).

[2] A. LEPAGE, H. MATSOPOULOU, « La prescription de l'action publique entre pérennité et innovations Présentation de la loi n° 2017-242 du 27 février 2017 portant réforme de la prescription en matière pénale », *Dr. pén.* 2017, n° 5, dossier 2 ; J. LEBLOIS-HAPPE, « La réforme de la prescription, enfin ! », *JCP G* 2017, n° 15, doctr. 424.

[3] La refonte du C. pén. a effacé la répression particulière du meurtre du nouveau-né, qui conduisait à réduire la peine normalement encourue par la mère auteure de l'infraction (L. n° 92-1336 du 16 déc. 1992 relative à l'entrée en vigueur du nouveau code pénal et à la modification de certaines dispositions de droit pénal et de procédure pénale rendue nécessaire par cette entrée en vigueur). En effet, alors que le meurtre et l'assassinat ont été punis par la peine de mort (jusqu'à la L. n° 81-908 du 9 oct. 1981 portant abolition de la peine de mort, art. 3), puis par la réclusion criminelle à perpétuité, la peine était réduite à dix à vingt ans s'ils étaient commis par une mère sur son nouveau-né.

quinze ans, qualification la plus adéquate concernant le meurtre d'un nouveau-né, ne présente pas d'élément constitutif permettant de dire qu'il serait nécessairement occulte. En effet, le meurtre présente deux éléments constitutifs, à savoir un élément matériel et un élément moral. L'élément matériel consiste dans l'acte homicide, et l'élément intentionnel réside dans l'intention de donner la mort. La qualité de la victime, ici son âge inférieur à quinze ans, est une circonstance aggravante. Aucun de ces éléments constitutifs n'empêche, en soi, que l'infraction soit connue de l'autorité judiciaire.

Le même raisonnement peut être appliqué au défaut de déclaration de la naissance[1]. En effet, l'infraction, pour être constituée, ne suppose aucun mensonge, aucune dissimulation ; elle peut être le fait d'une négligence. L'enfant demeure alors rarement dissimulé, et le défaut de déclaration est rapidement découvert. Il peut toutefois arriver que la

---

[1] Selon l'art. R. 645-4 C. pén., « [l]e fait, par une personne ayant assisté à un accouchement, de ne pas faire la déclaration prescrite par l'article 56 du code civil dans les délais fixés par l'article 55 du même code est puni de l'amende prévue pour les contraventions de la 5e classe ». Pour caractériser l'infraction, le juge doit donc se référer à la liste de personnes tenues de déclarer la naissance, énumérées à l'art. 56 du C. civ. La seconde condition est le non-respect du délai de déclaration de la naissance : ainsi, l'accomplissement de la déclaration une fois le délai écoulé n'a plus aucune conséquence sur la caractérisation de l'infraction. Elle ne peut donc concerner que la déclaration de la naissance d'un enfant nouveau-né. Il convient de relever que la même infraction, au mot près, est sanctionnée comme un délit par l'art. 433-18-1 du C. pén. et punie de six mois d'emprisonnement et de 3 750 euros d'amende, depuis la loi du 5 mars 2007 réformant la protection de l'enfance. L'auteur de l'amendement (n[o] 136) se fondait, pour justifier l'aggravation de la sanction, sur un rapport fait au nom de la Commission d'enquête relative à l'influence des mouvements à caractère sectaire et aux conséquences de leurs pratiques sur la santé physique et mentale des mineurs, qui note qu'il est difficile de savoir combien d'enfants sont victimes de sectes dans la mesure où les naissances ne sont pas toujours déclarées, d'où la proposition d'une aggravation de la répression (Rapp. fait au nom de la Commission d'enquête relative à l'influence des mouvements à caractère sectaire et aux conséquences de leurs pratiques sur la santé physique et mentale des mineurs, Ass. nat., 12 déc. 2006, p. 22). Mme RASSAT note à ce propos qu'« [i]l ne peut faire de doute, que cette situation absurde confère, aux personnes qui seront poursuivies tant qu'il n'y aura pas été mis un terme, un droit à l'être sous la qualification de contravention » (M.-L. RASSAT, *Droit pénal spécial*, 8e éd., 2018, Dalloz, coll. « Précis », p. 817). Pour d'autres auteurs, la contravention sanctionne une maladresse, alors que le délit nécessite, pour sa caractérisation, une intention malveillante (A. GOUTTENOIRE, M.-C. GUÉRIN, « Enfance », *in Répertoire de droit pénal et de procédure pénale*, 2016, Dalloz, § 11). Le ministère public devrait dès lors faire la différence entre les parents non conscients des délais pour déclarer une naissance – situation fréquente – de ceux qui auraient voulu que l'existence de leur enfant demeure clandestine.

naissance de l'enfant soit dissimulée. Mais cette dissimulation n'est pas un élément constitutif de l'infraction ; il ne s'agit donc pas d'une infraction occulte ; elle est plutôt susceptible de recevoir la qualification d'infraction dissimulée.

**338.** Le dernier alinéa de l'article 9-1 du Code de procédure pénale dispose qu'« [e]st dissimulée l'infraction dont l'auteur accomplit délibérément toute manœuvre caractérisée tendant à en empêcher la découverte ». Le meurtre d'un mineur de quinze ans peut tout à fait recevoir cette qualification lorsque la grossesse et le cadavre du nouveau-né ont été dissimulés. Cependant, l'auteur de l'infraction dissimule presque toujours son acte. Un grand nombre d'infractions sont donc susceptibles d'être concernées par cet alinéa. Par ailleurs, la plupart des naissances font l'objet d'une publicité auprès de l'entourage bien avant l'accouchement. Peu d'enfants naissent dans la clandestinité. Il faut donc des circonstances particulières pour que la clandestinité soit retenue, telles que celles relevées par l'Assemblée plénière.

En outre, l'infanticide n'est pas la seule infraction concernée. En effet, s'il suscite beaucoup de littérature, ce qui justifie la place importante qui lui a été accordée, le fait que l'existence d'une personne ne soit pas connue de la société peut la rendre plus vulnérable à d'autres sortes d'atteintes. Par exemple, l'article 227-17 du Code pénal prévoit que « [l]e fait, par le père ou la mère, de se soustraire, sans motif légitime, à ses obligations légales au point de compromettre la santé, la sécurité, la moralité ou l'éducation de son enfant mineur est puni de deux ans d'emprisonnement et de 30 000 euros d'amende ». Si la naissance de l'enfant n'est jamais déclarée à l'officier de l'état civil, ne faut-il pas considérer qu'il peut exister une manœuvre accomplie délibérément dans le but d'empêcher la découverte des mauvais traitements ? Dans ces cas, ce n'est pas la qualité de nouveau-né qui rend l'infraction clandestine, mais le fait que la naissance n'ait pas été relatée sur les registres de l'état civil ; l'enfant peut être victime de telles atteintes plusieurs années après sa naissance, sans que personne ne connaisse son existence. Le fait que la victime soit un nouveau-né est donc bien un élément de fait *susceptible de concourir à la caractérisation* de la dissimulation d'une infraction.

**339.** Si l'acte de naissance a une fonction de publicité, elle doit donc être relativisée. En effet, la naissance est un fait social, le nouveau-né vient donc rarement au monde dans la clandestinité. Cette publicité auprès de l'État et du système de santé est le résultat des différents examens prénataux qui jalonnent la grossesse et qui permettent le suivi médical de l'enfant et de la femme qui le porte. Ce n'est que très exceptionnellement, lorsque la parturiente a dissimulé sa grossesse à son entourage, que l'enfant peut parfois naître dans le secret : dans ce cas, le droit pénal permet le report du délai de prescription de l'action publique pour réprimer les atteintes au nouveau-né. À l'égard de sa fonction de publicité, le défaut d'acte de naissance affecte donc peu la condition juridique du nouveau-né. C'est surtout par rapport à sa fonction probatoire que l'absence d'acte de naissance pourrait constituer une entrave à la personnalité juridique.

## *Section 2 : La limitation de la valeur purement probatoire de l'acte de naissance*

**340.** L'étude de la force probante de l'acte de naissance permettra d'en cerner les limites : l'acte de naissance ne peut constater que des éléments tangibles (§1). Par conséquent, la valeur purement probatoire de l'acte de naissance est limitée au constat des circonstances de la naissance et du sexe (§2).

### §1. Le critère de délimitation : les éléments tangibles de l'état des personnes

**341.** La tenue des registres de l'état civil est soumise à des procédures censées garantir leur fiabilité, et donc leur force probante (A). Toutefois, l'état civil est confronté à un certain nombre d'évolutions, susceptibles d'influencer sa valeur et même son fondement (B).

#### *A. La force probante de l'acte de naissance en droit positif*

**342.** Le contenu de l'acte de naissance permet à la personne de prouver les éléments constitutifs de son état civil. Il s'agit d'un acte authentique[1]. Sa force probante n'est cependant pas uniforme : elle

---

[1] C. civ., art. 1369, al. 1er : « L'acte authentique est celui qui a été reçu, avec les solennités requises, par un officier public ayant compétence et qualité pour

varie selon ses différentes mentions, selon les faits que l'officier de l'état civil a constatés par lui-même ou non[1]. Seules les premières ont une valeur authentique[2], elles font « foi jusqu'à inscription de faux de ce que l'officier public dit avoir personnellement établi ou constaté »[3]. Pour ce qui est de la filiation, par exemple, elle peut être prouvée par tous moyens[4], et les conditions dans lesquelles elle peut être contestée sont prévues dans les règles relatives à la filiation[5], et non dans les règles relatives aux actes de l'état civil.

La valeur de l'acte de naissance, par ailleurs, ne se mesure pas uniquement à son utilisation dans le cadre d'un procès. En effet, « [l]e droit n'est pas qu'un art de la chicane qui ne trouverait l'occasion de se réaliser que dans les prétoires. Il est aussi – et peut-être surtout – un mode d'administration non contentieux des rapports humains, une manière apaisée d'attribuer à chacun le sien »[6]. Ainsi, « l'État ne doit-il pas seulement faire usage de son autorité pour résoudre les litiges entre personnes privées mais également s'efforcer de leur procurer les moyens de développer des relations pacifiées et sûres, un outil qui leur permette de construire durablement leurs relations familiales et patrimoniales »[7]. C'est sans aucun doute le rôle de l'acte de naissance qui, en dehors de tout litige, permet notamment de justifier de son état civil afin de se marier[8], ou encore qui permet de se faire délivrer une carte nationale d'identité ou un passeport[9].

---

instrumenter ». – Sur la notion d'authenticité : L. AYNÈS (dir.), *L'authenticité. Droit, histoire, philosophie*, 2e éd., 2013, La Documentation française.

[1] Cass. 1re civ., 16 juill. 1969 : *Bull. civ. I, n° 277* (« l'acte authentique ne fait foi jusqu'à inscription de faux que des faits que l'officier public y a énoncés comme les ayant accomplis lui-même ou comme s'étant passés en sa présence, dans l'exercice de ses fonctions ») ; E. VERGÈS, G. VIAL, O. LECLERC, *Droit de la preuve*, 1re éd., 2015, PUF, coll. « Thémis droit », p. 472 et s. ; J. CARBONNIER, *Droit civil*, *op. cit.*, n° 258, p. 480 ; B. TEYSSIÉ, *Droit des personnes*, *op. cit.*, n° 805, p. 480.

[2] C. civ., art. 1369.

[3] C. civ., art. 1371.

[4] C. civ., art. 310-3.

[5] C. civ., art. 332 et s.

[6] L. AYNÈS (dir.), *L'authenticité*, *op. cit.*, p. 15.

[7] *Ibid.*

[8] C. civ., art. 70.

[9] *Cf. infra*, n° 344.

Le nouveau-né, personne dépourvue d'acte de naissance, ne peut donc pas prouver son état civil. *Idem est non esse et non probari*[1] : sans preuve de son état civil, le nouveau-né ne pourrait alors pas réclamer la réalisation des droits qui lui sont attachés. La preuve est à la fois source d'accès au juge et source d'accès au droit[2]. Certaines mentions de l'acte de naissance sont particulièrement importantes puisqu'elles ont trait aux circonstances de l'accouchement, c'est-à-dire la date et le lieu de la naissance. Or ces circonstances permettent, notamment, d'établir la nationalité de l'enfant[3], ou encore d'établir la filiation maternelle[4]. Cependant, l'acte de naissance n'est pas l'instrument usuel de preuve de l'identité. Il faut donc se questionner sur l'ampleur des difficultés que peut générer l'absence d'acte de naissance.

**343.** Le contenu de l'acte de naissance est relativement secret : il est notamment protégé contre les tiers qui voudraient en consulter toutes les informations[5]. Certaines d'entre elles, en effet, sont protégées au titre du droit au respect de la vie privée. Ainsi, l'article 101-1 du Code civil dispose dans un premier alinéa que « [l]a publicité des actes de l'état civil est assurée par la délivrance des copies intégrales ou d'extraits faite par les officiers de l'état civil », et le deuxième alinéa précise que « [l]e contenu et les conditions de délivrance des copies intégrales et des extraits sont fixés par décret en Conseil d'État ». Le décret en question[6] distingue la consultation directe des registres d'une part, et la délivrance de copies et d'extraits d'autre part.

La règle de principe régissant la consultation directe des registres est posée par l'article 26 du décret, selon lequel « [l]es actes de naissance, les actes de reconnaissance et les actes de mariage ainsi que les registres de l'état civil qui les contiennent, datant de moins de soixante-quinze

---

[1] « C'est la même chose de ne pas être ou de ne pas être prouvé » (H. ROLAND, *Lexique juridique des expressions latines*, *op. cit.*, v° « *Idem est non esse et non probari* »).

[2] G. VIAL, *La preuve en droit extrapatrimonial de la famille*, 2008, Dalloz, coll. « Nouvelle bibliothèque de thèses », n^os 225 et s., p. 335 et s.

[3] C. civ., art. 19 et s.

[4] G. VIAL, *La preuve en droit extrapatrimonial de la famille*, *op. cit.*, n^os 357 et s., p. 483 et s. – En effet, selon le premier alinéa de l'art. 332 C. civ., « [l]a maternité peut être contestée en rapportant la preuve que la mère n'a pas accouché de l'enfant ». Cela signifie, *a contrario*, que si la mère a effectivement accouché de l'enfant, sa maternité est juridiquement établie, à condition toutefois que son nom figure dans l'acte de naissance de l'enfant (C. civ., art. 311-25).

[5] Pour un exposé détaillé des règles de publicité des actes de l'état civil : Y. FAVIER, « Actes de l'état civil », *op. cit.*, §198 et s.

[6] D. n° 2017-890 du 6 mai 2017 relatif à l'état civil, art. 25 et s.

ans, ne peuvent être directement consultés que par les agents de l'État habilités à cet effet et les personnes munies d'une autorisation écrite de l'administration des archives […] ». Pour ce qui est de la délivrance de copies et d'extraits, l'article 30 du décret opère une distinction selon les informations contenues dans le document. Comme le prévoit le dernier alinéa de cet article, les tiers ne peuvent demander une copie intégrale de l'acte de naissance[1]. Sinon, cette consultation est réservée à la personne intéressée et à certains membres de son entourage énumérés très précisément par le texte[2]. Les tiers ne peuvent obtenir qu'un extrait de l'acte de naissance, avec ou sans mention de la filiation, là encore dans des conditions détaillées avec précision par le décret[3].

Ces restrictions ont pu être justifiées notamment par l'objectif « de mettre les enfants naturels à couvert de curiosités malveillantes »[4]. Aujourd'hui, ce sont d'autres éléments de l'identité de la personne qui sont désormais protégés, notamment les éventuels changements de sexe[5] ou une adoption plénière[6], dont les traces figurent dans l'acte de naissance, mais pas dans les extraits consultables par les tiers.

**344.** Ce sont donc plutôt d'autres documents que l'acte de naissance qui permettent d'attester de l'identité de la personne au quotidien. C'est le cas, par exemple, de la carte nationale d'identité, qui « certifi[e] l'identité de son titulaire »[7] et ce au moyen, entre autres, d'une photo permettant de relier le titulaire de la carte aux informations qui y

---

[1] D. nº 2017-890 du 6 mai 2017 relatif à l'état civil, art. 30 *in fine* : « Les autres personnes ainsi que les généalogistes intervenant hors les cas prévus au cinquième alinéa, ne peuvent obtenir la copie intégrale d'un acte de naissance, d'un acte de reconnaissance, d'un acte de mariage et d'un acte de décès qu'en vertu d'une autorisation du procureur de la République. En cas de refus de celui-ci, ils peuvent saisir le président du tribunal de grande instance qui statue par ordonnance de référé ».

[2] *Ibid.*, art. 30.

[3] D. nº 2017-890 du 6 mai 2017 relatif à l'état civil, art. 31 32 et 33.

[4] J. CARBONNIER, *Droit civil*, *op. cit.*, nº 259, p. 483.

[5] D. nº 2017-890 du 6 mai 2017 relatif à l'état civil, art. 38 : « En cas de mention de rectification, par l'officier de l'état civil ou le procureur de la République, d'une erreur ou omission matérielle relative au sexe de la personne à laquelle l'acte se rapporte, les copies intégrales délivrées ne font apparaître l'erreur commise et sa rectification que sur autorisation du procureur de la République ».

[6] D. nº 2017-890 du 6 mai 2017 relatif à l'état civil, art. 37 : « Lorsqu'un enfant a fait l'objet d'une adoption plénière, d'une légitimation adoptive ou de toute autre adoption comportant rupture des liens avec la famille d'origine, les extraits d'acte de naissance le concernant, avec indication de la filiation, indiquent comme parents les adoptants sans aucune référence au jugement d'adoption ».

[7] D. nº 55-1397 du 22 oct. 1955 instituant la carte nationale d'identité, art. 1er.

figurent. Elle se différencie donc de l'acte de naissance, qui ne permet pas seulement de certifier l'identité de son titulaire. En effet, « certifier » signifie contrôler la véracité d'une information[1]. L'acte de naissance n'a pas pour *seule* fonction de garantir la véracité de l'identité de la personne qui en est titulaire ; il permet également d'en établir le contenu intégral, en conservant une trace des différentes époques de la vie de la personne. La carte nationale d'identité permet de relier son titulaire à un état civil, en ne dévoilant que les informations utiles à cette fin. Par ailleurs, pour pouvoir détenir une carte nationale d'identité, il est nécessaire de fournir un passeport ou, à défaut, un extrait d'acte de naissance[2]. Si cet extrait d'acte de naissance ne peut être produit, une copie intégrale de l'acte de mariage peut le suppléer[3], délivrée dans les mêmes conditions que la copie intégrale de l'acte de naissance[4].

Le passeport, qui a la même fonction de certification de l'identité de son titulaire[5], obéit aux mêmes règles de délivrance que la carte nationale d'identité[6]. Le passeport et la carte nationale d'identité sont donc des instruments usuels, permettant de relier leur titulaire à un état civil, dont le détail figure dans l'acte de naissance. Ils ne concurrencent donc pas l'acte de naissance. Ils permettent de le suppléer au quotidien, mais ils ne permettent pas d'établir l'état civil complet de la personne. En revanche, l'acte de naissance est nécessaire pour pouvoir demander à se les faire délivrer.

Le nouveau-né étant dépourvu d'acte de naissance, aucun autre document permettant de certifier son identité couramment ne peut donc lui être établi. Cependant, l'acte de naissance tel qu'il existe aujourd'hui n'est-il pas voué à disparaître ? La tenue des registres de l'état civil le plus souvent en format papier paraît désuète à l'ère du numérique et de la biométrie. Il convient donc de se demander si ces nouveaux moyens

---

[1] *Dictionnaire de l'Académie française*, 9e éd., v° « Certifier » : « Affirmer, garantir qu'une chose est vraie » ; G. CORNU (dir.), *Vocabulaire juridique*, *op. cit.*, v° « Certifier » : « Pour une autorité, rendre certain un acte ou un fait en affirmant, après vérification, sa véracité, son authenticité, son origine, sa conformité, etc. » ; J.-M. PONTIER, « La certification, outil de la modernité normative », *D.* 1996, p. 355 : « La certification est le "prolongement de la normalisation", ou une composante de celle-ci. C'est une procédure de vérification de conformité d'un produit, d'un service, à certaines caractéristiques prédéfinies ».

[2] D. n° 55-1397 du 22 oct. 1955 instituant la carte nationale d'identité, art. 4.

[3] *Ibid.*

[4] D. n° 2017-890 du 6 mai 2017 relatif à l'état civil, art. 30.

[5] D. n° 2005-1726 du 30 déc. 2005 relatif aux passeports, art. 1er.

[6] *Ibid.*, art. 5.

ne pourraient pas constituer des alternatives aux registres tels qu'ils existent aujourd'hui, ce qui pourrait entrainer des changements dans la preuve de l'état civil de la personne, et donc du nouveau-né.

### *B. La force probante de l'acte de naissance en droit prospectif*

**345.** Les évolutions de l'état civil, tant de son contenu que de son contenant, ont remis en cause sa fiabilité[1] et donc, par conséquent, la fiabilité des informations contenues dans les registres. Cela est dû, entre autres, à la suppression de certaines vérifications, et notamment de la présentation du nouveau-né à l'officier de l'état civil[2], ou encore de la suppression, dans certains cas, du double original[3]. Mais les seules évolutions des procédures d'établissement des actes ne suffisent pas à saisir toutes les questions qui entourent l'avenir de l'acte de naissance. L'acte de naissance pourrait notamment perdre de son importance face aux données attachées au corps de la personne, les données biométriques, qui sont infalsifiables et indépendantes de leur constatation par l'autorité publique.

**346.** La biométrie est « un ensemble de techniques produisant une information à partir d'une mesure corporelle »[4]. Elle appartient au genre des traitements informatiques[5]. Dès lors, si les registres de l'état civil peuvent être assimilés à une base de données[6], ils se différencient de la biométrie en ce qu'ils ne sont pas informatisés. Par ailleurs, alors que les données biométriques sont fondées sur le corps, l'état civil en est, en partie, détaché[7]. En effet, l'identité de la personne est construite par le droit, qui se fonde, parfois, sur le corps. Tel est le cas, par

---

[1] M. BRUGGEMAN, « Le rôle de l'état civil », *op. cit.*, p. 30 et s.

[2] *Cf. supra*, n° 193.

[3] Par ex., C. civ., art. 40, al. 3 : « Par dérogation au premier alinéa [lequel impose la tenue de registres en double exemplaire], les communes dont les traitements automatisés de données de l'état civil satisfont à des conditions et à des caractéristiques techniques fixées par décret sont dispensées de l'obligation d'établir un second exemplaire des actes de l'état civil ».

[4] M. SZTULMAN, *La biométrie saisie par le droit public. Étude sur l'identification et la localisation des personnes physiques*, 2019, LGDJ, coll. « Bibliothèque de droit public », n° 5, p. 5.

[5] *Ibid.*, n$^{os}$ 7 et s., p. 5 et s.

[6] *Ibid.*, n° 339, p. 174.

[7] *Ibid.*, p. n$^{os}$ 384 et s.,192-193.

exemple, du sexe de la personne[1]. En revanche, la filiation est établie selon des critères qui se détachent parfois de considérations biologiques, ou corporelles, même si le corps y occupe une place importante, notamment dans l'établissement de la filiation maternelle par l'accouchement. Le nom et le prénom, en revanche, sont totalement indépendants de caractéristiques corporelles de la personne, alors qu'ils permettent d'individualiser la personne et de l'identifier.

La biométrie et les registres de l'état civil sont donc deux objets juridiques différents. En effet, l'acte de naissance est l'*instrumentum* de l'état civil. Il permet de prouver la date et le lieu de naissance d'une personne, ou encore sa filiation. La biométrie n'a pas cette fonction : comme l'a expliqué le CCNE, en des termes très didactiques, « nous voulons savoir avec certitude si celui à qui nous parlons est bien celui qu'il prétend être »[2]. Elle permet de rattacher un être de chair et de sang, grâce au traitement informatique de ses caractéristiques biologiques[3], à un état civil abstrait, construit par le droit. Elle n'a pas vocation à s'y substituer.

**347.** L'article 1er de la loi du 6 janvier 1978 relative à l'informatique, aux fichiers et aux libertés dispose, entre autres, que l'informatique ne doit pas porter atteinte à l'identité humaine[4]. Cette disposition peut être interprétée dans le sens d'une protection de la définition particulière de l'être humain que renferme la notion d'identité, notamment en empêchant qu'une personne soit réduite à ses caractéristiques biologiques[5]. Les conséquences d'une identification des êtres humains

---

[1] *Cf. infra*, n[os] 354 et s.

[2] Avis CCNE, n° 98, 26 avr. 2007, « Biométrie, données identifiantes et droits de l'homme », p. 4.

[3] En matière de médecine personnalisée, Mme PARICARD utilise l'expression de « corps numérique » (S. PARICARD, « Le corps numérique », *in Les affres de la qualification juridique*, 2015, Presses de l'Université Toulouse 1 Capitole, Toulouse, p. 163). Elle distingue toutefois l'examen des caractéristiques génétiques qui « donne [...] à voir la spécificité génétique de la personne même à travers l'examen de l'activité cellulaire de son activité génétique » (*Ibid.*, p. 169) des données biométriques qui « permettent seulement, jusqu'à présent, d'identifier la personne parmi d'autres sans refléter sa vérité » (*Ibid.*, p. 164).

[4] L. n° 78-17 du 6 janv. 1978 relative à l'informatique, aux fichiers et aux libertés, art. 1er, al. 1 : « L'informatique doit être au service de chaque citoyen. Son développement doit s'opérer dans le cadre de la coopération internationale. Elle ne doit porter atteinte ni à l'identité humaine, ni aux droits de l'homme, ni à la vie privée, ni aux libertés individuelles ou publiques ».

[5] E. DEBAETS, « L'identité de la personne à l'épreuve de l'identification biométrique », *in* G. AÏDAN, E. DEBAETS (dir.), *L'identité juridique de la personne*

par leurs caractéristiques biologiques sont par ailleurs fort bien connues. En effet, l'identité de la personne guide son statut ; si la personne est identifiée par ses caractéristiques biologiques, il serait donc possible de distinguer les personnes par ce biais, ces distinctions permettant à leur tour de justifier des droits différents. Cette construction rappelle les fondations de l'idéologie nazie[1]. L'identification sur les caractéristiques biologiques appelle une classification fondée sur les mêmes critères. Il est donc important, à côté du corps de la personne, qui peut servir à l'identifier, de maintenir le primat de l'identité abstraite, construite par le droit, et figurant dans l'acte de naissance. Il ne peut donc pas être remplacé par les données biométriques.

**348.** Ainsi, même si le corps du nouveau-né peut permettre de l'identifier, l'acte de naissance demeure la preuve centrale de l'état civil de la personne. Il contient en effet des données abstraites, détachées du corps, dont la biométrie ne peut pas rendre compte. Ce constat doit nous conduire à questionner l'incidence de l'absence d'acte de naissance. Si l'état civil de la personne est en partie abstrait, détaché de son corps, l'acte de naissance ne sert pas seulement à le prouver : il l'établit partiellement. Seuls donc peuvent être constatés les éléments tangibles de l'état des personnes.

## §2. La détermination des éléments tangibles de l'état des personnes

**349.** Les mentions de l'acte de naissance figurent à l'article 57 du Code civil : « L'acte de naissance énoncera le jour, l'heure et le lieu de la naissance, le sexe de l'enfant, les prénoms qui lui seront donnés, le nom de famille, suivi le cas échéant de la mention de la déclaration conjointe de ses parents quant au choix effectué, ainsi que les prénoms, noms, âges, professions et domiciles des père et mère et, s'il y a lieu,

*humaine*, 2013, L'Harmattan, coll. « Logiques juridiques », p. 222 : « La biométrie ne respecterait pas cette identité humaine puisqu'elle assimilerait l'identité d'une personne à celle d'un autre organisme vivant ou à celle d'une chose ».

[1] B. MÜLLER-HILL, *Science nazie science de mort. L'extermination des juifs, des tziganes et des malades mentaux de 1933 à 1945*, 1989, Odile Jacob, p. 15 : « la diversité des êtres humains a un fondement biologique. Ce qui rend les Juifs juifs, les Tsiganes tsiganes, les Asociaux asociaux et les Malades mentaux malades mentaux réside dans le sang, et donc dans les gènes ».

ceux du déclarant ». Même dépourvu d'acte de naissance, il existe des indices épars de l'état civil du nouveau-né : il existe donc partiellement, sans être constaté juridiquement. Le nouveau-né est identifié par deux données objectivement vérifiables[1]. L'une lui est extérieure, il s'agit des circonstances de sa naissance (A). L'autre est déterminable par l'observation de son corps, il s'agit de son sexe (B).

### *A. L'identification du nouveau-né par les circonstances de sa naissance*

**350.** Les circonstances de la naissance existent indépendamment de leur constat dans l'acte de naissance de l'enfant, qui se borne à en énoncer « le jour, l'heure et le lieu »[2]. Ces énonciations de l'acte de naissance permettent de situer l'enfant dans l'espace et dans le temps.

« Le lieu de naissance énoncé dans l'acte doit s'entendre du lieu de l'expulsion de l'enfant au cours de l'accouchement »[3]. La connaissance du lieu de la naissance est nécessaire pour désigner l'officier de l'état civil qui sera tenu d'enregistrer la naissance de l'enfant[4]. Il peut également permettre l'octroi de la nationalité française, notamment lorsque les parents de l'enfant sont inconnus[5] ou encore lorsqu'ils sont apatrides[6]. Par ailleurs, l'acte de naissance ne peut que constater le lieu de la naissance, même si l'enfant est adopté : il n'est possible pour l'officier de l'état civil d'indiquer un lieu de naissance qui n'est peut-être pas le lieu de naissance réel que lorsque ce dernier est inconnu[7]. Il

---

[1] CARBONNIER en distinguait trois, nous avons fait le choix de regrouper ensemble la date et le lieu de la naissance : « Il y a, cependant, [dans l'acte de naissance] un noyau dur, la date, le lieu et le sexe de naissance, trois vérités historiques qui résistent à toute manipulation ultérieure. C'est le titre délivré à la personne à son entrée dans l'existence » (J. CARBONNIER, *Droit civil, op. cit.*, n° 269, p. 502).

[2] C. civ., art. 57.

[3] Circ., 28 oct. 2011, relative aux règles particulières à divers actes de l'état civil relatifs à la naissance et à la filiation, NOR : JUSC1119808C, §3.

[4] C. civ., art. 55 al. 1er.

[5] C. civ., art. 19.

[6] C. civ., art. 19-1.

[7] C. civ., art. 58 ; Cass. 1re civ., 12 nov. 1986, n° 85-10.907 et n° 85-10.183, *Bull. civ. I, n° 258* : *R.*128 ; *D.* 1987. 157, note J. MASSIP ; *RCDIP* 1987. 557, note E. POISSON-DROCOURT ; *JDI* 1987. 322, note H. GAUDEMET-TALLON ; Cass. 1re civ., 20 nov. 1990, n° 89-13.726, *Bull. civ. I, n° 253* : *Defrénois* 1991. 290, obs. J. MASSIP ; Cass. 1re civ., 19 nov. 1991, n° 90-19.377, *Bull. civ. I, n° 315.*

est donc possible de situer le nouveau-né dans l'espace indépendamment du constat réalisé dans l'acte de naissance.

**351.** L'instruction générale relative à l'état civil prévoit qu'« [e]n ce qui concerne l'indication du jour et de l'heure de la naissance qui s'entend de l'expulsion de l'enfant [...], il convient pour le jour de la naissance de préciser le quantième du mois, le mois et l'année et, pour l'heure de la naissance, d'indiquer l'heure et la minute. Lorsque l'enfant est né à minuit, il est souhaitable d'indiquer "à zéro heure" du nouveau jour »[1]. La date de la naissance permet de déterminer le délai dans lequel sa naissance doit être déclarée à l'officier de l'état civil, et donc le temps pendant lequel le droit tolère que l'existence de l'enfant ne soit pas encore portée à sa connaissance. La date de la naissance est intégrée à l'état civil de l'enfant, en ce qu'elle permet de déterminer son âge[2], ou encore de l'inscrire dans une généalogie[3]. Elle existe indépendamment de l'établissement de l'acte de naissance, qui ne permet que d'en établir la preuve. Le nouveau-né a une date de naissance, qui peut être prouvée par l'attestation dressée par le médecin ou la sage-femme ayant pratiqué l'accouchement ou, à défaut, par tout autre moyen.

**352.** Le seul cas dans lequel ces circonstances sont inconnues est celui du nouveau-né trouvé, pour lequel l'article 58 du Code civil prévoit que la date de naissance sera établie selon l'âge apparent de l'enfant, et le lieu de naissance sera celui où l'enfant a été trouvé. Le quatrième alinéa de l'article 58 prévoit qu'un acte tenant lieu d'acte de naissance « doit être établi, sur déclaration des services de l'assistance à l'enfance, pour les enfants placés sous leur tutelle et dépourvus d'acte

---

[1] IGREC, 11 mai 1999, §274.

[2] La date de la naissance permet de déterminer l'âge de la personne, ce qui a une incidence sur sa capacité juridique (C. civ., art. 414). En outre, seuls des mineurs peuvent faire l'objet d'une mesure d'assistance éducative : l'actualité en fournit une illustration particulièrement éloquente concernant la détermination de l'âge de mineurs isolés, dépourvus d'acte de naissance étranger probant au sens de l'art. 47 C. civ. (Cass. 1re civ., 15 oct. 2020, n° 20-14.993 : *D. actu.* 30 oct. 2020, obs. C. HELAINE ; *AJDA* 2020. 1994 ; *D.* 2020. 2065 ; *AJ fam.* 2020. 666, obs. L. GEBLER ; *RTD Civ.* 2021. 99, chron. A.-M. LEROYER).

[3] Concernant la filiation par procréation, la comparaison de la date de la naissance de l'enfant avec celle de sa mère permet de révéler une impossibilité, et donc un mensonge sur la maternité déclarée. L'institution de l'adoption plénière, calquée sur le modèle de la procréation charnelle, impose également qu'une différence d'âge existe entre les adoptants et l'adopté (C. civ., art. 344). La date de la naissance joue également un rôle pour présumer la filiation paternelle, quant à la date de la conception de l'enfant (C. civ., art. 311, al. 1er). Cette présomption permet de pallier, notamment, l'absence de preuve biologique.

de naissance connu ou pour lesquels le secret de la naissance a été réclamé ». Les enfants « pour lesquels le secret de la naissance a été réclamé » sont ceux qui se trouvent dans la situation prévue par l'article 326 du Code civil. L'officier de l'état civil, dans ce cas, ne peut pas indiquer le nom de la mère dans l'acte de naissance.

**353.** L'article 58 du Code civil prévoit également la situation des enfants placés sous la tutelle de l'assistance à l'enfance et dépourvus d'acte de naissance. Or, cette situation ne peut plus se présenter. Il s'agissait de parents abandonnant leur enfant à l'aide sociale à l'enfance sans procédure, tout en ayant le droit de demander le secret de leur identité[1]. Cette faculté a été supprimée par la loi du 22 janvier 2002[2]. Dès lors, si les parents ne peuvent plus demander le secret lors de la remise de leur enfant aux services de l'ASE, l'officier de l'état civil ne devrait pas dresser d'acte tenant lieu d'acte de naissance, l'acte de naissance originaire devant être conservé.

La règle contenue dans le quatrième alinéa de l'article 58 serait donc caduque. Le ministère de la justice a précisé que cette règle devait être considérée comme ayant été abrogée tacitement[3]. Toutefois, l'abrogation tacite ne peut résulter que de l'entrée en vigueur ultérieure d'un nouveau texte contredisant expressément l'ancien texte[4]. Or,

---

[1] Dans ce cas, l'IGREC du 11 mai 1999 prévoyait que « [l]a loi n'ayant pas précisé dans quel délai doit être faite cette déclaration, celle-ci peut être reçue jusqu'à la majorité du pupille » (IGREC, §286-2. – Dans le même sens : G. LAUNOY, « Actes de l'état civil. Actes de naissance. Acte de naissance des enfants trouvés. Enfants trouvés et pupilles de l'État », *op. cit.* §43 : « La loi ne fixe aucune autre limite que la majorité du pupille. La déclaration peut donc en théorie intervenir à tout moment, quels que soient l'âge du pupille et le temps écoulé depuis son immatriculation au service de l'aide sociale à l'enfance »). En attendant d'avoir un acte tenant lieu d'acte de naissance, il était dressé un certificat d'origine[1] « par le préfet ou son représentant » (Anc. Code de la famille et de l'action sociale, art. 81).

[2] L. nº 2002-93 du 22 janv. 2002 relative à l'accès aux origines des personnes adoptées et pupilles de l'État ; Circ. du 28 oct. 2011 relative aux règles particulières à divers actes de l'état civil relatifs à la naissance et à la filiation, § 33 ; Y. FAVIER, « Actes de l'état civil », *op. cit.*, § 105 ; G. LAUNOY, « Actes de l'état civil. Actes de naissance. Acte de naissance des enfants trouvés. Enfants trouvés et pupilles de l'État », *op. cit.*, § 25.

[3] Circ. du 28 oct. 2011 relative aux règles particulières à divers actes de l'état civil relatifs à la naissance et à la filiation, § 32 et 33.

[4] P. DEUMIER, *Introduction générale au droit*, *op. cit.*, nº 264 : « Pour éviter de voir coexister les anciennes dispositions et les nouvelles, il faut donc considérer, en cas d'incompatibilité, que les premières ont été tacitement abrogées : le nouveau texte ne dit mot d'une abrogation mais, en portant une solution différente de l'ancien texte, il signe tacitement sa disparition ».

l'article 57, censé avoir abrogé tacitement ce texte selon le ministère de la justice, ne vise pas directement l'enfant pour lequel le secret de la naissance a été demandé. Il ne pose qu'une règle générale concernant les modalités selon lesquelles l'acte de naissance doit être dressé, en précisant toutefois que « [l]a femme qui a demandé le secret de son identité lors de l'accouchement peut faire connaître les prénoms qu'elle souhaite voir attribuer à l'enfant. À défaut ou lorsque les parents de celui-ci ne sont pas connus, l'officier de l'état civil choisit trois prénoms dont le dernier tient lieu de nom de famille à l'enfant ». Cet article ne pose donc pas de règle particulière concernant la désignation de la date ni du lieu de la naissance des enfants visés par l'article 58 du Code civil, il n'y a donc pas de contradiction directe. Il conviendrait plutôt d'appliquer la règle spéciale quand elle déroge à la règle générale[1], ce qui est le cas de l'article 58.

L'article 58 du Code civil devait faire l'objet d'une réforme[2], mais les dispositions censées abroger expressément cette règle ont été censurées par le Conseil constitutionnel[3], et cette réécriture du quatrième alinéa de l'article 58 du Code civil n'a plus jamais été envisagée, ce qui rend cette abrogation tacite fort douteuse. Un officier de l'état civil pourrait donc tout à fait dresser valablement un acte tenant lieu d'acte de naissance pour tout enfant dépourvu d'acte de naissance visé par le quatrième alinéa de l'article 58, et notamment pour celui dont la mère a demandé le secret de son identité lors de son accouchement[4].

Il semble cependant que la pratique se soit affranchie de la règle figurant au quatrième alinéa de l'article 58 du Code civil, et s'en tienne aux consignes de la circulaire. De ce fait, et comme l'article 326 du Code civil ne prévoit pas le secret quant à la date et au lieu de la naissance, même si la mère a demandé le secret de son identité, l'acte de naissance doit mentionner la date et le lieu réels de la naissance. Il

---

[1] *Ibid.*, n^os^ 293-294.

[2] La circulaire précitée dispose dans sa note de bas de page n° 15 que « [l]e projet de loi relatif à la répartition des contentieux et à l'allègement de certaines procédures juridictionnelles prévoit à l'article 15 ter de coordonner l'article 58 à l'aune de l'article 57 du code civil. Ces dispositions ont fait l'objet d'un vote conforme par l'Assemblée Nationale et le Sénat » (Circ. du 28 oct. 2011, *op. cit.*).

[3] C. constit., n° 2011-641 DC du 8 déc. 2011, §20 et s. : censure de ces dispositions au motif qu'elles « ne présentent pas de lien avec les dispositions du projet de loi initial » et donc « qu'elles ont donc été adoptées selon une procédure contraire à la Constitution ».

[4] L. JUZAN, *L'enfant refusé*, *op. cit.*, n° 149, p. 154.

serait toutefois souhaitable que le législateur se préoccupe de modifier la rédaction de l'article 58 du Code civil en abrogeant le quatrième alinéa, afin qu'aucun doute ne puisse subsister sur la façon dont doit être établi l'acte de naissance d'un nouveau-né abandonné.

En dehors de la situation extrêmement rare des nouveau-nés trouvés[1], seuls concernés par l'article 58 du Code civil, la date et le lieu de naissance permettent donc toujours d'identifier le nouveau-né indépendamment de l'établissement de l'acte de naissance. À cet égard, il serait donc bien titulaire d'un état civil. Une autre composante de son état civil présente apparemment cette particularité : il s'agit de son sexe.

### *B. L'identification du nouveau-né par son sexe*

**354.** Le sexe fait partie de l'état des personnes[2]. C'est une donnée d'ordre morphologique, constatée par l'observation du corps du nouveau-né, et qui préexiste à l'établissement de l'acte de naissance (1). Ce constat peut toutefois être empêché quand le nouveau-né présente une variation du développement génital (2).

#### 1. Le constat du sexe du nouveau-né à partir de ses organes génitaux externes

**355.** Le sexe est défini dans le *Vocabulaire juridique* comme les « organes de la reproduction et de la sexualité »[3]. La définition du sexe et son constat paraissent tellement évidents que l'article 57 du Code civil, qui impose que l'acte de naissance fasse mention du sexe de l'enfant, n'éclaire pas l'officier de l'état civil sur ce qu'il doit prendre en compte pour établir le sexe. En outre, le nouveau-né n'a pas d'identité de genre, telle qu'elle est reconnue juridiquement, c'est-à-dire un sexe social qui serait la manifestation d'une liberté[4]. Ainsi, pour

[1] Quatre enfants en 2014 (Rapp. ONED, « La situation des pupilles de l'État : enquête au 31 décembre 2014 », préc., p. 39).

[2] J.-P. BRANLARD, *Le sexe et l'état des personnes : aspects historique, sociologique et juridique*, 1993, LGDJ, coll. « Bibliothèque de droit privé », p. 16-17.

[3] G. CORNU (dir.), *Vocabulaire juridique*, *op. cit.*, v° « Sexe ».

[4] L'art. 61-5 C. civ. permet de demander une modification de la mention du sexe à l'état civil, fondée sur d'autres éléments que l'apparence des organes génitaux externes, dans une formulation qui n'est pas sans rappeler celle employée pour définir

renseigner le sexe du nouveau-né dans l'acte de naissance, l'officier de l'état civil se fonde sur l'examen de sa morphologie[1]. Comme l'enfant ne lui est plus présenté, il doit se fonder, en principe, sur le certificat médical établi par le médecin ou la sage-femme qui a pratiqué l'accouchement[2]. En l'absence d'un tel certificat, l'officier de l'état civil doit indiquer la mention du sexe sur la seule foi de la déclaration qui lui est faite[3]. Le sexe du nouveau-né étant constaté sur une donnée objectivement vérifiable, il existe indépendamment de l'établissement de l'acte de naissance. Le plus souvent, le nouveau-né a donc un sexe. Toutefois, il arrive que le sexe du nouveau-né ne puisse pas être

---

la possession d'état (S. PARICARD, « Une libéralisation du changement de sexe qui suscite des interrogations majeures », préc. ; M. GOBERT, « Le sexe neutre ou de la difficulté d'exister », *JCP G* 2017, n° 25, étude 716, p. 1219, spéc. p. 1221). L'art. 61-5 a été rédigé pour des adultes, ou des mineurs capables de discernement, il n'est donc pas applicable au nouveau-né. Ainsi, le sexe constaté par l'officier de l'état civil conformément à l'art. 57 du C. civ. n'est pas établi selon les mêmes critères permettant de demander la modification de la mention du sexe dans l'acte de naissance. Le changement de sexe est en effet fondé sur l'identité de genre (S. PARICARD, « Une libéralisation du changement de sexe qui suscite des interrogations majeures », préc. : « Cette réforme consacre l'identité de genre »), c'est-à-dire sur le « sexe social » (J.-P. BRANLARD, *Le sexe et l'état des personnes*, *op. cit.*, p. 407). L'identité de genre est définie par les principes de Yogyakarta « comme faisant référence à l'expérience intime et personnelle de son genre profondément vécue par chacun, qu'elle corresponde ou non au sexe assigné à la naissance, y compris la conscience personnelle du corps (qui peut impliquer, si consentie librement, une modification de l'apparence ou des fonctions corporelles par des moyens médicaux, chirurgicaux ou autres) et d'autres expressions du genre, y compris l'habillement, le discours et les manières de se conduire » (« Principes sur l'application de la législation internationale des droits humains en matière d'orientation sexuelle et d'identité de genre », mars 2007, p. 6. – Cette définition a été reprise par le Conseil de l'Europe [(« Droits de l'homme et identité de genre », Documents thématiques du Commissaire aux droits de l'homme, 2009, p. 3]). Cette définition des manifestations du genre exclut doublement le nouveau-né : tout d'abord, il n'a pas « d'expérience intime et personnelle de son genre » ; ensuite, parce qu'il ne naît pas vêtu, capable de parole ni adoptant une conduite attribuable à un genre. Son sexe ne peut par conséquent être défini que selon des éléments objectifs, indépendants de sa volonté.

[1] B. PY, *Le sexe et le droit*, 1re éd., 1999, PUF, coll. « Que sais-je ? », p. 6 ; J. CARBONNIER, *Droit civil*, *op. cit.*, n° 268, p. 497 ; M.-X. CATTO, « La mention du sexe à l'état civil », *in* S. HENNETTE-VAUCHEZ, M. PICHARD, D. ROMAN (dir.), *La loi & le genre. Études critiques de droit français*, 2014, CNRS Éditions, p. 29, spéc. p. 32.

[2] *Cf. supra*, nos 130 et s.

[3] *Cf. supra*, n° 132.

constaté avec certitude : dans ce cas, il est possible de se demander si ces nouveau-nés ont un sexe.

### 2. L'absence de sexe juridique du nouveau-né présentant une variation du développement génital

**356.** Le nombre d'enfants dont le sexe ne peut pas être déterminé à la naissance est aujourd'hui inconnu[1]. La Cour de cassation refuse que soit mentionné dans l'acte de naissance un état intermédiaire entre le masculin et le féminin, ou un troisième sexe, ou un sexe neutre[2], et le législateur n'a pas souhaité, dans la loi relative à la bioéthique[3], mettre fin à la binarité. Il est cependant parfois impossible de déclarer avec certitude que l'enfant appartient à l'un ou à l'autre sexe. En outre, les opérations de chirurgie pratiquées sur ces enfants dans le but de déterminer leur sexe, depuis longtemps décriées[4], ont poussé le

---

[1] C. BOUVATTIER, L. DURANTEAU, L. BRUNET, H. PARKER, « Les évolutions de la médecine face aux nouveau-nés intersexes », *JDSAM* 2020/1, n° 25, p. 61.

[2] Cass. 1re civ., 4 mai 2017, n° 16-17.189 : *Bull. civ. I, n° 101* ; avis Ph. INGALL-MONTAGNIER ; rapp. R. LE-COTTY ; *JCP G* 2017. 1219, note M. GOBERT ; *D.* 2017. 1399, et les obs., note J.-Ph. VAUTHIER et F. VIALLA ; *ibid.* 1404, note B. MORON-PUECH ; *AJ fam.* 2017. 329, obs. A. DIONISI- PEYRUSSE ; *ibid.* 354, obs. J. HOUSSIER ; *RTD civ.* 2017. 607, obs. J. HAUSER ; *ibid.* 947, note F. ROUVIERE : « si l'identité sexuelle relève de la sphère protégée par l'article 8 de la Convention de sauvegarde des droits de l'homme et des libertés fondamentales, la dualité des énonciations relatives au sexe dans les actes de l'état civil poursuit un but légitime en ce qu'elle est nécessaire à l'organisation sociale et juridique, dont elle constitue un élément fondateur ».

[3] L. n° 2021-1017 du 2 août 2021 relative à la bioéthique.

[4] A. GOGOS-GINTRAND, « Intersexualité : binarité des sexes, médecine et droit », *RDSS* 2016, p 920 : « Des actes mutilants pratiqués dans un but de conformation sociale et sans bénéfice thérapeutique établi sont susceptibles d'engager la responsabilité civile du médecin qui les a réalisés. À notre connaissance, en France, aucun médecin n'a été condamné pour avoir opéré un enfant intersexe. Le contexte apparaît toutefois aujourd'hui de moins en moins favorable à ce type d'interventions. Nombre d'autorités internationales condamnent les pratiques d'assignation sexuée réalisées sans véritable nécessité thérapeutique ». – M.-X. CATTO, « La loi de bioéthique et les intersexes », *JDSAM* 2020/1, n° 25, p. 64, spéc. p. 71-72 : « Au nom de quoi accepter des opérations chirurgicales sur des nouveau-nés en parfaite santé pour décider du sexe ou pour se conformer, dans tous les cas, à des stéréotypes de genre ? Le même raisonnement à l'origine du refus des opérations d'assignation pourrait être appliqué : ni les unes, ni les autres, ne sont nécessaires à la santé, et il ne peut jamais y avoir de motif médical sérieux pour un acte qui vise la conformation

législateur à se saisir de la situation des enfants présentant une variation du développement génital.

En effet, il est reproché à ces actes médicaux de répondre au besoin social des parents d'identifier leur enfant comme un garçon ou comme une fille[1], et donc d'être dépourvus de nécessité médicale. Ils sont pourtant, selon la nature de la variation, pratiqués entre douze et dix-huit mois pour les enfants présentant une variation du développement génital 46,XY[2], plus largement avant l'âge de deux[3] ou trois ans[4] Ainsi, si les enfants concernés par ces opérations ne sont pas des nouveau-nés, parce qu'ils ne sont pas opérés au cours de leur premier mois de vie, ils demeurent de très jeunes enfants, et donc incapables de discernement.

L'article 30 de la loi relative à la bioéthique prévoit ainsi la création de l'article L. 2131-6 dans le Code de la santé publique, lequel impose, lorsque l'enfant présente une variation du développement génital, que celui-ci soit orienté vers un centre de référence spécialisé afin qu'il puisse bénéficier du suivi médical le plus spécialisé possible. Ce suivi médical est censé garantir que les soins qui lui sont donnés sont les plus adaptés à sa situation. Il est également censé empêcher que des actes dépourvus de nécessité médicale soient pratiqués sur son corps

**357.** Le législateur a ensuite intégré dans l'article 57 du Code civil la procédure que l'officier de l'état civil doit respecter lorsque l'enfant présente une variation du développement génital, procédure autrefois régie par l'instruction relative à l'état civil[5]. L'article 57 du Code civil prévoit désormais qu'« [e]n cas d'impossibilité médicalement constatée de déterminer le sexe de l'enfant au jour de l'établissement de l'acte, le procureur de la République peut autoriser l'officier de l'état civil à ne

---

sexuée ». – Sur la défense de la nécessité médicale des interventions chirurgicales précoces, v. C. FLAVIGNY, M. FONTANON-MISSENARD, « Pourquoi l'avis du Conseil d'État sur les enfants ni garçon, ni fille nous inquiète », *Le Figaro*, 17 mai 2019 ; « L'absence systématique d'intervention chirurgicale précoce aurait de graves conséquences », *Le Monde*, 5 juill. 2019, p. 24 (préconisant l'intervention dans les mois suivant la naissance).

[1] A. GOGOS-GINTRAND, « Intersexualité : binarité des sexes, médecine et droit », préc.

[2] C. BOUVATTIER, L. DURANTEAU, L. BRUNET, H. PARKER, « Les évolutions de la médecine face aux nouveau-nés intersexes », préc.

[3] M.-X. CATTO, « La loi de bioéthique et les intersexes », préc., p. 65.

[4] Rapp. APCE, n° 14404, 25 sept. 2017, « Promouvoir les droits humains et éliminer les discriminations à l'égard des personnes intersexes », p. 9.

[5] IGREC, 11 mai 1999, § 288. – Cette circulaire étant soupçonnée d'illégalité (Étude CE, 28 juin 2018, « Révision de la loi de bioéthique : quelles options pour demain ? », p. 131), l'intervention du législateur était nécessaire.

pas faire figurer immédiatement le sexe sur l'acte de naissance. L'inscription du sexe médicalement constaté intervient à la demande des représentants légaux de l'enfant ou du procureur de la République dans un délai qui ne peut être supérieur à trois mois à compter du jour de la déclaration de naissance. Le procureur de la République ordonne de porter la mention du sexe en marge de l'acte de naissance et, à la demande des représentants légaux, de rectifier l'un des ou les prénoms de l'enfant »[1].

Le texte apporte ainsi une exception remarquable à la règle de l'urgence guidant l'octroi de l'état civil : alors que l'officier de l'état civil est tenu d'inscrire dans l'acte tous les éléments qui lui sont déclarés, sans en vérifier la vérité[2], et ce dans le but de pourvoir le nouveau-né d'une identité, même provisoire, le plus rapidement possible, la mention du sexe peut attendre[3]. Elle est ensuite renseignée sur le fondement « du sexe médicalement constaté ». Le sexe juridique demeure donc dépendant, tant que l'enfant est un mineur non-émancipé, de son sexe médicalement constaté[4] ; par conséquent, « en

---

[1] C. civ., art. 57, al. 2.

[2] *Cf. supra*, n° 132.

[3] Cette mention est si peu importante qu'il suffit d'une autorisation du procureur de la République pour que ce sursis puisse être mis en œuvre. C'est lui, ensuite, qui « ordonne » la mention du sexe en marge de l'acte de naissance. En donnant compétence au procureur de la République pour « ordonner » la mention du sexe en marge de l'acte de naissance et de rectifier le ou les prénoms de l'enfant, l'art. 57 C. civ. exclut la compétence du juge. Il s'agit donc d'une procédure purement administrative. Une simple déclaration n'est cependant plus possible, puisque l'enfant n'est plus un nouveau-né. Une fois le délai de trois mois écoulé, le législateur n'a pas prévu quelle procédure devait être suivie. Selon le premier alinéa de l'art. 99 C. civ., « [l]a rectification des actes de l'état civil est ordonnée par le président du tribunal ». Le législateur a inséré un deuxième alinéa qui dispose que « [l]a rectification de l'indication du sexe et, le cas échéant, des prénoms est ordonnée à la demande de toute personne présentant une variation du développement génital ou, si elle est mineure, à la demande de ses représentants légaux, s'il est médicalement constaté que son sexe ne correspond pas à celui figurant sur son acte de naissance ». Cet article n'est donc applicable que si un sexe est déjà mentionné dans l'acte de naissance. Par conséquent, à défaut de règle spéciale, si le délai de trois mois est dépassé, le procureur de la République ne peut plus ordonner de porter le sexe en marge de l'acte de naissance, et l'acte de naissance ne peut pas être rectifié à sa demande. Seul le juge peut donc ordonner une rectification.

[4] La rectification de l'acte de naissance, en cas de variation du développement génital, est ordonnée « s'il est médicalement constaté que son sexe ne correspond pas à celui figurant sur son acte de naissance » (C. civ., art 99, al. 2). Ces dispositions permettent ainsi de mettre le sexe juridique de la personne en adéquation avec son sexe

cas d'impossibilité médicalement constatée de déterminer le sexe de l'enfant », le nouveau-né n'a pas de sexe juridique.

Cette situation sera peut-être amenée à évoluer si la CEDH condamne la solution française, sur le fondement de l'article 8 de la Convention[1]. Elle a été saisie d'un recours individuel à ce sujet[2]. En cas de condamnation, l'État français sera peut-être contraint de reconnaître l'existence d'une troisième catégorie de sexe à l'état civil, ou alors de supprimer la mention du sexe dans l'acte de naissance, chacune des deux solutions présentant des inconvénients distincts[3].

---

morphologique dans le cas où une erreur aurait été commise. Elles ne prévoient pas, cependant, le cas dans lequel le sexe de la personne demeurerait indéterminable : dans ce cas, le sexe constaté dans l'acte de naissance ne peut pas correspondre à la réalité, ce qui place les personnes intersexuées dans une situation où leur sexe juridique n'est pas leur sexe morphologique.

[1] La CEDH a rattaché « l'identité sexuelle » au domaine du droit au respect de la vie privée, protégé par l'art. 8 de la Convention (CEDH, 4e sect., 22 avr. 2002, nº 2346/02, *Pretty c. Royaume-Uni*, § 61). Enfin, l'APCE se fonde également sur l'art. 8 pour justifier la nécessité d'améliorer la reconnaissance juridique de la situation des personnes intersexuées (APCE, Résolution nº 2191, préc., §6).

[2] CEDH, nº 76888/17, *Requête Y c. France*, introduite le 31 oct. 2017.

[3] Concernant la reconnaissance d'une troisième catégorie, certains auteurs craignaient l'institution d'une « classe de parias » (J. CARBONNIER, *Droit civil*, *op. cit.*, nº 271, p. 503), ou encore d'une « humanité de second rang » (R. NERSON, J. RUBELLIN-DEVICHI, *RTD Civ.* 1981, p. 847). Cette voie conduirait d'ailleurs très certainement vers la reconnaissance d'autres catégories de genre puisque le droit confond aujourd'hui sexe et genre. Selon un récent sondage auprès des 18-30 ans, avec l'affirmation « je ne me reconnais pas dans les deux catégories de genre hommes / femmes », 15 % se sont déclarés plutôt d'accord et 7 % tout à fait d'accord (« Fractures sociétales : enquête auprès des 18-30 ans », IFOP pour *Marianne*, FD/FL nº 117735, nov. 2020, p. 62). Quelle place notre système juridique doit-il faire à cette diversité d'identités sexuelles ? Cette question ne manquera pas de se poser, si le législateur ou le juge s'orientent dans la direction de la reconnaissance du sentiment d'identité de chacun (D. GUTMANN, *Le sentiment d'identité : études de droit des personnes et de la famille*, 2000, LGDJ, coll. « Bibliothèque de droit privé », nº 547, p. 453 : « Que serait en effet un système qui reconnaîtrait le droit au respect du sentiment d'identité ? En forçant le trait, on pourrait répondre : un système que consacrerait sans limite l'accès de chacun à ses origines, qui ferait dépendre l'identité civile de l'image de soi, qui laisserait chacun accomplir son destin sans rendre de comptes à quiconque »). Cette direction est tout à fait possible à prédire, dans la mesure où la CEDH, pour déterminer le caractère disproportionné d'une ingérence dans le droit au respect de la vie privée, se fonde en grande partie sur des éléments subjectifs (CEDH, *Affaire Goodwin c. Royaume-Uni*, §77). Ce critère subjectif attaché à la souffrance de la personne, s'il n'est pas le seul critère déterminant pour la reconnaissance de nouveaux droits, joue un rôle dans l'appréciation que fait la Cour d'atteintes au droit au respect de la vie privée de la personne. Mais l'argument le plus

## *Conclusion du Chapitre I*

**358.** L'absence d'acte de naissance ne devrait pas avoir de conséquences sur l'existence de l'état civil du nouveau-né. Il est en effet admis qu'il n'a qu'une fonction déclarative, c'est-à-dire qu'il constate une situation préexistante. Toutefois, la double fonction de preuve et de publicité de l'acte de naissance doit être relativisée. En tant que moyen de publicité tout d'abord, l'acte de naissance contribue à faire connaître l'existence de la personne à l'état et aux tiers, mais il succède à d'autres moyens de publicité, détachés de l'état civil, qui découlent principalement du suivi médical de la grossesse. En outre, l'enfant naît très rarement dans le secret : aujourd'hui, la venue au monde de l'enfant

---

convaincant contre cette solution tient au contrôle que le juge est amené à effectuer sur la sincérité du plaignant. L'intégration dans la loi des art. 61-5 et s. du C. civ., permettant de demander le changement de sexe, implique de devoir justifier d'une possession d'état, ce qui nécessite de définir ce qu'est un « comportement d'homme » ou un « comportement de femme ». Il faut donc nécessairement se référer à des stéréotypes de genre pour établir l'existence de la possession d'état (S. PARICARD, « Une libéralisation du changement de sexe qui suscite des interrogations majeures », préc. ; REGINE, « Droit et genre », *D.* 2017, p. 935 ). La jurisprudence européenne en fournit un exemple particulièrement éclairant puisqu'elle reconnaît la légitimité de l'identité de genre (S. HENETTE-VAUCHEZ, « Bioéthique et genre : cadrage théorique, enjeux européens », *in* A.-F. ZATTARA-GROS (dir.), *Bioéthique et genre*, 2013, LGDJ, p. 21). Dans l'affaire *Rees*, la CEDH constate que le requérant « mène une existence d'homme » (CEDH, *Affaire Rees c. Royaume-Uni*, §13) ; dans l'affaire *Goodwin*, elle relève que « la requérante, déclarée de sexe masculin à la naissance, a subi une opération de conversion sexuelle et mène désormais une vie sociale de femme » (CEDH, *Affaire Goodwin c. Royaume-Uni*, §76). Ces formulations suscitent des interrogations : qu'est-ce qu'une « existence d'homme » ? Qu'est-ce qu'une « vie sociale de femme » ? Que faut-il faire, porter, dire, pour pouvoir entrer dans ces qualifications ? Est-ce le rôle du droit que de les déterminer ? Ces questions n'ont-elles pas plutôt leur place dans le « non-droit » (J. CARBONNIER, *Flexible droit*, *op. cit.*, p. 11 et s., spéc. p. 28 et s., où l'auteur détaille les cas dans lesquels le droit se limite lui-même. Peut-être ne faut-il pas imposer de normes juridiques au genre, pour préserver la liberté des sujets de droit) ? Ces questions se poseront très certainement avec une importance croissante si le droit s'oriente vers la reconnaissance d'identités particulières. La suppression de la mention du sexe dans l'acte de naissance pourrait alors être envisagée. Le sexe produit cependant encore des effets en droit positif. L'absence de sexe mentionné dans l'acte de naissance ne dispensera donc pas de le déterminer, et renverrait probablement cette tâche au juge dans chaque cas particulier. Or, l'état des personnes doit être déterminé par le législateur. La suppression pure et simple de la mention du sexe dans l'acte de naissance n'est donc simple qu'en apparence.

est un fait social, qui fait l'objet de publicité auprès de l'entourage des futurs parents.

Dans les cas exceptionnels des enfants qui naissent néanmoins dans la clandestinité, le droit pénal permet le report du délai de prescription de l'action publique, en appliquant aux infractions commises sur le nouveau-né les qualifications d'infractions occultes ou dissimulées : les atteintes à l'état civil sont en effet des infractions occultes, et l'absence d'acte de naissance permet de qualifier d'autres atteintes au nouveau-né d'infractions dissimulées.

**359.** En ce qui concerne la fonction probatoire de l'acte de naissance, elle est partiellement confirmée, car le nouveau-né est titulaire d'un état civil indépendamment de l'établissement d'un acte de naissance. Toutefois, cette seule valeur probatoire n'est évidente que pour la date et le lieu de sa naissance, qui sont les éléments tangibles de l'état civil. Même le sexe, dont la détermination semble évidente, peut parfois demeurer inconnu. Dépourvu d'acte de naissance palliant cette incertitude, le nouveau-né présentant une variation du développement génital n'a pas de sexe juridique. Ce constat sème le doute sur la valeur purement probatoire de l'acte de naissance, et nous conduit à étudier d'autres éléments de l'état civil de la personne, qui sont beaucoup plus dépendants de l'acte de naissance parce qu'ils sont abstraits.

# CHAPITRE II
# L'AFFIRMATION DE LA FONCTION PARTIELLEMENT CONSTITUTIVE DE L'ACTE DE NAISSANCE

**360.** Certains éléments de l'état des personnes sont abstraits. L'acte de naissance leur donne de la consistance, en leur permettant de produire leurs effets juridiques. Il a, à leur égard, une fonction constitutive. Or, si l'état des personnes permet de déterminer les droits dont la personne peut jouir, son indétermination prive la personne de certains de ses droits. L'identification des éléments abstraits de l'état civil (Section 1) nous permettra de déterminer quelle est la conséquence de leur absence sur la personnalité juridique du nouveau-né (Section 2).

## *Section 1. Le nouveau-né dépourvu des éléments abstraits de son état civil*

**361.** L'affirmation selon laquelle l'acte de naissance aurait une fonction purement déclarative est fausse. Le fait que certains éléments de l'état civil soient abstraits ne rend pas seulement leur preuve difficile : à leur égard, l'acte de naissance a une véritable fonction constitutive, ce qui met en exergue la « dimension éminemment performative »[1] de l'acte de naissance, et donc l'incomplétude de l'état civil du nouveau-né. Cette fonction constitutive de l'acte de naissance concerne l'établissement de la filiation du nouveau-né (§1) et son nom (§2).

### §1. Le nouveau-né dépourvu de filiation

**362.** Contrairement au sexe, contrairement à la date et au lieu de la naissance, les parents sont institués par le droit[2]. Plus précisément, le nouveau-né ne peut être lié juridiquement à ses parents que par le jeu

---

[1] I. Théry et A.-M. Leroyer, *Filiation, origines, parentalité*, *op. cit.*, p. 69.

[2] V. Egea, *Droit de la famille*, 3e éd., 2020, LexisNexis, coll. « Manuel », n° 614, p. 301.

des règles de la filiation par procréation. En effet, l'article 351 du Code civil dispose notamment que « [l]orsque la filiation de l'enfant n'est pas établie, il ne peut y avoir de placement en vue de l'adoption pendant un délai de deux mois à compter du recueil de l'enfant ». Cette exigence de délai de deux mois fait obstacle à ce qu'un nouveau-né puisse être adopté[1].

Le Code civil distingue l'établissement de la filiation par l'effet de la loi d'autres modes d'établissement de la filiation qui sont dépendants de la volonté des parents. Les cas d'établissement de la filiation par l'effet de la loi ont ceci en commun qu'ils sont largement dépendants de leur constatation dans l'acte de naissance. Ainsi, même si l'établissement de la filiation est rétroactif, en principe, le nouveau-né n'aurait pas de trace de sa filiation avant que l'acte de naissance ne soit dressé, à moins que ses parents n'aient manifesté leur volonté préalable d'établir un lien de filiation à l'égard du nouveau-né[2]. Dans tous les cas, la filiation est établie par la désignation des parents dans l'acte de naissance. L'acte de naissance a donc une fonction constitutive, tant à l'égard de la filiation maternelle (A) que de la filiation paternelle (B).

### *A. Le nouveau-né dépourvu de filiation maternelle*

**363.** Le seul accouchement n'établit pas la filiation maternelle. L'article 311-25 du Code civil dispose en effet que « [l]a filiation est établie, à l'égard de la mère, par la désignation de celle-ci dans l'acte de naissance de l'enfant ». *A contrario*, si la mère n'est pas désignée dans l'acte de naissance de l'enfant, aucun lien de filiation n'est établi[3].

---

[1] C. Neirinck, « Adoption – Adoptabilité et statut d'un enfant sans filiation confié à un Organisme autorisé pour l'adoption (OAA) », *Dr. fam.* 2011, n° 9, comm. 127 : « Un enfant ne naît jamais adoptable, quelles que soient les circonstances de sa naissance ».

[2] Le refus de la mère d'établir le lien de filiation à l'égard de son enfant nouveau-né (C. civ., art. 326) ne sera pas étudié comme une manifestation de volonté permettant l'identification de l'enfant avant que l'acte de naissance soit dressé. Si l'accouchement anonyme a un effet sur l'identification du nouveau-né, il s'agit d'un effet négatif, puisqu'il le prive justement de la possibilité d'être identifié par rapport à sa famille, à moins que son père ait effectué une reconnaissance prénatale (*cf. infra*, n^os^ 366 et s.).

[3] C. Neirinck, « La maternité », *Dr. fam.* 2006, étude n° 2 ; T. Garé, « L'ordonnance portant réforme de la filiation », *JCP G.* 2006, doctr. n° 144.

L'acte de naissance joue donc un rôle à la fois constitutif et probatoire de la filiation maternelle. Par conséquent, le nouveau-né, enfant dépourvu d'acte de naissance, serait nécessairement un enfant qui n'a pas de mère.

La circulaire du 30 juin 2006 dispose cependant que « [l]a filiation maternelle [...] est réputée être établie dès la naissance »[1]. Elle prévoit une solution identique pour la possession d'état constatée par un acte de notoriété[2] ou lorsque la filiation est judiciairement déclarée[3]. Elle ne fait que reprendre une solution antérieure, et désormais bien admise, selon laquelle « la reconnaissance d'un enfant naturel étant déclarative de filiation, ses effets remontent au jour de la naissance »[4]. Tel est le cas, également, en cas d'établissement judiciaire de la filiation[5], et inversement, lorsque la filiation est contestée avec succès[6]. L'acte de

---

[1] Circ., 30 juin 2006, de présentation de l'ordonnance n° 759-2005 du 4 juill. 2005 portant réforme de la filiation, NOR : JUS C0620513 C, p. 16.

[2] *Ibid.*, p. 25.

[3] *Ibid.*, p. 37.

[4] Cass. 1re civ., 29 juin 1977, n° 74-15.080 : *Bull. civ. I, n° 305* ; *D.* 1977, p. 436, obs. D. HUET-WEILLER ; Cass. 1re civ., 17 juill. 1980, n° 79-15.230 : *Bull. civ. I, n° 224* ; *D.* 1981, p. 298, obs. D. HUET-WEILLER ; Cass. 1re civ., 12 déc. 2000, n° 98-19.147 : *Bull. civ. I, n° 318* ; *D.* 2001, p. 1496, note T. GARÉ ; *D.* 2002, somm. 1879, obs. D. AUTEM ; *JCP* 2001. II. 10478, note J. CASEY ; *Defrénois* 2001, p. 604, obs. J. MASSIP ; *Dr. fam.* 2001, n° 32, note B. BEIGNIER ; *LPA* 13 avr. 2001, note E. CORNUT ; *RTD Civ.* 2001, p. 120, obs. J. HAUSER ; *ibid.*, p. 425, obs. B. VAREILLE.

[5] Cass. 1re civ., 22 juin 2016, n° 15-21.783 : *Bull. civ. I, n° 142* ; *D.* 2016, p. 1881, note I. GUYON-RENARD ; *ibid.* 2017, p. 729, obs. F. GRANET- LAMBRECHTS ; *RDC* 2016, p. 660, note R. LIBCHABER ; Cass. 1re civ., 9 nov. 2016, n° 15- 27.246 : *Bull. civ. I, n° 208* ; *D.* 2017, p. 470, obs. M. DOUCHY-OUDOT ; *ibid.*, p. 729, obs. F. GRANET-LAMBRECHTS ; *AJ fam.* 2016, p. 602, obs. J. HOUSSIER ; *RTD civ.* 2017, p. 115, obs. J. HAUSER ; *Dr. fam.* 2017, n° 32, note A. PANET ; Cass. 1re civ., 12 juill. 1994, n° 92-17.461 : *Bull. civ. I, n° 247* ; Cass. 1re civ., 12 mai 2004, n° 02-17.441 : *Bull. civ. I, n° 128* ; *AJ fam.* 2004, p. 280, obs. F. BICHERON ; *Dr. fam.* 2004, n° 143, note P. MURAT ; *RJPF* 2004-7-8/35, note S. VALORY ; *RTD civ.* 2004, p. 494, obs. J. HAUSER ; Cass. 1re civ., 11 juill. 2006, n° 04-14.185 : *Bull. civ. I, n° 388* ; *D.* 2006. IR 2123 ; *AJ fam.* 2006, p.425, obs. F. CHÉNEDÉ ; *Dr. fam.* 2006, n° 203, note P. MURAT ; *RJPF* 2006-10/59, obs. S. VALORY ; *RLDC* 2007/37, n° 2495, note C. BAS ; *LPA* 10 déc. 2007, obs. D. EVERAERT-DUMONT.

[6] Cass. 1re civ., 13 févr. 1985, n° 83-15.112 : *Bull. civ. I, n° 62* ; *D.* 1985, p. 462, note J. M. ; *D.* 1986. IR 57, obs. D. HUET-WEILLER ; Cass. 1re civ., 1er févr. 1984, n° 82-15.496 : *Bull. civ. I, n° 45* ; *R.*, p. 49 ; *D.* 1984, p. 388, note J. MASSIP ; *RTD civ.* 1984, p. 700, obs. R. NERSON et J. RUBELLIN-DEVICHI ; Cass. crim., 8 déc. 2004, n° 03-84.715 ; *Bull. crim., n° 315* ; *R.*, p. 386 ; *D.* 2005, p. 2267, note A. PAULIN ; *JCP* 2005. I. 132, n° 4, obs. G. VINEY ; *Gaz. Pal.* 2005, p. 2690, note M. NICOLETTI ; *AJ fam.* 2005, p. 105, obs. F. CHÉNEDÉ ; *Dr. fam.* 2005, n° 50, note P. MURAT ; *LPA* 18 juill.

naissance étant dressé après la naissance, la filiation doit donc être réputée être établie rétroactivement.

Il s'agit d'une fiction juridique « opérant translation dans le passé »[1]. Il n'existe donc pas d'effet déclaratif de l'établissement du lien de filiation puisqu'il n'y a pas de lien de filiation préexistant à constater[2] : tant qu'il n'est pas constaté dans l'acte de naissance, il n'est pas établi.

**364.** Cette thèse est confirmée par l'existence d'une chronologie dans l'établissement de la filiation en cas d'inceste. L'article 310-2 du Code civil dispose que « [s]'il existe entre les père et mère de l'enfant un des empêchements à mariage prévus par les articles 161 et 162 pour cause de parenté, la filiation étant déjà établie à l'égard de l'un, il est interdit d'établir la filiation à l'égard de l'autre par quelque moyen que ce soit ». L'utilisation de l'adverbe de temps « déjà » introduit une dimension chronologique dans *l'établissement* de la filiation[3]. Il découle naturellement de cette disposition que le premier lien de filiation établi l'emporte sur le second. Dans ce cas, il ne peut pas y avoir d'effet déclaratif, sinon le texte imposerait de tenir compte de l'ordre dans lequel les liens de filiation ont été *constatés*. La formulation de l'article 310-2 du Code civil est donc révélatrice du fait que la filiation ne préexiste pas à sa mention dans l'acte de naissance. Il s'agit en fait d'un établissement rétroactif, qui ne peut pas jouer si un lien de filiation est déjà établi.

Toujours en matière d'inceste, la validité de cet effet déclaratif peut encore être éprouvée si l'on envisage une situation dans laquelle un homme aurait fait une reconnaissance prénatale[4] : si les deux liens de filiation étaient vraiment établis dès la naissance, donc simultanément, en raison de l'effet déclaratif, il devrait être impossible de déterminer

---

2005, note I. CORPART-OULERICH.

[1] A.-M. LEROYER, *Les fictions juridiques*, Thèse, 1995, Paris II, p. 97 : « La rétroactivité est une fiction qui consiste à faire comme si ce qui s'est réalisé à un certain moment l'était à un moment antérieur ». – V. aussi G. RAOUL-CORMEIL, « L'état civil, lieu de mémoire de l'existence sociale de la personne », *in* C. PUIGELIER, B. SAINT-SERNIN (dir.), *Le droit à la lumière de Bergson : mémoire et évolution*, 2013, éd. Panthéon-Assas, coll. « Colloques », p. 147, spéc. p. 155 : « La rétroactivité est une fiction juridique car les pères ou mères ne rattrapent pas le temps perdu de l'enfance ».

[2] A.-M. LEROYER, *Les fictions juridiques*, *op. cit.*, p. 97 : « L'acte déclaratif est celui qui se borne à constater un droit préexistant, qui était inefficace ».

[3] *Dictionnaire de l'Académie française*, 9e éd., v° « Déjà » : « Dès le moment présent, dès à présent ».

[4] C. civ., art. 316.

lequel de ces deux liens doit être interdit. La chronologie, dans ce cas, ne pourrait plus jouer. Cette situation révèle que la désignation d'un parent dans l'acte de naissance ne constate pas une filiation préexistante : elle l'établit. Dans le sens de cette hypothèse, la circulaire du 30 juin 2006 dispose qu'« [e]n cas de reconnaissance paternelle prénatale, l'officier de l'état civil, doit, s'il en a connaissance lors de la déclaration de naissance, refuser d'inscrire le nom de la mère dans l'acte de naissance de l'enfant »[1]. Dans le cas où l'officier de l'état civil contreviendrait à cette interdiction, la même circulaire prévoit que le procureur de la République doit engager une action en annulation de la filiation maternelle[2]. Ainsi, il faut bien s'en tenir à la lettre de l'article 311-25 du Code civil : la désignation de la mère dans l'acte de naissance permet l'établissement du lien de filiation, en faisant rétroagir ses effets à la naissance de l'enfant. Tant que l'acte de naissance n'est pas établi, le nouveau-né n'a donc pas de mère.

### *B. Le nouveau-né dépourvu de filiation paternelle*

**365.** L'acte de naissance permet également l'établissement de la filiation paternelle. Selon les articles 312 et 313 du Code civil, la filiation paternelle peut être établie à l'égard du mari de la femme ayant accouché par sa seule désignation dans l'acte de naissance de l'enfant, indépendamment de toute manifestation de volonté de sa part, puisqu'*a contrario*, la présomption de paternité est écartée si le nom du mari n'est

---

[1] Circ., 30 juin 2006, de présentation de l'ordonnance n° 759-2005 du 4 juill. 2005 portant réforme de la filiation, NOR : JUS C0620513 C, p. 11.

[2] *Ibid.* – Toutefois, une décision récente a semblé prendre ses distances avec cette recommandation du législateur : les juges du fond ont considéré que l'inscription du nom de la mère peut produire son effet déclaratif, au nom de l'intérêt de l'enfant (CA Caen, 8 juin 2017, n° 16/01314 : *AJ fam.* 2017, p. 545, obs. J. HOUSSIER ; *D.* 2017, p. 2107, point de vue A. BATTEUR ; *D.* 2018, p. 65, note D. GUÉVEL : « l'espèce soumise à l'examen de la cour la conduit à s'interroger sur ce que dicte l'intérêt de l'enfant lorsque les deux filiations ont malgré tout été établies [...] concomitamment ou dans un temps très voisin, puisqu'il a été relevé à juste titre par le ministere public que, la reconnaissance prénatale ne produisant ses effets que dans l'hypothèse où l'enfant naît vivant et viable, il y a lieu de considérer en l'espèce que c'est de manière concurrente que les deux filiations ont été établies, l'acte de naissance entérinant la naissance de l'enfant en même temps qu'il y faisait figurer le nom de la mère »). Il s'agit d'une décision isolée, à la motivation très vague (« dans un temps très voisin »), sa portée est donc réduite.

pas indiqué dans l'acte de naissance. En effet, tout comme la filiation maternelle, l'acte de naissance ne fait en principe que constater l'existence du lien de filiation paternelle préexistant, découlant du mariage, et permet d'en constituer une *preuve*, une présomption de paternité. Toutefois, les articles 312 et 313 du Code civil figurent dans le chapitre consacré à l'*établissement* de la filiation par l'effet de la loi, et non dans celui consacré aux preuves et présomptions[1], signe de la frontière extrêmement poreuse entre la preuve et le fait qu'elle permet d'établir. Ainsi, s'il est permis de penser que le nouveau-né a nécessairement pour père le mari de sa mère, ce lien de filiation peut ne pas être établi s'il n'est pas consacré par l'acte de naissance. Par conséquent, la mention du nom du mari de la mère dans l'acte de naissance de l'enfant permet l'établissement rétroactif du lien de filiation paternel.

**366.** Le même raisonnement doit être appliqué à la reconnaissance prénatale[2], qui concerne le plus souvent la filiation paternelle[3]. Le troisième alinéa de l'article 316 du Code civil dispose que la reconnaissance « est faite dans l'acte de naissance, par acte reçu par l'officier de l'état civil ou par tout autre acte authentique ». Toutefois, étant faite avant la naissance, l'identification de l'enfant ne peut qu'être imparfaite, puisque la date et le lieu de la naissance sont inconnus[4]. Ainsi, à moins que le père ne fasse connaître l'existence de la reconnaissance prénatale à l'officier de l'état civil, soit au moment de la déclaration de la naissance, soit postérieurement, « on peut supposer que la reconnaissance restera dans les registres de la mairie qui l'a reçue et ne sera jamais transcrite car ni les mairies, ni les parquets n'ont la possibilité de rechercher systématiquement les enfants qui ont fait l'objet de reconnaissances prénatales »[5]. La reconnaissance prénatale produira donc difficilement ses effets à l'égard du nouveau-né, ainsi que postérieurement, si elle n'est pas mentionnée en marge de l'acte de

---

[1] C. civ., art. 310-3 à 311-2.

[2] C. civ., art. 316, al. 1 : « Lorsque la filiation n'est pas établie dans les conditions prévues à la section I du présent chapitre, elle peut l'être par une reconnaissance de paternité ou de maternité, faite avant ou après la naissance ».

[3] Ph. MALAURIE, H. FULCHIRON, *La famille*, 7e éd., 2020, Defrénois, coll. « Droit civil », n° 886, p. 565.

[4] F. TERRÉ, C. GOLDIE-GENICON, D. FENOUILLET, *Droit civil. La famille*, *op. cit.*, n° 513, p. 473.

[5] F. DEKEUWER-DEFOSSEZ, « Le droit de la filiation à l'épreuve des pratiques administratives et judiciaires », *D.* 1986, chron. 305. – Également, sur cette difficulté : G. LAUNOY, « Actes de l'état civil. - Déclaration de naissance », *op. cit.*, § 90.

naissance, dont l'importance est une fois de plus remarquable. La difficulté doit être particulièrement soulignée concernant la situation dans laquelle la mère de l'enfant demanderait le secret de son identité lors de son accouchement.

**367.** En effet, si l'efficacité de la reconnaissance prénatale dépend d'une manifestation du père de l'enfant, elle peut être compromise lorsque le père ne sait rien, ou presque, des circonstances entourant la naissance. Dans l'arrêt *Benjamin*[1], La Cour de cassation a considéré que la reconnaissance prénatale produisant ses effets dès la naissance de l'enfant, le fait que la mère ait demandé le secret de son identité lors de son accouchement n'empêche pas l'établissement de la filiation paternelle dès la naissance de l'enfant. Toutefois, la portée de cette décision mérite d'être relativisée : « le Conseil général savait que le père voulait établir un lien de filiation avec l'enfant lorsqu'il avait placé l'enfant dans sa famille adoptive. Le plus souvent bien sûr, le Conseil général ignore ce qu'il en est »[2]. L'efficacité de la reconnaissance prénatale dépend donc de la rapidité de l'action de son auteur, et de l'efficacité de ses recherches.

À la suite de cet arrêt, le législateur a inséré l'article 62-1 dans le Code civil, lequel dispose que « [s]i la transcription de la reconnaissance paternelle s'avère impossible, du fait du secret de son identité opposé par la mère, le père peut en informer le procureur de la République. Celui-ci procède à la recherche des date et lieu d'établissement de l'acte de naissance de l'enfant ». Toutefois, cette faculté que la loi offre à l'auteur de la reconnaissance prénatale ne permet pas de lever tous les obstacles de fait à l'adoption du pupille : « l'auteur de la reconnaissance doit en informer très vite le procureur de la République et, en tout cas, avant que soit donné le consentement à l'adoption. Concrètement, cela suppose qu'il connaisse la date, au

---

[1] Cass. 1re civ., 7 avr. 2006, n° 05-11.285 : *Bull. civ. I, n° 171* ; *Dr. fam.* 2006, comm. 124, note P. MURAT ; *LPA* 14-17 juill. 2006, n° 140-141, p. 17, note J. MASSIP et 7 mai 2007, n° 91, p. 15, note D. BOURGAULT-COUDEVYLLE ; *AJ fam.* 2006. 249, obs. F. CHÉNEDÉ ; *D.* 2006. 1707, note J. REVEL ; *ibid.* 1177, trib. B. MALLET-BRICOURT ; *ibid.*, 2293, obs. I. GALLMEISTER, note E. POISSON-DROCOURT ; *ibid.* 2007. 879, chron. P. SALVAGE-GEREST ; *ibid.* 1460, obs. F. GRANET-LAMBRECHTS ; *ibid.* 2192, obs. A. GOUTTENOIRE et L. BRUNET ; *RJPF* 2006, n° 6, p. 23, note M.-C. Le BOURSICOT ; *AJ fam.* 2004. 358, note P. VERDIER ; *ibid.* 2005. 18, note P. SALVAGE-GEREST ; *Just. & cass.* 2007. 328, rapp. A. PASCAL ; *RDSS* 2006. 575, obs. C. NEIRINCK ; *RTD civ.* 2006. 273, obs. P. REMY-CORLAY ; *ibid.* 292, obs. J. HAUSER.

[2] A. BATTEUR, L. MAUGER-VIELPEAU, *Droit des personnes, des familles et des majeurs protégés*, *op. cit.*, n° 402, p. 183.

moins approximative, de la naissance. Si elle survient prématurément, le temps courra davantage encore contre lui. Toutes les difficultés ne peuvent donc pas être radicalement évitées »[1]. Dès lors, même si la reconnaissance prénatale devrait permettre l'établissement d'un lien de filiation à l'égard du nouveau-né avant que l'acte de naissance soit dressé, elle a toutes les chances de demeurer inefficace en cas d'inaction de l'auteur de la reconnaissance prénatale, ou s'il s'en préoccupe trop tardivement. La reconnaissance prénatale n'a donc de valeur juridique que si elle est reconnue dans l'acte de naissance, ce qui se traduit concrètement par sa transcription en marge de l'acte de naissance[2] : la mention marginale joue ainsi son rôle de liant de l'état civil de la personne[3]. Ce lien de filiation ne peut donc pas préexister à sa mention en marge de l'acte de naissance.

**368.** Enfin, et surtout, même si l'officier de l'état civil en a connaissance, la reconnaissance prénatale est temporairement écartée si elle est contredite par la paternité déclarée au moment de la déclaration de la naissance. L'article 336-1 du Code civil dispose en effet que « [l]orsqu'il détient une reconnaissance paternelle prénatale dont les énonciations relatives à son auteur sont contredites par les informations concernant le père que lui communique le déclarant, l'officier de l'état civil compétent en application de l'article 55 établit l'acte de naissance au vu des informations communiquées par le déclarant. Il en avise sans délai le procureur de la République qui élève le conflit de paternité sur le fondement de l'article 336 ». La reconnaissance prénatale est donc, dans un premier temps, évincée.

Toutefois, la portée de cet article mérite d'être précisée. Le « père communiqué par le déclarant » ne peut être que l'époux de la femme désignée comme la mère[4] : il s'agit en effet de la seule hypothèse dans laquelle la seule mention du nom du père suffit à établir le lien de filiation[5]. Le fait de communiquer le nom d'un père qui n'est pas le mari de la mère ne permet d'établir un lien de filiation que s'il s'accompagne

---

[1] F. GRANET-LAMBRECHTS, « Établissement de la filiation par la reconnaissance », *in JCl. Civil Code*, 2015, LexisNexis, art. 316, §48.

[2] C. civ., art. 62, al. 4.

[3] G. RAOUL-CORMEIL, « Les mentions marginales », préc., spéc. p. 39 et s.

[4] F. TERRÉ, C. GOLDIE-GENICON, D. FENOUILLET, *Droit civil. La famille*, *op. cit.*, n° 491, p. 461. – Telle était d'ailleurs l'intention initiale du législateur (Rapp. Sénat, n° 145, 19 déc. 2007, H. DE RICHEMONT (dir.), « sur le projet de loi ratifiant l'ordonnance n° 2005-759 du 4 juillet 2005 portant réforme de la filiation et modifiant ou abrogeant diverses dispositions relatives à la filiation » p. 45).

[5] C. civ., art. 312 et 313.

d'une reconnaissance. Cependant, le déclarant peut reconnaître l'enfant par la même occasion. Dans ce cas, une interprétation littérale de l'article 336-1 du Code civil impose à l'officier de l'état civil de mentionner le nom du père qui lui est communiqué par le déclarant, puis de saisir le procureur de la République. Le législateur a d'ailleurs précisé explicitement que cet article avait également vocation à s'appliquer pour les filiations paternelles établies hors mariage[1].

Mais une telle solution n'entre-t-elle pas en contradiction avec le principe, posé à l'article 320 du Code civil, selon lequel « [t]ant qu'elle n'a pas été contestée en justice, la filiation légalement établie fait obstacle à l'établissement d'une autre filiation qui la contredirait »[2] ? Là encore, le principe de chronologie est révélateur de la nature fictive de l'effet déclaratif de la filiation. En effet, si l'acte de naissance ne permet que de constater un lien de filiation préexistant, la reconnaissance prénatale et la reconnaissance faite au moment de la déclaration de la naissance devraient établir le lien de filiation simultanément : l'une ne pourrait produire ses effets que plus tard, quand l'enfant naît vivant et viable ; l'autre dès la naissance. Cependant, l'article 320 du Code civil établit une règle générale, alors que l'article 336-1, du fait de son positionnement dans le Code et son champ d'application restreint, pose une règle particulière. Selon la règle *specialia generalibus derogant*, il est possible de considérer que l'article 336-1 du Code civil déroge au principe édicté par l'article 320 du Code civil. Par conséquent, si la personne déclarant la naissance auprès de l'officier de l'état civil reconnaît l'enfant par la même occasion, la reconnaissance prénatale doit être écartée temporairement au profit de celle faite devant l'officier de l'état civil, ce dernier devant alors en informer le procureur de la République, ce qui augmente encore considérablement la valeur des énonciations de l'acte de naissance.

Mais l'article 336-1 du Code civil prévoit, *in fine*, que le procureur de la République doit élever « le conflit de paternité sur le fondement

[1] Rapp. AN n° 770, 2 avr. 2008, G. BOURDOULEIX (dir.), « sur le projet de loi (n° 607), adopté par le Sénat, ratifiant l'ordonnance n° 2005-759 du 4 juillet 2005 portant réforme de la filiation et modifiant ou abrogeant diverses dispositions relatives à la filiation » p. 36 : « Le dispositif de l'article 336-1 (nouveau) s'appliquera également pour les couples non mariés. Les conflits de filiation nés de plusieurs reconnaissances de paternité seront également portés à la connaissance du procureur de la République par l'officier de l'état-civil ».

[2] En ce sens : F. TERRÉ, C. GOLDIE-GENICON, D. FENOUILLET, *Droit civil. La famille*, *op. cit.*, n° 491, p. 461.

de l'article 336 » : ne faut-il pas alors en conclure qu'il existerait deux liens de filiation en conflit ? Le mot « paternité » est au singulier, ce qui laisse entendre qu'il n'y a qu'un père. L'article 320 du Code civil interdit d'ailleurs l'établissement de deux liens de filiation paternels. L'article 336 du Code civil, auquel l'article 336-1 renvoie, dispose que « [l]a filiation légalement établie peut être contestée par le ministère public si des indices tirés des actes eux-mêmes la rendent invraisemblable ou en cas de fraude à la loi ». Ainsi, selon cette interprétation, la filiation serait établie selon ce qui est communiqué par le déclarant lors de la déclaration de la naissance, mais en présence d'une reconnaissance prénatale dont il a connaissance, l'officier de l'état civil doit en informer le procureur de la République. En raison de l'existence d'une reconnaissance prénatale, c'est-à-dire d'« indices tirés des actes eux-mêmes [qui] la rendent invraisemblable », ce dernier peut alors contester le lien de filiation existant. En effet, le fait que deux hommes puissent se considérer légitimement comme pères rend la reconnaissance équivoque, ce qui justifie que le procureur de la République en soit informé pour élever le conflit de paternités.

Ainsi, la reconnaissance prénatale de paternité produit des effets très contrastés. Malgré son apparence authentique, elle ne permet l'établissement du lien de filiation à l'égard du nouveau-né que si l'auteur de la reconnaissance prénatale se manifeste à nouveau après la naissance, si la mère ne demande pas le secret de son identité lors de son accouchement et si une autre paternité n'est pas établie lors de la déclaration de la naissance. Ces limites ne constituent pas des obstacles définitifs à l'efficacité de la reconnaissance prénatale, mais elles doivent cependant nous conduire à conclure qu'elle ne permet pas d'établir un lien de filiation par elle seule à l'égard du nouveau-né : pour cela, elle doit être transcrite en marge de l'acte de naissance, et le nouveau-né n'a pas d'acte de naissance.

Le même constat s'impose concernant le consentement donné à une PMA.

**369.** Dans le cadre d'une PMA avec tiers donneur, il existe des traces de la filiation du nouveau-né avant que l'acte de naissance soit dressé. Les articles 342-9 et suivants du Code civil prévoient les conditions et les effets du consentement donné à une PMA, nécessaire lorsque le couple recourt à un tiers donneur. Le premier alinéa de l'article 342-10 du Code civil dispose que « [l]es couples ou la femme non mariée qui, pour procréer, recourent à une assistance médicale nécessitant l'intervention d'un tiers donneur doivent donner préalablement leur consentement à un notaire, qui les informe des conséquences de leur acte au regard de la filiation ainsi que des conditions dans lesquelles l'enfant pourra, s'il le souhaite, accéder à sa majorité aux données non identifiantes et à l'identité de ce tiers donneur »[1]. L'enfant étant dépourvu de lien biologique avec l'un des deux membres du couple procédant à la PMA, cette disposition a pour fonction de sécuriser sa filiation, notamment en empêchant une action en contestation de la filiation qui aurait toutes les chances d'aboutir en cas d'examen biologique : le deuxième alinéa de l'article 342-10 dispose en effet que « [l]e consentement donné à une assistance médicale à la procréation interdit toute action aux fins d'établissement ou de contestation de la filiation, à moins qu'il ne soit soutenu que l'enfant n'est pas issu de l'assistance médicale à la procréation ou que le consentement a été privé d'effet ». Cette éventuelle action concernant la filiation de l'enfant ne concerne donc pas le nouveau-né : elle ne peut pas être exercée avant sa naissance, puisque tant que l'enfant n'est pas né viable, aucune action contre la filiation n'est recevable[2], il y a donc très peu de chances pour qu'un juge statue sur la filiation de l'enfant dans les jours qui suivent sa naissance. Par conséquent, au moment de la naissance du nouveau-né, le consentement à la PMA a encore toute sa valeur juridique, même s'il peut être contesté ultérieurement.

Même si cette faculté est strictement encadrée, celui qui a consenti à la PMA peut contester l'établissement du lien de filiation censé découler de son consentement[3]. Faut-il pour autant y voir un

---

[1] La loi du 23 mars 2019 a supprimé la possibilité de consentir à la PMA devant le juge (L. n° 2019-222 du 23 mars 2019 de programmation 2018-2022 et de réforme pour la justice, art. 6). Il exerçait un contrôle lorsque le couple souhaitait accueillir un embryon dans les conditions prévues à l'art. L. 2141-6 CSP, mais le législateur ayant supprimé ce contrôle, il n'a pas jugé nécessaire de maintenir l'office du juge, qui se contentait de dresser un acte authentique en dehors de cette situation (sur le sujet, voir : V. DEPADT, « La nouvelle compétence exclusive du notaire en matière de recueil des consentements à l'AMP », *JCP N* 2019, p. 1222).

[2] C. civ., art. 318.

[3] Il peut soutenir que l'enfant en question n'est pas issu de la PMA. Il doit dans ce cas se fonder sur des apparences, des présomptions, le recours à une expertise biologique étant compromis par l'anonymat du tiers donneur (F. TERRÉ, C. GOLDIE-GENICON, D. FENOUILLET, *Droit civil. La famille*, *op. cit.*, n° 896, p. 911). Il peut également soutenir que son consentement a été privé d'effet, et ce « en cas de décès, d'introduction d'une demande en divorce ou en séparation de corps, de signature d'une convention de divorce ou de séparation de corps par consentement mutuel selon les modalités prévues à l'article 229-1 ou de cessation de la communauté de vie, survenant avant la réalisation de l'insémination ou du transfert d'embryon. Il est

affaiblissement de la valeur du consentement ? Les autres modes d'établissement de la filiation sont également susceptibles d'une contestation ultérieure, et même dans des conditions plus souples. En effet, l'article 342-10 du Code civil pose une règle spéciale régissant la contestation de la filiation établie par PMA. Or, la règle générale est que « la filiation se prouve et se conteste par tous moyens, sous réserve de la recevabilité de l'action »[1]. Le consentement à la PMA semble donc permettre l'établissement d'une filiation plus solide, plus difficile à contester. C'est plus certainement le secret qui entoure le consentement qui permet de faire obstacle aux effets juridiques du consentement à la PMA.

**370.** Le consentement à la PMA est donné au notaire. L'article 1157-2 du Code de procédure civile précise que « [l]e couple ou la femme non mariée qui recourt à une assistance médicale à la procréation nécessitant l'intervention d'un tiers donneur, prévue à l'article 342-10 du code civil, y consent par déclaration devant notaire. Pour les couples, cette déclaration est conjointe. / La déclaration est recueillie par acte authentique hors la présence de tiers. / Expédition ou copie de l'acte ne peut être délivrée qu'à ceux dont le consentement a été recueilli ». Si le notaire établit une preuve parfaite du consentement à la PMA en dressant un acte authentique, une copie de l'acte ne peut être délivrée qu'au couple. Et bien que le fait que la PMA soit ouverte aux couples de femmes ou aux femmes seules ait impliqué la suppression de toute référence aux « conditions garantissant le secret »[2] du consentement à la PMA, il n'en demeure pas moins que la désignation du parent ayant consenti n'est contenue que dans le l'acte notarié. Le législateur n'a pas prévu de changement de procédure en ouvrant la PMA aux couples de femmes. Aucun changement de l'article 1157-2 du Code de procédure civile n'est prévu en ce sens.

L'article 342-11 du Code civil prévoit que cette reconnaissance conjointe « est remise par l'une des deux femmes ou, le cas échéant, par la personne chargée de déclarer la naissance à l'officier de l'état civil, qui l'indique dans l'acte de naissance », et le troisième alinéa de

---

également privé d'effet lorsque l'un des membres du couple le révoque, par écrit et avant la réalisation de l'assistance médicale à la procréation, auprès du médecin chargé de mettre en œuvre cette insémination ou ce transfert ou du notaire qui l'a reçu ». Dans ces cas, le consentement à la PMA, qui constitue une trace de la filiation du nouveau-né, peut donc être contesté *a posteriori*.

[1] C. civ., art. 310-3, al. 2.

[2] C. civ., art. 321, al. 1er, ancien.

l'article 342-13 du Code civil prévoit que « [l]a femme qui, après avoir consenti à l'assistance médicale à la procréation, fait obstacle à la remise à l'officier de l'état civil de la reconnaissance conjointe mentionnée à l'article 342-10 engage sa responsabilité ». La valeur de cette reconnaissance conjointe est donc conditionnée par sa remise à l'officier de l'état civil. Mais encore faut-il que la personne chargée de déclarer la naissance ait connaissance de la reconnaissance conjointe. Il paraît même nécessaire qu'elle lui ait été expressément confiée par l'une des deux femmes qui ont consenti à la PMA : en effet, il ne suffit pas de la porter à la connaissance à l'officier de l'état civil, il faut la lui « remettre ». La même remarque peut être faite concernant l'article 342-13 alinéa 4 du Code civil, qui permet au procureur de la République de communiquer la reconnaissance conjointe à l'officier de l'état civil « à la demande de l'enfant majeur, de son représentant légal s'il est mineur ou de toute autre personne ayant intérêt à agir en justice ». De nouveau, cette disposition ne peut produire ses effets que si le couple de femmes ayant reconnu l'enfant conjointement le désire, puisque ce sont les seules détentrices de la reconnaissance conjointe. Le législateur n'a d'ailleurs pas jugé utile de modifier la rédaction de l'article 56 du Code civil pour créer une obligation de déclarer la naissance à la charge de la femme ayant consenti à la PMA.

Le consentement à la PMA, censé constituer un indice quant à la filiation du nouveau-né, a donc une efficacité très réduite malgré sa valeur authentique. Le secret amoindrit son opposabilité et empêche qui que ce soit de s'en prévaloir, à part les membres du couple, qui peuvent ensuite décider de s'en arranger[1]. Le consentement à la PMA ne constitue donc pas un lien de filiation préexistant qui serait établi à l'égard du nouveau-né, ni même la reconnaissance conjointe puisque sa valeur est conditionnée au désir des deux femmes qui y ont participé. La reconnaissance conjointe ne permet l'établissement de la filiation que si elle est portée à la connaissance de l'officier de l'état civil au moment de la déclaration de la naissance.

C'est encore le cas, enfin, de la possession d'état prénatale.

**371.** La possession d'état constitue un mode autonome d'établissement de la filiation. Pour ce faire, elle doit être constatée par un acte de notoriété, dont la délivrance « ne peut être demandée que

---

[1] V. DESCHAMPS, *Le fondement de la filiation. De la biologie à l'engendrement, étude sur la cohérence du Titre VII du Livre Premier du Code civil*, 2019, LGDJ, coll. « Bibliothèque de droit privé », n° 278, p. 193.

dans un délai de cinq ans à compter de la cessation de la possession d'état alléguée ou à compter du décès du parent prétendu, y compris lorsque celui-ci est décédé avant la déclaration de naissance »[1]. Une possession d'état prénatale peut donc parfaitement être constituée, si le décès avant la déclaration de la naissance n'y fait pas obstacle[2]. Le père doit alors avoir eu un comportement réunissant les conditions prévues aux articles 311-1 et 311-2 du Code civil, et ce pendant la gestation de l'enfant. Toutefois, le texte demeure taisant sur les modalités permettant de faire produire des effets à la possession d'état.

À moins d'être constatée dans un acte de notoriété, la possession d'état prénatale ne peut permettre à elle seule d'établir la filiation. Ainsi, une possession d'état au bénéfice du nouveau-né ne pourrait être invoquée pour établir la filiation que si un tel acte était dressé avant sa naissance, ce qui n'est probablement pas possible. Par ailleurs, l'article 317 du Code civil dispose, *in fine*, que « [l]a filiation établie par la possession d'état constatée dans l'acte de notoriété est mentionnée en marge de l'acte de naissance », sans préciser à qui incombe la tâche de faire connaître l'existence de l'acte de notoriété à l'officier de l'état civil. Avant la loi du 23 mars 2019[3], l'acte de notoriété ne pouvait être dressé que par le juge, lequel chargeait le procureur de la République de faire procéder à la mention en marge de l'acte de naissance de l'intéressé[4]. Le législateur a désormais confié cette tâche au notaire[5], sans pour autant indiquer si ce dernier doit également faire connaître l'acte à l'officier de l'état civil. À l'incertitude quant à la possibilité de dresser un acte de notoriété avant que l'acte de naissance de l'enfant soit dressé, s'ajoute une autre incertitude liée à la connaissance par l'officier de l'état civil de l'acte de notoriété, ce qui permet de penser que la possession d'état prénatale contribue extrêmement peu à établir la filiation du nouveau-né, d'autant plus que ce mode d'établissement de la filiation est extrêmement rare[6].

**372.** Par conséquent, l'étude des règles relatives à la filiation a permis de mettre en valeur le rôle central joué par l'acte de naissance,

---

[1] C. civ., art. 317 al. 3.

[2] F. TERRÉ, C. GOLDIE-GENICON, D. FENOUILLET, *Droit civil. La famille*, *op. cit.*, n° 530, p. 487.

[3] L. n° 2019-222 du 23 mars 2019 de programmation 2018-2022 et de réforme de la justice.

[4] C. pr. civ., art. 1157-1 ancien.

[5] Ce qui a conduit à l'abrogation de l'art. 1157-1 du CPC, qui n'a pas été remplacé.

[6] V. DESCHAMPS, *Le fondement de la filiation*, *op. cit.*, n° 171, p. 117-118.

qui n'a pas un rôle purement probatoire. Si la désignation des parents peut suffire à établir *rétroactivement* la filiation à leur égard dès la naissance de l'enfant, et si l'acte de naissance peut constater des manifestations de volonté antérieures à la naissance de l'enfant, l'officier de l'état civil peut demeurer ignorant de ces manifestations de volonté, qui ne produiront alors pas d'effets. Par conséquent, si seul l'acte de naissance permet de désigner de façon certaine les parents de l'enfant, le nouveau-né, dépourvu d'acte de naissance, est dépourvu de parents désignés par le droit. Il est également dépourvu de nom, autre élément abstrait de son état civil.

## §2. Le nouveau-né dépourvu de nom

**373.** Le nom[1] ne trouve aucun ancrage dans la réalité[2]. L'acte de naissance de l'enfant doit contenir le nom de famille et les prénoms qui lui ont été donnés. Avant son établissement, le droit n'organise pas directement l'identification du nouveau-né. En effet, la dévolution du nom de famille est dépendante de l'établissement de la filiation. Le nouveau-né n'ayant pas de parents, il n'a pas de nom de famille (A). Il n'a pas non plus de prénom (B).

### *A. Le nouveau-né dépourvu de nom de famille*

**374.** Le nom de famille est établi selon l'article 311-21 du Code civil. Dépendant de la filiation[3], sa détermination dépend donc de l'établissement de l'acte de naissance. En outre, le principe d'unité de

---

[1] Il s'agit du nom reconnu par le droit. En France le nom est celui qui est donné par l'état civil.

[2] Marc-Aurèle, *Pensées pour moi-même*, GF – Flammarion, Livre V, art. 33 : « Bientôt, tu ne seras plus que cendre ou squelette, un nom et pas même un nom ; et le nom n'est qu'un bruit, un écho ».

[3] À défaut de choix des parents, l'enfant porte le nom de famille de la première personne à l'égard de laquelle la filiation est établie, et si elle est établie simultanément à l'égard de ses deux parents, il porte le nom de son père. Le nom de famille peut donc être déduit de l'état civil des parents de l'enfant. Même en cas de désaccord entre les parents, le nom de famille du nouveau-né peut être établi objectivement, puisque dans ce cas, le nom de famille est composé des noms des deux parents accolés dans l'ordre alphabétique.

la fratrie, qui impose que tous les enfants issus des mêmes parents aient le même nom, n'est d'aucun secours, puisqu'il suppose que les parents soient connus. Toutefois, dans certains cas, un nom de famille pourrait être établi lorsque les parents ont établi une déclaration conjointe quant au choix du nom de famille.

L'article 57 du Code civil prévoit que l'officier de l'état civil doit indiquer, dans l'acte de naissance, s'il a reçu une déclaration conjointe des parents quant au choix du nom de famille de l'enfant nouveau-né. En effet, l'article 311-21 du même Code prévoit que « [l]orsque la filiation d'un enfant est établie à l'égard de ses deux parents au plus tard le jour de la déclaration de sa naissance ou par la suite mais simultanément, ces derniers choisissent le nom de famille qui lui est dévolu […] ». Les modalités de cette déclaration conjointe ont été fixées par décret : « La déclaration conjointe de choix de nom prévue aux premier et quatrième alinéas de l'article 311-21 du code civil est faite par écrit. / Elle comporte les prénom(s), nom, date et lieu de naissance, domicile des père et mère, l'indication du nom de famille choisi ainsi que, si l'enfant est né, ses prénom(s), date et lieu de naissance. Elle est datée et signée par les parents […] »[1]. Le décret demeure taisant quant à la valeur de cette déclaration conjointe. En l'absence d'indication précise, il y a lieu de penser qu'il s'agit d'un acte sous seing privé, même si rien ne s'oppose à ce qu'elle soit constatée par acte authentique[2]. L'article suivant précise que « [l]orsque la filiation de l'enfant est établie à l'égard de ses deux parents au plus tard le jour de sa déclaration de naissance, la déclaration conjointe de choix de nom est remise simultanément par les parents, l'un d'entre eux ou l'une des personnes énumérées à l'article 56 du code civil à l'officier de l'état civil chargé d'établir l'acte de naissance »[3]. Le décret fixe donc des règles, mais il ne prévoit aucune sanction en cas de manquement à ces obligations, ce qui permet de douter de l'efficacité de cette déclaration conjointe de choix du nom de famille.

---

[1] D. n° 2004-1159 du 29 oct. 2004 portant application de la loi n° 2002-304 du 4 mars 2002 modifiée relative au nom de famille et modifiant diverses dispositions relatives à l'état civil, art. 1er.

[2] Circ. CIV/18/04 du 6 déc. 2004 de présentation de la loi n° 2002-304 du 4 mars 2002 relative au nom de famille modifiée par la loi n° 2003-516 du 18 juin 2003 relative à la dévolution du nom de famille ; F. TERRÉ, D. FENOUILLET, *Droit civil. Les personnes*, *op. cit.*, n° 161, p. 168.

[3] *Ibid.*, art. 2.

La déclaration conjointe de choix ne produit donc ses effets que si elle est portée à la connaissance de l'officier de l'état civil, tout comme la reconnaissance prénatale ou le consentement donné à une PMA. Rien n'est précisé quant à d'éventuelles sanctions si cette déclaration de choix n'est pas communiquée à l'officier de l'état civil. Le décret fait peser l'obligation de porter la déclaration de choix à la connaissance de l'officier de l'état civil sur les épaules de ceux qui sont tenus de déclarer la naissance, dont la liste est énumérée à l'article 56 du Code civil.

Il est fort probable que le manquement à cette obligation ne puisse pas faire l'objet de sanction pénale : l'article 433-18-1 du Code pénal réprime « [l]e fait, pour une personne ayant assisté à l'accouchement, de ne pas faire la déclaration prescrite par l'article 56 du code civil dans les délais fixés par l'article 55 du même code […] ». Le texte prévoit une peine pouvant aller jusqu'à six mois d'emprisonnement et 3 750 euros d'amende. Faut-il dès lors considérer que la personne tenue de déclarer la naissance a, entre autres, l'obligation de faire connaître à l'officier de l'état civil l'existence de la déclaration conjointe de choix du nom de famille ? La réponse, assurément, est négative : l'article 56 du Code civil ne prévoit pas expressément cette obligation. Le renvoi est fait par décret. Le principe d'interprétation stricte de la loi pénale interdit donc toute sanction pénale à l'égard de celui qui se serait abstenu de faire connaître l'existence de la déclaration conjointe de nom de famille à l'officier de l'état civil.

Il s'expose néanmoins, à défaut de règle plus spéciale, à l'engagement de sa responsabilité civile délictuelle sur le fondement de l'article 1240 du Code civil[1], d'autant plus certainement si le déclarant est le père. Le nom de famille de l'enfant ne pourra ensuite être modifié dans l'acte de naissance que par le jeu de la procédure de changement de nom régie par les articles 61 et suivants du Code civil. La déclaration conjointe de choix du nom de famille est donc privée de tout effet si elle n'est pas portée à la connaissance de l'officier de l'état civil, tout comme les manifestations de volonté visant à établir un lien de filiation. Le prénom de l'enfant pose le même problème.

[1] G. Launoy, « Actes de l'état civil. - Déclaration de naissance », *op. cit.*, §55.

## *B. Le nouveau-né dépourvu de prénom*

**375.** Le prénom est indispensable pour désigner la personne[1]. Il est, « au milieu des autres éléments qui concourent aux mêmes fins, l'élément par excellence qui sert à individualiser l'enfant »[2]. Il est déclaré à l'officier de l'état civil en même temps que la naissance[3]. Contrairement à la date et au lieu de la naissance, au sexe ou à la filiation, il ne trouve aucun ancrage dans la réalité, sauf dans le cas déjà évoqué de l'amnésique[4], qui ne se souvient pas de son identité mais qui « s'est identifié lui-même sous le nom de Thierry X… »[5]. Dans ce cas, les juges ont décidé, en établissant son identité, de conserver le même nom de famille et le même prénom. Le nouveau-né ne peut pas « s'identifier lui-même », et il n'est pas possible, par l'observation des faits, de connaître le prénom d'un nouveau-né. C'est pour cette raison que lorsque les parents sont inconnus, l'officier de l'état civil doit choisir trois prénoms au nouveau-né[6], alors que pour un nouveau-né trouvé, concernant le lieu de la naissance, l'officier de l'état civil doit indiquer le lieu de la découverte, et concernant la date de la naissance, il doit tenir compte de l'âge apparent de l'enfant[7]. Au contraire, le prénom n'existe que dans la volonté des adultes, le plus souvent celle des parents. Il est d'ailleurs fort courant d'attribuer un prénom à l'enfant bien avant sa naissance, souvent dès que son sexe peut être déterminé[8]. Ainsi, même si le prénom du nouveau-né n'est pas encore transcrit dans son acte de naissance, le plus souvent, il existe de fait.

---

[1] STEINBECK a bien illustré l'importance du prénom dans la discussion entre deux personnages, Adam et Samuel, partageant leurs points de vue sur les prénoms à donner à deux enfants, « les jumeaux » : « En deux minutes, dit-il, et après un torrent de mots, Caleb et Aaron, vous êtes maintenant des hommes, vous faites partie de notre communauté et vous avez le droit d'être damnés » (J. STEINBECK, *À l'est d'Eden*, 1954, Éditions Mondiales, p. 318). L'événement est si important qu'il clôt la deuxième partie du récit. Avant cette discussion, les enfants avaient vécu pendant plusieurs jours sans prénom : « Quand il s'adresse à eux, il dit "toi" à l'un ou à l'autre » (*Ibid.*, p. 297).

[2] E. ACOLLAS, *Les actes de l'état civil*, *op. cit.*, p. 46.

[3] C. civ., art. 57.

[4] *Cf. supra*, n° 325.

[5] TGI Lille, ch. conseil, 28 sept. 1995 : *D.* 1997, p. 29, note X. LABBÉE.

[6] C. civ., art. 57.

[7] C. civ., art. 58.

[8] P. CHARRIER, G. CLAVANDIER, *Sociologie de la naissance*, *op. cit.*, p. 186.

L'importance du prénom a été rappelée par l'actualité de la guerre en Ukraine, qui a empêché les parents d'intention d'aller chercher les enfants nés de conventions de gestation pour autrui. Ils sont dépourvus d'acte de naissance, et donc d'identité établie juridiquement. Les nourrices ont alors dû pallier l'absence de prénom : « En attendant, les bébés dans cette pouponnière ont une identité fictive, provisoire. Des post-it, mauves pour les filles et bleus pour les garçons, sont collés sur leurs berceaux. Les nurses y ont écrit le nom de famille de la mère porteuse "parce que l'enfant n'a pas encore de documents. On leur donne nous-même un prénom. On choisit des prénoms ukrainiens comme Igor Petrovich, […] ou Nicolaï Igorevich" »[1]. Cette identité n'est pas « fictive », mais elle est bien provisoire, et elle démontre bien le caractère indispensable de l'individualisation de l'enfant par un prénom, malgré l'absence d'acte de naissance le constatant.

**376.** Dans l'immense majorité des cas, le nouveau-né voit le jour à l'hôpital. L'intuition conduit à rechercher comment les établissements de santé identifient les nouveau-nés avant que l'acte de naissance ne soit établi. Cependant, aucune disposition, légale ou réglementaire, n'impose qu'un bracelet d'identification soit attaché au poignet du nouveau-né. Il s'agit tout juste d'une recommandation de la HAS[2] adressée aux établissements dans le cadre de leur certification[3]. Quant au carnet de santé, il est remis par l'officier de l'état civil lors de la déclaration de la naissance de l'enfant[4], donc trop tard pour permettre d'identifier le nouveau-né à la place de l'acte de naissance.

**377.** Il existe cependant un cas où le prénom de l'enfant est appréhendé juridiquement avant la déclaration de sa naissance. L'article 57 du Code civil prévoit que « [l]a femme qui a demandé le

[1] Site internet de Franceinfo : « "On travaille 24 heures sur 24" : dans un bunker de Kiev, des nurses veillent sur des bébés nés de GPA » : https://www.francetvinfo.fr/replay-radio/le-choix-franceinfo/on-travaille-24-heures-sur-24-dans-un-bunker-de-kiev-des-nurses-veillent-sur-des-bebes-nes-de-gpa_5003888.html (consulté le 20 sept. 2022).

[2] HAS, « Qualité et sécurité des soins dans le secteur de naissance », 2014, p. 17.

[3] Le rapport résultant de la procédure de certification pointe d'éventuels dysfonctionnements ou des pistes d'amélioration dans le fonctionnement de l'établissement de santé, mais il n'est pas certain qu'un refus de certification, ou même le manquement à l'une des indications de la HAS, entraine la moindre sanction directe. La portée exacte de la procédure de certification n'est elle-même pas claire (sur la procédure, *cf.* : M. DUPONT, C. BERGOIGNAN-ESPER, *Droit hospitalier*, *op. cit.*, p. 207 et s.).

[4] CSP, art. L. 2132-1.

secret de son identité lors de l'accouchement peut faire connaître les prénoms qu'elle souhaite voir attribuer à l'enfant. À défaut [...] l'officier de l'état civil choisit trois prénoms dont le dernier tient lieu de nom de famille à l'enfant ». Dans ce cas, le nouveau-né est pourvu de prénoms, même provisoires[1], qui permettent de l'identifier et de l'individualiser, avant même que sa naissance ait été déclarée à l'officier de l'état civil[2].

Le droit ne prévoit donc presque aucun moyen de constater le prénom du nouveau-né avant sa naissance. Si, le plus souvent, il est déterminé avant la naissance, en l'absence de choix des parents, le nouveau-né peut donc être dépourvu de prénom, et en cas de désaccord[3], il semble que ce soit le prénom déclaré à l'officier de l'état civil lors de la déclaration de la naissance qui demeure. Le premier alinéa de l'article 7 de la Convention de New York prévoit pourtant que « [l]'enfant est enregistré aussitôt sa naissance et a dès celle-ci le droit à un nom [...] ». Ce droit à un nom n'est donc pas parfaitement garanti par le droit français. Quelles sont les conséquences pratiques du retard dans la reconnaissance d'un nom à l'enfant ? Il faut certainement considérer que l'enfant a, rétroactivement, dès sa naissance, un nom de famille et un prénom.

**378.** Mais tant qu'aucun acte de naissance n'est dressé, l'enfant n'a ni nom, ni filiation reconnue par le droit. Plus largement, le nouveau-né est titulaire d'un état civil de fait et partiel. Parmi les éléments composant son état civil, c'est l'absence de filiation juridiquement établie qui est le plus susceptible d'affecter sa personnalité juridique. Pour pallier l'absence de filiation, le droit a institué une fiction de

---

[1] Selon l'art. 357 C. civ. *in fine*, « [s]ur la demande du ou des adoptants, le tribunal peut modifier les prénoms de l'enfant ».

[2] Ce souhait a une valeur relative. Ces prénoms pourront être modifiés à brève échéance si l'enfant est placé en vue de son adoption plénière. En effet, les adoptants peuvent demander la modification des prénoms de l'enfant (C. civ., art. 357 *in fine*). L'art. 357 C. civ. précise que le tribunal « peut » modifier les prénoms de l'enfant, le juge n'est donc pas tenu de faire droit à la demande des adoptants. Le texte demeure taisant sur les critères que le juge doit prendre en compte pour faire droit ou non à la demande. Il est probable que ce soit l'intérêt de l'enfant (F. EUDIER, « Adoption », *in Répertoire de droit civil*, 2021, Dalloz, §355), et que son âge, plus particulièrement, soit pris en compte. Plus l'enfant est jeune, plus il serait possible de demander à changer son prénom, parce qu'il n'a pas vécu assez longtemps pour être protégé par une sorte de possession d'état. En revanche, cette demande doit être refusée pour un enfant plus âgé qui se serait toujours fait appeler par le même prénom.

[3] Sur cette hypothèse, v. F. LAROCHE-GISSEROT, « Choix du prénom », *AJ fam.* 2012, p. 306.

rétroactivité. Or, « les fictions juridiques supposent un renouvellement de la conception des institutions qu'elles affectent et, partant, de leur formulation conceptuelle ; et ce renouvellement peut déboucher soit sur la définition, totale ou partielle, d'un concept ou des relations qui l'unissent à d'autres, soit sur l'introduction de concepts nouveaux »[1]. Concernant l'établissement de la filiation, la fiction doit conduire à explorer la relation du nouveau-né avec ceux qui ne sont pas encore, juridiquement, ses parents. À leur égard, le droit reconnaît l'existence d'une parenté de fait.

## *Section 2. La personnalité juridique du nouveau-né dépendante d'une parenté de fait*

**379.** Pour pallier l'absence de filiation établie juridiquement, une parenté de fait, est exercée à l'égard du nouveau-né (§1). Or, en tant que mineur, le nouveau-né est dépendant de l'existence d'une représentation pour exister sur la scène juridique. L'existence juridique du nouveau-né est donc dépendante de cette parenté de fait (§2).

### §1. L'existence d'une parenté de fait exercée à l'égard du nouveau-né

**380.** La notion de situation de fait a déjà pu être employée pour qualifier les liens de filiation non établis, mais produisant néanmoins certains effets, qualifiés par la doctrine de « filiation de fait »[2]. Si ce concept semblait avoir perdu de son intérêt en raison de la suppression des distinctions entre les différentes filiations[3], il semble toujours possible de le mobiliser pour fonder l'action aux fins de subsides[4], par

---

[1] G. Wicker, *Les fictions juridiques. Contribution à l'analyse de l'acte juridique*, 1997, LGDJ, coll. « Bibliothèque de droit privé », n° 4.1, p. 14.

[2] C. Labrusse-Riou, « Filiation : généralités », *in Répertoire de droit civil*, 2021, Dalloz, §34 et s. : « La filiation peut n'exister qu'en fait ; il en est ainsi lorsque la réalité du lien biologique, même connu, ne fait ou ne peut faire l'objet de consécration juridique par le titre, la possession d'état ou par un jugement déclaratif d'état ». – M.-L. Rassat, « Père de droit et père de fait », *RTD Civ.* 1967, p. 249.

[3] L. Leveneur, *Situations de fait et droit privé*, 1990, LGDJ, coll. « Bibliothèque de droit privé », p. 304.

[4] J.-F. Escourrou, « L'action en recherche de paternité et l'action à fins de subsides : un doublon ? », *Dr. fam.* 2019, étude n° 9 : « Dans un souci de sincérité complète, il

exemple, et il pourrait connaître un regain d'intérêt pour justifier les effets des conventions de gestation pour autrui en France[1]. Il conviendra donc de définir cette parenté de fait (A), pour en établir le régime juridique (B).

## A. *La définition de la parenté de fait*

**381.** En droit positif, l'absence de filiation établie à l'égard du nouveau-né est palliée par une parenté de fait, fondée sur les apparences (1). Cette parenté de fait constitue un terreau favorable à la conclusion de conventions de gestation pour autrui (2).

### 1. L'existence d'une parenté de fait résultant des apparences

**382.** Le droit positif reconnaît l'existence de « parents » avant l'établissement de l'acte de naissance, indépendamment du fait que l'enfant soit viable ou non (a). Il s'agit d'une parenté de fait, fondée sur les apparences (b).

#### *a. La reconnaissance de « parents » au nouveau-né*

**383.** Si aucun lien de filiation n'est établi entre l'enfant nouveau-né et ses parents, il faut pourtant bien qualifier cette relation que le droit a vocation à régir. En effet, aujourd'hui, l'accouchement est entouré par la médecine, comme en atteste le contentieux en matière de

---

faudrait reconnaître que le droit positif jurisprudentiel assoit désormais l'action à fins de subsides sur une filiation de fait tout en prétextant qu'il ne s'agit que des relations intimes exigées par le droit positif législatif. La lettre de la loi en trahit l'esprit puisque l'alinéa 3 de l'article 342 du Code civil donne au défendeur à l'action à fins de subsides le nom de... père ! ».

[1] *Cf. infra*, n$^{os}$ 396 et s.

responsabilité civile[1], de responsabilité administrative[2] ou de responsabilité pénale[3]. En principe, les conditions de cette responsabilité et ses effets ne présentent pas d'originalité du fait que la victime soit un enfant nouveau-né[4]. Le médecin, la sage-femme,

---

[1] Cass. 1re civ., 23 juin 1998, n° 96-22.728 : *Bull. civ. I, n° 225* ; Cass. 1re civ., 15 déc. 1999, n° 97-22.652 : *Bull. civ. I, n° 351* ; *GADS*, 2010, nos 42-44 ; *D.* 2001. 3086, obs. J. PENNEAU ; *JCP* 2000. I. 241, n° 6, obs. G. VINEY ; *JCP* 2000. II. 10384, note G. MÉMETEAU ; Cass. 1re civ., 17 févr. 2011, nos 10-10.449 et 10-10.670 : *Bull. civ. I, n° 29* ; *D.* 2011. AJ 675, obs. I. GALLMEISTER ; *RLDC* 2011, n° 4204, obs. J.-Ph. BUGNICOURT ; *RTD civ.* 2011. 356, obs. P. JOURDAIN.

[2] CE, 9 juill. 1969, n° 73238, Rec. ; CE, 5e et 3e ss-sect. réun., 9 juill. 1975, n° 93206, *Grandclément*, Rec. ; CE, 5e et 3e ss-sect. réun., 14 déc. 1981, n° 17895, *Centre hospitalier de Pontoise c. Mlle Matin*, Rec. : *D.* 1982. 379 ; CE, 3e et 5e ss.-sect. réun., 5 mai 1982, n° 20419, *Hospices civils de Lyon c. Époux Hombourger*, Rec. ; CE, 5e et 3e ss-sect. réun., 13 oct. 1982, nos 27065 et 27299, Rec. ; CE, 5e et 3e ss-sect. réun., 26 nov. 1986, n° 50059 ; CE, 5e et 3e ss-sect. réun., 18 févr. 1987, n° 43678 ; CE, 5e et 3e ss-sect. réun., 6 juill. 1988, n° 62340 ; CE, 5e et 10e ss-sect. réun., 1er mars 1989, n° 67255, Rec. : *D.* 1990. 298, note P. BON et Ph. TERNEYRE ; CE, 5e et 3e ss-sect. réun., 1er oct. 1993, n° 125247, *Commune de Méru c. Capelle*, Rec. ; CE, 4e ss-sect., 30 nov. 2005, n° 272088 ; CE, 5e et 4e ss-sect. réun., 16 déc. 2005, n° 251543, *Centre hospitalier départemental de la Roche-sur-Yon*, Rec. ; CE, 5e et 6e ch., 25 mai 2018, n° 410142, *ONIAM*, Rec. : *AJDA* 2018. 1066 ; *D.* 2018. 2153, obs. M. BACACHE, A. GUÉGAN et S. PORCHY-SIMON.

[3] Cass. crim., 20 mars 1996, n° 95-81.168 : *Bull. crim., n° 119* ; *RTD civ.* 1996. 912, obs. P. JOURDAIN ; *JCP* 1996. I. 3985, n° 22, obs. G. VINEY ; Cass. crim., 23 oct. 2001, n° 01-81.030 : *Bull. crim., n° 217* ; *RSC* 2002. 100, obs. Y. MAYAUD ; *ibid.* 320, obs. B. BOULOC ; *Dr. pén.* 2002. comm. 27, obs. M. VÉRON ; *Gaz. Pal.* 2002. 1. 365, note S. PETIT ; Cass. crim., 13 nov. 2002, n° 01-88.462 : *Bull. crim., n° 203* ; *D.* 2004. 1336, note Ph. CONTE ; *Gaz. Pal.* 2003. 2. 2416, note Y. MONNET ; *RSC.* 2003. 331, obs. Y. MAYAUD.

[4] Il est bien établi en droit positif que celui qui cause un dommage à un enfant né doit en répondre, même si la faute a été commise avant la naissance (A. MARAIS, *Droit des personnes*, *op. cit.*, n° 20, p. 20). La chambre criminelle de la C. de cass. admet également la qualification d'homicide involontaire alors même que l'acte homicide aurait été commis avant la naissance de la victime, à condition que cette dernière soit née vivante avant de décéder (Cass. crim., 25 juin 2002, n° 00-81.359 : *Bull. crim., n° 144* ; *D.* 2002, p. 3099, note J. PRADEL ; *ibid.* 2003, somm. 243, obs. S. MIRABAIL ; *ibid.* 2003, p. 660, obs. F. PLANCKEEL ; *JCP G* 2002, II, 10155, note M.-L. RASSAT ; *Dr. pén.* 2002, chron. 31, concl. D. COMMARET ; *ibid.*, comm. 93, obs. M. VERON ; *LPA*, 10 sept. 2002, note B. DAILLE-DUCLOS ; *Gaz. pal.* 2003, n° 46, p. 14, note J. BONNEAU ; *RSC* 2003, p. 91, note B. BOULOC ; *ibid.*, p. 95, obs. Y. MAYAUD ; *cf. supra*, n° 71), condition d'acquisition du statut de personne humaine. Ce mécanisme gommant la naissance a pour avantage, entre autres, de prendre en considération le caractère évolutif de la vie humaine. En effet, « [d]'un point de vue plus pragmatique, ne pas admettre que le fait générateur soit antérieur à la naissance reviendrait à exonérer les médecins et les membres du personnel médical de toute faute, commise

l'établissement de soins, ont des obligations particulières à son égard, qui découlent des soins que nécessite tout enfant nouveau-né[1]. La Cour de cassation fonde cette responsabilité sur l'article L. 1142-1 du Code de la santé publique[2], lequel ne distingue ni entre les responsabilités contractuelle et délictuelle, ni entre les responsabilités civile et administrative. Il s'agit d'une responsabilité légale. Or, les médecins, les sages-femmes, n'attendent certainement pas qu'un acte de naissance soit établi pour dispenser des soins au nouveau-né. Ils sont même tenus de demander leur consentement aux « parents » pour accomplir ces soins[3].

**384.** Il n'est pas non plus possible de distinguer, dès la naissance, les nouveau-nés selon leur viabilité, qui dépend justement bien souvent des soins médicaux[4]. Dans ce cas, il serait fort discutable que le médecin se trouve dispensé de demander le consentement des « parents » pour entreprendre des soins. En ce sens, la Cour administrative d'appel de Marseille a rendu un arrêt[5] appliquant l'article R. 4127-42 du Code de la santé publique à deux enfants non-viables : il dispose pourtant qu'« un médecin appelé à donner des soins à un mineur doit s'efforcer de prévenir ses parents ou son représentant légal et d'obtenir leur consentement ». En l'espèce le médecin n'avait pas respecté cette obligation, les juges ont donc retenu la responsabilité de l'établissement de soins. La jurisprudence reconnaît donc dans certains cas un lien parental alors que l'absence de viabilité devrait y faire obstacle, ce qui confirme bien que la viabilité n'est plus une condition générale d'acquisition de la personnalité juridique. Un lien parental est d'ailleurs également reconnu s'agissant de l'acte d'enfant sans vie.

---

durant la grossesse ou l'accouchement, ayant causé la mort de l'enfant venant de naître » (B. DE LAMY, « Le délit d'homicide involontaire d'un nouveau né n'implique pas que la faute soit postérieure à la naissance », préc.).

[1] *Cf. supra*, nos 205 et s.

[2] Cass. 1re civ., 28 janv. 2010, n° 09-10.992 : *Bull. civ. I, no 20* ; *GADS*, 2010, nos 1-2 ; *D.* 2010. 1522, note P. SARGOS ; *ibid.* 2011. pan. 2565, obs. A. LAUDE ; *RJPF* 2010-4/13, note E. PUTMAN ; *RLDC* 2010/69, n° 3737, obs. J.-Ph. BUGNICOURT ; *RDSS* 2010. 375, note F. ARHAB-GIRARDIN ; *RCA* 2010, n° 85, obs. C. RADÉ ; Cass. 1re civ., 14 oct. 2010, n° 09-69.195 : *Bull. civ. I, no 200* ; *RDC* 2011. 77, obs. J.-S. BORGHETTI ; *RTD civ.* 2011. 128, obs. P. JOURDAIN ; *D.* 2010. 2682, note P. SARGOS ; Cass. 1re civ., 6 févr. 2013, n° 12-17.423 : *Bull. civ. I, no 10* ; *D.* 2013. 433 ; *D.* 2014. 47, obs. Ph. BRUN et O. GOUT ; *LPA* 5 juin 2013, 16, note F. VIALLA.

[3] CSP, art. L. 1111-2.

[4] *Cf. supra*, nos 19 et s. ; nos 239 et s.

[5] *Cf. supra*, nos 232 et s. ; CAA Marseille, 28 févr. 2019, no 17MA01092 : *AJDA* 2019, p. 1949, comm. C. LANTERO.

**385.** Lorsque l'enfant n'est pas viable, il est qualifié juridiquement d'enfant sans vie. Le deuxième alinéa de l'article 79-1 du Code civil, qui prévoit dans quelles conditions un acte d'enfant sans vie est dressé, dispose que l'acte « énonce les jour, heure et lieu de l'accouchement, les prénoms et noms, dates et lieux de naissance, professions et domiciles des père et mère [...] ». La référence aux « père et mère » est révélatrice de la contradiction entre le droit positif qui permet la désignation de « parents » au nouveau-né, et la doctrine qui considère que la viabilité est une condition d'accès à la personnalité juridique, ce qui devrait donc interdire, par conséquent, l'établissement d'un lien de filiation.

La circulaire précisant la mise en œuvre concrète de cet article confirme cette contradiction, puisqu'elle précise, notamment, qu'« [u]n ou des prénoms peuvent être donnés à l'enfant sans vie, si les parents en expriment le désir »[1]. Or, le choix du prénom d'un enfant est une prérogative des parents[2]. La circulaire se réfère également aux parents concernant la possibilité de réclamer l'octroi d'un livret de famille. Lorsqu'un acte d'enfant sans vie est dressé, elle reconnaît le droit à la « famille » de réclamer l'organisation de funérailles et impose à la commune, « sauf circonstances exceptionnelles », d'y faire droit[3], ce qui implique de pouvoir désigner des parents. Ils peuvent également réclamer le corps : dans ce cas, « l'établissement doit prendre les dispositions nécessaires afin d'être en mesure de le leur remettre sans délai »[4].

**386.** Le législateur a récemment soulevé ce paradoxe, sans pour autant le résoudre. Il a même failli être accentué par une proposition de loi reconnaissant un « état civil » à l'enfant sans vie[5]. Si la commission des lois a corrigé la formulation et supprimé toute mention d'un quelconque état civil, elle a toutefois accepté la reconnaissance d'un nom de famille à l'enfant sans vie, afin de « matérialiser symboliquement le lien de filiation du père, qui n'a pas le même rapport charnel avec l'enfant que la mère »[6]. La proposition de loi adoptée par le Sénat en première lecture et transmise à l'Assemblée nationale

---

[1] Circ. intermin., 19 juin 2009, NOR : IOCB0914736C, p. 4.
[2] C. civ., art. 57, al. 3.
[3] Circ. intermin., 19 juin 2009, NOR : IOCB0914736C, p. 6.
[4] *Ibid.*, p. 7.
[5] Proposition de loi n° 189, Sénat, 7 déc. 2020, visant à nommer les enfants nés sans vie.
[6] Rapp. Sénat n° 654, 2 juin 2021, p. 7.

prévoyait ainsi que « [p]euvent également y figurer, à la demande des père et mère, le ou les prénoms de l'enfant, ainsi qu'un nom qui peut être soit le nom du père, soit le nom de la mère, soit leurs deux noms accolés dans l'ordre choisi par eux dans la limite d'un nom de famille pour chacun d'eux. Cette inscription de prénoms et nom n'emporte aucun effet juridique »[1]. La proposition de loi contient dans sa rédaction une contradiction importante, en reconnaissant des droits aux « parents », et en reconnaissant à l'enfant sans vie des attributs attachés à la personne, notamment un nom de famille, tout en leur refusant tout effet juridique. C'est d'ailleurs cette dernière formulation qui a été retenue par le législateur dans la version finale du texte qui est entrée en vigueur[2], ce qui a eu pour effet d'accentuer le paradoxe entourant la condition juridique de l'enfant né sans vie. De même, le droit positif reconnaît des droits aux « parents » du nouveau-né non-viable.

**387.** Ainsi, que le nouveau-né soit viable ou non, il est identiquement pourvu d'une personnalité juridique théorique, mais dépourvu d'acte de naissance, ce qui empêche l'établissement d'un lien de filiation. Le droit civil reconnaît pourtant des « parents » avant l'établissement de l'acte de naissance de l'enfant. Par exemple, s'il assiste à l'accouchement, le « père » est tenu de déclarer la naissance de l'enfant à l'officier de l'état civil[3]. Ainsi, malgré l'absence de filiation, une parenté de fait est incontestablement exercée.

### *b. La qualification de « parents de fait »*

**388.** La parenté de fait entre dans la catégorie des situations de fait, c'est-à-dire « des situations irrégulières auxquelles sont attachés certains des effets des situations de droit correspondantes »[4]. L'exercice d'une l'autorité parentale sans qu'un lien de filiation soit établi juridiquement peut parfaitement être qualifié d'irrégulier. Cette parenté de fait produit néanmoins les effets juridiques de l'autorité parentale. Ainsi, par exemple, si le médecin est tenu de prendre une décision concernant des soins à donner au nouveau-né, il est tenu d'en informer

[1] Proposition de loi n° 4241, 10 juin 2021, visant à nommer les enfants nés sans vie.
[2] L. n° 2021-1576 du 6 décembre 2021 visant à nommer les enfants nés sans vie. – Circulaire d'application : circ. du 12 juill. 2022 (JUSC2220409C) : *AJ fam.* 2022. 397, obs. V. AVENA-ROBARDET.
[3] C. civ., art. 56.
[4] L. LEVENEUR, *Situations de fait et droit privé*, *op. cit.*, n° 3, p. 4.

les parents qui consentent en tant que représentants de l'enfant[1]. Ce consentement n'a de valeur que si un lien de filiation est établi, ce qui n'est pas le cas en l'absence d'acte de naissance. Le consentement des « parents » est donc irrégulier. Les critères de qualification de la situation de fait sont donc réunis. Il faut néanmoins se demander sur quoi cette parenté de fait est fondée.

**389.** Selon l'article 56 du Code civil, « [l]a naissance de l'enfant sera déclarée par le père, ou, à défaut du père, par les docteurs en médecine ou en chirurgie, sages-femmes, officiers de santé ou autres personnes qui auront assisté à l'accouchement ; et lorsque la mère sera accouchée hors de son domicile, par la personne chez qui elle sera accouchée ». Ainsi, même si la filiation est établie par la désignation de la mère dans l'acte de naissance, selon l'article 311-25 du Code civil, cette désignation est le fruit de déclarations de personnes témoignant de l'accouchement, ce qui démontre son rôle prépondérant pour établir la parenté[2]. Tant qu'aucun acte de naissance n'est dressé, aucun lien de filiation maternel n'est établi, mais il est permis de supposer de façon presque certaine que la femme qui accouche est la mère, sauf dans les très rares cas où la mère demande le secret de son identité[3]. Cette quasi-certitude de l'établissement ultérieur du lien de filiation à l'égard de la femme qui accouche démontre ainsi le rôle déterminant de l'apparence pour pallier l'absence de filiation juridiquement établie.

**390.** En droit positif, l'apparence peut permettre de prouver la filiation, grâce au jeu de la possession d'état[4]. Elle est fondée sur le *plerumque fit*, qui signifie « la plupart du temps »[5], « justifiant l'existence des présomptions légales fondées sur la vraisemblance découlant de l'ordre normal des choses »[6]. Ainsi, l'accouchement permettrait d'établir une forme de possession d'état à l'égard de la femme qui accouche, fondée non seulement sur l'accouchement, mais également sur les semaines de gestation qui l'ont précédé, ce qui permettrait de satisfaire à la condition de durée[7].

---

[1] CSP, art. L. 1111-2.

[2] V. DESCHAMPS, *Le fondement de la filiation*, *op. cit.*, n° 155, p. 103-104.

[3] Environ 700 femmes étaient concernées en 2010 (Site internet de l'INED, « Les femmes qui accouchent sous le secret en France (2007-2009) », consulté le 20 sept. 2022).

[4] C. civ., art. 311-1 et 311-2. – Sur la notion de possession d'état, *cf. supra*, n[os] 118 et s ; n° 371 et s.

[5] H. ROLAND, *Lexique juridique des expressions latines*, *op. cit.*, v° « *Plerumque fit* ».

[6] *Ibid.*

[7] C. civ., art. 311-2.

**391.** L'apparence joue également un rôle dans la désignation du père. C'est effectivement une parenté de fait qui permet à l'article 56 du Code civil d'imposer au « père » de déclarer la naissance avant que l'acte de naissance ne le désigne[1], probablement parce qu'on peut supposer qu'il fait partie de ceux qui assistent à l'accouchement et qui s'enquièrent de l'état de santé de la mère et de l'enfant. Une auteure estime que ce comportement est celui de 80 % des pères[2], ce qui démontre son importance pour rendre l'apparence vraisemblable[3]. La possession d'état de père peut d'ailleurs commencer avant la naissance de l'enfant[4] : ainsi, par exemple, la paternité sera d'autant plus vraisemblable que le même homme participe aux dépenses liées à l'accueil de l'enfant, ou qui a demandé le bénéfice d'un congé de naissance à son employeur[5]. Cette paternité vraisemblable joue d'ailleurs à l'égard de tout homme, qu'il soit marié ou non, puisque son statut matrimonial n'est pas forcément connu des tiers. Elle se distingue donc de la présomption de paternité.

Cette parenté de fait est ensuite validée par l'acte de naissance, de la même façon qu'il valide la viabilité du nouveau-né[6]. L'acte de

---

[1] V. DESCHAMPS, *Le fondement de la filiation*, *op. cit.*, p. 103, note nº 262 : « La référence au père peut surprendre : la naissance n'étant par principe pas encore déclarée, aucun lien de filiation paternelle n'a pu être établi. L'article 56 fait donc référence à une paternité "de fait", nécessairement supposée ».

[2] C. CASTELAIN-MEUNIER, « Sociologie de la paternité, sociologie de la maternité », *in* R. FRYDMAN, M. SZEJER (dir.), *La naissance. Histoire, cultures et pratiques d'aujourd'hui*, 2010, Albin Michel, p. 309, spéc. p. 314.

[3] À cet égard, par exemple, le Collège National des Gynécologues et Obstétriciens Français (CNGOF) a rappelé publiquement l'importance de la présence d'un « accompagnant en maternité dans le contexte de covid-19 », ce qui conforte l'importance de la pratique (Position du CNGOF du 27 avr. 2020). S'il avait antérieurement préconisé l'absence d'accompagnant en cas de risque d'infection de l'accompagnant, il avait cependant admis que « sa présence est possible s'il respecte strictement les mesures d'isolement, l'absence totale de déambulation en dehors de la chambre, selon l'organisation et la structure des locaux » (Position du CNGOF du 17 mars 2020).

[4] *Cf. supra*, nº 371.

[5] C. trav., art. L. 3142-1 et s.

[6] *Cf. supra*, nºs 127 et s. - Concernant la proposition de loi tendant à rendre possible attribution d'un prénom à l'enfant sans vie (Proposition de loi nº 655, 2 juin 2021), le rapport de la Commission des lois relève que « le statut des enfants sans vie reste ambigu, voire paradoxal » (Rapp. Sénat, nº 654, p. 6), notamment en raison de la référence aux « père et mère » de l'enfant sans vie dans l'art. 79-1 C. civ. Le rapport pose alors la question suivante : « Comment, en effet, nommer autrement ceux pour qui cette mesure a été conçue comme un **accompagnement bienveillant du droit** ?

naissance joue alors un rôle de validation d'apparences, et même d'*homologation*, c'est-à-dire de « reconnaissance par l'autorité publique de l'objet qui lui est soumis »[1], dans la mesure où l'officier de l'état civil, en dressant l'acte de naissance, ne constate pas un objet juridique préexistant : il le reconnaît[2]. Ce raisonnement peut être étendu au cas de la reconnaissance de paternité, en dehors de l'hypothèse d'une présomption de paternité. En effet, la reconnaissance « est faite dans l'acte de naissance, par acte reçu par l'officier de l'état civil ou par tout autre acte authentique »[3]. Elle peut donc émaner de l'homme qui déclare la naissance[4]. À l'égard du père, la présomption de paternité permet donc de contribuer à établir l'apparence de la paternité avant la déclaration de la naissance, mais le mécanisme est le même hors mariage.

**392.** Le père n'accouchant pas, le lien de filiation paternel est moins évident. Les critères de la possession d'état permettent de définir ce qu'est une apparence vraisemblable : outre le fait que l'homme doit se comporter comme s'il était le père de l'enfant[5], notamment en participant aux dépenses liées à l'accueil du nouveau-né, ou en accompagnant la future mère lors de son accouchement, la possession d'état doit également être « continue, paisible, publique et non-équivoque »[6]. Ainsi, par exemple, pour le critère de paisibilité, la possession d'état ne pourra pas produire ses effets à l'égard d'une personne qui aurait enlevé l'enfant à la maternité. La paternité pourra également devenir équivoque lorsque plusieurs hommes semblent se comporter comme pères de l'enfant.

**393.** Toutefois, la condition de continuité n'est pas remplie, ce qui doit conduire à différencier la parenté de fait de la possession d'état. En effet, quand bien même il est admis que la possession d'état prénatale

---

// L'inscription à l'état civil vient ici donner l'apparence d'une existence juridique – voire l'apparence d'une filiation – même si dans la réalité, elle n'est que mémorielle » (*ibid.*). Cette filiation apparente est une parenté de fait.

[1] C. FARDET, « La notion d'homologation », *Droits* 1998, n° 28, p. 183.

[2] *Ibid.*, p. 187 : « Lorsque l'autorité publique ne pousse pas son contrôle jusqu'à la reconnaissance, elle ne contrôle pas : elle constate. Or, le constat est considéré comme un acte seulement déclaratif, n'ajoutant rien à l'ordonnancement juridique : il n'est pas un acte de puissance publique mais d'autorité publique ».

[3] C. civ., art. 316.

[4] Cass. 1re civ., 19 juill. 1989, n° 88-10.062 : *Bull. civ. I 1989, n° 299*, p. 198 ; *Defrénois* 1989. 1338, obs. J. MASSIP.

[5] C. civ., art. 311-1.

[6] C. civ., art. 311-2.

peut produire des effets[1], les tiers n'en ont pas toujours connaissance. Par exemple, lorsque la personne qui déclare la naissance se présente comme le père du nouveau-né à l'officier de l'état civil, ce dernier n'a aucun moyen de vérifier l'existence d'une possession d'état prénatale : c'est plutôt parce que dans l'immense majorité des cas, celui qui déclare la naissance et qui se présente comme le père est effectivement le père, que sa paternité est crédible. C'est également parce que l'homme qui accompagne la mère lors de l'accouchement est très probablement le père de l'enfant que les médecins vont lui permettre de participer aux éventuelles décisions concernant l'enfant. Ce n'est donc pas une possession d'état qui permet de désigner les parents de fait du nouveau-né, mais des faits qui pourraient contribuer à établir une possession d'état, faits d'autant plus probants qu'ils existent au moment de la venue au monde de l'enfant. Il s'agit d'une paternité de fait.

**394.** En outre, les apparences ne peuvent jouer qu'à l'égard d'un homme. En effet, si ces apparences sont des faits qui pourraient contribuer à manifester une possession d'état, c'est parce qu'elles ont la même fonction. Or, la possession d'état n'est pas un mode d'établissement ou de preuve de la filiation qui serait *alternatif* à la procréation : selon les termes de l'article 311-1 du Code civil, elle consiste en « une réunion suffisante de faits qui révèlent le lien de filiation et de parenté ». Le verbe « révéler » signifie « [d]évoiler ce qui était tenu caché, mettre au jour ce qui était ignoré, inconnu »[2]. La possession d'état a donc pour fonction, comme la présomption de paternité, de révéler le lien biologique probable entre l'enfant et le père[3]. Or, l'enfant ne peut pas avoir de lien biologique à l'égard de deux femmes. La probabilité que la possession d'état permet de révéler ne peut donc pas jouer à son égard. Par conséquent, concernant la réalisation d'une PMA avec tiers donneur par un couple de femmes, le nouveau-né ne peut pas bénéficier de cette apparence, à moins que la compagne de la femme qui a accouché ne se prévale de son consentement donné à la PMA ou de sa reconnaissance conjointe avant la déclaration de la naissance de l'enfant.

**395.** Mais si la mère demande le secret de son identité lors de son accouchement, cette parenté de fait existe-t-elle ? En principe, la mère prend sa décision de refuser l'enfant avant d'accoucher, ou

[1] *Cf. supra*, n^os^ 371.
[2] *Dictionnaire de l'Académie française*, 9^e^ éd., v° « Révéler ».
[3] V. DESCHAMPS, *Le fondement de la filiation*, *op. cit.*, n° 170, p. 117.

immédiatement après son accouchement, avant que l'acte de naissance soit établi[1], puisque sa désignation dans l'acte de naissance suffirait à établir le lien de filiation à l'égard de l'enfant[2]. En outre, plus le personnel de l'établissement de santé est informé tôt du désir de la mère, plus le secret peut être garanti efficacement. Ainsi, la décision de la mère est très précoce. En principe, elle est séparée de l'enfant, et si elle souhaite le voir, elle est accompagnée[3]. Aucune parenté de fait n'est donc exercée à l'égard du nouveau-né abandonné. En outre, comme cela a été vu[4], si une tutelle est ouverte et exercée par le représentant de l'État dans le département, la personne chargée de l'exercer concrètement n'est pas désignée par le droit. Cette situation dans laquelle l'enfant abandonné est dépourvu de parents est un terreau fertile à la conclusion de conventions de GPA.

### 2. L'absence de parenté juridique, condition d'efficacité des conventions de GPA

**396.** L'absence de lien de filiation juridiquement établi dès la naissance de l'enfant permet une certaine liberté aux parents de fait, dont la gestation pour autrui constitue un exemple à la fois topique[5] et d'actualité. Le fait que le nouveau-né soit dépourvu de parents est en effet une condition d'efficacité de la GPA, malgré le fait qu'elle soit illicite en France.

---

[1] Instruction DGCS/CNAOP/DGS/DGOS/2016/107, 4 avr. 2016 relative au protocole pour l'accompagnement des femmes accouchant dans le secret entre les Conseils départementaux et les établissements de santé et au guide des bonnes pratiques pour faciliter l'accès aux origines personnelles des personnes nées dans le secret et relative à la conservation des registres et des dossiers concernant les accouchements dans le secret (NOR : AFSA1609179J), art. 3 du Protocole.

[2] C. civ., art. 311-25. – Sur la difficulté pratique de la parturiente à faire connaître son refus après l'accouchement : L. JUZAN, *L'enfant refusé*, *op. cit.*, n° 147, p. 152-153.

[3] Instruction DGCS/CNAOP/DGS/DGOS/2016/107, 4 avr. 2016 (NOR : AFSA1609179J), art. 8 du Protocole : « Lorsque la femme ne souhaite pas garder l'enfant près d'elle, ce dernier sera pris en charge dans le service adapté à son état de santé. Les relations avec la mère de naissance ne sauraient être imposées ni interdites, mais accompagnées ».

[4] *Cf. supra*, n^os^ 315 et s.

[5] Sur l'utilisation du concept de « filiation de fait » concernant la GPA : G. KESSLER, « La consolidation de situations illicites dans l'intérêt de l'enfant », *Dr. fam.* 2005, n° 7/8, étude n° 16.

La gestation pour autrui porte mal son nom parce qu'elle ne concerne pas nécessairement que la gestation, mais également, dans les hypothèses où il existe un lien biologique entre la gestatrice et l'enfant, la procréation[1]. Mais surtout, elle est mal nommée parce que le contrat implique des obligations postérieures à la gestation et à l'accouchement[2]. La Cour de cassation avait initialement défini la convention de GPA comme « la convention par laquelle une femme s'engage, fût-ce à titre gratuit, à concevoir et à porter un enfant pour l'abandonner à sa naissance »[3].

Toutefois, la gestatrice ne se contente pas d'« abandonner » l'enfant : la convention de gestation *pour autrui* implique nécessairement que l'enfant soit abandonné « à quelqu'un », à ses cocontractants, c'est-à-dire aux parents d'intention. Concernant un enfant, la notion d'abandon est le « [n]om traditionnel couramment donné au délit ou au crime que la loi dénomme délaissement »[4]. Cependant, la GPA n'est pas réprimée au titre du délaissement de mineur[5], mais des atteintes à la filiation. La notion d'abandon est donc trompeuse. En effet, selon l'article 227-12 du Code pénal, « [e]st puni des peines prévues au deuxième alinéa le fait de s'entremettre entre une personne ou un couple désireux d'accueillir un enfant et une femme acceptant de porter en elle cet enfant en vue de le leur remettre ». Il n'est donc plus question d'abandon, mais de « remise ».

---

[1] A. MIRKOVIC, *PMA, GPA. La controverse juridique*, 2014, Pierre Téqui éditeur, p. 51). L'art. 16-7 C. civ., qui interdit les « convention[s] portant sur la procréation ou la gestation pour le compte d'autrui » prend en compte ces deux hypothèses (M. PICHARD, « La commande d'enfant par son géniteur (est-elle une hypothèse de gestation pour le compte d'autrui ?) », *D.* 2017, p. 1143).

[2] S. AGACINSKI, *Corps en miettes*, 2e éd., 2013, Flammarion, coll. « Café Voltaire », p. 91 : « Cette forme d'hypocrisie verbale contribue avant tout à effacer le fait que c'est un enfant qui est ainsi donné, ni plus ni moins. Comme il est impossible de soutenir juridiquement le principe du don d'un enfant, on tente de suggérer qu'une gestation peut se "donner" séparément, toute seule, ce qui en fait une sorte de service gratuit ».

[3] Cass. ass. plén., 31 mai 1991, nº 90-20.105 : *Bull. ass. plén., n° 4* ; *GAJC*, 12e éd., nº 50 ; *D.* 1991. 318, note J.-L. AUBERT ; *ibid.* 417, rapp. Y. CHARTIER, note D. THOUVENIN ; *ibid.* 1992. somm. 59, obs. F. DEKEUWER-DÉFOSSEZ ; *JCP* 1991. II. 21752, communic. J. BERNARD, concl. H. DONTENWILLE, note F. TERRÉ ; *ibid.* 1992. I. 3547, p. 15, obs. J. RUBELLIN-DEVICHI ; *Defrénois* 1991. 948, obs. J. MASSIP ; *RTD civ.* 1991. 517, obs. D. HUET-WEILLER ; *RRJ* 1991/3. 843, note T. BARTHOUIL.

[4] G. CORNU (dir.), *Vocabulaire juridique*, *op. cit.*, vº « Abandon ».

[5] C. pén., art. 227-1 et 227-2.

Tout d'abord, la notion de remise implique que l'enfant soit déjà né, il n'est donc plus question de gestation, mais d'une obligation postérieure, ou concomitante, à l'accouchement. Ensuite, l'enfant « remis » ne peut pas être défini comme une partie au contrat : la convention conclue entre les parents d'intention et la gestatrice ne crée pas d'obligations à son égard, qui serait exécutée par un quelconque représentant[1]. Il peut également difficilement être qualifié de *tiers*, tant le contrat le concerne. Ainsi, la remise de l'enfant serait plutôt la *prestation*.

**397.** Toutefois, la remise n'est pas la seule obligation de la gestatrice. Elle s'engage en effet à porter l'enfant pendant la durée de la gestation. Par conséquent, la convention de GPA pourrait

---

[1] G. CORNU (dir.), *Vocabulaire juridique*, *op. cit.*, v° « Partie » : « désigne toute personne liée par l'accord, qu'elle soit présente ou représentée ». – Une doctrine très libérale a pu envisager l'hypothèse de qualifier les conventions de GPA de stipulations pour autrui, dont le nouveau-né serait le bénéficiaire (D. BORILLO, *La famille par contrat. La construction politique de l'alliance et de la parenté*, 2018, PUF, coll. « GenerationLibre », p. 123). La stipulation pour autrui est « une opération juridique à trois personnes, en vertu de laquelle une personne (que l'on appelle le stipulant) fait promettre à une deuxième personne (le promettant) d'exécuter une obligation en faveur d'une troisième personne (le tiers bénéficiaire) » (M. FABRE-MAGNAN, *Droit des obligations. 1 - Contrat et engagement unilatéral*, 6e éd., 2021, PUF, coll. « Thémis droit », n° 834, p. 662). Cette qualification est d'autant plus intéressante que l'art. 1205, al. 2, C. civ. permet de stipuler au profit d'une personne future, à condition qu'elle soit « précisément désigné[e] ou pouvoir être déterminé[e] lors de l'exécution de la promesse ». Elle se heurte toutefois à un obstacle important, puisqu'elle implique de pouvoir déterminer un stipulant et un promettant, ce qui est loin d'être évident en matière de GPA. En effet, la stipulation pour autrui est censée faire naître une créance au profit du bénéficiaire dont le promettant est débiteur (C. civ., art. 1206). Or, tout d'abord, le nouveau-né, en matière de GPA, n'est titulaire d'aucune créance dont il pourrait réclamer l'exécution. Et dans l'hypothèse où il serait titulaire d'un droit de créance concernant la filiation, qui en serait le débiteur ? La gestatrice n'est assurément pas débitrice d'une obligation à l'égard du nouveau-né, sauf à considérer qu'elle est tenue de l'abandonner à la naissance, mais dans ce cas, le nouveau-né peut difficilement être qualifié de « bénéficiaire ». Si l'on inverse les rôles, et que l'on considère que ce sont les parents d'intention qui s'engagent, en tant que promettants, à établir un lien de filiation à l'égard d'un enfant nouveau-né, qui est le bénéficiaire, quelle est l'obligation de la gestatrice à leur égard ? Comme cela a déjà été dit, l'obligation de la gestatrice peut difficilement être cantonnée à la gestation (*cf. supra*, n° 396) : elle implique au moins également l'accouchement, et elle s'engage, à l'égard des parents d'intention, à ne pas conserver l'enfant. L'enfant ne peut pas être à la fois tiers bénéficiaire, et objet de la prestation de la gestatrice, qui serait qualifiée de stipulant. La qualification de stipulation pour autrui est donc extrêmement artificielle, et elle ne correspond pas à la réalité de la GPA.

s'apparenter à un contrat d'entreprise[1], ou « louage de service »[2], au terme duquel la gestatrice s'engage à effectuer un travail[3]. Cette qualification se heurte cependant à un obstacle, résidant dans la possibilité de qualifier la gestation humaine de « travail », lequel suppose un rôle important de la volonté, alors que la gestation en nécessite relativement peu[4]. C'est alors la qualification de contrat de vente qui semble la plus appropriée[5], et même, plus précisément, de vente de chose future[6]. Le parallèle est particulièrement intéressant avec la vente d'une récolte future[7], en raison de la place qu'occupe le processus naturel dans l'achèvement de la chose vendue[8]. L'enfant

---

[1] C. NEIRINCK, « La gestation pour autrui pratiquée à l'étranger et l'état civil français de l'enfant qui est né », préc.

[2] C. civ., art. 1779 et s.

[3] C'est particulièrement le cas dans les conventions, désormais les plus courantes, dans lesquelles la gestatrice n'a pas de lien biologique avec l'enfant : l'embryon lui est fourni par les parents d'intention, qui sont assimilables à des maîtres d'ouvrage, et juridiquement, son statut de mère est exclu dès le début de la gestation (*cf. infra*, n° 404). N'étant titulaire d'aucun droit sur l'enfant à naître, elle n'en est que « détenteur précaire » (C. civ., art. 2266). Or, « [s]i le travail doit être fait sur des matériaux appartenant au maître, il s'agit évidemment d'un contrat d'entreprise » (Ph. MALAURIE, L. AYNÈS, P.-Y. GAUTIER, *Droit des contrats spéciaux*, 11e éd., 2020, LGDJ, coll. « Droit civil », p. 64), et non de vente. En outre, quand bien même la convention prévoirait que la gestatrice serait également génitrice de l'embryon, la qualification de contrat de vente demeurerait discutable, au regard du caractère unique de l'enfant (*Ibid.*, p. 65 : « il y a vente lorsque la fourniture porte sur une chose de série et contrat d'entreprise lorsque la prestation a pour objet un "travail spécifique" adapté aux besoins du client. Ainsi, le contrat d'entreprise prend le pas sur la vente dans de nombreuses situations où l'entrepreneur travaille spécialement pour le maître, même si le contrat aboutit à un transfert de propriété »). Il semble donc possible de définir les conventions de GPA comme des contrats d'entreprise, au terme desquels la gestatrice doit fournir un travail, dont elle doit remettre le fruit aux « maîtres ».

[4] T. REVET, *La force de travail (étude juridique)*, 1992, Litec, coll. « Bibliothèque de droit de l'entreprise », p. 76 ; M. FABRE-MAGNAN, *L'institution de la liberté*, *op. cit.*, p. 124.

[5] M. FABRE-MAGNAN, *La gestation pour autrui. Fictions et réalité*, 2013, Fayard, p. 40 et s.

[6] C. civ., art. 1163.

[7] M. FABRE-MAGNAN, *Droit des obligations. 1 - Contrat et engagement unilatéral*, *op. cit.*, n° 607, p. 470.

[8] À titre d'illustration, dans l'affaire *Mennesson*, la CEDH rappelle que « la Cour suprême de Californie […] décréta que **tout enfant qui serait mis au monde par celle-ci dans les quatre mois** [C'est nous qui soulignons] aurait le premier requérant pour "père génétique" et la deuxième requérante pour "mère légale" » (CEDH, 26 juin 2014, n° 65192/11, *Mennesson c. France*, § 9 : *D.* 2014. 1797, note F. CHÉNEDÉ ; *ibid.* 1806, note L. D'AVOUT ; *ibid.* 1788, obs. Ph. BONFILS et A. GOUTTENOIRE ; *RTD Civ.*

pourrait alors être qualifié de « fruit », voire de « produit », puisque le corps humain ne permet pas la mise au monde d'enfants périodiquement et successivement sans dommage[1]. Alors que la prestation essentielle du contrat d'entreprise est la réalisation d'un travail, le contrat de vente suppose, plus simplement, une délivrance.

**398.** La notion de délivrance, c'est-à-dire « le transport de la chose vendue en la puissance et possession de l'acheteur »[2], est la plus à même de comprendre l'ultime obligation de la gestatrice[3]. Il semble qu'elle soit concomitante à l'accouchement[4] : la gestatrice s'engagerait alors à ne pas essayer de conserver l'enfant après l'avoir mis au monde. Il semble même que « [l]a remise de l'enfant par la mère porteuse aux parents d'intention est l'une des prestations constitutives de l'objet du contrat de GPA, la grossesse et l'accouchement qui sont des prestations concernant le corps de la gestatrice n'ayant de sens que s'ils se terminent par le transfert du corps de l'enfant »[5]. En effet, si la GPA s'analyse en un contrat de vente, la délivrance de l'enfant aux parents d'intention n'est pas une obligation comme une autre : elle est, pour reprendre les termes de l'article 1170 du Code civil, l'« obligation essentielle »[6], c'est-à-dire celle qui « justifie l'existence même du

---

2014. 616, obs. J. HAUSER ; *ibid.* 835, obs. J.-P. MARGUÉNAUD ; *JCP G* 2014. 953, obs. P. MURAT ; *ibid.* 832, obs. F. SUDRE ; *Dr. fam.* 2014. 128, note C. NEIRINCK ; *D.* 2015. 708, obs. F. GRANET-LAMBRECHTS ; *ibid.* 1059, obs. H. GAUDEMET-TALLON).

[1] M. FABRE-MAGNAN, *L'institution de la liberté*, *op. cit.*, p. 133-135.

[2] C. civ., art. 1604.

[3] M. FABRE-MAGNAN, *La gestation pour autrui. Fictions et réalité*, *op. cit.*, p. 41-42 : « la mère porteuse s'oblige bien à remettre l'enfant aux parents d'intention, et les contrats américains parlent de "*delivery*", c'est-à-dire de "remise" ou de "livraison" de l'enfant, ce qui est précisément le vocabulaire utilisé en matière de vente. On parle de façon plus technique, en droit français de la vente, de "délivrance" de la chose à l'acheteur, car elle ne correspond pas nécessairement à une obligation de "livraison" de la chose, si c'est au contraire l'acheteur qui doit venir chercher celle-ci auprès du vendeur (on dit alors que la chose est "quérable" et non pas "portable") ».

[4] Toutefois, aucun parallèle ne semble pouvoir être fait avec la notion médicale de délivrance, qui est la « [t]roisième et dernière phase de l'accouchement au cours de laquelle se produit l'expulsion naturelle ou artificielle du placenta et de ses annexes, les membranes et le cordon ombilical, hors des voies génitales » (*Dictionnaire de l'Académie de médecine en ligne*, v° « Délivrance »).

[5] Avis CCNE, n° 126, 15 juin 2017, sur les demandes sociétales de recours à l'assistance médicale à la procréation (AMP), p. 34.

[6] V. en ce sens : G. MÉMETEAU, « L'esclave altruiste ou "La servante au grand cœur" », *RJPF* avr. 2018, p. 5 : « dans tous les cas, les contrats conclus par cette femme avec les "parents d'intention" comportent à sa charge une obligation "*caractéristique*", ou "*essentielle*", notion principalement utilisée pour contrer les

contrat »[1]. Sans délivrance de l'enfant aux parents d'intention, la GPA n'a en effet pas de raison d'être.

**399.** Pour que la qualification de contrat de vente puisse être retenue, il faut également qu'un prix soit stipulé et payé[2]. Or, certains pays interdisent de « rémunérer » la gestatrice[3], préférant le versement d'une indemnité, pour justifier une GPA non commerciale, ou « éthique »[4]. Toutefois, la faiblesse de la somme d'argent proposée à la gestatrice ne suffit pas en elle-même à exclure la qualification de contrat onéreux[5]. En outre, si l'existence d'un prix peut avoir une incidence sur la qualification du contrat, elle est sans incidence sur l'obligation de délivrance. Le contrat dépourvu de contrepartie peut en effet être qualifié de donation, et la donation oblige également le donateur à la délivrance[6]. Que le contrat conclu entre la gestatrice et les parents d'intention soit une vente ou une donation, l'obligation de délivrance persiste.

**400.** La notion de délivrance n'est toutefois applicable qu'à des « choses », selon l'article 1604 du Code civil. Le vendeur ne peut vendre, et donc délivrer, qu'une chose dont il est le propriétaire[7]. Or, le

---

clauses abusives (par exemple exonératoires de responsabilité), et consacrée par le nouvel article 1170 du Code civil, toujours certes sous l'angle de la clause privant le contrat de cette obligation ».

[1] G. CHANTEPIE, M. LATINA, *La réforme du droit des obligations. Commentaire théorique et pratique dans l'ordre du Code civil*, 2016, Dalloz, p. 359.

[2] C. civ., art. 1650.

[3] C'est le cas notamment de la Grèce (K.A. ROKAS, « Limites et flexibilité dans la mise en œuvre du cadre juridique grec en matière de gestation pour autrui », *in* V. BOILLET, M. ROCA I ESCODA, E. DE LUZE (dir.), *La gestation pour autrui. Approches juridiques internationales*, 2018, Anthemis & Helbing Lichtenhahn, coll. « Centre de droit privé - Unité de droit familial », p. 95, spéc. p. 104-105) ou au Royaume-Uni (E. STEINER, « Angleterre : Maternité pour le compte d'autrui entre prohibition et permission », *in* F. MONEGER (dir.), *Gestation pour autrui : Surrogate Motherhood*, 2011, Société de législation comparée, coll. « Colloques », p. 39).

[4] Sur l'utilisation de l'adjectif éthique : E. BADINTER et I. THÉRY, « Mariage pour tous : la Gestation pour autrui ne doit pas être le bouc émissaire », *Le Monde*, 19 déc. 2012 ; « En France, la gestation pour autrui éthique est possible », *Rue89 (site internet)*, 27 juin 2013.

[5] En effet, une législation limitant la somme allouée à la gestatrice peut être un bon moyen de réduire le coût de la prestation pour les commanditaires (G. MÉMETEAU, « L'esclave altruiste ou "La servante au grand cœur" », préc. ; M. FABRE-MAGNAN, *La gestation pour autrui. Fictions et réalité*, *op. cit.*, p. 102).

[6] F. TERRÉ, Y. LEQUETTE, S. GAUDEMET, *Droit civil. Les successions. Les libéralités*, 4e éd., 2013, Dalloz, coll. « Précis », n° 582, p. 519.

[7] L'art. 1599 C. civ. interdit ainsi la vente de la chose d'autrui.

nouveau-né est une personne, et il n'est plus possible d'exercer un droit de propriété à l'égard d'une personne depuis l'abolition de l'esclavage[1]. Le statut de l'enfant dans le contrat justifie donc l'interdiction de la GPA en France, parce que l'enfant n'est plus considéré comme une personne cocontractante, mais comme une chose sur laquelle porte une convention[2].

**401.** Il est toutefois possible de rétorquer que les conventions de GPA ne transfèrent pas la propriété, mais établissent un lien de filiation[3]. Ainsi, les conventions de GPA ne pourraient être qualifiées ni de vente, ni de donation. Trois arguments peuvent cependant être objectés.

Tout d'abord, c'est la loi, et non un contrat, qui désigne l'accouchement comme fondement de la filiation. Il s'agit donc d'un choix du législateur, qui ne justifie pas que la femme qui porte l'enfant soit titulaire d'un droit préalable lui permettant de remettre l'enfant aux parents d'intention. Ce serait en effet mettre la loi et le contrat sur un pied d'égalité.

Ensuite, la distinction entre les prérogatives parentales et celles du propriétaire n'est pas si évidente. En effet, l'autorité parentale a succédé à la puissance paternelle, droit qui s'apparentait, par certaines de ses prérogatives, à un droit réel que le père exerçait sur ses enfants[4]. Si les

---

[1] Le C. pén. réprime la réduction en esclavage, qu'il définit comme « le fait d'exercer à l'encontre d'une personne l'un des attributs du droit de propriété » (C. pén., art. 224-1 A). Cette qualification semble parfaitement adéquate pour les conventions de GPA (M. FABRE-MAGNAN, *La gestation pour autrui. Fictions et réalité*, *op. cit.*, p. 41) qui consistent justement en la délivrance d'un enfant. C'est en raison du conflit de qualifications avec l'art. 227-12, plus spécial, et du principe *non bis in idem*, ou *ne bis in idem*, que cette qualification ne paraît pas pouvoir être retenue (sur ce principe, v. E. DREYER, *Droit pénal général*, *op. cit.*, n^os^ 677 et s., p. 561 et s.).

[2] Avis CCNE, n° 126, 15 juin 2017, préc., p. 34.

[3] Dans cette conception, le droit français essentialiserait la femme qui accouche comme mère, et l'asymétrie entre les hommes et les femmes par rapport à la filiation relèverait d'une discrimination fondée sur le sexe (M. IACUB, *L'empire du ventre. Pour une autre histoire de la maternité*, 2004, Fayard, p. 186).

[4] C. AUBRY, C. RAU, *Cours de droit civil français : d'après la méthode de Zachariae*, t. 2, 4^e^ éd., 1869, Imprimerie et librairie générale de jurisprudence Cosse, Paris, p. 51 : « Les droits de puissance sont ceux que le mariage attribue au mari sur la personne de sa femme, et ceux que la paternité et la maternité confèrent au père et à la mère sur la personne de leurs enfants. Ces droits présentent une certaine affinité avec les droits réels, en ce qu'ils affectent la personne elle-même, et qu'on peut les faire valoir envers et contre tous, au moyen d'actions analogues à la revendication ».

rédacteurs du Code civil l'ont formellement conservée[1], il était déjà admis qu'elle devait être exercée dans l'intérêt de l'enfant, ce qui la distinguait d'un droit de propriété[2]. Ce n'est cependant que depuis quelques décennies que le droit envisage officiellement[3] l'autorité parentale comme une fonction exercée dans l'intérêt de l'enfant[4]. La finesse de la frontière entre autorité parentale et droit de propriété est également attestée par la Charte européenne des droits de l'enfant, établie par l'Assemblée Parlementaire du Conseil de l'Europe, dont le premier principe est que « [l]es enfants ne doivent plus être considérés comme la propriété de leurs parents, mais être reconnus comme des individus avec leurs droits et leurs besoins propres »[5]. Ainsi, l'autorité parentale est un droit finalisé, exercé dans l'intérêt de l'enfant ; lorsque la finalité poursuivie n'est pas l'intérêt de l'enfant, c'est un droit de puissance parentale, qui s'apparente à un droit de propriété. Or, l'intérêt de l'enfant n'est pas questionné dans le cadre des conventions de GPA,

---

[1] La notion de puissance avait indigné CAMBACÉRÈS : « Loin de nous ces termes de plein pouvoir, d'autorité absolue, formule de tyran, système ambitieux que la nature indignée repousse, qui n'a que trop déshonoré la tutelle paternelle en changeant la protection en domination, les devoirs en droits et l'amour en empire » (P.-A. FENET, *Recueil complet des travaux préparatoires du Code civil*, t. 1, 1836, Imprimerie d'Hippolyte Tilliard, p. 102).

[2] J. DABIN, *Le droit subjectif*, *op. cit.*, p. 226-227 : « le mot "puissance", qui rappelle une situation de droit aujourd'hui disparue, la puissance du mari et père n'a rien de commun avec un droit de propriété. Si le père a le droit de garder l'enfant, de lui donner ordre et conseil, de le surveiller, de le punir, d'administrer son patrimoine, de consentir à son mariage, de l'émanciper… ce n'est pas dans son intérêt égoïste, mais immédiatement dans l'intérêt de l'enfant : ses droits sur la personne et sur les biens de l'enfant sont des droits au service de l'enfant ».

[3] L. n° 70-459 du 4 juin 1970 relative à l'autorité parentale ; M. GOBERT, « L'enfant et les adultes (à propos de la loi du 4 juin 1970), *JCP* 1971.I.2421 ; C. COLOMBET, « Commentaire de la loi du 4 juin 1970 sur l'autorité parentale », *D.* 1971, chron. 1.

[4] C. COLOMBET, « Commentaire de la loi du 4 juin 1970 sur l'autorité parentale », préc., spéc. p. 3 : « Ce n'est plus une puissance, c'est une autorité : le changement de mots traduit un changement d'esprit. Le mot puissance évoque la potestas romaine, c'est-à-dire un droit, un pouvoir de domination sur la personne des enfants donné au père en tant que chef de famille. Le mot autorité correspond à un complexe de droits et de devoirs, à ce qu'on nomme aujourd'hui une fonction pour qualifier tout ce qui n'est pas droit pur ou obligation pure. Ce complexe est détenu dans l'intérêt de l'enfant ».

[5] APCE, Recomm. 874 (1979), I.a.

alors qu'en droit français, la rupture du lien de filiation est le fait d'un « délaissement »[1], ce qui suppose une contrariété à l'intérêt de l'enfant.

Mais surtout, la gestatrice n'est pas la mère de l'enfant, au sens du droit français, puisqu'aucun acte de naissance n'est encore dressé au bénéfice de l'enfant ; aucune filiation maternelle n'est donc établie. Il faut plutôt considérer que l'accouchement met la parturiente, de fait, en position de pouvoir remettre l'enfant aux parents d'intention. Ainsi, tout comme le droit français laisse exister un rapport d'accessoire entre le nouveau-né et la femme qui en a accouché, la GPA implique la persistance d'un droit de la parturiente sur son nouveau-né, qui n'est pas encore considéré comme une personne juridique distincte, mais encore comme le *partus*, c'est-à-dire comme le fruit d'une gestation. L'appellation de « gestation » pour autrui, trompeuse lors de la première analyse, est finalement révélatrice de la condition juridique du nouveau-né, qui est traité comme s'il était toujours à naître, comme si la parturiente ne faisait qu'exercer un acte réflexif sur son propre corps[2].

Le fait que les conventions de GPA soient le plus souvent conclues à l'étranger ne change rien à cette analyse : plusieurs pays autorisant la GPA prévoient en effet que les parents d'intention sont considérés comme parents juridiques de l'enfant avant sa naissance[3]. La gestatrice ne cède donc pas une filiation préexistante qui la relierait à l'enfant, ses obligations ne concernent que la gestation et l'accouchement, puis la délivrance du nouveau-né.

Ainsi, la finalité de la vente et de la donation est la délivrance effective en la puissance de l'acquéreur, ou du bénéficiaire, de la chose dont on transfère la propriété. De même, la finalité de la convention de

---

[1] C. civ., art. 381-1 : « Un enfant est considéré comme délaissé lorsque ses parents n'ont pas entretenu avec lui les relations nécessaires à son éducation ou à son développement pendant l'année qui précède l'introduction de la requête, sans que ces derniers en aient été empêchés par quelque cause que ce soit ».

[2] *Cf. supra*, n° 280.

[3] C'est notamment le cas en Grèce (K.A. ROKAS, « Limites et flexibilité dans la mise en œuvre du cadre juridique grec en matière de gestation pour autrui », *op. cit.* ; A.C. PAPACHRISTOS, « Grèce : Le don d'utérus et le droit hellénique », *in* F. MONEGER (dir.), *Gestation pour autrui : Surrogate Motherhood*, 2011, Société de législation comparée, coll. « Colloques », p. 169 ; P. AGALLOPOULOU, « La loi hellénique concernant les procréations médicalement assistées », *Dr. fam.* 2004, étude 11), en Californie (C. SPIVACK, « U.S.A. », *in* F. MONEGER (dir.), *Gestation pour autrui : Surrogate Motherhood*, 2011, Société de législation comparée, coll. « Colloques », p. 257) ou encore en Ukraine (D. LANCE, J. MERCHANT, « Réglementer les corps : la gestation pour autrui en Ukraine et aux Etats-Unis », *Les cahiers de la justice* 2016, p. 231).

GPA est de permettre la délivrance matérielle de la personne de l'enfant aux parents d'intention, conduisant à l'établissement d'une parenté de fait dans un premier temps, puis d'un lien de filiation par la désignation des parents d'intention dans l'acte de naissance de l'enfant. Pour corroborer cette thèse, il suffit de constater que l'enfant est toujours remis aux parents d'intention avant que sa naissance n'ait été déclarée, afin qu'ils puissent s'acquitter de cette démarche en se présentant comme ses parents.

**402.** La Cour de cassation définit la GPA comme une convention consistant à abandonner l'enfant « à la naissance »[1]. Le rôle de la « gestatrice », ou « mère porteuse », cesse théoriquement lorsqu'il n'y a plus d'enfant à « porter ». Le droit pénal n'exige pas que l'enfant soit un nouveau-né pour que le comportement soit répréhensible[2]. La gestation pour autrui n'étant pas permise en France, les juges français doivent appréhender les effets de conventions conclues à l'étranger. Pour déterminer si ces conventions portent sur des enfants nouveau-nés, il convient donc de rechercher dans quelles conditions elles sont conclues à l'étranger.

**403.** Certains pays ne font pas produire d'effets à la convention de GPA à l'égard de nouveau-nés. Au Royaume-Uni, l'accord de la gestatrice doit être donné six semaines après l'accouchement[3]. En Israël, la qualification de l'enfant est moins aisée : c'est une décision de justice postérieure à la naissance qui établit la filiation à l'égard des parents d'intention. Entre-temps, l'enfant est pris en charge par des « tuteurs »[4]. Son statut dans cet intervalle de temps est très incertain.

---

[1] Cass. ass. plén., 31 mai 1991, n° 90-20.105 : *Bull. ass. plén., n° 4* ; *GAJC*, 12e éd., n° 50 ; *D.* 1991. 318, note J.-L. AUBERT ; *ibid.* 417, rapp. Y. CHARTIER, note D. THOUVENIN ; *ibid.* 1992. somm. 59, obs. F. DEKEUWER-DÉFOSSEZ ; *JCP* 1991. II. 21752, communic. J. BERNARD, concl. H. DONTENWILLE, note F. TERRÉ ; *ibid.* 1992. I. 3547, p. 15, obs. J. RUBELLIN-DEVICHI ; *Defrénois* 1991. 948, obs. J. MASSIP ; *RTD civ.* 1991. 517, obs. D. HUET-WEILLER ; *RRJ* 1991/3. 843, note T. BARTHOUIL.

[2] C. pén., art. 227-12, applicable quel que soit l'âge de l'enfant, à défaut de précision contraire.

[3] *Surrogacy Arrangements Act*, 1985, art. 1er ; Rapp. Sénat n° LC 182, janv. 2008, « La gestation pour autrui », p. 27 et s. – L'enfant n'est donc plus un nouveau-né.

[4] S. SHARKARGY, « La réglementation israélienne de la gestation pour autrui », *in* V. BOILLET, M. ROCA I ESCODA, E. DE LUZE (dir.) *La gestation pour autrui. Approches juridiques internationales*, 2018, Anthemis & Helbing Lichtenhahn, coll. « Centre de droit privé - Unité de droit familial », p. 109, spéc. p. 119 ; F. MONÉGER, « Rapport de synthèse », *in* F. MONEGER (dir.), *Gestation pour autrui : Surrogate Motherhood*, 2011, Société de législation comparée, coll. « Colloques », p. 9, spéc. p. 13.

L'existence de ces exceptions aura toutefois peu d'influence sur la démonstration, puisqu'aucun de ces pays n'ouvre la gestation pour autrui aux couples français[1].

**404.** Les pays qui autorisent la GPA prévoient généralement l'établissement de la filiation à l'égard de l'enfant dès sa naissance, et excluent immédiatement la gestatrice. N'ayant jamais été considérée comme mère, cette dernière ne peut pas « garder » l'enfant nouveau-né, et les parents d'intention peuvent établir une filiation de fait avant l'établissement de l'état civil français de l'enfant. Ainsi, la Grèce prévoit que la maternité est établie automatiquement à l'égard de la mère d'intention par le jeu d'une présomption[2], dans la mesure où c'est elle qui doit fournir ses ovocytes. Dans le cas où la gestatrice aurait un lien biologique avec l'enfant, elle pourrait toutefois contester le lien de filiation établi à l'égard de la mère d'intention dans les six mois suivant la naissance[3].

En Russie, la gestatrice n'a pas de lien biologique avec l'enfant qu'elle porte[4]. Elle demeure toutefois la mère de l'enfant : les parents d'intention ne sont considérés comme parents juridiquement dans l'acte de naissance de l'enfant que si la gestatrice donne son consentement après avoir mis l'enfant au monde[5], ce qui signifie par conséquent qu'elle peut refuser. L'acte de naissance est dressé sur la foi de la

---

[1] En Israël, c'est une condition de résidence habituelle en Israël qui ouvre le droit d'accéder aux services d'une mère porteuse, mais un auteur juge « improbable » qu'un couple puisse résider habituellement en Israël sans être citoyen (S. SHARKARGY, « La réglementation israélienne de la gestation pour autrui », *op. cit.*, spéc. p. 119). Le Royaume-Uni prévoit une condition de domicile de l'un des membres du couple au Royaume-Uni (M. WELLS-GRECO, « UK Approach to Surrogacy », *in* V. BOILLET, M. ROCA I ESCODA, E. DE LUZE (dir.) *La gestation pour autrui. Approches juridiques internationales*, 2018, Anthemis & Helbing Lichtenhahn, coll. « Centre de droit privé - Unité de droit familial », p. 43, spéc. p. 49 ; E. STEINER, « Angleterre : Maternité pour le compte d'autrui entre prohibition et permission », *op. cit.*, p. 43).

[2] C. civ. grec, art. 1464 § 1 ; A. C. PAPACHRISTOS, « Grèce : Le don d'utérus et le droit hellénique », *op. cit.*, spéc. p. 171 ; P. AGALLOPOULOU, « La loi hellénique concernant les procréations médicalement assistées », préc., étude 11.

[3] K. A. ROKAS, « Limites et flexibilité dans la mise en œuvre du cadre juridique grec en matière de gestation pour autrui », *op. cit.*, p. 99 ; F. GRANET-LAMBRECHTS, « Maternités de substitution, filiation et état civil. Panorama européen », *Dr. fam.* 2007, étude 34.

[4] Rapp. UE, mai 2013, « A Comparative Study on the Regime of Surrogacy in EU Member States », p. 334.

[5] *Ibid.*

déclaration des parents d'intention et du consentement écrit de la gestatrice[1]. L'enfant est donc délivré aux parents d'intention avant que l'acte de naissance ne soit dressé, il s'agit donc d'un nouveau-né, au sens du droit français.

Aux États-Unis, chaque État fédéré réglemente la GPA différemment[2]. En Californie, c'est la convention qui désigne les parents d'intention, homologuée par le juge avant la naissance, qui permet d'établir la filiation à l'étranger[3]. Cette procédure est décrite par la CEDH dans la décision *Mennesson c. France*, dans laquelle la Cour constate que les parents d'intention sont immédiatement désignés comme parents dans les actes de naissance des enfants[4]. L'affaire *Labassée c. France* concerne quant à elle une GPA exécutée dans le Minnesota : la procédure est différente de la procédure californienne, puisque la décision de justice est rendue postérieurement à la naissance,

---

[1] *Ibid.*, p. 337. – L'affaire *Paradiso et Campanelli c. Italie* donne une illustration de la procédure : « l'enfant naquit à Moscou le 27 février 2011. À la même date, la mère porteuse donna son consentement écrit pour que l'enfant soit enregistré comme le fils des requérants. [...] Dans les jours qui suivirent la naissance de l'enfant, la requérante s'installa avec lui dans un appartement à Moscou. [...] Le 10 mars 2011, les requérants furent enregistrés en tant que parents du nouveau-né par le bureau d'état civil de Moscou » (CEDH, GC, 24 janv. 2017, n° 25358/12, *Paradiso et Campanelli c. Italie*, §14, 15 et 16 : *D.* 2017. 897, note L. DE SAINT-PERN ; *ibid.* 663, note F. CHÉNEDÉ ; *ibid.* 729, obs. F. GRANET-LAMBRECHTS ; *ibid.* 781, obs. J.-C. GALLOUX et H. GAUMONT-PRAT ; *ibid.* 1011, obs. H. GAUDEMET-TALLON et F. JAULT-SESEKE ; *AJ fam.* 2017. 301, obs. C. CLAVIN et F. BERDEAUX ; *ibid.* 93, obs. A. DIONISI-PEYRUSSE ; *RTD civ.* 2017. 335, obs. J.-P. MARGUÉNAUD ; *ibid.* 367, obs. J. HAUSER ; *Rev. crit. DIP* 2017. 426, note T. KOUTEEVA-VATHELOT ; *Gaz. Pal.* 2017. 281, note P. LE MAIGAT ; *JCP* 2017 n° 323, note H. FULCHIRON). La procédure décrite par la Cour montre que l'enfant est remis aux parents d'intention avant la déclaration de sa naissance aux autorités russes.

[2] F. MONÉGER, « Rapport de synthèse », *op. cit.*, spéc. p. 14 ; Rapp. Sénat n° LC 182, janv. 2008, p. 37.

[3] C. SPIVACK, « U.S.A. », *op. cit.*, spéc. p. 262-263.

[4] CEDH, 26 juin 2014, n° 65192/11, *Mennesson c. France*, § 9 et 10 : « Une grossesse gémellaire fut constatée le 1er mars 2000 et, par un jugement du 14 juillet 2000, la Cour suprême de Californie, saisie conjointement par les premiers requérants, la mère porteuse et l'époux de celle-ci, décréta que tout enfant qui serait mis au monde par celle-ci dans les quatre mois aurait le premier requérant pour "père génétique" et la deuxième requérante pour "mère légale". Le jugement précise les mentions devant figurer dans l'acte de naissance, indiquant notamment que les premiers requérants devaient être enregistrés comme père et mère. // Des jumelles – les troisième et quatrième requérantes – naquirent le 25 octobre 2000, et les actes de naissance furent établis comme indiqués ci-dessus ».

mais tout de même avant l'établissement de l'acte de naissance[1]. L'enfant est donc un nouveau-né.

L'Ukraine, enfin, mérite une attention particulière, parce qu'elle constitue l'une des options privilégiées par les couples français désireux d'avoir un enfant par GPA[2]. Comme en Californie, les parents d'intention sont considérés comme les parents légaux de l'enfant dès l'insémination de la gestatrice, cette dernière n'ayant pas, par ailleurs, de lien biologique avec l'enfant. Ils sont ainsi immédiatement désignés comme parents dans l'acte de naissance de l'enfant[3].

**405.** Ainsi, la gestation pour autrui consiste bien, presque toujours, en la délivrance d'un nouveau-né, c'est-à-dire d'un enfant qui n'a pas de parents désignés par le droit *français*, ce qui permet l'établissement de la filiation irrégulière des parents d'intention. Certains pays prévoient une procédure postérieure à la naissance, comme le Royaume-Uni ou Israël, mais ils n'ouvrent pas la GPA aux Français. Par conséquent, il semble possible d'affirmer qu'en règle générale, les juridictions françaises ont à connaître de conventions de GPA, conclues à l'étranger, portant sur des enfants nouveau-nés. Leur efficacité est possible du fait de l'absence de parenté juridiquement établie par le droit français dès la naissance. L'existence de cette parenté de fait est facilitée par le fait que les parents d'intention peuvent faire établir l'acte de naissance par les autorités étrangères[4], et donc de se dérober à l'obligation de déclarer la naissance aux autorités diplomatiques ou consulaires édictée par l'article 55 du Code civil[5]. Les parents

---

[1] CEDH, 26 juin 2014, n° 65941/11, *Labassée c. France*, § 9 et 10. – La décision du Tribunal de l'État du Minnesota précise que « le nom de [l'enfant] était Juliette Monique Labassée, que sa garde légale et physique était accordée au premier requérant, celui-ci étant autorisé à retourner en France avec elle » (*ibid.*, §9). La décision prévoit ainsi expressément la délivrance concrète du nouveau-né aux parents d'intention à travers la référence à la garde légale *et* physique de l'enfant.

[2] C. GATINOIS, « En Ukraine, le côté obscur de la GPA », *Le Monde*, 3 juill. 2020, p. 21 ; G. DE MONTJOU, « GPA en Ukraine : le business des bébés », *Le Figaro (site web)*, 23 oct. 2020. – L'épidémie du coronavirus l'a bien montré, puisque la fermeture temporaire des frontières a eu pour conséquences que plusieurs parents d'intention français n'ont pas pu aller chercher les enfants nés au cours de cette période (« Ces bébés français bloqués à Kiev », *L'Obs*, 21 mai 2020, p. 46-47 ; C. DE LA HOUGUE, « Les centaines de bébés bloqués en Ukraine montrent l'indécence de la gestation pour autrui », *Le Figaro (site web)*, 18 juin 2020).

[3] D. LANCE et J. MERCHANT, « Réglementer les corps : la gestation pour autrui en Ukraine et aux États-Unis », préc.

[4] Y. FAVIER, « Actes de l'état civil », préc., §33.

[5] C. civ., art. 55, al. 3.

d'intention préfèrent doter le nouveau-né d'un acte de naissance étranger légitimant son état civil irrégulier, en confiant son établissement à une autorité tenant compte du droit qui a permis la convention de GPA. L'officier de l'état civil français, normalement compétent, est donc évincé de l'établissement de l'acte de naissance, qui permet justement l'établissement de la filiation. L'acte étant dressé par les autorités étrangères, il n'a plus qu'à être transcrit. C'est sur le fondement de ce contournement de la compétence du service de l'état civil français que les parents d'intention ont pu donner une légitimité juridique à leur parenté de fait, pour demander la transcription de l'acte de naissance étranger sur les registres de l'état civil français. Ainsi, et malgré leur interdiction de principe, le droit français admet désormais que ces conventions de GPA produisent certains de leurs effets par l'établissement d'un lien de filiation.

**406.** En France, la gestation pour autrui est interdite par l'article 16-7 du Code civil[1]. Lorsque ces conventions étaient conclues par des Français à l'étranger, la Cour de cassation refusait de leur laisser produire leurs effets en France, sur le fondement de l'atteinte à l'ordre public international français[2] puis de la fraude à la loi[3]. Après la

---

[1] Antérieurement, la Cour de cassation affirmait cet interdit en droit interne, en sanctionnant le dévoiement de l'institution de l'adoption (Cass. 1re civ., 13 déc. 1989 : *Bull. civ. I, n° 387* ; *D.* 1990. 273, rapp. J. MASSIP ; *RTD Civ.* 1990. 254, obs. J. RUBELLIN-DEVICHI ; *JCP* 1990. II. 21526, note A. SÉRIAUX. – Cass. ass. plén., 31 mai 1991, n° 90-20.105 : *Bull. ass. plén., n° 4* ; *GAJC*, 12e éd., n° 50 ; *D.* 1991. 318, note J.-L. AUBERT ; *ibid.* 417, rapp. Y. CHARTIER, note D. THOUVENIN ; *ibid.* 1992. somm. 59, obs. F. DEKEUWER-DÉFOSSEZ ; *JCP* 1991. II. 21752, communic. J. BERNARD, concl. H. DONTENWILLE, note F. TERRÉ ; *ibid.* 1992. I. 3547, p. 15, obs. J. RUBELLIN-DEVICHI ; *Defrénois* 1991. 948, obs. J. MASSIP ; *RTD civ.* 1991. 517, obs. D. HUET-WEILLER ; *ibid.* 1992. 88, obs. J. MESTRE ; *ibid.* 489, étude M. GOBERT ; *RRJ* 1991/3. 843, note T. BARTHOUIL ; *RFDA* 1991. 395, étude M. LONG ; *RCDIP* 1991. 711, note C. LABRUSSE-RIOU).

[2] Cass. 1re civ., 6 avr. 2011, nos 09-17.130, 09-66.486 et 10-19.053 : *Bull. civ. I, nos 70, 71 et 72* ; *D.* 2011. 1522, note D. BERTHIAU et L. BRUNET ; *ibid.* Pan. 1995, obs. Ph. BONFILS et A. GOUTTENOIRE ; *ibid.* 1064, entretien X. LABBÉE ; *ibid.* Pan. 1585, obs. F. GRANET-LAMBRECHTS ; *D.* 2012. Pan. 1228 ; *JCP N* 2011, n° 16, obs. E. FONGARO ; *D.* 2012. Pan. 308, obs. J.-C. GALLOUX et H. GAUMONT-PRAT ; *Gaz. Pal.* 2011, 1489, avis M. ; *Dr. fam.* 2011, étude 14, obs. C. NEIRINCK ; *AJ fam.* 2011. 265, obs. B. HAFTEL ; *AJCT* 2011. 301, obs. C. SIFFREIN-BLANC ; *Rev. crit. DIP* 2011. 722, note P. HAMMJE ; *JCP G* 2011. 734, obs. F. VIALLA et M. REYNIER.

[3] Cass. 1re civ., 13 sept. 2013, nos 12-30.138 et 12-18.315 : *Bull. civ. I, n° 176* ; *JDI* 2014, comm. 1, p. 133, note J. GUILLAUMÉ ; *Dr. fam.* 2013, comm. 151, C. NEIRINCK ; *D.* 2013. 2170, obs. I. GALLMEISTER ; *ibid.* 2349, chron. H. FULCHIRON et C. BIDAUD-GARON ; *ibid.* 2377, avis C. PETIT ; *ibid.* 2384, note M. FABRE-

condamnation de la position française par la CEDH[1], au motif d'une atteinte au droit au respect de la vie privée des enfants, et plus précisément à leur droit d'établir un lien de filiation avec leur père biologique, l'Assemblée plénière de la Cour de cassation a opéré un revirement de jurisprudence le 3 juillet 2015[2], limitant le refus de transcription au cas où l'acte dressé à l'étranger ne correspond pas à la réalité, comme le prévoit l'article 47 du Code civil. Par plusieurs arrêts successifs, elle a ensuite assoupli sa position[3], afin de favoriser la

---

MAGNAN ; *D.* 2014. 1061, obs. H. GAUDEMET-TALLON ; *AJ fam.* 2013. 532, obs. A. DIONISI-PEYRUSSE ; *ibid.* 579, obs. F. CHÉNEDÉ ; *ibid.* 600, obs. C. RICHARD et F. BERDEAUX-GACOGNE ; *AJCT* 2013. 517, obs. R. MESA ; *RCDIP* 2013. 909, note P. HAMMJE ; *RTD civ.* 2013. 816, obs. J. HAUSER ; *Gaz. pal.* 2013. 3040, obs. G. DEHARO ; *RLDC* 2013/109, n° 5276, obs. C. BRUNETTI-PONS ; *JCP G* 2013. 985, note A. MIRKOVIC.

[1] CEDH, 26 juin 2014, n° 65192/11, *Mennesson c. France* et n° 65941/11, *Labassée c. France* : *D.* 2014. 1797, note F. CHÉNEDÉ ; *ibid.* 1806, note L. D'AVOUT ; *ibid.* 1788, obs. Ph. BONFILS et A. GOUTTENOIRE ; *RTD Civ.* 2014. 616, obs. J. HAUSER ; *ibid.* 835, obs. J.-P. MARGUÉNAUD ; *JCP G* 2014. 953, obs. P. MURAT ; *ibid.* 832, obs. F. SUDRE ; *Dr. fam.* 2014. 128, note C. NEIRINCK ; *D.* 2015. 708, obs. F. GRANET-LAMBRECHTS ; *ibid.* 1059, obs. H. GAUDEMET-TALLON.

[2] Cass. ass. plén., 3 juill. 2015, n$^{os}$ 15-50.002 et 14-21.323 : *Bull. ass. plén., n° 4* ; *D.* 2015. 1773, obs. D. SINDRES ; *ibid.* 1819, note H. FULCHIRON et C. BIDAUD-GARON ; *ibid.* 1919, obs. Ph. BONFILS et A. GOUTTENOIRE ; *AJ fam.* 2015. 364, obs. A. DIONISI-PEYRUSSE ; *ibid.* 496, obs. F. CHÉNEDÉ ; *RTD Civ.* 2015. 581, obs. J. HAUSER ; *Gaz. pal.* 2015. 2949, obs. P. LE MAIGAT ; *Dr. fam.* 2015, n° 166, obs. J.-R. BINET.

[3] Elle a décidé que cette nouvelle position justifiait le refus de transcription à l'égard de la mère d'intention, dans la mesure où la filiation maternelle est fondée sur l'accouchement (Cass. 1$^{re}$ civ., 5 juill. 2017, n$^{os}$ 15-28.597, 16-16.901, 16-50.025 et 16-16.495 : *Bull. civ. I, n$^{os}$ 162, 163 et 164* ; *D.* 2017. 1737, note H. FULCHIRON ; *ibid.* 1727, obs. Ph. BONFILS et A. GOUTTENOIRE ; *ibid.* 2018. 528, obs. F. GRANET-LAMBRECHTS ; *ibid.* 641, obs. M. DOUCHY-OUDOT ; *ibid.* 765, obs. J.-C. GALLOUX et H. GAUMONT-PRAT ; *ibid.* 966, obs. S. CLAVEL et F. JAULT-SESEKE ; *AJ fam.* 2017. 482, obs. A. DIONISI-PEYRUSSE ; *ibid.* 375, obs. F. CHÉNEDÉ ; *ibid.* 431, obs. P. SALVAGE-GEREST ; *RCDIP* 2018. 143, note S. BOLLÉE) ; elle admet en revanche que la filiation puisse être établie en France par le mécanisme de l'adoption (Cass. 1$^{re}$ civ., 5 juill. 2017, n° 16-16.455 : *Bull. civ. I, n° 165*). Cette nouvelle position de la C. de cass. a été validée par la CEDH (CEDH, 10 avr. 2019, n° P16-2018-001 : *AJDA* 2019. 788 ; *ibid.* 1803, chron. L. BURGORGUE-LARSEN ; *AJ fam.* 2019. 233, obs. A. DIONISI-PEYRUSSE ; *ibid.* 289, obs. P. SALVAGE-GEREST et G. KESSLER ; *D.* 2019. 1020, obs. S. CLAVEL ; *ibid.* 1084, note H. FULCHIRON ; *RTD civ.* 2019. 286, obs. J.-P. MARGUÉNAUD ; *ibid.* 307, obs. A.-M. LEROYER ; *JCP G* 2019. 551, note F. SUDRE et A. GOUTTENOIRE ; *RJPF* 2019, n° 5, note M.-C. LE BOURISCOT) dans le cadre d'une procédure de demande d'avis (Cass. c. réexamen, 16 févr. 2018, n$^{os}$ 17 RDH 001 et 17 RDH 002 : *D.* 2018. 825, note J. GUILLAUMÉ ; *ibid.* 1664, obs. Ph. BONFILS ; *AJ*

transcription des actes de naissance dressés à l'étranger, notamment à l'égard de la mère d'intention. Le législateur a donc modifié la rédaction de l'article 47 qui précise désormais que « [la réalité] est appréciée au regard de la loi française » [1]. C'est donc bien la réalité de l'accouchement qui doit être prise en considération. Toutefois, la jurisprudence de la Cour de cassation révèle la frontière extrêmement poreuse entre *transcription* et *établissement* du lien de filiation.

**407.** Pour justifier sa décision, l'Assemblée plénière[2] distingue explicitement la transcription de l'action en reconnaissance ou en

---

*fam.* 2018. 178, obs. A. DIONISI-PEYRUSSE. – Cass. ass. plén., 5 oct. 2018, n° 10-19.053 : *D.* 2019. 228, note P. DEUMIER et H. FULCHIRON ; *ibid.* 663, obs. F. GRANET-LAMBRECHTS ; *ibid.* 725, obs. J.-C. GALLOUX ; *ibid.* 1016, obs. S. CLAVEL ; *AJ fam.* 2018. 613, obs. M. SAULIER ; *ibid.* 569, obs. A. DIONISI-PEYRUSSE ; *ibid.* 640 ; *RTD civ.* 2019. 90, obs. A.-M. LEROYER), au terme de laquelle l'Ass. plén. a finalement considéré que la transcription pure et simple des actes de naissance étrangers pouvait être ordonnée à l'égard de la mère d'intention, sans passer par le mécanisme de l'adoption, au regard des circonstances particulières de l'espèce (Cass. ass. plén., 4 oct. 2019, n° 10-19.053 : *D.* 2019. 2228, note H. FULCHIRON et C. BIDAUD ; *ibid.* 1985, édito. G. LOISEAU ; *ibid.* 2000, point de vue J. GUILLAUMÉ ; *ibid.* 2423, point de vue T. PERROUD ; *D.* 2020. 426, note S. PARICARD ; *JA* 2019, n° 610, p. 11, obs. X. DELPECH ; *AJ fam.* 2019. 592, obs. J. HOUSSIER et obs. G. KESSLER ; *ibid.* 481, point de vue L. BRUNET ; *ibid.* 487, obs. A. DIONISI-PEYRUSSE ; *RTD civ.* 2019. 817, obs. J.-P. MARGUÉNAUD ; *ibid.* 841, obs. A.-M. LEROYER ; *JCP G* 2019. 2067, note A. GOUTTENOIRE et F. SUDRE ; *Dr. fam.* 2019, n° 261, note J.-R. BINET). Dans un premier temps, cette solution a été généralisée par la première chambre civile (Cass. 1re civ., 18 déc. 2019, nos 18-11.815 et 18-12.327 : *D.* 2020. 426, note S. PARICARD ; *ibid.* 506, obs. M. DOUCHY-OUDOT ; *RTD civ.* 2020. 81, obs. A.-M. LEROYER ; *AJ fam.* 2020. 9, obs. A. DIONISI-PEYRUSSE ; *ibid.* 133, obs. J. HOUSSIER ; *Dr. fam.* 2020, comm. n° 39, J.-R. BINET ; *D. actu.* 20 déc. 2019, obs. T. COUSETTE), alors qu'elle résultait d'une appréciation *in concreto* au terme d'un contrôle de proportionnalité. Selon la C. de cass., la désignation de deux hommes dans un acte de naissance, ou d'une femme n'ayant pas accouché, pouvait ainsi être considérée comme conforme à la réalité selon les termes de l'art. 47 C. civ. La première chambre civile de la C. de cass. en a tiré pour conséquence l'abandon de la distinction qu'elle avait établie entre parent biologique et parent d'intention, et a décidé d'opérer un nouveau revirement de jurisprudence, allant au-delà de la solution de l'Ass. plén. Elle a considéré que la filiation à l'égard du parent d'intention, qu'il soit un homme ou une femme, devait être transcrite dans l'acte de naissance des enfants nés par GPA (Cass. 1re civ., 18 déc. 2019, nos 18-11.815 et 18-12.327, § 12).

[1] L. n° 2021-1017 du 2 août 2021 relative à la bioéthique, art. 7.

[2] Cass. ass. plén., 4 oct. 2019, n° 10-19.053 : *D.* 2019. 2228, note H. FULCHIRON et C. BIDAUD ; *ibid.* 1985, édito. G. LOISEAU ; *ibid.* 2000, point de vue J. GUILLAUMÉ ; *ibid.* 2423, point de vue T. PERROUD ; *D.* 2020. 426, note S. PARICARD ; *JA* 2019, n° 610, p. 11, obs. X. DELPECH ; *AJ fam.* 2019. 592, obs. J. HOUSSIER et obs. G. KESSLER ; *ibid.* 481, point de vue L. BRUNET ; *ibid.* 487, obs. A. DIONISI-

établissement de la filiation. Toutefois, la transcription n'est ordonnée, selon la Cour de cassation, que lorsque l'*établissement* de la filiation par l'adoption est impossible : l'Assemblée plénière, avant d'envisager la transcription, étudie également la possibilité d'*établir* la filiation par possession d'état, et décide finalement d'écarter cette hypothèse, au motif du risque de contestation de la filiation. Ainsi, la transcription de l'acte de naissance dressé à l'étranger constitue l'ultime moyen admis par le juge si le lien de filiation établi à l'étranger ne peut pas être *établi à nouveau*, ou « reconstruit »[1], en droit interne. Que le juge choisisse d'établir ou de transcrire le lien de filiation, le but demeure en effet le même : faire produire en France les effets de la convention de GPA en donnant une légitimité juridique au lien de filiation qu'elle entend établir. La GPA met ainsi à l'épreuve la distinction entre transcription et établissement d'un lien de filiation.

**408.** Le délai laissé aux parents pour déclarer la naissance de l'enfant laisse ainsi une parenté de fait s'exercer, qui dépasse les limites des droits reconnus en principe aux parents. Elle présente en effet les traits d'un pouvoir absolu sur la personne de l'enfant qui permet d'en transférer la propriété, ce que l'autorité parentale ne permet pas[2]. Ces

---

PEYRUSSE ; *RTD civ.* 2019. 817, obs. J.-P. MARGUÉNAUD ; *ibid.* 841, obs. A.-M. LEROYER ; *JCP G* 2019. 2067, note A. GOUTTENOIRE et F. SUDRE ; *Dr. fam.* 2019, nº 261, note J.-R. BINET.

[1] H. FULCHIRON, C. BIDAUD, « Transcription dans l'affaire *Mennesson* aujourd'hui. Et demain ? », *D.* 2019, p. 2228.

[2] Ce constat devrait être pris en compte dans les réflexions entourant la tolérance à la GPA. Même si le législateur a réaffirmé son hostilité à la GPA dans la nouvelle loi bioéthique (L. nº 2021-1017 du 2 août 2021 relative à la bioéthique), une ouverture de la gestation pour autrui en France dans les années à venir n'est pas à exclure totalement. Un sondage réalisé le 12 sept. 2019 donne un aperçu de sa réception par l'opinion publique : la question posée était « seriez-vous favorable ou opposé au fait d'autoriser le recours à une mère porteuse en France pour... les couples homosexuels/les couples hétérosexuels ? » (IFOP, « Les français, la PMA et la GPA. Enquête publiée pour CNews et Sud Radio », 12 sept. 2019). Les sondés ont répondu favorablement à 66 % pour les couples hétérosexuels, contre 60 % en 2014, et à 50 % pour les couples homosexuels, contre 41 % en 2014. Si ces statistiques montrent que la société française est partagée, elles ne montrent pas un refus catégorique, et elles signalent une évolution de l'opinion publique dans un sens favorable à la légalisation. Des tribunes paraissent également régulièrement dans la presse pour appeler à l'encadrement d'une GPA « éthique » en France (*cf. supra*, nº 399). L'interdiction s'affaiblit, et la méthode par laquelle l'enfant est *délivré* à des parents d'intention est mise en balance avec leur désir d'enfant. Le statut de l'enfant nouveau-né dans le cadre des conventions de GPA est révélateur de la place que notre société entend lui donner de façon générale. Le refus de la gestation pour autrui doit être guidé par la

conventions peuvent d'ailleurs produire leurs effets même lorsqu'elles ont été conclues en France, puisque la Cour de cassation exerce désormais un contrôle de proportionnalité lorsque le lien de filiation est déjà établi juridiquement[1] : pour être efficace en France, le contrat suppose que la gestatrice demande le secret de son accouchement ; aucun lien de filiation n'est alors établi à son égard. Le caractère potestatif de ce droit de la parturiente de refuser la maternité a déjà été souligné, ainsi que ses effets particulièrement importants : l'accouchement dans le secret demandé par la femme qui accouche a pour effet de priver l'enfant de sa famille biologique[2]. Ce sont justement ces effets particulièrement importants qui favorisent la conclusion de conventions de gestation pour autrui, illicites en droit interne.

Cette parenté de fait issue d'une convention illicite se distingue de la parenté de fait, plus commune, qui est exercée sur la personne de l'enfant avant que l'acte de naissance ne soit établi. Elle est fondée sur les apparences : elle joue à l'égard de la femme qui accouche, et de l'homme dont on peut supposer qu'il est le père de l'enfant. Cette

---

conviction que l'enfant, dès sa naissance, est une personne, et donc qu'il ne peut pas faire l'objet d'un contrat.

[1] Concernant une GPA pratiquée en France, la Cour de cassation a considéré qu'étant illicite, la convention ne pouvait produire ses effets (Cass. 1re civ., 12 sept. 2019, nº 18-20.472 : *D.* actu. 27 sept. 2019, obs. L. GAREIL-SUTTER ; *AJ fam.* 2019. 531, obs. F. CHÉNEDÉ ; *ibid.*, obs. P. SALVAGE-GEREST ; *ibid.* 487, obs. A. DIONISI-PEYRUSSE). Le régime de l'action n'est donc pas le même selon que la GPA est réalisée en France ou à l'étranger, ce qui est déjà de nature à susciter l'interrogation (A.-M. LEROYER, « L'instrumentalisation de l'intérêt de l'enfant en matière de GPA », *D.* 2019, p. 838). Elle réalise cependant un contrôle de proportionnalité, et considère que l'intérêt supérieur de l'enfant commande de maintenir le lien de filiation établi, même si ce dernier a également été établi par le jeu d'une convention de GPA, au motif que l'enfant « vit depuis sa naissance chez M. Y..., qui l'élève avec son épouse dans d'excellentes conditions ». Elle considère par conséquent qu'il est possible de refuser d'établir un lien de filiation à l'égard du père biologique de l'enfant. La Cour de cassation ne rejette donc pas de façon générale la possibilité d'établir un lien de filiation en raison d'une convention de GPA, même conclue en France : cela demeure théoriquement possible dans le cas où il s'agirait d'établir un lien de filiation à l'égard du père biologique de l'enfant, à condition que ce soit conforme à son « intérêt supérieur », notion dont le contenu extrêmement vague permet de lui faire produire des effets totalement imprévisibles. La GPA en constitue un bon exemple, puisque c'est au nom de l'intérêt supérieur de l'enfant que la Cour de cassation considère que les conventions de GPA conclues à l'étranger, dont la délivrance du nouveau-né constitue la prestation essentielle (*cf. supra*, nº 398), doivent produire leurs effets en France.

[2] *Cf. supra*, nº 312.

parenté de fait, aujourd'hui, n'est pas reconnue par le droit. Elle existe pourtant, elle mériterait donc un régime juridique, dont nous allons maintenant tracer les contours.

### *B. Le régime juridique de la parenté de fait*

**409.** La parenté de fait produit des effets similaires à ceux d'un lien de filiation établi par le droit. L'absence de parenté établie juridiquement aurait pu avoir pour conséquence la reconnaissance par le système juridique d'une parenté de fait dont le régime juridique aurait été calqué sur celui de l'ancienne tutelle de fait exercée à l'égard d'un mineur. En effet, la reconnaissance par le droit d'une tutelle de fait irrégulière a permis de protéger le mineur contre le tuteur en y appliquant les règles de la tutelle de droit[1]. Si cette parenté de fait n'a pas encore été reconnue, elle existe pourtant en droit positif, comme le démontre notamment le cas de l'enfant non-viable ; il est donc nécessaire d'en définir le régime juridique.

**410.** La parenté de fait permet de régir les rapports entre les parents de fait et le nouveau-né. En effet, l'autorité parentale n'est pas un droit absolu sur l'enfant : elle est « finalisée » par l'intérêt de l'enfant[2], et elle tend à « le protéger dans sa sécurité, sa santé et sa moralité, pour assurer son éducation et permettre son développement, dans le respect dû à sa personne »[3]. Appliquer le régime juridique de l'autorité parentale à cette autorité parentale de fait permet ainsi d'imputer à ses titulaires les mêmes devoirs dont l'enfant est le bénéficiaire. En outre, cette parenté de fait est également susceptible d'intéresser les tiers.

**411.** La matière médicale est un domaine particulièrement propice à l'étude du régime de la parenté de fait à l'égard des tiers, puisque le plus souvent, le nouveau-né voit le jour à l'hôpital, et l'accouchement est entouré par la médecine. Le droit comparé est porteur d'enseignements à cet égard. En effet, au Royaume-Uni, le *Children Act* prévoit que la mère est immédiatement investie de l'autorité parentale, malgré l'absence d'acte de naissance[4]. Selon la cour d'appel d'Angleterre et du Pays de Galles, cette règle est justifiée par la

---

[1] L. LEVENEUR, *Situations de fait et droit privé*, *op. cit.*, n[os] 27 et s., p. 31 et s.

[2] C. civ., art. 371-1, al. 1.

[3] C. civ., art. 371-1, al. 2.

[4] *Children Act*, 1989, art. 2.

nécessité d'une autorité parentale dès la naissance de l'enfant, notamment pour autoriser les soins urgents[1].

En France, la dernière enquête nationale périnatale a révélé une augmentation générale de la prématurité par rapport au nombre de naissances vivantes[2] : cela signifie par conséquent que les enfants nouveau-nés ont de plus en plus souvent besoin de soins médicaux. Les mêmes travaux révèlent que « [l]es transferts ou les hospitalisations du nouveau-né en dehors du service de suites de couches pour raison médicale ont augmenté entre 2010 et 2016, passant de 8,5 % de nouveau-nés à 9,9 % »[3]. Ce constat va également dans le sens d'un rôle important du médecin au moment de la venue au monde de l'enfant.

Les parents, en tant que titulaires de l'autorité parentale, sont censés donner leur consentement pour que des soins soient administrés à leur enfant mineur[4], autorité parentale qui « *appartient aux parents* »[5]. Si le droit ne reconnaît pas de parents au nouveau-né, les tiers doivent se reporter sur les parents de fait, c'est-à-dire de ceux qui en présentent les apparences.

**412.** Le régime juridique de la parenté de fait est encore plus délicat lorsque les apparences sont trompeuses, et que la filiation de fait n'est jamais reconnue juridiquement. La branche maternelle de la filiation est relativement certaine, puisque l'établissement de la filiation est fondé sur l'accouchement. L'apparence est donc difficile à contester, sauf si la femme qui accouche demande le secret de son identité. Toutefois, une hypothèse dans laquelle une femme ferait une telle demande après avoir exercé sa fonction de parent est relativement peu probable.

C'est donc surtout concernant la filiation paternelle que les apparences peuvent être trompeuses : c'est le cas lorsque l'homme présent lors de l'accouchement ne reconnaît pas l'enfant. Il faut alors se demander quel serait le sort des décisions prises par les personnes dont on pouvait légitimement penser qu'elles étaient les parents de fait de l'enfant, et donc qu'elles pouvaient exercer l'autorité parentale. Certains actes pourront être remis en question rétroactivement sans difficulté. C'est le cas, par exemple, des dépenses faites par celui qui

---

[1] EWCA, Civ 559, *McConnell v. The Registrar General for England and Wales*, 29 avr. 2020.

[2] B. BLONDEL, C. BONNET, B. COULM, J. FRESSON, S. REY, A. VANHAESEBROUCK, A. VILAIN, rapp. INSERM et DREES, préc., p. 58.

[3] *Ibid.*, p. 56.

[4] CSP, art. L. 1111-4.

[5] C. civ., art. 371-1.

pensait être père de l'enfant. Dans ce cas, il est possible de raisonner par analogie avec la situation dans laquelle un lien de filiation est contesté et anéanti rétroactivement : « celui (ou celle) ayant assumé l'entretien de celui (ou celle) qu'il (ou elle) croyait à tort être son fils (ou sa fille) peut en principe obtenir répétition des sommes indûment versées »[1]. Mais il est certaines décisions qu'il est difficile d'ignorer : pour éclaircir ce point, l'analogie avec d'autres situations de fait permettra de proposer un régime juridique pour ces actes irréguliers.

**413.** Certains actes ne peuvent, par leur nature, être annulés rétroactivement. Les décisions impliquant la personne de l'enfant, par exemple autorisant une intervention chirurgicale urgente dans les minutes suivant la naissance, ne peuvent disparaître rétroactivement. Dans ce cas, il faut admettre leur validité puisqu'on peut supposer qu'elles ont été prises dans l'intérêt de l'enfant, par un homme qui pensait être père, et donc qui avait probablement l'intention d'assumer ce rôle. Cette situation pourrait alors être rapprochée de celle du mariage putatif, avec lequel elle présente des similarités[2]. Mais le parallèle avec la situation apparente nous semble encore plus pertinent[3] : c'est en effet parce que le parent de fait a l'apparence d'un parent reconnu par le droit que le tiers doit être protégé.

L'apparence permet de faire produire certains effets de droit à une situation irrégulière en raison de son apparence trompeuse[4]. Ainsi, pour

---

[1] F. TERRÉ, C. GOLDIE-GENICON, D. FENOUILLET, *Droit civil. La famille*, *op. cit.*, n° 584, p. 536.

[2] C. civ., art. 201 : « Le mariage qui a été déclaré nul produit, néanmoins, ses effets à l'égard des époux, lorsqu'il a été contracté de bonne foi ». La bonne foi du parent de fait n'est cependant pas la justification la plus convaincante à cet assouplissement (L. LEVENEUR, *Situations de fait et droit privé*, *op. cit.*, n° 189, p. 223) : en effet, malgré la mauvaise foi des époux, l'art. 202 C. civ. précise que le mariage « produit aussi ses effets à l'égard des enfants » puisque, de toute évidence, l'intérêt de l'enfant commande la stabilité de sa situation juridique. Cette règle est justifiée par le fait qu'« une situation de fait a existé que la nullité est impuissante à effacer totalement ; la rigueur de la règle "*quod nullum est nullum producit effectum*" doit donc être tempérée par la neutralisation de l'effet rétroactif dont elle est porteuse, puisque les membres de l'institution, qui a fonctionné en fait, ne peuvent être replacés dans leur situation antérieure » (*ibid.*, n° 190, p. 225-226).

[3] D'ailleurs, M. LEVENEUR s'était prononcé favorablement à « une extension de la théorie de l'apparence sur toute la matière dès lors que les conditions de son intervention sont réunies » (*ibid.*, n° 159, p. 177).

[4] *Ibid.*, n° 136, p. 157-158 : « elle suppose toujours que soit suffisamment caractérisée une situation de fait ostensible de nature à justifier la croyance erronée des tiers de bonne foi à la réalité de la situation ».

qu'un tiers puisse se prévaloir de l'apparence pour justifier d'avoir pris en compte la décision du parent de fait, il faut qu'il soit de bonne foi et que son erreur soit justifiée par une apparence crédible, non-équivoque. Par conséquent, et par analogie, les décisions prises par la femme qui a accouché, et celles prises par celui dont on peut légitimement supposer qu'il est le père, sont valables malgré l'absence d'acte de naissance les désignant comme parents. Il faut cependant que ces apparences soient vraisemblables, surtout à l'égard du père.

Cette solution a le mérite de protéger les tiers, et notamment ceux qui assurent la prise en charge médicale de l'accouchement : en effet, le médecin qui procéderait à une intervention chirurgicale urgente sans le consentement des titulaires de l'autorité parentale engagerait sa responsabilité civile[1]. Il faut alors appliquer les règles traditionnellement appliquées à l'apparence, et « accorder aux tiers les mêmes droits que si la réalité avait été conforme à l'apparence »[2] : ainsi, l'autorisation reçue de la part des parents de fait doit être considérée comme valable pour protéger le médecin.

**414.** Ce régime juridique n'est cependant qu'un palliatif, à défaut d'acte de naissance. Il faudrait plutôt envisager une réforme de la procédure de déclaration de la naissance, qui comprendrait une « préinscription »[3] de l'enfant sur les registres de l'état civil avant sa naissance. Elle s'inscrirait dans la même logique que le parcours médical de la femme enceinte, destiné à prévenir un accouchement dystocique. De même, la préinscription de l'enfant sur les registres de l'état civil permettrait de prévenir les incertitudes entourant son état civil, en désignant les parents avant que l'enfant ne vienne au monde. Il faudrait, plus largement, au lieu de voir le nouveau-né comme une personne à l'épreuve, devant démontrer son aptitude à vivre, voir dans l'enfant naissant une personne juridique déjà titulaire d'un état civil.

**415.** La parenté de fait est d'ailleurs un palliatif extrêmement fragile et insuffisant à l'absence de filiation établie juridiquement. En effet, lorsque le nouveau-né est abandonné[4], aucune filiation de fait ne peut exister. Dans cette situation, le nouveau-né n'est donc pas représenté sur la scène juridique. C'est pourtant cette représentation qui permet au

---

[1] *Cf. supra*, n^os^ 234 et 235 ; sauf bien sûr dans le cas où « le refus d'un traitement par la personne titulaire de l'autorité parentale ou par le tuteur risque d'entrainer des conséquences graves pour la santé du mineur […] » (CSP, art. L. 1111-4).

[2] L. LEVENEUR, *Situations de fait et droit privé*, *op. cit.*, n° 156, p. 175.

[3] *Cf. supra*, n^os^ 330 et s.

[4] *Cf. supra*, n^os^ 309 et s.

médecin d'agir sur le nouveau-né nécessitant des soins. Le Code de la santé publique ne prévoit pas de situations dans lesquelles l'enfant n'aurait pas de représentant. Il faut probablement considérer que dans ce cas particulier, le médecin se trouve dispensé d'obtenir le consentement des représentants de l'enfant, et que le nouveau-né a, comme « toute personne », « compte tenu de son état de santé et de l'urgence des interventions que celui-ci requiert, le droit de recevoir, sur l'ensemble du territoire, les traitements et les soins les plus appropriés et de bénéficier des thérapeutiques dont l'efficacité est reconnue et qui garantissent la meilleure sécurité sanitaire et le meilleur apaisement possible de la souffrance au regard des connaissances médicales avérées [...] »[1]. L'absence de représentation juridique du nouveau-né est donc compensée par l'existence de règles protégeant la personne dans son humanité.

## §2. La parenté de fait, condition de la personnalité juridique de fait du nouveau-né

**416.** La parenté de fait permet de désigner des représentants au nouveau-né, qui agissent en son nom et pour son compte (A). En revanche, lorsque ces représentants ne sont pas désignés, notamment quand la femme qui accouche demande le secret, l'enfant n'est plus représenté : non identifié, non représenté, le nouveau-né est titulaire d'une personnalité juridique passive (B).

### *A. La parenté de fait, condition de la représentation du nouveau-né*

**417.** La condition juridique du nouveau-né peut être rapprochée de la catégorie des non-sujets de droit, et plus précisément des « indiscernables », qui « ne peuvent, faute d'identité, être porteurs de droits *individuels* »[2]. Sans en donner le nom, CARBONNIER y intègre le nouveau-né trouvé : « Même l'enfant trouvé recevra un nom, mais tant qu'il ne l'a pas reçu n'est-il pas comme une épave, un non-sujet de

---

[1] CSP, art. L. 1110-5, al. 1er.

[2] J. CARBONNIER, *Flexible droit*, *op. cit.*, p. 235.

droit ? »[1]. Ne pourrait-on pas étendre cette réflexion à tous les nouveau-nés, c'est-à-dire à tous les enfants dépourvus d'acte de naissance ? Cette hypothèse contredit, au premier abord, le principe bien admis selon lequel l'enfant est pourvu d'une personnalité juridique entière dès sa naissance, amputée d'une incapacité générale d'exercice, et non de jouissance, dont il n'existerait plus d'exemple depuis l'abolition de la mort civile. Par ailleurs, théoriquement, l'établissement de l'acte de naissance n'est pas une condition d'octroi de la personnalité juridique aux personnes physiques, contrairement aux personnes morales : l'être humain doit seulement naître vivant et viable.

Cependant, notre étude a montré les limites de ce principe, et le lien entre l'état civil et les droits dont il permet de jouir doit être souligné : en ce sens, Madame LAROCHE-GISSEROT considère que « [l]'état de la personne permet de déterminer sa capacité de jouissance »[2] ; de même, selon Messieurs ZENATI-CASTAING et REVET, « [c]'est en vue de leur participation au commerce juridique que les personnes ont besoin d'être identifiées autant que d'être certifiées dans leur existence. En ce sens, l'état des personnes peut être considéré comme une condition a priori de la personnalité juridique »[3]. La campagne de l'UNICEF visant à octroyer un acte de naissance aux enfants va également en ce sens : « Non enregistré à sa naissance, un enfant risque d'être exclu de la société – de se voir refuser le droit à une identité officielle, à un nom, à une nationalité. [...] Ces enfants n'ont pas d'acte de naissance, cette “carte de membre” de la société qui est la clé de toute une série de droits, y compris ceux à l'éducation, aux soins de santé, à la participation, à la protection »[4].

Si « [l]es *personnes*, au sens juridique du terme, sont les êtres capables de jouir de droits »[5], et si le nouveau-né ne peut pas jouir de tous ses droits, est-il une personne amoindrie ? L'absence d'acte de naissance affecte l'aptitude à être titulaire de certains droits, fondamentaux, comme le droit à un nom par exemple. Mais plus importante encore est l'absence de parents désignés juridiquement à cet

---

[1] *Ibid.*

[2] F. LAROCHE-GISSEROT, *Leçons de droit civil. Les personnes. La personnalité. Les incapacités*, 8e éd., 1997, Montchrestien, p. 33.

[3] F. ZENATI-CASTAING, T. REVET, *Manuel de droit des personnes*, *op. cit.*, p. 49.

[4] Rapp. UNICEF, Centre de recherche Innocenti de l'UNICEF, 2002, « L'enregistrement à la naissance : un droit pour commencer », préc.

[5] J. CARBONNIER, *Droit civil*, *op. cit.*, n° 193, p. 373.

âge de la vie : sans représentants, l'enfant semble ne pas pouvoir exister sur la scène juridique[1].

Il est en effet bien établi en doctrine que le mineur, frappé d'une incapacité générale d'exercice, a besoin de ses représentants pour que ses droits soient exercés. L'incapacité elle-même affecte la personnalité juridique : « dans l'incapacité c'est la personne même qui est frappée de plein fouet : sa personnalité est diminuée »[2]. Selon d'autres auteurs, toujours dans le même sens, l'incapacité « correspond [...] à une technique juridique éprouvée, celle consistant à *limiter la personnalité juridique du sujet de droit en le privant du pouvoir d'agir juridiquement* »[3]. À cette limitation de la personnalité juridique, le droit apporte des « remèdes »[4], dont notamment la représentation, sans quoi la personnalité juridique demeurerait limitée, voire presque anéantie : « Le mineur étant, en principe, incapable d'exercer lui-même ses droits, il n'est pas possible de faire l'économie d'un palliatif, sans quoi cette incapacité deviendrait une incapacité de jouissance puisqu'il ne pourrait obtenir la sanction de ses droits qui seraient alors plus virtuels que réels. La représentation *ad agendum* permet de compenser cette incapacité d'exercice »[5].

Par conséquent, le nouveau-né est également privé des droits découlant de l'établissement de la filiation, notamment l'octroi de la nationalité française[6]. Il n'est d'ailleurs pas certain qu'il soit possible de lui reconnaître la nationalité française par sa seule naissance en France, puisque cela supposerait que ses parents soient « inconnus »[7]. Or, le droit reconnaît l'existence d'une parenté « de fait ».

**418.** Par la reconnaissance de cette parenté de fait, le droit reconnaît donc, *de fait*, la possibilité au nouveau-né d'exister juridiquement et de jouir de ses droits. Il n'est donc pas absolument non-sujet de droit, puisque le droit reconnaît que l'enfant nouveau-né peut avoir des relations avec d'autres personnes, relations qu'il régit[8]. Si le nouveau-

---

[1] C. civ., art. 388-1-1 : « L'administrateur légal représente le mineur dans tous les actes de la vie civile, sauf les cas dans lesquels la loi ou l'usage autorise les mineurs à agir eux-mêmes ».

[2] J. CARBONNIER, *Droit civil*, *op. cit.*, n° 290, p. 542.

[3] F. TERRÉ, D. FENOUILLET, *Droit civil. Les personnes*, *op. cit.*, n° 291, p. 275.

[4] J. CARBONNIER, *Droit civil*, *op. cit.*, n° 293, p. 547.

[5] Ph. BONFILS, A. GOUTTENOIRE, *Droit des mineurs*, *op. cit.*, n° 516, p. 294.

[6] C. civ., art. 18.

[7] C. civ., art. 19.

[8] Pendant la vie *in utero*, la nature de ces relations est plus aisée à définir : l'enfant étant *pars viscerum matris*, ses relations avec l'extérieur sont appréhendées à travers

né existe juridiquement grâce à une parenté *de fait*, est-il possible de le qualifier de *personne de fait* ? Cette qualification est d'autant plus intéressante que sa situation est proche de celle des personnes morales non immatriculées, qui entrent dans la catégorie des situations de fait[1] : l'existence du nouveau-né n'étant pas constatée juridiquement, sa situation rappelle celle des sociétés créées de fait, des sociétés en participation[2], ou encore des sociétés en formation. En effet, en principe, la personnalité morale des sociétés est subordonnée à leur immatriculation au registre du commerce et des sociétés ; les sociétés en formation et les sociétés créées de fait en sont donc dépourvues[3]. Malgré cela, le droit régit leurs conditions d'existence : une fois la formalité de l'immatriculation accomplie, la société peut reprendre les actes accomplis par les associés pendant la période de formation[4] ; en outre, les articles 1871 et suivants du Code civil concernant la société en participation et la société créée de fait régissent les rapports entre les associés et à l'égard des tiers. Malgré l'impossibilité pour elles de jouir de la personnalité morale, le droit reconnaît donc quand même leur existence juridique[5].

**419.** Il faut cependant distinguer le cas de la société en formation de celui de la société créée de fait : la société en formation, contrairement à la société créée de fait, ne réunit pas les conditions de fond requises pour caractériser l'existence d'une société, et notamment l'*affectio*

---

le corps de sa mère. Mais comme l'accouchement a séparé le nouveau-né de sa mère, cette explication ne peut plus convenir.

[1] L. LEVENEUR, *Situations de fait et droit privé, op. cit.*, n^os^ 296 et s., p. 361 et s.

[2] M. LEVENEUR intègre les sociétés en participation à la catégorie des sociétés créées de fait, nous en ferons de même (*ibid.*, n° 303, p. 371-373).

[3] C. civ., art. 1842 pour la société en formation ; C. civ., art. 1871, al. 1er : « Les associés peuvent convenir que la société ne sera point immatriculée. La société est dite alors "société en participation". Elle n'est pas une personne morale et n'est pas soumise à publicité. Elle peut être prouvée par tous moyens ». – C. civ., art. 1873 : « Les dispositions du présent chapitre sont applicables aux sociétés créées de fait ».

[4] C. civ., art. 1843.

[5] G. GOUBEAUX, « Personnalité morale, droit des personnes et droit des biens », *in Études dédiées à René ROBLOT. Aspects actuels du droit commercial français*, 2014, LGDJ, coll. « Anthologie du droit », p. 199, spéc. p. 204 : « dire que la capacité de jouissance dépend d'une attribution législative n'implique pas que le bénéficiaire de cette attribution soit créé de toute pièce par celle-ci ; il est tout à fait concevable, au contraire, que son existence puisse être constatée en dehors de sa consécration comme sujet de droits ».

*societatis*[1]. Si le parallèle peut être fait entre les personnes morales et les personnes physiques, la société en formation serait donc plutôt le reflet de l'enfant à naître, et la règle permettant à la société ultérieurement formée de reprendre les actes faits pendant la formation serait l'équivalent de la règle *infans conceptus*[2]. Or, le nouveau-né est vivant, et sa viabilité est déduite de sa vie : les conditions de fond d'accès à la personnalité juridique semblent donc remplies. Il se différencie ainsi de l'embryon humain que le CCNE avait qualifié de « personne humaine potentielle »[3] : le nouveau-né n'est plus à l'état de potentiel, il est déjà existant ; il n'est plus une « personne par destination »[4] ; il ne serait donc plus vraiment une personne en formation, mais une personne de fait. Par souci de précision, il faut cependant déterminer les similitudes entre la situation du nouveau-né et celle de la société créée de fait qui permettent de justifier l'analogie, et notamment si la situation du nouveau-né peut être qualifiée de situation de fait, catégorie à laquelle appartient la société créée de fait.

**420.** Les situations de fait sont des « situations irrégulières auxquelles sont attachés certains des effets des situations de droit correspondantes »[5]. Le nouveau-né est-il dans une situation « irrégulière » ? La réponse semble devoir être négative : sa situation est conforme au droit, puisque la déclaration de la naissance ne peut être effectuée que postérieurement à la naissance, dans un certain délai. Par conséquent, il est permis d'attendre quelques jours pour déclarer la naissance de l'enfant. Mais l'étude d'autres textes peut suggérer l'inverse : par exemple, le premier alinéa de l'article 7 de la Convention

---

[1] L. LEVENEUR, *Situations de fait et droit privé*, *op. cit.*, n° 366, p. 458 et s. – *Contra* : M. GERMAIN, « Naissance et mort des sociétés commerciales », *in Études dédiées à René ROBLOT. Aspects actuels du droit commercial français*, 2014, LGDJ, coll. « Anthologie du droit », p. 217, spéc. p. 225 : « la société en formation n'est pas seulement une phase de formation de la société, mais bien une véritable société. Par la force des choses, elle est sans doute à rapprocher de la société en participation ou de la société créée de fait, seules formes reconnues expressément par la loi comme n'ayant pas la personnalité morale. [...] C'est seulement si les associés abandonnent l'idée de l'immatriculation que la société en formation deviendra naturellement société créée de fait ».

[2] D. PLANTAMP, « Le point de départ de la période de formation des sociétés commerciales », *RTD Com.* 1994, p. 1.

[3] Avis CCNE, n° 8, 15 déc. 1986, « relatif aux recherches et utilisation des embryons humains *in vitro* à des fins médicales et scientifiques ».

[4] X. LABBÉE, *Condition juridique du corps humain avant la naissance et après la mort*, *op. cit.*, p. 251 et s.

[5] L. LEVENEUR, *Situations de fait et droit privé*, *op. cit.*, n° 3, p. 4.

de New York dispose que « [l]'enfant est enregistré aussitôt sa naissance [...] ». L'utilisation de l'adverbe « aussitôt », c'est-à-dire « [s]ans tarder, au moment même, sur l'heure »[1], semble s'opposer à la tolérance d'un délai pour établir l'acte de naissance. La jurisprudence française a également dégagé un principe général selon lequel « un intérêt d'ordre public s'attache à ce que toute personne vivant habituellement en France, même si elle est née à l'étranger et possède une nationalité étrangère, soit pourvue d'un état civil »[2]. Si l'enfant doit être enregistré aussitôt sa naissance, et si un intérêt d'ordre public s'attache à ce que « toute » personne soit pourvue d'un état civil, le nouveau-né ne devrait-il pas être pourvu d'un état civil ? Même si la situation du nouveau-né n'est pas irrégulière *stricto sensu*[3], elle constitue une exception remarquable aux principes régissant l'état civil. Mais surtout, outre l'absence d'état civil constaté par le droit, c'est une parenté de fait, donc irrégulière, qui permet à l'enfant de jouir de ses droits, et donc de sa personnalité juridique, puisque sans cette parenté de fait, l'enfant serait dépourvu de représentants, et donc ses droits ne pourraient pas être exercés. L'existence juridique de l'enfant est donc permise par une représentation irrégulière.

Le deuxième critère de la « situation de fait » doit également être discuté : elle doit produire certains effets de droit de la situation correspondante[4]. Or, si en principe le nouveau-né est pleinement titulaire de la personnalité juridique, l'absence d'acte de naissance reconnaissant son existence a des conséquences sur sa capacité de

---

[1] *Dictionnaire de l'Académie française*, 9e éd., v° « Aussitôt ».

[2] CA Paris, 1re ch., 2 avr. 1998 : *D.* 1998, p. 137 ; *RTD Civ.* 1998. 651, obs. J. HAUSER. – CA Paris, 24 févr. 1977 : *D.* 1978. 168, note J. MASSIP (« on imagine sans peine, dans notre civilisation bureaucratique, les difficultés auxquelles doit se heurter celui qui est dépourvu d'un état civil régulier dans ses relations avec les différentes administrations »). – CA Paris, 3 nov. 1927 : *DP* 1930. II. 25, note R. SAVATIER : « l'intérêt de la société commande impérieusement que l'existence de tout enfant soit constatée sur les registres de l'état civil ».

[3] G. CORNU (dir.), *Vocabulaire juridique*, *op. cit.*, v° « Irrégularité » : « Non-conformité à la règle ; défaut entachant un acte ou une situation non conforme au Droit, not. du fait de l'inobservation d'une condition de formation » ; C. FRANÇOIS, *L'acte juridique irrégulier efficace. Contribution à la théorie de l'acte juridique*, 2020, LGDJ, coll. « Bibliothèque de droit privé », n° 157 : « Nous désignons donc, par l'expression acte juridique irrégulier, un acte juridique non conforme à une règle de l'ordre juridique qui s'imposait à au moins l'un de ses auteurs ».

[4] L. LEVENEUR, *Situations de fait et droit privé*, *op. cit.*, n° 3, p. 4.

jouissance[1]. Certains attributs de la personnalité juridique sont donc refusés au nouveau-né du fait de l'absence d'acte de naissance. Ses relations avec les tiers se réalisent par une représentation irrégulière produisant néanmoins certains effets juridiques d'une représentation valable. Le deuxième critère est donc rempli. Le nouveau-né est donc une personne juridique de fait. Cette définition ne convient, cependant, qu'au nouveau-né qui a des parents.

### *B. La personnalité juridique passive du nouveau-né non-représenté*

**421.** Si le nouveau-né n'existe pleinement sur la scène juridique que grâce à une représentation irrégulière, quand cette représentation n'existe pas, faut-il en déduire qu'il n'existe absolument pas sur la scène juridique, et qu'il n'est pas titulaire de la personnalité juridique ? L'affirmation serait excessive : il faut en effet distinguer la titularité des droits et leur mise en œuvre. Si la personnalité juridique suppose un état civil qui produit des effets de droit[2], le nouveau-né, dépourvu d'acte de naissance, n'en demeure pas moins titulaire de droits subjectifs indépendants de son individualisation au moyen d'un état civil.

L'exemple le plus évident qui puisse être donné est celui des droits de la personnalité, qui « sont innés, reconnus à chacun dès sa naissance »[3], au rang desquels figure notamment le principe

---

[1] Si la catégorie des incapacités de jouissance a pu faire l'objet de critiques, son caractère évocateur justifie son emploi. En outre, ces critiques méritent d'être relativisées. Une auteure estime ainsi que « [l]es incapacités de jouissance actuelles ne sont, bien souvent, porteuses ni d'indignité, ni d'idée de sanction, ni d'exclusion sociale ou d'atteinte à la personnalité juridique. En conséquence, il n'est guère possible de voir dans les incapacités de jouissance autre chose qu'une construction théorique dépassée » (I. MARIA, *Les incapacités de jouissance. Étude critique d'une catégorie doctrinale*, 2010, Defrénois, coll. « Doctorat et notariat », p. 209). L'objet de notre thèse est justement de démontrer l'actualité de ce concept, en raison d'une atteinte à la personnalité juridique. L'auteure propose en outre de requalifier les incapacités de jouissance en incapacités d'exercice, et distingue celles qui sont « protectrices de la personne » (*ibid.*, p. 215 et s.) et celles qui sont des « manifestations d'un ordre public défenseur de l'intérêt général » (*ibid.*, p. 283). Or, le nouveau-né n'entre pas dans cette typologie.

[2] P. MURAT, « Décès périnatal et individualisation juridique de l'être humain », préc.

[3] A. MARAIS, *Droit des personnes*, *op. cit.*, n° 251, p. 183.

d'inviolabilité du corps humain[1], qui ne dépend pas de l'individualisation de son titulaire au moyen d'un acte de naissance. En revanche, les règles entourant ce principe seront difficiles à mettre en œuvre, notamment celles permettant néanmoins une atteinte au corps en raison du consentement du sujet de droit. En effet, lorsque la personne est mineure, ce sont ses représentants qui sont censés consentir à sa place[2], représentants dont le nouveau-né abandonné à la naissance est dépourvu. C'est donc surtout dans l'abstention de porter atteinte au corps, commandée par l'absence de consentement possible, que le principe d'inviolabilité du corps humain produira principalement ses effets.

Cette obligation de s'abstenir en l'absence de consentement ne signifie pourtant pas que le nouveau-né abandonné à la naissance ne peut pas recevoir de soins. En effet, l'article L. 1111-4 alinéa 5 du Code de la santé publique autorise les soins dans le cas où la personne ne peut pas donner son consentement : « Lorsque la personne est hors d'état d'exprimer sa volonté, aucune intervention ou investigation ne peut être réalisée, sauf urgence ou impossibilité, sans que la personne de confiance prévue à l'article L. 1111-6, ou la famille, ou à défaut, un de ses proches ait été consulté ». Concernant le nouveau-né abandonné, il y a bien « impossibilité » de consulter une quelconque personne de confiance, la famille ou l'un de ses proches. Le texte permet donc au médecin d'intervenir et d'investiguer, ce qui permet de garantir le droit à la santé dont le nouveau-né est titulaire, indépendamment de son individualisation par un acte de naissance.

Ainsi, l'absence d'acte de naissance n'empêche pas une certaine réalisation extrajudiciaire des droits subjectifs, dans la seule mesure où ils n'ont pas besoin de la volonté pour être mis en œuvre : tel est le cas de l'obligation légale d'abstention de porter atteinte au corps humain à défaut de consentement de la personne, ou de l'obligation pour le médecin de délivrer les soins indispensables.

**422.** En revanche, le mineur étant incapable d'agir seul en justice, ce sont, en principe, ses représentants légaux qui ont le pouvoir[3] de le représenter[4]. Cette représentation ne peut donc pas, par conséquent, être

---

[1] C. civ., art. 16-3. – A. LEPAGE, « Droits de la personnalité », *in Répertoire de droit civil*, actu. 2021, § 25 à 27.

[2] CSP, art. L. 1111-4.

[3] E. GAILLARD, *Le pouvoir en droit privé*, *op. cit.*, n$^{os}$ 250 et s., p. 162 et s.

[4] L. CADIET, E. JEULAND, *Droit judiciaire privé*, 2020, 3$^{e}$ éd., LexisNexis, coll. « Manuel », n$^{os}$ 427 et s., p. 397 et s. ; A. GOUTTENOIRE, « Enfant », *in* L. CADIET

exercée à l'égard du nouveau-né abandonné à la naissance. Or, l'article 117 du Code de procédure civile sanctionne le défaut de pouvoir dans l'exercice de l'action en justice par une nullité pour irrégularité de fond ; ainsi, à défaut de représentation possible, l'action en justice ne peut pas être exercée. Il faut donc en conclure que si l'action en justice est l'« humble servante du droit subjectif substantiel »[1], l'impossibilité de l'exercer en raison du défaut de représentant entrave encore un peu plus la personnalité juridique du nouveau-né en empêchant de faire valoir ses droits subjectifs en justice. Cet obstacle est regrettable car le nouveau-né est le plus souvent, dès sa naissance, confronté à une relation de soins, la plupart des accouchements se déroulant aujourd'hui à l'hôpital ; or, les décisions médicales sont susceptibles de recours, souvent en urgence, par le jeu de référés, comme l'a illustré l'affaire *Lambert* notamment[2]. Cette situation d'urgence interdit ainsi d'attendre la désignation d'un tuteur pour pouvoir exercer l'action en justice.

Ce constat tiré de l'exemple de l'inviolabilité du corps humain d'une part, et de l'action en justice d'autre part, permet donc de préciser l'incidence de l'absence d'acte de naissance établi au nouveau-né, et les effets de l'absence de représentation sur la scène juridique : si le nouveau-né non représenté n'est pas titulaire des droits attachés à l'état civil, et donc de ceux nécessitant une individualisation, il demeure titulaire des droits qui le protègent en tant que personne humaine, notamment les droits de la personnalité, dont le respect dû à son corps ; c'est plutôt dans sa mise en œuvre que la personnalité juridique du nouveau-né peut être considérée comme entravée, car les règles régissant ces droits ne peuvent pas fonctionner normalement en raison de l'absence de représentation, nécessaire pour interagir.

Il s'agit d'une entrave empêchant la mise en mouvement des droits subjectifs du nouveau-né, soit par la manifestation de la volonté d'un

---

(dir.), *Dictionnaire de la justice*, 2004, PUF, p. 418 et s. – Ici, les solutions jurisprudentielles relatives aux groupements dépourvus de personnalité morale sont sans le moindre secours. En effet, elles visent surtout à reconnaître une personnalité morale visant à permettre la défense d'intérêts ou à rechercher une responsabilité (E. SAVAUX, « La personnalité morale en procédure civile », *RTD Civ.* 1995, p. 1) ; en revanche, elles ne proposent pas de palliatif à l'absence de représentation juridique, sauf à reconnaître l'existence d'une représentation de fait, dont le nouveau-né abandonné ne bénéficie justement pas.

[1] H. MOTULSKY, « Le droit subjectif et l'action en justice », *in Écrits. Études et notes de procédure civile*, 2009, Dalloz, coll. « Bibliothèque Dalloz », p. 85 et s., spéc. p. 100.

[2] Sur cette affaire, *cf. supra*, n$^{os}$ 225 et s.

représentant, de fait ou de droit, soit par une action en justice. Cette personnalité, inerte, sera qualifiée de personnalité passive, adjectif déjà utilisé pour qualifier la personnification des groupements dépourvus de personnalité morale dans le cas où ils sont défendeurs à une action en justice, sans pour autant pouvoir devenir demandeurs[1]. Si la condition juridique du nouveau-né abandonné n'est pas identique à celle des groupements dépourvus de personnalité morale, la qualification de « personnalité passive » a le mérite de rendre compte clairement et simplement de la nature et de l'étendue de l'entrave affectant sa personnalité juridique.

## *Conclusion du chapitre II*

**423.** L'état civil est un attribut de la personne, dont le nouveau-né est donc théoriquement pourvu. Traditionnellement, l'acte de naissance est défini comme le support de l'état civil : il permet de le prouver, et de le faire connaître aux tiers. Il est censé constater une réalité préexistante : ainsi, même dépourvu d'acte de naissance, le nouveau-né serait titulaire d'un état civil. Ce n'est pourtant pas le cas : si le droit reconnait l'existence du nouveau-né, en protégeant particulièrement l'accès à la vie physique, l'accès complet à la vie juridique est ultérieur à la naissance. Dans l'intervalle de temps qui sépare la naissance de sa déclaration, le droit ne reconnaît qu'un état civil partiel au nouveau-né.

**424.** Son état civil est parfois fondé sur les circonstances de la naissance. Il existe donc indépendamment de sa constatation dans l'acte de naissance : c'est le cas de la date et du lieu de la naissance. Le sexe, en revanche, peut ne pas être déterminable : le droit refuse alors de l'établir. Le nouveau-né dépourvu de sexe morphologique est donc également dépourvu de sexe juridique. Faut-il pourtant conserver la mention du sexe dans l'acte de naissance ? Il semble qu'elle soit moins nécessaire aujourd'hui, et elle ne présente que très peu d'utilité pour le nouveau-né. Ce qui est surtout nécessaire, c'est de désigner ses parents et de l'individualiser.

**425.** C'est pourtant ce qui lui manque le plus. Si des adultes s'occupent de lui pendant les premières heures de sa naissance, ils ne sont pas reconnus juridiquement comme ses parents avant l'établissement de l'acte de naissance. Cette relation doit être qualifiée de parenté de fait, pour lui prêter certains effets juridiques de la filiation,

[1] E. SAVAUX, « La personnalité morale en procédure civile », préc.

et pour permettre l'exercice d'une autorité parentale de fait. L'intérêt de cette qualification est d'affirmer que les parents de fait sont tenus aux mêmes devoirs que des parents qui seraient reconnus juridiquement. Elle permet également de protéger les tiers, en recourant au mécanisme de l'apparence, dans le cas où le parent de fait ne deviendrait pas ultérieurement parent de l'enfant.

En l'absence de filiation, le nouveau-né est également dépourvu, juridiquement, de nom de famille. Quant à son prénom, hormis le cas dans lequel la femme qui accouche dans le secret fait connaître sa volonté, il n'est absolument pas reconnu par le droit avant l'établissement de l'acte de naissance.

**426.** Pour exister juridiquement, le nouveau-né a besoin de représentants. Il est pourtant dépourvu de parents. Le nouveau-né n'est représenté que grâce à des parents de fait, à l'égard de qui aucun lien de filiation n'est établi. Ils exercent donc irrégulièrement, et néanmoins efficacement, la fonction parentale. L'existence juridique du nouveau-né est donc dépendante de cette parenté de fait. Le nouveau-né doit donc être qualifié de personne juridique de fait, parce qu'il existe juridiquement grâce à des parents de fait, et qu'il est dépourvu de certains droits de la personne, dont le plus important, parce qu'il conditionne l'exercice des autres droits : le droit à un état civil.

Cette existence de fait n'est cependant possible que si le nouveau-né a des parents de fait. Dans le cas où il est abandonné à sa naissance, le droit ne désigne pas les personnes qui doivent le prendre en charge concrètement. Aucune parenté de fait n'est donc exercée à son égard. Son accès à la personnalité juridique est donc plus fortement entravé encore, car les droits qui y sont attachés ne peuvent pas être mis en œuvre, et demeurent cantonnés à une existence passive. Le nouveau-né est donc, dans ce cas, pourvu d'une personnalité juridique passive.

# CONCLUSION DU TITRE II

**427.** L'enfant nouveau-né est un enfant dépourvu d'acte de naissance. Or, deux fonctions lui sont traditionnellement attribuées : une fonction de publicité et une fonction probatoire. Il convenait donc d'étudier les conséquences de l'absence d'acte de naissance par rapport à ces deux fonctions. Quant à sa fonction de publicité, nous avons recherché dans quelle mesure l'absence d'acte de naissance plongeait l'enfant dans la clandestinité. À cet égard, le droit positif a mis en place des mesures de préinscription de l'enfant, avant sa naissance, qui précèdent l'existence d'actes de l'état civil. Elles permettent de faire connaître l'existence de l'enfant à la société : ce sont les mesures permettant le suivi de la grossesse à l'égard du système de santé, des organismes de sécurité sociale et de l'employeur.

Il arrive cependant que malgré cela, certains enfants demeurent dans la clandestinité. En l'absence d'acte de naissance, ils sont menacés tant dans leur existence que dans leur identité. Le droit pénal permet alors le report du point de départ du délai de prescription de l'action publique, soit parce que l'infraction est occulte – c'est le cas des atteintes à l'état civil – soit parce qu'elle a été dissimulée par son auteur : dans ce cas, le fait que l'enfant soit un nouveau-né facilite la dissimulation. Il s'agit cependant de cas isolés : la plupart du temps, la naissance de l'enfant est prévenue, ce qui permet de nuancer la fonction de publicité de l'acte de naissance.

**428.** Des nuances doivent également être apportées à sa fonction probatoire. En effet, l'état des personnes est composé d'éléments tirés de la réalité, qui existent objectivement, tels que la date et le lieu de la naissance, ou encore le sexe, que le droit se borne à constater. Mais l'état des personnes est également composé d'éléments abstraits, qui n'existent que si le droit les reconnaît. C'est le cas du nom de l'enfant d'une part, et de sa filiation d'autre part. Ainsi, tant qu'aucun lien de filiation n'est mentionné dans l'acte de naissance, aucun lien de filiation n'est établi. L'acte de naissance n'a donc pas pour seule fonction de prouver la filiation, il l'établit. Si le nouveau-né est dépourvu d'acte de naissance, il est donc dépourvu de parents. Le droit reconnaît cependant l'existence d'une parenté de fait, irrégulière, permettant au nouveau-né d'exister sur la scène juridique, et ce indépendamment de sa viabilité.

**429.** En effet, un mineur est dépendant de ses représentants, qui agissent à sa place sur la scène juridique. Cette parenté de fait permet donc à la personnalité juridique du nouveau-né d'être effective, et de ne pas être purement théorique et abstraite. L'existence juridique du nouveau-né étant dépendante de cette parenté de fait, irrégulière, il est qualifié de personne de fait, par analogie avec les personnes morales non immatriculées, et notamment les sociétés créées de fait. Toutefois, à la différence des personnes morales non immatriculées, le droit positif ne lui refuse pas la personnalité juridique : elle est cependant dépendante de parents apparents, les parents de fait. La personnalité juridique du nouveau-né a donc des fondations fragiles.

La fragilité de sa personnalité juridique est confirmée à propos du nouveau-né abandonné à sa naissance : c'est le cas du nouveau-né trouvé, ou de l'enfant pour lequel l'accouchement est demeuré secret. Dans ces deux situations, aucune parenté de fait n'est exercée, et aucun acte de naissance n'est dressé. L'enfant n'est cependant pas dépourvu de personnalité juridique : ses droits existent à l'état statique, sans pouvoir être mis en œuvre par une quelconque volonté ou par une action en justice. Dans cette situation, l'enfant nouveau-né abandonné est pourvu d'une personnalité juridique passive.

# CONCLUSION DE LA DEUXIÈME PARTIE

**430.** Si la viabilité n'est plus une condition générale d'accès à la personnalité juridique, le droit positif contient un certain nombre de règles qui retardent autrement l'octroi complet du statut de sujet de droit, de deux autres façons. Elles perturbent la personnalité juridique, d'abord, parfois, en soumettant la relation entre l'enfant et la femme qui accouche à un rapport d'accessoire, qui résulte des règles entourant l'accouchement et la protection du nouveau-né : pour le protéger, le droit considère qu'il fait encore corps avec la femme qui accouche. Elles l'entravent, ensuite, toujours, en le privant d'un acte de naissance.

**431.** Le droit positif accorde une place particulière au nouveau-né dans le Code de la santé publique, au sein des règles entourant la prise en charge de l'accouchement par le système de santé. Même si l'enfant bénéficie d'une protection méticuleuse, et ce pour lutter contre la mortalité infantile particulièrement courante dans la première semaine de la vie, les circonstances de l'accouchement demeurent dépendantes de la volonté de la femme qui accouche. En effet, la Cour européenne des droits de l'homme rattache le choix des circonstances de l'accouchement au droit au respect de la vie privée de la parturiente, et le droit français n'interdit pas l'accouchement à domicile. Le législateur a cependant souhaité offrir une alternative aux maternités, en autorisant le fonctionnement de maisons de naissance, qui sont des établissements permettant d'accoucher dans un environnement moins médicalisé.

Ce premier constat a donc permis de mettre en relief l'état de dépendance du nouveau-né à l'égard de la femme qui en accouche, puisque la santé du nouveau-né, et sa protection, sont dépendantes des circonstances de son accouchement. Or, ces circonstances dépendent de la seule liberté de la parturiente. La condition juridique du nouveau-né est donc guidée par cette liberté, exercée avant sa naissance. Il en résulte que l'accouchement est fondateur d'un rapport d'accessoire entre l'enfant et la femme qui en accouche. Ce lien d'accessoire n'est ni un lien de filiation, ni un droit d'autorité parentale. Ainsi, le choix du praticien chargé d'examiner le nouveau-né est dépendant du libre choix de la mère de son médecin, et non de son droit d'autorité parentale ; en outre, lorsque l'accouchement se déroule en prison, l'enfant y demeure avec elle si elle le désire, et ce sans que la loi le permette. En revanche, l'abandon du nouveau-né par sa mère a un effet radicalement inverse, puisque dans ce cas, le droit n'apporte pas de secours particulier au nouveau-né, qui est dépendant de l'application de règles destinées à tous les enfants.

Le nouveau-né n'est donc pas un sujet de droit absolument autonome, puisque sa condition juridique est guidée par celle de sa mère. Comme l'accessoire suit le principal, la condition juridique du nouveau-né suit celle de sa mère. Ce rapport d'accessoire est fondé sur l'accouchement. La personnalité juridique du nouveau-né est donc perturbée par ce rapport d'accessoire.

**432.** Une deuxième entrave à la personnalité juridique du nouveau-né résulte de l'absence d'acte de naissance. Pourtant, la doctrine prête traditionnellement deux fonctions à l'acte de naissance : une fonction de publicité, et une fonction probatoire ; il n'aurait donc qu'une fonction purement déclarative, et non constitutive. Cette affirmation méritait cependant d'être éprouvée.

En premier lieu, sa fonction de publicité pouvait être nuancée, dans la mesure où l'enfant naît rarement dans la clandestinité ; la naissance est même un événement social, dont l'État et, plus largement, les tiers, ont connaissance bien avant sa réalisation. En effet, la femme enceinte doit se soumettre à des examens prénataux qui conditionnent l'octroi de prestations sociales. Ces examens prénataux permettent déjà une publicité auprès des services de PMI. En outre, le bénéfice d'un congé de maternité est soumis à la déclaration de la grossesse à l'employeur. Ce n'est donc que très exceptionnellement que l'enfant naît dans la clandestinité. Dans ces rares hypothèses, lorsque le nouveau-né est victime d'une infraction, le droit pénal permet le report du point de départ du délai de prescription de l'action publique, puisque l'action du ministère public a été empêchée par le secret entourant l'infraction. L'acte de naissance a donc bien une fonction de publicité, mais en complément d'autres mesures de publicité qui anticipent la naissance.

Ensuite, la fonction purement probatoire de l'acte de naissance devait être contestée : l'acte de naissance permet également d'*établir* l'état civil de la personne, et non seulement de le constater. En effet, si certains éléments de l'état civil de l'enfant existent indépendamment de leur constatation, en raison de leur caractère tangible, l'existence de son nom et surtout l'établissement de sa filiation sont soumis à leur mention dans l'acte de naissance en raison de leur nature abstraite. Effectivement, l'acte de naissance ne constate pas un lien de filiation préexistant, il en permet l'établissement. Par conséquent, le nouveau-né au sens juridique, c'est-à-dire l'enfant dépourvu d'acte de naissance, n'a pas de parents désignés par le droit.

Pour pallier l'absence de filiation, le droit civil reconnaît l'existence d'une parenté de fait, irrégulière, fondée sur les apparences, que le nouveau-né soit viable ou non. À l'égard de la mère, l'apparence désigne la femme ayant accouché ; à l'égard du père, il s'agit de l'homme qui adopte un comportement attribuable au père, notamment celui qui accompagne la mère le jour de l'accouchement, ou qui déclare la naissance de l'enfant.

**433.** Cette parenté de fait, malgré son irrégularité, permet à l'enfant d'exister sur la scène juridique. Elle met en évidence le degré de dépendance physique de l'enfant à l'égard de ceux qui l'ont mis au monde, puisqu'il suffit que cette parenté de fait ne soit pas exercée pour que l'enfant soit, par conséquent, dépourvu de parents. C'est le cas du nouveau-né qui est abandonné dès sa naissance, soit dans l'hypothèse où la femme qui a accouché demande le secret de son identité, soit concernant le nouveau-né trouvé, dont le sort est régi par l'article 58 du Code civil. Or, dans ce cas, le nouveau-né n'est pas représenté, son existence juridique est donc plus gravement entravée encore. Elle n'est cependant pas totalement anéantie : le nouveau-né demeure titulaire de droits statiques, qui ne peuvent être défendus par aucun représentant, et donc par aucune volonté ni par aucune action en justice. Le nouveau-né abandonné à sa naissance est donc pourvu d'une personnalité juridique passive.

# CONCLUSION GÉNÉRALE

**434.** La personnalité juridique est acquise à l'être humain dès sa naissance, à condition d'être vivant et viable : cette formule est tellement admise, depuis si longtemps, qu'elle a acquis la valeur d'un dogme. Son évidence apparente l'avait rendue presque incontestable. Elle dissimule pourtant les évolutions de la médecine et du droit de la santé qui ont transformé la période de la naissance, en influant sur la viabilité notamment. Elle dissimule également la période qui suit immédiatement la naissance, au cours de laquelle la personnalité juridique de l'enfant n'est pas entière. L'étude de la notion de nouveau-né avait pour ambition de lever ce voile.

**435.** La notion de nouveau-né est susceptible de recevoir plusieurs définitions. Tout d'abord, dans le langage courant, il s'agit d'un enfant qui vient de naître. Mais cette définition était trop large pour convenir au langage juridique. Il existe ainsi, également, une notion juridique de nouveau-né, qui se définit comme l'enfant né vivant, dont la naissance n'a pas encore été déclarée, et pour lequel le délai de déclaration n'est pas encore écoulé. Une fois le délai de déclaration écoulé, l'enfant n'est plus un nouveau-né, et un jugement déclaratif de naissance est nécessaire pour établir son acte de naissance.

Dans le langage juridique, le nouveau-né se différencie donc de l'enfant à naître par le critère de vie autonome, qui se manifeste par le premier cri de l'enfant ; il se différencie également de l'enfant sans vie par le fait qu'il soit né vivant, et qu'il le demeure jusqu'à la déclaration de sa naissance. En effet, si l'enfant décède avant la déclaration de sa naissance, sa viabilité ne peut pas être présumée, et l'officier de l'état civil doit donc dresser un acte d'enfant sans vie.

En plus de la notion juridique de nouveau-né, le droit positif a dû accueillir la notion médicale de nouveau-né, qui se définit comme un enfant âgé de moins de vingt-huit jours. Ce délai est susceptible de variations concernant les enfants prématurés : à leur égard, le point de départ du délai de vingt-huit jours est calculé à compter du terme théorique de la grossesse.

**436.** La notion médicale de nouveau-né se distingue de la notion juridique de nouveau-né par son domaine. En effet, la notion juridique de nouveau-né est employée concernant la déclaration de la naissance de l'enfant, et donc dans le domaine de l'état civil, alors que la notion médicale est cantonnée au droit de la santé, notamment concernant la prise en charge de l'accouchement et de ses suites.

Toutefois, parmi les critères permettant de distinguer les notions juridique et médicale de nouveau-né, l'un d'eux est de nature à susciter un intérêt particulier : la notion de viabilité. En effet, alors que la doctrine considère que la viabilité est une condition pour accéder à la personnalité juridique, ce qui justifie la différence de traitement entre le nouveau-né et l'enfant sans vie, la médecine n'y attache pas d'importance. Le doute sur la viabilité suscite même une réaction inverse, puisqu'il rend le rôle du médecin d'autant plus important. Au cours des dernières décennies, la médecine néonatale a accompli des progrès prodigieux qui ont permis à des enfants autrefois voués à la mort de survivre. Ces évolutions ont donc conduit à apprécier la notion de viabilité différemment : désormais, les soins donnés à un enfant non-viable peuvent être constitutifs d'une obstination déraisonnable, et l'enfant peut bénéficier de soins palliatifs quand il est en fin de vie. En d'autres termes, le nouveau-né non-viable bénéficie désormais des droits reconnus à la personne malade, ce qui nous a conduit à conclure que la notion de viabilité, en tant que condition d'accès à la personnalité juridique, était désormais caduque. Ses effets doivent être limités à ses manifestations en droit positif.

Par ailleurs, si la viabilité n'est plus une condition d'accès à la personnalité juridique, alors la distinction entre nouveau-né et enfant sans vie mérite d'être contestée : dès lors qu'il naît vivant, l'enfant doit être considéré comme un nouveau-né, peu importe qu'il soit viable ou non, et un acte de naissance doit lui être établi, comme pour tout être humain titulaire de la personnalité juridique. Il est cependant dépourvu d'acte de naissance, ce qui laisse entrevoir le fait qu'il occupe une place particulière dans la catégorie des personnes.

**437.** L'originalité de la condition juridique du nouveau-né tient tout d'abord au lien qui l'unit à la femme qui en accouche. En effet, si le droit positif réglemente avec une grande précision la prise en charge du nouveau-né par le système de santé, les circonstances de l'accouchement sont dépendantes de la volonté de la parturiente : elle peut décider d'accoucher à l'hôpital, dans une maison de naissance ou encore à domicile. L'accouchement à domicile, rattaché à la convenance personnelle de la femme qui accouche, est révélateur de la liberté que le droit lui accorde, liberté qui affecte nécessairement le nouveau-né. L'accouchement est alors le fondement d'un rapport d'accessoire entre le nouveau-né et la parturiente, qui est le principal.

Le droit positif permet ensuite à ce rapport d'accessoire de produire des effets postérieurement à l'accouchement, notamment en permettant à la parturiente de garder l'enfant avec elle lorsqu'elle subit une peine de prison, comme si le lien indissociable existant pendant la grossesse n'avait pas cessé. En outre, ce rapport d'accessoire paraît si naturel que lorsqu'il cède, lorsque l'enfant est abandonné dès sa naissance, le droit n'y prévoit pas de substitut : l'enfant est alors considéré comme un enfant comme les autres.

**438.** Ce rapport d'accessoire s'épanouit notamment en raison de l'absence d'acte de naissance. En effet, l'acte de naissance n'a pas une fonction purement déclarative, à travers une fonction de publicité et une fonction probatoire : il permet d'établir les éléments abstraits de l'état civil de la personne, par opposition à ceux qui sont tangibles, et qui préexistent à l'établissement de l'acte de naissance. L'état des personnes compte deux éléments abstraits : le nom et la filiation. Par conséquent, le nouveau-né étant un enfant dépourvu d'acte de naissance, il est un enfant dépourvu de nom, et dépourvu de parents.

En guise de palliatif, le droit reconnaît néanmoins au nouveau-né une parenté de fait, irrégulière, fondée sur les apparences : ainsi, la mère de fait de l'enfant est la femme qui a accouché, parce qu'il est possible de supposer de façon presque certaine que son nom sera indiqué dans l'acte de naissance de l'enfant, ce qui a pour effet d'établir la filiation à son égard ; quant au père de fait, il est celui qui présente un comportement attribuable au père, notamment en accompagnant la femme lors de son accouchement, ou en allant déclarer la naissance.

**439.** L'absence de représentation du nouveau-né a des conséquences sur sa personnalité juridique. En effet, un enfant qui n'est pas représenté n'existe pas sur la scène juridique, et ses droits ne peuvent donc pas être exercés. Le nouveau-né étant représenté sur la scène juridique grâce à une parenté de fait, il est qualifié de personne de fait, par analogie avec les sociétés créées de fait, non immatriculées mais néanmoins existantes. À leur différence toutefois, le droit n'affirme pas clairement l'absence de personnalité juridique du nouveau-né : elle est entravée par l'absence de lien de filiation établi juridiquement.

En revanche, une telle parenté de fait n'est pas exercée lorsque le nouveau-né est abandonné à sa naissance. Dépourvu d'acte de naissance, dépourvu de représentants, de droit ou de fait, le nouveau-né abandonné est donc un enfant pourvu d'une personnalité juridique passive, qui ne peut être défendue par aucune volonté ni par aucune action en justice.

**440.** Ainsi, même si la viabilité ne doit plus être considérée comme une condition d'accès à la personnalité juridique, le droit en laisse subsister une autre, plus insidieuse, qui trouve son fondement dans l'absence d'acte de naissance. Faut-il dès lors attendre que l'enfant vienne au monde pour lui établir un état civil, en sachant que cela implique une période au cours de laquelle l'enfant en sera dépourvu ? Ne faudrait-il pas anticiper sa naissance, et prévoir une déclaration préalable à l'accouchement, désignant ses parents avant sa venue au monde ? Une telle solution aurait l'avantage de mettre un terme aux doutes pouvant entourer l'existence de son état civil dans les premiers jours de son existence, mais elle supposerait de changer de regard sur l'enfant sans vie : en effet, c'est bien la crainte d'attribuer un « état civil » à un enfant qui ne serait pas en vie à sa naissance qui semble dissuader le législateur d'aller en ce sens. Pourtant, la création de l'article 79-1 du Code civil en 1993 a permis que soit dressé un acte d'enfant sans vie, destiné à reconnaître l'humanité de l'enfant malgré l'absence de personnalité juridique ; la prochaine étape pourrait consister à reconnaître la personnalité de l'enfant malgré l'absence de viabilité.

# PROPOSITIONS DE THÈSE

## I. Réformer les conditions d'établissement de l'acte de naissance en supprimant la condition de viabilité

Définir le nouveau-né non-viable comme un enfant sans vie n'a aujourd'hui de sens qu'en matière patrimoniale. Le droit positif lui reconnaît cependant aujourd'hui des parents de fait, qui doivent consentir aux soins à donner à leur enfant en fin de vie. Même non-viable, le nouveau-né est titulaire des droits reconnus à la personne malade. Il serait donc intéressant de réfléchir à l'hypothèse de supprimer la condition de viabilité pour dresser un acte de naissance.

## II. Encourager une juste médicalisation de l'accouchement au sein des établissements de santé publics

Le législateur a pérennisé les maisons de naissance, gérées par des sages-femmes libérales, et qui sont présentées comme des alternatives à l'accouchement tel qu'il est pratiqué dans les établissements de santé. Si ces maisons de naissance répondent à une demande dans le sens d'un accouchement moins médicalisé, elles ne constituent qu'une première étape vers une réflexion plus globale autour de la surmédicalisation de l'accouchement en général, et notamment dans les établissements de santé publics. De telles initiatives existent déjà, elles mériteraient d'être encouragées par le législateur et de bénéficier de financements particuliers.

## III. Créer un statut pour le nouveau-né vivant en prison avec sa mère

Le nouveau-né qui vit en prison avec sa mère est dépourvu de tout statut, au mépris de son droit à la sûreté et du principe de légalité. Cette situation est la conséquence de son exclusion artificielle de la catégorie des détenus, qui ont un statut prévu par la loi. Dans la mesure où le nouveau-né subit les conditions inhérentes à la détention, il serait souhaitable que le législateur crée un statut de l'enfant vivant en prison avec sa mère, lequel prendrait en considération, entre autres, le droit pour l'enfant d'avoir des relations avec les membres de sa famille qui est garanti par le Code civil, et notamment avec son père.

## IV. Établir des statistiques sur les peines subies par les mères en prison avec leur enfant

Le droit positif tolère que certains nouveau-nés demeurent en prison avec leur mère. Il existe en effet des cas dans lesquels une suspension ou un aménagement de peine n'est pas envisageable. Il n'existe cependant aucune statistique permettant de savoir quelles infractions justifient que ces femmes demeurent en prison. Au regard du faible nombre de personnes concernées, ces statistiques seraient probablement relativement simples et rapides à établir, et elles rendraient possible un travail théorique sur l'individualisation des peines des femmes qui vivent en prison avec leur enfant nouveau-né.

## V. Mieux accompagner le nouveau-né abandonné

Le nouveau-né abandonné ne bénéficie pas de la continuité qui serait nécessaire dans sa prise en charge. Il est soumis à des aléas d'ordre matériel. Avant d'être placé en vue de son adoption, il est donc pris en charge par plusieurs personnes successives, ce qui conduit notamment à la perte des éléments permettant de connaître les premiers jours de son histoire. Il serait possible d'insérer dans la partie législative du Code de l'action sociale et des familles un article disposant que « Le choix de la forme d'accueil doit tenir compte des besoins de l'enfant et d'éléments concernant son histoire ». Un autre article dans la partie réglementaire pourrait établir les modalités concrètes de l'organisation de l'accueil du nouveau-né, ainsi que le droit pour l'enfant de pouvoir conserver ses effets personnels entre deux structures d'accueil.

## VI. Abroger le quatrième alinéa de l'article 58 du Code civil

Le quatrième alinéa de l'article 58 du Code civil permet l'établissement d'un acte « tenant lieu d'acte de naissance » dans des cas où la date et de lieu de la naissance sont pourtant connus. Son abrogation a été envisagée par le législateur, et censurée par le Conseil constitutionnel parce qu'il constituait un cavalier législatif. Une future réforme du droit civil pourrait proposer à nouveau l'abrogation de cette disposition, qui n'a aujourd'hui plus de raison d'exister.

## VII. Réformer la procédure de déclaration de la naissance, en instaurant une préinscription de l'enfant sur les registres de l'état civil

Une réforme de la procédure de déclaration de la naissance mériterait d'être envisagée. Elle comprendrait une « préinscription » de l'enfant sur les registres de l'état civil avant sa naissance. Elle s'inscrirait dans la même logique que le parcours médical de la femme enceinte, destiné à prévenir un accouchement dystocique. De même, la préinscription de l'enfant sur les registres de l'état civil permettrait de prévenir les incertitudes entourant son état civil, en désignant les parents avant que l'enfant ne vienne au monde. Il faudrait, plus largement, au lieu de voir le nouveau-né comme une personne à l'épreuve, devant démontrer son aptitude à vivre, voir dans l'enfant naissant une personne juridique déjà titulaire d'un état civil.

# BIBLIOGRAPHIE SÉLECTIVE

## OUVRAGES SPÉCIALISÉS, MONOGRAPHIES ET THÈSES

**AGACINSKI (S.)**, *Corps en miettes*, 2e éd., 2013, Flammarion, coll. « Café Voltaire ».

**ANCIAUX (N.)**, *Essai sur l'être en droit privé*, 2019, LexisNexis, coll. « Perspective(s) ».

**ARENDT (H.)**, *Condition de l'homme moderne*, 1994, Calmann-Lévy, coll. « Agora ».

**ARIÈS (Ph.)**, *L'enfant et la vie familiale sous l'ancien régime*, 1975, Seuil, coll. « Points Histoire ».

**ATLAN (H.)**, *L'utérus artificiel*, 2005, Seuil, coll. « Points Essais ».

**AUDIT (P.-E.)**, *La « naissance » des créances. Approche critique du conceptualisme juridique*, 2015, Dalloz, coll. « Nouvelle bibliothèque de thèses ».

**AYNÈS (L.)** (dir.), *L'authenticité. Droit, histoire, philosophie*, 2e éd., 2013, La Documentation française.

**BADINTER (E.)** :

- *L'amour en plus*, 1980, Flammarion, coll. « Le livre de poche ».
- *XY. De l'identité masculine*, 14e éd., 2017, Odile Jacob, coll. « Le livre de Poche ».

**BAUD (J.-P.)**, *L'affaire de la main volée*, 1993, Seuil, coll. « Des travaux ».

**BEAUSSONIE (G.)**, *La prise en compte de la dématérialisation des biens par le droit pénal : contribution à l'étude de la protection pénale de la propriété*, 2012, LGDJ, coll. « Bibliothèque de droit privé ».

**BECQUART (J.)**, *Les mots à sens multiples en droit civil français. Contribution au perfectionnement du vocabulaire juridique*, 1928, PUF.

**BERTRAND-MIRKOVIC (A.)**, *La notion de personne : étude visant à clarifier le statut juridique de l'enfant à naître*, 2003, PUAM.

**BIOY (X.)**, *Le concept de personne humaine en droit public : recherche sur le sujet des droits fondamentaux*, 2003, Dalloz, coll. « Nouvelle bibliothèque de thèses ».

**Bonnet (C.)**, *Geste d'amour. L'accouchement sous X*, 1996, Odile Jacob, coll. « Opus ».

**Borillo (D.)**, *La famille par contrat. La construction politique de l'alliance et de la parenté*, 2018, PUF, coll. « GenerationLibre ».

**Bourdieu (P.)**, *La domination masculine*, 2002, Seuil, coll. « Points Essais ».

**Bowlby (J.)**, *A secure base : Clinical applications of attachment theory*, 1988, trad. Y Wiart, London, Routledge.

**Branlard (J.-P.)**, *Le sexe et l'état des personnes : aspects historique, sociologique et juridique*, 1993, LGDJ, coll. « Bibliothèque de droit privé ».

**Carayon (L.)**, *La catégorisation des corps. Étude sur l'humain avant la naissance et après la mort*, 2019, IRJS éditions, coll. « Bibliothèque de l'IRJS – André Tunc ».

**Carbonnier (J.)**, *Flexible droit*, 10e éd., 2001, LGDJ.

**Cayla (O.)**, **Thomas (Y.)**, *Du droit de ne pas naître. A propos de l'affaire Perruche*, 2002, Gallimard, coll. « Le débat ».

**Cioran**, *De l'inconvénient d'être né*, 2018, Gallimard, coll. « Folio essais ».

**Cottet (M.)**, *Essai critique sur la théorie de l'accessoire en droit privé*, 2013, LGDJ, coll. « Bibliothèque de droit privé ».

**Dardy (C.)**, *Exister par écrit. Essai sur l'identification en culture de l'écrit*, 2018, L'Harmattan, coll. « Logiques sociales ».

**Debest (C.)**, *Le choix d'une vie sans enfant*, 2014, PUR, coll. « Le sens social ».

**Delage (P.-J.)**, *La condition animale. Essai juridique sur les justes places de l'Homme et de l'animal*, 2015, mare & martin, coll. « Bibliothèque des thèses ».

**Deschamps (V.)**, *Le fondement de la filiation. De la biologie à l'engendrement, étude sur la cohérence du Titre VII du Livre Premier du Code civil*, 2019, LGDJ, coll. « Bibliothèque de droit privé ».

**Desprez (F.)**, *Rituel judiciaire et procès pénal*, 2009, LGDJ, coll. « Bibliothèque des sciences criminelles ».

**Eco (U.)** :

- *Comment écrire sa thèse*, 2016, Flammarion.
- *Le Nom de la rose*, rééd. 2012, Grasset, coll. « Le livre de poche ».

**Fabre-Magnan (M.)** :

- *La gestation pour autrui. Fictions et réalité*, 2013, Fayard.

- *L'institution de la liberté*, 2018, PUF.

**Ferrié (S.-M.)**, *Le droit à l'autodétermination de la personne humaine*, 2018, IRJS, coll. « Bibliothèque de l'IRJS - André Tunc ».

**François (C.)**, *L'acte juridique irrégulier efficace. Contribution à la théorie de l'acte juridique*, 2020, LGDJ, coll. « Bibliothèque de droit privé ».

**Gaillard (E.)**, *Le pouvoir en droit privé*, 1985, Economica, coll. « Droit civil ».

**Gailliard (A.)**, *Les fondements du droit des sépultures*, 2017, Institut Universitaire Varenne, coll. « Collection des thèses ».

**Gaudemet (Y.)**, *Les méthodes du juge administratif*, 2014, LGDJ, coll. « Anthologie du droit ».

**Gogos-Gintrand (A.)**, *Les statuts des personnes. Étude de la différenciation des personnes en droit*, 2011, IRJS, coll. « Bibliothèque de l'Institut de Recherche Juridique de la Sorbonne - André Tunc ».

**Goubeaux (G.)**, *La règle de l'accessoire en droit privé*, 1969, LGDJ, coll. « Bibliothèque de droit privé ».

**Gridel (J.-P.)**, *Le signe et le droit. Les bornes - Les uniformes - La signalisation routière et autres*, 1979, LGDJ, coll. « Bibliothèque de droit privé ».

**Gutmann (D.)**, *Le sentiment d'identité : études de droit des personnes et de la famille*, 2000, LGDJ, coll. « Bibliothèque de droit privé ».

**Habermas (J.)**, *L'avenir de la nature humaine. Vers un eugénisme libéral ?*, 2002, Gallimard, coll. « Tel ».

**Haldane (J. B. S.)**, **Russell (B.)**, *Dédale et Icare*, rééd. 2015, Allia.

**Hamilton (E.)**, *La mythologie*, 1978, Marabout, coll. « Marabout université ».

**Hardouin-Le Goff (C.)**, *L'oubli de l'infraction*, 2008, LGDJ, coll. « Bibliothèque des sciences criminelles ».

**Herzog-Evans (M.)**, *Allaitement maternel et droit*, 2007, L'Harmattan, coll. « La Justice au quotidien ».

**Hidiroglou (P.)**, *Les rites de naissance dans le judaïsme*, 1997, Les belles lettres, coll. « Histoire ».

**Hoffschir (N.)**, *La charge de la preuve en droit civil*, 2016, Dalloz, coll. « Nouvelle bibliothèque de thèses ».

**Huxley (A.)**, *Le meilleur des mondes*, 1932, Plon, rééd. 1977, coll. « Pocket ».

**Iacub (M.)**, *L'empire du ventre. Pour une autre histoire de la maternité*, 2004, Fayard.

**Jankélévitch (V.)**, *La mort*, Flammarion, 1977, rééd. 2017, coll. « Champs essais ».

**Jarrosson (C.)**, *La notion d'arbitrage*, 1987, LGDJ, coll. « Bibliothèque de droit privé ».

**Juzan (L.)**, *L'enfant refusé*, 2021, Presses de l'Université Toulouse 1 Capitole, coll. « Thèses de l'IFR ».

**Labbée (X.)**, *Condition juridique du corps humain avant la naissance et après la mort*, 1990, Presses universitaires de Lille.

**Lacour (C.)**, *Vieillesse et vulnérabilité*, 2007, PUAM, coll. « Collection du Centre Pierre Kayser ».

**Lakssimi (T.)**, *La summa divisio des droits réels et des droits personnels*, 2016, Dalloz, coll. « Nouvelle bibliothèque de thèses ».

**Legendre (R.)**, *Droits fondamentaux et droit international privé*, 2020, Dalloz, coll. « Nouvelle bibliothèque de thèses ».

**Leroyer (A.-M.)**, *Les fictions juridiques*, Thèse, 1995, Paris II.

**Leveneur (L.)**, *Situations de fait et droit privé*, 1990, LGDJ, coll. « Bibliothèque de droit privé ».

**Malraux (A.)**, *La condition humaine*, 1946, Gallimard, coll. « Le livre de poche ».

**Marc-Aurèle**, *Pensées pour moi-même*, GF – Flammarion.

**Marguénaud (J.-P.)**, *L'animal en droit privé*, 1992, PUF.

**Maria (I.)**, *Les incapacités de jouissance. Étude critique d'une catégorie doctrinale*, 2010, Defrénois, coll. « Doctorat et notariat ».

**Massager (N.)**, *Les droits de l'enfant à naître : le statut juridique de l'enfant à naître et l'influence des techniques de procréation médicalement assistées sur le droit de la filiation : étude de droit civil*, 1997, Bruylant.

**Mattiussi (J.)**, *L'apparence de la personne physique. Pour la reconnaissance d'une liberté*, 2018, Bordeaux, LEH, coll. « Thèses ».

**Michoud (L.)**, *La théorie de la personnalité morale. Son application au droit français*, 2e éd., 1924, LGDJ.

**Minkowski (A.)** :

- *La maternité*, 1982, Fayard.
- *Pour un nouveau-né sans risque*, 1983, Stock/Laurence Pernoud, rééd. Seuil, coll. « Points Actuels ».

**Mirkovic (A.)**, *PMA, GPA. La controverse juridique*, 2014, Pierre Téqui éditeur.

**MOINE (I.)**, *Les choses hors commerce. Une approche de la personne humaine juridique*, 1997, LGDJ, coll. « Bibliothèque de droit privé ».

**MOLFESSIS (N.)**, *Le Conseil constitutionnel et le droit privé*, 1997, LGDJ, coll. « Bibliothèque de droit privé ».

**MONTEIL (M.)**, *L'orphelin mineur*, Thèse, 2018, Université Toulouse 1 Capitole.

**MÜLLER-HILL (B.)**, *Science nazie science de mort. L'extermination des juifs, des tziganes et des malades mentaux de 1933 à 1945*, 1989, Odile Jacob.

**NEIRINCK (C.)**, *La protection de la personne de l'enfant contre ses parents*, 1984, LGDJ, coll. « Bibliothèque de droit privé ».

**NICOD (M.)**, *Le formalisme en droit des libéralités*, 2000, Imprimerie La Mouette, coll. « Doctorat et notariat ».

**PARICARD-PIOUX (S.)**, *La convenance personnelle*, 2003, Dalloz, coll. « Nouvelle bibliothèque de thèses ».

**PAUL (F.)**, *Les choses qui sont dans le commerce au sens de l'article 1128 du Code civil*, 2002, LGDJ, coll. « Bibliothèque de droit privé ».

**PHILIPPOT (A.)**, *L'être humain au commencement de sa vie*, Thèse, 2012, Université Paris 1 Panthéon-Sorbonne.

**PICHARD (M.)**, *Le droit à. Étude de législation française*, 2006, Economica, coll. « Recherches juridiques ».

**PITCHO (B.)**, *Le statut juridique du patient*, 2004, LEH, coll. « Thèses ».

**PRIEUR (S.)**, *La disposition par l'individu de son corps*, 1999, LEH, coll. « Thèses ».

**REVET (T.)**, *La force de travail (étude juridique)*, 1992, Litec, coll. « Bibliothèque de droit de l'entreprise ».

**RIPERT (G.)**, *Les forces créatrices du droit*, 2e éd., 1955, LGDJ.

**SADE**, *La philosophie dans le boudoir ou Les instituteurs immoraux*, 1977, Gallimard, coll. « Folio classique ».

**SALEILLES (R.)**, *De la personnalité juridique*, 1910, réimpr. 2003, La mémoire du droit, coll. « Références ».

**SAVATIER (R.)**, *Les métamorphoses économiques et sociales du droit civil d'aujourd'hui*, 3e éd., 1964, Dalloz.

**SAYAG (A.)**, *Essai sur le besoin créateur de droit*, 1969, LGDJ, coll. « Bibliothèque de droit privé ».

**SCHMIT (L.-M.)**, *Les définitions en droit privé*, 2017, Presses de l'Université Toulouse 1 Capitole, coll. « Thèses de l'IFR ».

**SEBAG (L.)**, *La condition juridique des personnes physiques et des personnes morales avant leur naissance*, 1938, Librairie du Recueil Sirey.

**SPITZ (R.)**, *De la naissance à la parole. La première année de la vie*, 10e éd., 2002, PUF, coll. « Bibliothèque de psychanalyse ».

**STEINBECK (J.)**, *À l'est d'Eden*, 1954, Éditions Mondiales.

**SUPIOT (A.)**, *Homo juridicus. Essai sur la fonction anthropologique du Droit*, 2005, Seuil, coll. « Points Essais ».

**SZTULMAN (M.)**, *La biométrie saisie par le droit public. Étude sur l'identification et la localisation des personnes physiques*, 2019, LGDJ, coll. « Bibliothèque de droit public ».

**TERRÉ (F.)**, *L'enfant de l'esclave*, Flammarion, 1987.

**THÉRY (I.)**, **LEROYER (A.-M.)**, *Filiation, origines, parentalité. Le droit face aux nouvelles valeurs de responsabilité générationnelle*, 2014, Odile Jacob.

**VIAL (G.)**, *La preuve en droit extrapatrimonial de la famille*, 2008, Dalloz, coll. « Nouvelle bibliothèque de thèses ».

**VIAN (B.)**, *L'arrache-cœur*, 1962, éd. Jean-Jacques Pauvert.

**VIGNEAU (D.)**, *L'enfant à naître*, thèse, 1988, Université Toulouse 1 Capitole.

**WICKER (G.)**, *Les fictions juridiques. Contribution à l'analyse de l'acte juridique*, 1997, LGDJ, coll. « Bibliothèque de droit privé ».

## DOSSIERS

« Regards d'universitaires sur la réforme de la Cour de cassation », *JCP G* 2016, suppl. au n° 1-2.
« Jeunesse et droit », *AJ fam.* 2017, p. 511.
« La théorie de l'attachement et les pratiques périnatales », *Périnatalité*, n° 2020/1.
« Les autorisations sanitaires », *RDSS* 2020, p. 421 et s.

## ARTICLES

**AGALLOPOULOU (P.)**, « La loi hellénique concernant les procréations médicalement assistées », *Dr. fam.* 2004, étude 11.
**AMADO (A.)**, « Un régime spécifique pour l'enfant en détention ou la conciliation des *best intesrests of the child* : l'exemple anglais saisi dans le paysage européen », *in* C. MENABÉ, M. MARTINELLE (dir.), *L'enfant en prison*, 2017, L'Harmattan, coll. « BibliothèqueS de droit », p. 53-81.
**ANCEL (P.-Y.), BREART (G.), BRUEL (H.), DEBILLON (T.), ERCOLE (C. D'), DERUELLE (P.), DREYFUS (M.), FOIX-L'HELIAS (L.), GOFFINET (F.), JARREAU (P.-H.), KUHN (P.), LANGER (B.)**, « Propositions sur la prise en charge en cas d'extrême prématurité – Le groupe de travail "Extrême Prématurité" pour la SFMP, le CNGOF et la SFN », *Gynécologie Obstétrique Fertilité & Sénologie*, déc. 2020, vol. 48, p. 850.
**AUBERT (C.)**, « La fin de vie du patient le plus vulnérable », *in* A. BATTEUR, G. RAOUL-CORMEIL (dir.), *Éthique et conditions de la fin de la vie*, 2016, mare et martin, coll. « Sciences et droit », p. 237 et s.
**BALESTRIERO (V.)**, « La situation de l'enfant mort-né », *D.* 1999, p. 81.
**BARTOLI (L.)**, « Les rituels de naissance dans les cultures traditionnelles », *in* R. FRYDMAN, M. SZEJER (dir.), *La naissance. Histoire, cultures et pratiques d'aujourd'hui*, 2010, Albin Michel, p. 419.
**BEAUSSONIE (G.)** :

- « Les bornes de la personnalité juridique en droit pénal », *Dr. fam.* 2012, n° 9, dossier 5.

- « La personnalité juridique en droit pénal », *in Mélanges en l'honneur du professeur Claire* NEIRINCK, 2015, LexisNexis, p. 157 et s.

**BEIGNIER (B.)** :

- « Pour un nouveau Code civil », *D.* 2019, p. 713.
- « Réponse à Thierry Revet ("Pour un nouveau code civil") », *D.* 2019, p. 1408.

**BEIR (M. DE), KELEN (D.)**, « Point de vue sur l'extrême prématurité et sa zone grise en Belgique », *Périnatalité* 2022/3, vol. 14, p. 121.

**BELMONT (N.)**, « Le placenta et le cordon : approche historique et anthropologique », *in* R. FRYDMAN, M. SZEJER (dir.), *La naissance, Histoire, cultures et pratiques d'aujourd'hui*, 2010, Albin Michel, p. 458 et s.

**BÉNABENT (A.)**, « Un culte de la proportionnalité... un brin disproportionné ? », *D.* 2016, p. 137.

**BÉNÉJAT-GUERLIN (M.)**, « Droit pénal et fin de vie », *AJ Pén.* 2016, p. 522.

**BERNHEIM (P.-A.)**, « La naissance du Divin Enfant », *in* R. FRYDMAN, M. SZEJER (dir.), *La naissance. Histoire, cultures et pratiques d'aujourd'hui*, 2010, Albin Michel, p. 39 et s.

**BÉTRÉMIEUX (P.)**, « La vie du nouveau-né extrêmement prématuré non réanimé », *Périnatalité* 2022/3, vol. 14, p. 138.

**BIOY (X.)** :

- « Le droit à la personnalité juridique », *in* X. BIOY (dir.), *La personnalité juridique*, 2013, Presses de l'Université Toulouse 1 Capitole, p. 97 et s.
- « Arrêt des traitements et fin de vie. Le Conseil d'État face aux ambigüités de la loi du 2 février 2016 », *AJDA* 2018, p. 578.

**BOILEAU (P.)**, « La prise en charge médicale de la grande prématurité », *in* R. FRYDMAN, M. SZEJER (dir.), *La naissance. Histoire, cultures et pratiques d'aujourd'hui*, 2010, Albin Michel, p. 1170.

**BOLK (L.)**, « Le problème de la genèse humaine », *Revue française de psychanalyse,* 1961, vol. 25, n° 2.

**BOUVATTIER (C.), DURANTEAU (L.), BRUNET (L.), PARKER (H.)**, « Les évolutions de la médecine face aux nouveau-nés intersexes », *JDSAM* 2020/1, n° 25, p. 61.

**Bruggeman (M.)**, « Le rôle de l'état civil », *in* C. Neirinck (dir.), *L'État civil dans tous ses états*, 2008, LGDJ, coll. « Droit et société », p. 32.

**Brulé (P.)**, « L'exposition des enfants en Grèce antique : une forme d'infanticide », *Enfances & Psy*, 2009/3, n° 44, p. 19.

**Buffelan-Lanore (Y.)**, « Domicile, demeure et logement familial », *in Répertoire de droit civil*, 2019, Dalloz.

**Cabrillac (R.)**, « Un nouveau Code civil ? », *D.* 2019, p. 2149.

**Cantarella (E.)**, « Mythologies de la naissance dans l'Antiquité gréco-latine », *in* R. Frydman, M. Szejer (dir.), *La naissance. Histoire, cultures et pratiques d'aujourd'hui*, 2010, Albin Michel, p. 26 et s.

**Carlin (N.)**, « La personne soignée : client, usager, patient ou malade ? », *RGDM* 2008, n° 11, p. 211-218.

**Castelain-Meunier (C.)**, « Sociologie de la paternité, sociologie de la maternité », *in* R. Frydman, M. Szejer (dir.), *La naissance. Histoire, cultures et pratiques d'aujourd'hui*, 2010, Albin Michel, p. 309.

**Catto (M.-X.)** :

- « La mention du sexe à l'état civil », *in* S. Hennette-Vauchez, M. Pichard, D. Roman (dir.), *La loi & le genre. Études critiques de droit français*, 2014, CNRS Éditions, p. 29.
- « La loi de bioéthique et les intersexes », *JDSAM* 2020/1, n° 25, p. 64.

**Chaput-Le Bars (C.)**, **Chartrin (T.)**, **Raoul-Cormeil (G.)**, « Naissances blanches – le deuil périnatal entre propriété du corps de l'enfant et liberté du sujet », *in* A. Catherine, A. Cayol (dir.), Dossier. Le corps humain saisi par le droit : entre propriété et liberté, *CRDF*, vol. 15, 2017, p. 115-122.

**Chénedé (F.)**, « Contre-révolution tranquille à la Cour de cassation ? », *D.* 2016, p. 796.

**Chevalier (P.)**, « L'état civil », *in* F. Dekeuwer-Defossez (dir.), *Lamy Droit des personnes et de la famille*, 2021, Lamy, coll. « Lamy Droit civil ».

**Cheymol (J.)**, « Le suivi pédiatrique à la maternité », *in* R. Frydman, M. Szejer (dir.), *La naissance. Histoire, cultures et pratiques d'aujourd'hui*, 2010, Albin Michel, p. 1133.

**CLÉMENT (J.-M.)**, « Le consumérisme médical : de l'usager au consommateur de soins », *in Mélanges en l'honneur de Gérard MÉMETEAU. Droit médical et éthique médicale : regards contemporains*, vol. 1, 2015, LEH, coll. « Mélanges », p. 339 et s.

**COLLOMBET (C.)**, « Chine : de la politique de l'enfant unique à une politique familiale ? », *RDSS* 2014, p. 91.

**COLOMBET (C.)**, « Commentaire de la loi du 4 juin 1970 sur l'autorité parentale », *D.* 1971, chron. 1.

**CORNU (G.)** :

- « L'âge civil », *in Mélanges en l'honneur de Paul ROUBIER*, t. 2, 1961, Dalloz et Sirey, p. 9.
- « La personne humaine, sujet de droit », *in L'art du droit en quête de sagesse*, 1998, PUF, coll. « Doctrine juridique ».

**CORPART (I.)**, « La gestation pour autrui de l'ombre à la lumière : entre droit français et réalités étrangères », *Dr. fam.* 2015, p. 8.

**DEBAETS (E.)**, « L'identité de la personne à l'épreuve de l'identification biométrique », *in* G. AÏDAN, E. DEBAETS (dir.), *L'identité juridique de la personne humaine*, 2013, L'Harmattan, coll. « Logiques juridiques », p. 222.

**DEKEUWER-DEFOSSEZ (F.)** :

- « Le droit de la filiation à l'épreuve des pratiques administratives et judiciaires », *D.* 1986, chron. 305.
- « Rapport de synthèse : existe-t-il une définition unique et transversale de la notion de personne ? », *Dr. fam.* 2012, nº 9, dossier 11.

**DENIZOT (A.)**, « Réforme de l'article 55 du code civil : la fausse modernisation d'un vieux problème », *RTD Civ.* 2017, p. 218.

**DEPADT (V.)**, « La nouvelle compétence exclusive du notaire en matière de recueil des consentements à l'AMP », *JCP N* 2019, p. 1222.

**DEUMIER (P.)**, « Contrôle concret de conventionnalité : l'esprit et la méthode », *RTD Civ.* 2016, p. 578.

**DREYER (E.)**, « "Autrui" en matière pénale », *in La diversité du droit. Mélanges en l'honneur de Jerry SAINTE-ROSE*, 2012, Bruylant, p. 431 et s.

**DUCOULOMBIER (P.)**, « Contrôle de conventionnalité et Cour de cassation : de la méthode avant toute chose », *D.* 2017, p. 1778.

**Edelman (B.)**, « Le concept juridique d'humanité », *in Le droit, la médecine et l'être humain*, 1996, PUAM, p. 245 ; article également disponible *in* B. Edelman, *La personne en danger*, 1999, PUF, coll. « Doctrine juridique », p. 527.

**Escourrou (J.-F.)**, « L'action en recherche de paternité et l'action à fins de subsides : un doublon ? », *Dr. fam.* 2019, étude n° 9.

**Eudier (F.)**, « Adoption », *in Répertoire de droit civil*, 2021, Dalloz.

**Fardet (C.)**, « La notion d'homologation », *Droits* 1998, n° 28, p. 183.

**Favier (Y.)** :

- « Actes de l'état civil », *in Répertoire de droit civil*, Dalloz.
- « La défaillance parentale en matière de santé : protection judiciaire et protection médicale », *RGDM* 2011, n° 17, p. 51.

**Favier (Y.)**, **Burel (J.)**, **Granet-Lambrechts (F.)**, **Jourdain (M.)**, **Rebourg (M.)**, « Seuils d'âge en droit des personnes et de la famille », *AJ fam.* 2017, p. 512.

**Ferrié (S.-M.)**, « L'autonomie : à la vie à la mort. Etude de l'anticipation de la volonté dans le projet de naissance et les directives anticipées », *RJPF* 2021, n° 3, p. 5.

**Fischer (J.-L.)**, « Naissances monstrueuses : l'enfant anormal à travers les âges », *in* R. Frydman, M. Szejer (dir.), *La naissance. Histoire, cultures et pratiques d'aujourd'hui*, 2010, Albin Michel, p. 201 et s.

**Flake (A.)** (dir.), « An extra-uterine system to physiologically support the extreme premature lamb », *Nature communications*, 25 avr. 2017.

**Foix-L'Hélias (L.)**, « Les unités kangourous », *in* R. Frydman, M. Szejer (dir.), *La naissance. Histoire, cultures et pratiques d'aujourd'hui*, 2010, Albin Michel, p. 1190 et s.

**François (J.)**, « Contribution à l'étude de la personnalité », *Revue générale du droit, de la législation et de la jurisprudence en France et à l'étranger* 1932, p. 13 et s.

**Fulchiron (H.)** :

- « La Cour de cassation, juge des droits de l'homme ? », *D.* 2014, p. 153.
- « Flexibilité de la règle, souplesse du droit », *D.* 2016, p. 1376.
- « Le contrôle de proportionnalité : questions de méthode », *D.* 2017, p. 656.

**Fulchiron (H.)**, **Bidaud (C.)**, « Transcription dans l'affaire *Mennesson* aujourd'hui. Et demain ? », *D.* 2019, p. 2228.

**Galloux (J.-C.)**, **Gaumont-Prat (H.)**, « Droits et libertés corporels », *D.* 2019, p. 725.

**Garé (T.)**, « L'ordonnance portant réforme de la filiation », *JCP G.* 2006, doctr. n° 144.

**Garraud (A.)**, « Le lien maternel bouleversé par l'incarcération », *AJ fam.* 2014, p. 551.

**Gaudin (Ph.)**, « L'énigme de la naissance entre philosophie et monothéismes », *in* R. Frydman, M. Szejer (dir.), *La naissance. Histoire, cultures et pratiques d'aujourd'hui*, 2010, Albin Michel, p. 11 et s.

**Gautier (P.-Y.)** :

- « Contre la balance des intérêts : hiérarchie des droits fondamentaux », *D.* 2015, p. 2189.
- « De l'action déclaratoire, ou préventive, en droit interne et international », *in Les coutures du droit. Mélanges en l'honneur de Philippe Théry*, 2022, LGDJ et Dalloz.

**Germain (M.)**, « Naissance et mort des sociétés commerciales », *in Études dédiées à René Roblot. Aspects actuels du droit commercial français*, 2014, LGDJ, coll. « Anthologie du droit », p. 217.

**Gobert (M.)** :

- « L'enfant et les adultes (à propos de la loi du 4 juin 1970), *JCP* 1971.I.2421.
- « Le sexe neutre ou de la difficulté d'exister », *JCP G* 2017, n° 25, étude 716, p. 1219.

**Gogos-Gintrand (A.)** :

- « Intersexualité : binarité des sexes, médecine et droit », *RDSS* 2016, p 920.
- « La décision d'arrêt des traitements pour les mineurs », *D.* 2019, p. 80.

**Goubeaux (G.)**, « Personnalité morale, droit des personnes et droit des biens », *in Études dédiées à René Roblot. Aspects actuels du droit commercial français*, 2014, LGDJ, coll. « Anthologie du droit », p. 199.

**Goutal (J.-L.)**, « L'autonomie du droit pénal : reflux et métamorphose », *RSC* 1980, n° 4, p. 912.

**Gouttenoire (A.)**, **Guérin (M.-C.)**, « Enfance », *in Répertoire de droit pénal et de procédure pénale*, 2016, Dalloz.

**GOUTTENOIRE (A.)**, « Enfant », *in* L. CADIET (dir.), *Dictionnaire de la justice*, 2004, PUF, p. 418 et s.

**GRANET-LAMBRECHTS (F.)** :

- « Maternités de substitution, filiation et état civil. Panorama européen », *Dr. fam.* 2007, étude 34.
- « Établissement de la filiation par la reconnaissance », *in JCl. Civil Code*, 2015, LexisNexis, art. 316.

**GRIMALDI (M.)** :

- « Le testament authentique ou la leçon de dictée faite au notaire », *RTD Civ.* 2011, p. 791.
- « Le testament authentique : une bonne intelligence du formalisme », *RTD Civ.* 2012, p. 360.

**GUÉRIN (D.), RENARD (S.)**, « Réflexions sur la jeunesse en droit de la santé », *RDSS* 2018, p. 106.

**GUILLAUMÉ (J.)**, « La saga *Mennesson* : les premières fois... », *D.* 2019, p. 2000.

**GUINCHARD (S.), FERRAND (F.), MOUSSA (T.)**, « Une chance pour la France et le droit continental : la technique de cassation, vecteur particulièrement approprié au contrôle de conventionnalité », *D.* 2015, p. 278.

**HAMMJE (P.)**, « Domicile », *in Répertoire de droit international*, 2013, Dalloz, §18.

**HAMZA (J.)**, « La douleur du nouveau-né et du fœtus », *in* R. FRYDMAN, M. SZEJER (dir.), *La naissance, Histoire, cultures et pratiques d'aujourd'hui*, 2010, Albin Michel, p. 1140.

**HAUSER (J.)** :

- « L'enfant ou l'enfance ? Le droit à l'image », *D.* 2010, p. 214.
- « Les bornes de la personnalité juridique en droit civil », *Dr. fam.* 2012, n° 9, dossier 4.

**HAZAN (A.)**, « Les conditions matérielles d'accueil des enfants aux côtés de leur mère détenue », *in* C. MENABÉ, M. MARTINELLE (dir.), *L'enfant en prison*, 2017, L'Harmattan, coll. « BibliothèqueS de droit », p. 36-45.

**HÉBRAUD (P.)**, « Observations sur la notion du temps dans le droit civil », *in Études offertes à Pierre KAYSER*, t. 2, 1979, PUAM, p. 1.

**HENETTE-VAUCHEZ (S.)**, « Bioéthique et genre : cadrage théorique, enjeux européens », *in* A.-F. ZATTARA-GROS (dir.), *Bioéthique et genre*, 2013, LGDJ, p. 21.

**HERZOG-EVANS (M.)** :

- « Aspects juridiques de l'allaitement maternel en France », *RDSS* 2001, p. 223.
- « Aménager la "peine" des enfants de détenus ? », *in* C. MENABÉ, M. MARTINELLE (dir.), *L'enfant en prison*, 2017, L'Harmattan, coll. « BibliothèqueS de droit ».

**HIDIROGLOU (P.)**, « Les rites de naissance dans les sociétés juives », *in* R. FRYDMAN, M. SZEJER (dir.), *La naissance, Histoire, cultures et pratiques d'aujourd'hui*, 2010, Albin Michel, p. 442.

**HOCINE BENKHEIRA (M.)**, « Le septième jour : des rituels de naissance en islam », *in* R. FRYDMAN, M. SZEJER (dir.), *La naissance. Histoire, cultures et pratiques d'aujourd'hui*, 2010, Albin Michel, p. 446.

**HOCQUET-BERG (S.)**, « Responsabilités et accouchement », *RGDM*, sept. 2017, n° 64, p. 49.

**HODEGEZ (I.)**, « Contours et limites de l'obstination déraisonnable dans la réanimation néonatale », *AJDA* 2015, p. 861.

**IZORCHE (M.-L.)**, « Réflexions sur la distinction », *in Mélanges Christian MOULY*, 1998, Litec.

**JACQUET (M.)**, « Les sages-femmes dans le monde », *in* R. FRYDMAN, M. SZEJER (dir.), *La naissance. Histoire, cultures et pratiques d'aujourd'hui*, 2010, Albin Michel, p. 776.

**JESTAZ (Ph.)**, **MARGUÉNAUD (J.-P.)**, **JAMIN (C.)**, « Révolution tranquille à la Cour de cassation », *D.* 2014, p. 2061.

**KAREN (R.)**, « La théorie de l'attachement », *in* R. FRYDMAN, M. SZEJER (dir.), *La naissance. Histoire, cultures et pratiques d'aujourd'hui*, 2010, Albin Michel, p. 1236.

**KESSLER (G.)**, « La consolidation de situations illicites dans l'intérêt de l'enfant », *Dr. fam.* 2005, n° 7/8, étude n° 16.

**LABRUSSE-RIOU (C.)**, « Filiation : généralités », *in Répertoire de droit civil*, 2021, Dalloz.

**LALOUETTE (J.)**, « Les baptêmes républicains », *in* R. FRYDMAN, M. SZEJER (dir.), *La naissance. Histoire, cultures et pratiques d'aujourd'hui*, Albin Michel, 2010, p. 455 et s.

**DE LAMY (B.)**, « Le délit d'homicide involontaire d'un nouveau né n'implique pas que la faute soit postérieure à la naissance », *Dr. fam.* 2004, n° 2, comm. 26.

**LANCE (D.)**, **MERCHANT (J.)**, « Réglementer les corps : la gestation pour autrui en Ukraine et aux Etats-Unis », *Les cahiers de la justice* 2016, p. 231.

**LAROCHE-GISSEROT (F.)**, « Choix du prénom », *AJ fam.* 2012, p. 306.

**Launoy (G.)** :

- « Actes de l'état civil. Actes de naissance. Acte de naissance des enfants trouvés. Enfants trouvés et pupilles de l'État », *in JCl. Civil Code*, LexisNexis.
- « Actes de l'état civil. - Déclaration de naissance », *in JCl. Civil Code*, LexisNexis.

**Leblois-Happe (J.)**, « La réforme de la prescription, enfin ! », *JCP G* 2017, n° 15, doctr. 424.

**Lefaucheur (N.)**, « L'abandon en Occident », *in* R. Frydman, M. Szejer (dir.), *La naissance. Histoire, cultures et pratiques d'aujourd'hui*, 2010, Albin Michel, p. 212.

**Le Griel (B.)**, « L'absence de protection pénale de l'enfant conçu : essai d'explication. Pour un droit qui unit dans la diversité », *in La diversité du droit. Mélanges en l'honneur de Jerry Sainte-Rose*, 2012, Bruylant, p. 711 et s.

**Lemoyne de Forges (J.-M.)**, « 50 ans d'autorisations sanitaires », *RDSS* 2020, p. 423.

**Léonetti (J.)**, « Observations de Jean Léonetti », *RFDA* 2014, p. 696.

**Lepage (A.)**, **Matsopoulou (H.)**, « La prescription de l'action publique entre pérennité et innovations Présentation de la loi n° 2017-242 du 27 février 2017 portant réforme de la prescription en matière pénale », *Dr. pén.* 2017, n° 5, dossier 2.

**Lepage (A.)**, « Droits de la personnalité », *in Répertoire de droit civil*, actu. 2021.

**Lequien (P.)**, « De la prématurité à l'"extrême" prématurité », *in* R. Frydman, M. Szejer (dir.), *La naissance. Histoire, cultures et pratiques d'aujourd'hui*, 2010, Albin Michel, p. 1168 et s.

**Leroyer (A.-M.)** :

- « La notion d'état des personnes », *in Ruptures, mouvements et continuité du droit, Autour de Michelle Gobert*, 2004, Economica, p. 247 et s.
- « L'instrumentalisation de l'intérêt de l'enfant en matière de GPA », *D.* 2019, p. 838.

**Leveneur (L.)**, « Le choix des mots en droit des personnes et de la famille », *in* N. Molfessis (dir.), *Les mots de la loi*, 1999, Economica, coll. « Études juridiques ».

**Loiseau (G.)**, « La personnalité juridique des robots : une monstruosité juridique », *JCP G* 2018, p. 1039 et s.

**Louvel (B.)**, « Pour exercer pleinement son office de Cour suprême, la Cour de cassation doit adapter ses modes de contrôle », *JCP* 2015, p. 1122.

**Malaurie (Ph.)**, « Solidarité - Dépendance des personnes âgées et solidarité dans le droit contemporain », *Dr. fam.* 2011, n° 7-8, dossier 16.

**Malek-Yonan (V.)**, « Le placement familial », *Enfances & Psy*, 2005/4, n° 29, p. 67.

**Marais (A.)**, « L'apparence de la personne », *in Ruptures, mouvements et continuité du droit. Autour de Michelle Gobert*, 2004, Economica, p. 285 et s.

**Marguénaud (J.-P.)** :

- « La personnalité juridique des animaux », *D.* 1998, p. 205.
- « L'image du poupon », *RTD Civ.* 2009, p. 283.

**Marguénaud (J.-P.)**, **Burgat (F.)**, **Leroy (J.)**, « La personnalité animale », *D.* 2020, p. 28.

**Markesinis (B.)**, « Réflexions d'un comparatiste anglais sur et à partir de l'arrêt Perruche », *RTD civ.* 2001, p. 77.

**Markus (J.-P.)**, « La notion juridique de personne handicapée », *in* O. Guézou, S. Manson (dir.), *Droit public et handicap*, 2009, Dalloz.

**Martinent (E.)**, « La liberté de la femme en couches et l'alimentation de son nourrisson en droit », *RGDM* n° 14, p. 315.

**Mathieu (B.)**, « Fin de vie : liberté, droits et devoirs, l'impossible conciliation ? », *Constitutions* 2013, p. 517.

**Mayaud (Y.)**, « De la protection pénale du fœtus », *D.* 2000, p. 27.

**Mémeteau (G.)**, « L'esclave altruiste ou “La servante au grand cœur” », *RJPF* avr. 2018, p. 5.

**Meyer (F.)**, « Les victimes face à la redéfinition jurisprudentielle de la nature juridique de la rente », *Dr. soc.* 2015, p. 293.

**Michon (L.)**, « Naissance – Néonatologie », *in Encyclopaedia Universalis*, 2011.

**Minvielle (S.)**, « Marie Bonfils, une veuve accusée d'infanticide dans le Bordelais de la fin du XVIIIe siècle », *Dix-septième siècle*, 2010/4, n° 249, p. 623.

**Mirabail (S.)**, « Une nouvelle catégorie de marginaux : les êtres humains non identifiés », *D.* 1997, p. 431.

**Mirkovic (A.)**, « Le droit constate-t-il ou génère-t-il l'existence de la personne physique ? », *Dr. fam.* 2012, n° 9, étude 6.

**MOINE (A.)**, « L'intérêt supérieur de l'enfant en prison », *in* C. MENABÉ, M. MARTINELLE (dir.), *L'enfant en prison*, 2017, L'Harmattan, coll. « BibliothèqueS de droit », p. 149-181.

**MOLFESSIS (N.)**, « La dignité de la personne humaine en droit civil », *in* M.-L. PAVIA, T. REVET (dir.), *La dignité de la personne humaine*, 1999, Economica, coll. « Études juridiques », p. 107 et s.

**MONÉGER (F.)**, « Rapport de synthèse », *in* F. MONEGER (dir.), *Gestation pour autrui : Surrogate Motherhood*, 2011, Société de législation comparée, coll. « Colloques », p. 9.

**MONTGOLFIER (I. DE)**, **CHAMPION (V.)**, **CHAVET (M.-S.)**, **MITANCHEZ (D.)**, « Prise en charge palliative périnatale de nouveau-nés en salle de naissance : à propos de 40 observations. Que peut-on améliorer ? », *Revue de médecine périnatale*, 2018/3, vol. 10, p. 137.

**MOTULSKY (H.)**, « Le droit subjectif et l'action en justice », *in Écrits. Études et notes de procédure civile*, 2009, Dalloz, coll. « Bibliothèque Dalloz », p. 85 et s.

**MURAT (P.)**, « Décès périnatal et individualisation juridique de l'être humain », *RDSS* 1995, p. 451.

**NEIRINCK (C.)** :

- « L'accouchement sous X : le fait et le droit », *JCP G* 1996, n° 15, doctr. 3922.
- « La maternité », *Dr. fam.* 2006, étude n° 2.
- « Les caractères de l'état civil », *in* C. NEIRINCK (dir.), *L'État civil dans tous ses états*, 2008, LGDJ, coll. « Droit et société », p. 41
- « La gestation pour autrui pratiquée à l'étranger et l'état civil français de l'enfant qui en est né », *Dr. fam.* 2011, n° 5, étude 14.
- « Adoption – Adoptabilité et statut d'un enfant sans filiation confié à un Organisme autorisé pour l'adoption (OAA) », *Dr. fam.* 2011, n° 9, comm. 127.
- « Acte de naissance de l'enfant né d'une mère porteuse, reconnaissance paternelle et actions du Ministère public », *Dr. fam.* 2012, p. 21-24.
- « La personnalité juridique et le corps », *in* X. BIOY (dir.), *La personnalité juridique*, 2013, Presses de l'Université Toulouse 1 Capitole, p. 57 et s.

- « À propos de l'intérêt de l'enfant », *in* C. NEIRINCK, M. BRUGGEMAN (dir.), *La Convention internationale des droits de l'enfant, une convention particulière*, 2014, Dalloz, coll. « Thèmes et commentaires ».
- « Enfance », *in Répertoire de droit civil*, 2019, Dalloz.

**PANCINO (C.)**, « Le baptême catholique des nouveau-nés », *in* R. FRYDMAN, M. SZEJER (dir.), *La naissance. Histoire, cultures et pratiques d'aujourd'hui*, 2010, Albin Michel.

**PAPACHRISTOS (A.C.)**, « Grèce : Le don d'utérus et le droit hellénique », *in* F. MONEGER (dir.), *Gestation pour autrui : Surrogate Motherhood*, 2011, Société de législation comparée, coll. « Colloques », p. 169.

**PARICARD (S.)** :

- « Le corps numérique », *in Les affres de la qualification juridique*, 2015, Presses de l'Université Toulouse 1 Capitole, Toulouse.
- « Une libéralisation du changement de sexe qui suscite des interrogations majeures », *AJ fam.* 2016, p. 585.
- « Vers un droit spécial de la filiation ? », *D.* 2018, p. 75.
- « Quelques réflexions sur l'accouchement », *in Études en l'honneur du professeur Marie-Laure MATHIEU*, 2019, Bruylant, p. 541.
- « La transcription totale des actes étrangers des enfants nés d'une GPA : un schisme entre loi et jurisprudence », *D.* 2020, p. 426.

**PHILIPPE (C.)** :

- « La viabilité de l'enfant nouveau-né », *D.* 1996, p. 29
- « La viabilité... encore », *RDSS* 2003, p. 316.

**PICHARD (M.)** :

- « L'enfant : à propos d'une polysémie », *in Mélanges en l'honneur de Marie-Stéphane PAYET*, 2011, Dalloz, p. 482 et s.
- « La commande d'enfant par son géniteur (est-elle une hypothèse de gestation pour le compte d'autrui ?) », *D.* 2017, p. 1143.

**PLANTAMP (D.)**, « Le point de départ de la période de formation des sociétés commerciales », *RTD Com.* 1994, p. 1.

**PONTIER (J.-M.)**, « La certification, outil de la modernité normative », *D.* 1996, p. 355.

**Poupin (R.)**, « Le baptême et la naissance spirituelle », *in* R. Frydman, M. Szejer (dir.), *La naissance. Histoire, cultures et pratiques d'aujourd'hui*, 2010, Albin Michel.

**Pousson-Petit (J.)**, « La personne humaine sur la scène d'un théâtre d'ombres », *in Liber amicorum Marie-Thérèse Meulders-Klein*, 1998, Bruylant.

**Prieur (S.)**, « Retour sur la relation juridique de soins en tant que relation consumériste », *in Mélanges en l'honneur de Gérard Mémeteau. Droit médical et éthique médicale : regards contemporains*, 2015, LEH, coll. « Mélanges », p. 73-82.

**Puech (F.)**, « Le plan de périnatalité », *in* R. Frydman, M Szejer (dir.), *La naissance. Histoire, cultures et pratiques d'aujourd'hui*, 2010, Albin Michel, p. 767.

**Py (B.)**, « Conclusion », *in* C. Ménabé, M. Martinelle (dir.), *L'enfant en prison*, 2017, L'Harmattan, coll. « BibliothèqueS de droit », p. 245-247.

**Raoul-Cormeil (G.)** :

- « L'état civil, lieu de mémoire de l'existence sociale de la personne », *in* C. Puigelier, B. Saint-Sernin (dir.), *Le droit à la lumière de Bergson : mémoire et évolution*, 2013, éd. Panthéon-Assas, coll. « Colloques », p. 147
- « Les mentions marginales », *in* L. Mauger-Vielpeau, E. Saillant-Maraghni (dir.), *État civil et autres questions de droit administratif*, 2021, Dalloz, coll. « Thèmes et commentaires », p. 33.

**Rassat (M.-L.)**, « Père de droit et père de fait », *RTD Civ.* 1967, p. 249.

**REGINE**, « Droit et genre », *D.* 2017, p. 935.

**Revet (T.)**, « À propos de l'article de Bernard Beignier "Pour un nouveau code civil" », *D.* 2019, p. 1011.

**Rokas (K.A.)**, « Limites et flexibilité dans la mise en œuvre du cadre juridique grec en matière de gestation pour autrui », *in* V. Boillet, M. Roca i Escoda, E. de Luze (dir.), *La gestation pour autrui. Approches juridiques internationales*, 2018, Anthemis & Helbing Lichtenhahn, coll. « Centre de droit privé - Unité de droit familial », p. 95.

**Roman (D.)**, « Les violences obstétricales, une question politique aux enjeux juridiques », *RDSS* 2017, p. 867.

**Rome (F.)**, « La saison des soutenances », *D.* 2007, p. 2297.

**Rougé-Maillart (C.)**, « Le mineur dans la relation de soin », *Méd. et droit* 2011, p. 218.

**Roussel (P.)**, « L'exposition des enfants à Sparte », *Revue des études anciennes*, t. 45, 1943, n^os^ 1-2, p. 5.

**Roux-Demare (F.-X.)**, « La notion de vulnérabilité, approche juridique d'un concept polymorphe », *Les cahiers de la justice* 2019, p. 619.

**Rouyère (A.)**, « Dualité des juridictions, dualité des droits ? », *RGDM* 2013, p. 51.

**Salvage (P.)**, « La viabilité de l'enfant nouveau-né », *RTD Civ.* 1976, p. 725 et s.

**Saulier (M.)**, « Possession et possession d'état », *RTD Civ.* 2016, p. 555.

**Savaux (E.)**, « La personnalité morale en procédure civile », *RTD Civ.* 1995, p. 1.

**Sharkargy (S.)**, « La réglementation israélienne de la gestation pour autrui », *in* V. Boillet, M. Roca i Escoda, E. de Luze (dir.) *La gestation pour autrui. Approches juridiques internationales*, 2018, Anthemis & Helbing Lichtenhahn, coll. « Centre de droit privé - Unité de droit familial », p. 109.

**Simon (L.)**, **Touraut (C.)**, « Exercer sa maternité en prison. Les cellules mère/enfant dans les établissements pénitentiaires français », *Cahiers d'études pénitentiaires et criminologiques,* n° 51, p. 9.

**Spivack (C.)**, « U.S.A. », *in* F. Moneger (dir.), *Gestation pour autrui : Surrogate Motherhood*, 2011, Société de législation comparée, coll. « Colloques », p. 257.

**Stefani (G.)**, « Préface », *in Quelques aspects de l'autonomie du droit pénal : études de droit criminel*, 1956, Dalloz, coll. « Publications de l'Institut de criminologie de la Faculté de droit de l'Université de Paris ».

**Steiner (E.)**, « Angleterre : Maternité pour le compte d'autrui entre prohibition et permission », *in* F. Moneger (dir.), *Gestation pour autrui : Surrogate Motherhood*, 2011, Société de législation comparée, coll. « Colloques », p. 39.

**Szejer (M.)** :

- « Accompagnement de l'accouchement sous X », *in* R. Frydman, M. Szejer (dir.), *La naissance. Histoire, cultures et pratiques d'aujourd'hui*, 2010, Albin Michel, p. 999.

- « La sortie précoce de la maternité », *in* R. FRYDMAN, M. SZEJER (dir.), *La naissance. Histoire, cultures et pratiques d'aujourd'hui*, 2010, Albin Michel, p. 1081.

**THIERRY (J.-B.)**, « Les conditions juridiques d'accueil des enfants aux côtés de leur mère détenue », *in* C. MENABÉ et M. MARTINELLE (dir.), *L'enfant en prison*, 2017, L'Harmattan, coll. « BibliothèqueS de droit », p. 23-36.

**THOMAS (Y.)**, « Le "ventre". Corps maternel, droit paternel », *Le genre humain* 1986/1, n° 14, p. 211.

**THOUVENIN (D.)**, « L'arrêt de traitement qui mettrait fin à la vie d'une très jeune enfant : un bébé n'est pas un adulte en réduction », *RDSS* 2017, p. 698.

**VALENTINO (M.)**, « La perception douloureuse au cours de l'accouchement : au-delà de l'innervation », *in* R. FRYDMAN, M. SZEJER (dir.), *La naissance. Histoire, cultures et pratiques d'aujourd'hui*, Albin Michel, 2010, p. 1019 et s.

**VIGNEAU (D.)**, « Mourir avant de naître. Diversité du droit ou contradictions ? », *in La diversité du droit. Mélanges en l'honneur de Jerry SAINTE-ROSE*, 2012, Bruylant, p. 1359.

**VIGNEAU (V.)**, « Libres propos d'un juge sur le contrôle de proportionnalité », *D.* 2017, p. 123.

**WELLS-GRECO (M.)**, « UK Approach to Surrogacy », *in* V. BOILLET, M. ROCA I ESCODA, E. DE LUZE (dir.) *La gestation pour autrui. Approches juridiques internationales*, 2018, Anthemis & Helbing Lichtenhahn, coll. « Centre de droit privé - Unité de droit familial », p. 43.

**D'YVOIRE (J.)**, « La néoténie », *in* R. FRYDMAN, M. SZEJER (dir.), *La naissance. Histoire, cultures et pratiques d'aujourd'hui*, 2010, Albin Michel, p. 1131.

**ZENATI-CASTAING (F.)**, « La juridictionnalisation de la Cour de cassation », *RTD civ.* 2016, p. 511.

« État civil pendant le déconfinement », *AJ fam.* 2020, p. 327 (auteur non précisé).

### Notes, observations, avis et conclusions de jurisprudence

**Boccon-Gibod (D.)**, « Prescription : En matière criminelle, la prescription de l'action publique est suspendue lorsqu'un obstacle insurmontable empêche l'exercice de cette dernière », *RSC* 2014, p. 803.

**Chamot (C.)**, « La notion d'obstination déraisonnable en matière de réanimation néonatale », *RFDA* 2015, p. 574.

**Commaret (D.)**, « Conclusions de l'Avocat Général, audience plénière de la chambre criminelle du 6 juin 2002 », *Dr. pén.* 2002, chron. 31.

**Darsonville (A.)**, « Prescription de l'action publique : l'urgence de repenser "un système en crise" », *AJ pén.* 2015, p. 36.

**Fucini (S.)**, « Viol sur mineur : l'amnésie traumatique ne suspend pas la prescription », *D. actu.* 30 octobre 2018.

**Labbée (X.)**, « L'amnésique », *D.* 1997, p. 29.

**Lantero (C.)**, « Obstination déraisonnable à la naissance et loi Claeys-Leoneti : l'impasse », *AJDA* 2019, p. 1949.

**Nerson (R.)**, **Rubellin-Devichi (J.)**, *RTD Civ.* 1981, p. 847.

**Savatier (R.)**, note sous CA Paris, 3 nov. 1927 : *DP* 1930. II. 25.

**Stoffel-Munck (Ph.)**, « Responsabilité civile, *JCP G* 2018, n° 9-10, doctr. 262.

## Rapports, études, travaux et avis

Par institution, puis par ordre chronologique.

### Conseil d'État

Étude CE, 6 mai 2009, « La révision des lois de bioéthique », adoptée par l'assemblée générale plénière, Les études du Conseil d'État.

Étude CE, 28 juin 2018, « Révision de la loi de bioéthique : quelles options pour demain ? ».

## Contrôleur général des lieux de privation de liberté

Rapp. d'activité CGLPL 2010.
Rapp. d'enquête CGLPL, 19 juin 2013.
Avis CGLPL du 8 août 2013 relatif aux jeunes enfants en prison et à leurs mères détenues, NOR : CPLX1322210V.
Avis CGLPL du 16 juin 2015 relatif à la prise en charge des personnes détenues au sein des établissements de santé, *JO* 16 juil. 2015, n° 148.

## Cour de cassation

J.-P. JEAN (dir.), « Rapport de la commission de réflexion sur la réforme de la Cour de cassation », avr. 2017, disponible sur « www.courdecassation.fr ».

## Cour des comptes

Rapp. Cour des comptes, « Rapport public annuel », 2006.
« Le rôle des sages-femmes dans le système de soins », *in* rapp. Cour des comptes, « La sécurité sociale », septembre 2011, p. 173 et s.

## Institutions médicales

### Académie nationale de médecine

Rapp. Académie Nationale de Médecine, « La première semaine de la vie », 31 mai 2005, *Bull. Acad. Méd.*, 2005, 189, n° 5, 1031-1039, séance du 31 mai 2005.
Rapp. Académie nationale de médecine, « Alimentation du nouveau-né et du nourrisson », févr. 2009, *Bull. Acad. Nat. Méd.*, 2009, 193, n° 2, 431-446.
Rapp. Académie nationale de médecine, « *Contribution à la* "réflexion des citoyens, sur l'accompagnement des personnes en fin de vie" », 11 déc. 2012.

« Observations de l'Académie nationale de médecine », *RFDA* 2014, p. 671.

## Agences régionales de santé

ARS Ile-de-France, « Projet régional de santé 2018-2022 ».
ARS Occitanie, « Projet régional de santé 2018-2022 ».

## Collège national des gynécologues obstétriciens de France

F. PUECH, B. HÉDON, « Entre sécurité et intimité de la naissance : la position du CNGOF en 2012 sur le suivi, l'accompagnement et la prise en charge de l'accouchement physiologique », 5 déc. 2012.
Note de l'APHP, « Vigilance dans la prise en charge des nouveau-nés, en situation de crise COVID-19 », 30 mars 2020, disponible sur le site internet du CNGOF (http:// www.cngof.fr/).

## Comité consultatif national d'éthique

Avis CCNE, n° 1, 22 mai 1984, sur « les prélèvements de tissus d'embryons et de fœtus humains morts, à des fins thérapeutiques, diagnostiques et scientifiques ».
Avis CCNE, n° 8, 15 déc. 1986, « relatif aux recherches et utilisation des embryons humains *in vitro* à des fins médicales et scientifiques ».
Avis CCNE, n° 65, 14 sept. 2000, « Réflexions éthiques autour de la réanimation néonatale ».
Avis CCNE, n° 98, 26 avr. 2007, « Biométrie, données identifiantes et droits de l'homme ».
« Observations du Comité consultatif national d'éthique », *RFDA* 2014, p. 676.
Avis CCNE, n° 126, 15 juin 2017, sur les demandes sociétales de recours à l'assistance médicale à la procréation (AMP).

Conseil national de l'ordre des médecins

« Observations du Conseil national de l'ordre des médecins », *RFDA* 2014, p. 692.

Haute autorité de santé

HAS, « Qualité et sécurité des soins dans le secteur de naissance », 2014, p. 17.

INSERM et DREES

B. Blondel, C. Bonnet, B. Coulm, J. Fresson, S. Rey, A. Vanhaesebrouck, A. Vilain, rapp. INSERM et DREES, 2017, « Enquête nationale périnatale. Rapport 2016 ».

A. Chantry, P. Sauvegrain, I. Roelens, C. Guiguet-Auclair, S. Goyet, F. Vendittelli, rapp. INSERM, nov. 2019, « Rapport d'étude sur la qualité des soins prodigués en maisons de naissance en France ».

Santé publique France

Gomes (E.), Cahour (L.), Menguy (C.), Regnault (N.), « Rapport de surveillance de la santé périnatale en France », 2022, Santé publique France, Saint-Maurice.

## Institutions internationales et européennes

Rapp. APCE, n° 8762, 9 juin 2000, « Mères et bébés en prison ».

Rapp. UNICEF, Centre de recherche Innocenti de l'UNICEF, 2002, « L'enregistrement à la naissance : un droit pour commencer », Florence.

Rapp. Office des publications officielles des communautés européennes, n° 3/2003/E/n°25, « Statistiques démographiques : Définitions et méthodes de collecte dans 31 pays européens ».

« Droits de l'homme et identité de genre », Documents thématiques du Commissaire aux droits de l'homme, 2009.

Déclaration de l'OMS, 15 janv. 2011, « Alimentation au sein exclusive pendant 6 mois pour les nourrissons du monde entier ».
Rapp. UE, mai 2013, « A Comparative Study on the Regime of Surrogacy in EU Member States ».
Rapp. APCE, n° 14404, 25 sept. 2017, « Promouvoir les droits humains et éliminer les discriminations à l'égard des personnes intersexes ».
Rapp. annuel 2018 UNICEF, juin 2019.
Rapp. ONU, 11 juill. 2019, n° A/74/136, « Étude mondiale sur les enfants privés de liberté ».
CEDH, 2020, « Guide sur la jurisprudence de la Cour européenne des droits de l'homme. Droit des détenus ».

## Ministère des solidarités et de la santé

G. BREART, F. PUECH, J. C. ROZÉ, 2003, « Vingt propositions pour une politique périnatale », Ministère de la Santé, de la Famille et des Personnes handicapées.
« Programme national nutrition-santé 2019-2023 », Ministère des solidarités et de la santé.
Rapp. Ministère des solidarités et de la santé, 2020, « Les 1000 premiers jours. Là où tout commence ».

## Rapports parlementaires

Rapp. Sénat, n° 145, 19 déc. 2007, H. DE RICHEMONT (dir.), « sur le projet de loi ratifiant l'ordonnance n° 2005-759 du 4 juillet 2005 portant réforme de la filiation et modifiant ou abrogeant diverses dispositions relatives à la filiation ».
Rapp. Sénat n° LC 182, janv. 2008, « La gestation pour autrui ».
Rapp. AN, n° 770, 2 avr. 2008, G. BOURDOULEIX (dir.), « sur le projet de loi (n° 607), adopté par le Sénat, ratifiant l'ordonnance n° 2005-759 du 4 juillet 2005 portant réforme de la filiation et modifiant ou abrogeant diverses dispositions relatives à la filiation ».
Rapp. Sénat, n° 368, 20 févr. 2013, M. DINI, « Rapport fait au nom de la commission des affaires sociales sur la proposition de loi autorisant l'expérimentation des maisons de naissance ».

Rapp. AN, nº 1560, 19 nov. 2013, Y. FAVENNEC (dir.), « Rapport fait au nom de la commission des affaires sociales sur la proposition de loi, adoptée par le Sénat, autorisant l'expérimentation des maisons de naissance ».

Rapp. Sénat, nº 654, 2 juin 2021, M. MERCIER, « sur la proposition de loi visant à nommer les enfants nés sans vie ».

## Autres

Direction de l'action sociale, *L'enfant en pouponnière et ses parents. Conditions et propositions pour une étape constructive*, 1997, La documentation française.

Rapp. D. SICARD (dir.), 18 déc. 2012, « Penser solidairement la fin de vie », Commission de réflexion sur la fin de vie.

Rapp. Défenseur des droits, 2015, « Des droits pour des enfants invisibles ».

Rapp. ONED, « La situation des pupilles de l'État : enquête au 31 décembre 2014 », févr. 2016.

Rapp. HCE, nº 2018-06-26-SAN-034, 26 juin 2018, « Les actes sexistes durant le suivi gynécologique et obstétrical. Des remarques aux violences, la nécessité de reconnaitre, prévenir et condamner le sexisme ».

Rapp. Ph. CHARRIER, G. CLAVANDIER, M. GIRER, G. ROUSSET (dir.), « Administrer une question incertaine : le cas des enfants sans vie. Périsens. Périnatalité, statuts, enregistrement, statistiques », juin 2019.

Direction de l'Administration Pénitentiaire, « Statistique des établissements des personnes écrouées en France », situation au 1er déc. 2020.

# INDEX

# TABLE DES MATIÈRES

## Structures éditoriales du groupe L'Harmattan

**L'Harmattan Italie**
Via degli Artisti, 15
10124 Torino
harmattan.italia@gmail.com

**L'Harmattan Hongrie**
Kossuth l. u. 14-16.
1053 Budapest
harmattan@harmattan.hu

---

**L'Harmattan Sénégal**
10 VDN en face Mermoz
BP 45034 Dakar-Fann
senharmattan@gmail.com

**L'Harmattan Cameroun**
TSINGA/FECAFOOT
BP 11486 Yaoundé
inkoukam@gmail.com

**L'Harmattan Burkina Faso**
Achille Somé – tengnule@hotmail.fr

**L'Harmattan Guinée**
Almamya, rue KA 028 OKB Agency
BP 3470 Conakry
harmattanguinee@yahoo.fr

**L'Harmattan RDC**
185, avenue Nyangwe
Commune de Lingwala – Kinshasa
matangilamusadila@yahoo.fr

**L'Harmattan Congo**
219, avenue Nelson Mandela
BP 2874 Brazzaville
harmattan.congo@yahoo.fr

**L'Harmattan Mali**
ACI 2000 - Immeuble Mgr Jean Marie Cisse
Bureau 10
BP 145 Bamako-Mali
mali@harmattan.fr

**L'Harmattan Togo**
Djidjole – Lomé
Maison Amela
face EPP BATOME
ddamela@aol.com

**L'Harmattan Côte d'Ivoire**
Résidence Karl – Cité des Arts
Abidjan-Cocody
03 BP 1588 Abidjan
espace_harmattan.ci@hotmail.fr

---

## Nos librairies en France

**Librairie internationale**
16, rue des Écoles
75005 Paris
librairie.internationale@harmattan.fr
01 40 46 79 11
www.librairieharmattan.com

**Librairie des savoirs**
21, rue des Écoles
75005 Paris
librairie.sh@harmattan.fr
01 46 34 13 71
www.librairieharmattansh.com

**Librairie Le Lucernaire**
53, rue Notre-Dame-des-Champs
75006 Paris
librairie@lucernaire.fr
01 42 22 67 13

www.ingramcontent.com/pod-product-compliance
Lightning Source LLC
LaVergne TN
LVHW021148061026
849535LV00002B/385
*9782336473932*